福建省老年人生活状况与老龄事业发展研究

福建省老龄工作委员会办公室 编著

厦门大学出版社

国家一级出版社

全国百佳图书出版单位

图书在版编目(CIP)数据

福建省老年人生活状况与老龄事业发展研究/福建省老龄工作委员会办公室编著.—
厦门:厦门大学出版社,2018.2
ISBN 978-7-5615-6776-0

Ⅰ.①福… Ⅱ.①福… Ⅲ.①老年人-生活状况-研究-福建②老龄产业-产业发展-研
究-福建 Ⅳ.①D669.6

中国版本图书馆 CIP 数据核字(2017)第 292514 号

出 版 人	郑文礼
责任编辑	文慧云
封面设计	夏 林
技术编辑	朱 楷

出版发行 厦门大学出版社

社 址	厦门市软件园二期望海路 39 号
邮政编码	361008
总 编 办	0592-2182177 0592-2181406(传真)
营销中心	0592-2184458 0592-2181365
网 址	http://www.xmupress.com
邮 箱	xmupress@126.com
印 刷	厦门市万美兴印刷设计有限公司

开本	787mm×1092mm 1/16
印张	29
插页	1
字数	680 千字
版次	2018 年 2 月第 1 版
印次	2018 年 2 月第 1 次印刷
定价	98.00 元

本书如有印装质量问题请直接寄承印厂调换

厦门大学出版社
微信二维码

厦门大学出版社
微博二维码

编辑委员会

前　言

　　人口老龄化是经济社会发展进步的产物,也是 21 世纪人类社会共同面临的重大课题。福建省目前有 532 万老年人口,占总人口的 13.73 ％;到 2050 年前后,福建省老年人口预计将达到 1 211.46 万,占总人口的 30.37％。快速发展的人口老龄化与经济体制转轨、社会结构转型、文化观念转变、利益结构调整相叠加,给福建省发展带来的影响全面、持久而深刻,已经成为关系福建省经济社会发展的重大战略性问题。党的十八大做出了"积极应对人口老龄化"的战略部署。积极应对人口老龄化需要科学决策,而科学决策迫切需要对全省老年人的生活状况和老龄工作进行全面深入的调查研究,并在此基础上科学地制定应对人口老龄化的战略、规划和政策。

　　中国城乡老年人生活状况抽样调查是由全国老龄工作委员会领导、全国老龄办主办、国家统计局批准,每五年开展一次的老年人生活状况抽样调查,是我国一项重要的国情调查。自 2000 年以来,已经开展了四次。2015 年福建省第四次城乡老年人生活状况抽样调查是全国第四次城乡老年人生活状况抽样调查的重要组成部分,涉及全省 6 个设区市、11 个县(区)、44 个乡镇(街道)、176 个社区(村/居),共完成 5 280 份个人问卷和 231 份老龄工作问卷,占全省老年人总数的 1‰,是福建省迄今为止老年人生活状况专项调查规模最大、范围最广、要求最高、投入人力物力财力最多的一次调查。全省共投入调查经费103 万元;参与调查工作的督导员、调查员 426 名,入户走访了 5 280 位老年人。整个调查工作安全、高效、优质,达到了预期目的,受到了全国老龄办、中国老龄科研中心的充分肯定和高度赞扬。

　　此次抽样调查对于了解福建省城乡老年人基本生活状况和养老服务需求,为科学制定老龄事业中长期规划和老龄工作政策法规,发挥了积极作用。省老龄办与厦门大学等高等院校科研机构合作,对本次调查数据进行了深度开发分析,认真研究了福建省老年人生活状况发生的新变化、养老服务需求呈现出的新态势和老龄工作面临的许多新情况、新问题、新矛盾,形成了《福建省第四次城乡老年人生活状况抽样调查数据分析与研究》《福建省老龄产业发展需求和提升路径》等研究成果,在翔实的调查数据基础上,不仅清晰地描述了福建省老年人生存与发展的现实状况,还探究了其中的社会、经济、文化等方面的影响因素,同时提出了解决相关现实问题的政策建议。

　　福建省第四次城乡老年人生活状况抽样调查工作取得了圆满成功,是全国第四次调查领导小组办公室具体指导的结果,是全省各级政府高度重视和大力支持的结果,是省老龄办、省民政厅、省财政厅共同推进、精心策划和周密部署的结果,也是相关市、县(区)、乡镇(街道)、社区(村/居)老龄、民政、财政等部门共同参与的结果,更是全体督导员、调查员辛苦入户调查的结果,在此,我要在此书出版之际,向支持和参与此次调查的各级组织和领导表示崇高的敬意,向辛勤工作在调查一线的各级督导员和广大调查员同志们表示衷心的感谢!

感谢厦门大学公共事务学院王德文教授、博导为主的主创团队和福建省委党校经济学教研部、福建省发展研究中心对本书写作所提供的支持。

我们还要特别感谢中国老龄科研中心为福建省第四次城乡老年人生活状况抽样调查数据分析与研究所给予的指导和帮助。

由于时间仓促和水平有限,本书难免存在缺点和不足之处,真诚欢迎广大读者对本书提出宝贵的批评意见,在此致以诚挚的感谢!

池秋娜

2017 年 6 月

目　录

福建省第四次城乡老年人生活状况抽样调查数据分析与研究

福建省及时、科学、综合应对人口老龄化战略思路和举措

福建省老龄产业发展需求与提升路径

——基于中国城乡第四次老年人口追踪调查数据的研究

加快发展养老服务业的思路与对策研究

——以福建省为例

福建省第四次
城乡老年人生活状况
抽样调查数据分析与研究

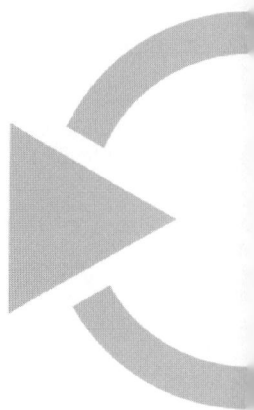

课题负责人：王德文

成　　员：李　珍　钱祎晟　吴隆文　陶　磊

　　　　　王　冠　陈友华　刘　莉

厦门大学公共事务学院课题组

第一章　概述

2015 年全国老龄办、民政部、财政部下发了《关于开展第四次中国城乡老年人生活状况抽样调查的通知》,旨在加强老龄事业的基础工作,进一步摸清中国城乡老年人生活状况和养老服务需求,重点了解城乡老年人健康医疗、照料护理服务、家庭、经济、社会参与、宜居环境、维权意识与行动以及精神文化生活等方面的状况,调查对象为居住在中华人民共和国境内(不含港、澳、台地区)60 周岁及以上的中国公民,调查范围为全国 31 个省、自治区、直辖市(港澳台地区除外)和新疆生产建设兵团,样本涉及 466 个县(市、区)的 1 864 个乡镇(街道)7 456 个村(居)委会。调查样本规模为 22.368 万份,抽样比约为 1.0‰。第四次中国城乡老年人生活状况抽样调查是针对我国老年人生活状况的基础性、公益性、战略性的法定国情调查,对全面了解和准确判断我国人口老龄化的形势和趋势,找准老龄事业和老龄工作发展的切入点和着力点,提升老龄工作科学决策水平,开展积极应对人口老龄化行动具有重要意义。福建省人民政府积极响应国家号召,成立由省老龄办、省民政厅、省财政厅组成的福建省第四次调查工作领导小组及办公室(统称“第四次调查领导小组”),在第四次调查领导小组的组织和推动下,福建省第四次城乡老年人生活状况抽样调查顺利完成了。本次调查既反映出福建省地方政府对于老龄事业发展的关心和重视,又体现出新时期福建省老龄工作的具体现状和老年人的现实需求,为福建省今后出台相关法律、法规以及统筹制定老龄事业发展的政策提供重要的数据支持。

第一节　福建省第四次城乡老年人生活状况抽样调查技术报告

一、调查安排和进展

本次调查酝酿筹备于 2014 年,于 2015 年组织实施调查。分别经历了调查工作准备阶段、入户调查和问卷质量控制阶段、问卷收集与数据录入阶段、数据整理及分析阶段。

1.调查工作准备阶段(2015 年 5 月 1 日—2015 年 7 月 31 日)

该阶段前后历时 3 个月,其间成立第四次调查领导小组,同时申请调查工作经费、召开部署会以及举办督导员和调查员培训班等,为本次调查的顺利开展做好基本准备。具体安排如下:5月份工作领导小组选拔了2名省级督导员,组织参加全国培训;6月份由省老龄办组织培训督导员(有关地级市各1人、被抽中的11个县/区各2人、44个乡镇/街道各1名);7月有关地级市老龄办或被抽中的县/区老龄办选拔、培训调查员(每个被抽中的村/居各2人)。

2.入户调查和问卷质量控制阶段(2015年8月1日—2015年8月31日)

该调查以2015年8月1日作为调查标准时点开始,采用系统协作的工作方式,在整个时间段里各项工作统一协同进行,保证项目的如期按时完成。其中为确保问卷质量,通过对入户调查员的专业培训,使其熟练掌握调查技巧,同时开展先期的调查宣传,让受调查人员更好地支持调查工作的顺利开展,保证最终数据采集的真实性和科学性。采用"乡镇(街道)初审,市县(市、区)复审"的层层审核流程,以被抽中的县(区)为单位开展入户调查工作。发现问题,及时通过电话沟通或再次入户确认,保障此次调查研究的质量。

3.问卷收集与数据录入阶段(2015年9月1日—2016年5月31日)

于2015年9月1日开始至9月15日问卷收集结束。有关地级市老龄办和被抽中的县(区)老龄办开展集中、验收、邮运调查问卷等工作。在数据方面,数据的录入及处理工作由全国老龄办组织老龄科研中心人员负责,主要包括负责问卷编码、数据录入培训、正式数据录入、问卷调查整理及邮寄、初步数据分析和报告撰写等工作,同时安排相关人员在专家的指导下进行问卷编码、录入模板制作和正式数据录入等工作。数据的录入采用"分布式独立双录入"方式,即由两组录入人员独立录入两遍,两遍录入完成之后由校对人员进行匹配校对,以保证数据录入的准确性。

4.数据整理及分析阶段(2016年6月1日—2016年12月31日)

数据整理及分析主要由厦门大学公共事务学院王德文教授负责,由厦门大学在校师生构成的课题组,进行数据整理与调查成果报告的撰写。课题组成员通过先期的专业培训和学习,同时保持与此次调查领导小组的实时信息沟通,以便获取切实有效的信息,在最终的成果报告分析和撰写上,得益于这种上下相济、内外结合的组织模式,为此次调查获取最终的研究成果助力,其间三易其稿以保证最终调查研究成果的科学性和准确性。

二、调查内容和样本选取

福建省现辖9个地级市,85个县级行政单位数。其中,县44个,县级市13个,市辖区28个,具体见表1-1。福建省第四次城乡老年人生活状况抽样调查于2014年进入调查工作准备阶段,通过采用"分层、多阶段PPS、最后阶段等概率"的近似自加权样本抽样设计的方法,确保抽取样本的全省代表性。首先于全省85个县级行政单位数中随机抽取了11个县级行政单位数,它们分别隶属于以下6个地级市:福州市、厦门市、南平市、莆田市、泉州市和漳州市;随后在上述11个县级行政单位数中,按照县、县级市与市辖区再进行分层随机抽样,一共抽取了44个乡镇或街道;接着在上述乡镇或街道中,采用分层随机抽取方法确保在每个县级行政单位的4个乡镇或街道中,分别都抽取出16个社区(村/

居)和 480 位 60 周岁以上老年人[1](见表 1-2)。福建省第四次城乡老年人生活状况抽样调查最后共抽取出 176 个社区(村/居)作为调查地点,共获得有效样本 5 280 个。其中,有 4 752 位 60 周岁以上老年人接受个人问卷(短表)调查,有 528 位 60 周岁以上老年人接受个人问卷(长表)调查。[2]

表 1-1 福建省行政区划(2015 年年底)

设区市名称	县级行政单位数(个)				县级行政单位名称
	合 计	县	县级市	市辖区	
总 计	85	44	13	28	
福州市	13	6	2	5	鼓楼区 仓山区 台江区 马尾区 晋安区 福清市 长乐市 闽侯县 连江县 罗源县 闽清县 永泰县 平潭县
厦门市	6	—	—	6	思明区 海沧区 湖里区 集美区 同安区 翔安区
莆田市	5	1	—	4	城厢区 涵江区 荔城区 秀屿区 仙游县
三明市	12	9	1	2	三元区 梅列区 永安市 明溪县 清流县 宁化县 大田县 尤溪县 沙县 将乐县 泰宁县 建宁县
泉州市	12	5	3	4	鲤城区 丰泽区 洛江区 泉港区 石狮市 晋江市 南安市 惠安县 安溪县 永春县 德化县 金门县
漳州市	11	8	1	2	芗城区 龙文区 龙海市 云霄县 诏安县 漳浦县 长泰县 东山县 南靖县 平和县 华安县
南平市	10	5	3	2	延平区 建阳区 邵武市 武夷山市 建瓯市 顺昌县 浦城县 光泽县 松溪县 政和县
龙岩市	7	4	1	2	新罗区 永定区 漳平市 长汀县 上杭县 武平县 连城县
宁德市	9	6	2	1	蕉城区 福安市 福鼎市 霞浦县 古田县 屏南县 寿宁县 周宁县 柘荣县

数据来源:福建省统计局.福建统计年鉴—2016,http://www.stats-fj.gov.cn/tongjinianjian/dz2016/index-cn.htm。

表 1-2 福建省第四次城乡老年人生活状况抽样调查的样本情况

城 市	县(市/区)	具体街道	街道数	社区(村/居)数	样本数
福州市	台江区	茶亭街道、瀛洲街道、苍霞街道、上海街道	4	16	480
	晋安区	茶园街道、新店镇、岳峰镇、鼓山镇	4	16	480
	闽侯县	竹岐乡、南通镇、青口镇、上街镇	4	16	480
厦门市	思明区	鹭江街道、梧村街道、开元街道、筼筜街道	4	16	480
漳州市	漳浦县	前亭镇、深土镇、旧镇镇、绥安镇	4	16	480
	诏安县	梅岭镇、官陂镇、桥东镇、南诏镇	4	16	480

---

[1] 分别在每个县级行政单位的 4 个乡镇或街道中抽取出 16 个村(居)委会中,根据编制的老年人花名册,由全国老龄办采用"随机数"法抽取 60 周岁以上老年人作为调查对象。

[2] 在调查问卷上,设计、修订和专家论证由全国第四次调查领导小组办公室统一组织实施,包括 5 种问卷类型,依次是个人问卷(长表)、个人问卷(短表)、社区(村/居)问卷、乡镇(街道)问卷和县(市/区)问卷。参见附件中的调查问卷。

续表

城 市	县(市/区)	具体街道	街道数	社区(村/居)数	样本数
泉州市	鲤城区	临江街道、海滨街道、鲤中街道、开元街道	4	16	480
	德化县	美湖镇、上涌镇、浔中镇、龙浔镇	4	16	480
莆田市	涵江区	涵西街道、白塘镇、三江口镇、江口镇	4	16	480
	荔城区	镇海街道、北高镇、新度镇、黄石镇	4	16	480
南平市	延平区	紫云街道、四鹤街道、塔前镇、夏道镇	4	16	480
合 计	6个市,11个县(市、区),44个乡镇(街道)			176	5 280

有关福建省第四次城乡老年人生活状况抽样调查的问卷设计、修订和专家论证由全国第四次调查领导小组办公室统一组织实施,包括2种问卷类型,个人问卷(包括长表与短表)、社区问卷[包括社区(村/居)问卷、乡镇(街道)问卷和县(市/区)问卷]。本次调查紧紧围绕老年人生活状况和养老服务需求,分别涵盖了老年人自然情况及社会情况的数据统计,重点了解城乡老年人健康、照护护理服务、家庭、经济、社会参与、维权意识与行动、宜居环境及精神文化生活等方面的状况。

1.个人问卷(短表)的内容:(1)老年人基本状况:性别、年龄、文化程度、政治面貌、婚姻状况;(2)老年人家庭状况:子女数、同吃同住人员、重大支出决策人;(3)老年人经济状况:2014年老年人家庭总收入、2014年老年人家庭总支出、自我经济状况评价、老年人和老伴存储的养老钱、社会保障、2014年老年人与老伴的其他收入、从事投资理财活动、拥有属于自己(或老伴)产权房子、每月日常生活开支情况、2014年个人开支、所在家庭平均每月食品支出(伙食费)、家中的"啃老"状况。

2.个人问卷(长表)的内容:除了个人问卷(短表)的内容外,还增加了:(1)老年人健康医疗状况:视力、听力、每周锻炼次数、保健品、所患慢性疾病等;(2)老年人照顾护理服务状况,涵盖日常生活状况、失禁、辅助用品、日常生活需要别人照护护理的情况、愿意接受照护护理服务的情况、需要的社区老龄服务等项目;(3)老年人精神文化生活状况:经常参加的活动类型、上网情况、参加老年大学、未来一年准备旅游、宗教信仰、孤独感、幸福感。

3.社区(村/居)问卷、乡镇(街道)问卷和县(市/区)问卷的内容:(1)老年人宜居环境状况:现在住房所建年代、对现有住房是否满意、2015年以来是否跌倒过等;(2)老年人社会参与状况:参加公益活动、参加老年协会、参与社区选举情况、向社区提建议、帮助社区有困难老年人意愿等;(3)老年人维权状况:对《老年人权益保障法》是否知晓、办理优待证、曾享受过的优待、合法权益保障;(4)老年人精神文化生活状况:经常参加的活动类型、上网情况、参加老年大学、未来一年是否准备旅游、宗教信仰、孤独感、幸福感;(5)基层老龄工作和为老服务状况。

三、调查实施和数据质量控制

本次调查的标准时间点为2015年8月1日,涉及6个市,11个县(市、区),44个乡镇(街道),176个社区(村/居),通过顶层设计、经济支持、宣传引导、社会合作等工作开展调查并确保数据质量。有关地级市老龄办、民政局、财政局高度重视,把这项工作摆上议事日程。被抽中的县(区)老龄办成立了调查组织领导机构,负责本地的调查组织实施工作。被抽中的县(区)财政部门根据调查工作需要,将调查经费列入同级预算予以保障,充足的经费支持是调查得以顺利开展并保持科学性的关键。

在调查前期,有关地级市老龄、民政部门首先通过开展宣传工作,扩大社会影响力,同时增强居民的人口老龄化国情意识。其次,各级地级市老龄办通过认真选拔督导员参加省老龄办组织的培训工作,并认真做好本地区调查员的培训工作,从而在人力上保证本调查队伍的专业性。最后,各地调查员们坚持逐户入户走访调查,并依据调查员手册与实事求是原则,如实填写问卷,切实保证有关数据来源的真实性,从而有效地确保本次调查的质量。

有关代替回答情况说明如下:在调查过程中,有 882 位老年人(占该问题应答率的18.72%)的部分问题或全部问题是由在场的其他人代替回答。这其中有 15 位老年人是因为聋哑无法回答问题,有 46 位老年人是因痴呆无法回答问题,有 187 位老年人是由于听觉障碍,有 474 位老年人是由于回答不清等原因无法回答问题,所以由在场的其他人代替回答(见表 1-3)。从 6 个被抽到的样本市分析,由其他人代替回答率最低的是厦门市,占比 11.21%,代替回答率最高的是漳州市,占比 27.95%(见表 1-4)。

表 1-3 调查过程中部分问题或全部问题是由在场的其他人代替回答情况

单位:n(%)

户口类型	不 是	是	总 计
农业户口	1 817(77.48)	528(22.52)	2 345(100)
非农业户口	1 569(85.97)	256(14.03)	1 825(100)
统一居民户口	444(81.92)	98(18.08)	542(100)
总 计	3 830(81.28)	882(18.72)	4 712(100)

$\chi^2 = 48.7687, P = 0.000$;缺失值为 40。

表 1-4 不同地区市调查过程中部分问题或全部问题是由在场的其他人代替回答

单位:n(%)

城 市	不 是	是	总 计
福州市	1 053(83.84)	203(16.16)	1 256(100)
南平市	348(82.46)	74(17.54)	422(100)
莆田市	724(80.89)	171(19.11)	895(100)
泉州市	696(82.66)	146(17.34)	842(100)
厦门市	404(88.79)	51(11.21)	455(100)
漳州市	611(72.05)	237(27.95)	848(100)
总 计	3 836(81.28)	882(18.72)	4 718(100)

$\chi^2 = 71.3354, P = 0.000$;缺失值为 34。

数据质量是保证数据应用的基础,是数据科学性的保证,本次调查非常注意做好数据

质量控制的工作,具体体现以下四个"性":

1.完整性,指的是数据信息是否存在缺失的状况。此次调查涉及福建省福州、厦门、漳州、泉州、莆田、南平市等 6 个市,11 个县(市、区),44 个乡镇(街道),176 个村(居)。并在每个县(区)的 4 个乡镇(街道)中共抽取 16 个村(居)委会和 480 位老年人作为三级和最终抽样单位,各个抽样单位的数据完整。

2.一致性,指的是数据是否遵循了统一的规范,数据集合是否保持了统一的格式。此次调查在数据的录入及处理工作方面由全国老龄办组织老龄科研中心人员负责,主要包括负责问卷编码、数据录入培训、正式数据录入、问卷调查整理及邮寄、初步数据分析和报告撰写等工作,并安排相关人员在专家的指导下进行问卷编码、录入模板制作和正式数据录入等工作,有效保证各项数据在同一标准下进行收集和分析。

3.准确性,指的是数据记录的信息是否存在异常或错误。此次调查得益于先期的队伍建设、制度建设及人才培育,能够规范调查人员的调查过程,有效保证在数据的收集阶段取得科学有效的数据,以及专业化的培训,让调查人员能够熟练掌握相关的统计数据分析工具,保证数据录入的准确性。同时,得益于先期的宣传和引导,保证公众能够以一个严谨负责的态度参与此次调查,保证调查数据能够切实反映老年人的生活状况。

4.及时性,指的是数据从产生到可以查看的时间间隔,亦称为数据的延时时长。此次调查从 2014 年开始筹备酝酿,并于当年做好调查前期准备工作,于 2015 年 8 月 1 日作为调查标准时点开始,至当月 31 日结束,组织实施调查及年底整理公布主要数据;2015 年 9 月 1 日开始至 9 月 15 日结束,进行问卷收集与整理;2016 年进行数据深度开发,历时将近三年完成该项目的数据收集和分析直至最后的调查报告的出版。有效保证此次调查所获取的数据能够切实反映当前福建省老年人生活的基本概况。

第二节　福建省第四次城乡老年人生活状况抽样调查成果总述

健康与幸福是人类社会谋求发展的最基本要素。关爱老年人健康及其生活状况不仅是一种义务,同时也是社会文明的一个体现。福建省第四次城乡老年人生活状况抽样调查在省政府的号召下,由第四次调查领导小组积极组织与推动,取得了圆满的成功并顺利完成了预期任务。本次调查既反映出我省上下各级政府对于老龄事业发展的关心和重视,又体现出新时期老龄工作的艰巨与任重道远。现将这次调查的主要结果陈述如下。

一、福建老年人生活状况与环境的主要调查发现

纵观学界对老年人生活状况的研究,学者的研究主要聚焦在年龄、户籍、收入水平、受教育程度、身体健康状况、丧偶率等方面,而且许多影响因素之间存在传导效应,如收入水平低下导致物质生活水平低下,进而影响到老年人的健康状况,最终导致生活满意度降

低。通过梳理文献可以发现,当前针对老年人生活状况的研究往往与老年人的人口特征、目前面临的主要问题、相关的老年服务需求及需求的满足情况交织在一起。多数学者认为,年龄低、非农业户口、收入水平高、身体健康、非丧偶与老年人良好的生活状况密切相关。本次分析在这个部分以马斯洛需求层次理论为指导,从低阶需求到高阶需求,分别选取调查中获得的老年人的基本状况、家庭状况、经济状况、宜居环境状况、社会参与状况、权益保障情况方面的变量来分析把握福建省老年人口的总体生活水平,并从性别、年龄、户籍、民族、文化程度、政治面貌、婚姻状况等方面展开分层分析。

研究表明,福建省不同人口学特征的老年人生活状况及生活环境存在统计学上的显著性差异。具体而言,在家庭与经济状况方面,农业户口老年人的子女数量平均为 3.8 个,非农业户口的平均子女数为 2.5 个,这与我国农村"养儿防老"的观念盛行也存在契合;同时,非农业户口老年人的经济收支情况好于农业户口老年人,文化程度较高的老年人经济收支情况和经济自我评价状况好于文化程度较低的老年人。研究发现,本次受访老年人中有 4 972 位回答了每月领取养老金情况,其平均值为每月 1 328.64 元,标准差为 1 620.19元,最低值为 67.5 元,最高值为 10 000 元。男性老年人每月的养老金(离退休金)平均是1 591.4元,女性老年人平均每月有 1 021.2 元的养老金(离退休金)。"高中以下"文化程度的老年人每个月养老金(离退休金)的平均数额是 817.7 元,而文化程度在"高中及以上"老年人平均每个月的养老金(离退休金)收入为 3 257.4 元。另外,研究发现老年人在储蓄、拥有房产等经济收支项目上都存在户籍与文化程度的关联性。

在生活及居住环境方面,非农业户口和文化程度较高的老年人住房条件好于农业户口和文化程度较低的老年人,文化程度较高对住房条件的满意度也较高。研究也发现,非农业户口老年人的邻里关系相较于农业户口老年人生疏,这与城乡老年人的不同居住格局、人文环境和生活习惯息息相关。在社会参与和权益保障方面,本研究发现中共党员、高文化程度、非农业户口、男性都是影响老年人积极参与社会活动的重要因素,而且,非农业户口老年人所在社区办大事更有可能咨询社区老年人的意见。总而言之,不同性别、年龄、户籍、文化程度的老年人生活状况存在统计学上的显著性差异,非农业户口老年人在家庭状况、经济状况、健康医疗状况、照护服务的需求满足情况、宜居环境状况、社会参与情况、权益保障及精神文化生活状况等许多方面要好于非农业户口老年人,文化程度较高的老年人的基本生活状况和对生活条件满意度也高于文化程度较低的老年人。

通过梳理福建省老年人的生活状况与生活环境存在人口学特征上的差异,可以看到,福建省老年人的生活状况的具体表现与我国老年人生活状况和生活环境情况大致吻合,与其他学者的研究结论也存在许多相似之处。此外,有的学者在研究中提到,老年人生活状况和生活环境的影响因素之间存在传导效应,如不同户籍和文化程度的老年人经济状况存在差异,而该差异是否会导致居住环境、社会参与、权益保障等方面的不同? 具体影响有多大? ……此类问题有待今后深入探讨。

二、福建老年人健康、医疗及照护供需状况的主要调查发现

这部分从老年人的主客观健康情况、生活习惯与健康医疗行为、日常照护需求与供给三方面考察老年人的健康医疗及照护护理情况,同样从年龄、户籍、性别、婚姻状况等老年

人基本特征着手，分析不同类型的老年人健康医疗及照护护理的情况差别。具体而言，不同类型老年人的主客观健康状态存在统计学上的显著性差异，首先，年龄是老年人健康状态的最大影响因素，年龄越大老年人的躯体健康状况和生活自理能力越差，这是由于老年人年龄增长导致了生理机能的衰退。本次调查的 5 280 个被访老年人中，只有约 13.62% 老年人被调查员判断为健康状况及自理能力为非常健康，42.62% 的老年人被判断为比较健康，7.89% 老年人被判断为比较不健康，1.63% 的老年人被判断为非常不健康。其中，男性被判断"非常健康"及"比较健康"的比例为 61.53%、大于女性（51.63%）的情况，农村老年人被判断为"非常健康"及"比较健康"的比例为 46.91%、小于非农业老年人口（比例大于 60%）。大约有 10% 的老年人被判断为不能完全自理（含部分自理和完全不能自理），同样，即女性完全自理能力低于男性老年人，农业户籍的老年人完全自理能力低于非农业户籍的老年人。

在生活习惯与健康医疗行为方面，不同户籍、性别、年龄的老年人存在统计学上的显著性差异，尤其是非农业户口老年人在就医地点选择、就医时遭遇的问题、购买商业保险等情况均好于农业户口老年人，同时，非农业户口老年人的住院花费和自费购药花费也高于农业户口老年人，该现象与就医地点选择和就医观念的城乡差别值得密切关注。具体而言，有 5 189 位老年人回答了自己在过去一年内（2014 年）的住院花费情况。其中，男性老年人 2014 年平均住院花费为 4 746.3 元，女性老年人 2014 年住院平均花费 3 733.1 元。"农业户口"的老年人住院平均花费 2 900.4 元，"非农业户口"老年人住院平均花费 5 467.3 元。但是，"农业户口"的老年人 2014 年自费及购药的平均花费 703.4 元，而"非农业户口"老年人 2014 年自费及购买药物平均花费 1 017.1 元。"75 岁以下"老年人 2014 年自费购药平均花费 812.8 元，"75 岁及以上"老年人 2014 年自费购药平均花费 1 018.1 元。年龄越低的老年人购买商业保险的比例越高，这与我国的普遍现象一致。

另外，针对 ADL 的 6 个项目（包括吃饭、穿衣、上下床、上厕所、室内走动、洗澡）若六项中至少有一项为"做不了"或者"有些困难"，就定义为失能或半失能。调查发现，在 5 247 位应答者中，60 岁以上男性老年人失能或半失能占比 5.21%，女性占比 6.60%，总体样本老年人失能或半失能占比为 5.95%。农村老年人失能及半失能的发生率为 6.53%，要高于城镇老年人的 5.42%。从地区市视角分析福建老年人失能或半失能从高到低的排序为：南平市与莆田市（并列第一）、漳州市、福州市、泉州市、厦门市。

在日常照护需求与供给方面，年龄越大的老年人对照护服务的需求越高，女性老年人相较于男性老年人对照护服务有更高的需求。分析 5 280 位老年人对社区老龄服务的需求情况，可以看到，排在前五位的社区老龄服务分别是上门看病（34.7%）、上门做家务（12.9%）、健康教育服务（12.2%）、心理咨询/聊天解闷（9.3%）、康复护理（9.0%）。但是，研究发现，受访老年人对社区所提供的服务的利用率明显低下，说明总体我省的社区（村/居）老龄相关服务的供给与利用率有限。我省老年人最愿意在家接受照护服务的比例最高，为 81.3%，还有 13.1% 的老年人表示得视情况而定。有 2.4% 的老年人表示最愿意白天在社区、晚上回家接受照护服务。有 768 位老年人报告了自己如果入住养老机构，自己（和家人）每月最多能承担的费用 1 000 元以下的占 39.3%，每月最多能承担 1 000~1 999元的老年人占 36.6%，每月最多能承担 2 000~2 999 元的老年人占 17.4%。研究还发现，高龄老年人的孤独感高于低龄老年人,有配偶的老年人的幸福感显然高于无配偶的老年人。

通过本章分析,我们更加深刻地认识到老年人的健康医疗与照护护理情况存在年龄、户籍、性别、婚姻状况等方面的差异。深究其原因,这与不同类型老年人的思想观念和客观条件的差异密不可分。因此,深入探讨老年人健康医疗与照护护理状态差异背后的原因,关注各影响因素之间的传导效应是一个可以讨论的话题。同时,针对老年人健康医疗和照护护理状况的不同,政府、社会、个人能否实现有效协同,满足老年人的健康和照护需求也有待深入研究。

三、城乡视角下的老年人生活、健康状况比较的主要发现

本章节将参与调查的福建省的城乡老年人的生活状况作为分析内容,比较城市、镇和村的老年人的健康状况、照护服务状况、宜居环境等方面,以反映老年人生活状况的差异水平。城市、镇和村是按照老年人居住地的地理环境、经济发展水平和规模划分的,"中心城区""边缘城区"(不含"城中村")等划分为"城市";"城中村""城乡接合部""城区以外的镇/乡镇中心"划分为"镇";其余则为"村"。具体而言,居住在"城市"的老年人共有1 501人,占比28.43%,居住在"镇"的老年人有960人,占比18.18%,居住在"村"里的老年人有2 819人,占比53.39%。研究发现,福建省城市、镇和村老年人的生活状况上呈现不同程度的差异。

从健康行为的角度来评价,经常吸烟的人群中,城市老年人占9.8%,乡村老年人占12.8%。乡村居民中从不锻炼的老年人所占比例最高,约占52.9%,而城市和城镇居民中从不锻炼的比例不到其一半,分别为24.7%和23.1%。从宜居环境视角,城市、镇和村老年居民住房中有自来水供应的分别占比例99.3%、100.0%和83.8%,有煤气/天然气/沼气供应的分别占比例84.4%、58.7%和45.5%,室内有厕所的比例分布分别为94.1%、94.4%和69.5%;有洗澡/淋浴设施的分别占比95.6%、94.4%和71.4%。另外,居住于城市的老年人住房其家中电子产品和家用电器中如电脑、空调、空气净化器、净水设备等,在一些智能化或高端设备上的使用率还是比农村老年人高。

从健康状况的角度来看,居住于乡村的老年人认为自身健康状况不好的比例要高于城、镇的老年群体。城市老年人患高血压、骨关节病、心脑血管疾病、糖尿病、白内障/青光眼等五类慢性病的比例最高,城镇老年人常年患的慢性病排在前五位的为高血压、骨关节病、心脑血管疾病、白内障/青光眼和糖尿病,乡村老年人最常患的慢性病有骨关节病、高血压、胃病、白内障/青光眼和心脑血管疾病。老年人在视力、听力及口腔保健状况上也存在统计学上显著性的城乡差异。

从日常生活能力的角度来看,农村老年人的生活自理能力也要比城镇老年人差。这一结果同我们以往一贯的认知有所偏差。大多数人认为农村老年人长期从事体力劳动,而相对于缺乏锻炼的城市老年人,他们的体质较好。可调查结果显示,在进食方面,认为有困难或无法自己吃饭的城市、城镇和乡村老年人所占比例为1.5%、2.2%和1.6%;在穿衣情况方面,认为穿衣有困难或做不了的城市、城镇和乡村老年人所占比例为2.2%、2.6%和2.6%;至于上厕所情况,认为上厕所有困难或做不了的城市、城镇和乡村老年人

所占比例为 2.7%、3.2% 和 4.1%；还有大小便失禁情况，上下床有困难或做不了、室内走动、洗澡等情况，均为农村老年人失能的比例大于城市或城镇的老年人。这可能是因为农村老年人经年累月的过度劳动造成农村老年人身体各个组织和器官受累耗损，从而使其身体机能更加容易衰弱、老化，以至于其日常生活质量受到影响。

再根据照护服务需求情况进行比较，研究发现，城镇老年人的照护服务需求要显著高于农村老年人，但实际上农村老年群体对照护服务也存在着很大的潜在需求，因为缺乏接受照护服务意识和受传统观念的影响，再加上经济等条件的制约，这些需求并没有能够直接体现出来。

总而言之，福建省大部分农村老年人缺乏良好的生活习惯和健康的生活理念，可能是因为农村老年人的自我健康管理意识较弱，受教育知识水平的限制，对健康生活的观念认知较低，自我保健意识差，没有良好的生活习惯，以及生活环境和条件的约束，造成了其健康状况低于城镇老年人。如何正确引导他们健康生活是今后农村老龄工作的重点。另外，农村老年人的居住条件和居住环境都劣于城镇居民，除了一些主观因素外，不得不承认，政府在对新农村环境建设上有待从老龄工作视角提高外在条件的建设。通过和以往其他省市对老年人生活状况的城乡比较，本次研究发现不少地方存在与我省问题相似的情况；在一些经济水平普遍较好的省市，老年人生活状况的城乡差异会明显降低；对于一些居住环境较差的城市，其老年人生活状况可能与我省总体情况截然不同。

四、社区（村/居）建设情况与老龄事业调查的主要发现

本部分主要进行社区地理与人口、社区基础设施、老龄服务体系建设以及老龄工作的现状等内容的分析。从社区和人口状况出发，包括社区（村/居）地理位置、类型、户籍登记人口总数及常住人口总数，以及农村劳动力流出状况等方面，进而探寻社区基础设施状况，主要选取了社区道路、公共养老设施、无障碍设施、基础公共设施及社区活动场所等方面，试图从侧面反映政府的老龄工作的水平和质量。该部分同老龄服务体系建设的相关内容（包括了生活类服务、医疗与康复类服务、文化娱乐与社会参与服务类等方面）一起，为福建省今后老龄产业发展以及老龄事业建设提供科学的数据支撑。

在社区的范围界定上，按照各自城市的规划或者惯例而形成"中心城区""边缘城区"的划分概念，整个研究的样本选取亦按照此标准进行，从一定程度上反映出各社区所在城市区域的经济与城市化建设水平上的差异。其中"中心城区"所占比例最高，共有样本 69个，占比 39.7%，以厦门、泉州、福州三市作为主体部分，体现出三个城市在福建省经济地位和城市化水平上，相较于其他城市仍是整个福建省的核心城市区域；接下来是以"乡镇附近"作为过渡区域进行样本选取，共有样本 40 个，占比为 23%，其中主要集中于莆田和漳州市，余下各市共有 15 个；数量最少的是"边缘城区"，共有 6 个样本，占样本总数的 3.4%。在社区（村/居）类型的选取上，随着时代的发展和城市进程的不断推进，对于社区具体类型的划分亦随着社区构成形态的变化而日新月异，呈现出各自不同的社区类型。基于社区是一个行政上的地理概念，兼顾社区类型的多元化构成形态，将各种社区进行融合，可以是单一的或是几种类型的统一。在具体样本的选取上，包括了未经改造的老城区（街坊型社区）、单一的单位社区（企事业单位）、混合的单位社区、保障性住房社区、普通商

品房小区、别墅区或高级住宅区、新近由农村社区转变过来的城市社区、农村(地处农村中心区)社区、特殊型(林场/矿区/校区等)社区以及其他类型,实际有 173 个社区报告了"本社区的类型",因部分社区包含几种类型,所以共有样本个数 235 个。其中,"农村(地处农村中心区)社区"数目最多,共有 83 个,占总数的 35.3%;再来是"普通商品房小区",共有 44 个,占比 18.7%;紧接着是"混合的单位社区",共有 41 个,占比为 17.4%;最低的是"特殊型(林场/矿区/校区等)社区",共有 2 个,仅占比 0.9%。

在社区(村/居)总面积及农村人均耕地面积的统计分析上,充分体现出福建省城市发展离不开和受制于地理面貌这个客观事实,多山的丘陵地区和稀缺的可耕种土地,直接决定着福建省社区的总面积及人均耕地面积。在社区(村/居)总面积的分布情况上,呈现出"小型化"的特点,大多以"5 平方千米以下"为主,共有 129 个,占比 75.4%。在农村人均耕地面积的分布情况上,呈现出农村人均耕种面积两极分化相对严重的情况,农村人均耕地面积以"1 亩以下"为主,共有 68 个,占比为 90.7%;"3 亩"以上样本为 7 个,仅占比 9.3%。可见这种两极分化的形式需要引起一定的注意。在社区(村/居)户籍登记人口总数的统计中,主要探讨本社区户籍的人口数量,可以看出全省社区发展的人口规模相对适中,一定程度上体现福建省的城市化进程水平,但在不同社区的比较上差异极大。而在城乡比较上,"城市地区"的社区户籍人数要大于"乡村地区"的社区,其内部差异也更大。在城乡之间户籍人口比较上,"城市地区"社区户籍登记人口数的范围为 962~19 948 人,平均人数为 5 963.0 人;而"乡村地区"社区户籍登记人口数的范围为 213~9 737 人,平均人数为 3 994.5 人。在"本社区 2014 年年底常住人口数"的总数统计上,以"2 500~5 000 人"居多,共有 57 个,占比 33.14%;其次是"7 500 人以上",共有 43 个,占比 25%;最少的是"5 000~7 500 人",共有 34 个,占比 19.8%。2014 年年底常住总人口数量的范围在 190~24 742 人之间,平均人数为 5 318.0 人。在城乡比较分析的结果中,"城市地区"常住人口数的范围为 687~24 742 人,平均人数为 6 630.3 人;而"乡村地区"的范围为 190~8 350 人,平均人数为 3 660.3 人。结合户籍人口数据,可见"城市地区"常住人口数高于户籍人口数,人口处于净流入状态;相反"乡村地区"常住人口数低于户籍人口数,人口处于净流出状态。在该项调查中,有 76 个村庄报告了本村在外打工的青年人占青壮年劳力的比例情况,其中以"20% 以下"占比最高,共有 28 个,占比 36.8%;其次是"20%~40%",共有 20 个,占比 26.3%;最少的是"60%~80%",共有 8 个,占比 10.5%。据此,在面对当前所存在的"空心村""留守儿童"等问题上,如何回归青年劳动力为各类问题提供一条解决路径。

在社区(村/居)老年人口数量的统计调查的基础上试图探寻当下社区中老年人口的具体构成,从中可以发现,老年人口的主体构成集中于 60~80 岁的年龄层,2014 年社区户籍人口中 60 周岁及以上老年人口数量的分布,"800 人以下"所占比例最高;80 周岁及以上的老年人以"100 人以下"规模所占比例最高;而绝大部分社区都没有 100 周岁及以上老年人口。对那些生活中遇到困难的老年人而言,必要的救助将有助于个体更好地安度晚年生活,根据统计调查可以发现,大部分老年人没能从社区中获取低保救助,获得低保救助老年人口数为"50 人以下"的社区占绝大多数,占比 91.9%;纳入"三无/五保"老年人数量为"10 人以下"的占绝大多数,占比 94.0%。由于年轻劳动力的外流,地区的人口构成不可避免的呈现出以"留守老年人"为主的农村形态。2014 年年底,福建省的社区"留守老年人"人数的平均范围在 0～520 人之间,而针对"纯老户/留守老年人"建立专门的帮扶措施的社区所占比例仅为 27％,没有帮扶措施的社区所占比例为 73％。可见,福建省社区对"纯老户/留守老年人"的专门帮扶措施还很不到位,绝大部分社区没有为"纯老户/留守老年人"建立专门帮扶措施。调查还发现,基本不存在虐待/不赡养老年人的现象,也从某种程度上说明福建省敬老、爱老文化的建设成果是喜人的。虽然老年人犯罪问题几乎为零,但 96.3％的社区仍发生了"5 例以下"老年人受骗上当的问题,这需引起有关部门的注意。

在社区基础设施状况方面,主要选取了社区道路、公共养老设施、无障碍设施、基础公共设施及社区活动场所等指标,试图从侧面反映政府的老龄工作的水平和质量。研究发现,当下福建省社区已经没有土路、沙路等道路类型,绝大部分受访社区的主要道路类型属于水泥路,其余样本则为柏油路。从城乡社区来看,柏油路全部分布在城市地区,而乡村地区则全为水泥路。在炊事燃料使用情况的调查中,大部分受访社区主要使用燃气和电为主的炊事燃料,煤炭、沼气、柴草等燃料使用较少。大部分城市社区使用燃气作为其炊事燃料;而在乡村地区,使用燃气和电的比例接近,煤炭、沼气、柴草等燃料的使用地区全部分布在乡村。在饮用水类型的调查中,大部分受访社区的饮用水类型为自来水(管道)和井水,其余如地表水和其他使用较少。在社区(村/居)下水道系统的调查中,62.6％的社区有下水道系统,而没有下水道系统的社区占比为 37.4％。可见,福建省在下水道建设方面还存在一定的不足问题。在垃圾处理方式的调查中,大部分受访社区的垃圾处理模式为集中处理,但仍有少部分社区使用"自行处理"的方式,可见在环境保护方面还有一定的优化空间。在公共无障碍设施的分布情况中,21.8％的社区有指出公共无障碍设施"清晰的标识",17.1％的社区有"坡道",而拥有"无障碍电梯"和"字幕提示和语音提示"的社区占比仅为 3.4％,高达 34.2％的社区没有任何无障碍设施。可见,福建省社区的公共无障碍设施建设亟待加强。在公共活动用房情况的调查中,不同社区的公共活动用房面积差别较大,而且在城乡比较中,"乡村地区"的社区公共活动用房平均面积要大于"城市地区"的社区,这与"乡村地区"平均面积较大的客观事实相一致。在公共活动用房建设年代调查中,建于"80—90 年代"的公共活动用房数量最多,接下来是"近十年内新建",最少的是建于"40—50 年代",这本质上与地区经济发展步伐相一致。在基础公共设施中,福建省对文化服务设施尤其是学校建设比较重视,公共基础服务设施资源多样且丰富。但是,数据显示福建省社区养老设施建设滞后,大部分社区没有养老服务设施,且主要集中于经济相对发达的个别城市当中,如福州市、泉州市、厦门市,而各个城市具体的服务设施的设置又有所差异。

在医疗卫生机构的分布上,这种地区差异更是明显,城市地区的医疗卫生条件远远要好于乡村地区,乡村地区医疗卫生机构还有待发展完善。文体设施上,这种差异亦是存在,又显现出地区特色性,农村地区的文体活动还带有比较浓厚的传统以及宗教色彩。老龄服务体系建设包括了生活类服务、医疗与康复类服务、文化娱乐与社会参与等服务类等方面的内容。研究发现,受访社区普遍具有"便民服务(代缴费/充值、快递服务等)""法律/维权服务""老年婚介服务"等,但也有 9.1％的社区没有任何服务提供。对于医疗、康复类服务而言,福建省社区提供的医疗、康复类服务比较丰富,但是仍然存在一些社区未能提供至少一种医疗、康复类服务,这可能与医生、护理员和专业医疗护理人员的缺口较大有关。

在文化娱乐、社会参与服务类方面,福建省种类是丰富多彩的,但"老年人再就业服务"和"老年人交友服务"需要加强重视,其提供比例仅占1.9%,可见对于新兴的老龄事业以及产业的建设仍有很大的空间需要提升。在老龄工作机构/老年人组织上,福建省老年人自我组织以"老年协会"为主,老龄服务机构以"老年学校"为主,晚年的文化娱乐活动主要集中于"健身活动""歌舞活动""集体旅游"等方面,这种现象对于今后老龄产业的建设很有启示意义。在老龄工作开展方面,相关老龄政策法规虽然能够得到一定程度的落实,但在具体的老龄服务设施的建设方面需要进一步加强,存在"(农村)解决老年人活动场所不足问题""(城市)在社区建设中统筹规划老龄服务设施,兴建老龄服务机构、老年活动中心、老年大学"等问题,广大老年人仍是希望政府部门能够针对老年群体开展更多有益于老年人的活动。

161个社区(村/居)对社区2014年用于老龄工作的经费进行了回答。2014年,社区用于老龄工作的平均经费为2.05万元,最小值为0,最大值为20万元,标准差为2.62。其中,"城市地区"的社区2014年用于老龄工作的经费平均达2.51万元,"乡村地区"社区2014年用于老龄工作的经费平均数为1.48万元。2014年厦门市的社区老龄工作经费最高,平均投入4.75万元;投入最少的为南平市,平均每个社区(村/居)投入的为0.54万元。每个社区(村/居)投入老龄工作经费存在统计学上的显著性地区差异。

有关老龄经费拨款的方式,有"一事一议""固定经费""按人头拨款"等。"一事一议"方式主要在乡村地区实行,以农民自愿筹资筹劳为基础,政府按照先议后筹、先筹后补的原则,通过民办公助的方式,对村内道路、农田水利、村容村貌等村级公益事业建设项目给予适当奖补。在对社区老龄工作经费拨款方式的问题回答中,有159个受访社区(村/居)报告了老龄工作经费的拨款方式,15个社区(村/居)数据缺失。其中,以"一事一议"和"固定经费"两种方式居多,分别有56和52个样本,各占比为35.2%和32.7%。

在对问题"社区缺失哪类老龄服务人员"的回答中,有173个受访社区(村/居)报告了本社区缺乏老龄服务人员类型的情况,其中,135个社区反映缺少"全科医生",占26.4%;125个社区反映缺少"护理员",占24.4%;97个社区反映缺少"家政服务人员",所占比例为18.9%。对各市的社区缺乏的老龄服务人员数(该市受访社区缺乏的老龄服务人员总数/该市受访社区总数)进行比较,结果显示每个地区市的社区缺乏的老龄服务人员数均为3个左右,即每个社区(村/居)都希望能增添3个老龄服务人员。可见,福建省老龄服务对医生、护理员等专业医疗护理人员的缺口比较严重。

五、基于6个地级市视角下的调查主要发现

本研究主要从受访的6个地级市(福州市、厦门市、南平市、莆田市、泉州市和漳州市)分析老年人在生活、健康、医疗等层面的实际情况差异,并分别从老年人口和社区工作者的视角探讨了当前福建省老年工作的困境。另外,本研究还分别从老年人口和社区工作者的视角探讨了福建省6个地级市社区(村/居)老龄事业发展中存在的问题。研究发现,

老年人文化程度从高到低的依次排序为：厦门市、福州市、泉州市、南平市、莆田市和漳州市；老年人平均拥有儿子数量从多到少依次为：漳州市 1.93 个、泉州市 1.79 个、南平市 1.71 个、莆田市 1.65 个、福州市 1.36 个和厦门市 1.1 个。老年人平均拥有女儿数量从多到少依次为：漳州市 2.03 个、泉州市 1.83 个、莆田市 1.64 个、南平市 1.62 个、福州市 1.29 个和厦门市 1.1 个。厦门市的相对最少，占比 7.95%。就业机会与房价可能是影响老年人独居与否的关键因素。南平市老年人独居率高于其他地区市的情况，也许与南平市就业机会相对较少，许多子女为了更好地就业而流出本地，厦门市老年人独居比例最低也许与当地的房价有关，由于高房价必然导致人口密集度提高，当然，有关现象还有待于今后进一步考察。老年人与子女长期生活意愿的地区市比较，从高到低依次为：莆田市 91.58%、福州市 74.65%、泉州市与南平市并列为 64.58%、厦门市 58.33% 和漳州市 54.74%。这种地区市差异可能与地方文化或习俗有关，同时反映出地方"孝"文化的差异。老年人有生活困难子女从高到低的依次排序为：泉州市、漳州市、南平市、莆田市、福州市和厦门市。生活在厦门市的老年人其子女在经济上有困难的比例最低。

从老年人健康的层面来看，"过去一年内平均住院次数""慢性病患病情况""视力、听力"等躯体健康指标均以厦门市最好，老年人的精神文化生活也以厦门市最为丰富。值得关注的是，厦门市老年人的自我评价的心理年龄也最"年轻"，平均为 57.71 岁，而漳州市老年人对应的心理年龄最"年老"，平均为 67.06 岁。厦门与漳州均处在闽南地区，老年人的心理年龄相差甚远，躯体健康状况也处于两个极端，这其中的原因值得深究。同时，老年人的自理能力也存在地区性的显著差异，漳州市老年人的自理能力最低，厦门市老年人的自理能力最高。同时，漳州市老年人"从不锻炼"的比例最高，厦门市老年人"经常吃保健品"以及"购买商业保险"的比例最高，而且厦门市老年人在医疗方面的平均花费在所有地区中是最高的。

针对 6 个地级市的社区（村/居）老年工作的发展及困境，从老年人口视角进行分析发现，在漳州市和南平市，有七成左右的老年人不知道《老年人权益保障法》，更不可能利用法律的武器进行维权；有关老年人享受"免费体检""普通门诊挂号费减免""公共交通票价减免"等老年优待中，厦门市有 85% 的老年人享受过相关的老年优待，排列第一，南平市只有 35.21% 的老年人享受过老年优待，排列最次；有关社区提供老龄服务项目如"助餐服务""助浴服务""上门做家务""上门看病""日间照护""康复护理""老年辅具用品租赁""健康教育服务"等，每个地区市所提供的服务率都比较低下，都低于三成，大部分都只有一成的水平；尤其"心理咨询/聊天解闷"最低，多地区市为空白，其次，"老年辅具用品租赁""助浴服务"也非常低下。"上门看病"相对最高，尤其泉州市与漳州市能达到三成左右。

针对社区（村/居）老龄工作的经费，"城市地区"社区 2014 年用于老龄工作的经费平均数为 2.51 万元，"乡村地区"社区 2014 年用于老龄工作的经费平均数为 1.48 万元；不同地区差别较大。普遍缺少"全科医生"的社区占比最多，其次是"护理员"，再次是"家政服务人员"；每个地区市的社区缺乏的老龄服务人员数均为 3 个左右，可见，福建省老龄服务对医生、护理员等专业医疗护理人员的缺口比较严重。

第二章　老年人生活现状①

生活实际上是对人生的一种诠释，它包括与自己息息相关的日常活动和心理精神的活动，生活是指人类生存过程中的各项活动的总和，所以中国城乡老年人生活状况抽样调查所涵盖的内容较广。本章将依据福建省该调查数据中有关老年人口生活状况与生活环境等内容展开详细分析，包括老年人的基本特征、家庭情况、经济收支情况、宜居环境状况、社会参与概况与维权状况等内容。②

第一节　基本特征及家庭情况

本节将介绍被访老年人的个人基本情况，包括性别与年龄结构、户籍与民族分布、文化程度与政治面貌、婚姻状况与居住安排等情况，继而分析福建省老年人的基本特征。

一、性别与年龄结构

本次调查中有 5 268 位（"性别"的缺失值为 12）老年人，其中男性老年人 2 495 位，占 47%，女性老年人 2 773 位，占 53%，被访老年人中女性所占比例高于男性。被访老年人平均年龄为 69.99 岁，标准差为 8.06 岁，最小值为 60，最大值为 101。其中，男性老年人平均年龄为 70.4 岁，女性老年人平均年龄为 71.3 岁，被访女性老年人平均年龄略高于男性，参见图 2-1、图 2-2。

将年龄进行分组分析，发现 60～64 岁组的被访女性老年人所占比例为 33.4%，对应的男性老年人在这一年龄段的占比为 35.6%，可见"年轻"的男性老年人所占比例高于女性老年人；在"75～79 岁""80～84 岁"以及"85 岁及以上"这三个年龄段中，被访女性老年人占比分别为 13.9%、9.4% 和 7.2%，对应的男性老年人的比例分别为 12.0%、8.4% 和 4.6%，参见图 2-3。被访老年人年龄段分布存在统计学上显著性的性别差异（$\chi^2 =$

---

①　文中 Pearson chi3、卡方检验、χ^2 检验等都统一标示为 χ^2；ANOVA 检验、方差分析、方差分析 ANOVA 等都统一标示为 ANOVA。

②　本研究如未做特殊说明样本均为个人问卷（短表）的 5 280 个样本。其中，若使用 527 位接受个人问卷（长表）调查的数据会加以说明。

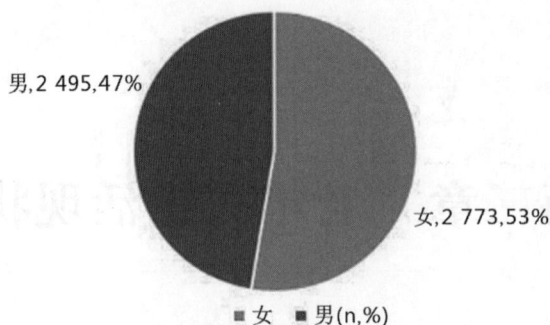

图 2-1　被访老年人的性别

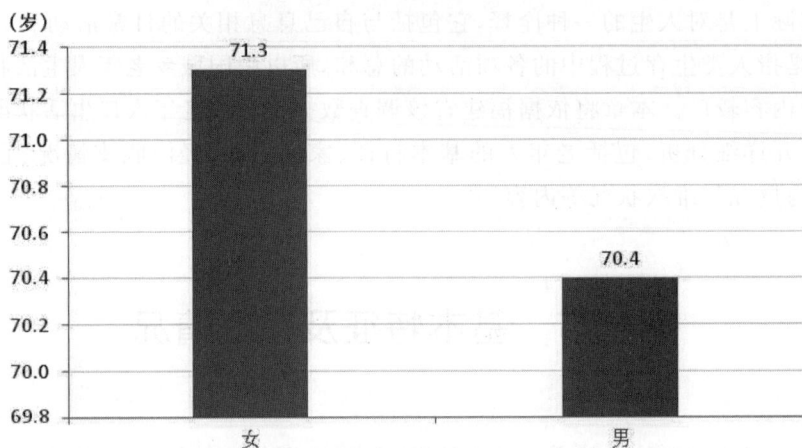

图 2-2　被访老年人的平均年龄

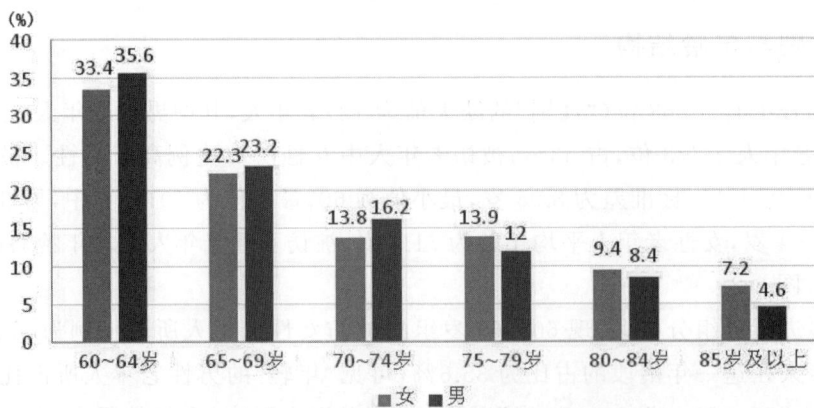

图 2-3　不同性别老年人的年龄分布情况

$25.879, P < 0.001)$[①]，即高龄组女性老年人所占比例高于男性老年人，这也许是我国人口平均寿命性别差异现象的体现。

---

①　P 值是检验统计量超过由样本数据所得数值的概率。如果 P 值小于给定的显著性水平 α，通常为 0.05，则拒绝原假设；否则，接受原假设。（曾王一.统计学概论[M].2 版.北京:首都经济贸易大学出版社,2010:128）

二、户籍与民族分布

调查结果有 5 273 位老年人回答了自己的户籍类型。其中,农业户口老年人所占比例最大,为 49%,非农业户口老年人占 39%,最少的为统一居民户口老年人,所占比例仅为 12%。但是,被访老年人户籍的性别分布情况却显示,女性老年人属于农业户籍的比例大于男性老年人,而男性老年人非农业户籍的比例大于女性老年人,参见图 2-4、图 2-5。

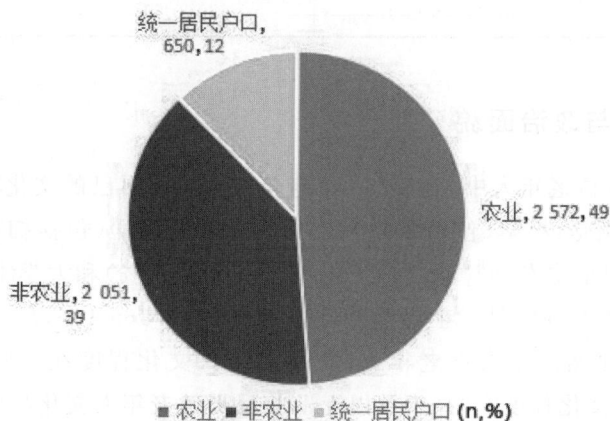

统一居民户口,
650,12

农业,2 572,49

非农业,2 051,
39

■农业 ■非农业 ■统一居民户口 (n,%)

图 2-4　被访老年人的户籍分布情况

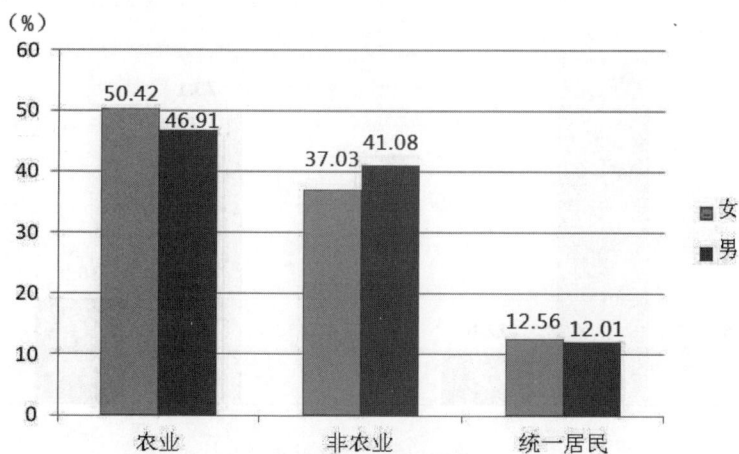

图 2-5　被访老年人户籍的性别分布情况

将老年人的民族情况简要划分为"汉族"和"其他民族"两个组别,发现农业户口、非农业户口、统一居民户口老年人为汉族的比例分为 99.6%、99.1% 和 99.7%,在其他民族的老年人中,非农业户口所占的比例稍高,为 0.9%。见表 2-1。

表 2-1　被访老年人的户籍与民族分布情况

单位：n(%)

户籍类型	民族分组		总　计
	汉　族	其他民族	
农业户口	2 560(99.6)	10(0.4)	2 570(100)
非农业户口	2 033(99.1)	18(0.9)	2 051(100)
统一居民户口	648(99.7)	2(0.3)	650(100)
总　计	5 241(99.4)	30(0.6)	5 271(100)

缺失值为 9。

三、文化程度与政治面貌

在被访的 5 280 位老年人中，有 5 268 位老年人报告了自己的文化程度。文化程度所占比例从高到低分别是：小学(包括私塾)(36.0%)、未上过学(包括扫盲班)(23.3%)、初中(21.2%)、高中(包括中专/职高)(14.1%)、大学专科(3.5%)和大学本科(1.9%)。福建省老年人口文化程度存在统计学上显著的性别差异($\chi^2 = 166.446, P < 0.001$)，即男性老年人高学历的比例显然高于女性老年人，女性老年人文化程度在"高中以下"的比例为87.2%，只有 12.8% 文化程度在"高中及以上"，相反男性老年人文化程度在"高中以下"的比例是 73.1%，有 26.9% 的男性老年人文化程度为"高中及以上"，参见图 2-6。

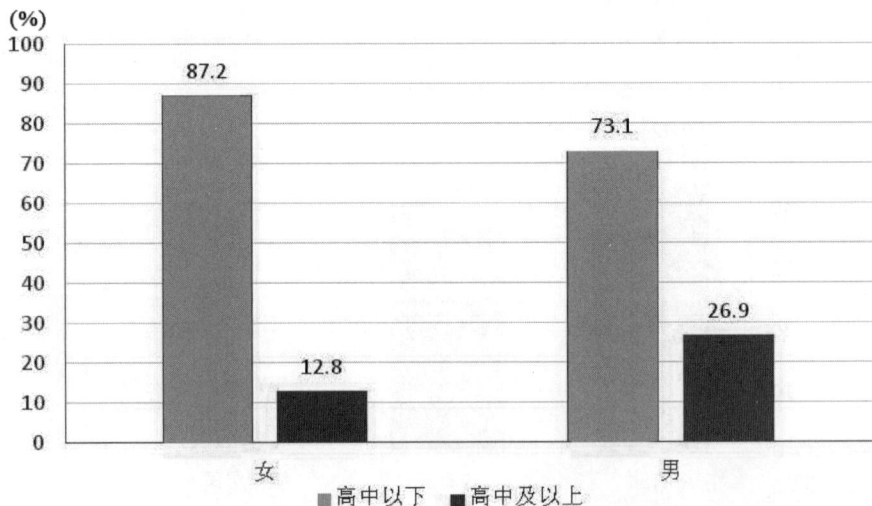

图 2-6　被访老年人的文化程度分布情况

有 5 246 位老年人同时回答了自己的文化程度和政治面貌。我们将文化程度简要划分为"高中以下"和"高中及以上"两个组别，将政治面貌划分为"中共党员"和"非中共党员"两个组别，发现高中及以上的老年人为中共党员的比例是 37.4%，高中以下文化程度的老年人仅有 6.9% 是中共党员，文化程度与老年人的政治面貌存在统计学上的显著性差异($\chi^2 = 681.460, P < 0.001$)，即高文化程度的老年人是中共党员的比例比较高。参见表 2-2。

表 2-2　被访老年人的文化程度与政治面貌

单位:n(%)

文化程度	政治面貌		总　计
	中共党员	非中共党员	
高中以下	293(6.9)	3 935(93.1)	4 228(100)
高中及以上	381(37.4)	637(62.6)	1 018(100)
总　计	674(12.8)	4 572(87.2)	5 246(100)

$\chi^2 = 681.460, P = 0.000$;缺失值为 34。

四、婚姻状况与居住安排

被访的 5 280 位老年人中有 5 131 位老年人回答了自己现在的婚姻状况。有配偶和丧偶的比例分别为 73.2% 和 24.8%,离婚的比例为 1.3%,从未结婚的比例为 0.7%。60～64 岁年龄段的老年人有配偶的比例最大,为 89.3%,85 岁及以上老年人有配偶的比例仅为 29.4%。丧偶的分布情况刚好相反,60～64 岁老年人中有 8.4% 丧偶,85 岁及以上老年人丧偶的比例为 69.3%。老年人婚姻状况与年龄分布在统计学上呈显著性差异($\chi^2 = 897.271, P < 0.001$),这是人类家庭生命周期的体现,也侧面说明本次福建省样本的随机抽样效果良好。参见图 2-7、表 2-3。

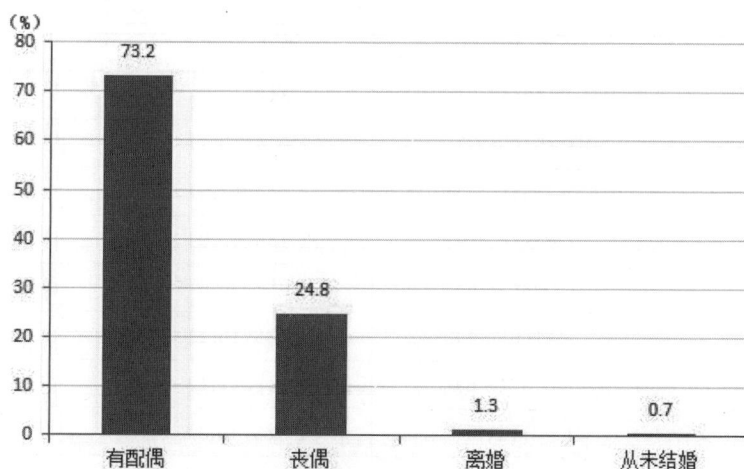

图 2-7　被访老年人的婚姻状况

表 2-3　被访老年人的年龄与婚姻状况

单位:n(%)

年　龄	婚姻状况				总　计
	有配偶	丧　偶	离　婚	从未结婚	
60～64 岁	1 552(89.3)	146(8.4)	30(1.7)	9(0.5)	1 737(100)
65～69 岁	937(81.0)	195(16.9)	18(1.6)	7(0.6)	1 157(100)
70～74 岁	533(70.0)	214(28.1)	8(1.1)	6(0.8)	761(100)

续表

年　龄	婚姻状况				总　计
	有配偶	丧　偶	离　婚	从未结婚	
75～79 岁	391(59.1)	257(38.8)	8(1.2)	6(0.9)	662(100)
80～84 岁	203(45.2)	242(53.9)	1(0.2)	3(0.7)	449(100)
85 岁及以上	90(29.4)	212(69.3)	1(0.3)	3(1.0)	306(100)
总　计	3 706(73.1)	1 266(25.0)	66(1.3)	34(0.7)	5 072(100)

$\chi^2 = 897.271, P = 0.000$；缺失值为 210。

表 2-4 为不同户籍老年人的居住安排情况，可见，"农业户口"老年人的独居比例为 17.2%，"非农业户口"老年人的独居比例为 12.7%。"农业户口"老年人中同吃同住比例较高的成员分别是配偶(68.3%)、儿子(43.2%)、(外、重)孙子女(41.5%)、儿媳(38.6%)、单独居住(17.2%)，只有 6.4%的"农业户口"老年人与女儿同吃同住。与"非农业户口"老年人同吃同住的主要成员有配偶(72.4%)、(外、重)孙子女(45.3%)、儿子(43.9%)、儿媳(36.6%)、女儿(16.1%)，与女儿同吃住的比例高于"农业户口"老年人与女儿同吃住的比例。

表 2-4　不同户籍老年人的居住安排情况

单位：n(%)

同吃住成员	户籍分组		总　计
	农业户口	非农业户口	
单独居住	443(17.2)	342(12.7)	785
配　偶	1 757(68.3)	1 954(72.4)	3 711
(岳)父母	34(1.3)	70(2.6)	104
儿　子	1 111(43.2)	1 185(43.9)	2 296
儿　媳	993(38.6)	987(36.6)	1 980
女　儿	165(6.4)	436(16.1)	601
女　婿	92(3.6)	192(7.1)	284
(外、重)孙子女	1 068(41.5)	1 222(45.3)	2 290
保　姆	4(0.2)	27(1.0)	31
其　他	14(0.5)	17(0.6)	31
总　计	2 571	2 700	5 271

缺失值为 9。

图 2-8 为老年人的居住情况，在总体回答该问题的 5 271 位老年人中，独居的老年人有 6.5%，在非独居老年人中，与配偶同吃同住的老年人比例最多，为 30.6%，接下来分别为儿子(18.9%)、(外、重)孙子女(18.9%)、儿媳(16.3%)、女儿(5.0%)，与保姆同吃同住的老年人最少，其比例为 0.3%。

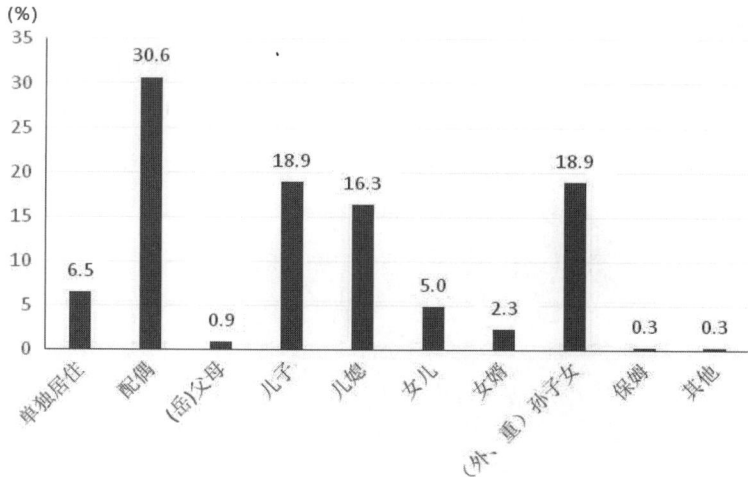

图 2-8　被访老年人的居住情况

五、子女数量与孝顺情况

1.子女数量及子女生活情况

被访老年人平均儿子数为 1.61 个,女儿数也是平均 1.61 个,前者的标准差为 1.03,后者为 1.15,二者的最小值均为 0,最大值均为 9。将老年人的户籍简要划分为"农业"和"非农业"两个组别,其中,"非农业户口"包括"非农业"和"统一居民户口"。结果发现,农业户口的老年人平均子女数为 3.8 个,非农业户口的老年人平均子女数为 2.5 个,这也许与农村居民"多子多福""养儿防老"等思想相契合。统计学检验结果显示,福建省不同户籍类型老年人的平均子女数存在显著性差异($P<0.001$)(图 2-9)。

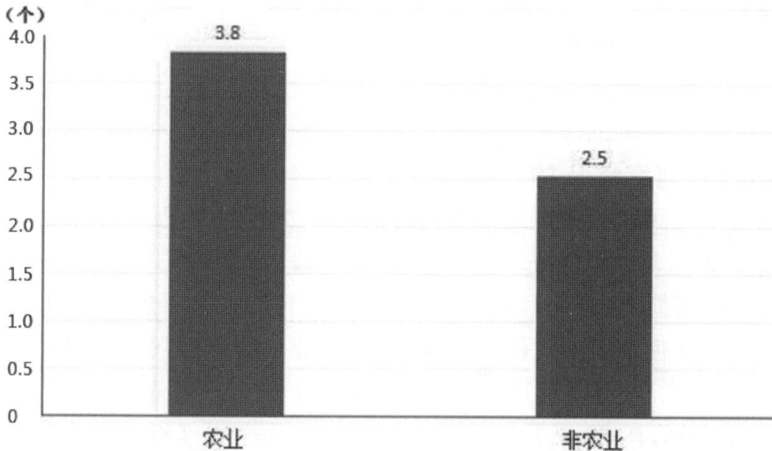

图 2-9　不同户籍老年人的平均子女数量

在 521 位接受长表问卷的被访老年人中,有 434 位老年人表示子女生活无困难,占比83%,有 87 位老年人表示子女生活有困难,比例为 17%,如图 2-10 所示。将老年人文化程度按高中进行分组展开分析,如表 2-5 所示,文化程度为高中以下的老年人有 18.5% 表示子女生活有困难,高中及以上的老年人子女生活有困难的比例为9.5%。统计学检验结果显示,福建省老年人口的文化程度与其子女生活是否有困难的情况存在统计学上显著性差异($\chi^2=4.867,P<0.05$),即文化程度低下的老年人口其子女贫困的发生率更高。

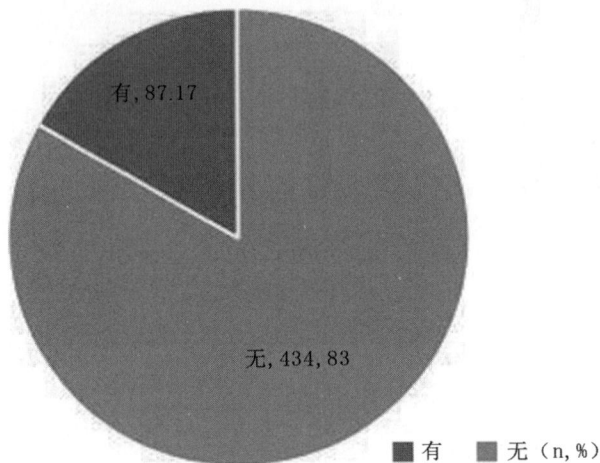

图 2-10　被访老年人子女生活困难情况

表 2-5　老年人文化程度与子女生活困难情况

单位:n(%)

文化程度	子女生活是否有困难		总　　计
	无	有	
高中以下	339(81.5)	77(18.5)	416(100)
高中及以上	95(90.5)	10(9.5)	105(100)
总　　计	434(83.3)	87(16.7)	521(100)

$\chi^2=4.867,P=0.027$。

2.子女在外省及孝顺情况

有 521 位老年人回答了子女是否孝顺的情况。如图 2-11 所示,78.1%的老年人认为子女孝顺,21.7%的老年人认为子女的孝顺程度一般,只有 1 位(0.2%)老年人表示子女不孝顺。将孝顺程度简要划分为"很孝顺"和"一般/不孝顺"两个组别展开分析,发现农业户口老年人表示子女很孝顺的比例为 71.2%,非农业和统一居民户口老年人这一比例分别为 84.6%和 84.3%。见表 2-6 所示。老年人的户籍与其子女孝顺程度存在统计学上显著性差异($\chi^2=13.463,P<0.05$),即非农业户口老年人子女孝顺的程度要高于农业户口老年人子女。

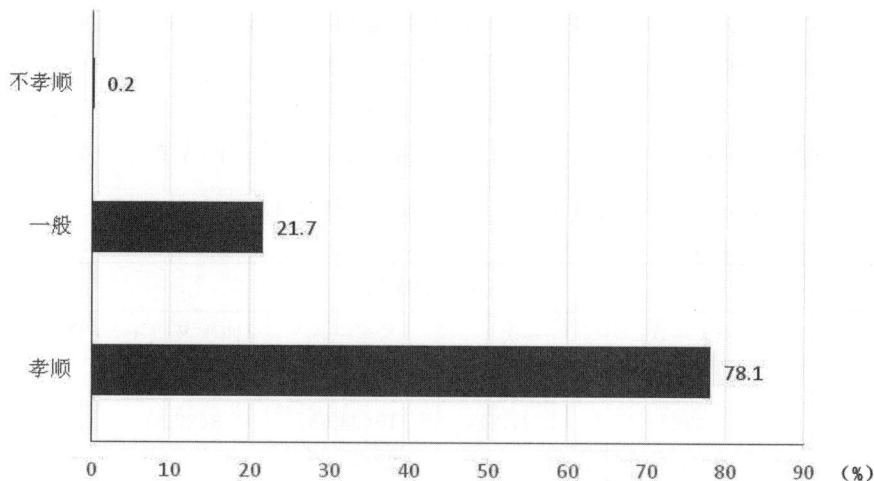

图 2-11　被访老年人子女孝顺情况

表 2-6　不同户籍的老年人的子女孝顺情况

单位:n(%)

户籍类型	孝顺程度		总　计
	很孝顺	一般/不孝顺	
农业户口	178(71.2)	72(28.8)	250(100)
非农业户口	170(84.6)	31(15.4)	201(100)
统一居民户口	59(84.3)	11(15.7)	70(100)
总　计	407(78.1)	114(21.9)	521(100)

$\chi^2 = 13.463, P = 0.001$。

被访的老年人中有 4 375 位(85%)老年人表示无子女在外省居住,有 820 位(15%)的老年人有子女在外省居住(图 2-12)。其中 820 位老年人中,平均在省外居住的子女数

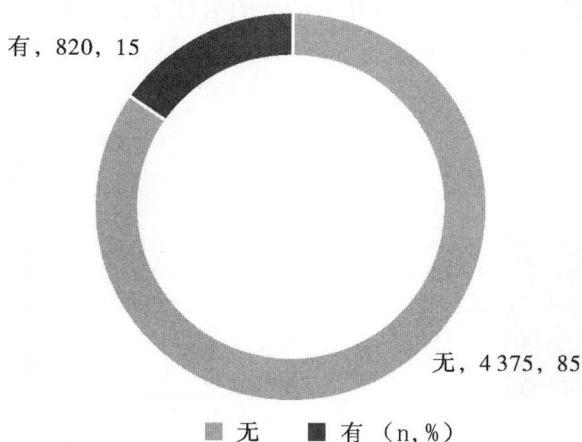

有,820,15　　无,4 375,85

□ 无　■ 有 (n,%)

图 2-12　被访老年人子女在外省居住情况

量为 1.59 个,最少为 1 个,最多为 8 个。有 97 位老年人说明了子女每年回家看望自己次数的情况,"少于一次"的比例为 17.5%,每年回家看望一次、二至三次、四次及以上的比例分别为 32.0%、33.0% 和 17.5%。结合老年人的年龄段分析,"75 岁及以上"年龄组老年人的子女每年回家看望次数多于"75 岁以下"年龄组老年人的子女回家看望次数,参见表 2-7。

表 2-7　不同年龄老年人在外省居住子女每年回家看望频率情况

单位:n(%)

年　龄	一年看望次数				总　计
	少于一次	一次	二至三次	四次及以上	
75 岁以下	11(16.2)	26(38.2)	22(32.4)	9(13.2)	68(100)
75 岁及以上	6(20.7)	5(17.2)	10(34.5)	8(27.6)	29(100)
总　计	17(17.5)	31(32.0)	32(33.0)	17(17.5)	97(100)

第二节　经济收支情况

本节从被访老年人家庭经济收支情况等方面着手分析老年人的养老金、房产、衣食住行的支出及对现有经济状况的自我评价情况。

一、老年人收入及家庭经济情况

1.离退休年龄及其工作单位情况

有 5 258 位老年人报告了自己的离退休情况。有 40.7% 的老年人已经办理了离退休手续,5.1% 的老年人尚未离退休,还有 54.2% 的老年人表示从未有过正式工作(参见图 2-13)。其中,女性老年人有 35.2% 已经办理了离退休手续,58.8% 从未有过正式工作;男性老年人已经离退休的比例是 46.9%,有 49.0% 的男性老年人从未有过正式工作。女性老年人从未有过正式工作的比例明显高于男性。

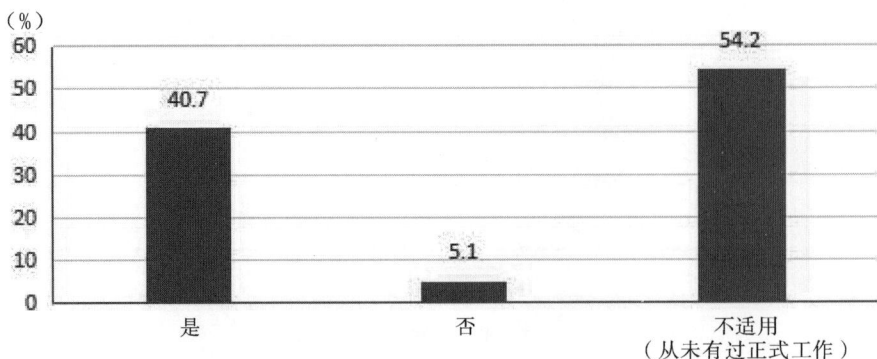

图 2-13　被访老年人的离退休情况

图 2-14 为不同性别老年人的平均退休年龄,在 2 141 位已经办理离退休手续的老年人中,男性老年人平均离退休年龄为 59.04 岁,女性老年人离退休的平均年龄为 51.29 岁,这与我国男女退休年龄的政策要求大体一致。值得一提的是,办理离退休手续的最小年龄是 35 岁,最高的是 70 周岁。

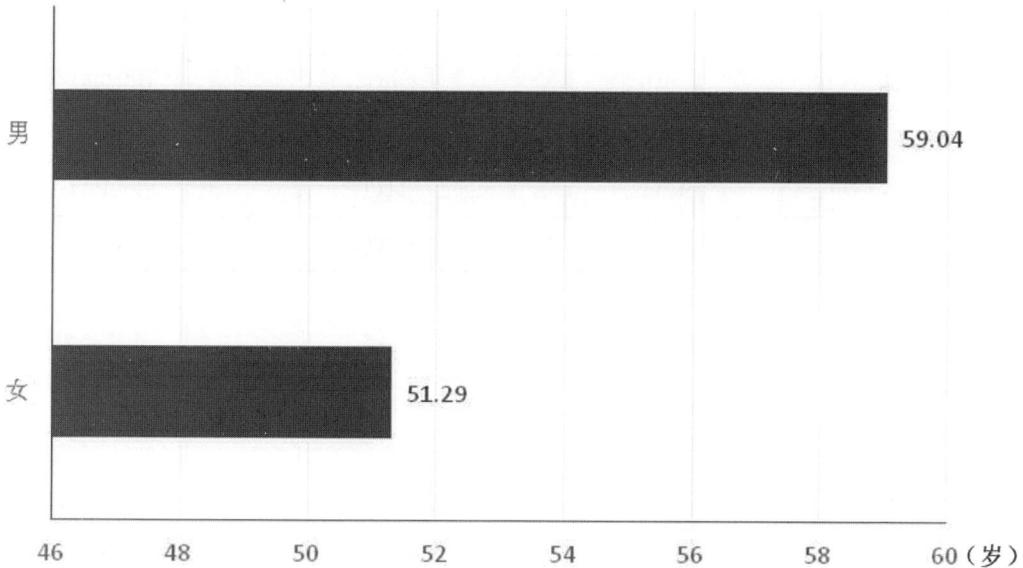

图 2-14 不同性别老年人的平均退休年龄

被访老年人离退休前工作单位排名前三位的分别是国有企业(45.4%)、集体企业(21.8%)、事业单位(19.6%),只有 4 人(0.2%)离退休前的工作单位是三资企业。调查对象中"高中以下"文化程度的老年人在离退休前工作单位性质排名前三位的分别是国有企业(51.8%)、集体企业(29.0%)和事业单位(8.5%),文化程度在"高中及以上"的老年人离退休前的工作单位性质排名前三位的分别是国有企业(36.5%)、事业单位(35.1%)和党政机关(12.4%)。可见,福建省老年人的文化程度与其离退休前的工作单位性质存在统计学上的显著性差异($\chi^2=378.031,P<0.001$),文化程度高的多半是政府及事业单位。参见表 2-8、图 2-15。

表 2-8 不同文化程度老年人离退休前单位性质

单位:n(%)

离退休前单位性质	文化程度分组		总　　计
	高中以下	高中及以上	
党政机关	32(2.6)	110(12.4)	142(6.7)
事业单位	105(8.5)	311(35.1)	416(19.6)
国有企业	639(51.8)	323(36.5)	962(45.4)
集体企业	357(29.0)	104(11.8)	461(21.8)

续表

离退休前单位性质	文化程度分组		总　计
	高中以下	高中及以上	
私营企业	28(2.3)	13(1.5)	41(1.9)
三资企业	3(0.2)	1(0.1)	4(0.2)
部　队	6(0.5)	6(0.7)	12(0.6)
农村集体	44(3.6)	6(0.7)	50(2.4)
其　他	19(1.5)	11(1.2)	30(1.4)
总　计	1 233(100)	885(100)	2 118(100)

$\chi^2 = 378.031, P = 0.000$；缺失值为 23。

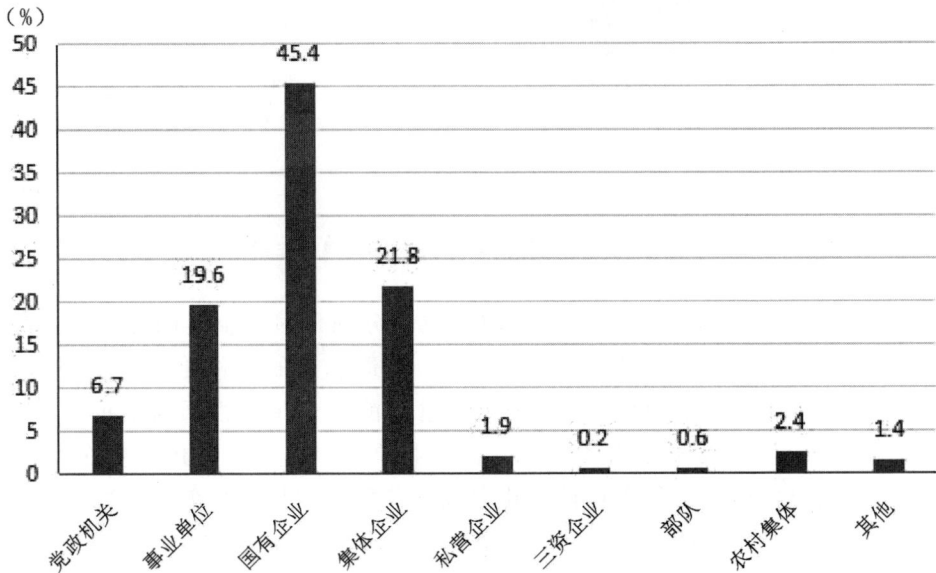

图 2-15　被访老年人离退休前的单位性质情况

从政治面貌视角分析，发现"中共党员"的老年人在离退休前主要就职于国有企业（39.1％）、事业单位（27.5％）和党政机关（21.9％），"非中共党员"老年人离退休前主要就职于国有企业（47.7％）、集体企业（26.9％）和事业单位（16.8％）。其中，"中共党员"在党政机关任职的比例（21.9％）远高于"非中共党员"的老年人（1.6％）。同理，经统计学检验说明福建省老年人政治面貌与其离退休前工作单位的性质存在统计学上的显著性差异（$\chi^2 = 369.015, P < 0.001$）（参见表 2-9）。

表 2-9　不同政治面貌老年人离退休前单位性质情况

单位:n(%)

离退休前单位性质	政治面貌分组		总　计
	中共党员	非中共党员	
党政机关	118(21.9)	25(1.6)	143(6.8)
事业单位	148(27.5)	265(16.8)	413(19.5)
国有企业	211(39.1)	751(47.7)	962(45.5)
集体企业	36(6.7)	423(26.9)	459(21.7)
私营企业	6(1.1)	35(2.2)	41(1.9)
三资企业	1(0.2)	3(0.2)	4(0.2)
部　队	8(1.5)	4(0.3)	12(0.6)
农村集体	6(1.1)	44(2.8)	50(2.4)
其　他	5(0.9)	25(1.6)	30(1.4)
总　计	539(100)	1 575(100)	2 114(100)

$\chi^2 = 369.015, P = 0.000$;缺失值为 27。

2.养老金与存有养老钱情况

本次受访老年人中有 4 966 位回答了每月领取养老金情况,其平均值为每月 1 328.64 元,标准差为 1 620.19 元,最低值为 67.5 元,最高值为 10 000 元。由于该变量是偏态分布,所以,根据其分布特征进行分组梳理如表 2-10 所示,超过 60% 的老年人每月养老金在 2 000 元及以下,只有 5.97% 的老年人每月能够领取到 4 000 元以上的养老金。男性老年人每月的养老金(离退休金)平均是 1 591.4 元,女性老年人平均每月有 1 021.2 元的养老金(离退休金)。不同性别老年人每个月的养老金(离退休金)金额存在统计学上的显著性差异($P < 0.001$)。而且,"高中以下"文化程度的老年人每个月养老金(离退休金)的平均数额是 817.7 元,文化程度在"高中及以上"老年人平均每个月的养老金(离退休金)收入为 3 257.4 元。老年人的文化程度与其养老金(离退休金)存在统计学上的显著性差异($P < 0.001$)(参见图 2-16、图 2-17)。

表 2-10　被访老年人养老金情况的调查结果

每月养老金	人数(人)	百分比(%)
2 000 元及以下	3 282	66.01
2 001～4 000 元	1 393	28.02
4 000 元以上	291	5.97
总　计	4 966	100

缺失值为 314。

（元）

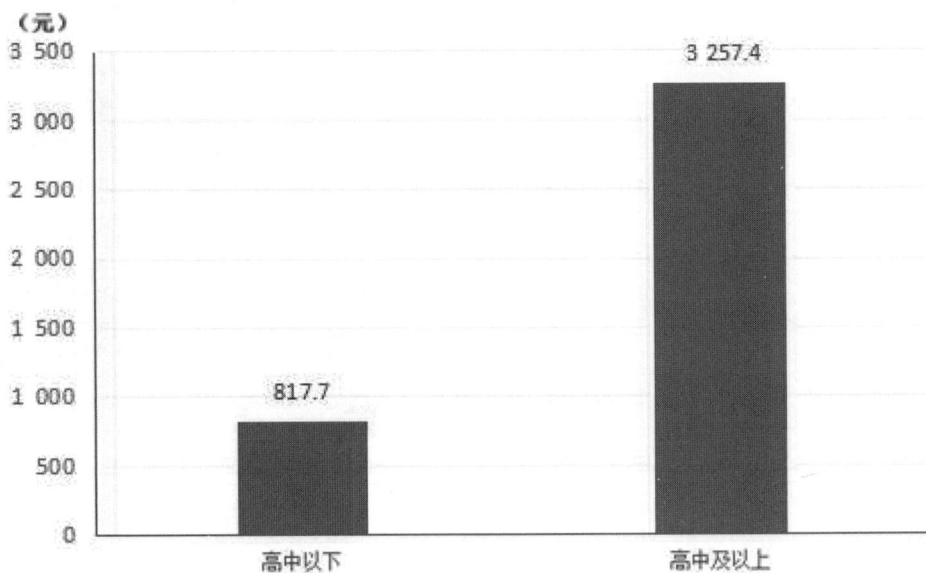

图 2-16　老年人文化程度与养老金

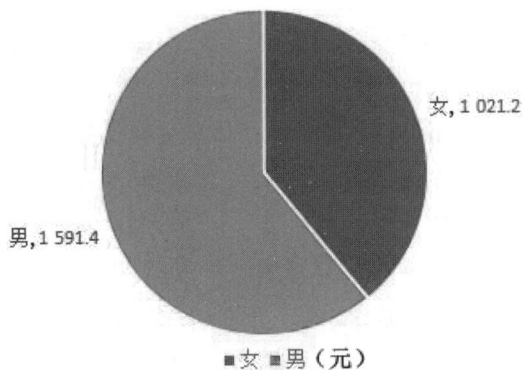

图 2-17　养老金的性别分布

　　被访老年人户籍与每月领取到养老金情况如表 2-11 所示,非农业户口的老年人的养老金明显高于农业户口的老年人群。另外,有 28 位老年人还领取到了职业/企业年金。其中,农业户籍的有 4 位,非农业户籍的有 21 位,统一居民户口的有 3 位,七成左右金额为 2 000 元以下。有 11 位老年人还领取到了商业养老保险金。其中,农业户籍的有 3 位,非农业户籍的有 8 位,六成左右金额为 500 元以下。

表 2-11　老年人户籍与养老金情况的调查结果

每月养老金	2 000 元及以下	2 001～4 000 元	4 000 元以上	总　计
农　业	2 490(99.20)	18(0.72)	2(0.08)	2 510(100)
非农业	516(27.62)	1 094(58.57)	258(13.81)	1 868(100)
统一居民户口	271(46.17)	279(47.53)	37(6.30)	587(100)

$\chi^2=2.6\mathrm{e}+03$，$P=0.000$；缺失值为 315。

如图 2-18，有 5 231 位老年人报告了自己与老伴是否有存养老钱的情况，其中，2 478 位老年人表示自己与老伴存有养老钱，占比 47％，还有 53％的老年人表示与老伴没有存养老钱。根据这些老年人汇报的存有养老钱情况进行分析，发现平均存有 63 583.49 元，标准差为 99 438.14 元，最少值为 300 元，最高值为 100 万元。同理，该变量为偏态分布，处理后如表 2-12 所示的被访老年人拥有养老钱情况，七成以上老年人的养老钱为 5 万元以下，只有 9.4％的老年人拥有 15 万元以上的养老钱。

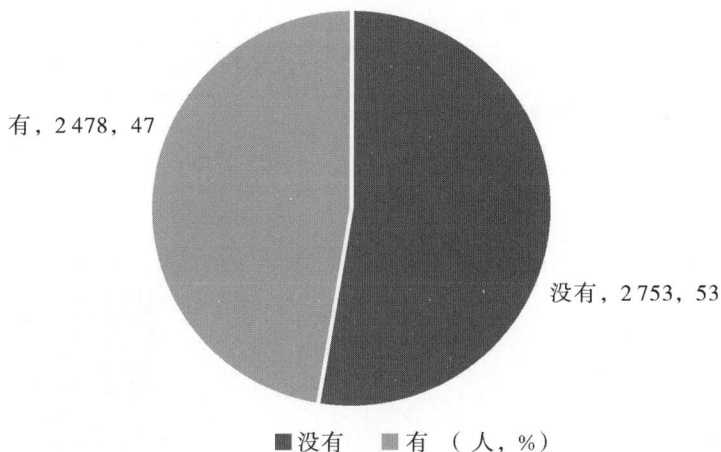

图 2-18　被访老年人存养老钱的情况

表 2-12　被访老年人养老钱情况的调查结果

养老钱分组	人数(人)	百分比(％)
5 万元及以下	1 746	71.06
50 001～100 000 元	401	16.32
100 001～150 000 元	79	3.22
15 万元以上	231	9.4
总　计	2 457	100

表 2-13 为不同户籍老年人存养老钱的情况。可见,农业户口老年人有存养老钱的比例最低,为 35.5%,农业户口老年人没有存养老钱的比例最高,其比例是 64.5%,有 49.2% 的统一居民户口老年人有存养老钱。经统计学检验,福建省不同户籍的老年人在是否存养老钱的问题上存在显著性差异($\chi^2 = 310.351, P < 0.001$)。图 2-19 为不同户籍老年人存养老钱的平均金额,福建省"农业户口"老年人平均存养老钱金额为 29 286.5 元,"非农业户口"老年人平均存养老钱金额为 87 637.7 元,远远高于"农业户口"老年人。统计学检验结果显示,不同户籍类型的老年人在存养老钱的平均金额方面也存在统计学上的显著性差异($P < 0.001$)。

表 2-13 不同户籍老年人存养老钱的情况

单位:n(%)

户籍类型	是否有存养老钱		总　计
	没　有	有	
农业户口	1 642(64.5)	903(35.5)	2 545(100)
非农业户口	782(38.4)	1 254(61.6)	2 036(100)
统一居民户口	327(50.8)	317(49.2)	644(100)
总　计	2 751(52.7)	2 474(47.3)	5 225(100)

$\chi^2 = 310.351, P = 0.000$;缺失值为 6。

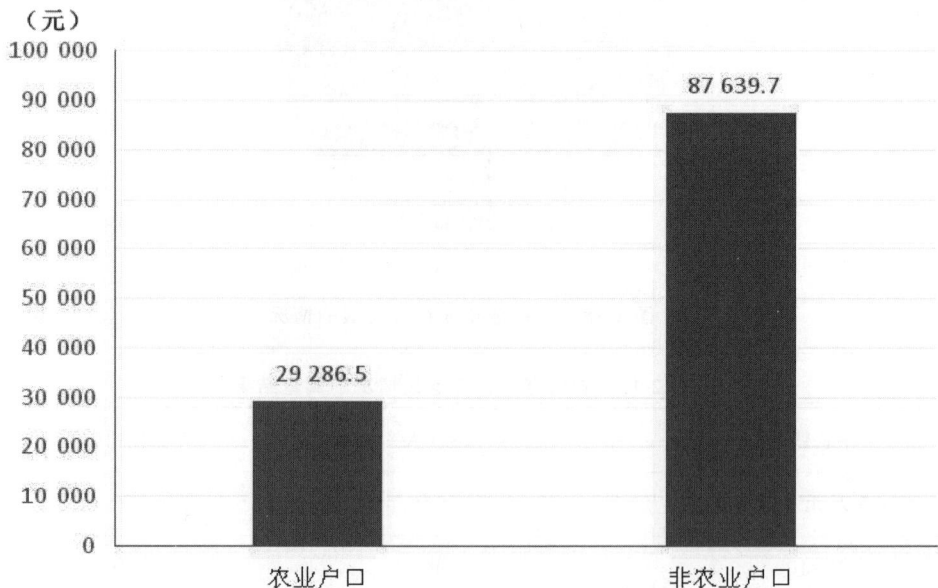

图 2-19 不同户籍老年人存养老钱的平均金额

3.目前从事工作及家庭收入情况

在 5 280 位被访老年人中,有 5 259 位老年人报告了自己目前是否还从事有收入的工作。有 87.1% 的老年人目前已经不从事有收入的工作,只有 676 位(12.9%)老年人表示自己现在还在从事有收入的工作,如图 2-20。分析这些老年人上个月的工作收入情况,发现上个月平均收入为 1 511.55 元,标准差为 1 386.03 元,最少值为 45,最大值为 10 000。其中,女性老年人上个月从事工作的平均收入为 1 010.8 元,男性老年人上个月从事工作的平均收入为 1 767.9 元。统计分析表明,福建省老年人的收入存在统计学上的显著性差异($P<0.001$),即男性老年人现在从事工作的平均月收入显然高于女性老年人。参见图 2-21。

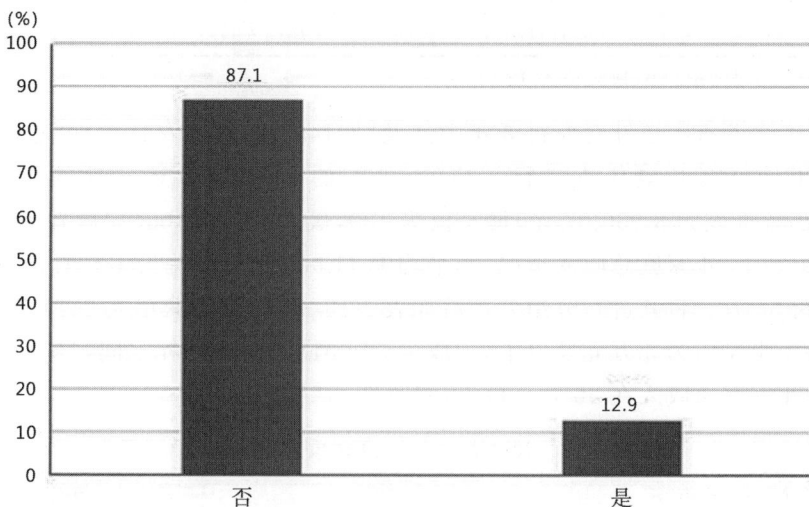

图 2-20　老年人目前从事有收入工作的情况

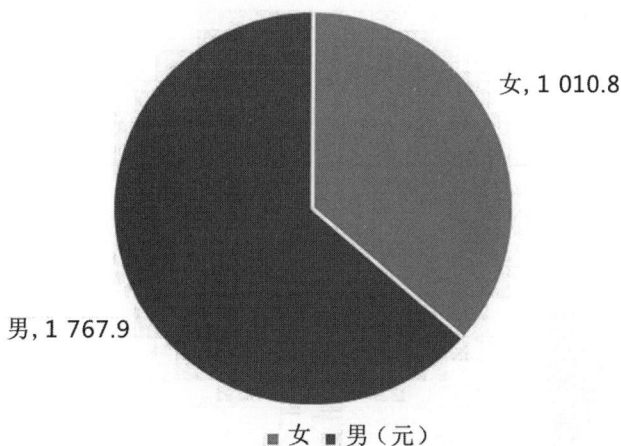

图 2-21　从事有收入工作老年人上个月的平均收入

表 2-14 为不同性别老年人现在从事有收入工作的情况,男性老年人中有 18.4％还在从事着有收入的工作,女性老年人中只有 7.9％还在从事有收入的工作,这与男性的社会角色和退休年龄息息相关。经统计学检验,老年人现在是否还从事有收入的工作存在统计学上的显著性差异($\chi^2=127.794$,$P<0.001$),即男性老年人目前仍从事工作的比例更高。

表 2-14　老年人现在从事有收入工作的情况

单位:n(%)

性　别	是否在从事有收入的工作		总　　计
	否	是	
女	2 544(92.1)	219(7.9)	2 763(100)
男	2 027(81.6)	457(18.4)	2 484(100)
总　计	4 571(87.1)	676(12.9)	5 247(100)

$\chi^2 = 127.794, P = 0.000$;缺失值为 12。

另外,本次调查中还针对农村老年人问及"2014 年您从事农林牧副渔等经济活动的纯收入",共有 444 位老年人进行了应答,他们的 2014 年上述活动的平均纯收入为 6 835.99元,标准差为 8 960.07 元,最小值为 100,最大值为 75 000。再者,有 5 265 位老年人回答了 2014 年家庭总收入情况,其平均为 41.92 元,标准差为 1 481.33 元,最小值为 0,最大值为 80 万。将其进行分组处理后如表 2-15 所示,被访老年人 2014 年家庭平均总收入情况,一半左右为 5 万元及以下,三成为 50 001～100 000 元之间,只有 2%左右的老年人 2014 年家庭总收入在 20 万元以上(参见图 2-22)。

表 2-15　被访老年人 2014 年家庭平均总收入

总收入分组	人数(人)	百分比(%)
5 万元及以下	2 850	54.13
50 001～100 000 元	1 691	32.12
100 001～150 000 元	449	8.53
150 001～200 000 元	180	3.42
20 万元以上	95	1.80
总　　计	5 265	100

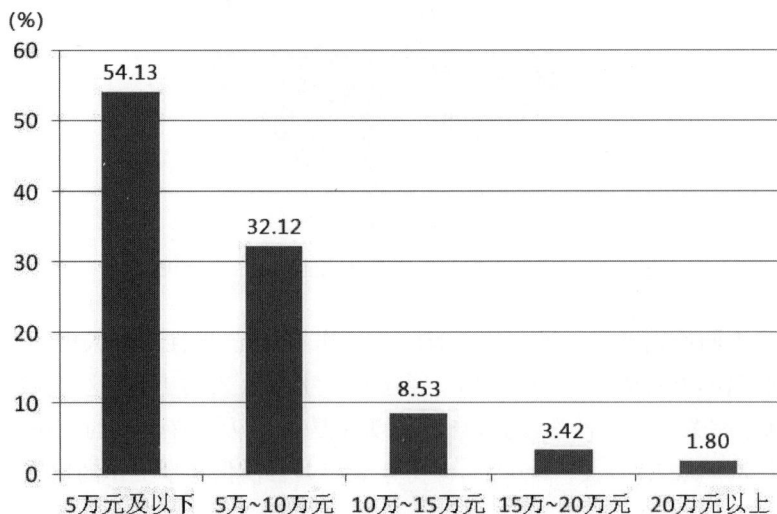

图 2-22　被访老年人 2014 年家庭平均总收入

利息收入指的是纳税人购买各种债券等有价证券的利息,外单位付款给的利息及其他利息收入,如老年人购买国库券、银行存款所获利息等收入。有 1 163 位老年人同时报告了 2014 年的利息收入情况。其中,"高中以下"文化程度的老年人 2014 年的平均利息收入为 323.7 元,"高中及以上"文化程度的老年人 2014 年的平均利息收入为 1 248.9 元。经统计学检验,不同文化程度的老年人 2014 年的利息收入存在显著性差异($P<0.001$),高文化程度的老年人每月利息收入处于较高水平(参见图 2-23)。将所收入的利息进行分组分析结果如表 2-16、表 2-17 所示,大约九成的老年人 2014 年的利息收入在 5 000 元以下,非农业户口的老年人总体利息收入高于农业户口的老年人。

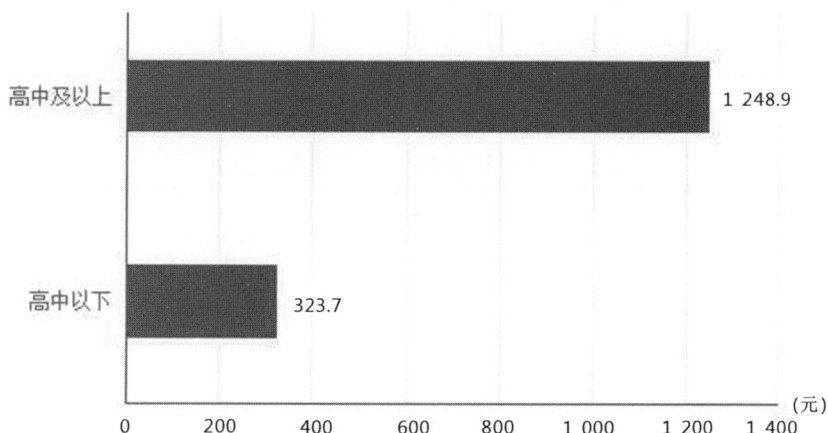

图 2-23　老年人文化程度与每月平均利息收入

表 2-16　被访老年人 2014 年利息收入情况

利息收入分组	人数(人)	百分比(%)
5 000 元及以下	1 062	91.32
5 001~10 000 元	79	6.79
10 001~15 000 元	10	0.86
15 001 元以上	12	1.03
总　计	1 163	100

表 2-17　被访老年人户籍与 2014 年利息收入情况

单位:%

利息收入分组	农业户口	非农业户口	统一居民户口
5 000 元及以下	96.88	89.16	87.89
5 001~10 000 元	2.55	8.74	8.42
10 001~15 000 元	0.28	1.13	1.05
15 001 元以上	0.28	0.97	2.63
总　计	100	100	100

$\chi^2=23.8926, P=0.001$。

在本次调查的长表受访者中,有117位老年人2014年收到原单位福利/集体补贴/分红分组,如表2-18所示,其中八成至九成为5 000元及以下;有280位老年人2014年通过土地出租/承包得到部分收入,同样九成的老年人收入在5 000元及以下,参见表2-19。

表2-18 户籍与老年人原单位福利/集体补贴/分红分组情况

单位:%

总收入分组	农业户口	非农业户口	统一居民户口
5 000元及以下	81.36	84.00	90.91
5 001~10 000元	3.39	4.00	3.03
10 000元以上	15.25	12.00	6.06
总　计	100	100	100

$N=117, \chi^2=1.7640, P=0.779$。

表2-19 (农村)土地出租/承包收入情况

总收入分组	人数(人)	百分比(%)
5 000元及以下	253	90.36
5 001~10 000元	25	8.93
10 000元以上	2	0.71
总　计	280	100

4.拥有房产及房租收入情况

有5 264位老年人回答了是否拥有属于自己产权的房子情况。如图2-24,3 859位(73%)老年人拥有属于自己产权的房子,1 405位(27%)老年人没有属于自己产权的房子。表2-20为不同文化程度老年人拥有属于自己产权房子的情况,未上过学(包括扫盲班)的老年人拥有属于自己产权房子的比例最低,为56.8%,文化程度在本科及以上的老年人中,87.8%拥有属于自己产权的房子,这在各个文化程度的老年人中所占的比例最

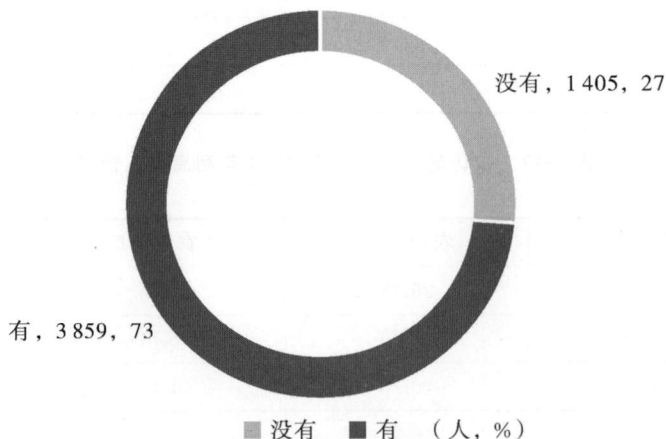

没有,1 405,27

有,3 859,73

■ 没有 ■ 有 (人,%)

图2-24 老年人拥有属于自己产权房子的情况

高。经统计学检验,福建省老年人的文化程度与其是否拥有属于自己产权的房子存在统计学上的显著性差异($\chi^2 = 255.030, P < 0.001$),即文化程度高的老年人拥有属于自己产权的房子的比例高。

表 2-20　不同文化程度老年人拥有属于自己产权房子的情况

单位:n(%)

文化程度	是否有属于自己产权的房子		总　计
	没　有	有	
未上过学(包括扫盲班)	530(43.2)	698(56.8)	1 228(100)
小学(包括私塾)	481(25.4)	1 415(74.6)	1 896(100)
初　中	232(20.8)	884(79.2)	1 116(100)
高中/中专/职高	125(16.8)	619(83.2)	744(100)
大学专科	25(13.7)	157(86.3)	182(100)
本科及以上	12(12.2)	86(87.8)	98(100)
总　计	1 405(26.7)	3 859(73.3)	5 264(100)

$\chi^2 = 255.030, P = 0.000$;缺失值为 6。

在 3 859 位拥有房产的老年人中,平均拥有 1.17 套房子,标准差为 0.5,最小值为 1,最大值为 11,即有个别老年人拥有 11 套房子。图 2-25 为结合文化程度来分析,"高中以下"的老年人平均拥有属于自己产权房子的数量为 1.15 套,文化程度在"高中及以上"的老年人平均拥有 1.22 套属于自己产权的房子。不同文化程度老年人拥有属于自己产权的房子数量在统计学上呈显著性差异($P < 0.001$)。

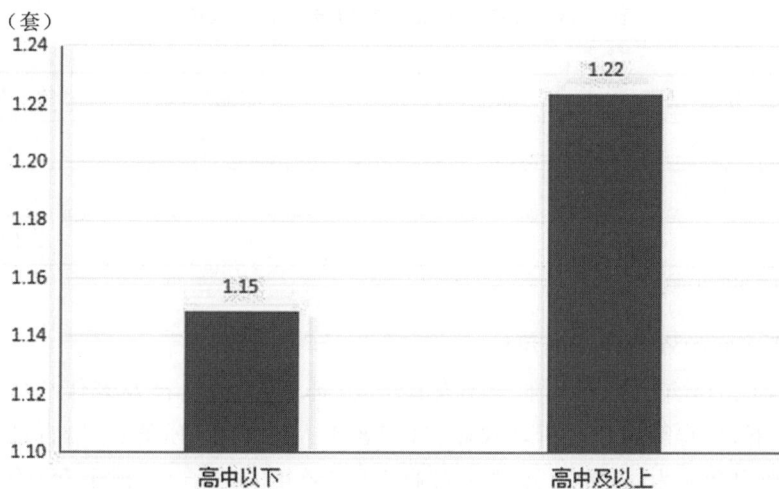

图 2-25　文化程度与老年人拥有产权房子数量

本调查的长表问卷中涉及房子价值及其房租收入问题。表 2-21 显示了户籍与老年人房子价值情况,共有 375 位老年人做了应答,发现农业户籍老年人八成的房子价值在 50 万元及以下,约 2% 的老年人房子价值在 200 万元以上,非农业户籍的约有 9.32% 的老年人房子价值在 200 万元以上。另外,有 526 位老年人进行了"2014 年,您和老伴的房租收入"应答,发现这些老年人在 2014 年平均收入房租 14 483.76 元,标准差为 18 909.48 元,最小值为 200,最大值为 15 万,分组处理后如表 2-22、表 2-23,表示其中八成左右老年人 2014 年房租收入在 25 000 元及以下。

表 2-21　户籍与老年人房子价值情况调查

单位:%

总收入分组	农业户口	非农业户口	统一居民户口
50 万元及以下	81.13	36.65	30.91
500 001～1 000 000 万元	13.21	37.27	40.00
1 000 001～1 500 000 万元	2.52	8.07	16.36
1 500 001～2 000 000 万元	1.26	8.07	5.45
200 万元以上	1.89	9.32	7.27
总　计	100	100	100

$N = 375, \chi^2 = 84.4911, P = 0.000$。

表 2-22　被访老年人 2014 年房租收入情况

总收入分组	人数(人)	百分比(%)
25 000 元以下	441	83.84
25 000 元及以上	85	16.16
总　计	526	100

表 2-23　老年人户籍与 2014 年房租收入情况

单位:%

总收入分组	农业户口	非农业户口	统一居民户口
25 000 元以下	79.55	86.59	82.46
25 000 元及以上	20.45	13.41	17.54
总　计	100	100	100

$N = 522, \chi^2 = 3.5135, P = 0.173$。

5.子女或亲戚的资助及其他津贴

过去一年(2014 年)内,68% 的老年人其子女(孙子女)给自己及老伴的钱(含实物)在 5 000 元及以下,从户籍视角分析,"农业户口"老年人的子女(孙子女)给自己及老伴的钱(含实物)的平均金额为 4 999.2 元,"非农业户口"老年人的子女(孙子女)给自己及老伴的钱(含实物)的平均金额是 3 490.0 元。统计学检验结果显示,老年人户籍类型与其子女(孙子女)给的钱(含实物)存在统计学上的显著性差异($P < 0.001$)(参见表 2-24、2-25 及图 2-26)。

表 2-24　老年人子女(孙子女)给的钱(含实物)情况

分　组	人数(人)	百分比(%)
5 000 元及以下	2 337	68.07
5 001~10 000 元	538	15.67
10 001~15 000 元	225	6.55
15 001~20 000 元	127	3.70
20 001~25 000 元	81	2.36
25 001~30 000 元	57	1.66
30 001~35 000 元	16	0.47
35 000 元以上	52	1.51
总　　计	3 433	100

表 2-25　老年人子女(孙子女)给的钱(含实物)的户籍分布情况

单位:%

分　组	农业户口	非农业户口	统一居民户口
5 000 元及以下	68.50	67.63	66.25
5 001~10 000 元	16.26	13.83	17.92
10 001~15 000 元	6.99	5.86	5.83
15 001~20 000 元	2.94	4.90	5.42
20 001~25 000 元	2.28	2.59	2.08
25 001~30 000 元	1.40	2.59	0
30 001~35 000 元	0.56	0.38	0
35 000 元以上	1.07	2.21	2.50
总　计(n/%)	2 146/100	1 041/100	240/100

$N=3\ 427, \chi^2=34.5852, P=0.002$。

图 2-26　老年人户籍与子女(孙子女)钱物

其他亲戚平均给的钱(含实物)总体比子女要少,参见表 2-26 及图 2-27,"农业户口"老年人 2014 年其他亲戚平均给的钱(含实物)为 88.6 元,"非农业户口老年人"2014 年其他亲戚平均给的钱(含实物)为 229.1 元。老年人的户籍类型与其他亲戚给的钱(含实物)在统计学上呈显著性差异($P < 0.001$)。

表 2-26　老年人其他亲戚给的钱(含实物)情况

分　组	人数(人)	百分比(%)
1 000 元及以下	636	79.60
1 001~2 000 元	97	12.14
2 001~3 000 元	34	4.26
3 000 元以上	32	4.01
总　计	799	100

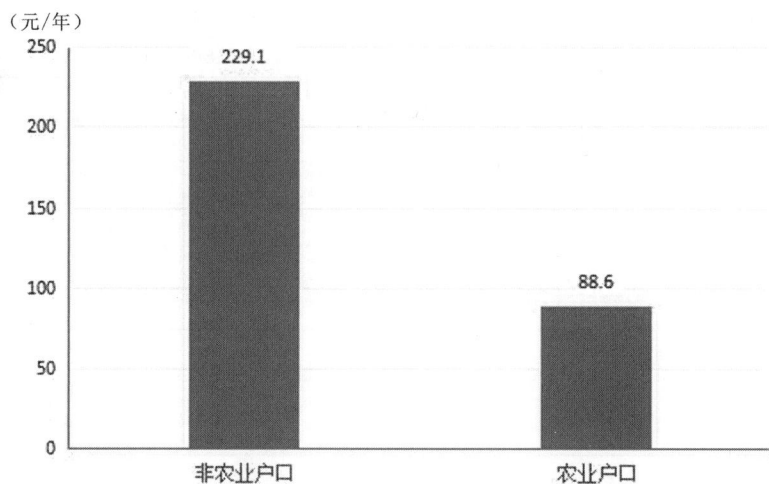

图 2-27　2014 年老年人户籍与其他亲戚给的钱(含实物)

本调查长表问卷涉及高龄津贴、养老服务补贴、遗属抚恤金等问题。高龄老年人通常是指 80 周岁以上的老年人,高龄老年人生活津贴制度是一项社会福利制度。根据国家政策,近几年全国各地都纷纷建立 80 周岁以上低收入老年人高龄津贴制度,同时有条件的地方逐步扩大发放范围提高了发放的标准。本次调查的 527 位老年人中有 195 位老年人领取到了高龄津贴,61 位老年人领取到了养老服务补贴,69 位老年人领取到了遗属抚恤金。参见表 2-27 到表 2-31。

表 2-27　高龄津贴领取情况

分　组	人数（人）	百分比（%）
100 元及以下	157	80.51
101～200 元	37	18.97
200 元以上	1	0.51
总　计	195	100

表 2-28　老年人户籍与高龄津贴领取情况

单位：%

分　组	农业户口	非农业户口	统一居民户口
100 元及以下	88.89	77.23	76.92
101～200 元	9.26	22.77	23.08
200 元以上	1.85	0	0
总　计（n/%）	54/100	101/100	39/100

$N=194, \chi^2=7.0409, P=0.134$。

表 2-29　养老服务补贴领取情况

分　组	人数（人）	百分比（%）
100 元及以下	37	77.23
101～200 元	21	34.43
300 元以上	3	4.92
总　计	61	100

表 2-30　老年人户籍与养老服务补贴领取情况

单位：%

分　组	农业户口	非农业户口	统一居民户口
100 元及以下	37.50	55.00	92.31
101～200 元	37.50	42.50	7.69
300 元以上	25.00	2.50	0
总　计（n/%）	8/100	40/100	13/100

$N=61, \chi^2=14.2185, P=0.007$。

表 2-31　遗属抚恤金领取情况

分　组	人数（人）	百分比（%）
500 元及以下	39	56.53
501～1 000 元	19	27.54
1 001～1 500 元	7	10.14
1 500 元以上	4	5.80
总　计	69	100

二、老年人的消费支出及其决策情况

衣食住行是人生的日常所需,关心老年人从关心其衣食住行的支出及其决策权也是很重要的环节。

1.老年人衣食类的支出

有 5 271 位老年人回答了"家庭平均每月食品支出(伙食费)"的情况,发现受访者老年人"家庭平均每月食品支出(伙食费)"是 1 946.36 元,其标准差是 1 340.47 元,最小值是 40,最大值是 10 000。表 2-32 老年人户籍与家庭平均每月食品支出(伙食费)情况可见,非农业(含统一居民户口)的支出明显高于农业户籍的老年人,"农业户口"老年人家庭平均每月食品支出 1 345.4 元,"非农业户口"老年人每月家庭食品支出(伙食费)2 545.9元,远高于"农业户口"老年人。经统计学检验,福建省不同户籍类型的老年人平均每月家庭食品类支出存在显著性差异($P<0.001$)。另外,"75 岁以下"老年人平均每月家庭食品支出 2 043.3 元,"75 岁及以上"老年人平均每月花费 1 738.2 元在家庭食品支出上。福建省不同年龄段的老年人平均每月的家庭食品支出存在统计学上的显著性差异($P<0.001$)。参见图 2-28、图 2-29。

表 2-32　老年人户籍与家庭平均每月食品支出(伙食费)情况

单位:元

户　籍	均　值	标准差
农业户口	1 323.44	1 055.30
非农业户口	2 558.74	1 289.89
统一居民户口	2 480.35	1 382.64
总　计	1 946.36	1 340.47

$N=5\ 271$,ANOVA,F$=11.95$,$P=0.000$。

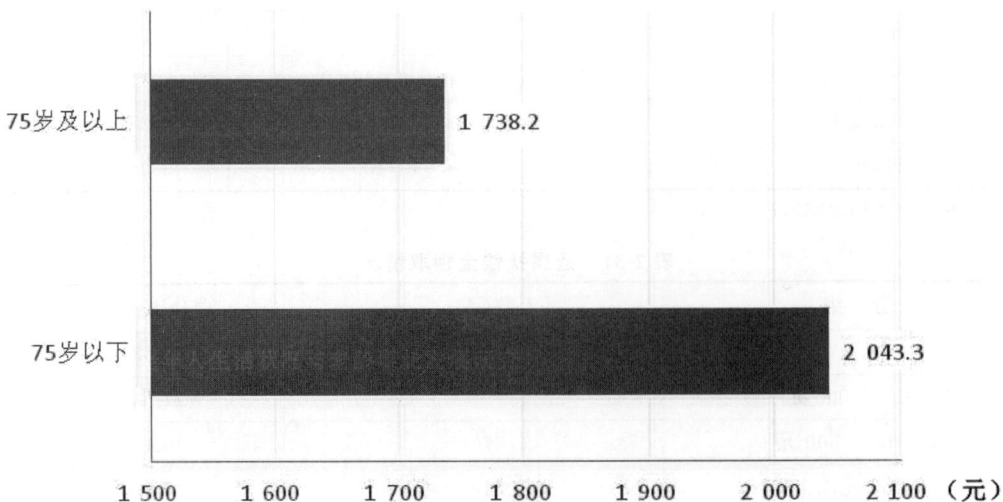

图 2-28　不同年龄老年人每月家庭食品类支出

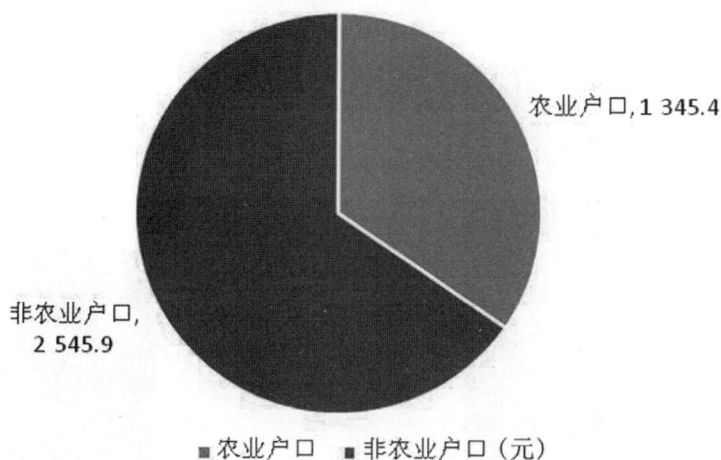

图 2-29 不同户籍老年人每月家庭食品类支出

有 5 269 位老年人回答了在过去一年内(2014 年)衣装鞋帽类支出情况,发现受访老年人 2014 年衣装鞋帽类平均支出 654.13 元,其标准差是 844.97 元,最小值是 0,最大值是 10 000。分类整理后如表 2-33 所示,66.77% 的老年人其支出在 500 元及以下,3.61% 的老年人其支出在 2 000 元以上。其中,"75 岁以下"老年人 2014 年衣装鞋帽类平均支出 743.5 元,"75 岁及以上"老年人 2014 年衣装鞋帽类平均支出 450.7 元。福建省不同年龄段的老年人衣服鞋帽类支出存在统计学上的显著性差异($P < 0.001$)。"农业户口"老年人衣装鞋帽类的平均支出为 422.9 元,"非农业户口"老年人在衣装鞋帽方面平均花费 893.1 元。统计学检验结果显示,福建省不同户籍类型老年人的衣装鞋帽类支出存在显著性差异($P < 0.001$)。参见图 2-30、图 2-31。

表 2-33 2014 年福建老年人衣装鞋帽类年支出情况

分　组	人数(人)	百分比(%)
500 元及以下	3 518	66.77
501～1 000 元	1 068	20.27
1 001～1 500 元	217	4.12
1 501～2 000 元	276	5.24
2 001～2 500 元	24	0.46
2 501～3 000 元	85	1.61
3 500 元以上	81	1.54
总　计	5 269	100

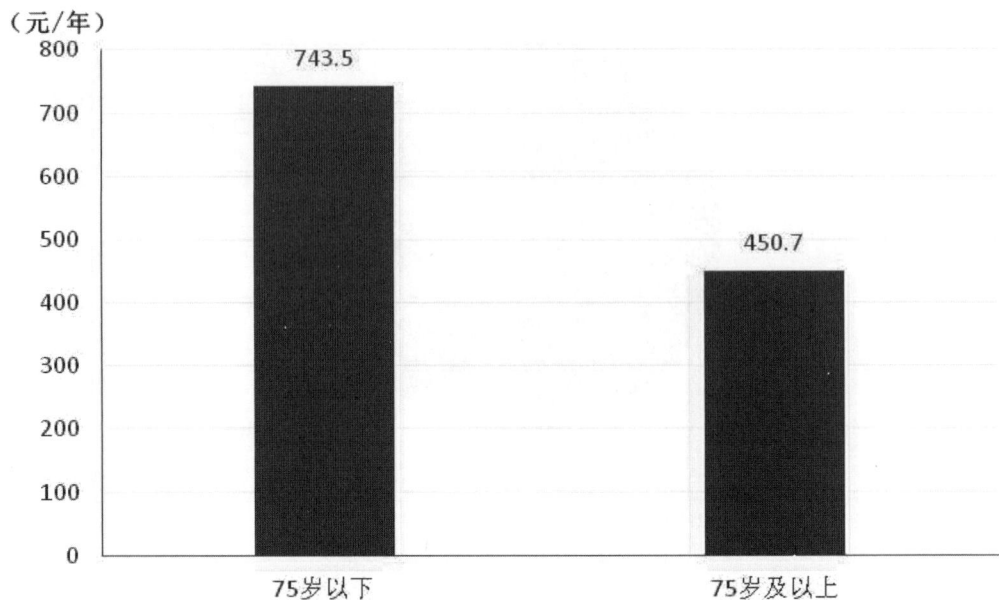

图 2-30　不同年龄段老年人衣装鞋帽类年支出

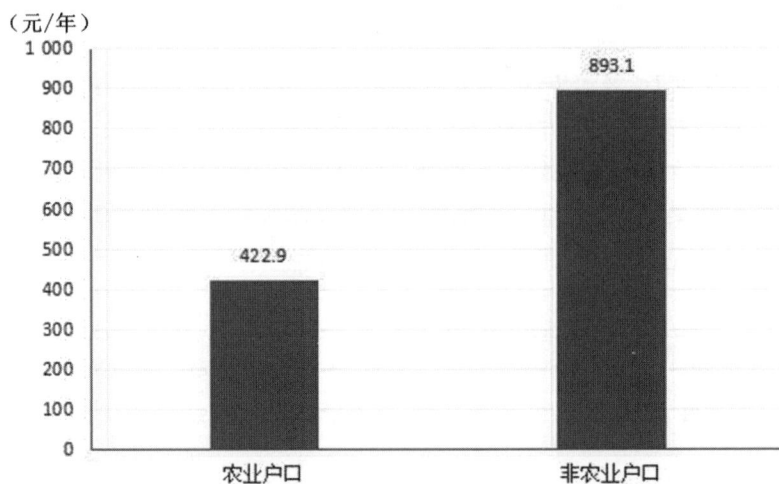

图 2-31　不同户籍老年人衣装鞋帽类年支出

2.卫生保健及雇佣保姆/钟点工/护工等支出

医疗保健是老年人日常生活中要面对的最重要课题之一。有 3 165 位老年人报告了平均每月的卫生保健支出(美容美发、保健品、按摩等)情况,其平均值是 56.39 元,标准差为 184.27 元,最小值为 3,最大值为 3 000。数据分类整理后如表 2-34 所示受访老年人卫生保健及雇佣保姆/钟点工/护工支出情况,可见,98％的老年人每月卫生保健支出在 500 元及以下,其中"75 岁以下"老年人平均每月在卫生保健上花费 38.5 元,"75 岁及以上"老年人平均每月在卫生保健上支出 28.3 元。福建省不同年龄段的老年人平均每月卫生保健支出存在统计学上的显著性差异($P<0.05$)。"农业户口"老年人平均每月花费 17.2 元在卫生保健上,"非农业户口"老年人平均每月在卫生保健上支出 53.2 元。不同

户籍类型老年人平均每月卫生保健支出在统计学上呈显著性差异（P＜0.001）。参见图 2-32、图 2-33。

表 2-34　受访老年人卫生保健及雇佣保姆/钟点工/护工支出

分　组	每月卫生保健支出		分　组	购买辅助器具		分　组	雇佣保姆/钟点工/护工	
	人　数	百分比（%）		人　数	百分比（%）		人　数	百分比（%）
500 元及以下	3 113	98.36	5 000 元及以下	561	93.81	2 000 元及以下	176	77.19
501～1 000 元	33	1.04	5 001～10 000 元	31	5.18	2 001～4 000 元	43	18.86
1 000 元以上	19	0.60	10 000 元以上	6	1.00	4 000 元以上	9	3.95
总　计	3 165	100	总　计	598	100	总　计	228	100

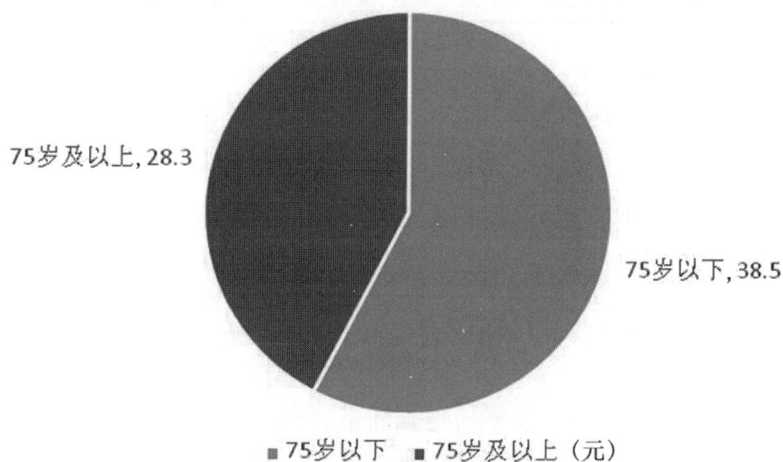

图 2-32　不同年龄老年人每月卫生保健支出

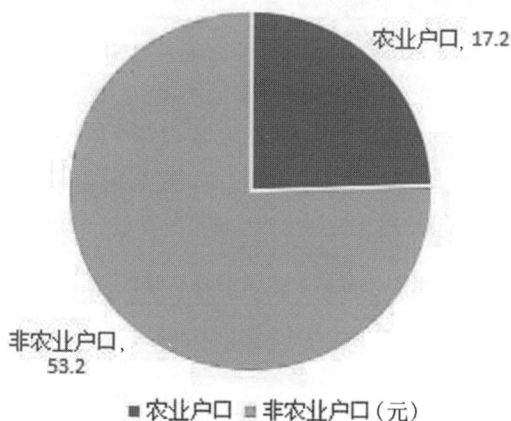

图 2-33　不同户籍老年人每月卫生保健支出

在问及"2014 年购买辅助器具（镶牙、轮椅、助听器等）"时，有 598 位老年人有了应答，其平均值为 1 745.62 元，标准差为 2 504.53 元，最小值 10，最大值 3 万。其中 93.81％的老年人购买辅助器具（镶牙、轮椅、助听器等）的支出在 5 000 元及以下。同理，"非农业户口"老年人的支出要高于"农业户口"老年人。有关每月雇佣保姆/钟点工/护工的支出方面，有 228 位老年人进行了应答，其平均值为 1 233.29 元，标准差为 1 339.78 元，最小值 50，最大值 6 000。其中，77.19％的老年人其支出在 2 000 元及以下，18.86％的老年人在 2 001～4 000 元，3.95％的老年人支出在 4 000 元以上。

3.住行类及个人用品类的支出

衣食住行中的"住行类"也是老年人生活质量的重要标志。如表 2-35 所示为受访老年人 2014 年平均房租、物业、家具家电及装修房子的支出情况，"非农业户口"（含统一居民户）明显地高于农业户口老年人。同时，从整体看这些变量均呈现偏态分布，整体数据分布较为离散，即老年人房租、物业、家具家电及装修房子的支出有的很少有的很多。

表 2-35　老年人 2014 年房租、物业、家具家电及装修房子的支出情况

分　组	房租支出（N1）（元）		物业费支出（N2）（元）		购买家具电器（N3）（元）		购房/装修房子（N4）（万元）	
	均　值	标准差	均　值	标准差	均　值	标准差	均　值	标准差
农业户口	57.15	724.30	24.35	203.26	263.48	1 134.72	6.03	295.84
非农业户口	189.05	1 690.96	422.23	1 013.42	1 041.38	5 443.64	11.38	359.45
统一居民户口	96.96	738.45	407.43	968.08	701.28	3 889.75	315.20	7 869.39

$N1=5268$，Anova F1$=1.63$，$P=0.0005$；$N2=5265$，Anova F2$=6.60$，$P=0.0000$；

$N3=5263$，Anova F3$=1.67$，$P=0.0000$；$N4=5263$，Kruskal-Wallis test，$P=0.0027$。

有 5 060 位老年人同时回答了平均每月的个人用品类支出（包括烟酒、洗漱用品等）情况，其平均值为 146.64 元，标准差为 200.15 元，最小值 5，最大值 1 000。数据分类整理后参见表 2-36、表 2-37，80％的老年人平均每月的个人用品类支出在 200 元及以下，尤其农村老年人口。男性老年人每月平均个人用品类支出 265.9 元，女性老年人每月个人用品类支出是 84.5 元。统计分析结果显示，福建省老年人平均每月个人用品类支出存在统计学上的显著性性别及户籍差异（$P<0.001$），即男性老年人支出大于女性老年人，非农业户口老年人支出略大农业户口老年人口。另外，"75 岁以下"老年人每月花在个人用品类的支出平均是193.3元，"75 岁及以上"的老年人每月平均花费107.6 元在个人用品上。老年人平均每月个人用品类支出存在统计学上的显著性年龄差异（$P<0.001$）。参见图 2-34、图 2-35。

表 2-36　老年人每月个人用品及交通、通信支出情况

分　组	每月个人用品类支出		分　组	每月交通支出		分　组	每月通信支出	
	人　数	百分比（％）		人　数	百分比（％）		人　数	百分比（％）
200 元及以下	4 064	80.32	200 元及以下	2 372	95.80	50 元及以下	2 987	71.46
201～400 元	498	9.84	201～400 元	48	1.94	51～100 元	859	20.55

续表

分　组	每月个人用品类支出		分　组	每月交通支出		分　组	每月通信支出	
	人数	百分比（%）		人数	百分比（%）		人数	百分比（%）
401～600元	324	6.40	401～600元	32	1.29	101～150元	162	3.88
600元以上	174	3.44	600元以上	24	0.97	151～200元	125	2.99
总　计	5 060	100	总　计	2 476	100	200元以上	47	1.12

表 2-37　老年人户籍与每月个人用品及交通支出情况

单位:%

分　组	每月个人用品类支出			分　组	每月交通支出		
	农业户口	非农业户口	统一居民户口		农业户口	非农业户口	统一居民户口
200元及以下	82.94	76.84	80.62	200元及以下	98.39	92.36	95.53
201～400元	9.96	9.85	9.45	201～400元	1.05	3.06	2.24
401～600元	4.84	8.37	6.51	401～600元	0.56	2.18	1.60
600元以上	2.26	4.95	3.42	600元以上	0	2.40	0.64
总计(n/%)	2 480/100	1 960/100	614/100	总　计	1 244/100	916/100	313/100

$N1=5\ 054, \chi^2=49.5275, P=0.000$；

$N2=2\ 473, \chi^2=55.8955, P=0.000$。

图 2-34　老年人性别与每月个人用品类支出

　　有关交通支出情况,其平均值为 75.32 元,标准差为 118.44 元,最小值 3,最大值 1 000;有九成左右老年人每月交通支出在 200 元以下,非农业户籍的老年人中有少部分

（元）

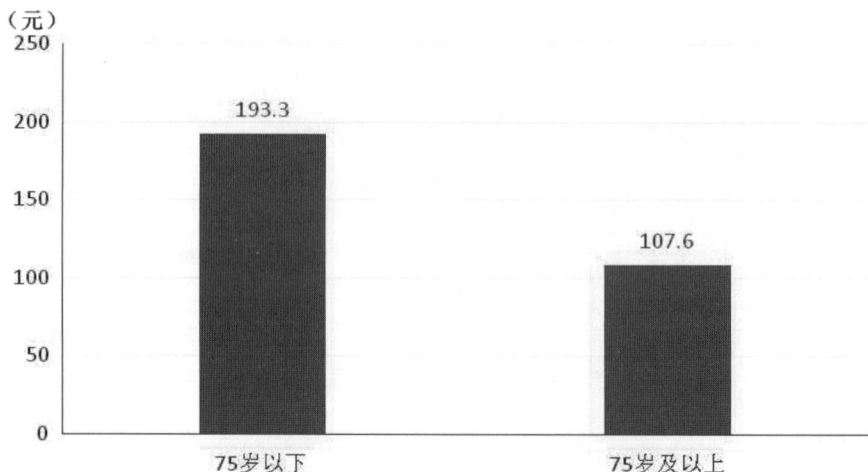

图 2-35　不同年龄段老年人个人用品类平均支出

的每月交通支出在 600 元以上。另外,还有 4 180 位老年人对每月通信支出情况做出了应答,其平均值为 60.04 元,标准差为 50.03 元,最小值 10,最大值 500;71.46％的老年人每月通信支出在 50 元及以下,51～100 元之间的为 20.55％,还有 1.12％的老年人其每月通信支出在 200 元以上,从户籍视角分析,非农业户籍的老年人其每月支出在 200 元以上的比例明显高于农业户籍老年人口,差异呈现统计学上显著性意义($P<0.001$)。

4.文体娱乐及旅游的支出

老年人每月文体娱乐支出(看电影、订书报等)情况如表 2-38 所示,共有 1 022 位老年人进行了应答,其平均值为 61.40 元,标准差为 99.33 元,最小值 5,最大值 1 000;其中 953 位(93.25％)的老年人其支出在 200 元及以下,少数 11 位(1.08％)老年人的每月文体娱乐支出在 400 元以上。在问及 2014 年旅游总支出时有 651 位老年人进行了应答,其平均值为 5 269.42元,标准差为 6 765.66 元,最小值 100,最大值 10 万;476 位(73.12％)的老年人 2014 年旅游总支出在 5 000 元及以下,125 位(19.20％)的老年人 2014 年旅游总支出在 5 001～10 000 元,其余情况见表 2-38。

表 2-38　老年人每月文体娱乐支出及 2014 年旅游总支出情况

分　组	每月文体娱乐支出		分　组	2014 年旅游总支出	
	人　数	百分比(％)		人　数	百分比(％)
200 元及以下	953	93.25	5 000 元及以下	476	73.12
201～400 元	58	5.68	5 001～10 000 元	125	19.20
400 元以上	11	1.08	15 001～20 000 元	30	4.61
—	—	—	20 001～25 000 元	6	0.92
总　　计	1 022	100	25 000 元以上	14	2.15

5.给子女/孙子女的支出及家庭支出的决策情况

有 3 022 位老年人回答了 2014 年给子女/孙子女的支出情况,平均值是 2 164.56 元,标准差是 6 048.20 元,最小值是 5 元,最大值是 100 000 元。由于该变量呈偏态分布,所以根据其分布情况进行了分组分析,结果如表 2-39 所示,93.41%的老年人在 2014 年的支出在 5 000 元及以下,只有 1.32%的少数老年人其支出在 20 000 元以上。

表 2-39　2014 年老年人给子女/孙子女的支出情况

分　　组	人数(人)	百分比(%)
5 000 元及以下	2 823	93.41
5 001~10 000 元	110	3.64
10 001~15 000 元	42	1.39
15 001~20 000 元	7	0.23
20 000 元以上	40	1.32
总　　计	3 022	100

有 5 247 位老年人回答了自己家庭的支出决策情况。其中,44.2%的老年人以共同协商决策为主,27.6%的老年人表示自己做支出决策,由子女做支出决策的占比为 17.5%,由配偶做支出决策的比例为 10.7%。从性别视角分析①,女性老年人协商决策的比例为 41.8%,男性老年人共同协商决策的比例为 46.9%。有 21.7%的女性老年人表示由自己做出重大支出决策,男性老年人自己做决策的比例为 34.1%。女性老年人由配偶或子女做决策的比例分别是 14.8%和 21.6%,男性老年人的比例分别为 6.2%和 12.8%。统计学检验结果显示,老年人的家庭重大支出决策情况存在统计学上的显著的性别差异($\chi^2 = 228.473, P < 0.001$),即男性老年人起决策的比例高于女性老年人。参见表 2-40,图 2-36。

表 2-40　老年人的家庭支出决策情况

单位:n(%)

性　　别	重大支出决策者				总　　计
	自　己	配　偶	子　女	共同协商	
女	597(21.7)	408(14.8)	595(21.6)	1 151(41.8)	2 751(100)
男	847(34.1)	154(6.2)	319(12.8)	1 164(46.9)	2 484(100)
总　　计	1 444(27.6)	562(10.7)	914(17.5)	2 315(44.2)	5 235(100)

$\chi^2 = 228.473, P = 0.000$;缺失值为 12。

---

① 5 247 位回答了自己家庭支出决策情况的老年人中,有 12 人未回答性别,因此表格中总计与图 2-36 不一致。

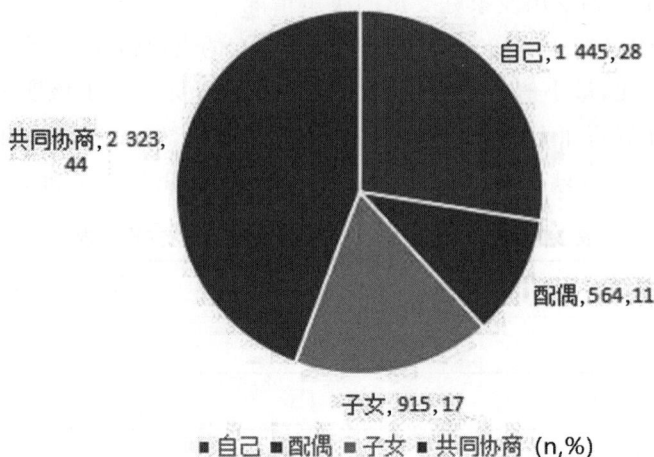

图 2-36　被访老年人的支出决策情况

注：缺失值为 33。

三、家庭现有债务及"啃老"现象与自我经济的评价

1.对家庭现有债务及"啃老"现象的自我评价

522 位老年人回答了"您家现在大概有多少债务?"的问题,参见表 2-41。平均值为 6 944.46元,标准差为 41 411.35 元,最小值为 0,最大值为 75 万元。

如图 2-37 有 5 114 位老年人回答了自己是否觉得(孙)子女存在"啃老"的现象。有 214 位老年人觉得自己的(孙)子女存在"啃老"现象,占比 4.18%,4 900 位(95.82%)老年人并不觉得自己的(孙)子女存在"啃老"现象。表 2-42 为不同户籍老年人觉得自己(孙)子女存在"啃老"现象的情况,农业户口的老年人中,有 2.5% 觉得自己的(孙)子女存在"啃老"现象,非农业户口老年人中,有 5.1% 觉得自己的(孙)子女存在"啃老"现象,统一居民户口的老年人中,认为自己的(孙)子女存在"啃老"现象的比例最高,为 7.7%。经统计学检验,福建省不同户籍类型老年人觉得自己的(孙)子女存在"啃老"现象存在显著性差异($\chi^2=40.607, P<0.001$),统一居民户口老年人的(孙)子女"啃老"现象高于其他户籍老年人。这可能是统一居民户口的老年人比较其他户籍老年人养老金高,所以,存在经济上倒贴给子女的现象比较多。

表 2-41　老年人家庭现有债务

单位:元

户籍类型	均　值	标准差
农业户口	6 718.88	26 133.33
非农业户口	8 366.36	59 096.04
统一居民户口	3 690.14	17 302.84
总　计	6 944.46	41 411.35

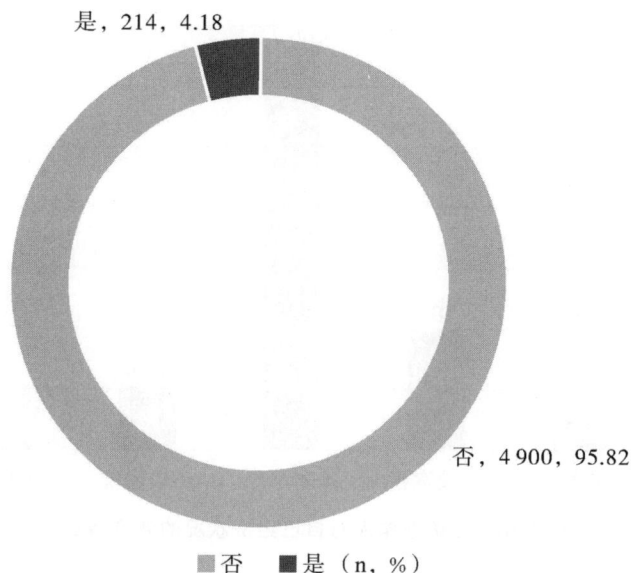

图 2-37　老年人对"啃老"现象的认同

表 2-42　老年人的户籍与"啃老"现象的认同情况

单位:n(%)

户籍类型	是否觉得子女存在"啃老"现象	
	否	是
农业户口	2 429(97.5)	63(2.5)
非农业户口	1 889(94.9)	102(5.1)
统一居民户口	577(92.3)	48(7.7)
总　计	4 895(95.8)	213(4.2)

$\chi^2=40.607, P=0.000$。

注:在 5 114 人中有 6 人未回答户籍类型。

2.对自我经济状况的评价

在 5 280 位被访老年人中,有 5 251 位老年人回答了对自己经济状况的评价情况。觉得自己的经济状况基本够用的比例最大,为 66.7%,有 19.6% 的老年人觉得自己的经济状况比较宽裕,10.6% 的老年人觉得自己的经济状况比较困难,认为自己经济状况非常困难的比例最小,只有 1.3%。参见图 2-38。

表 2-43 中表示自己经济状况比较宽裕或非常宽裕的均以本科及以上学历老年人的比例最高,其比例分别是 51.5% 和 7.2%,认为自己经济比较困难或非常困难的老年人中,未上过学(包括扫盲班)的比例都是最高,分别为 17.5% 和 2.7%。从文化的视角分析,文化程度较高的老年人对自己经济状况的评价较好,不同文化程度的老年人对自己经济状况的评价情况存在统计学上的显著性差异($\chi^2=323.489, P<0.001$)。

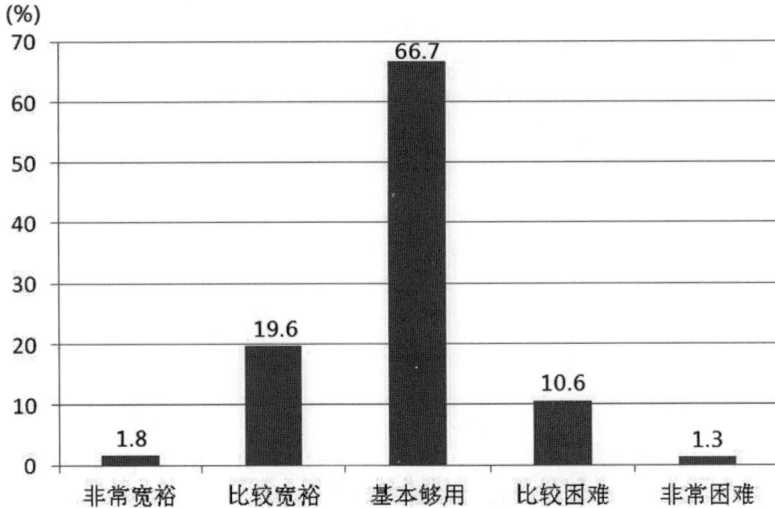

图 2-38　被访老年人对自己经济状况的评价情况

表 2-43　不同文化程度老年人对自己经济状况的评价情况

单位:n(%)

文化程度	对自己经济状况的评价					合　计
	非常宽裕	比较宽裕	基本够用	比较困难	非常困难	
未上过学 （包括扫盲班）	9(0.7)	133(10.9)	833(68.2)	214(17.5)	33(2.7)	1 222(100)
小学 （包括私塾）	24(1.3)	337(17.9)	1 283(68.0)	219(11.6)	23(1.2)	1 886(100)
初　中	22(2.0)	267(24.1)	727(65.6)	83(7.5)	10(0.9)	1 109(100)
高中/中专/ 职高	24(3.2)	193(25.9)	493(66.3)	33(4.4)	1(0.1)	744(100)
大学专科	6(3.3)	49(27.1)	120(66.3)	6(3.3)	0(0)	181(100)
本科及以上	7(7.2)	50(51.5)	38(39.2)	2(2.1)	0(0)	97(100)
总　计	92(1.8)	1 029(19.6)	3 494(66.7)	557(10.6)	67(1.3)	5 239(100)

$\chi^2 = 323.489, P = 0.000$;缺失值为 12。

第三节　宜居环境状况

本节主要介绍福建省老年人的宜居环境状况,主要包括老年人的现有住房条件、居住周边环境情况。

一、现有住房条件及其存在的问题

1.现在住房的建造时间及面积等情况

在 5 280 位被访老年人中,有 5 265 位老年人回答了自己现在住房的建造时间。多数老年人的现在住房建造于 20 世纪 90 年代(31.6%),其次分别是 2000 年以后(30.0%)和 70—80 年代(29.1%),有 5.2% 的老年人的现在住房建造于 50—60 年代,现在住房建造于中华人民共和国成立前的老年人最少,只有 216 人。农业户口老年人现在住房建造于中华人民共和国成立前、50—60 年代、70—80 年代的比例均高于其他户籍类型的老年人,比例分别是 4.7%、8.0% 和 31.8%,统一居民户口老年人现住房建造于 90 年代和 2000 年以后的比例均高于其他户籍类型的老年人,比例分别是 37.2% 和 34.2%。可见,不同户籍老年人现在住房的建造时间存在显著性差异($\chi^2 = 134.338, P < 0.001$),农业户口老年人现住房的年代较为久远。参见图 2-39、表 2-44。

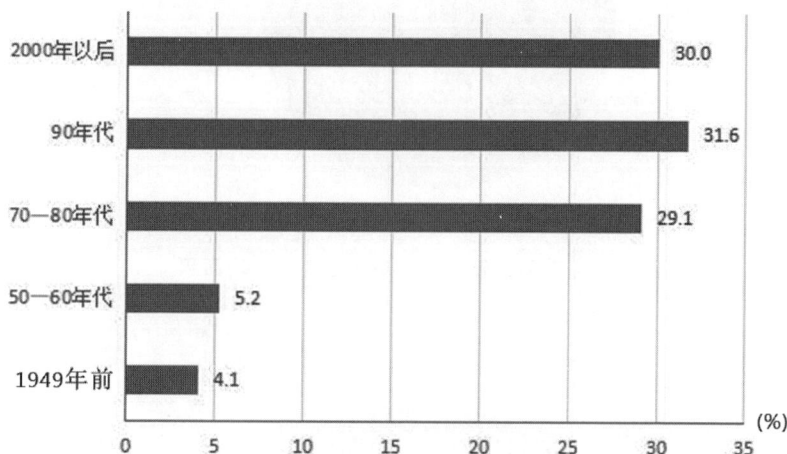

图 2-39　被访老年人现在住房的建造时间占比

表 2-44　不同户籍老年人现在住房的建造时间

单位:n(%)

户籍类型	现在住房的建造时间					总　计
	1949 年前	50—60 年代	70—80 年代	90 年代	2000 年以后	
农业户口	121(4.7)	206(8.0)	815(31.8)	735(28.7)	688(26.8)	2 565(100)
非农业户口	76(3.7)	50(2.4)	565(27.6)	684(33.4)	671(32.8)	2 046(100)
统一居民户口	19(2.9)	15(2.3)	151(23.3)	241(37.2)	221(34.2)	647(100)
总　计	216(4.1)	271(5.2)	1 531(29.1)	1 660(31.6)	1 580(30.0)	5 258(100)

$\chi^2 = 134.338, P = 0.000$;缺失值为 7。

图 2-40 中有 5 230 位老年人回答了自己现在住房的平均面积。农业户口老年人现在住房的平均面积是 162.1 平方米,非农业户口老年人现在住房的平均面积是 118.2 平方

米。可见,不同户籍类型的老年人现在住房面积存在显著性差异($P<0.001$),即农业户口老年人的平均住房面积要高于非农业户口老年人。如图 2-41 所示,在被访共 5 235 位老年人中,有 4 920 位老年人表示自己(和老伴)有单独居住的房间,占比 94%,另有 6%的老年人表示自己(和老伴)没有单独居住的房间。表 2-45 中,高中及以上文化程度的老年人有自己(和老伴)单独居住房间比例均超过 95%,大学本科及以上老年人有自己(和老伴)单独居住房间的比例最高,为 100%,小学(包括私塾)文化程度的老年人自己(与老伴)有单独居住房间的比例最低,为 93.2%。经统计学检验,不同文化程度老年人有无自己(和老伴)单独居住房间存在统计学上的显著性差异($\chi^2=12.469,P<0.05$)。

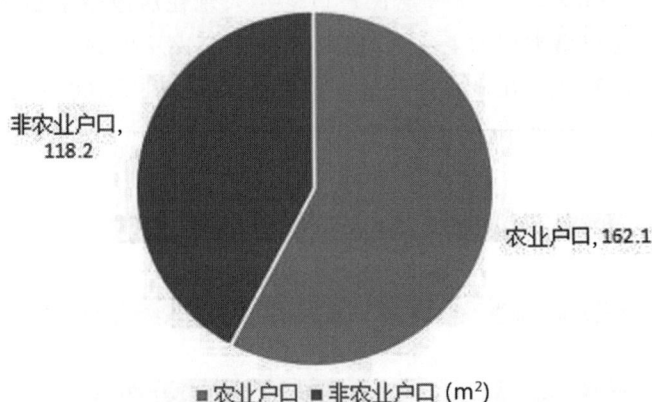

图 2-40　不同户籍老年人现在住房的平均面积

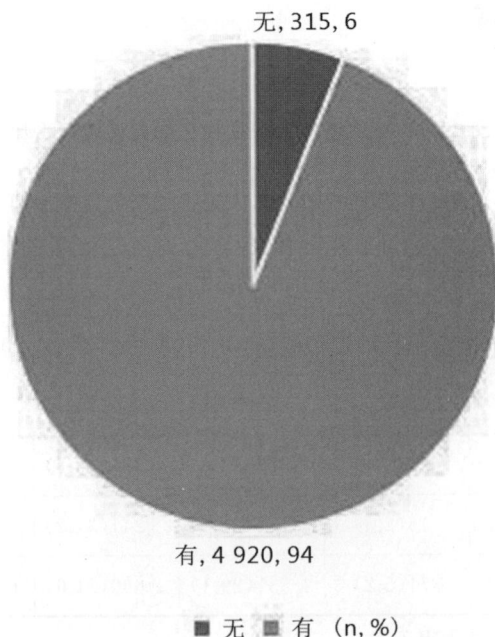

图 2-41　被访老年人(和老伴)有无单独居住房间的情况

表 2-45　不同文化程度老年人(和老伴)有单独居住房间的情况

单位:n(%)

文化程度	你(和老伴)是否有单独居住的房间		总　计
	无	有	
未上过学(包括扫盲班)	82(6.7)	1 140(93.3)	1 222(100)
小学(包括私塾)	128(6.8)	1 754(93.2)	1 882(100)
初　中	61(5.5)	1 048(94.5)	1 109(100)
高中/中专/职高	36(4.8)	707(95.2)	743(100)
大学专科	8(4.4)	174(95.6)	182(100)
本科及以上	0(0)	97(100)	97(100)
总　计	315(6.0)	4 920(94.0)	5 235(100)

$\chi^2 = 12.469, P = 0.029$。

2.现住房存在的问题

图 2-42 显示了老年人现在住房存在的问题:没有呼叫/报警设施(20.7%)、光线昏暗(12.9%)、厕所/浴室不好用(9.8%)、没有扶手(7.0%)、有噪音(5.3%)。还有32.3%的老年人表示现在的住房条件"都很好,没什么问题"。"农业户口"老年人现在住房主要存在以下问题:没有呼叫/报警设施(43.1%)、光线昏暗(24.6%)、厕所/浴室不好用(22.9%)、没有扶手(17.4%)、门槛绊脚或地面高低不平(13.3%),"非农业户口"老年人的主要住房问题是:没有呼叫/报警设施(21.2%)、光线昏暗(14.7%)、有噪音(12.9%)、厕所/浴室不好用(7.0%)、没有扶手(3.6%)。"农业户口"老年人表示自己的住房"都很好,没什么问题"的比例为 38.9%,"非农业户口"老年人的这一比例是 56.1%。参见表 2-46。(基于 SPSS 多重响应分析结果。)

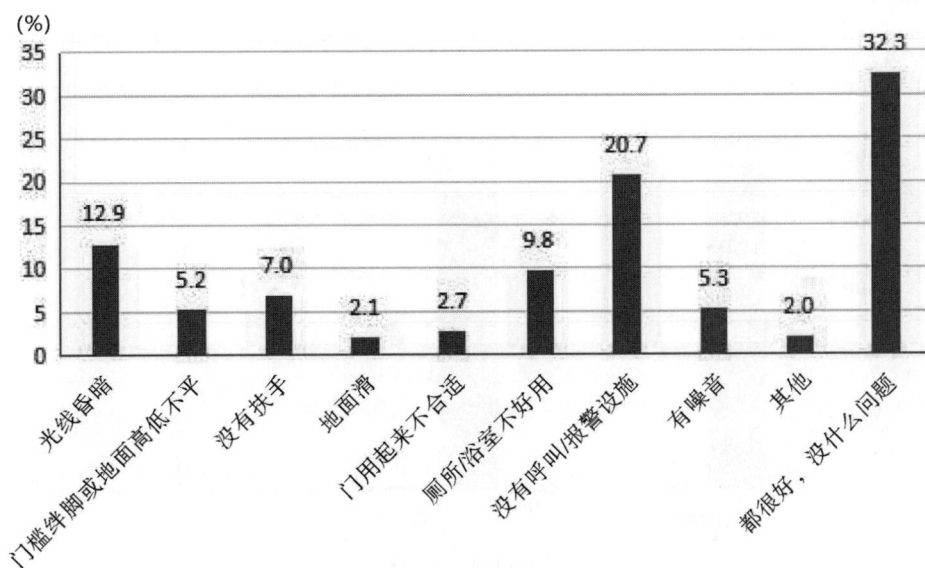

图 2-42　被访老年人现在住房存在的问题

表 2-46 不同户籍老年人现在住房存在的问题

单位:n(%)

住房存在的问题	户籍类型	
	农业户口	非农业户口
光线昏暗	624(24.6)	300(14.7)
门槛绊脚或地面高低不平	336(13.3)	58(2.8)
没有扶手	441(17.4)	73(3.6)
地面滑	106(4.2)	47(2.3)
门用起来不合适	157(6.2)	42(2.1)
厕所/浴室不好用	581(22.9)	143(7.0)
没有呼叫/报警设施	1 092(43.1)	432(21.2)
有噪音	112(4.4)	262(12.9)
其 他	32(1.3)	106(5.2)
都很好,没什么问题	987(38.9)	1 143(56.1)

3.老年人对现在住房的满意度调查

有 5 273 位老年人回答了对自己现在住房的满意情况。46.6%的老年人对自己现在的住房表示满意,42.8%的老年人对自己现在住房的满意程度一般,对自己现在住房表示不满意的老年人占比 10.6%。初中及以上文化程度的老年人对自己现在住房表示满意的比例均超过一半,本科及以上老年人对自己现在住房满意的比例最高,占 68.4%,未上过学(包括扫盲班)的老年人有 13.3%对自己现在住房条件表示不满意,这在各类文化程度的老年人中所占比例最高。经统计学检验,不同文化程度老年人对自己现在住房的满意情况存在显著性差异($\chi^2=75.188,P<0.001$),且文化程度高的老年人对现在住房的满意程度较高。参见图 2-43、表 2-47。

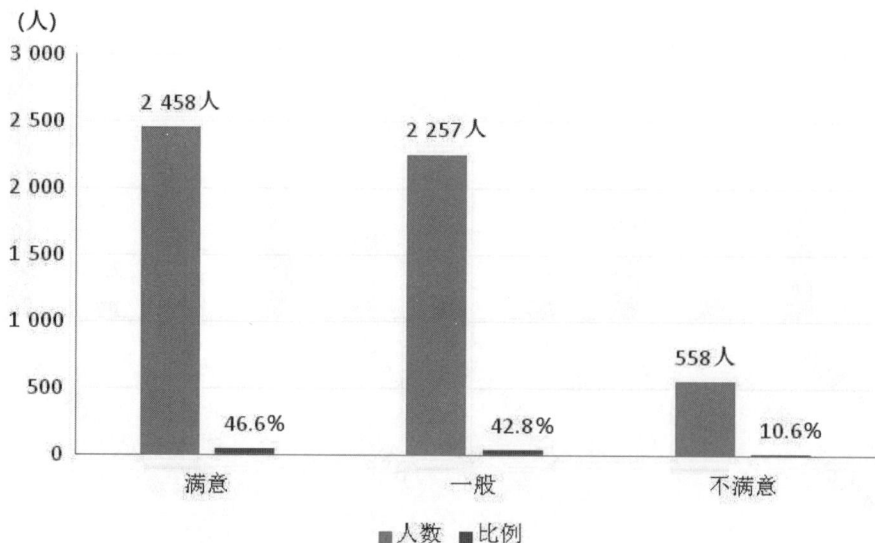

图 2-43 被访老年人对现在住房的满意情况

表 2-47　老年人文化程度与现在住房的满意情况

单位:n(%)

文化程度	对现在住房条件满意与否			总　计
	满　意	一　般	不满意	
未上过学(包括扫盲班)	467(38.1)	596(48.6)	163(13.3)	1 226(100)
小学(包括私塾)	873(46.1)	829(43.7)	193(10.2)	1 895(100)
初　中	561(50.3)	444(39.8)	111(9.9)	1 116(100)
高中/中专/职高	382(51.3)	295(39.7)	67(9.0)	744(100)
大学专科	99(54.4)	64(35.2)	19(10.4)	182(100)
本科及以上	67(68.4)	27(27.6)	4(4.1)	98(100)
总　计	2 449(46.6)	2 255(42.9)	557(10.6)	5 261(100)

$\chi^2 = 75.188, P = 0.000$;缺失值为 12。

二、社区宜居环境及邻里关系

1.老年人对本社区(村/居)宜居环境的知晓与利用情况

本次调查的长表问卷中针对本社区(村/居)宜居环境情况进行了详细调查。首先,519 位老年人应答了自己在本社区(村/居)的平均居住的年数,总体平均值为 42.95 年,标准差为 23.54 年,最小值为 1,最大值为 95。其中,农业户口的老年人在本村居住的年数明显高于非农业户口的老年人,差异呈现统计学上的显著性意义。参见表 2-48。

表 2-48　老年人在本社区(村/居)平均居住的年数

户籍类型	在本社区(村/居)居住的年数	
	均值(年)	标准差
农业户口	57.34	18.01
非农业户口	29.35	19.93
统一居民户口	31.37	20.67
总　计	42.95	23.54

$N = 519, F = 2.78, P = 0.000$。

表 2-49、表 2-50 为户籍与老年人家附近活动场所知晓情况及其经常利用情况的调查,结果表明,老年人对老年活动中心/站/室的知晓率最高达到总体的 71.13%,图书馆/文化站的知晓率最低,为总体的 40.61%。从户籍视角分析,除了"老年活动中心/站/室"的知晓率不存在统计学上显著性的户籍差异外,其余的对家附近的"公园""广场""健身场所""图书馆/文化站"等知晓率,农业户口老年人明显低于非农业户口老年人。有关这些场所利用情况,除了"老年活动中心/站/室"与"图书馆/文化站"不存在户籍上统计学的显著性差异外,其余的"公园""广场""健身场所"均显示非农业户口老年人利用率要高于农业户口老年人。

表 2-49　户籍与老年人家附近活动场所知晓情况的调查

单位：%

家附近是否有下列活动场所	农业户口	非农业户口	统一居民户口	总体占比	P
广场：有	37.05	58.13	60.56	48.38	***
不知道	3.98	5.42	4.23	4.57	
公园：有	28.29	74.88	74.65	52.57	***
不知道	5.58	2.46	4.23	4.19	
健身场所：有	44.80	59.11	64.79	53.05	**
不知道	7.20	7.39	8.45	7.44	
老年活动中心/站/室：有	68.13	72.14	78.87	71.13	—
不知道	4.78	8.96	5.63	6.50	
图书馆/文化站：有	33.86	45.77	50.00	40.61	**
不知道	9.96	12.44	15.71	11.69	

$N=522$，χ^2：** ：$P<0.01$；*** ：$P<0.001$；— ：$P>0.05$。

表 2-50　户籍与老年人经常到家附近的活动场所情况的调查结果

单位：%

经常到下列活动场所情况	农业户口	非农业户口	统一居民户口	总体占比	P
广　场	11.28	31.88	20.00	21.50	***
公　园	11.61	38.32	37.50	29.25	***
健身场所	7.33	20.71	16.98	14.29	*
老年活动中心/站/室	14.29	9.88	16.39	12.89	—
图书馆/文化站	2.11	4.44	4.17	3.38	—

$N=319\sim419$，χ^2：* ：$P<0.05$；*** ：$P<0.001$；— ：$P>0.05$。

2.邻里关系与社区环境的满意度

图 2-44 显示了在 527 位接受长表问卷调查的被访老年人中，有 525 位老年人回答了自己的邻里关系情况。"经常走动"的比例最大，为 52.7%，其次是仅限于"打招呼"的 22.1%，21.1%的老年人表示"必要时会与邻居相互帮助"，还有 4.0%的老年人表示并"不了解"。有 525 位老年人同时回答了自己的户籍类型和邻里关系情况。66.2%的农业户口老年人与邻居经常走动，这在所有户籍类型老年人中所占的比例最高，非农业户口老年人不了解邻居或仅限于打招呼的比例均是最高，分别为 6.9%和 36.9%，非农业户口老年人的邻里关系显然比农业户口和统一居民户口老年人的邻里关系生疏。统计学检验结果显示，不同户籍类型的老年人邻里关系存在显著性差异（$\chi^2=77.938$，$P<0.001$）。参见表 2-51。

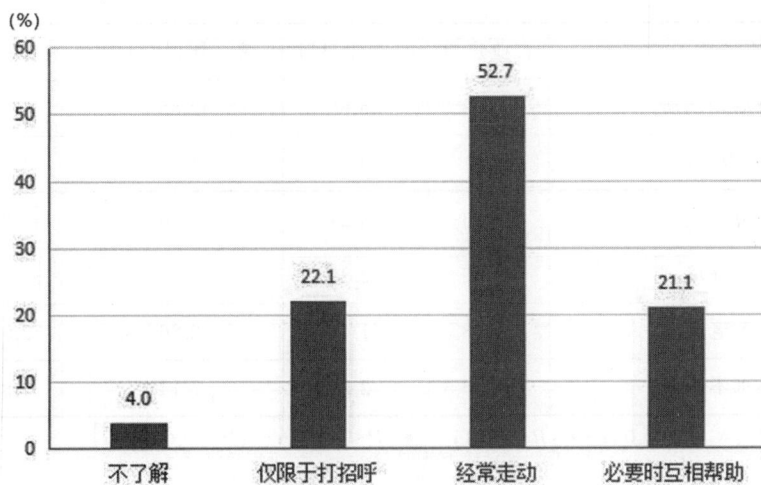

图 2-44 被访老年人的邻里关系

表 2-51 老年人户籍与邻里关系

单位:n(%)

户籍类型	邻里关系情况				总　计
	不了解	仅限于打招呼	经常走动	必要时相互帮助	
农业户口	5(2.0)	22(8.8)	166(66.2)	58(23.1)	251(100)
非农业户口	14(6.9)	75(36.9)	73(36.0)	41(20.2)	203(100)
统一居民户口	2(2.8)	19(26.8)	38(53.5)	12(16.9)	71(100)
总　计	21(4.0)	116(22.1)	277(52.7)	111(21.1)	525(100)

$\chi^2 = 77.938, P = 0.000$;缺失值为 2。

527 位老年人对本社区(村/居)的哪些情况感到满意进行了回答。其中,满意程度较高的分别是道路/街道照明(72.57%)、治安环境(65.33%)、交通状况(61.14%)、环境绿化(50.67%)、尊老敬老氛围(47.43%),此外,还有 3.81% 的老年人表示都不满意。参见图 2-45。

表 2-52 不同户籍老年人对本社区(村/居)环境中不满意的事项调查结果

单位:%

不满意	农业户口	非农业户口	统一居民户口	总体占比	P
指示牌/标识	69.32	48.53	58.57	59.81	***
道路/街道照明	25.10	28.92	31.43	27.43	—
交通状况	43.43	33.33	38.57	38.86	—
生活设施	77.29	45.59	48.57	61.14	***

续表

不满意	农业户口	非农业户口	统一居民户口	总体占比	P
健身活动场所	66.93	56.86	52.86	61.14	*
公共卫生间	72.91	69.61	71.43	71.43	—
环境绿化	60.16	38.24	42.86	49.33	***
治安环境	35.86	32.84	35.71	34.67	—
尊老敬老氛围	56.18	51.47	42.86	52.57	—
上述都不满意	3.59	2.94	7.14	3.81	—

$N=525, \chi^2 : * : P<0.05 ; ** : P<0.01 ; *** : P<0.001 ; - : P>0.05$。

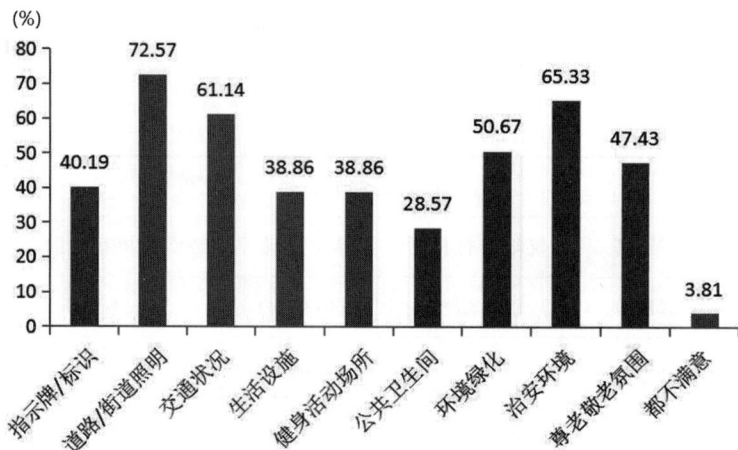

图 2-45 被访老年人对本社区(村/居)的满意情况

第四节 社会参与概况

本节主要介绍福建省老年人对关心国家大事情况、社区事务、公益活动及老年协会等参与情况。

一、国家大事及社区事务的参与

1.关心国家大事

在 527 位接受长表问卷的老年人中,有 380 位(72.1%)老年人表示关心国家大事,有147 位(27.9%)表示不关心国家大事;从政治面貌分析,是中共党员的老年人关心国家大事的比例为 93.1%,远高于非党员的老年人。参见图 2-46 与图 2-47。表 2-53 提示了文化程度和是否关心国家大事的关联情况,未上过学(包括扫盲班)的老年人对国家大事的关心程度最低,只有 46.2%,小学(包括私塾)以上文化程度的老年人表示关心国家大事的比例均超过 50%,本科及以上文化程度的老年人最关心国家大事。老年人的文化程度与关心国家大事在统计学上呈现显著性差异($\chi^2 = 85.247, P < 0.001$)。

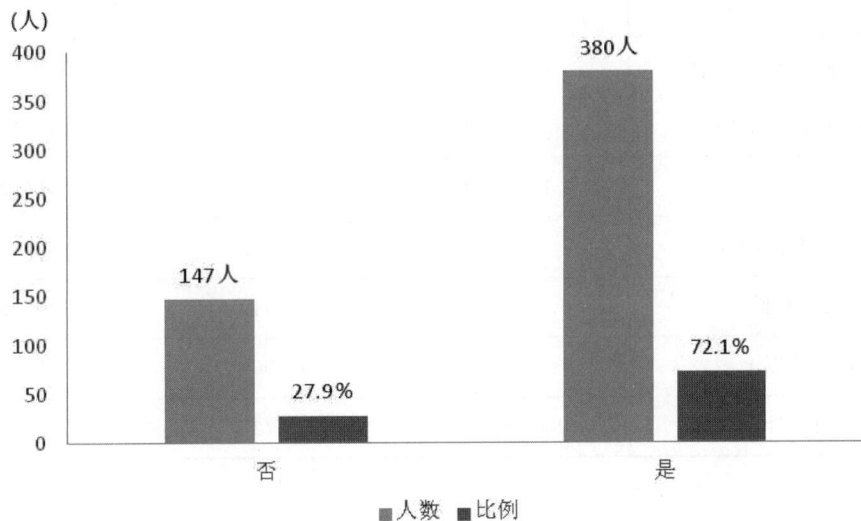

图 2-46　被访老年人关心国家大事的情况

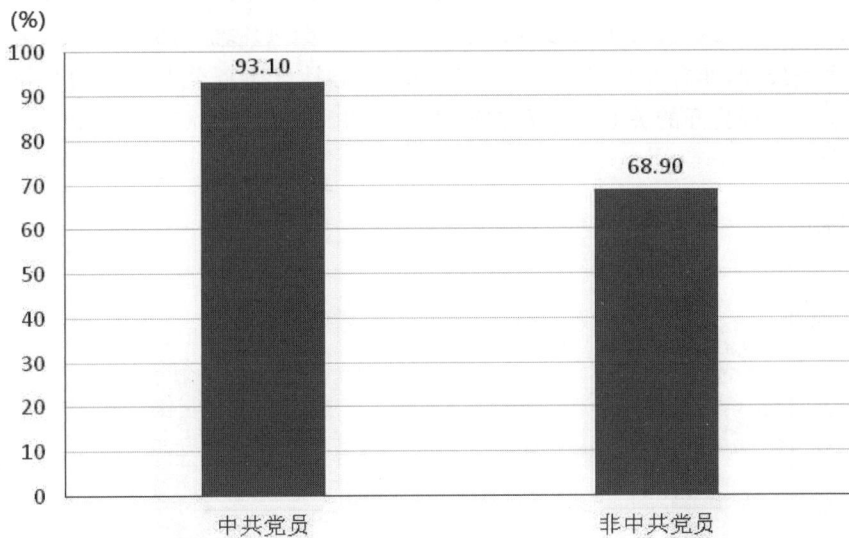

图 2-47　政治面貌与老年人关心国家大事的情况

表 2-53 老年人文化程度与关心国家大事

单位:n(%)

文化程度	是否关心国家大事		总 计
	否	是	
未上过学(包括扫盲班)	70(53.8)	60(46.2)	130(100)
小学(包括私塾)	57(32.6)	118(67.4)	175(100)
初 中	12(10.3)	104(89.7)	116(100)
高中/中专/职高	7(8.5)	75(91.5)	82(100)
大学专科	1(5.3)	18(94.7)	19(100)
本科及以上	0(0)	5(100)	5(100)
总 计	147(27.9)	380(72.1)	527(100)

$\chi^2 = 85.247, P = 0.000$。

2.关心社区事务

有关社区事务情况,250 位(47.5%)老年人表示关心社区事务公开,9.9%的老年人表示并不关心,还有 42.6%的老年人对社区事务公开与否表示无所谓。参见图 2-48。有 41.3%农业户口的老年人表示关心社区事务公开,有 61.4%统一居民户口的老年人表示关心社区事务公开,非农业户口老年人有 50.5%关心社区事务公开。不同户籍类型老年人对社区事务是否公开的关心程度存在统计学上的显著性差异($\chi^2 = 14.990, P < 0.05$)。参见表 2-54。

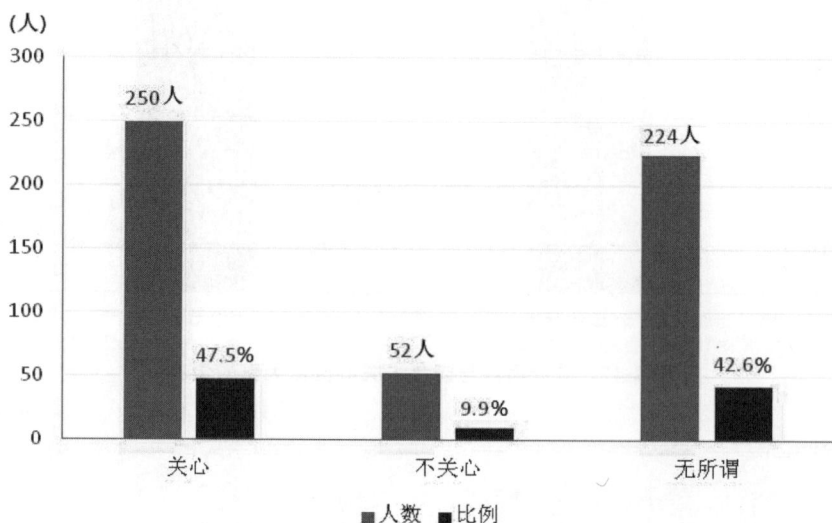

图 2-48 被访老年人关心社区事务公开的情况

表 2-54　老年人户籍与关心社区事务情况

单位:n(%)

户籍类型	是否关心社区事务公开			总　计
	关心	不关心	无所谓	
农业户口	104(41.3)	22(8.7)	126(50.0)	252(100)
非农业户口	103(50.5)	26(12.7)	75(36.8)	204(100)
统一居民户口	43(61.4)	4(5.7)	23(32.9)	70(100)
总　计	250(47.5)	52(9.9)	224(42.6)	526(100)

$\chi^2 = 14.990, P = 0.005$;缺失值为 1。

在 5 275 位被访老年人中,64%的老年人表示自己愿意帮助社区有困难的老年人, 1 906位(36%)老年人表示并不愿意帮助社区有困难的老年人。不同文化程度的老年人愿意帮助社区有困难老年人的比例均超过 50%,但是,未上过学(包括扫盲班)的老年人愿意帮助其他老年人的比例最低,为 55.3%,大学专科学历的老年人帮助其他有困难老年人的意愿最强,比例是 79.0%。不同文化程度老年人在帮助社区有困难老年人的意愿方面存在统计学上的显著性差异($\chi^2 = 101.052, P < 0.001$)。参见图 2-49、表 2-55。

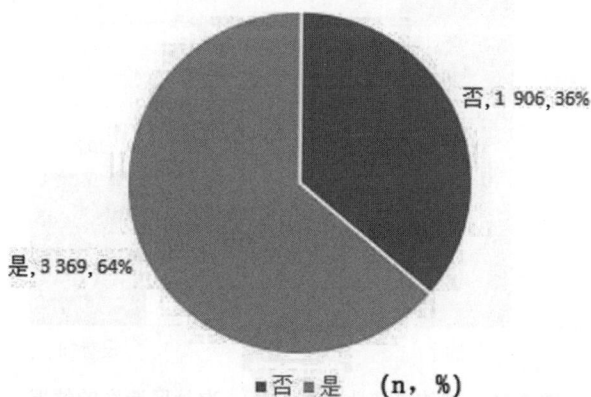

图 2-49　老年人帮助社区有困难老年人的意愿

表 2-55　不同文化程度老年人帮助社区有困难老年人的意愿

单位:n(%)

文化程度	是否愿意帮助社区有困难的老年人		总　计
	否	是	
未上过学(包括扫盲班)	549(44.7)	680(55.3)	1 229(100)
小学(包括私塾)	738(39.0)	1 156(61.0)	1 894(100)
初　中	335(30.0)	782(70.0)	1 117(100)

续表

文化程度	是否愿意帮助社区有困难的老年人		总　计
	否	是	
高中/中专/职高	213(28.6)	531(71.4)	744(100)
大学专科	38(21.0)	143(79.0)	181(100)
本科及以上	30(30.6)	68(69.4)	98(100)
总　计	1 903(36.2)	3 360(63.8)	5 263(100)

$\chi^2=101.052$，$P=0.000$；缺失值为12。

5 276位老年人中，有3 675位(69.7%)老年人参加了最近的一次社区选举，1 601位(30.3%)老年人并未参加最近一次社区选举。女性老年人中，有67.3%参加了最近一次社区选举，男性老年人参加最近一次社区选举的比例是72.4%。统计学检验结果显示，老年人参与社区选举存在统计学上的显著的性别差异($\chi^2=16.236$，$P<0.001$)。参见表2-56。

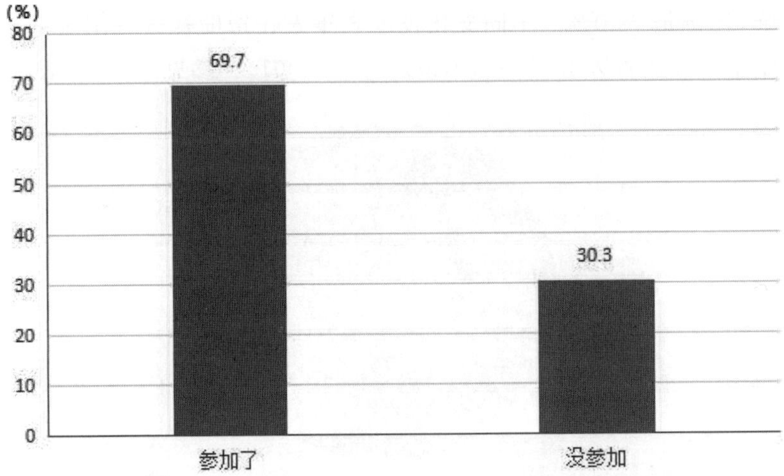

图2-50　被访老年人参加最近一次社区选举的情况

表2-56　不同性别老年人参加最近一次社区选举的情况

单位：n(%)

性　别	是否参加最近一次社区选举		总　计
	没参加	参加了	
女	907(32.7)	1 865(67.3)	2 772(100)
男	688(27.6)	1 804(72.4)	2 492(100)
总　计	1 595(30.3)	3 669(69.7)	5 264(100)

$\chi^2=16.236$，$P=0.000$；缺失值为12。

有 5 277 位老年人汇报了自己是否向社区提过建议的情况。4 551 位老年人未向社区提出过建议,比例是 86%,向社区提出过建议的老年人比例仅为 14%。参见图 2-51。农业户口老年人向社区提出过建议的比例为 10.8%,非农业户口和统一居民户口老年人向社区提出过建议的比例均高于农业户口老年人,其比例分别是 16.4% 和 16.9%。不同户籍类型老年人向社区提建议情况存在统计学上的显著性差异($\chi^2=37.313, P<0.001$)。参见表 2-57。

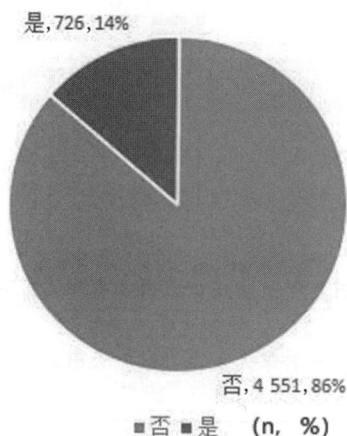

图 2-51　被访老年人向社区提过建议的情况

表 2-57　不同户籍老年人向社区提过建议的情况

单位:n(%)

户籍类型	是否向社区提过建议		总　计
	否	是	
农业户口	2 294(89.2)	277(10.8)	2 571(100)
非农业户口	1 712(83.6)	337(16.4)	2 049(100)
统一居民户口	540(83.1)	110(16.9)	650(100)
总　计	4 546(86.3)	724(13.7)	5 270(100)

$\chi^2=37.313, P=0.000$;缺失值为 7。

3.对社区事务的满意度

被调查对象中有 5 266 位老年人回答了"社区办大事是否向你征求意见"的情况,结果有 64.6% 的老年人表示所在社区办大事并未征求过自己的意见,仅有 35.4% 的老年人表示所在社区办大事征求过自己的意见。农业户口老年人表示所在社区办大事征求自己意见的比例最低(25.3%),非农业户口老年人所在社区办大事征求自己意见的比例是44.8%,统一居民户口老年人有 46.0% 表示所在社区办大事会征求自己的意见,差异呈统计学上的显著性意义($\chi^2=225.547, P<0.001$)。参见图 2-52、表 2-58。

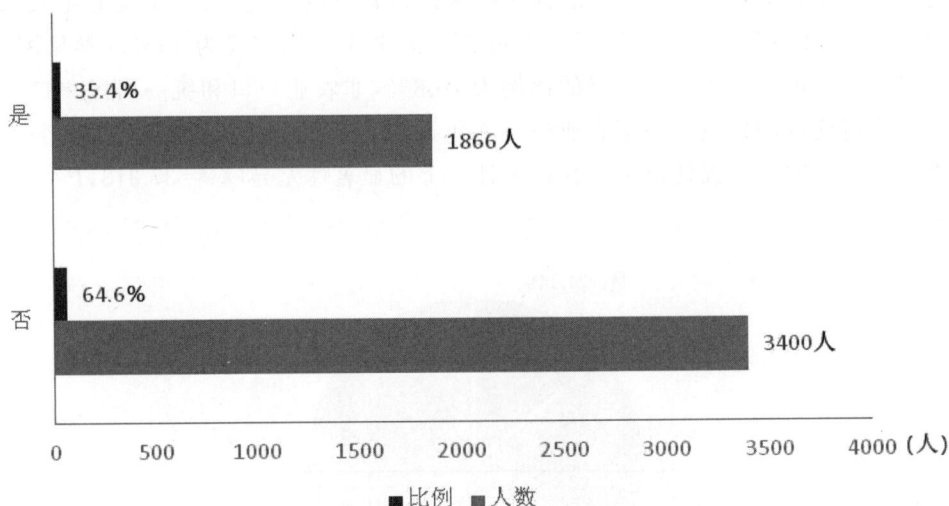

图 2-52　被访老年人所在社区办大事向其征求意见的情况

表 2-58　不同户籍老年人所在社区办大事向其征求意见的情况

单位:n(%)

户籍类型	"社区办大事是否向你征求意见"		总　计
	否	是	
农业户口	1 917(74.7)	648(25.3)	2 565(100)
非农业户口	1 131(55.2)	917(44.8)	2 048(100)
统一居民户口	349(54.0)	297(46.0)	646(100)
总　计	3 397(64.6)	1 862(35.4)	5 259(100)

$\chi^2 = 225.547, P = 0.000$;缺失值为 7。

二、公益活动及老年协会的参与

图 2-53 表示在 5 280 位被访老年人中,有 3 257 人(42.7%)表示没有参加过公益活动,其余老年人参与程度较高的公益活动分别是帮助邻里(18.3%)、维护社区卫生环境(14.0%)、协助调解邻里纠纷(8.8%),参加文化科技推广活动的老年人最少,只有 2.1%。表 2-59 提示了农业户口老年人经常参加的公益活动主要有帮助邻里(32.7%)、维护社区卫生环境(20.7%)、协助调解邻里纠纷(16.9%),非农业户口老年人主要参与的公益活动有帮助邻里(21.4%)、维护社区卫生环境(21.2%)、维护社区社会治安(10.7%),统一居民户口老年人参与的公益活动主要集中在帮助邻里(18.2%)、维护社区卫生环境(15.4%)、关心教育下一代(不包括教育自己孙子女)(9.7%),农业户口老年人帮助邻里的比例在各户籍类型老年人中最高。

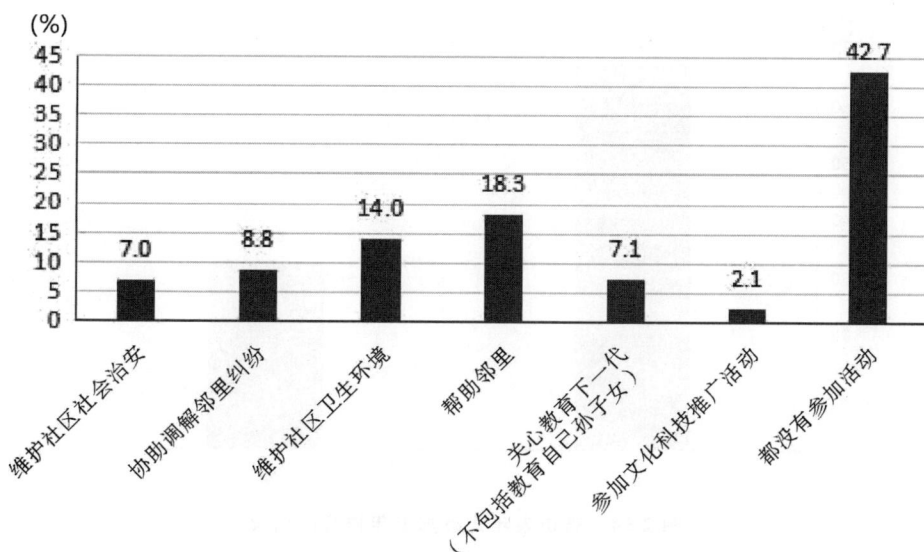

图 2-53 被访老年人经常参加的公益活动分布情况

表 2-59 不同户籍老年人经常参加的公益活动分布情况

单位:n(%)

参与公益活动	户籍类型		
	农业户口	非农业户口	统一居民户口
维护社区社会治安	261(10.2)	220(10.7)	52(8.0)
协助调解邻里纠纷	434(16.9)	177(8.6)	56(8.6)
维护社区卫生环境	530(20.7)	435(21.2)	100(15.4)
帮助邻里	838(32.7)	439(21.4)	118(18.2)
关心教育下一代 (不包括教育自己孙子女)	330(12.9)	146(7.1)	63(9.7)
参加文化科技推广活动	49(1.9)	100(4.9)	13(2.0)
都没有	1 401(54.6)	1 376(67.2)	475(73.3)

5 238 位老年人中,有 3 516 位(67.2%)老年人没有参加老年协会,有 1 722 人(32.8%)参加过老年协会。男性老年人参与老年协会的比例是 35.5%,女性老年人有 30.5%参与了老年协会。男女老年人参加老年协会存在统计学上的显著性差异($\chi^2 = 14.974, P < 0.001$)。参见表 2-60。

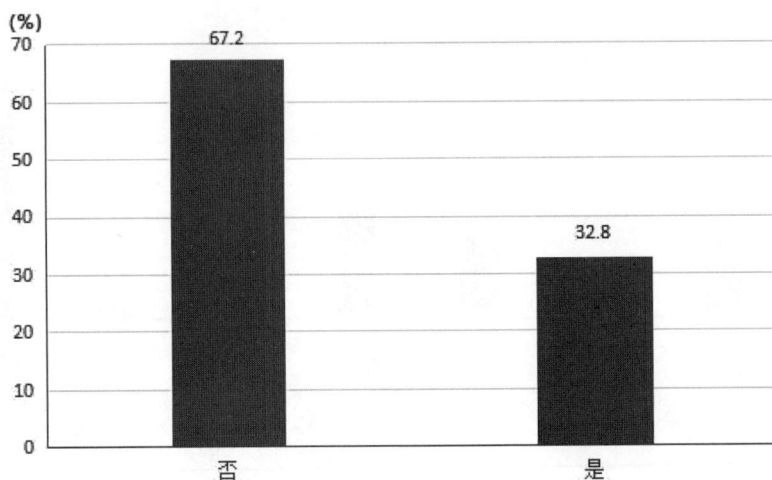

图 2-54　被访老年人参加老年协会的情况

表 2-60　不同性别老年人参加老年协会的情况

单位:n(%)

性　别	是否参加老年协会		总　计
	否	是	
女	1 919(69.5)	842(30.5)	2 761(100)
男	1 597(64.5)	880(35.5)	2 477(100)
总　计	3 516(67.1)	1 722(32.9)	5 238(100)

$\chi^2=14.974, P=0.000$。

　　另外,老年人未参与老年协会的主要原因有没有时间(36.9%)、不感兴趣(29.0%)、身体不允许(20.2%)。值得注意的是,农业户口老年人因为没有成立(20.1%)而没有参加老年协会的比例高于非农业户口(4.6%)和统一居民户口(7.2%)老年人,农业户口老年人因为家人不支持而未参加老年协会的比例在所有老年人中也是最高(2.5%)。可见,硬件支持和家人观念的局限是制约农业户口老年人参加老年协会的重要因素。参见图 2-55、表 2-61。

表 2-61　不同户籍老年人未参与老年协会的原因分布情况

单位:n(%)

户籍类型	未参与老年协会的原因						总计
	没有成立	不感兴趣	没有时间	身体不允许	家人不支持	其　他	
农业户口	307(20.1)	487(31.8)	577(37.7)	326(21.3)	39(2.5)	18(1.2)	1 754
非农业户口	67(4.6)	497(33.9)	658(44.9)	321(21.9)	5(0.3)	53(3.6)	1 601
统一居民户口	32(7.2)	137(30.8)	188(42.2)	132(29.7)	2(0.4)	15(3.4)	506
总　计	406	1 121	1 423	779	46	86	3 861

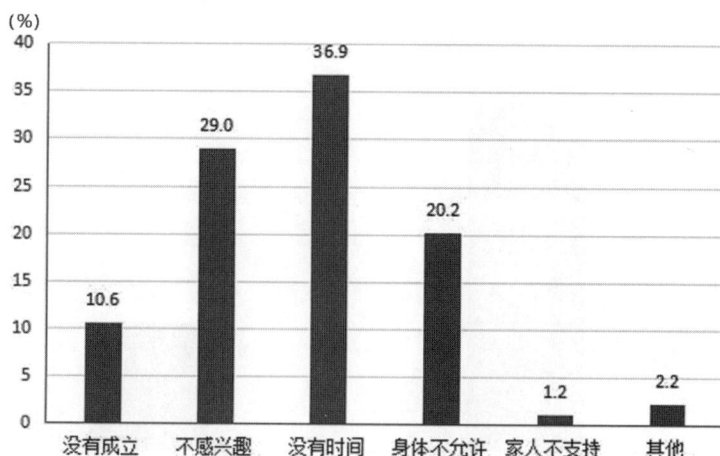

图 2-55　被访老年人未参加老年协会的原因分布情况

第五节　维权状况

本节从老年人享受福利优待情况、权益受到侵害的情况和福利政策的知晓情况等方面介绍福建省老年人的社会参与及权益保障状况。

一、政策知晓与享受老年优待情况

在 5 280 位被访老年人中,有 5 262 位老年人回答了是否知道《老年人权益保障法》,其中,知道《老年人权益保障法》的老年人有 2 480 位(47.1%),还有 2 782 位(52.9%)老年人表示并不知道《老年人权益保障法》。农业户口老年人知道《老年人权益保障法》的比例最低,为 36.3%,非农业户口和统一居民户口老年人知道《老年人权益保障法》的比例相当,分别是 57.5% 和 57.2%。显然,不同户籍类型老年人对《老年人权益保障法》的知晓情况存在统计学上的显著性差异($\chi^2 = 234.943, P < 0.001$)。参见表 2-62、图 2-56。

表 2-62　不同户籍老年人知晓《老年人权益保障法》的情况

单位:n(%)

户籍类型	是否知道《老年人权益保障法》		总　计
	不知道	知　道	
农业户口	1 635(63.7)	932(36.3)	2 567(100)
非农业户口	870(42.5)	1 176(57.5)	2 046(100)
统一居民户口	275(42.8)	368(57.2)	643(100)
总　计	2 780(52.9)	2 476(47.1)	5 256(100)

$\chi^2 = 234.943, P = 0.000$;数据交叉缺失值为 6。

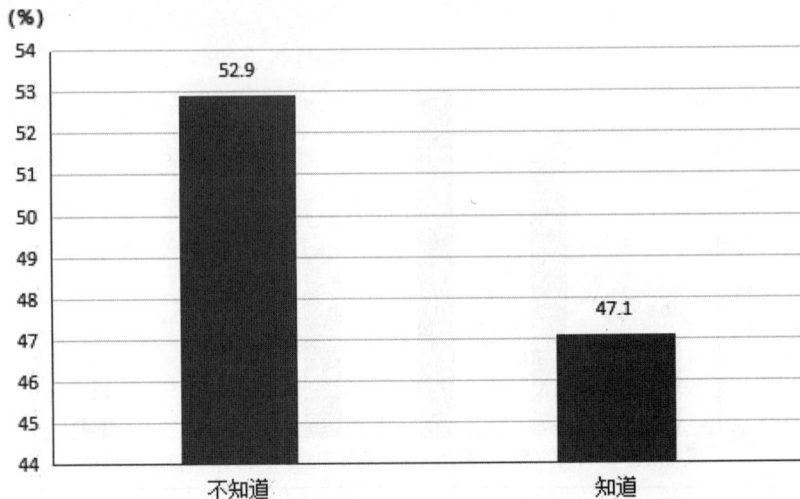

图 2-56　被访老年人知晓《老年人权益保障法》的情况

在 5 253 位被访老年人中,2009 位老年人已经办理了老年人优待证(卡),比例是 38.2%,还有 3 244 位(61.8%)的老年人并未办理老年人优待证(卡)。农业户口老年人办理老年人优待证(卡)的比例最低,仅为 21.8%,非农业户口老年人办理优待证(卡)的比例最高,有 56.5%,统一居民户口老年人有 45.7% 办理了老年人优待证(卡)。不同户籍类型老年人办理老年人优待证(卡)的情况存在统计学上的显著性差异($\chi^2 = 598.619, P < 0.001$)。参见表 2-63、图 2-57。

表 2-63　不同户籍老年人办理老年人优待证(卡)的情况

单位:n(%)

户籍类型	是否办理了老年人优待证(卡)		总　计
	否	是	
农业户口	2 006(78.2)	559(21.8)	2 565(100)
非农业户口	888(43.5)	1 155(56.5)	2 043(100)
统一居民户口	350(54.3)	295(45.7)	645(100)
总　计	3 244(61.8)	2 009(38.2)	5 253(100)

$\chi^2 = 598.619, P = 0.000$。

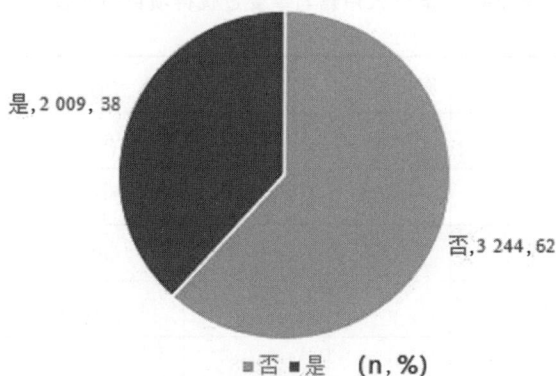

图 2-57 被访老年人办理老年人优待证（卡）的情况

受访老年人中享受过免费体检的老年人最多，占比 35.0％，其次分别是公共交通票价减免（15.4％）和公园门票减免（12.1％），还有 21.5％的老年人表示没有享受过老年人优待。但是，农业户口老年人享受各类优待的比例均低于非农业户口和统一居民户口老年人，农业户口老年人没有享受过老年优待的比例（44.28％）远高于非农业户口（24.40％）和统一居民户口（22.87％）老年人。参见图 2-58、表 2-64。

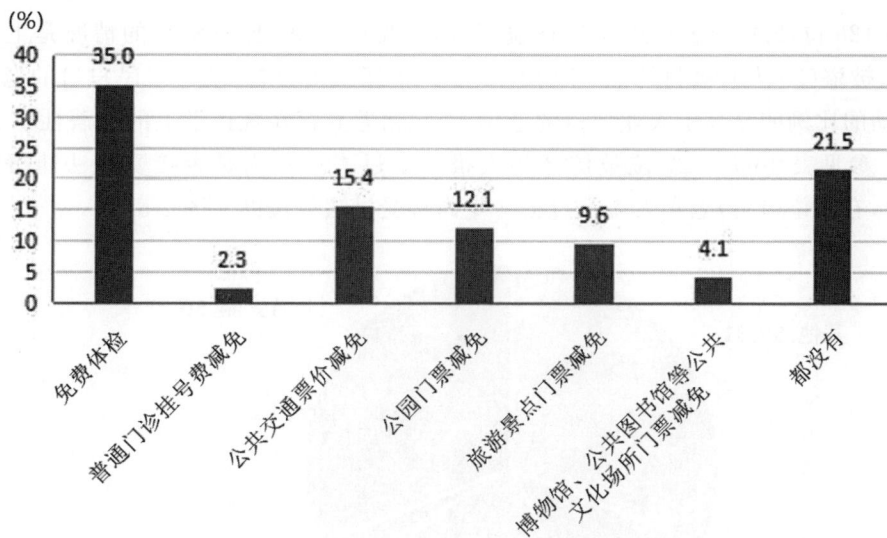

图 2-58 被访老年人享受过的老年人优待类型

表 2-64　老年人户籍与享受过优待项目的调查表

单位:n(%)

项　　目	农业户口	非农业户口	统一居民户口	总体占比	P
免费体检	53.45	55.02	63.06	55.25	***
普通门诊挂号费减免	0.62	7.40	3.40	3.60	***
公共交通票价减免	6.55	44.54	30.91	24.32	***
公园门票减免	3.16	36.31	27.36	19.02	***
旅游景点门票减免	2.18	30.08	19.01	15.10	***
博物馆、公共图书馆等公共文化场所门票减免	0.98	12.69	9.12	6.53	***
都没有	44.28	24.40	22.87	33.92	***

$N=5\ 251, \chi^2 : *** : P < 0.001$。

二、权益受侵现象与维权状况

在 5 280 位老年人中,有 5 150 位老年人表示"今年(2015)以来未遭受任何权益侵害"。有 126 位(2.4%)表示遭受过权益侵害,参见图 2-59,比较常见的情况是上当受骗(50 人)、被盗(38 人)、被打骂/恐吓(19 人)。从户籍视角分析,统一居民户口的老年人遭受被抢劫的比例明显高于农业户口的老年人,户籍差异存在统计学上的显著性意义($P < 0.001$)。参见表 2-65。527 位被访老年人报告了过去一年内是否接受过法律援助的情况,其中,有 4 位(1%)老年人表示过去一年内接受过法律援助。图 2-57。

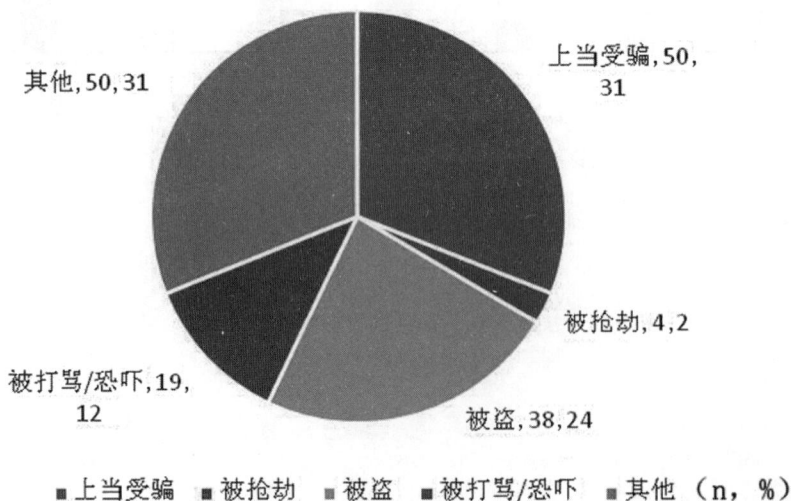

■上当受骗　■被抢劫　■被盗　■被打骂/恐吓　■其他 (n,%)

图 2-59　老年人所受侵害的类型

表 2-65　老年人户籍与所遭受侵害的类型

单位：%

今年以来遇到过下列哪些情况	农业户口	非农业户口	统一居民户口	总体占比	P
上当受骗	0.66	0.66	1.54	0.93	—
被抢劫	0.04	0	0.46	0.08	***
被　盗	0.82	0.49	1.08	0.72	—
被打骂/恐吓	0.39	0.34	0.15	0.34	—
其　他	1.05	0.88	0.77	0.77	—
上述都没有	98.09	97.32	96.62	97.61	*

$N = 5\ 277, \chi^2: *: P < 0.05; **: P < 0.01; ***: P < 0.001; —: P > 0.05$。

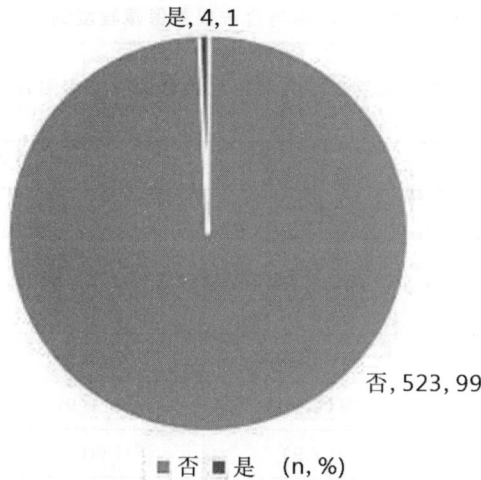

图 2-60　2014 年以来接受法律援助的情况

在被访老年人中，4 911 位（94.5%）老年人认为自己合法权益得到了应有的保障，有287 人（5.5%）认为自己的合法权益没有得到应有的保障。其中，农业户口的老年人认为自己的合法权益没有得到应有保障的比例高于非农业户口老年人。各类文化程度的老年人认为自己的合法权益得到应有保障的比例均超过 90%，未上过学（包括扫盲班）的老年人认为自己的合法权益得到保障的比例为 91.0%，高中/中职/职高文化程度的老年人有97.1%认为自己的合法权益得到了应有的保障，这在各类文化程度的老年人中所占比例最高。不同文化程度老年人对自己合法权益是否得到应有保障的评价存在统计学上的显著性差异（$\chi^2 = 49.609, P < 0.001$），且未上过学（包括扫盲班）的老年人认为自己的合法权益没有得到保障的比例最高。参见图 2-61、表 2-66。

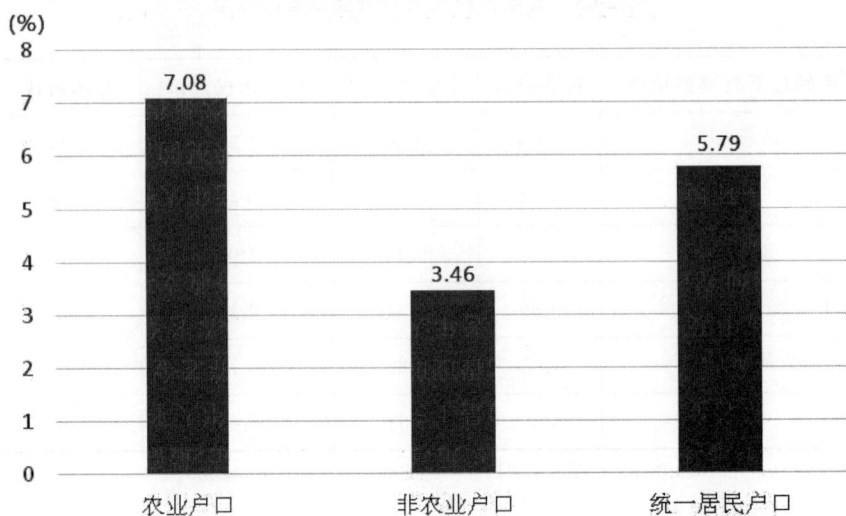

图 2-61　被访老年人户籍与合法权益保障程度的评价情况

表 2-66　不同文化程度老年人对自己的合法权益保障程度的评价

单位:n(%)

文化程度	你认为自己的合法权益受到应有保障没有		总　　计
	否	是	
未上过学(包括扫盲班)	110(9.0)	1 107(91.0)	1 217(100)
小学(包括私塾)	99(5.3)	1 769(94.7)	1 868(100)
初　　中	40(3.6)	1 062(96.4)	1 102(100)
高中/中专/职高	21(2.9)	714(97.1)	735(100)
大学专科	14(7.9)	164(92.1)	178(100)
本科及以上	3(3.1)	95(96.9)	98(100)
总　　计	287(5.5)	4 911(94.5)	5 198(100)

$\chi^2 = 49.609, P = 0.000$;数据交叉缺失值为 82。

小结及讨论

当前学界对老年人生活状况的研究主要从老年人的经济状况、居住环境状况、居住方式情况、日常照护需求情况、身体健康状况、心理健康状况、社会参与情况及老年人生活满意度调查等方面展开。从生活状况的影响因素来看,学者的研究主要聚焦在年龄、户籍、收入水平、受教育程度、身体健康状况、丧偶率等方面,而且许多影响因素之间存在传导效应,如收入水平低导致物质生活水平低下,进而影响到老年人的健康状况,最终导致生活满意度降低。通过梳理文献我们发现,当前针对老年人生活状况的研究往往与老年人的人口特征、目前面临的主要问题、相关的老年服务需求及需求的满足情况交织在一起。多数学者认为,年龄低、非农业户口、收入水平高、身体健康、非丧偶与老年人良好的生活状况密切相关。

本章以参与福建省城乡老年人生活状况调查的老年人为分析对象,以马斯洛需求层次理论为指导,从低阶需求到高阶需求,分别选取个人基本状况、家庭状况、经济状况、宜居环境状况、社会参与状况、权益保障情况等方面来把握福建省老年人的总体生活水平,并从性别、年龄、户籍、民族、文化程度、政治面貌、婚姻状况等方面着手,简要分析不同类型老年人生活水平的差异。研究表明,不同人口学特征的老年人生活状况及生活环境存在统计学上的显著性差异。具体而言,在家庭与经济状况方面,农业户口老年人的子女数量为 3.8 个,非农业户口的平均子女数为 2.5 个,这与我国的普遍现象一致,跟我国农村"养儿防老"的观念盛行也存在契合;同时,非农业户口老年人的经济收支情况好于农业户口老年人,文化程度较高的老年人经济收支情况和经济自我评价状况好于文化程度较低的老年人。研究发现,本次受访老年人中有 4 972 位回答了每月领取养老金情况,其平均值为每月 1 328.64 元,标准差为 1 620.19 元,最低值为 67.5 元,最高值为 10 000 元。男性老年人每月的养老金(离退休金)平均是 1 591.4 元,女性老年人平均每月有 1 021.2 元的养老金(离退休金)。"高中以下"文化程度的老年人每个月养老金(离退休金)的平均数额是 817.7 元,"高中及以上"文化程度老年人平均每个月的养老金(离退休金)收入为 3 257.4 元。另外,研究还发现,老年人在储蓄、拥有房产等经济收支项目上都存在户籍与文化程度的关联性。

在生活及居住环境方面,非农业户口和文化程度较高的老年人住房条件好于农业户口和文化程度较低的老年人,文化程度较高的老年人对住房状况的满意度也较高。研究也发现,非农业户口老年人的邻里关系和农业户口老年人相比,显得较为生疏,这与城乡老年人的不同居住格局、人文环境和生活习惯息息相关。在社会参与与权益保障方面,中共党员、高文化程度、非农业户口、男性都是影响老年人积极参与社会活动的重要因素,而且,非农业户口老年人所在社区办大事更有可能咨询社区老年人的意见。

总而言之,不同性别、年龄、户籍、文化程度的老年人生活状况存在统计学上的显著性差异,非农业户口老年人在家庭状况、经济状况、宜居环境状况、社会参与情况、权益保障方面要好于农业户口老年人,文化程度较高的老年人的基本生活状况和对生活状况的满意度也高于文化程度较低的老年人。通过本章梳理,结果显示,福建省老年人的生活状况与生活环境存在人口学特征上的差异,其具体表现与我国老年人生活状况和生活环境情况大致吻合,与其他学者的研究结论也存在许多相似。此外,有的学者在研究中提到,老年人生活状况和生活环境的影响因素之间存在传导效应,如不同户籍和文化程度的老年人经济状况存在差异,而该差异是否会导致居住环境、社会参与、权益保障等方面的不同、具体影响有多大等此类问题有待今后深入探讨。

第三章 老年人健康、医疗及照护的供需现状

健康是一种资源,是社会经济发展和劳动力再生产的物质基础。老年期是人生过程的一个阶段,随着年龄的增长,老年人机体组织器官的功能不断减退,并由此引起一系列生理学和解剖学等方面的变化,所以,在评价老年人口的健康状况时,国内外均采用老年群体健康评价指标。只有提高老年人口的健康,实现老而不病,病而不残,残而不废才是应对人口老龄化的最积极有效的途径。[①]

第一节 躯体健康及日常生活自理能力

本节基于主客观健康指标视角分析福建省老年人的躯体健康状况、精神健康状态、日常生活自理能力及失能与半失能的发生率。

一、躯体健康指标

1.健康状况的主观自我评价

自我健康状况主要是指个体对自身健康状况各方面的主观评价。根据社会老年学的研究表明,健康状况的自我评价是对某些客观评价指标的补充,能综合地反映老年人的健康状况,并且对老年人的残疾、死亡等有一定的预测作用。[②] 图 3-1 中,有 5 273 位老年人回答了对自我健康状况的评价情况。大多数老年人认为自己的健康状况一般(48.5%),认为自我健康状况比较好或非常好的老年人有 1 840 位(34.9%),此外,还有 747 位(14.2%)老年人认为自我健康状况比较差,只有 127 位(2.4%)老年人认为自我健康状况非常差。

表 3-1 中反映了老年人的年龄和健康状况自我评价情况,各年龄段老年人的健康状况自我评价均以"一般"为主,自我健康状况评价为"比较好"和"非常好"最多的都集中在60～64 岁年龄段的老年人,比例分别为 34.7% 和 9.7%,认为自我健康状况"比较差"的老年人主要是 85 岁及以上(27.2%),认为自我健康状况非常差的则主要是 80～84 岁的老

---

① 王德文,谢良地.社区老年人口养老照护的供需现状与对策研究[M].厦门:厦门大学出版社,2013:6.

② 王德文.老年人躯体机能受损现状以及影响因素分析[J].中华流行病学杂志,2008(11).

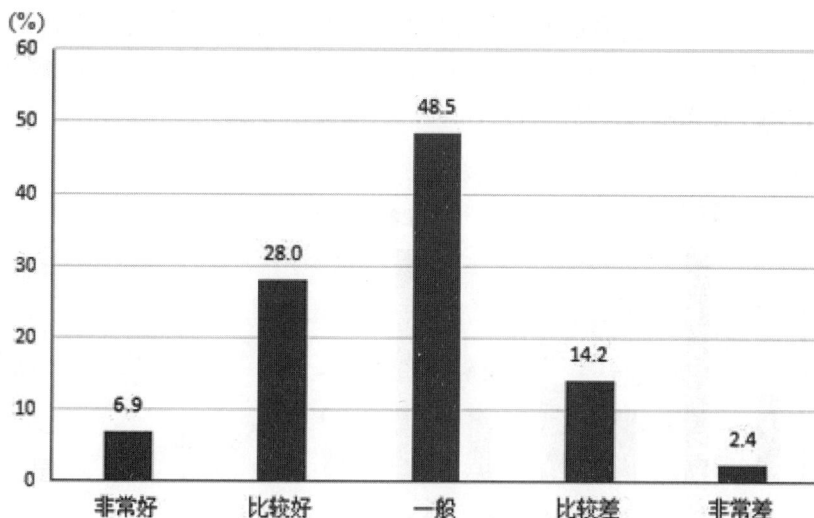

图 3-1　被访老年人对自我健康状况的评价情况

年人(5.8%)。不同年龄的老年人健康状况自我评价情况存在统计学上的显著性差异($\chi^2 = 304.365, P < 0.001$)。

　　另外,值得一提的是在长表调查中涉及"您经常有疼痛感?"的问题,共525位应答者中有254位(48.38%)老年人回答"有"。可见,老年人躯体健康问题值得关注与进一步深入研究。

表 3-1　不同年龄段老年人对自我健康状况的评价情况

单位:n(%)

年　龄	自我健康评价如何					总　计
	非常好	比较好	一　般	比较差	非常差	
60~64 岁	173(9.7)	622(34.7)	811(45.3)	159(8.9)	26(1.5)	1 791(100)
65~69 岁	94(7.9)	365(30.8)	567(47.8)	141(11.9)	19(1.6)	1 186(100)
70~74 岁	44(5.6)	188(24.1)	407(52.2)	125(16.0)	15(1.9)	779(100)
75~79 岁	26(3.8)	151(22.2)	346(51.0)	132(19.4)	24(3.5)	679(100)
80~84 岁	16(3.4)	79(17.0)	240(51.6)	103(22.2)	27(5.8)	465(100)
85 岁及以上	3(1.0)	50(16.0)	158(50.6)	85(27.2)	16(5.1)	312(100)
总　计	356(6.8)	1 455(27.9)	2 529(48.5)	745(14.3)	127(2.4)	5 212(100)

$\chi^2 = 304.365, P = 0.000$。

　　2.慢性病患病情况

　　慢性非传染性疾病简称慢性病,它是指不构成传染、具有长期积累形成疾病形态损害的疾病的总称,多项研究均已证明年龄的增长是慢性病的最主要风险因素之一。[①] 福建

────────────

① 辜滟翔,郝习君,陈长香,等. 河北省城乡居家老年人慢性病患病现状及其影响因素[J]. 中国公共卫生,2015(2):132-136.

省的调查对象中,慢性病排名前五位的分别是高血压(占比 22.1%)、骨关节病(骨质疏松/关节炎/风湿/椎间盘疾病等)(21.6%)、心脑血管疾病(冠心病/心绞痛/脑卒中等)(9.3%)、白内障/青光眼(8.3%)、胃病(6.9%)。参见图 3-2。

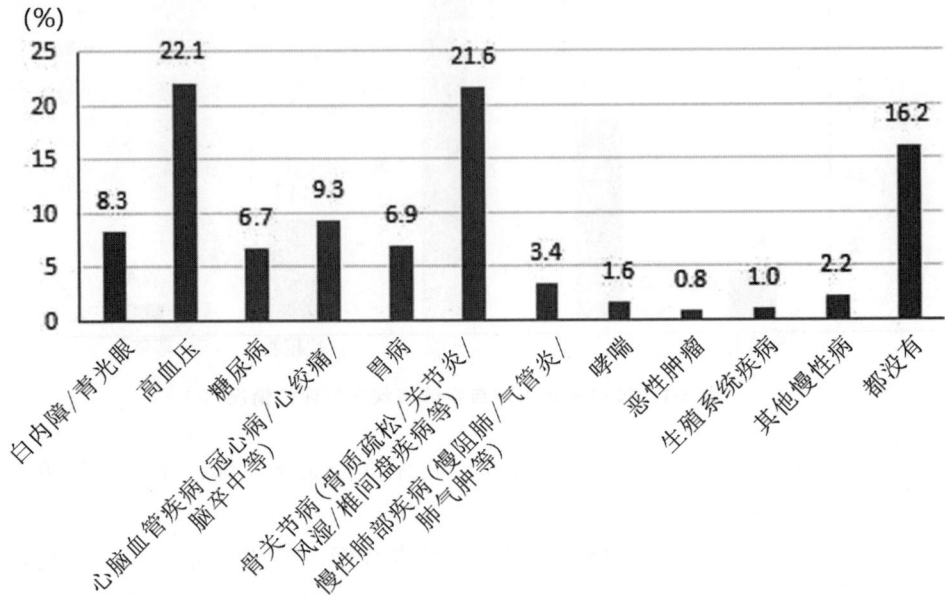

图 3-2　被访老年人患慢性病的情况

在 5 280 位老年人中,有 5 200 位老年人同时报告了自己的年龄和患慢性病情况。其中,"75 岁以下"老年人患慢性病的前五位分别是骨关节病(33.5%)、高血压(33.2%)、心脑血管疾病(冠心病/心绞痛/脑卒中等)(12.7%)、胃病(12.1%)、糖尿病(10.4%),"75 岁及以上"老年人患的主要慢性病是高血压(44.3%)、骨关节病(骨质疏松/关节炎/风湿/椎间盘疾病等)(40.6%)、白内障/青光眼(24.4%)、心脑血管疾病(冠心病/心绞痛/脑卒中等)(22.2%)、糖尿病(12.7%)。"75 岁以下"老年人都没有患这些常见慢性病的比例为 29.9%,"75 岁及以上"老年人该比例为 16.8%,参见表 3-2。

表 3-2　不同年龄老年人患慢性病的情况

单位:n(%)

患慢性病	年龄分组	
	75 岁以下	75 岁及以上
白内障/青光眼	359(9.6)	355(24.4)
高血压	1 246(33.2)	643(44.3)
糖尿病	389(10.4)	185(12.7)
心脑血管疾病 (冠心病/心绞痛/脑卒中等)	476(12.7)	323(22.2)
胃　病	453(12.1)	134(9.2)

续表

患慢性病	年龄分组	
	75 岁以下	75 岁及以上
骨关节病（骨质疏松/关节炎/风湿/椎间盘疾病等）	1 255(33.5)	590(40.6)
慢性肺部疾病（慢阻肺/气管炎/肺气肿等）	180(4.8)	113(7.8)
哮 喘	70(1.9)	66(4.5)
恶性肿瘤	49(1.3)	17(1.2)
生殖系统疾病	48(1.3)	37(2.5)
其他慢性病	129(3.4)	63(4.3)
都没有	1 122(29.9)	244(16.8)

3.两周患病情况

两周患病情况是衡量人群健康状况的重要标志,两周患病率更是反映居民对身体健康、医疗卫生服务需求、配置与利用的重要指标之一。[①] 本调查的 5 280 位被访老年人中,有 5 262 位回答了自己调查前两周的患病情况,其中有 668 位(13%)老年人调查前两周生过病,参见图 3-3。

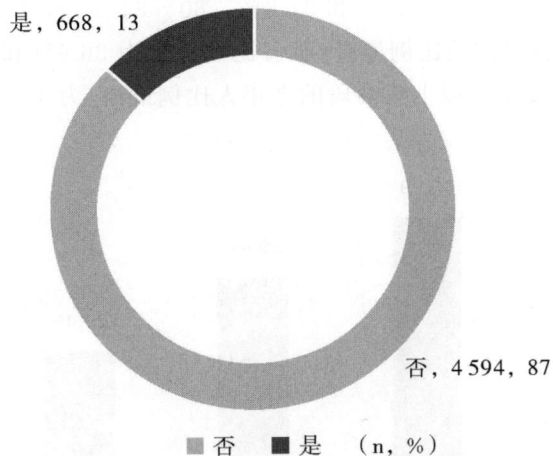

是，668，13

否，4 594，87

■ 否　■ 是　（n，%）

图 3-3　被访老年人调查前两周的患病情况

表 3-3 为老年人的年龄和调查前两周的生病情况,调查前两周生病的老年人中,80～84 岁年龄段的老年人所占比例最高,为 17.7%;60～64 岁老年人调查前两周生病的比例为 10.1%,在各年龄段的老年人中所占比例最低。不同年龄段老年人调查前两周是否生病存在统计学上的显著性差异($\chi^2 = 33.207, P < 0.001$),75 岁以上的老年人两周患病率更高,这也许是人体自然规律的体现。

---

① 李鲁.社会医学[M].北京:人民卫生出版社,2003:137-138.

表 3-3　不同年龄老年人调查前两周的患病情况

单位:n(%)

年　龄	调查前两周是否生病		总　计
	否	是	
60～64 岁	1 610(89.9)	180(10.1)	1 790(100)
65～69 岁	1 043(88.4)	137(11.6)	1 180(100)
70～74 岁	670(85.9)	110(14.1)	780(100)
75～79 岁	566(83.6)	111(16.4)	677(100)
80～84 岁	381(82.3)	82(17.7)	463(100)
85 岁及以上	266(85.8)	44(14.2)	310(100)
总　计	4 536(87.2)	664(12.8)	5 200(100)

$\chi^2 = 33.207, P = 0.000$;缺失值为 62。

4.视力情况

在图 3-4 中,有 5 216 位老年人回答了自己的视力情况,表示看得"非常清楚"的比例为 12.5%,"比较清楚"的比例为 36.6%,29.4%的老年人表示视力"一般",有 20.5%的老年人表示"不太清楚",还有 1.0%的老年人表示"几乎/完全看不清"。表 3-4 显示,60～64岁、65～69 岁、70～74 岁、75～79 岁年龄段的老年人视力情况都是"比较清楚"所占的比例最高,分别为 41.2%、41.9%、37.2%和 31.8%。80～84 岁、85 岁及以上年龄段的老年人视力情况都是"不太清楚"的比例最高,所占比例分别为 36.9%和 36.2%。"几乎/完全看不清"的老年人中,85 岁及以上年龄段的老年人比例最高,为 4.5%。

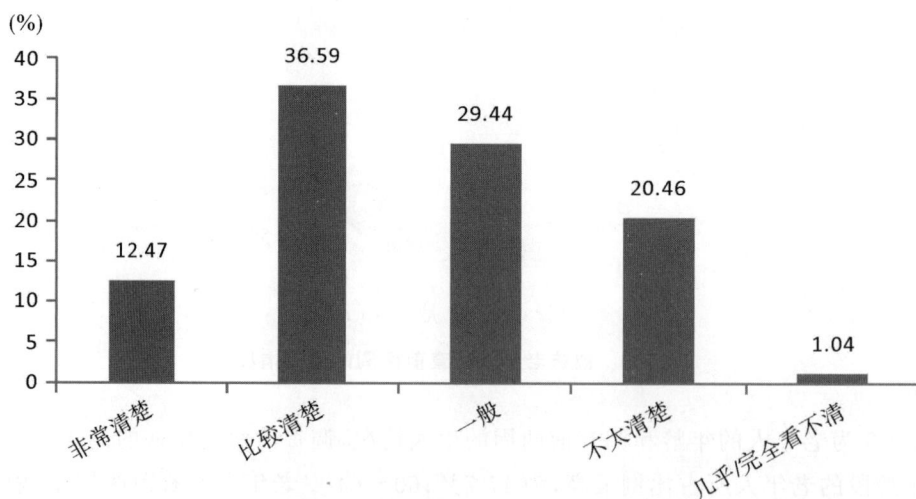

图 3-4　被访老年人的视力情况

表 3-4　不同年龄老年人的视力情况

单位:n(%)

年　龄	视力情况					总　计
	非常清楚	比较清楚	一　般	不太清楚	几乎/完全看不清	
60~64 岁	316(17.6)	740(41.2)	481(26.8)	249(13.9)	8(0.4)	1 794(100)
65~69 岁	150(12.7)	497(41.9)	331(27.9)	195(16.5)	12(1.0)	1 185(100)
70~74 岁	90(11.5)	291(37.2)	241(30.8)	158(20.2)	2(0.3)	782(100)
75~79 岁	56(8.2)	216(31.8)	210(30.9)	189(27.8)	8(1.2)	679(100)
80~84 岁	22(4.7)	107(23.1)	153(33.0)	171(36.9)	11(2.4)	464(100)
85 岁及以上	16(5.1)	57(18.3)	112(35.9)	113(36.2)	14(4.5)	312(100)
总　计	650(12.5)	1 908(36.6)	1 528(29.3)	1 075(20.6)	55(1.1)	5 216(100)

$\chi^2=389.336, P=0.000$;缺失值为 62。

5.听力情况

在图 3-5 中,有 5 265 位老年人回答了自己的听力情况。4 313 位老年人表示"能听清楚",能听清楚的比例最高,为 81.9%,11.7% 的老年人需要别人提高声音才能听清楚,还有 6.4% 的老年人表示很难听清楚。在"很难听清楚""需要别人提高声音"才能听清楚的老年人中,85 岁及以上老年人所占比例均为最高,分别是 21.2%、31.8%。在"能听清楚"的老年人中,60~64 岁老年人所占比例最高,为 92.3%。参见表 3-5。

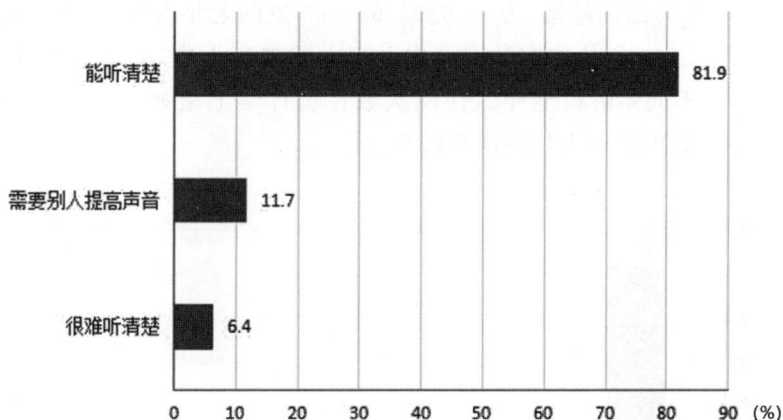

图 3-5　被访老年人的听力情况

表 3-5　不同年龄老年人的听力情况

单位:n(%)

年　龄	听力情况			总　计
	很难听清楚	需要别人提高声音	能听清楚	
60～64 岁	38(2.1)	99(5.5)	1 647(92.3)	1 784(100)
65～69 岁	57(4.8)	90(7.6)	1 038(87.6)	1 185(100)
70～74 岁	34(4.4)	100(12.8)	646(82.8)	780(100)
75～79 岁	64(9.4)	116(17.1)	499(73.5)	679(100)
80～84 岁	74(15.9)	110(23.7)	280(60.3)	464(100)
85 岁及以上	66(21.2)	99(31.8)	146(46.9)	311(100)
总　计	333(6.4)	614(11.8)	4 256(81.8)	5 203(100)

$\chi^2 = 605.356, P = 0.000$;缺失值为 62。

6.住院次数

在图 3-6 中,5 280 位老年人都回答了自己在过去一年内(2014 年)的住院次数情况。住院次数比例由高到低分别是 0 次(82.0%)、1 次(12.7%)、2 次(2.7%)、3 次及以上(2.6%)。有 5 218 位老年人同时报告了自己的年龄和住院次数的情况,见表 3-6,60～64 岁的老年人 2014 年住院 0 次的比例最高,为 85.1%;在 2014 年住院次数为 0 次的老年人中,80～84 岁老年人的比例最低,为 74.6%。65～69 岁的老年人 2014 年住院 3 次及以上的比例是 1.9%,在 2014 年住院次数在 3 次及以上的老年人中,85 岁及以上老年人的比例最高,为 3.2%。不同年龄段老年人住院次数在统计学上呈显著性差异($\chi^2 = 59.600$, $P < 0.001$),老年人随年龄增大住院次数增多。

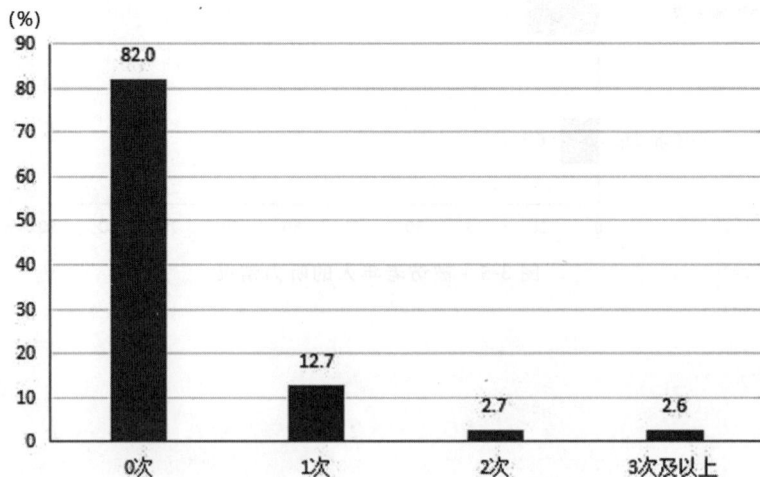

图 3-6　被访老年人 2014 年的住院情况

表 3-6　不同年龄老年人 2014 年的住院情况

单位:n(%)

年　龄	2014 年住院次数				总　计
	0 次	1 次	2 次	3 次及以上	
60～64 岁	1527(85.1)	186(10.4)	32(1.8)	49(2.7)	1 794(100)
65～69 岁	989(83.4)	144(12.1)	30(2.5)	23(1.9)	1186(100)
70～74 岁	645(82.5)	96(12.3)	18(2.3)	23(2.9)	782(100)
75～79 岁	534(78.6)	104(15.3)	25(3.7)	16(2.4)	679(100)
80～84 岁	347(74.6)	85(18.3)	21(4.5)	12(2.6)	465(100)
85 岁及以上	235(75.3)	50(16.0)	17(5.4)	10(3.2)	312(100)
总　计	4 277(82.0)	665(12.7)	143(2.7)	133(2.5)	5 218(100)

$\chi^2 = 59.600, P = 0.000$。

二、日常生活自理能力及失能发生率

随着人类寿命的延长,人们对于老年人生活质量的关注与日俱增。在评价老年人健康状况及生活质量的诸多指标中,日常生活自理能力指标有着重要意义,一旦老年人丧失生活自理能力,不但给老年人自己,也给家庭和社会带来沉重的负担。学术界评价老年人日常生活自理能力主要包括两个方面[1]:一是 ADL(Activities of Daily Living),即日常生活自理能力,包括洗澡、穿衣、进食、上厕所、室内活动等基本内容,用于测量老年人从事日常生活基本活动的自理能力;二是 IADL(Instrument Activities of Daily Living),即应用器械或社会设施的生活自理能力,一般包括做饭、购物、使用交通工具、自我管理钱物等内容,反映了老年人操持家务能力及维持基本社会活动等能力,是决定老年人能否独立生活的重要衡量指标。

另外,按照国际通行标准,ADL 包括吃饭、穿衣、上下床、上厕所、室内走动、洗澡等 6 项指标。在这些项目中,如果其中有一到两项"做不了"的,定义为"轻度失能";三到四项"做不了"的,定义为"中度失能";五到六项"做不了"的,定义为"重度失能"。同时,任何一项都能做,但是"有困难,需要人帮助"的定义为"部分失能"即半失能。[2]

1.ADL

表 3-7 为老年人的 ADL 调查结果。"75 岁以下"的老年人能够自己吃饭的人数比例为 99.4%,自己吃饭有些困难或做不了的比例是 0.6%;"75 岁及以上"的老年人有 95.2%能够自己吃饭,还有 4.8%自己吃饭有些困难或不能够自己吃饭。"75 岁以下"的老年人有 99.1%能够自己穿衣,0.9%难做到自己穿衣或根本做不到;"75 岁及以上"的老年人能够自己穿衣的比例仅有 93.2%,还有 6.8%自己穿衣有些困难或做不到。"75 岁以下"的老年人能够自己上厕所的比例为 98.5%,1.1%自己上厕所有点困难,0.3%无法自己上厕

① 王德文,叶文振,朱建平,等.中国高龄老年人日常生活自理能力及其影响因素[J].中国人口与科学,2004 年增刊:51-57.

② 中国老龄科学研究中心课题组.全国城乡失能老年人状况研究[J].残疾人研究,2011(2):12.

所;"75岁及以上"的老年人中有91.0%能够自己上厕所,6.1%自己上厕所比较困难,2.8%无法自己上厕所。"75岁以下"的老年人能够自己上下床的比例是98.5%,还有1.5%表示自己上下床比较困难或无法自己上下床;"75岁及以上"的老年人只有91.9%能够自己上下床,5.6%表示自己上下床比较困难,还有2.6%无法自己上下床。"75岁以下"的老年人中,有98.6%能够自己在室内走动,有些困难或做不了的比例是1.4%;"75岁及以上"的老年人有91.6%能够自己在室内走动,8.4%难以做到或做不到。"75岁以下"的老年人能够自己洗澡的比例是98.1%,"75岁及以上"的老年人有87.7%能够自己洗澡,两个年龄段的老年人难以或不能自己洗澡的比例分别是1.9%和12.3%。经统计学检验,不同年龄的老年人各项ADL情况存在统计学上的显著性差异,即年龄对老年人ADL具有副作用,随着年龄的增高,老年人ADL的能力通常随之下降。

表3-7 老年人的ADL情况

单位:n(%)

ADL		年龄		总计	χ^2	P
		75岁以下	75岁及以上			
吃饭	做得了	3 716(99.4)	1 379(95.2)	5 095(98.2)	105.753	0.000
	有些困难	13(0.3)	44(3.0)	57(1.1)		
	做不了	9(0.2)	25(1.7)	34(0.7)		
穿衣	做得了	3 703(99.1)	1 350(93.2)	5 053(97.4)	142.619	0.000
	有些困难	24(0.6)	60(4.1)	84(1.6)		
	做不了	11(0.3)	38(2.6)	49(0.9)		
上厕所	能自理	3 683(98.5)	1 318(91.0)	5 001(96.4)	172.17	0.000
	不能完全自理	42(1.1)	89(6.1)	131(2.5)		
	完全不能自理	13(0.3)	41(2.8)	54(1.0)		
上下床	做得了	3 681(98.5)	1 330(91.9)	5 011(96.6)	146.135	0.000
	有些困难	46(1.2)	81(5.6)	127(2.4)		
	做不了	10(0.3)	37(2.6)	47(0.9)		
在室内走动	做得了	3 685(98.6)	1 326(91.6)	5 011(96.6)	164.361	0.000
	有些困难	41(1.1)	75(5.2)	116(2.2)		
	做不了	11(0.3)	47(3.2)	58(1.1)		
洗澡	能自理	3 666(98.1)	1 270(87.7)	4 936(95.2)	246.644	0.000
	不能完全自理	44(1.2)	107(7.4)	151(2.9)		
	完全不能自理	27(0.7)	71(4.9)	98(1.9)		

2.IADL

长表问卷的520位被访老年人报告了自己的IADL项目。参见表3-8,"75岁以下"的老年人有96.8%能够自己做饭,难以或不能自己做饭的比例是3.2%;"75岁及以上"的老年人有 72.8％能自己做饭,自己做饭有些困难和做不了的比例分别是 9.5％和 17.7％。"75 岁以下"的老年人能够自己洗衣的比例是 95.4％,1.6％自己洗衣服有些困难,还有2.9％自己洗不了衣服;"75 岁及以上"的老年人有 69.4％能自己洗衣服,自己洗衣服有些困难和无法自己洗衣服的比例分别是 10.2％和 20.4％。"75 岁以下"的老年人有 95.7％能够自己扫地,"75岁及以上"老年人有 76.2％能够自己扫地,这两个年龄段的老年人自己扫地比较困难或做不了的比例分别是 4.3％和 23.8％。"75 岁以下"的老年人能自己购物的比例是 95.4％,有些困难的比例是 2.4％,还有 2.1％表示无法自己购物;"75 岁及以上"的老年人有 71.4％能自己购物,自己日常购物有点困难或做不了的比例是 28.6％。"75 岁以下"的老年人能够自己上下楼梯的比例是 94.1％,自己上下楼梯有些困难或做不了的比例是 5.9％;"75 岁及以上"老年人只有 68.5％能够自己上下楼梯,还有 31.5％表示自己上下楼梯有些困难或做不到。"75 岁

表 3-8　老年人的 IADL 情况

单位:n(％)

IADL		年　龄		总　计	χ^2	P
		75 岁以下	75 岁及以上			
做　饭	做得了	361(96.8)	107(72.8)	468(90.0)	67.459	0.000
	有些困难	4(1.1)	14(9.5)	18(3.5)		
	做不了	8(2.1)	26(17.7)	34(6.5)		
洗　衣	做得了	356(95.4)	102(69.4)	458(88.1)	68.183	0.000
	有些困难	6(1.6)	15(10.2)	21(4.0)		
	做不了	11(2.9)	30(20.4)	41(7.9)		
扫　地	做得了	357(95.7)	112(76.2)	469(90.2)	45.633	0.000
	有些困难	7(1.9)	13(8.8)	20(3.8)		
	做不了	9(2.4)	22(15.0)	31(6.0)		
日常购物	做得了	356(95.4)	105(71.4)	461(88.7)	61.555	0.000
	有些困难	9(2.4)	16(10.9)	25(4.8)		
	做不了	8(2.1)	26(17.7)	34(6.5)		
上下楼梯	能自理	351(94.1)	100(68.5)	451(86.9)	64.025	0.000
	不能完全自理	17(4.6)	25(17.1)	42(8.1)		
	完全不能自理	5(1.3)	21(14.4)	26(5.0)		
乘坐公交车	做得了	349(94.3)	91(62.3)	440(85.3)	87.114	0.000
	有些困难	12(3.2)	22(15.1)	34(6.6)		
	做不了	9(2.4)	33(22.6)	42(8.1)		
提起 10 斤重物	做得了	339(91.1)	79(53.7)	418(80.5)	97.108	0.000
	有些困难	21(5.6)	31(21.1)	52(10.0)		
	做不了	12(3.2)	37(25.2)	49(9.4)		

续表

IADL		年　龄		总　计	χ^2	P
		75 岁以下	75 岁及以上			
打电话	做得了	355(95.2)	98(66.7)	453(87.1)	78.43	0.000
	有些困难	9(2.4)	15(10.2)	24(4.6)		
	做不了	9(2.4)	34(23.1)	43(8.3)		
管理个人财务	能自理	348(93.3)	112(76.2)	460(88.5)	31.602	0.000
	不能完全自理	12(3.2)	12(8.2)	24(4.6)		
	完全不能自理	13(3.5)	23(15.6)	36(6.9)		

以下"的老年人有 94.3％能够自己乘坐公交车,3.2％自己乘坐公交车有些困难,2.4％无法自己乘坐公交车;"75 岁及以上"的老年人只有 62.3％能够自己乘坐公交车,自己乘坐公交车有些困难或做不了的比例是 37.7％。"75 岁以下"的老年人有 91.1％能够提起 10斤重物,提起 10 斤重物有些困难和做不了的比例分别是 5.6％和 3.2％;"75 岁及以上"的老年人只有 53.7％能够提起 10 斤重物,提起 10 斤重物有些困难和做不了的比例分别是21.1％和 25.2％。"75 岁以下"的老年人有 95.2％能够自己打电话,自己打电话有些困难或做不了的比例是 4.8％;"75 岁及以上"的老年人仅有 66.7％能自己打电话,自己打电话有些困难或做不了的比例是 33.3％。"75 岁以下"的老年人有 93.3％能够管理个人财务,管理个人财务有些困难或无法管理个人财务的比例是 6.7％;"75 岁及以上"的老年人能管理个人财务的比例是 76.2％,管理个人财务有些困难或做不了的比例是 23.8％。不同年龄的老年人各项 IADL 情况存在统计学上的显著性差异,同理,年龄对老年人 IADL 具有副作用,随着年龄的增高,老年人 IADL 的能力通常随之下降。

3.失能与半失能的发生率

根据中国老龄科学研究中心课题组的定义,按照国际通行日常生活自理能力的标准,ADL 包括吃饭、穿衣、上下床、上厕所、室内走动、洗澡等 6 项指标,若六项中至少有一项为"做不了"或者"有些困难",就定义为失能或半失能。因此,得到表 3-9 我省失能、半失能老人所占比例。本次调查对象中总计有 314 人发生失能或半失能,其发生率为 5.95％。

表 3-9　受访对象中失能或半失能的发生率

失能或半失能	频　数	百分比(％)
男　性	275	5.21
女　性	348	6.60
农业户口	345	6.53
城镇户口	286	5.41
合　计	314	5.95

$N＝5\ 280$。

三、来自调查员的判断

本次调查的最后有涉及调查员对被访老年人健康状况及自理能力的判断。在5 272位被访老年人中,有718位(13.62％)老年人被判断为非常健康,有2 247位(42.62％)老年人被判断为比较健康,416位(7.89％)老年人被判断为比较不健康,以及86位(1.63％)老年人被判断为非常不健康。其中,男性被判断为"非常健康"及"比较健康"的比例为61.35％,大于女性(51.66％)的情况;同样,男性被判断为"比较不健康"及"非常不健康"的比例为8.91％,小于女性(10.08％)的情况。农业户口老年人被判断为"非常健康"及"比较健康"的比例为46.91％,小于非农业户口(含统一居民户口)老年人的情况(后二者均大于60％)。经过统计学检验,性别差异及户籍差异均呈现统计学上的显著性差异(P＜0.001)。参见表3-10。

表 3-10　调查员对被访老年人健康状况的判断情况

调查员的判断	总体		性别		户籍		
	人数	百分比(％)	男性(％)	女性(％)	农业户口(％)	非农业户口(％)	统一居民户口(％)
非常健康	718	13.62	16.37	11.13	8.27	19.07	17.54
比较健康	2 247	42.62	44.98	40.53	38.64	46.88	45.08
一般	1 805	34.24	29.74	38.26	40.43	27.56	30.62
比较不健康	416	7.89	7.30	8.45	10.76	5.07	5.54
非常不健康	86	1.63	1.61	1.63	1.91	1.41	1.23
总计(n/％)	5 272	100	2 492/100	2 768/100	2 565/100	2 050/100	650/100

性别与健康的卡方检验:$\chi^2=62.6314,P=0.000$;
户籍与健康的卡方检验:$\chi^2=237.5670,P=0.000$。

在5 273位老年人中,大约有10％的老年人被判断为不能完全自理(含部分自理和完全不能自理)。同样,性别差异及户籍差异均呈现统计学上的显著性差异(P＜0.001),即女性老年人完全自理能力低于男性老年人,农业户口的老年人完全自理能力低于非农业户口(含统一居民户口)老年人。参见表3-11。

表 3-11　调查员对被访老年人对自理能力的判断情况

调查员的判断	总体		性别		户籍		
	人数	百分比(％)	男性(％)	女性(％)	农业户口(％)	非农业户口(％)	统一居民户口(％)
完全自理	4 749	90.06	91.73	88.55	87.45	92.59	92.31
部分自理	462	8.76	7.14	10.26	11.34	6.15	6.92
完全不能自理	62	1.18	1.12	1.19	1.12	1.27	0.77
总计	5 273	100	2 492/100	2 769/100	2 566/100	2 050/100	650/100

性别与自理能力的卡方检验:$\chi^2=16.0060,P=0.000$;
户籍与自理能力的卡方检验:$\chi^2=42.7787,P=0.000$。

第二节　精神文化生活状况及其健康指标

"精神"一词来源于拉丁文 spiritus(英文名：spirit)，意思是轻薄的空气，轻微的流动，气息。在中国古代，有的哲学家把精神理解为精灵之气及其变化。精神有时也作为实质、本质的同义语。据《现代汉语词典》，主要指人的意识、思维活动和一般心理状态，也指表现出来的活力。精神是高度组织起来的物质即人脑的产物，是人们在改造世界的社会实践活动中通过人脑产生的观念、思想上的成果。人们的社会精神生活即社会意识是人们的社会物质生活即社会存在的反映。所以，郑晓瑛[①]曾指出老年人口健康评价还要对老年人口群体社会化健康状态进行评价。所以，本次调查中精神生活状况涉及许多内容，包括老年人日常活动、旅游、宗教信仰、认知功能、思想观念等。

一、精神文化生活

1.日常精神文化生活

图 3-7 展示了受访老年人日常的精神文化生活内容，主要有"看电视/听广播"(38.1%)、"散步/慢跑等"(21.9%)、"读书/看报"(14.0%)、"种花养草等"(9.5%)、"打麻将/打牌/下棋等"(5.2%)，此外，有 1.7% 的老年人表示基本不参加任何活动。表 3-12 为户籍与老年人精神文化生活内容的调查，可以发现，不同户籍老年人参加的活动内容分布

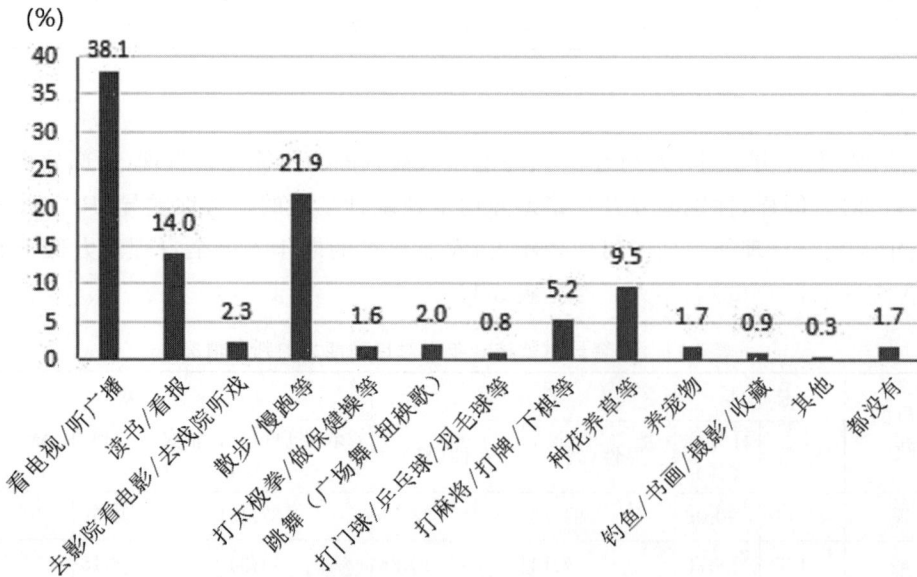

图 3-7　被访老年人经常参加的活动分布情况

---

① 郑晓瑛.中国老年人口健康评价指标研究[J].北京大学学报(哲学社会科学版),2000(4):148-149.

都存在统计学上的显著性差异,除了"去影院看电影/去戏院"以及"上述都没有"的表现为农村老年人口的参与比例略高于非农村(含统一居民户口)外,其余活动的参与率均为非农业户口(含统一居民户口)老年人高于农业户口老年人。表 3-13 显示,农业户口老年人每天用于"有收入的工作/劳动/经营活动""家务劳动"的时间长于非农业户口(含统一居民户口)老年人口。非农业户口(含统一居民户口)老年人"读书看报"及"看电视"的时间明显高于农业户口老年人口。

表 3-12 户籍与老年人精神文化生活内容的调查

单位:%

经常参加下列活动	农业户口	非农业户口	统一居民户口	P
看电视/听广播	92.57	96.25	94.62	***
读书/看报	12.36	57.34	50.46	***
去影院看电影/去戏院	6.61	4.29	6.00	***
散步/慢跑等	39.50	70.75	60.00	***
打太极拳/做保健操	0.82	7.26	6.92	***
跳舞(广场舞/扭秧歌)	2.29	7.22	8.62	***
打门球/乒乓球/羽毛球等	0.31	3.95	2.62	***
打麻将/打牌/下棋等	8.98	15.31	20.15	***
种花养草等	12.56	36.76	25.69	***
养宠物	3.42	5.27	3.23	**
钓鱼/书画/摄影/收藏	0.74	4.00	2.92	***
其 他	0.47	1.12	0.77	*
上述都没有	6.49	1.76	3.54	***

$N=5\ 280, \chi^2 : * : P < 0.05; ** : P < 0.01; *** : P < 0.001$。

表 3-13 老年人每天用于日常活动的时间

单位:%

每天用于下列的活动时间	农业户口	非农业户口	统一居民户口	P
有收入的工作/劳动/经营活动:均值	1.51	1.02	0.68	***
标准差	2.73	2.56	2.23	
家务劳动:均值	2.22	2.11	1.99	—
标准差	1.83	1.83	1.67	
看电视:均值	2.13	2.74	2.21	***
标准差	1.15	1.86	1.32	
读书看报:均值	0.20	0.78	0.60	***
标准差	0.50	0.86	0.59	
其他休闲活动:均值	1.74	1.63	1.60	—

续表

每天用于下列的活动时间	农业户口	非农业户口	统一居民户口	P
标准差	2.25	1.95	1.49	
午休:均值	1.30	1.29	1.32	—
标准差	0.73	0.67	0.62	

Kruskal-Wallis equality-of-populations rank test:*** :$P<0.001$;— :$P>0.05$。

2.参加老年大学、上网、旅游情况

有 5 236 位老年人报告了自己是否参加老年大学/学校(含远程老年教育)的情况。其中,没有参加老年大学/学校的比例是93.9%,有6.1%的老年人参加了老年大学/学校,如图 3-8、图 3-9 所示。农业户口老年人参加老年大学/学校的比例是 5.2%,非农业户口老年人参加老年大学/学校的比例最高为 7.7%,统一居民户口老年人只有5.0%参加了老年大学/学校。户籍类型与老年人是否参加老年大学/学校存在统计学上的显著性差异($\chi^2=13.812$,$P<0.05$),参见表 3-14。

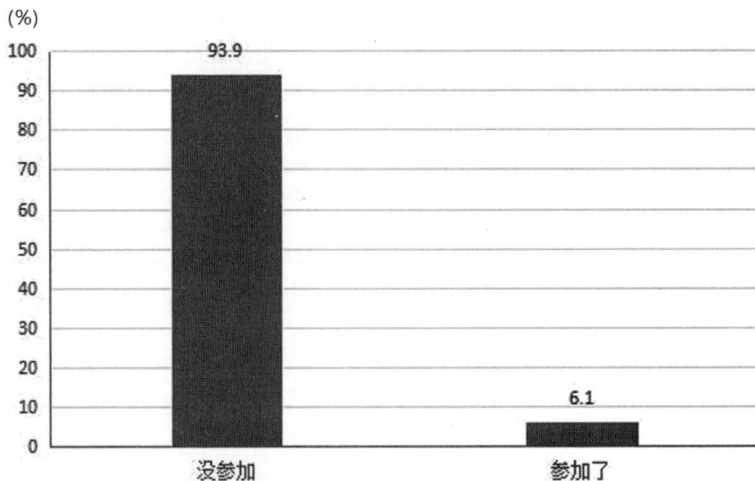

图 3-8　老年人参加老年大学/学校的情况

表 3-14　不同户籍老年人参加老年大学/学校(含远程老年教育)的情况

单位:n(%)

户籍类型	是否参加了老年大学		总　计
	没参加	参加了	
农业户口	2 422(94.8)	133(5.2)	2 555(100)
非农业户口	1 874(92.3)	156(7.7)	2 030(100)
统一居民户口	612(95.0)	32(5.0)	644(100)
总　计	4 908(93.9)	321(6.1)	5229(100)

$\chi^2=13.812$,$P=0.001$;数据交叉缺失值为 7。

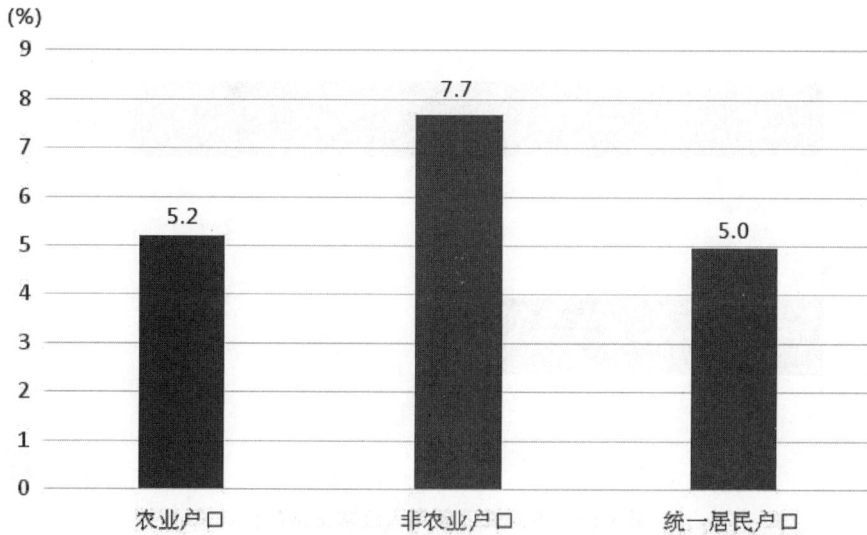

图 3-9　老年人户籍与参加老年大学/学校的情况

　　图 3-10、3-11 表示,在 5 240 位被访老年人中,不经常上网的老年人比例为89％,11％的老年人经常上网,其中,男性老年人经常上网的比例为 14.8％,高于女性老年人经常上网的比例7.2％。老年人经常上网的情况呈现统计学上显著的性别差异($\chi^2 = 78.574$, $P < 0.001$)。表 3-15 表示了老年人年龄和经常上网的情况。60～64 岁年龄段的老年人有16.7％经常上网,这在各年龄段老年人中的比例最高;85 岁及以上的老年人只有 1.6％经常上网。从年龄分布上看,年龄由高到低,老年人经常上网的比例逐渐下降。经常上网的老年人在年龄段分布上存在统计学上的显著性差异($\chi^2 = 155.550$, $P < 0.001$)。

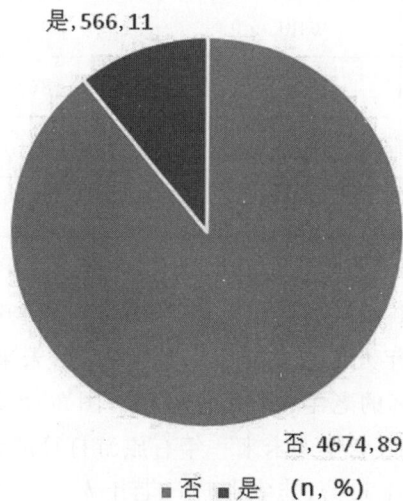

图 3-10　被访老年人经常上网的情况

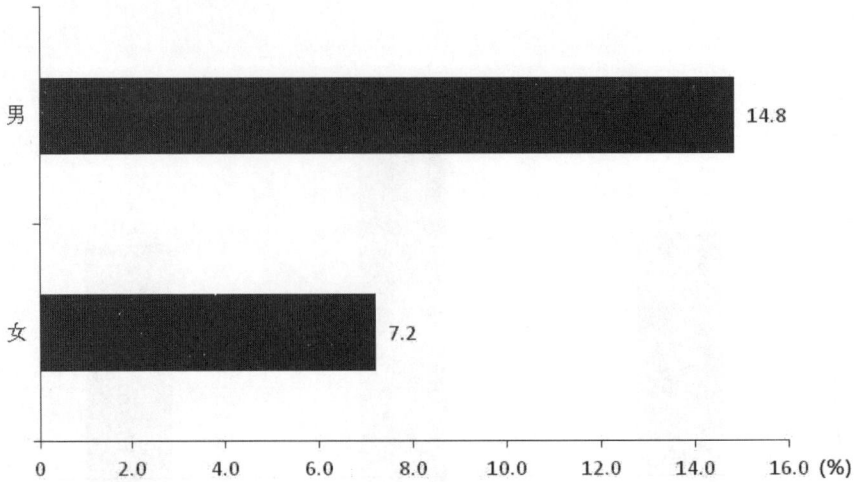

图 3-11　不同性别老年人经常上网的情况

表 3-15　不同年龄的老年人经常上网的情况

单位:n(%)

年　龄	是否经常上网		总　计
	否	是	
60～64 岁	1 477(83.3)	297(16.7)	1 774(100)
65～69 岁	1 036(87.9)	143(12.1)	1 179(100)
70～74 岁	713(91.9)	63(8.1)	776(100)
75～79 岁	648(95.9)	28(4.1)	676(100)
80～84 岁	446(96.1)	18(3.9)	464(100)
85 岁及以上	305(98.4)	5(1.6)	310(100)
总　计	4 625(89.3)	554(10.7)	5 179(100)

$\chi^2=155.550, P=0.000$;数据交叉缺失值为 61。

如图 3-12 所示,在 5 280 位被访老年人中,有 5 229 位老年人报告了自己未来一年的旅游打算情况。71.2%的老年人未来一年没有旅游打算,未来一年有计划去旅行的老年人比例为 16.0%,还有 12.8%的老年人表示说不好。图 3-13 为老年人户籍类型和未来一年的旅游打算情况。农业户口老年人未来一年有旅游打算的比例最低(6.1%),未来一年没有旅游计划的比例最高(81.1%);非农业户口老年人有 26.2%未来一年有计划出去旅游,这在各户籍类型老年人中的比例最高。不同户籍类型老年人未来一年旅游打算情况呈现统计学上的显著性差异($\chi^2=383.797, P<0.001$)。

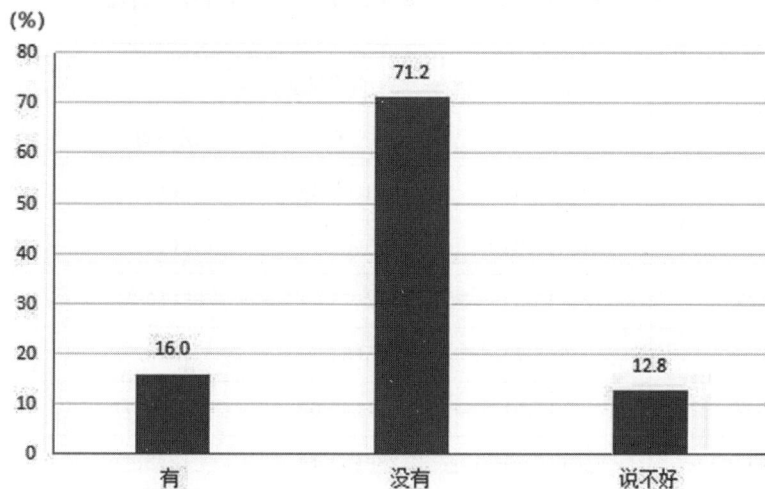

图 3-12　被访老年人未来一年旅游打算的情况

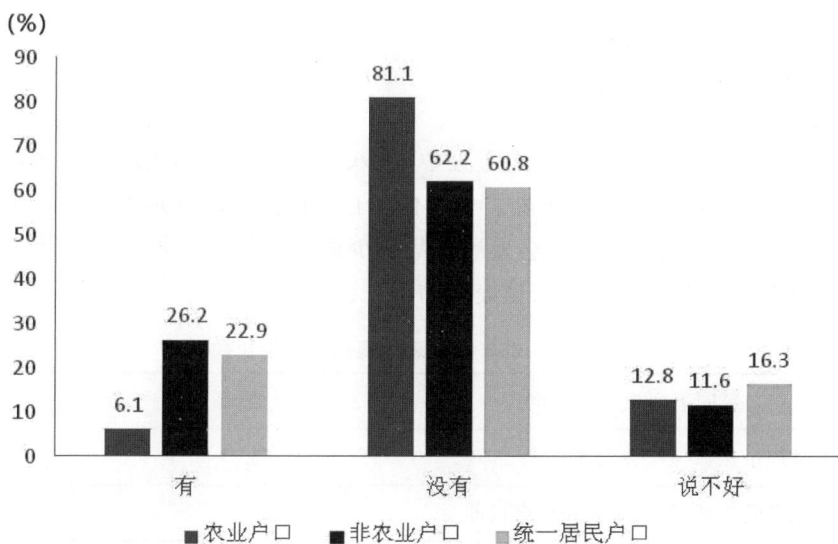

图 3-13　老年人户籍与未来一年旅游打算的情况

表 3-16 为 5 171 位不同年龄段老年人未来一年旅游打算的情况。60～64 岁年龄段的老年人中有 22.0％未来一年有旅游的打算，这在各年龄段的老年人中所占比例最高；85 岁及以上老年人未来一年有出游计划的比例最低，仅为 2.0％，可见，越"年轻"的老年人未来一年有出游计划的比例越高。不同年龄段的老年人未来一年是否计划出游存在统计学上的显著性差异（$\chi^2 = 333.436, P < 0.001$）。

表 3-16　不同年龄段老年人未来一年旅游打算的情况

单位:n(%)

年　龄	未来一年是否有旅游打算			总　计
	有	没　有	说不好	
60~64 岁	390(22.0)	1 088(61.4)	294(16.6)	1 772(100)
65~69 岁	235(19.9)	755(64.0)	190(16.1)	1 180(100)
70~74 岁	121(15.6)	572(73.7)	83(10.7)	776(100)
75~79 岁	52(7.7)	568(84.1)	55(8.1)	675(100)
80~84 岁	23(5.0)	415(90.0)	23(5.0)	461(100)
85 岁及以上	6(2.0)	289(94.1)	12(3.9)	307(100)
总　计	827(16.0)	3 687(71.3)	657(12.7)	5 171(100)

$\chi^2 = 333.436, P = 0.000$。

二、思想观念与宗教信仰

1. 思想观念

在 527 位接受长表调查的被访老年人中,有八成的男性老年人以及六成以上的女性老年人都认为"老年人应该自强自立尽可能不给子女和社会添麻烦",半数以上老年人都认为"老年人应该发挥余热参与社会发展",只有少数(10%以下)老年人认为"老年人是家庭的负担""老年人是社会的负担",见表 3-17。

表 3-17　老年人的思想观点的性别比较

赞同下列想法的比例	男性(%)	女性(%)	P
老年人应该发挥余热参与社会发展	65.85	50.00	***
老年人就应该享受生活,得到家庭和社会供养	56.91	45.36	—
老年人是家庭的负担	9.35	7.86	—
老年人是社会的负担	6.50	3.21	—
老年人是国家和社会的宝贵财富	51.22	40.71	*
老年人应该自强自立尽可能不给子女和社会添麻烦	81.63	67.87	***

$N = 525, \chi^2: *: P < 0.05; ***: P < 0.001; —: P > 0.05$;缺失值为 2。

有 524 位老年人回答了对老年人轻生行为的看法。多数老年人对轻生持反对态度(63.0%),认为老年人应该珍惜生命,36.6%的老年人认为应该顺其自然,但是有 0.4%的老年人认为"自己有权利放弃生命",参见图 3-14。值得一提的是,男性老年人认为应该珍惜生命的比例高于女性老年人,参见图 3-15。

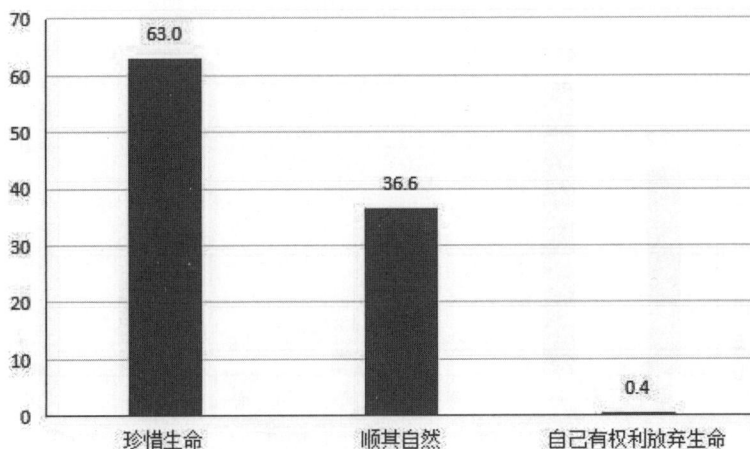

图 3-14　被访老年人对老年人轻生所持的态度

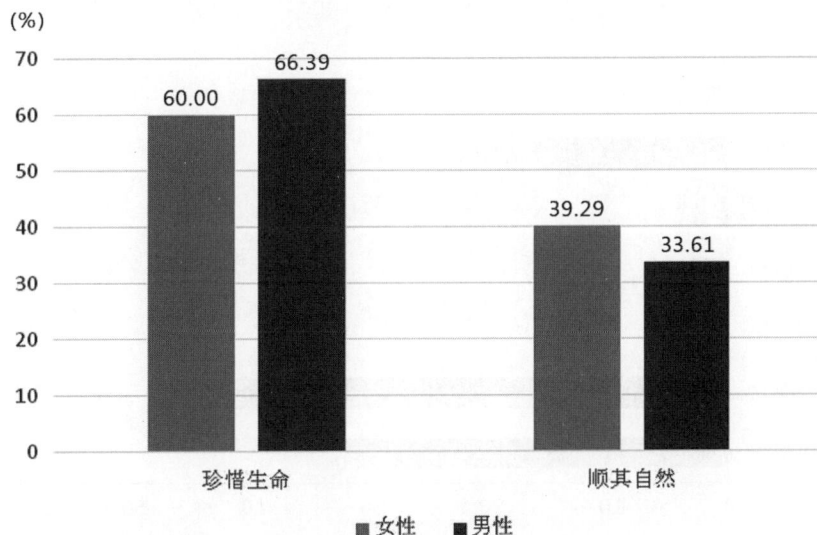

图 3-15　老年人对轻生所持态度的性别比较

(女性和男性持"自己有权利放弃生命"观点分别仅占 0.71％和 0,在图中不再显示)

2.宗教信仰

在被访的 5 280 位老年人中,有 5 261 位老年人报告了自己的宗教信仰情况。有 1 694 位(32.2％)老年人表示不信仰任何宗教。其余信仰佛教的有 2 370 人(45.0％)、道教的有 854 人(16.2％)、基督教的有 198 人(3.8％),参见图 3-16。从性别视角分析,男性老年人有 36.7％不信仰任何宗教,女性老年人的这一比例是 28.0％。在信仰佛教的老年人中,女性老年人信仰佛教的比例为 48.5％,高于男性老年人(男性的比例为 41.2％)。老年人的宗教信仰情况存在统计学上的显著的性别差异($\chi^2 = 54.623, P < 0.001$)。见图 3-17。

表 3-18 为不同户籍老年人的宗教信仰情况。在所有户籍类型的老年人中,农业户口

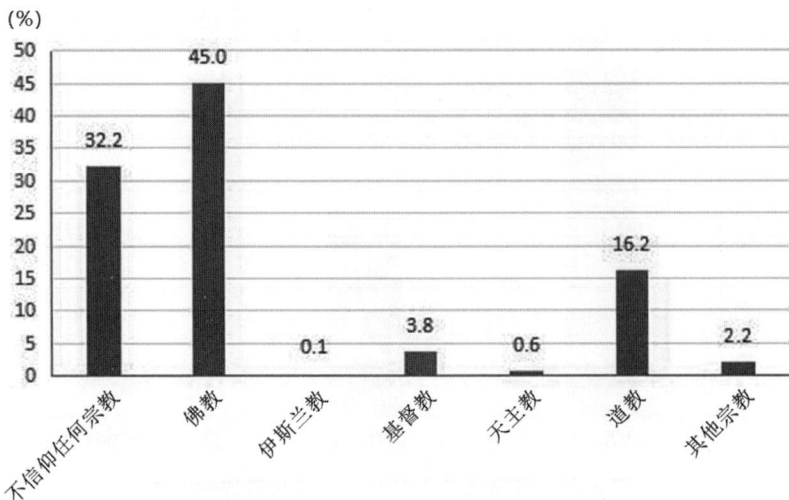

图 3-16　被访老年人的宗教信仰情况

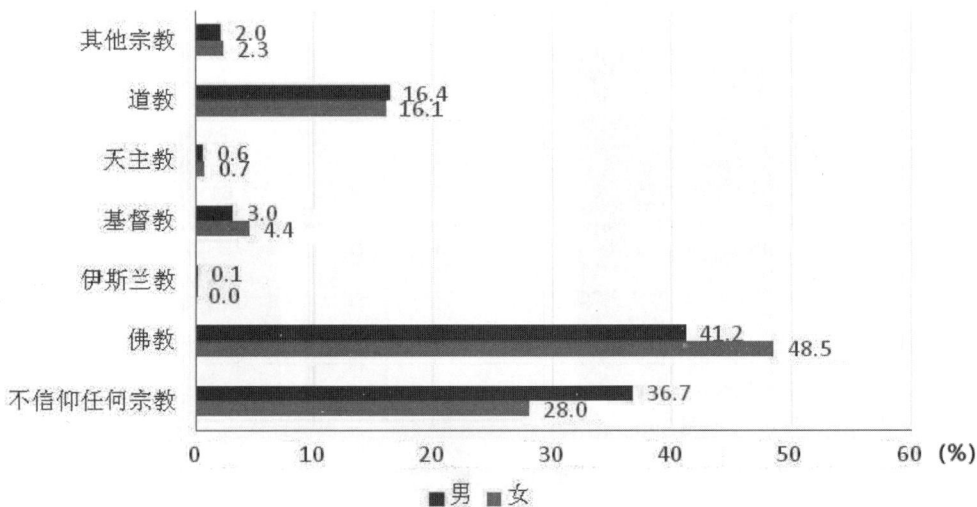

图 3-17　不同性别老年人的宗教信仰情况

老年人不信仰任何宗教的比例最低,为26.2%,非农业户口老年人有39.6%不信仰任何宗教,比例最高。在信仰人数最多的三大类宗教中,农业户口老年人信仰佛教和基督教的比例分别是40.7%和1.9%,均低于非农业户口和统一居民户口的信仰比例,农业户口老年人信仰道教的比例26.3%,高于非农业户口(4.7%)和统一居民户口(12.7%)老年人的信仰比例。统计分析结果显示,不同户籍类型老年人的宗教信仰情况存在统计学上的显著性差异($\chi^2 = 586.118, P < 0.001$)。

表 3-18 不同户籍老年人的宗教信仰情况

单位:n(%)

信仰的宗教	户籍类型			总　　计
	农业户口	非农业户口	统一居民户口	
不信仰任何宗教	671(26.2)	812(39.6)	207(31.9)	1 690(32.1)
佛　　教	1 045(40.7)	1 012(49.4)	311(48.0)	2 368(45.0)
伊斯兰教	0(0)	3(0.1)	0(0)	3(0.1)
基督教	50(1.9)	106(5.2)	41(6.3)	197(3.7)
天主教	10(0.4)	16(0.8)	7(1.1)	33(0.6)
道　　教	675(26.3)	97(4.7)	82(12.7)	854(16.2)
其他宗教	114(4.4)	2(0.1)	0(0)	116(2.2)
总　　计	2 565(100)	2 048(100)	648(100)	5 261(100)

$\chi^2 = 586.118, P = 0.000$;数据交叉缺失值为 7。

三、精神健康状态的指标

1. 认知老化的指标

认知功能[1]由于是人脑认识和反映客观事物的心理机能,包括感觉、注意、学习记忆、思维等功能,认知老化是限制老年人工作生活及活动的能力,同时也是降低老年人生活独立性的重要原因,也是导致老年痴呆症的重要原因。本次调查内容涵盖了相关内容,参见表 3-19。在 525 位老年人中,"经常忘记带钥匙""常常想不起亲朋好友的名字"的出现率男女都超过或接近 10%,症状最轻的是"出门后一时找不到自己的家门"。值得注意的是,所有项目的症状出现率都是女性高于男性。尤其,"常常忘记灶上还煮着粥或烧着水"和"突然对亲朋好友的面有陌生感"女性的症状出现率是男性的 2 倍以上。除了"出门后一时找不到自己的家门"外,其余所有项目的性别差异均呈现统计学上的显著性意义($P < 0.05 - 0.001$),说明老年女性的认知老化现象更明显。

表 3-19 老年人认知功能状态的性别比较

生活中出现下列情况	男性(%)	女性(%)	P
突然对亲朋好友的面有陌生感	3.27	7.22	*
常常想不起亲朋好友的名字	8.98	16.61	**
出门后一时找不到自己的家门	0.82	3.25	—
经常忘记带钥匙	11.43	19.49	*
常常忘记灶上还煮着粥或烧着水	6.12	14.80	***
上述都没有	81.63	67.87	***

$N = 525, \chi^2$: * : $P < 0.05$; ** : $P < 0.01$; *** : $P < 0.001$; — : $P > 0.05$。

---

① 王德文,谢良地. 社区老年人口养老照护的供需现状与对策研究[M].厦门:厦门大学出版社,2013:6.

2. 精神健康指标

在 5 280 位被访老年人中,感到比较幸福及非常幸福的总共占比 59.4％,36.0％的老年人幸福感一般,感到自己比较不幸福和非常不幸福的总共占比为 4.6％。参见图 3-18。表 3-20 为不同户籍老年人的幸福感体验情况。农业户口老年人感到自己比较幸福和非常幸福的总比例为 46.3％,低于非农业户口(71.5％)和统一居民户口(73.1％)老年人。同时,农业户口老年人感到自己比较不幸福(5.8％)和非常不幸福(1.3％)的比例在所有老年人中都是最高的。显然,相较于其他户籍类型的老年人,农业户口老年人的幸福感处于较低水平。不同户籍类型老年人的幸福感存在统计学上的显著性差异($\chi^2 = 451.920$,$P < 0.001$)。表 3-21 为不同婚姻状况老年人的幸福感体验情况。婚姻状况简要划分为"有配偶"和"无配偶"两个组别,其中,"丧偶""离婚""从未结婚"均属于"无配偶"。"有配偶"的老年人感到比较幸福和非常幸福的比例分别是 44.4％和 19.4％,均高于"无配偶"的老年人(34.6％和 12.0％)。"无配偶"老年人感到比较不幸福和非常不幸福的总比例是 9.2％,高于"有配偶"老年人的 3.0％,显然,有无配偶对老年人的幸福感有极大影响。经统计学检验,不同婚姻状况老年人的幸福感存在统计学上的显著性差异($\chi^2 = 172.224$,$P < 0.001$)。

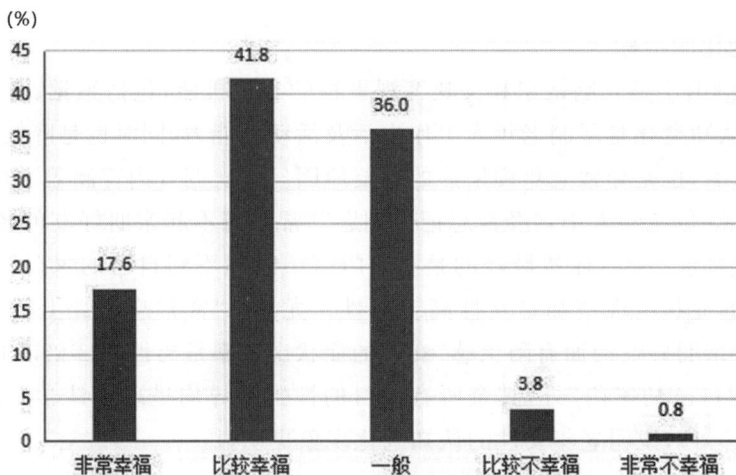

图 3-18 被访老年人的幸福感体验情况

表 3-20 不同户籍老年人的幸福感体验情况

单位:n(％)

户籍类型	觉得自己幸福与否					总　计
	非常幸福	比较幸福	一　般	比较不幸福	非常不幸福	
农业户口	239(9.3)	950(37.0)	1 199(46.6)	149(5.8)	34(1.3)	2571(100)
非农业户口	524(25.5)	944(46.0)	536(26.1)	39(1.9)	8(0.4)	2051(100)
统一居民户口	164(25.3)	310(47.8)	160(24.7)	12(1.9)	2(0.3)	648(100)
总　计	927(17.6)	2 204(41.8)	1 895(36.0)	200(3.8)	44(0.8)	5 270(100)

$\chi^2 = 451.920$,$P = 0.000$;数据交叉缺失值为 10。

表 3-21　不同婚姻状况老年人的幸福感体验情况

单位:n(%)

婚姻状况	你觉得自己幸福与否					总　计
	非常幸福	比较幸福	一　般	比较不幸福	非常不幸福	
有配偶	727(19.4)	1 666(44.4)	1 249(33.3)	97(2.6)	16(0.4)	3 755(100)
无配偶	165(12.0)	475(34.6)	607(44.2)	99(7.2)	27(2.0)	1 373(100)
总　计	892(17.4)	2 141(41.8)	1 856(36.2)	196(3.8)	43(0.8)	5 128(100)

$\chi^2 = 172.224, P = 0.000$;数据交叉缺失值为 152。

图 3-19 为在 5 177 位老年人说明了自己是否感到孤独的情况下,有 72.7% 的老年人表示从不感到孤独,有时感到孤独的老年人比例是 23.6%,还有 3.7% 的老年人经常感到孤独。表 3-22 为不同年龄段老年人的孤独感体验情况,60～64 岁年龄段的老年人经常感到孤独的比例最低,只有 2.0%,85 岁及以上老年人有 9.0% 经常感到孤独,是所有老年人中孤独感最强的群体。经统计学检验,老年人年龄与孤独感存在统计学上的显著性差异($\chi^2 = 249.316, P < 0.001$),即随着年龄提高,经常感到孤独的老年人比例在上升。

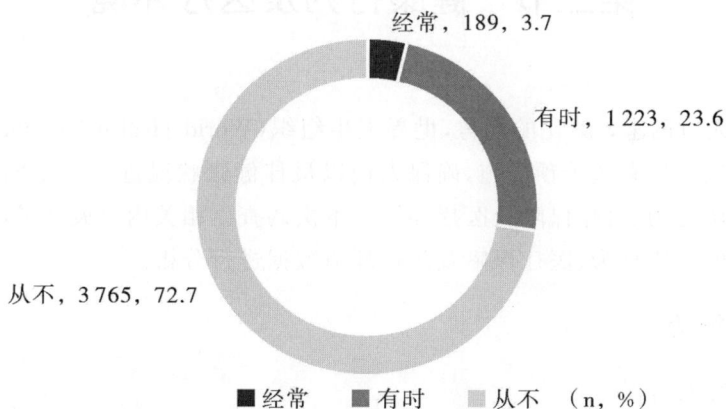

经常，189，3.7

有时，1 223，23.6

从不，3 765，72.7

■经常　■有时　■从不　(n，%)

图 3-19　被访老年人的孤独感体验情况

表 3-22　不同年龄老年人的孤独感体验情况

单位:n(%)

年　龄	是否感到孤独			总　计
	经　常	有　时	从　不	
60～64 岁	36(2.0)	306(17.2)	1 440(80.8)	1 782(100)
65～69 岁	27(2.3)	230(19.6)	919(78.1)	1 176(100)
70～74 岁	33(4.3)	201(26.0)	539(69.7)	773(100)
75～79 岁	38(5.6)	186(27.5)	452(66.9)	676(100)
80～84 岁	27(5.9)	166(36.1)	267(58.0)	460(100)
85 岁及以上	28(9.0)	134(43.2)	148(47.7)	310(100)
总　计	189(3.7)	1 223(23.6)	3 765(72.7)	5 177(100)

$\chi^2 = 249.316, P = 0.000$;数据交叉缺失值为 62。

另外,表 3-23 为老年人过去一周内精神感受指标,半数以上老年人"过去一周内大部分时间觉得心情愉快""过去一周内认为现在活着是件好事";但是,还是有少数老年人"过去一周内整天觉得烦躁和坐立不安""过去一周内常常感到情绪低落"。上述指标的性别差异均不存在统计学上的显著性意义。

表 3-23 老年人过去一周内精神感受指标

过去一周内感受	男性(%)	女性(%)	P
过去一周内大部分时间觉得心情愉快	69.29	63.67	—
过去一周内整天觉得烦躁和坐立不安	3.32	4.68	—
过去一周内常常感到情绪低落	8.71	7.55	—
过去一周内认为现在活着是件好事	57.26	54.68	—

$N=525$,χ^2:"—":$P>0.05$。

第三节　健康行为及医疗环境

由于世界人口迅速老龄化的趋势,世界卫生组织(World Health Organization,WHO)[1]呼吁并组织各国采取有效干预措施,确保人们以最佳健康状况进入老年期。这些干预措施包括促进健康行为、医疗保障及医疗环境。本次调查就相关内容展开了调查,故下文就福建省老年人的健康行为、医疗保障及医疗环境数据进行分析。

一、健康行为

1.烟酒与锻炼问题

在接受长表调查的 527 名老年人中,525 名老年人对"是否吸烟"这一问题做出了回答,其中 377 人从不吸烟,占到了总人数的 71.8%,48 人(9.1%)为"曾经吸烟,但现已戒烟",67 人"经常吸烟",占比为 12.8%,33 人(6.3%)为"偶尔吸烟"。在"经常吸烟"的人群中,平均吸烟 33 年,最低 2 年,最高 60 年。在 525 名长表调查对象中,大多数老年人平时不喝酒或者偶尔才喝酒,占比 92.5%,每周喝一到两次的人和大于三次的人分别占比3.4% 和 3.6%,经常酗酒的人数仅占比 0.4%。

图 3-20 表示了老年人每周锻炼次数。从不锻炼的老年人比例最高,为 38.6%,而后依次是每周锻炼六次及以上(27.5%)、每周锻炼三至五次(14.7%)、每周锻炼一至二次(14.6%),每周锻炼不到一次的比例最小,为 4.6%。从性别视角分析,发现女性老年人从不锻炼的比例为 42.2%,男性老年人从不锻炼的比例为 34.4%。男性老年人每周锻炼六次及以上的比例为 31.5%,女性老年人有 24.0% 每周锻炼六次及以上。统计学检验结果

---

① 2012 年世界卫生日:健康有益长寿　重新思考"老年"的传统定义. http://www.who.int/ageing/ojects/emergencies/zh/.

显示,老年人每周锻炼次数存在统计学上的显著的性别差异($\chi^2=56.116,P<0.001$),即男性老年人锻炼次数会高于女性,参见表 3-24。

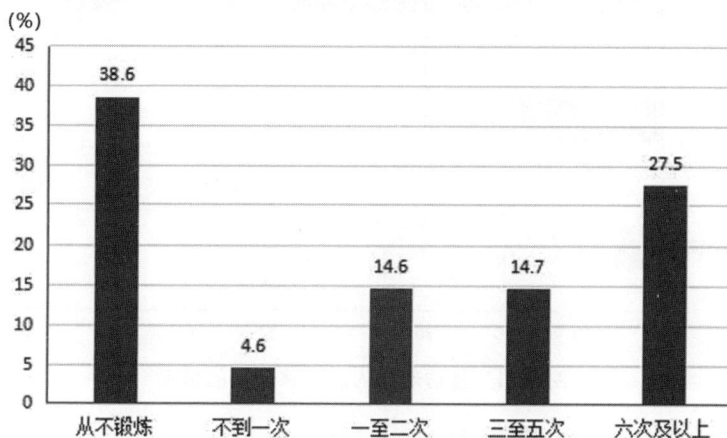

图 3-20　被访老年人每周锻炼次数

表 3-24　不同性别老年人每周锻炼次数

单位:n(%)

性　别	每周锻炼次数					总　计
	从不锻炼	不到一次	一至二次	三至五次	六次及以上	
女	1 169(42.2)	147(5.3)	405(14.6)	387(14.0)	664(24.0)	2 772(100)
男	855(34.4)	96(3.9)	365(14.7)	389(15.6)	783(31.5)	2 488(100)
总　计	2 024(38.5)	243(4.6)	770(14.6)	776(14.8)	1 447(27.5)	5 260(100)

$\chi^2=56.116,P=0.000$。

2.辅具与保健品的使用情况

图 3-21 中,有 5 253 位老年人报告了自己服用保健品的情况,其中,3 992 位(76.0%)老年人表示自己从来不吃保健品,939 位(17.9%)老年人偶尔吃保健品,有 322 位(6.1%)老年人经常吃保健品,其中,女性老年人经常吃保健品的比例为 7.1%,5.1%的男性老年人经常吃保健品。老年人服用保健品情况存在统计学上显著的性别差异($\chi^2=13.289,P=0.001$)。参见表 3-25。

表 3-25　不同性别老年人服用保健品的情况

单位:n(%)

性　别	是否吃保健品			总　计
	从来不吃	偶尔吃	经常吃	
女	2 050(74.2)	519(18.8)	195(7.1)	2 764(100)
男	1 934(78.0)	417(16.8)	127(5.1)	2 478(100)
总　计	3 984(76.0)	936(17.9)	322(6.1)	5 242(100)

$\chi^2=13.289,P=0.000$;数据交叉缺失值为 11。

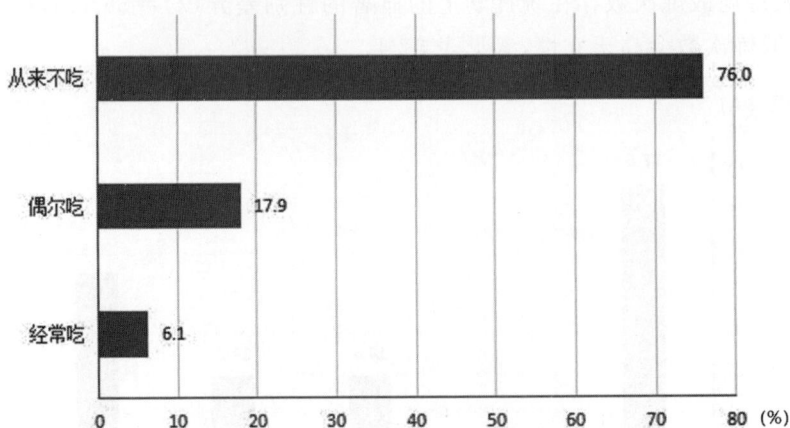

图 3-21 被访老年人服用保健品的情况

图 3-22 显示,有 14.0%的老年人没有使用任何辅具用品。前五位辅具使用人数比例(从多到少)分别是老花镜(35.5%)、假牙(26.9%)、血压计(11.4%)、拐杖(3.6%)、血糖仪(3.4%)。

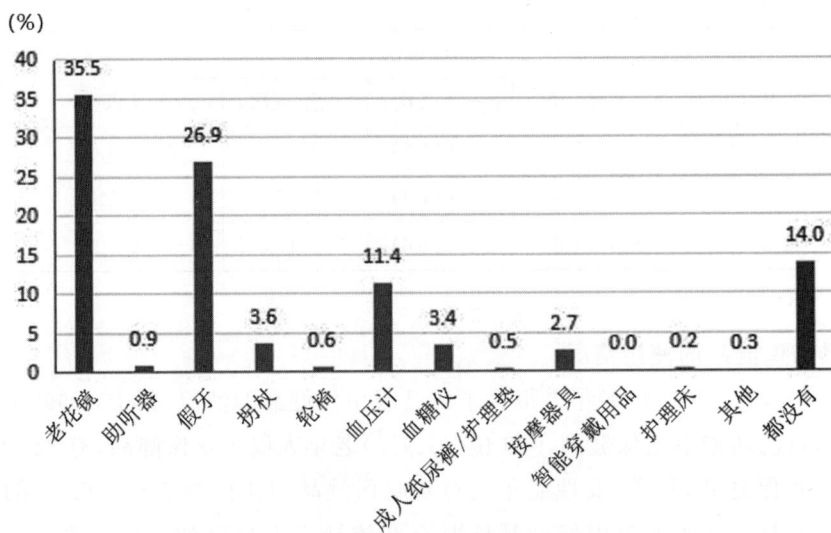

图 3-22 被访老年人使用辅具的情况

3.跌倒发生与患病后的处理

在 5 280 位被访老年人中,有 5 228 位老年人报告了自己在过去一年内(2014 年)是否跌倒过的情况。参见图 3-23,有 92%的老年人 2014 年没有跌倒过,8%的老年人 2014年跌倒过。表 3-26 显示,85 岁及以上的老年人 2014 年跌倒的比例最高,为 18.6%,其次是 80~84 岁的老年人,比例是 13.0%,60~64 岁的老年人 2014 年跌倒的比例最低,为4.8%。老年人在过去一年内是否跌倒与年龄存在统计学上的显著性差异($\chi^2 = 109.964$,$P < 0.001$),即年龄越高跌倒过的比例越大。

是,424,8

否,4 804,92

■否 ■是 (n,%)

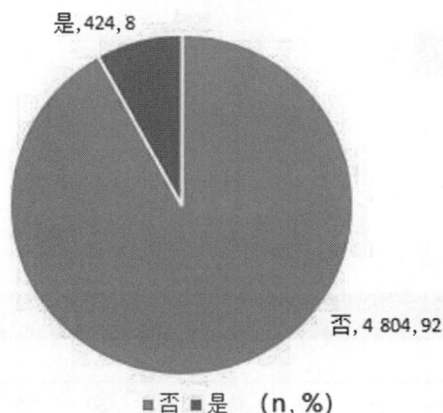

图 3-23 被访老年人 2014 年以来的跌倒情况

表 3-26 不同年龄老年人 2014 年以来的跌倒情况

单位:n(%)

年 龄	2014 年以来是否跌倒过		总 计
	否	是	
60～64 岁	1 694(95.2)	86(4.8)	1 780(100)
65～69 岁	1 096(93.6)	75(6.4)	1 171(100)
70～74 岁	712(91.9)	63(8.1)	775(100)
75～79 岁	587(88.0)	80(12.0)	667(100)
80～84 岁	402(87.0)	60(13.0)	462(100)
85 岁及以上	253(81.4)	58(18.6)	311(100)
总 计	4 744(91.8)	420(8.1)	5 166(100)

$\chi^2 = 109.964, P = 0.000$;数据交叉缺失值为 62。

图 3-24 为患有慢性病的被访老年人患病后的处理措施情况,有 656 位老年人说明了自己生病后的处置措施情况。其中,有 543 位(82.8%)生病的老年人选择找医生看病,99 位(15.1%)老年人选择自我治疗,只有 14 位(2.1%)老年人生病后未处置。表 3-27 显示了不同户籍老年人患慢性病的处理措施。统一居民户口老年人找医生看病的比例最高,为 85.9%,选择未处置的以农业户口老年人为主,占比 3.4%,选择自我治疗的主要是非农业户口老年人,比例为 20.5%。不同户籍类型老年人患慢性病的处理措施在统计学上呈显著性差异($\chi^2 = 14.380, P < 0.05$)。

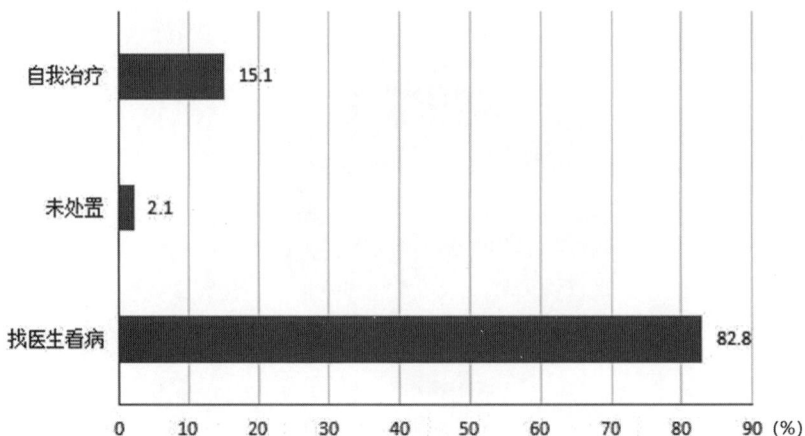

图 3-24　被访老年人患慢性病的处理措施

表 3-27　不同户籍老年人患慢性病的处理措施

单位：n（%）

户籍类型	处置方式			总　计
	找医生看病	未处置	自我治疗	
农业户口	275(85.4)	11(3.4)	36(11.2)	322(100)
非农业户口	195(78.3)	3(1.2)	51(20.5)	249(100)
统一居民户口	73(85.9)	0(0)	12(14.1)	85(100)
总　计	543(82.8)	14(2.1)	99(15.1)	656(100)

$\chi^2 = 14.380, P = 0.006$。

4.接受体检与购买商业保险

图 3-25 中，5 223 位老年人回答了自己在过去一年内（2014 年）的体检情况。有 58% 的老年人表示自己 2014 年体检过，42% 的老年人 2014 年未曾体检。从年龄段看，70～74 岁老年人 2014 年体检的比例最高，为 64.3%，往后依次为 75～79 岁和 65～69 岁，比例分别是 62.9% 和 62.6%。85 岁及以上老年人 2014 年体检的比例最低，为 49.5%。不同年龄段老年人 2014 年体检的情况存在统计学上的显著性差异（$\chi^2 = 90.342, P < 0.001$）。参见表 3-28。

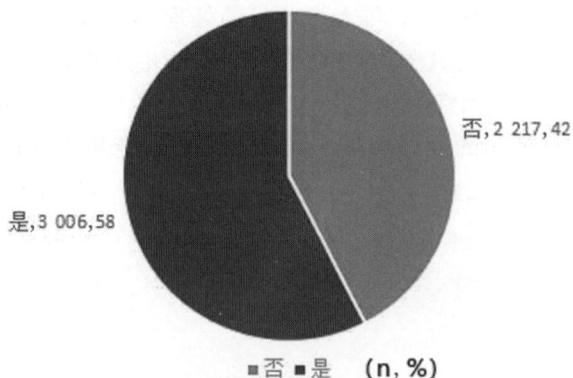

图 3-25　被访老年人 2014 年的体检情况

表 3-28 不同年龄老年人 2014 年的体检情况

单位:n(%)

年　龄	2014 年是否体检		总　计
	否	是	
60～64 岁	891(50.4)	878(49.6)	1 769(100)
65～69 岁	441(37.4)	737(62.6)	1 178(100)
70～74 岁	278(35.7)	500(64.3)	778(100)
75～79 岁	248(37.1)	420(62.9)	668(100)
80～84 岁	179(38.7)	283(61.3)	462(100)
85 岁及以上	155(50.5)	152(49.5)	307(100)
总　计	2 192(42.5)	2 970(57.5)	5 162(100)

$\chi^2 = 90.342, P = 0.000$;数据交叉缺失值为 61。

在图 3-26 中,有 5 219 位老年人回答了自己购买商业健康保险的情况。有95.7%的老年人没有购买商业健康保险,即购买商业健康保险的老年人比例仅有 4.3%。购买商业保险老年人的比例由高到低的年龄段分别是 60～64 岁(7.2%)、65～69 岁(4.0%)、70～74 岁(2.6%)、75～79 岁(2.1%)、80～84 岁(1.7%),85 岁及以上的老年人仅有 1.0%购买了商业健康保险。从年龄的角度分析,不同年龄段老年人购买商业保险存在显著性差异($\chi^2 = 66.734, P < 0.001$),年纪越低的老年人购买商业保险的可能性越大。参见表 3-29。户籍类型和购买商业健康保险的情况如表 3-30 所示,购买商业健康保险的老年人以非农业户口为主,比例是 7.0%,其次是统一居民户口老年人(5.4%),农业户口老年人购买商业健康保险的比例最低,只有 1.9%。不同户籍老年人是否购买商业健康保险存在统计学上的显著性差异($\chi^2 = 71.162, P < 0.001$)。

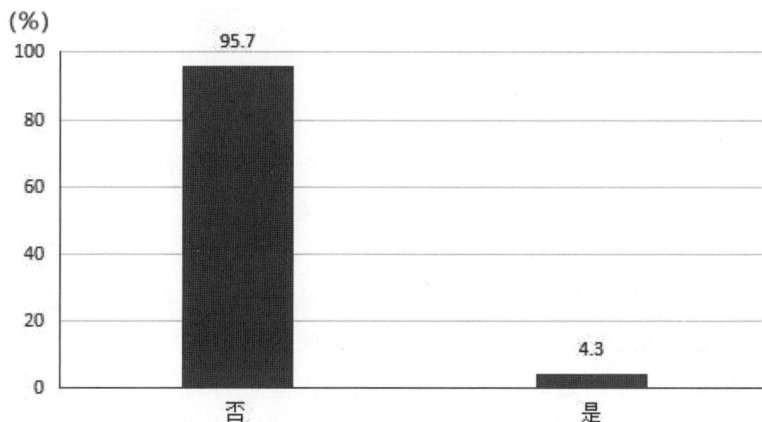

图 3-26 被访老年人购买商业保险的情况

表 3-29 不同年龄段老年人购买商业保险的情况

单位:n(%)

年　龄	是否购买商业保险		总　计
	否	是	
60～64 岁	1 644(92.8)	128(7.2)	1 772(100)
65～69 岁	1 128(96.0)	47(4.0)	1 175(100)
70～74 岁	750(97.4)	20(2.6)	770(100)
75～79 岁	654(97.9)	14(2.1)	668(100)
80～84 岁	455(98.3)	8(1.7)	463(100)
85 岁及以上	308(99.0)	3(1.0)	311(100)
总　计	4 939(95.7)	220(4.3)	5 159(100)

$\chi^2 = 66.734, P = 0.000$;数据交叉缺失值为 60。

表 3-30 不同户籍老年人购买商业保险的情况

单位:n(%)

户籍类型	是否购买商业保险		总　计
	否	是	
农业户口	2 491(98.1)	49(1.9)	2 540(100)
非农业户口	1 886(93.0)	141(7.0)	2 027(100)
统一居民户口	610(94.6)	35(5.4)	645(100)
总　计	4 987(95.7)	225(4.3)	5 212(100)

$\chi^2 = 71.162, P = 0.000$;数据交叉缺失值为 7。

二、医疗保障与医疗环境

1.医保与报销问题

被访老年人享受医保待遇前三位分别是享受新型农村合作医疗保险(47.6%)、城镇职工基本医疗保险(34.0%)、城镇居民基本医疗保险(10.4%)。此外,只有 2 位老年人享受职工大额医疗补助,同时,还有 1.1% 的老年人没有享受任何医疗保障。参见图 3-27。农业户口老年人享受医疗保障待遇的前三位分别是新型农村合作医疗保险(92.7%)、城镇居民基本医疗保险(4.6%)、城乡居民基本医疗保险(1.4%)。非农业户口老年人享受医疗保障待遇的前三位分别是城镇职工基本医疗保险(71.5%)、城镇居民基本医疗保险(16.8%)、公费医疗(9.3%)。统一居民户口享受医疗保障待遇的前三位分别是城镇职工基本医疗保险(55.2%)、新型农村合作医疗保险(23.3%)、城镇居民基本医疗保险(15.9%)。参见表 3-31。

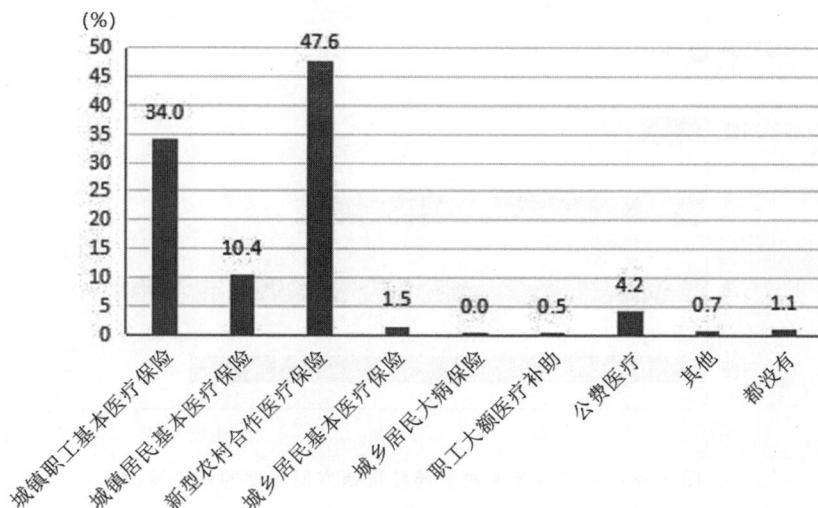

图 3-27　被访老年人享受医保待遇的情况

表 3-31　不同户籍老年人享受医保待遇的情况

单位:n(%)

享受医保待遇	户籍类型		
	农业户口	非农业户口	统一居民户口
城镇职工基本医疗保险	17(0.7)	1 464(71.5)	358(55.2)
城镇居民基本医疗保险	118(4.6)	343(16.8)	103(15.9)
新型农村合作医疗保险	2 379(92.7)	46(2.2)	151(23.3)
城乡居民基本医疗保险	37(1.4)	34(1.7)	11(1.7)
城乡居民大病保险	0(0)	2(0.1)	0(0)
职工大额医疗补助	0(0)	21(1.0)	5(0.8)
公费医疗	7(0.3)	191(9.3)	29(4.5)
其　他	1(0)	34(1.7)	2(0.3)
都没有	31(1.2)	23(1.1)	8(1.2)

　　图 3-28 中提示有 1 578 位(32.2%)老年人认为医药费用报销很方便,有 1 803 位 (36.8%)老年人认为医药费用报销比较方便,但是有 265 位(5.4%)老年人认为医药费用报销比较不方便或很不方便。表 3-32 为不同户籍老年人对医药费报销方便程度的评价情况。农业户口老年人认为医药费用报销很方便或比较方便的比例是 62.5%,非农业户口老年人认为医药费用报销很方便及比较方便的总比例为 75.5%,统一居民户口老年人的这一比例为 73.3%。非农业户口老年人认为医药费用报销比较不方便及很不方便的比例最低,只有 4.5%。不同户籍类型老年人对医药费用报销方便程度的评价存在统计学上的显著性差异($\chi^2=161.012,P<0.001$)。

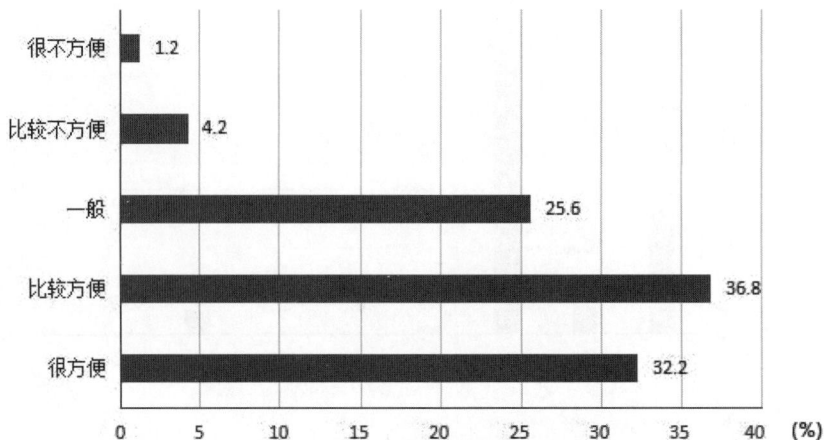

图 3-28　被访老年人对医药费报销方便程度的评价情况

表 3-32　不同户籍老年人对医药费报销方便程度的评价情况

单位:n(%)

户籍类型	医保报销方便与否					总　　计
	很方便	比较方便	一　般	比较不方便	很不方便	
农业户口	590(25.2)	872(37.3)	752(32.1)	100(4.3)	26(1.1)	2 340(100)
非农业户口	770(39.5)	702(36.0)	391(20.0)	66(3.4)	22(1.1)	1 951(100)
统一居民户口	216(35.9)	225(37.4)	109(18.1)	42(7.0)	9(1.5)	601(100)
总　　计	1 576(32.2)	1 799(36.8)	1 252(25.6)	208(4.3)	57(1.2)	4892(100)

$\chi^2 = 161.012, P = 0.000$;数据交叉缺失值为 327。

2.看病地点与就诊遭遇

图 3-29 提示在 5 273 位被访老年人中,就医选择比例由高到低的地点分别是私人诊所(20.2%)、卫生室/站(19.5%)、县/市/区医院(13.9%)、市/地医院(13.2%)、社区卫生服务中心(11.6%)、乡镇/街道卫生院(9.3%)、省级医院(9.3%)。图 3-30 展示了 5 280 位老年人就诊时遭遇的问题,其中,老年人就诊时排名前三位的问题分别是排队时间太长(34.6%)、收费太高(30.7%)、手续烦琐(20.4%)。

表 3-33 为不同户籍老年人主要看病地点的分布情况,农业户口老年人平时就医主要选择在卫生室/站(35.0%)、私人诊所(28.7%)和乡镇/街道卫生院(14.5%),非农业户口老年人主要在市/地医院(23.9%)、社区卫生服务中心(19.9%)和县/市/区医院(17.6%)就医,统一居民户口则主要在省级医院(22.2%)、市/地医院(19.3%)和社区卫生服务中心(16.7%)就医。显然,不同户籍类型老年人主要看病地点的分布情况存在统计学上的显著性差异($\chi^2 = 2101.043, P < 0.001$)。

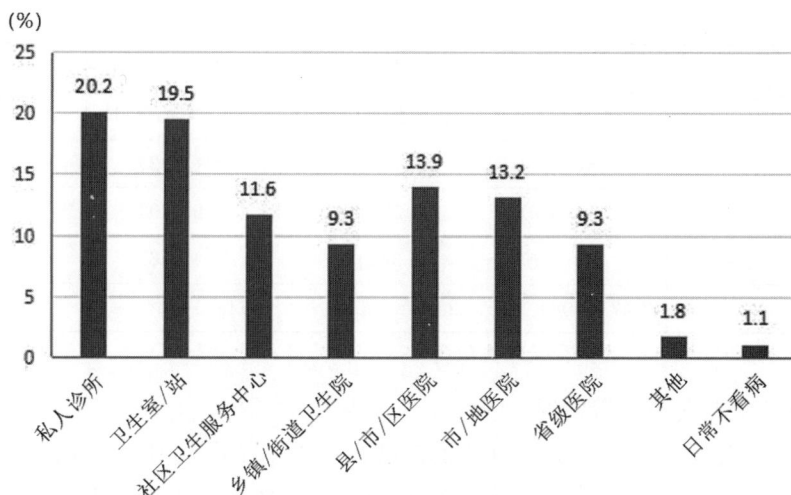

图 3-29　被访老年人主要看病地点的分布情况

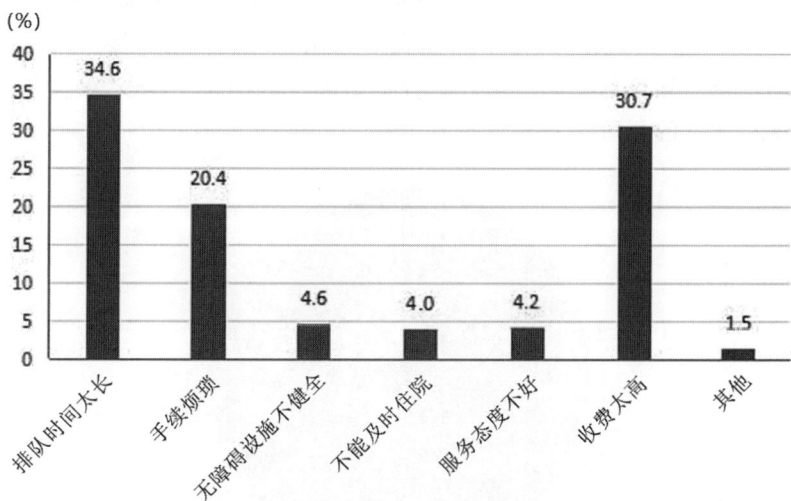

图 3-30　被访老年人就诊遭遇问题的分布情况

表 3-33　不同户籍老年人主要看病地点的分布情况

单位:n(%)

主要看病地点	户籍类型			总　计
	农业户口	非农业户口	统一居民户口	
私人诊所	738(28.7)	243(11.9)	81(12.5)	1 062(20.2)
卫生室/站	901(35.0)	71(3.5)	55(8.5)	1 027(19.5)
社区卫生服务中心	98(3.8)	408(19.9)	108(16.7)	614(11.7)
乡镇/街道卫生院	374(14.5)	64(3.1)	54(8.3)	492(9.3)
县/市/区医院	314(12.2)	361(17.6)	58(9.0)	733(13.9)
市/地医院	80(3.1)	489(23.9)	125(19.3)	694(13.2)

续表

主要看病地点	户籍类型			总　计
	农业户口	非农业户口	统一居民户口	
省级医院	30(1.2)	317(15.5)	144(22.2)	491(9.3)
其　他	18(0.7)	58(2.8)	19(2.9)	95(1.8)
日常不看病	18(0.7)	36(1.8)	4(0.6)	58(1.1)
总　计	2 571(100)	2 047(100)	648(100)	5 266(100)

$\chi^2 = 2101.043, P = 0.000$；数据交叉缺失值为7。

3. 看病/住院花费与自费情况

图 3-31 中,有 5 189 位老年人回答了自己在过去一年内(2014 年)的住院花费情况。其中,男性老年人 2014 年平均住院花费为 4 746.3 元,女性老年人 2014 年住院平均花费 3 733.1 元。老年人 2014 年住院花费存在统计学上的显著性别差异($P < 0.05$)。图 3-32 表示老年人的户籍类型和 2014 年住院花费情况。在 2014 年,"农业户口"老年人住院平均花费 2 900.4 元,"非农业户口"老年人住院平均花费 5 467.3 元,这与老年人就医观念和经济水平的户籍差异息息相关。统计学分析结果显示,不同户籍老年人 2014 年住院平均花费存在统计学上的显著性差异($P < 0.001$)。

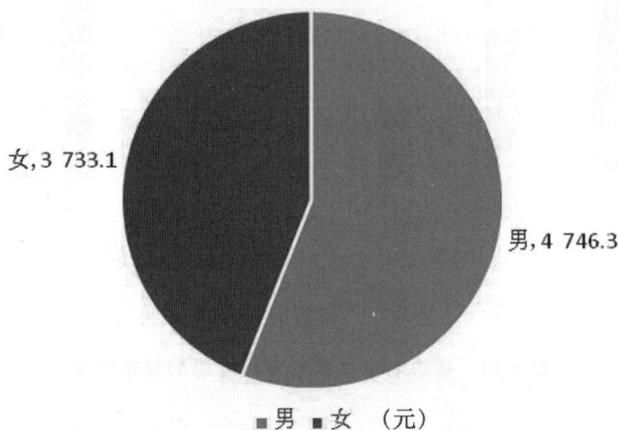

图 3-31　老年人 2014 年看病/住院花费的平均花费

在图 3-33 中,有 5 193 位老年人同时说明了自己的户籍类型和过去一年内(2014 年)自费购药花费情况。"农业户口"老年人 2014 年自费购药平均花费 703.4 元,"非农业户口"老年人 2014 年自费购买药物平均花费 1 017.1 元。不同户籍老年人 2014 年自费购买药物花费存在统计学上的显著性差异($P < 0.001$)。图 3-34 提示"75 岁以下"的老年人 2014 年自费购药平均花费 812.8 元,"75 岁及以上"老年人 2014 年自费购药平均花费 1 018.1元。不同年龄老年人 2014 年自费购买药物花费存在统计学上的显著性差异($P = 0.007$)。

（元）

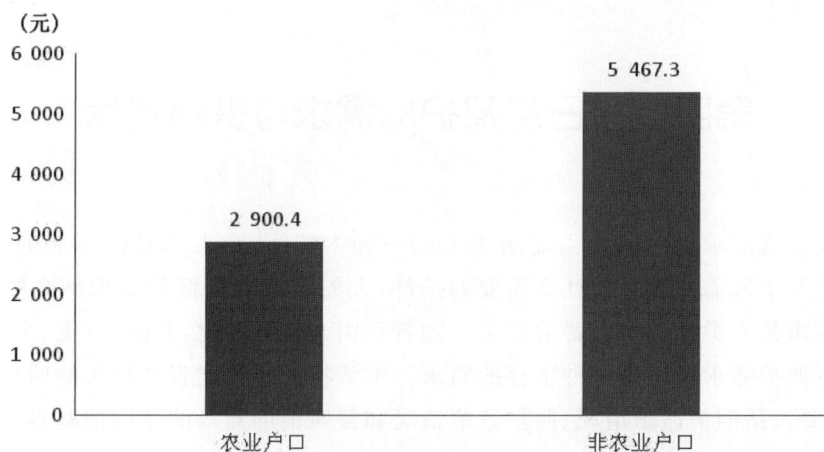

图 3-32　老年人户籍与 2014 年看病/住院的平均花费

（元）

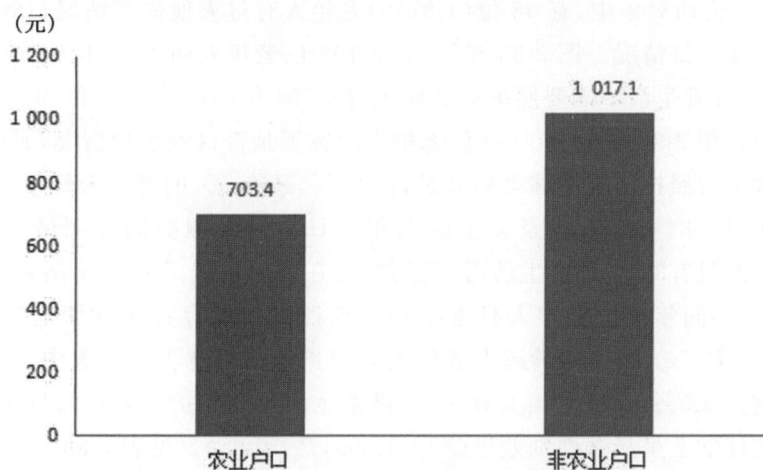

图 3-33　老年人户籍与自费购药的平均花费（2014 年）

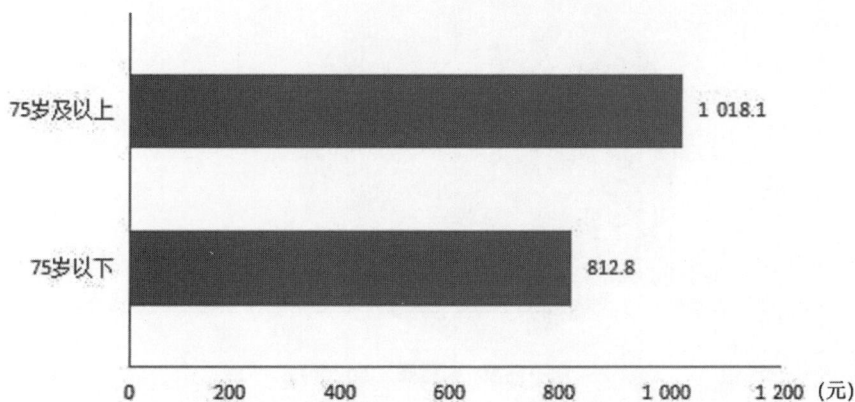

图 3-34　不同年龄段老年人 2014 年自费购药的平均花费

第四节 日常照护的需求与供给现状

根据马斯洛需求层次理论[①]，需求为人的一种本能，一个人要想体面地生存下来，必须要有满足其生理需要和其他社会需要的条件，人的需求有从低阶需求到高阶需求的发展过程。需求是人类社会中的普遍现象。随着我国人口老龄化，高龄、空巢、失能、失智老年人的养老照护需求可谓是一种生存的需求。本节将介绍福建省老年人的照护护理的需求状况，主要包括照护需求情况、照护意愿情况和健康辅助器具的使用情况等。

一、照护需求与最主要的照护者

在 5 280 位受访对象中，有 98 位（1.87％）老年人有过大便失禁情况，180 位（3.43％）老年人有过小便失禁情况。图 3-35 显示，有 5 197 位老年人回答了自己日常生活需要照护情况。其中，日常生活不需要照护的老年人有 4 734 位（91％），463 位（9％）老年人日常生活需要照护。图 3-36 显示，有 450 位老年人回答了是否得到照护情况，其中，有 428 位老年人的日常生活照护需求能够得到满足，占 95％，还有 5％的老年人日常生活没得到相应的照护。在表 3-34 中，85 岁及以上的老年人日常需要照护的比例最大，为 36.6％，60～64 岁老年人只有3.3％日常生活需要照护，这在各年龄段老年人中所占的比例最小。经统计学检验，不同年龄段老年人日常生活需要照护情况存在统计学上的显著性差异（$\chi^2 = 3510.300, P < 0.001$），年龄越大老年人对照护的需求越大。在表中，男性老年人需要照护的比例为 8.0％，女性老年人有 9.7％日常生活需要照护。老年人日常生活照护服务的需求在统计学上呈显著性别差异（$\chi^2 = 4.099, P < 0.05$）。见表 3-35。

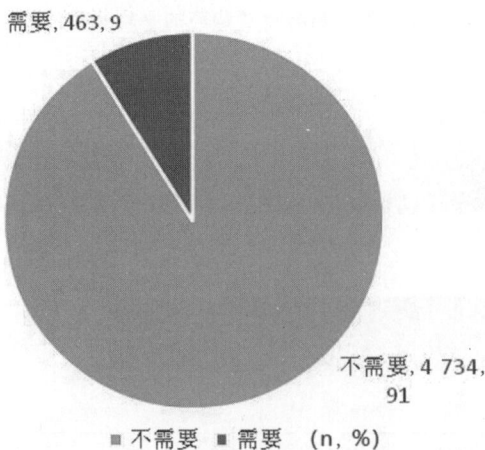

需要, 463, 9

不需要, 4 734, 91

■ 不需要 ■ 需要 （n，%）

图 3-35 老年人日常生活需要照护情况

---

① 马斯洛.人类动机的理论[M].北京:中国人民大学出版社,2007:5.

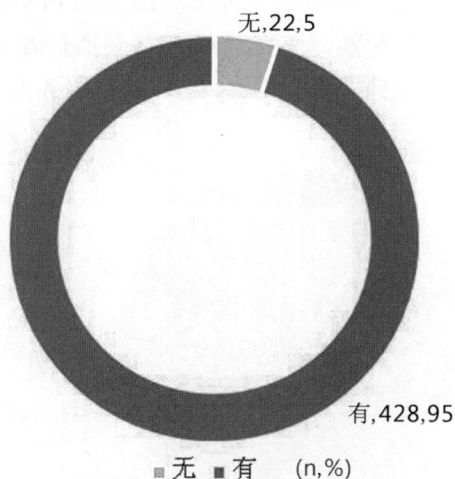

图 3-36　是否得到照护情况

表 3-34　不同年龄段老年人日常生活需要照护的情况

单位:n(%)

年　龄	是否需要照护		总　计
	不需要	需　要	
60～64 岁	1708(96.7)	59(3.3)	1 767(100)
65～69 岁	1 119(96.0)	47(4.0)	1 166(100)
70～74 岁	710(92.6)	57(7.4)	767(100)
75～79 岁	589(88.0)	80(12.0)	669(100)
80～84 岁	354(77.0)	106(23.0)	460(100)
85 岁及以上	194(63.4)	112(36.6)	306(100)
总　计	4 674(91.0)	461(9.0)	5 135(100)

$\chi^2 = 3510.300, P = 0.000$;数据交叉缺失值为 62。

表 3-35　老年人日常生活需要照护的性别分布情况

单位:n(%)

性　别	是否需要照护		总　计
	不需要	需　要	
女　性	2 462(90.3)	263(9.7)	2 725(100)
男　性	2 262(92.0)	198(8.0)	2 460(100)
总　计	4 724(91.1)	461(8.9)	5 185(100)

$\chi^2 = 4.099, P = 0.043$;数据交叉缺失值为 12。

图 3-37 显示了在被访老年人中,有 9%的老年人家中另有需要照护的老年人。表 3-36 显示,60～64 岁老年人的家中另有需要照护老年人的比例最高,为 13.5%,85 岁及以上

老年人中仅有 5.4%家中有其他需要照护的老年人。图 3-38 所示为男女老年人最主要的照护者男性老年人最主要照护者为配偶,女性老年人最主要照护者为子女;如表 3-37 所示,受访老年人主要照护者前五位为配偶、儿子、儿媳、女儿、家政服务人员(保姆、小时工等)。

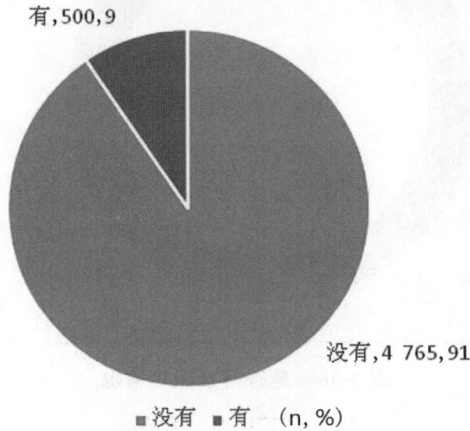

图 3-37　老年人家中另有需要照护的老年人情况

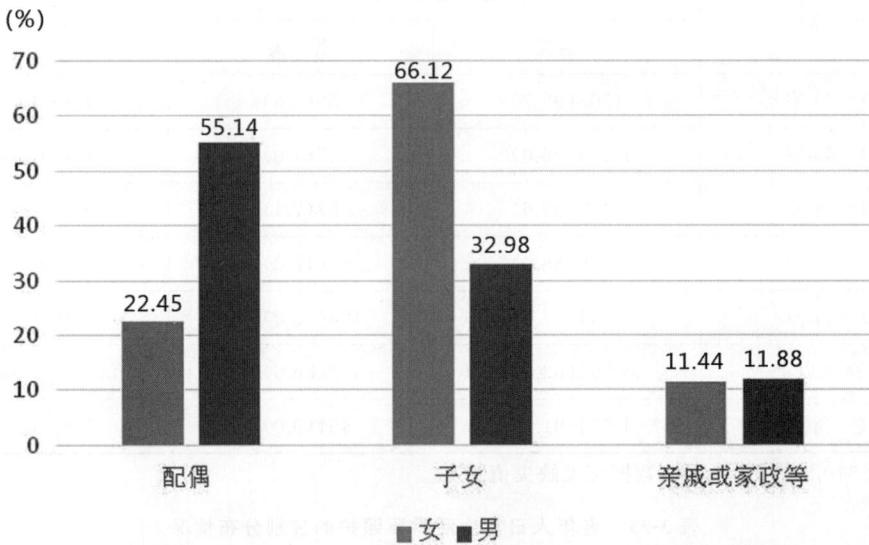

图 3-38　男女老年人最主要的照护者

表 3-36　不同年龄老年人家中有其他需要照护护理老年人的情况

单位:n(%)

年　龄	是否有需要照护的老年人		总　计
	没　有	有	
60~64 岁	1 546(86.5)	242(13.5)	1 788(100)
65~69 岁	1 063(89.9)	119(10.1)	1 182(100)
70~74 岁	740(94.6)	42(5.4)	782(100)

续表

年　龄	是否有需要照护的老年人		总　计
	没　有	有	
75～79 岁	631(93.2)	46(6.8)	677(100)
80～84 岁	434(93.7)	29(6.3)	463(100)
85 岁及以上	295(94.6)	17(5.4)	312(100)
总　计	4 709(90.5)	495(9.5)	5 204(100)

$\chi^2=67.089, P=0.000$；数据交叉缺失值为 76。

表 3-37　受访老年人最主要的照护者

您最主要的照护者是谁？	人数（人）	百分比（%）	排　序
配　偶	158	36.57	1
儿　子	108	25.00	2
儿　媳	65	15.05	3
女　儿	51	11.81	4
孙子女	7	1.62	6
其他亲属	5	1.16	8
朋友/邻居	1	0.23	10
家政服务人员（保姆、小时工等）	29	6.71	5
医疗护理机构人员	2	0.46	9
养老机构人员	6	1.39	7
总　计	432	100	

二、社区（村/居）老龄服务的需求与供给

图 3-39 显示了 5 280 位老年人所需的社区老龄服务项目，排在前五位的社区老龄服务项目分别是上门看病（34.7%）、上门做家务（12.9%）、健康教育服务（12.2%）、心理咨询/聊天解闷（9.3%）、康复护理（9.0%）。表 3-38 显示年龄越大，"上门做家务""日间照护""心理咨询/聊天解闷"的需要越强烈，上述项目存在统计学上显著性的年龄差异，其余老龄服务项目的需求不存在统计学上显著性的年龄差异。表 3-39 为不同年龄老年人所反映的社区所提供老龄服务的情况，表 3-40 为受访老年人利用过社区所提供的服务情况。明显可见，老年人口利用服务情况低于社区所提供的服务情况。总体上，社区（村/居）老龄相关服务的供给与利用率有限。

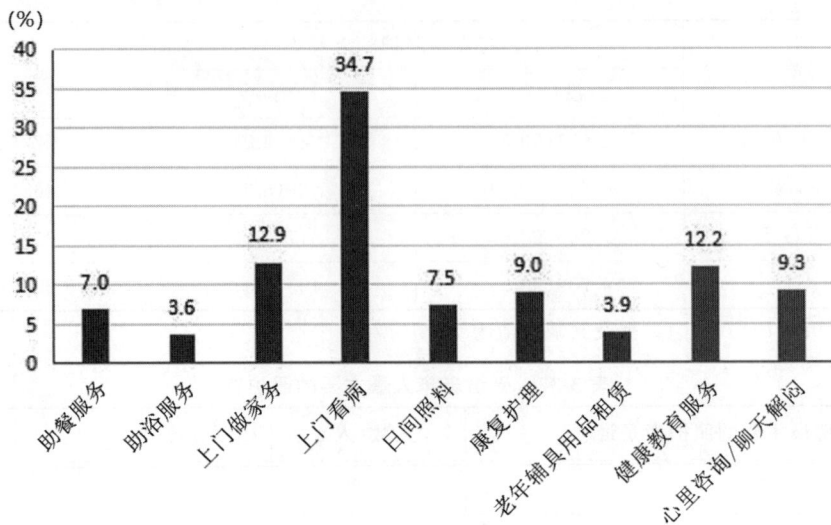

图 3-39　被访老年人所需的社区老龄服务项目

表 3-38　不同年龄段老年人的社区（村/居）服务需求

单位：%

服务需求	60～64 岁	65～69 岁	70～74 岁	75～79 岁	80～84 岁	85 岁及以上	P
助餐服务	6.08	5.23	4.60	5.74	6.02	5.45	—
助浴服务	3.12	2.28	2.30	3.24	4.09	2.88	—
上门做家务	9.92	8.52	10.36	10.16	12.90	14.42	*
上门看病	24.75	25.63	29.03	30.34	33.76	36.54	***
日间照护	5.35	5.48	4.73	5.89	8.39	11.22	***
康复护理	7.02	6.75	7.42	7.81	6.45	10.90	—
老年辅具用品租赁	3.51	2.70	2.69	3.53	3.23	2.56	—
健康教育服务	11.04	9.53	9.46	8.69	7.74	8.97	—
心理咨询/聊天解闷	8.31	5.82	6.91	7.66	7.74	8.40	*
其他服务	0.28	0.17	0.38	0.15	0.65	0.96	—
上述都不需要	61.32	61.05	56.27	57.58	51.61	50.64	***

$N = 5\ 280$；χ^2：*：$P < 0.05$；***：$P < 0.001$；—：$P > 0.05$。

表 3-39　不同年龄段老年人反映的社区提供的老龄服务

单位：%

老龄服务	60～64 岁	65～69 岁	70～74 岁	75～79 岁	80～84 岁	85 岁及以上	P
助餐服务	15.47	9.01	9.59	13.33	7.14	12.00	—
助浴服务	8.38	4.50	2.82	5.17	1.79	0	—
上门做家务	14.44	9.91	9.59	13.79	8.93	12.00	—
上门看病	28.57	23.42	17.57	26.32	21.43	20.00	—
日间照护	14.36	9.91	11.11	15.52	5.36	8.00	—
康复护理	12.15	5.41	9.59	10.34	7.14	12.00	—
老年辅具用品租赁	7.78	2.68	2.82	3.45	1.79	0	*
健康教育服务	20.44	16.22	16.67	20.69	8.93	20.00	—
心理咨询/聊天解闷	13.26	13.51	9.72	18.97	5.36	20.00	—

$N=509, \chi^2 : * : P < 0.05$。

表 3-40　不同年龄段老年人利用过社区服务的情况

单位：%

利用过下列服务	60～64 岁	65～69 岁	70～74 岁	75～79 岁	80～84 岁	85 岁及以上
助餐服务	—	—	—	—	—	—
助浴服务	—	—	—	—	—	—
上门做家务	1.73	1.87	1.45	0	3.92	0
上门看病	9.14	6.54	11.43	8.77	11.54	11.54
日间照护	0	0	0	00	0	3.85
康复护理	0	0	0	0.41	1.96	3.85
老年辅具用品租赁	0.58	0	0	0	0	0
健康教育服务	7.47	7.55	5.71	0	3.92	3.85
心理咨询/聊天解闷	1.73	1.90	1.45	1.79	0	7.69

$N=410\sim489$。

三、最愿意接受照护的地点及所能承受的费用

有 5 250 位老年人报告了自己最愿意接受的照护服务地点情况。最愿意在家接受照护服务的老年人比例最高，为 81.3%，还有 13.1% 的老年人表示得视情况而定，最愿意白天在社区晚上回家接受照护服务的老年人比例最低，仅有 2.4%。参见图 3-40。女性老年人最愿意在家里接受照护服务的比例为 82.2%，高于男性老年人的 80.2%，男性老年人最愿意白天在社区晚上回家及最愿意在养老机构接受服务的比例均高于女性老年人，其比例分别为 2.9% 和 3.6%。可见，不同性别老年人最愿意接受照护护理服务的地点存在显著性差异（$\chi^2=8.072, P < 0.05$）。参见表 3-41。

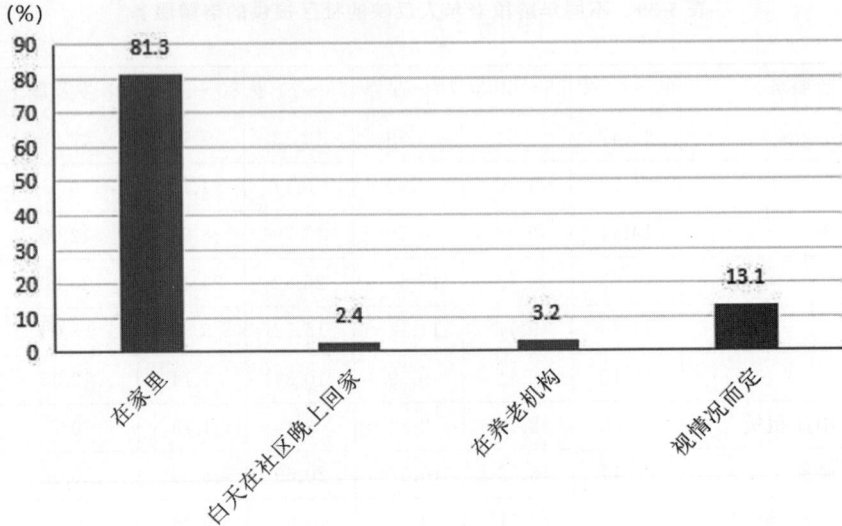

图 3-40　老年人最愿意接受照护的地点

表 3-41　老年人最愿意接受照护地点的性别分布

单位:n(%)

性　别	愿意接受照护的地点				总　计
	在家里	白天在社区晚上回家	在养老机构	视情况而定	
女　性	2 269(82.2)	53(1.9)	79(2.9)	358(13.0)	2 759(100)
男　性	1 988(80.2)	71(2.9)	90(3.6)	330(13.3)	2 479(100)
总　计	4 257(81.3)	124(2.4)	169(3.2)	688(13.1)	5 238(100)

$\chi^2 = 8.072, P = 0.045$;数据交叉缺失值为 12。

在图 3-41 所示为老年人(和家人)每月最多能承担养老机构的费用情况,其中,有 768 位老年人报告了自己如果入住养老机构,自己(和家人)每月最多能承担的费用情况,每月

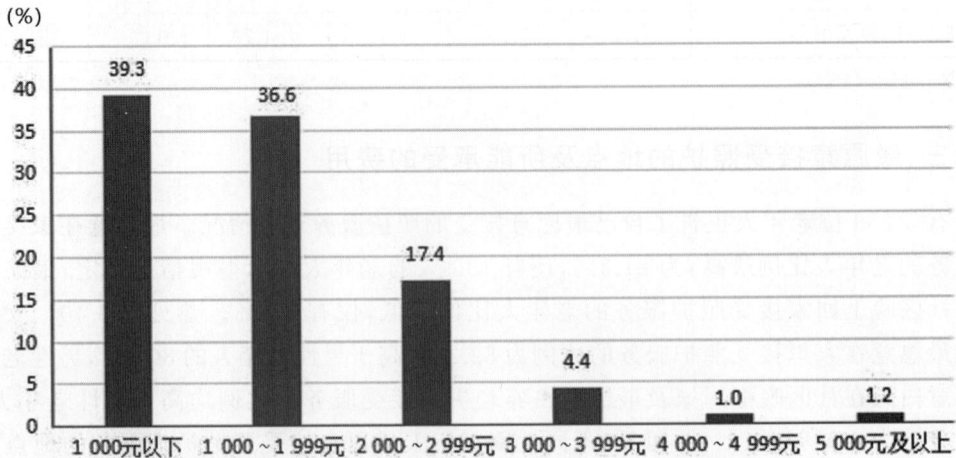

图 3-41　老年人(和家人)每月最多能承担养老机构的费用情况

最多能承担 1 000 元以下的老年人占 39.3%,每月最多能承担 1 000～1 999 元的老年人占 36.6%,每月最多能承担 2 000～2 999 元的老年人占 17.4%。

小结及讨论

本章从老年人的主客观健康情况、生活习惯与健康医疗行为、日常照护需求与供给三方面考察了老年人的健康医疗及照护护理情况,同样从年龄、户籍、性别、婚姻状况等老年人基本特征着手,分析不同类型的老年人健康医疗及照护的情况差别。具体而言,不同类型老年人的主客观健康状态存在统计学上的显著性差异。首先,年龄是老年人健康状态的最大影响因素,年龄越大老年人的躯体健康状况和生活自理能力越差,老年人年龄增长导致生理机能的衰退可以解释该现象。另外,在 5 247 位受访老年人中,男性老年人失能或半失能的发生率有 275 人,占比 5.21%,女性为 348 人,占比 6.60%。本次调查对象中共有 314 人发生失能或半失能,发生率为 5.41%。

本次调查的 5 272 位被访老年人中,只有 13.62% 的老年人被调查员判断为非常健康,42.62% 的老年人被判断为比较健康,7.89% 的老年人被判断为比较不健康,1.63% 的老年人被判断为非常不健康。其中,男性被判断为"非常健康"及"比较健康"的比例为 61.53%、高于女性(51.63%),农业户口老年人被判断为"非常健康"及"比较健康"的比例为 46.91%、低于非农业户口老年人(后者比例大于 60%)。大约有 10% 的老年人被判断为不能完全自理(含部分自理和完全不能自理),即女性完全自理能力低于男性老年人,农业户口老年人完全自理能力低于非农业户口老年人。

在生活习惯与健康医疗行为方面,不同户籍、性别、年龄的老年人存在统计学上的显著性差异,尤其是非农业户口老年人在就医地点选择、就医时遭遇的问题、购买商业保险等方面均好于农业户口老年人,同时,非农业户口老年人的住院花费和自费购药花费也高于农业户口老年人,该现象与就医地点选择和就医观念的城乡差别值得密切关注。具体而言,有 5 189 位老年人回答了自己在过去一年内(2014 年)的住院花费情况。其中,男性老年人 2014 年平均住院花费为 4 746.3 元,女性老年人 2014 年住院平均花费为 3 733.1 元。"农业户口"老年人住院平均花费 2 900.4 元,"非农业户口"老年人住院平均花费 5 467.3 元。但是,"农业户口"老年人 2014 年自费及购药的平均花费为 703.4 元,"非农业户口"老年人 2014 年自费及购买药物平均花费为 1 017.1 元。"75 岁以下"老年人 2014 年自费购药平均花费为 812.8 元,"75 岁及以上"老年人 2014 年自费购药平均花费为 1 018.1元。年龄越低的老年人购买商业保险的比例越高,这与我国的普遍现象一致。

在日常照护需求与供给方面,年龄越大对照护服务的需求越高,女性老年人相较于男性老年人对照护服务有较高需求。5 280 位老年人反映了自己对社区老龄服务的需求,排在前五位的社区老龄服务依次是上门看病(34.7%)、上门做家务(12.9%)、健康教育服务(12.2%)、心理咨询/聊天解闷(9.3%)、康复护理(9.0%)。但是,研究发现,受访老年人对社区所提供的服务的利用率明显较低,说明总体我省的社区(村/居)老龄相关服务的供给与利用有限。我省老年人最愿意在家接受照护服务(81.3%);还有13.1%的老年人表示得视情况而定;有2.4%表示最愿意白天在社区晚上回家接受照护服务;有768位老年人表示如果入住养老机构,自己(和家人)每月最多能承担的费用1 000元以下,占39.3%,每月最多能承担1 000~1 999元的老年人占36.6%,每月最多能承担2 000~2 999元的老年人占17.4%。研究还发现,高龄老年人的孤独感显著高于低龄老年人,有配偶老年人的幸福感也高于无配偶老年人。

通过本章分析,我们更加深刻地认识到老年人的健康医疗与照护情况存在年龄、户籍、性别、婚姻状况等方面的差异,这与不同类型老年人的思想观念和客观条件的差异密不可分。因此,深入探讨老年人健康医疗与照护状态差异背后的原因,关注各影响因素之间的传导效应是一个可以讨论的话题;同时,针对不同老年人健康医疗和照护状况的不同,政府、社会、个人能否实现有效协同,满足老年人的健康和照护需求也有待深入研究。

第四章　城乡视角下的老年人生活、健康、医疗及照护状况

十八届三中全会《中共中央关于全面深化改革若干重大问题的决定》中指出,城乡二元结构是制约城乡发展一体化的主要障碍。必须健全体制机制,让广大农民平等参与现代化进程、共同分享现代化成果。[①] 城乡一体化是我国现代化和城市化发展的一个新阶段和必然趋势,是将城市与乡村、城镇居民与农村居民作为一个整体,统筹谋划、综合研究,通过体制改革和政策调整,促进城乡在规划建设、产业发展、市场信息、政策措施、生态环境保护、社会事业发展的一体化,实现城乡在政策上的平等、产业发展上的互补、国民待遇上的一致,让农民享受到与城镇居民同样的文明和实惠,使整个城乡经济社会全面、协调、可持续发展。以往有关老年人生活状况的研究大都分别以城市居民或农民为研究对象而独立进行,缺乏对城乡居民的直接比较。城乡比较的目的在于发现城镇、村老年居民在生活状况上的差异,为逐步消除城乡二元社会结构与体制提供解决问题的对策和依据,从而更好地促进城镇居民和农村居民的社会融合。本章节按照老年人居住地的地理环境、经济规模和发展水平划分为城市、镇和村,对其健康状况、照护服务状况、宜居环境进行比较,反映其生活状况的差异水平。具体而言,如老年人居住在"中心城区""边缘城区"(不含"城中村")等,则将这些区域划分为"城市";如果老年人居住在"城中村""城乡接合部""城区以外的镇/乡镇中心",则划分为"城镇";其余为"乡村"。

第一节　老年人生活与环境状况的城乡比较

一、生活习惯与健康理念

1.吸烟与饮酒状况

将受访对象按照其所居住地的地理环境、经济规模和发展水平划分为城市、镇和村后,发现居住在"城市"的老年人共有 1 501 人,占比 28.43%;居住在"城镇"的老年人有

---

① 国务院,中共中央关于全面深化改革若干重大问题的决定[R].2013.

960人,占比18.18%;居住在"乡村"的老年人有2 819人,占比53.39%。表4-1为福建老年人吸烟习惯的城乡比较。其中,居住在城市的老年人不吸烟的比例为83.5%,城镇老年人不吸烟的比例为70.6%,乡村老年人的不吸烟人数比例为66.5%。而经常吸烟的人群中,城市老年人占9.8%,乡村老年人占比最高,达到15.0%。但是,上述城乡差异不存在统计学上显著性意义($\chi^2=11.815,P>0.05$)。表4-2每周1~2次的人中,乡村老年人所占比重最高,为5.3%,而每周至少3次的老年人数城镇居民所占比例最高,达7.2%,而城市和乡村老年人所占比例仅为3%左右。上述分布差异同样不存在统计学上的显著性意义($\chi^2=8.107,P>0.000$)。

表4-1 福建老年人吸烟习惯的城乡比较

单位:n(%)

是否吸烟	城 市	镇	村	总 计
从来不吸烟	111(83.5)	89(70.6)	177(66.5)	377(71.8)
曾经吸烟,现在已经戒烟	6(4.5)	12(9.5)	30(11.3)	48(9.1)
经常吸烟	13(9.8)	14(11.1)	40(15.0)	67(12.8)
偶尔吸烟	3(2.3)	11(8.7)	19(7.1)	33(6.3)
合 计	133(100)	126(100)	266(100)	525(100)

$\chi^2=11.815,P=0.066$。

表4-2 福建省老年人饮酒习惯城乡比较

单位:n(%)

是否饮酒	城 市	镇	村	总 计
不喝或偶尔喝	125(94.7)	115(92.0)	243(91.7)	483(92.5)
每周1~2次	3(2.3)	1(0.8)	14(5.3)	18(3.4)
每周至少3次	3(2.3)	8(6.4)	8(3.0)	19(3.6)
经常醉酒	1(0.8)	1(0.8)	0(0)	2(0.4)
合 计	132(100)	125(100)	265(100)	522(100)

$\chi^2=8.107,P=0.230$;数据交叉缺失值为5。

2.锻炼与体检情况

在表4-3中,共有5 271位老年人报告了自己每周的锻炼情况。其中,从不锻炼的老年人有2 032位,占比达38.6%。乡村居民中从不锻炼老年人比例最高(52.9%),而城市和城镇居民中从不锻炼的比例不到其一半,分别为24.7%和23.1%。城市和城镇老年人一周锻炼达到六次以上的比例分别为40.5%和40.7%,而乡村居民中其比例仅占14.6%。并且经统计分析发现,福建省城乡老年人每周锻炼次数存在统计学上的显著性差异($\chi^2=615.768,P<0.01$),即城市老年人每周锻炼次数多于农村老年人。

表 4-3　福建省老年人每周锻炼次数城乡比较

单位:n(%)

每周锻炼次数	城　市	镇	村	总　计
从不锻炼	333(24.7)	291(23.1)	1 408(52.9)	2 032(38.6)
不到一次	52(3.9)	46(3.7)	145(5.4)	243(4.6)
一至二次	203(15.1)	176(14.0)	392(14.7)	771(14.6)
三至五次	214(15.9)	233(18.5)	329(12.3)	776(14.7)
六次及以上	546(40.5)	513(40.7)	390(14.6)	1 449(27.5)
合　计	1 348(100)	1 259(100)	2 664(100)	5 271(100)

$\chi^2=615.768, P=0.000$。

在图 4-1 中,有 5 223 人报告了自己 2014 年的体检情况。家住城市的老年人 2014 年体检过的比例为 61.7%;家住城镇的老年人 2014 年体检过的比例最高,为 66.1%;家住乡村的老年人 2014 年体检过的比例较低,为 51.4%。

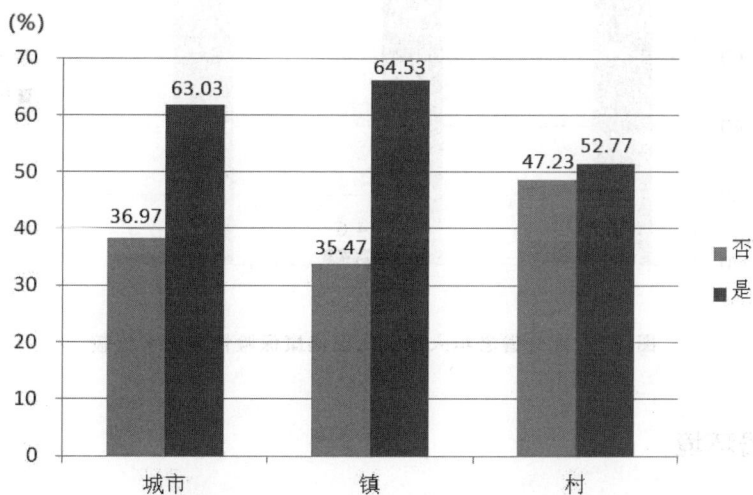

图 4-1　福建省老年人 2014 年体检情况城乡比较

3.服用保健品与购买商业保险情况

表 4-4 中共有 5 253 名老年人报告了自己是否服用保健品。家住城市的老年人有 14.1% 的比例偶尔吃,9.7% 的老年人经常吃保健品。城镇的老年人经常吃保健品的比例为 8.5%,而乡村的老年人经常吃保健品的比例仅为 3.2%。城镇村老年人对保健品的消费存在统计学上的显著性差异($\chi^2=87.046, P<0.01$),即城市老年人服用保健品情况多于农村老年人。

表 4-4　福建省老年人服用保健品情况城乡比较

单位:n(%)

是否吃保健品	城　市	镇	村	总　计
从来不吃	1 025(76.2)	941(75.5)	2 026(76.1)	3 992(76.0)
偶尔吃	189(14.1)	200(16.0)	550(20.7)	939(17.9)
经常吃	131(9.7)	106(8.5)	85(3.2)	322(6.1)
合　计	1 345(100)	1 247(100)	2 661(100)	5 253(100)

$\chi^2=87.046, P=0.000$。

图 4-2 中共有 5 219 位老年人回答了购买商业健康保险的情况,其中城市居民仅有 6.9% 的人购买商业健康保险,城镇居民和乡村居民购买商业健康保险的比例更低,分别为 4.6% 和 2.9%。可见城镇村老年人对健康保险购买意愿都比较低。

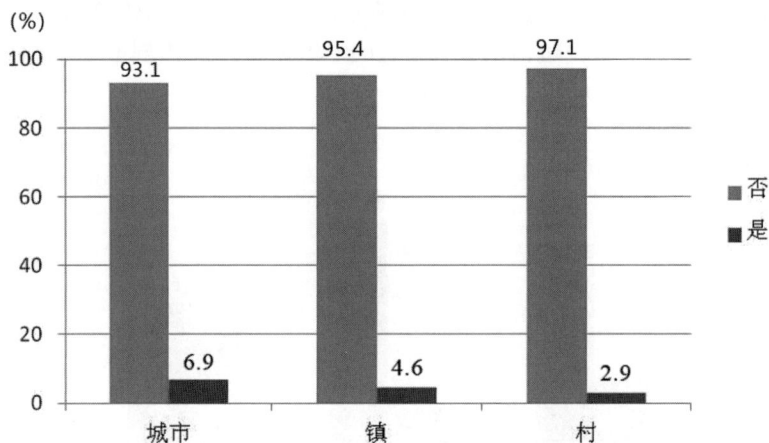

图 4-2　福建省老年人购买商业健康保险情况城乡比较

二、宜居环境

1.目前住房条件

表 4-5 中,有 5 265 位老年人报告了自己当前住房的修建年代,城市、城镇、乡村老年居民在中华人民共和国成立前修建房子的比例分别为 4.4%、2.1% 和 4.9%;在 50—60 年代修建房子的比例分别为 3.0%、1.3% 和 8.1%;在 70—80 年代修建房子的比例分别为 27.4%、25.9% 和 31.5%;于 90 年代修建房子的比例分别为 31.4%、32.9% 和 31.0%;于 2000 年以后修建房子的比例分别为 33.7%、37.8% 和 24.5%。统计分析结果显示,福建省城镇村老年人目前住房的修建年代存在统计学上的显著性差异($\chi^2=162.874, P<0.01$),即农村老年人住在旧房子的比例比较高。

表 4-5　福建省老年人当前住房的修建年代城乡比较

单位:n(%)

现居住房建造时间	城　市	镇	村	总　计
中华人民共和国成立前	59(4.4)	26(2.1)	131(4.9)	216(4.1)
50—60 年代	41(3.0)	16(1.3)	215(8.1)	272(5.2)
70—80 年代	369(27.4)	326(25.9)	839(31.5)	1 534(29.1)
90 年代	423(31.4)	414(32.9)	825(31.0)	1 662(31.6)
2000 年以后	453(33.7)	475(37.8)	653(24.5)	1 581(30.0)
合　计	1 345(100)	1 257(100)	2 663(100)	5 265(100)

$\chi^2 = 162.874. P = 0.000$。

图 4-3 中共有 5 247 位老年人报告了自己有无单独居住房间的情况,发现城市居住的老年人中,仅有 4.8% 的老年人无单独居住房间,城镇的老年人中无单独居住房间的比例为 5.4%,而家住在乡村的老年人中无单独居住房间的比例最高,达到 7.0%。

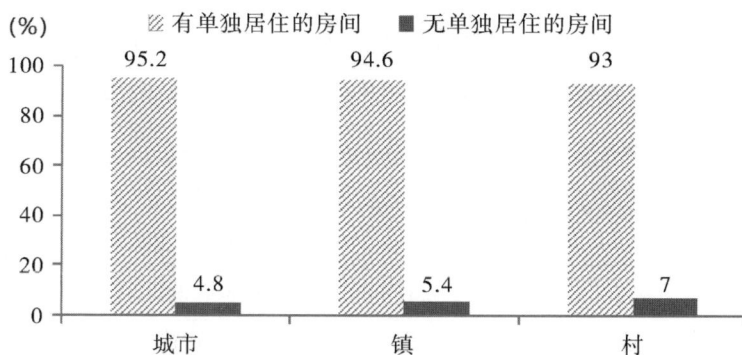

图 4-3　福建省老年人是否拥有单独居住房间的城乡比较

图 4-4 为老年人对自己住房生活设施状况的报告,发现在城市、城镇、乡村的住房中有自来水供应的比例分别占 99.3%、100.0% 和 83.8%,有煤气/天然气/沼气供应的比例分别占比 84.4%、58.7% 和 45.5%;有暖气/土暖气供应的分别占比例 3.0%,1.6% 和 2.6%;有室内厕所的比例分别为 94.1%、94.4% 和 69.5%;有洗澡/淋浴设施的分别占比 95.6%、94.4% 和 71.4%,以上设施均没有的老年人在城市、城镇、乡村中分别占比 0.7%、0% 和 7.5%,可见乡村老年居民的住房生活设施条件相较城市和城镇老年人而言较差。

表 4-6 表明,居住于城市的老年人住房内电子产品和家用电器的拥有情况分别为固定电话(80.7%)、老年人手机(37.8%)、智能手机(31.9%)、普通手机(25.9%)、电脑(51.9%)、电视机(95.6%)、洗衣机(91.1%)、空调(87.4%)、电冰箱(95.6%)、空气净化器(3.7%)、净水设备(17.8%);城镇老年居民住房内的电子产品和家用电器的拥有情况分别为固定电话(68.3%)、老年人手机(47.6%)、智能手机(26.2%)、普通手机(26.2%)、电脑(46.8%)、电视机(96.0%)、洗衣机(94.4%)、空调(84.1%)、电冰箱(92.1%)、空气净化器(3.2%)、净水设备(15.1%);而居住在乡村的老年人住房内的电子产品和家用电器的拥有情况分别为固定电话(45.1%)、老年人手机(44.7%)、智能手机(11.7%)、普通手机

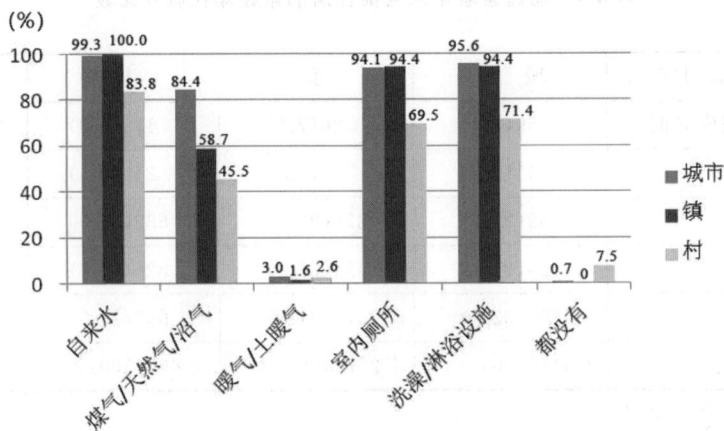

图 4-4 福建省老年人住房的生活设施城乡比较

（24.4%）、电脑（18.0%）、电视机（90.2%）、洗衣机（65.0%）、空调（34.2%）、电冰箱（74.4%）、空气净化器（0.4%）、净水设备（7.5%）；其中什么都没有的乡村老年人比例4.1%。可见农村老年人在一些智能化或高端设备上的使用率还是比城市和城镇老年人低。

表 4-6 福建省老年人住房内电子产品和家用电器分布情况城乡比较

单位：n(%)

住房内电子产品和家用电器	城 市	镇	村
固定电话	109(80.7)	86(68.3)	120(45.1)
老年人手机	51(37.8)	60(47.6)	119(44.7)
智能手机	43(31.9)	33(26.2)	31(11.7)
普通手机	35(25.9)	33(26.2)	65(24.4)
电 脑	70(51.9)	59(46.8)	48(18.0)
电视机	129(95.6)	121(96.0)	240(90.2)
洗衣机	123(91.1)	119(94.4)	173(65.0)
空 调	118(87.4)	106(84.1)	91(34.2)
电冰箱	129(95.6)	116(92.1)	198(74.4)
空气净化器	5(3.7)	4(3.2)	1(0.4)
净水设备	24(17.8)	19(15.1)	20(7.5)
都没有	0(0)	0(0)	11(4.1)

表 4-7 为老年人所报告的住房内存在问题的城乡比较。其中城市老年人住房内存在的主要问题分别是厕所/浴室不好用（7.2%）、光线昏暗（16.0%）、有噪音（11.7%）和没有呼叫/报警设施（18.8%），城镇老年人住房存在的主要问题是没有呼叫/报警设施（15.2%）、光

线昏暗（12.2%）和有噪音（10.1%）；乡村的老年居民住房存在的主要问题是没有呼叫/报警设施（45.2%）、光线昏暗（24.7%）、厕所/浴室不好用（23.6%）、没有扶手（17.4%）。

表 4-7　福建省老年人住房内存在问题的城乡比较

单位：n(%)

住房存在状况	城　市	镇	村
光线昏暗	214(16.0)	153(12.2)	650(24.7)
门槛绊脚或地面高低不平	41(3.1)	32(2.6)	338(12.8)
没有扶手	54(4.0)	38(3.0)	459(17.4)
地面滑	28(2.1)	27(2.2)	113(4.3)
门用起来不合适	37(2.8)	14(1.1)	162(6.2)
厕所/浴室不好用	96(7.2)	54(4.3)	621(23.6)
没有呼叫/报警设施	252(18.8)	190(15.2)	1 191(45.2)
有噪音	156(11.7)	126(10.1)	136(5.2)
其　他	75(5.6)	56(4.5)	30(1.1)
都很好,没什么问题	776(58.0)	806(64.4)	964(36.6)

2.邻里关系与对住房环境的满意度

表 4-8 中共有 5 273 位老年人反映了他们对现在住房条件的满意度,其中城市居民有 50.5%的老年人对现在住房条件满意,11.6%对住房条件不满意,城镇居民当中 53.5%的老年人对住房条件满意,8.2%的老年人对住房条件不满意,41.4%的乡村老年人对当前住房条件满意,11.2%的人对住房条件不满意。不同居住地老年人对住房条件的满意度存在统计学上的显著性差异（$\chi^2=61.411,P<0.01$）。

表 4-8　福建省老年人对现在住房条件的满意度的城乡比较

单位：n(%)

对现在的住房条件是否满意	城　市	镇	村	总　计
满　意	681(50.5)	673(53.5)	1104(41.4)	2 458(46.6)
一　般	511(37.9)	483(38.4)	1 263(47.4)	2 257(42.8)
不满意	157(11.6)	103(8.2)	298(11.2)	558(10.6)
合　计	1 349(100)	1 259(100)	2 665(100)	5 273(100)

$\chi^2=61.411,P=0.000$。

表 4-9 为调查对象对本社区具体环境及情况的满意情况,发现城市老年人主要对指示牌/标识（59.7%）、道路/街道照明（73.9%）、交通状况（70.1%）、生活设施（57.5%）、环境绿化（64.9%）、治安环境（67.9%）和尊老敬老氛围（53.7%）感到满意;城镇老年人主要对道路/街道照明（65.9%）、交通状况（59.5%）、环境绿化（54.0%）和治安环境（60.3%）感到满意;而乡村老年人主要对道路/街道照明（75.1%）、治安环境（66.4%）和交通状况

(57.4%)感到满意。

表 4-9　福建省老年人对本社区环境满意情况的城乡比较

单位:n(%)

对本社区哪些情况满意	城　市	镇	村
指示牌/标识	80(59.7)	49(38.9)	82(30.9)
道路/街道照明	99(73.9)	83(65.9)	199(75.1)
交通状况	94(70.1)	75(59.5)	152(57.4)
生活设施	77(57.5)	59(46.8)	68(25.7)
健身活动场所	56(41.8)	53(42.1)	95(35.8)
公共卫生间	35(26.1)	37(29.4)	78(29.4)
环境绿化	87(64.9)	68(54.0)	111(41.9)
治安环境	91(67.9)	76(60.3)	176(66.4)
尊老敬老氛围	72(53.7)	56(44.4)	121(45.7)
都不满意	3(2.2)	8(6.3)	9(3.4)

　　另外,长表问卷中共有 525 名老年人报告了自身与邻居的关系状况,如表 4-10 所示,城市老年人有 6.7% 与邻居间相互不了解,45.5% 与邻居间仅限于打招呼,与邻居经常走动的占比 34.3%,与邻居必要时相互帮助的比例为 13.4%;城镇老年人有 5.6% 与邻居间相互不了解,29.4% 与邻居间仅限于打招呼,与邻居经常走动的占比 37.3%,与邻居必要时相互帮助的比例为 27.8%;乡村居民间仅有 1.9% 与邻居间相互不了解,与邻居间仅限于打招呼的为 6.4%,与邻居经常走动的占比 63.0%,与邻居必要时相互帮助的比例为 21.9%。福建省城镇村老年人与邻居的关系上存在统计学上的显著性差异($\chi^2 = 110.164$, $P < 0.01$),即农村的老年人邻里关系更亲密。

表 4-10　福建省老年人与邻居关系的城乡比较

单位:n(%)

与邻居关系	城　市	镇	村	总　计
不了解	9(6.7)	7(5.6)	5(1.9)	21(4.0)
仅限于打招呼	61(45.5)	37(29.4)	17(6.4)	115(21.9)
经常走动	46(34.3)	47(37.3)	167(63.0)	260(49.5)
必要时相互帮助	18(13.4)	35(27.8)	58(21.9)	111(21.1)
合　计	134(100)	126(100)	265(100)	525(100)

　　$\chi^2 = 110.164. P = 0.000$。

第二节　老年人健康状况及日常生活自理能力的城乡比较

一、健康状况的城乡差异

1. 自评健康

共有 5 273 位老年人评价了自己的健康状况,其中城市老年人认为自己健康状况非常好的占 8.8%,比较好的占 29.5%,一般的为 48.8%,比较差的为 11.0%,非常差的占 1.9%。城镇老年人认为自己健康状况非常好的占 9.0%,比较好的占 31.6%,一般的为 47.8%,比较差的为 8.8%,非常差的占 2.8%。乡村老年人认为自己健康状况非常好的占 比 5.0%,比较好的占 25.5%,一般的为 48.7,比较差的为 18.3%,非常差的为 2.5%。福建省城镇村老年人的自我评价健康评价存在统计学上的显著性差异($\chi^2 = 106.904, P < 0.01$)。可见,居住于乡村的老年人认为自身健康状况不好的比重要高于城市和城镇的老年群体。

表 4-11　福建省老年人对自己健康状况评价情况城乡比较

单位:n(%)

对自己的健康状况认知	城　市	镇	村	总　计
非常好	119(8.8)	113(9.0)	132(5.0)	364(6.9)
比较好	398(29.5)	397(31.6)	681(25.5)	1 476(28.0)
一　般	659(48.8)	601(47.8)	1 299(48.7)	2 559(48.5)
比较差	149(11.0)	111(8.8)	487(18.3)	747(14.2)
非常差	25(1.9)	35(2.8)	67(2.5)	127(2.4)
合　计	1 350(100)	1 257(100)	2 666(100)	5 273(100)

$\chi^2 = 106.904. P = 0.000$。

2.患慢性病及患病后处理的情况

在表 4-12 中,有 5 260 位老年人报告了自己患慢性病的情况,城市老年人常年患的慢性病排在前五位的分别为高血压(11.2%)、骨关节病(骨质疏松/关节炎/风湿/椎间盘疾病等)(8.0%)、心脑血管疾病(冠心病/心绞痛/脑卒中等)(4.4%)、糖尿病(4.1%)、白内障/青光眼(3.8%),城镇老年人常年患的慢性病排在前五位的分别为高血压(9.4%)、骨关节病(骨质疏松/关节炎/风湿/椎间盘疾病等)(7.8%)、心脑血管疾病(冠心病/心绞痛/脑卒中等)(5.0%)、白内障/青光眼(3.8%)、糖尿病(3.7%),乡村老年人常年患的慢性病排在前五位的分别为骨关节病(骨质疏松/关节炎/风湿/椎间盘疾病等)(19.6%)、高血压(15.5%)、胃病(6.5%)、白内障/青光眼(6.0%)、心脑血管疾病(冠心病/心绞痛/脑卒中等)(5.9%),可见骨关节病、高血压、心脑血管、青光眼是困扰城市、城镇、乡村老年人的主要慢性病,住在城市和城镇的老年人患骨关节病的比例小于乡村老年人患骨关节病的比例,但乡村居民患胃病的比例要大于城市和城镇的老年人,城镇老年人患高血压的比例是三者之中最低的。

表 4-12　福建省老年人患慢性病情况的城乡比较

单位:n(%)

是否患有以下慢性病	城　市	镇	村
白内障/青光眼	199(3.8)	201(3.8)	317(6.0)
高血压	589(11.2)	497(9.4)	817(15.5)
糖尿病	216(4.1)	196(3.7)	169(3.2)
心脑血管疾病(冠心病/心绞痛/脑卒中等)	230(4.4)	264(5.0)	309(5.9)
胃　病	106(2.0)	143(2.7)	344(6.5)
骨关节病(骨质疏松/关节炎/风湿/椎间盘疾病等)	419(8.0)	410(7.8)	1030(19.6)
慢性肺部疾病(慢阻肺/气管炎/肺气肿等)	55(1.0)	64(1.2)	175(3.3)
哮　喘	26(0.5)	21(0.4)	89(1.7)
恶性肿瘤	25(0.5)	19(0.4)	22(0.4)
生殖系统疾病	26(0.5)	20(0.4)	39(0.7)
其他慢性病	62(1.2)	45(0.9)	86(1.6)
都没有	347(6.6)	308(5.9)	738(14.0)

在图 4-5、表 4-13 中,有 5 262 位老年人报告了其两周前患病情况,其中在城市、城镇、乡村居住的老年人前两周患病的人数分别为 162 人、172 人和 334 人,分别占 12.1%、13.7% 和 12.5%。

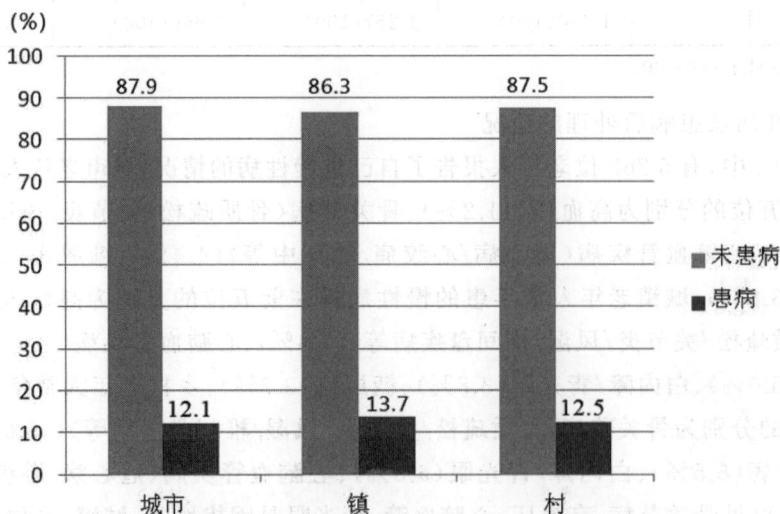

图 4-5　福建省老年人两周患病情况的城乡比较

表4-13　福建省老年人生病情况的城乡比较

单位:n(%)

这次生病属于哪种情况	城　市	镇	村	总　计
两周内新发生	60(38.0)	72(43.1)	110(33.7)	242(37.2)
急性病两周前开始发病延续到两周内	15(9.5)	16(9.6)	37(11.3)	68(10.4)
慢性病两周前开始发病延续到两周内	83(52.5)	79(47.3)	179(54.9)	341(52.4)
合　计	158(100)	167(100)	326(100)	651(100)

$\chi^2=4.224.P=0.377$;数据交叉缺失值为17。

参见表4-14,患病后,城市老年居民中75.8%的人选择看医生,但该比例比城镇(85.9%)和乡村(84.6%)的情况要低。选择自我治疗的老年人占比最高的为城市居民,另外城市居民中1.2%选择患病后不采取任何治疗措施,乡村居民有3.7%人同样选择不采取任何治疗措施,经检验,其分布差异具有统计学意义($\chi^2=16.810.P<0.01$)。但城市居民选择不治疗的原因为自感病轻和行动不便,而乡村老年患者中有35.7%的人是因为经济困难而放弃,其中还有28.6%的老年人认为就医过程麻烦而放弃就医想法。这些老年人大多选择自己买药进行自我治疗。选择自我治疗的老年人中自己买药的比例分别为城市居民(37.2%)、城镇居民(23.4%)、乡村居民(30.9%)。采用传统方法和其他手段治疗的比例分别仅占总体的13.8%和1.1%。参见表4-15、图4-6。

表4-14　福建省老年人患病后处置情况的城乡比较

单位:n(%)

患病后,是如何处置的	城　市	镇	村	总　计
找医生看病	122(75.8)	146(85.9)	275(84.6)	543(82.8)
未处置	2(1.2)	0(0)	12(3.7)	14(2.1)
自我治疗	37(23.0)	24(14.1)	38(11.7)	99(15.1)
合　计	161(100)	170(100)	325(100)	656(100)

$\chi^2=16.810.P=0.002$;数据交叉缺失值为8。

表4-15　福建省老年人未处置病情原因的城乡比较

单位:n(%)

未处置的原因	城　市	村	总　计
(1)自感病轻	1(7.1)	2(14.3)	3(21.4)
(2)经济困难	0(0)	5(35.7)	5(35.7)
(3)行动不便	1(7.1)	4(28.6)	5(35.7)
(4)没人陪同	0(0)	1(7.1)	1(7.1)
(5)医院太远	0(0)	1(7.1)	1(7.1)
(6)就医麻烦	0(0)	4(28.6)	4(28.6)
(7)其他原因	0(0)	1(7.1)	1(7.1)
合　计	2(14.3)	12(85.7)	14(100)

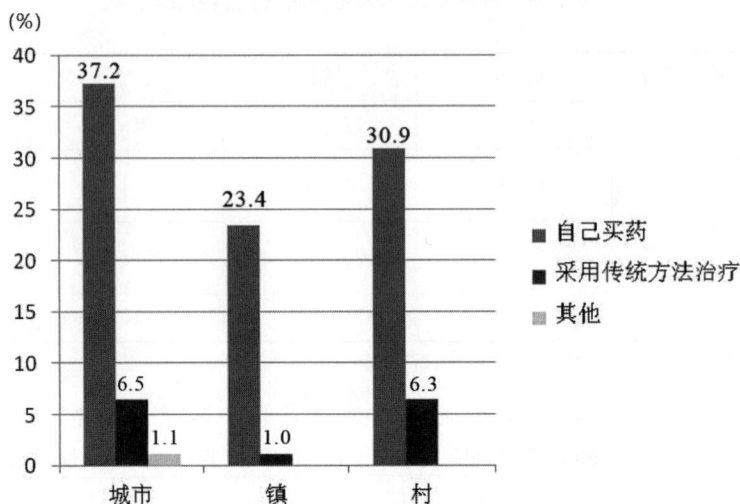

图 4-6　福建省老年人自我治疗措施的城乡比较

3.视力与听力状况

老年人视力状况的好坏,同样也是评价其健康与否的一个依据,例如,糖尿病患者最终会导致视网膜纤维化,影响其视力。在表 4-16 的 5 278 位老年人中,发现约有 15.5% 的城市老年人眼睛看不太清楚或几乎/完全看不清,城镇老年人为 18.2%,而乡村老年人这一比例高达 26.1%。并且乡村老年人看得清的比例也远远低于居住在城市的老年人。城镇村老年人视力状况存在统计学上的差异性显著($\chi^2=266.442.P<0.001$)。

表 4-16　福建省老年人视力的城乡比较

单位:n(%)

是否看得 清楚(戴眼镜)	城　市	镇	村	总　计
非常清楚	303(22.4)	148(11.7)	207(7.8)	658(12.5)
比较清楚	546(40.4)	523(41.5)	862(32.3)	1 931(36.6)
一　般	292(21.6)	360(28.6)	902(33.8)	1 554(29.4)
不太清楚	198(14.7)	218(17.3)	664(24.9)	1 080(20.5)
几乎/完全看不清	11(0.8)	11(0.9)	33(1.2)	55(1.0)
合　计	1 350(100)	1 260(100)	2 668(100)	5 278(100)

$\chi^2=266.442.P=0.000$。

在表 4-17 中,城市、城镇、乡村中很难听清楚的老年人各自所占比例分别为 3.6%、4.5% 和 8.6%,需要别人提高声音的老年人同样也是乡村居民所占的比例较高,为 13.4%,城市和城镇能听清楚的老年人所占比例分别为 86.3% 和 85.5%,远大于乡村的老年人所占比例(78.0%)。城镇村老年人听力状况分布存在统计学上的显著性差异($\chi^2=75.363.P<0.001$)。

表 4-17　福建省老年人听力的城乡比较

单位:n(%)

是否听得清楚 （戴助听器）	城　市	镇	村	总　计
很难听清楚	49(3.6)	57(4.5)	229(8.6)	335(6.4)
需要别人提高声音	135(10.0)	125(10.0)	357(13.4)	617(11.7)
能听清楚	1 163(86.3)	1 074(85.5)	2 076(78.0)	4 313(81.9)
总　计	1 347(100)	1 256(100)	2 662(100)	5 265(100)

$\chi^2 = 75.363. P = 0.000$。

4.牙齿与睡眠质量

牙齿的健康影响到全身的健康。老年人孱弱、多病、萎靡不振等,这也跟老年人口腔质量下降有关系,国家卫生组织对我国中老年人健康状况的调查报告[1]显示:缺牙的人比没有缺牙的人患肠胃病的概率高出 50%;缺牙的人比没有缺牙的人得心脑血管疾病、糖尿病、关节疾病的概率高出 43%;患早衰或老年痴呆症的概率,缺牙患者比牙齿健全的人高出 40%;牙齿掉光的老年人,死亡率则远远高出拥有 20 颗牙齿的老年人;70 岁时牙齿大部分脱落的老年人,短期内出现行动不便的可能性提高 70%。在表 4-18、图 4-7 中,有526 位老年人报告了自己牙齿的功能状况,其中 40.7% 的老年人认为自己的牙齿状况对吃饭有影响。城镇居民有 29.4% 的老年人认为自己牙齿对吃饭有影响,城市居民有38.5% 的老年人认为自己牙齿对吃饭有影响,而住在乡村的老年人认为自己牙齿对吃饭有影响的比例最高,为 47.2%。经统计学检验,城镇村老年人牙齿健康状况分布存在统计学上的显著性差异($\chi^2 = 16.190. P < 0.001$)。

表 4-18　福建省老年人牙齿健康的城乡比较

单位:n(%)

牙齿是否影响吃饭	城　市	镇	村	总　计
没影响	83(61.5)	89(70.6)	140(52.8)	312(59.3)
有影响	52(38.5)	37(29.4)	125(47.2)	214(40.7)
合　计	135(100)	126(100)	265(100)	526(100)

$\chi^2 = 16.190. P = 0.000$。

睡眠质量是衡量人体健康的一个重要因素,长期缺乏睡眠会使人的认知能力下降,定向力变差,反应迟缓,语言不畅,更甚者会造成免疫功能改变,引发潜在的炎症,如牙龈炎、咽喉炎等,其出现衰老症状的可能性也明显大于正常人。另外,由于睡眠不足还可能导致感冒、抑郁症、精神错乱、糖尿病、肥胖、中风、心脑血管等多种疾病。而充足的睡眠则能让疲劳和紧张的器官得到松弛,恢复常态,并重新获得活力。许多慢性病或急性病的恢复期都需要有充分的睡眠来改善症状,促进健康。如高血压、颈椎病、神经官能症等,更需要通过睡好觉,辅助其他治疗来促进。因此,睡眠质量与人类的健康息息相关。表 4-19 中有

---

[1]　邵焕庆,曲霞,陈胜如.老年人口腔健康状况调查报告[J].中国保健营养,2014,24(4).

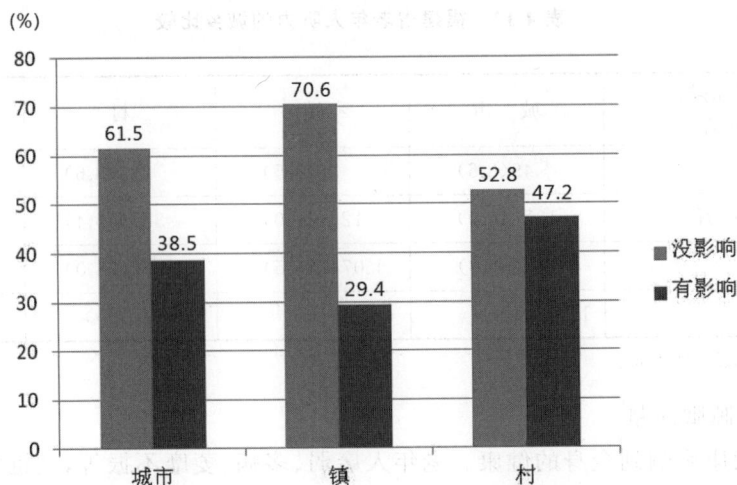

图 4-7 福建省老年人牙齿健康的城乡比较

526 位老年人报告了自己的睡眠状况,其中睡眠质量非常好的人为 51 人,占比例 9.7%,比较好的占 30.4%,睡眠质量一般的人数为 220,占比例 41.8%,而睡眠质量比较差和非常差的,分别占比 15.0% 和 3.0%。其中城市、城镇、乡村居民大多数人睡眠质量均为一般,分别占各自比例的 40.7%、40.5% 和 43.0%。睡眠质量不好的老年人中,城市地区占比最高为 20.8%,其次为乡村地区老年人,占 19.3%,城镇老年人仅占 12.7%,而城镇老年人相比城市和乡村老年人,其睡眠质量好的人,所占比例却最高,达 46.8%,城市老年人和乡村老年人分别占比 38.6% 和 37.8%。经统计学分析,城镇村老年人睡眠质量不存在统计学上的显著性差异。($\chi^2 = 12.300$.$P = 0.138$)

表 4-19 福建省老年人睡眠质量的城乡比较

单位:n(%)

睡眠质量	城 市	镇	村	总 计
非常好	16(11.9)	16(12.7)	19(7.2)	51(9.7)
比较好	36(26.7)	43(34.1)	81(30.6)	160(30.4)
一 般	55(40.7)	51(40.5)	114(43.0)	220(41.8)
比较差	24(17.8)	10(7.9)	45(17.0)	79(15.0)
非常差	4(3.0)	6(4.8)	6(2.3)	16(3.0)
合 计	135(100)	126(100)	265(100)	526(100)

$\chi^2 = 12.300$.$P = 0.138$。

5.疼痛发生情况

疼痛已被现代医学列为继呼吸、脉搏、血压、体温之后的第五大生命体征。疼痛是多种损伤和疾病过程的核心特征,按照持续时间可分为急性疼痛和慢性疼痛。长期的疼痛会对人体造成很多影响,包括身体伤害、机能瓦解、心理抑郁等。卫生部关于在《医疗机构诊疗科目名录》中增加"疼痛科"诊疗科目的通知(卫医发[2007]227号)[①]。本研究中接受长表调查的520位老年人中有515位老年人对自己有无疼痛感作了回答。表4-20中有243人经常有疼痛感,其中49.2%的城市老年人有疼痛感,乡村老年人中有51.3%有疼痛感,城镇的老年人具有疼痛感的比例较少,约为36.1%。在这些疼痛患者中,20.3%的城市老年人疼痛感比较严重,城镇居民和乡村居民中疼痛感比较严重的老年人所占比例分别为16.3%和19.4%。经统计学分析,城镇村老年人疼痛感状况分布存在统计学上的显著性差异($\chi^2=9.920.P<0.01$)。但是,从疼痛严重程度来看,并无统计学意义上的显著性差异($\chi^2=8.048.P>0.05$)。参见图4-8及表4-21。

表4-20 福建省老年人疼痛感情况的城乡比较

单位:n(%)

是否经常有疼痛感	城　市	镇	村	总　计
没　有	67(50.8)	78(63.9)	127(48.7)	272(52.8)
有	65(49.2)	44(36.1)	134(51.3)	243(47.2)
合　计	132(100)	122(100)	261(100)	515(100)

$\chi^2=9.920.P=0.007$。

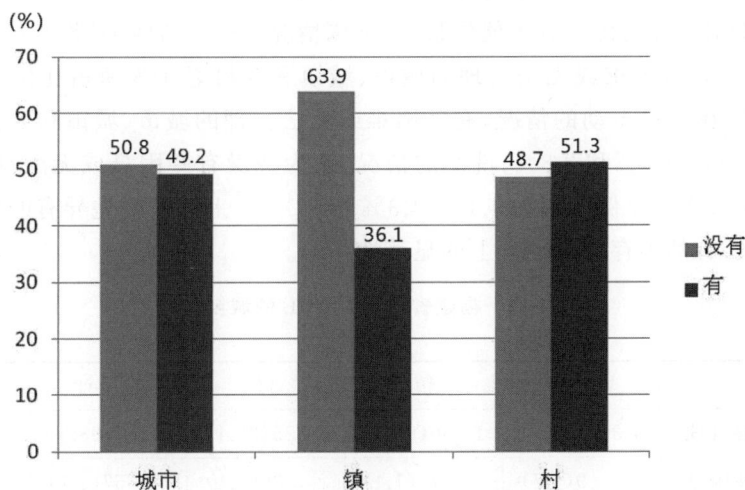

图4-8 福建省老年人疼痛感情况

① 中华人民共和国国家卫生和计划生育委员会.卫生部关于在《医疗机构诊疗科目名录》中增加"疼痛科"诊疗科目的通知. (2007-07-20). http://www.nhfpc.gov.cn/zhuzhan/wsbmgz/201304/77d318546deb418093bf149003f3f46e.shtml.

表 4-21　福建省老年人疼痛程度的城乡比较

单位:n(%)

疼痛程度	城　市	镇	村	总　计
不严重	14(21.9)	7(16.3)	41(30.6)	62(25.7)
一　般	37(57.8)	29(67.4)	67(50.0)	133(55.2)
严　重	13(20.3)	7(16.3)	26(19.4)	46(19.1)
合　计	64(100)	43(100)	134(100)	241(100)

$\chi^2 = 8.048. P = 0.090$。

二、日常生活自理能力及失能发生率的城乡差异

1.ADL 的比较

表 4-22 为福建省老年人 ADL 的城乡比较。可以看到,有关吃饭,有些困难或无法自理的城市、城镇和乡村老年人所占比例分别为 1.5%、2.2% 和 1.6%;穿衣状况,有些困难或无法自理的城市、城镇和乡村老年人所占比例分别为 2.2%、2.6% 和 2.6%;上厕所情况,有些困难或无法自理的城市、城镇和乡村老年人所占比例分别为 2.7%、3.2% 和 4.1%;大小便失禁情况,在城市老年居民中有 2.5% 的人大便失禁,3.1% 的人小便失禁,城镇老年居民中出现大便失禁和小便失禁的比例分别为 1.4% 和 4.2%,乡村老年人有 1.8% 大便失禁,3.4% 的比例有小便失禁;上下床情况,96.7% 的城市老年人能够自己上厕所,认为上下床有些困难或无法自理的城市、城镇和乡村老年人所占比例分别为 2.2%、2.9% 和 4.0%;在室内走动的情况,有些困难或无法自理的城市、城镇和乡村老年人所占比例分别为 2.5%、3.2% 和 3.8%;洗澡的情况,认为洗澡有些困难或无法自理的城市、城镇和乡村老年人所占比例分别为 4.1%、4.3% 和 5.2%。上述城乡差异有的具有统计学上的显著性意义,有的不存在统计学上的显著性差异。

表 4-22　福建省老年人 ADL 的城乡比较

单位:n(%)

ADL		城　市	镇	村	总　计	c^2	P
吃　饭	能够自理	1 302(98.5)	1 230(97.8)	2 625(98.4)	5 157(98.3)	3.550	0.470
	有些困难	9(0.7)	18(1.4)	30(1.1)	57(1.1)		
	无法自理	11(0.8)	10(0.8)	13(0.5)	34(0.6)		
穿　衣	能够自理	1 293(97.8)	1 225(97.4)	2 597(97.3)	5 115(97.5)	6.329	0.176
	有些困难	15(1.1)	18(1.4)	51(1.9)	84(1.6)		
	无法自理	14(1.1)	15(1.2)	20(0.7)	49(0.9)		
上厕所	能够自理	1 287(97.4)	1 218(96.8)	2 558(95.9)	5 063(96.5)	12.269	0.015
	有些困难	22(1.7)	21(1.7)	88(3.3)	131(2.5)		
	无法自理	13(1.0)	19(1.5)	22(0.8)	54(1.0)		

续表

ADL		城　市	镇	村	总　计	c^2	P
上下床	能够自理	1 291(97.7)	1 221(97.1)	2 561(96.0)	5 073(96.7)	19.554	0.001
	有些困难	19(1.4)	19(1.5)	89(3.3)	127(2.4)		
	无法自理	11(0.8)	18(1.4)	18(0.7)	47(0.9)		
在室内走动	能够走动	1 288(97.5)	1 218(96.8)	2 567(96.2)	5 073(96.7)	13.832	0.008
	有些困难	18(1.4)	21(1.7)	77(2.9)	116(2.2)		
	无法走动	15(1.1)	19(1.5)	24(0.9)	58(1.1)		
洗　澡	能够自理	1 267(95.9)	1 204(95.7)	2 527(94.7)	4 998(95.3)	5.751	0.219
	有些困难	33(2.5)	26(2.1)	92(3.4)	151(2.9)		
	无法自理	21(1.6)	28(2.2)	49(1.8)	98(1.9)		

表 4-23 为福建省老年人失能与半失能发生率的城乡比较,乡村老年人失能及半失能的发生率要高于城镇的老年人。

表 4-23　福建省老年人失能与半失能发生率的城乡比较

单位:%

失能或半失能	乡　村	城　镇	合　计
是	6.53	5.41	5.95
否	93.47	94.59	94.05
合　计	100	100	100

2.IADL 的比较

在接受长表调查的受访对象中,在图 4-9 中,共有 526 位老年人报告了自己做饭的情况,90.1%的老年人能够自己做饭,而认为做饭有困难或做不了的城市、城镇和乡村老年人所占比例为 8.2%、7.9%和 9.9%。图 4-10 是洗衣的情况,88.2%的老年人能够自己洗衣,而认为洗衣有些困难/无法自理的城市、城镇和乡村老年人所占比例分别为 8.2%、7.9%和 15.4%。在图 4-11 中,90.3%的老年人能够自己扫地,而认为扫地有些困难/无法完成的城市、城镇和乡村老年人所占比例分别为 8.2%、7.9%和 11.3%。在图 4-12 中,88.8%的老年人能够自己完成日常购物,而认为购物有些困难/无法完成的城市、城镇和乡村老年人所占比例分别为 8.2%、8.8%和 13.9%。在图 4-13 中,87.0%的老年人能够自己上下楼梯,而有些困难/无法完成的城市、城镇和乡村老年人所占比例分别为 9.0%、9.6%和 16.6%。在图 4-14 中,85.4%的老年人能够自行乘坐公交车,而有些困难/不能自行乘坐的城市、城镇和乡村老年人所占比例分别为 10.5%、10.3%和 18.5%。在图 4-15 中,80.8%的老年人能够提起 10 斤重物,而认为提起 10 斤重物有些困难/无法完成的城市、城镇和乡村老年人所占比例分别为 20.9%、13.5%和 21.1%。在图 4-16 中,87.3%的老年人能够自己打电话,而认为打电话有些困难/无法完成的城市、城镇和乡村老年人所占比例分别为 5.2%、7.2%和 19.2%。在图 4-17 中,88.6%的老年人能够自行管理好个人财务,而认为管理个人财务有些困难/无法完成的城市、城镇和乡村老年人所占比例分别为 7.4％、8.0％和 15.0％。上述 IADL 的城乡分布情况除了乘坐公交车与打电话以外,其余差异均不存在统计学上的显著性意义。参见表 4-24。

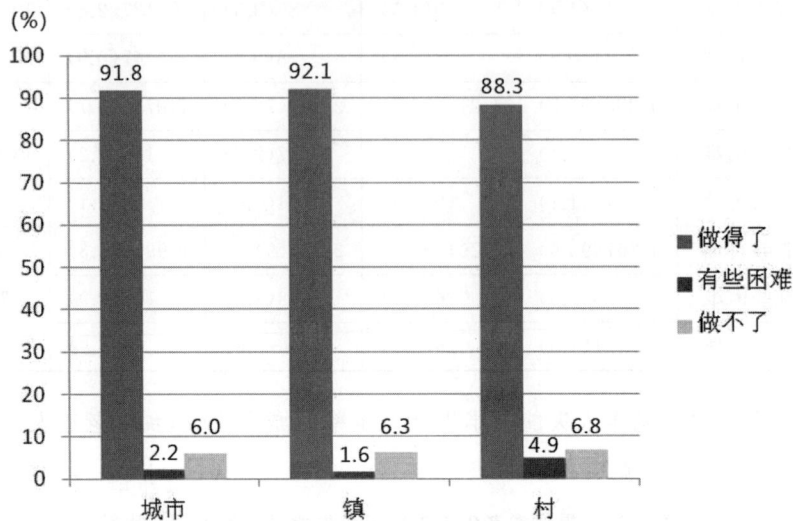

图 4-9　福建省老年人做饭情况的城乡比较

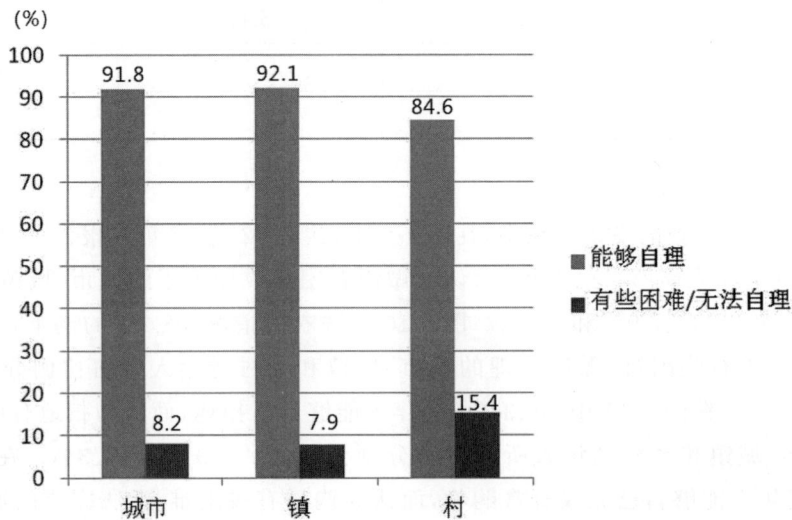

图 4-10　福建省老年人洗衣情况的城乡比较

(%)

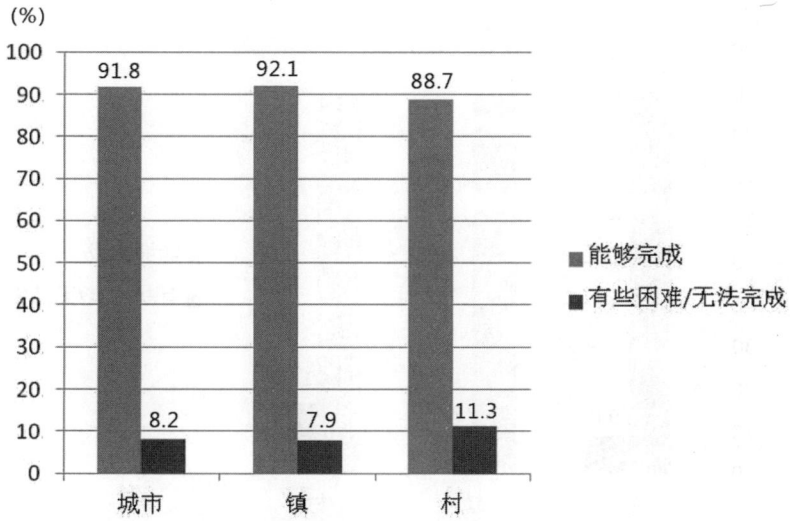

图 4-11　福建省老年人扫地情况的城乡比较

(%)

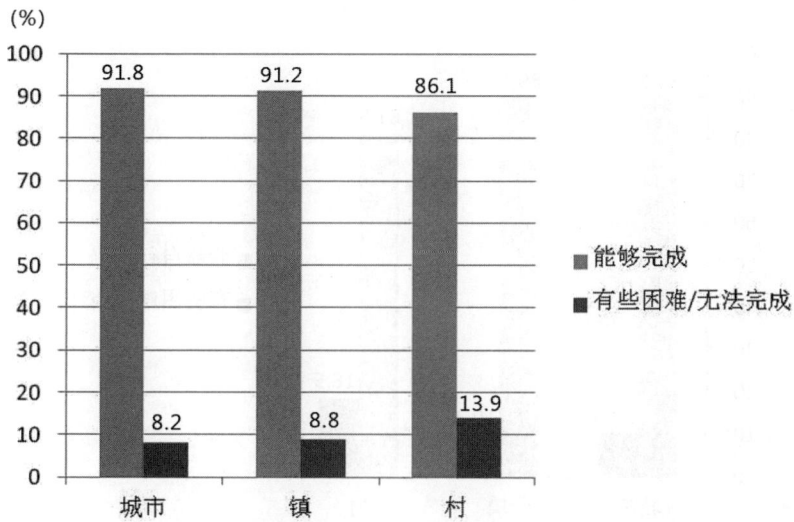

图 4-12　福建省老年人日常购物情况的城乡比较

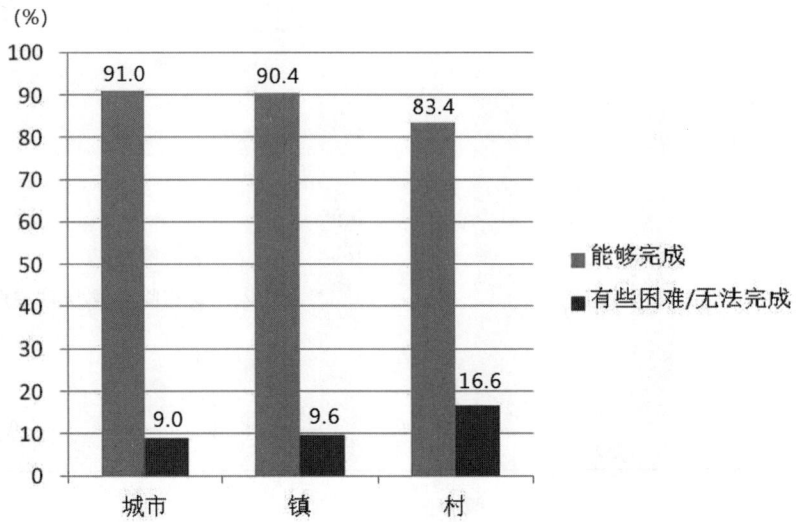

图 4-13 福建省老年人上下楼梯情况的城乡比较

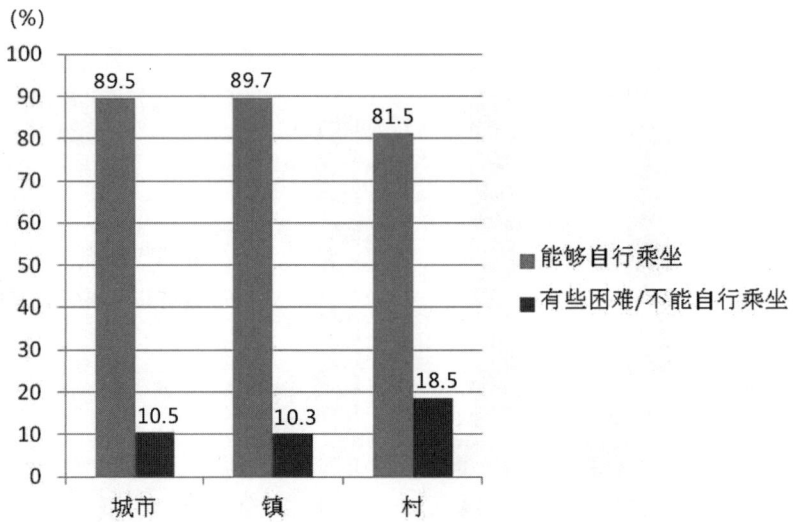

图 4-14 福建省老年人乘坐公交车情况的城乡比较

(%)

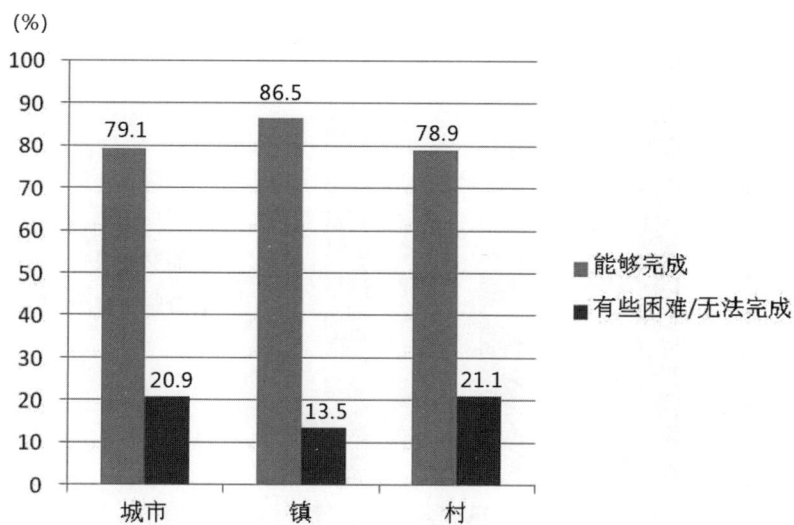

图 4-15 老年人提起 10 斤重物情况的城乡比较

(%)

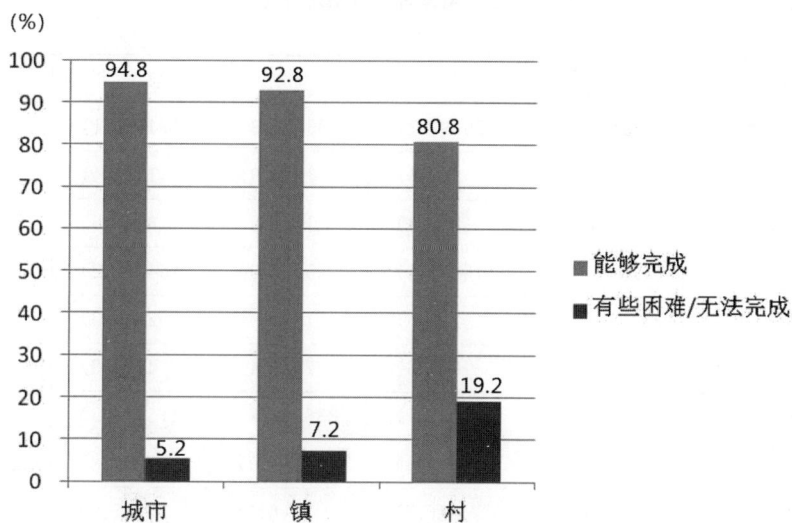

图 4-16 老年人打电话情况的城乡比较

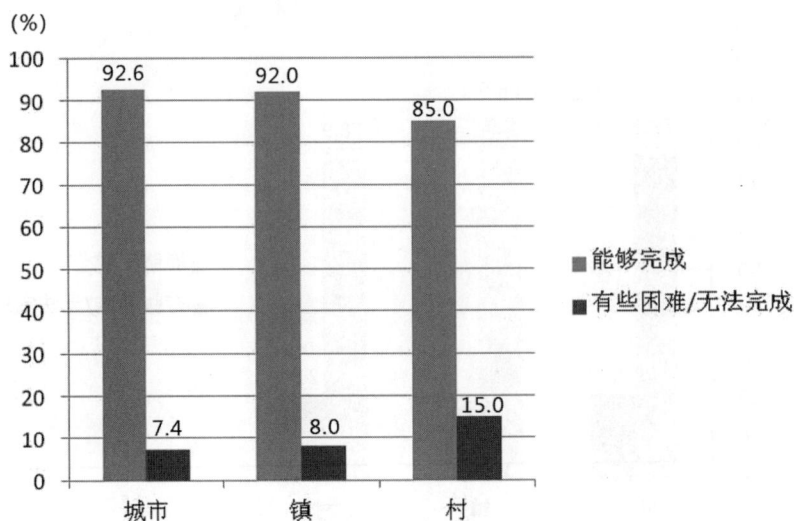

图 4-17　福建省老年人管理个人财务的城乡比较

表 4-24　福建省老年人 IADL 的城乡比较

单位:n(%)

IADL		城　市	镇	村	总　计	χ^2	P
做　饭	做得了	123(91.8)	116(92.1)	235(88.3)	474(90.1)	3.604	0.462
	有些困难	3(2.2)	2(1.6)	13(4.9)	18(3.4)		
	做不了	8(6.0)	8(6.3)	18(6.8)	34(6.5)		
洗　衣	能够自理	123(91.8)	116(92.1)	225(84.6)	464(88.2)	7.486	0.112
	有些困难	3(2.2)	2(1.6)	16(6.0)	21(4.0)		
	无法自理	8(6.0)	8(6.3)	25(9.4)	41(7.8)		
扫　地	能够完成	123(91.8)	116(92.1)	236(88.7)	475(90.3)	1.563	0.815
	有些困难	5(3.7)	2(1.6)	13(4.9)	20(3.8)		
	无法完成	6(4.5)	8(6.3)	17(6.4)	31(5.9)		
日常购物	能够完成	123(91.8)	115(91.3)	229(86.1)	467(88.8)	5.911	0.206
	有些困难	4(3.0)	4(3.2)	17(6.4)	25(4.8)		
	无法完成	7(5.2)	7(5.6)	20(7.5)	34(6.5)		
上下楼梯	能够完成	122(91.0)	114(90.5)	221(83.4)	457(87.0)	6.991	0.136
	有些困难	8(6.0)	6(4.8)	28(10.6)	42(8.0)		
	无法完成	4(3.0)	6(4.8)	16(6.0)	26(5.0)		
乘坐公交车	能够自行乘坐	119(89.5)	113(89.7)	214(81.4)	446(85.4)	9.722	0.045
	有些困难	6(4.5)	4(3.2)	24(9.1)	34(6.5)		
	无法自行乘坐	8(6.0)	9(7.1)	25(9.5)	42(8.0)		

续表

IADL		城　市	镇	村	总　计	χ^2	P
提起 10 斤 重物	能够完成	106(79.1)	109(86.5)	209(78.9)	424(80.8)	3.646	0.456
	有些困难	17(12.7)	6(4.8)	29(10.9)	52(9.9)		
	无法完成	11(8.2)	11(8.7)	27(10.2)	49(9.3)		
打电话	能够完成	127(94.8)	117(92.9)	215(80.8)	459(87.3)	21.267	0.000
	有些困难	3(2.2)	3(2.4)	18(6.8)	24(4.6)		
	无法完成	4(3.0)	6(4.8)	33(12.4)	43(8.2)		
管理 个人 财务	能够完成	124(92.5)	116(92.1)	226(85.0)	466(88.6)	8.492	0.075
	有些困难	5(3.7)	3(2.4)	16(6.0)	24(4.6)		
	无法完成	5(3.7)	7(5.6)	24(9.0)	36(6.8)		

第三节　老年人日常照护供需现状的城乡比较

一、辅具使用情况及主要照护者

1.辅助器具使用情况

表 4-25 对 5 280 位老年人进行了辅助器具使用情况的统计,城市老年人主要使用的辅助器具为老花镜(68.0%)、假牙(45.3%)、拐杖(5.1%)、血压计(33.0%)、血糖仪(9.3%)、按摩器具(6.6%),城镇老年人使用的辅助器具主要为老花镜(63.8%)、假牙(45.2%)、拐杖(5.8%)、血压计(28.1%)、血糖仪(9.9%)、按摩器具(7.9%),而乡村老年人使用辅助器具主要为老花镜(47.7%)、假牙(41.1%)、拐杖(6.1%)、血压计(6.1%),城镇村老年人不使用任何辅助器具的老年人所占比例分别为 14.9%、15.9%和 29.3%。可见,乡村老年人辅助器具的使用率要低于城市和城镇的老年人,并且在电子化和智能化的辅助器具的使用上同样比例较低,这可能与其经济状况等因素有关。

表 4-25　福建省老年人辅助器具使用的城乡比较

单位:n(%)

辅助器具	城　市	镇	村
老花镜	918(68.0)	802(63.8)	1 273(47.7)
助听器	22(1.6)	24(1.9)	30(1.1)
假　牙	611(45.3)	568(45.2)	1 095(41.1)
拐　杖	69(5.1)	73(5.8)	164(6.1)

续表

辅助器具	城　市	镇	村
轮　椅	18(1.3)	11(0.9)	24(0.9)
血压计	445(33.0)	353(28.1)	164(6.1)
血糖仪	125(9.3)	124(9.9)	37(1.4)
成人纸尿裤/护理垫	18(1.3)	7(0.6)	14(0.5)
按摩器具	89(6.6)	99(7.9)	41(1.5)
智能穿戴用品	2(0.11)	0(0)	1(0.03)
护理床	9(0.7)	4(0.3)	2(0.1)
其　他	12(0.9)	8(0.6)	4(0.1)
都没有	201(14.9)	200(15.9)	781(29.3)

2.照护需求与主要照护者

在表 4-26 中,共有 5 197 名调查对象对其日常生活照护需求做出了反馈。其中有照护需求的人为 463 人,所占比例为 8.9%,其中,城市老年人的需求比例为 9.3%,乡村老年人的需求为 9.2%,城镇老年人对照护护理的需求比例低于城市和乡村,为 7.8%。对有照护需求的 463 名老年人进一步调查其目前是否有人照护时,共获得 450 名调查者的反馈。在这些对象中,城市居民有人照护的比例为 95.8%,城镇居民的比例最高,为 96.7%,乡村居民为 94.2%,具体参见表 4-27。

表 4-26　福建省老年人的日常生活需要别人照护情况的城乡比较

单位:n(%)

日常生活是否需要 别人照护	城　市	镇	村	总　计
不需要	1 199(90.7)	1 139(92.2)	2 396(90.8)	4 734(91.1)
需　要	123(9.3)	97(7.8)	243(9.2)	463(8.9)
合　计	1 322(100)	1 236(100)	2 639(100)	5 197(100)

$\chi^2 = 2.042, P = 0.360$。

表 4-27　福建省老年人是否有人照护的城乡比较

单位:n(%)

是否有人照护	城　市	镇	村	总　计
无	5(4.2)	3(3.3)	14(5.8)	22(4.9)
有	114(95.8)	88(96.7)	226(94.2)	428(95.1)
合　计	119(100)	91(100)	240(100)	450(100)

$\chi^2 = 0.109, P = 0.947$。

表 4-28 显示,城乡老年人的主要照护者均为配偶、儿子、儿媳、女儿和家政服务人员等,但是,城市和城镇老年人的主要照护者为女儿和家政服务人员的比例明显高于乡村,而乡村儿子、儿媳的比例明显高于前二者。

表 4-28　福建省老年人最主要照护者分布的城乡比较

单位:n(%)

最主要的照护护理者	城　市	镇	村	总　计
配偶	37(33.3)	35(40.2)	82(36.3)	154(36.3)
儿子	21(18.9)	14(16.1)	72(31.9)	107(25.2)
儿媳	9(8.1)	10(11.5)	45(19.9)	64(15.1)
女儿	16(14.4)	16(18.4)	17(7.5)	49(11.6)
孙子女	2(1.8)	2(2.3)	3(1.3)	7(1.7)
其他亲属	4(3.6)	1(1.1)	0(0)	5(1.2)
朋友/邻居	1(0.9)	0(0)	0(0)	1(0.2)
家政服务人员 (保姆、小时工等)	16(14.4)	9(10.3)	4(1.8)	29(6.8)
医疗护理机构人员	2(1.8)	0(0)	0(0)	2(0.5)
养老机构人员	3(2.7)	0(0)	3(1.3)	6(1.4)
合　计	111(100)	87(100)	226(100)	424(100)

3.照护地点、费用及家中另有照护需求的老年人情况

表 4-29 中显示城市老年人家中另有照护需求的老年人比例为 10.7%,城镇老年人的比例为 11.4%,乡村老年人的比例为 8.0%。另外,有 70.7% 的城市老年人愿意在家接受照护,有 2.7% 的老年人愿意选择白天在社区晚上回家接受照护,6.3% 的老年人愿意在养老机构接受照护;对应的城镇居民中,有 72.9% 愿意在家接受照护,1.6% 的愿意白天在社区晚上回家接受照护,4.7% 愿意在养老机构接受照护;乡村老年人中有 90.6% 愿意在家接受照护,仅 1.0% 愿意在养老机构接受照护。具体参见表 4-30,城镇村老年人照护意愿的差异存在统计学上的显著性意义($\chi^2 = 364.175, P < 0.01$)。

表 4-29　福建省老年人家庭成员的照护需求状况的城乡比较

单位:n(%)

家里有无其他需要 照护的老年人	城　市	镇	村	总　计
没　有	1 202(89.3)	1 116(88.6)	2 447(92.0)	4 765(90.5)
有	144(10.7)	144(11.4)	212(8.0)	500(9.5)
合　计	1 346(100)	1 260(100)	2 659(100)	5 265(100)

$\chi^2 = 12.061, P = 0.000$。

表 4-30 福建省老年人最愿意接受的照护情况的城乡比较

单位:n(%)

愿意接受照护 服务的地点	城 市	镇	村	总 计
在家里	948(70.7)	912(72.9)	2 408(90.6)	4 268(81.3)
白天在社区晚上回家	36(2.7)	20(1.6)	68(2.6)	124(2.4)
在养老机构	85(6.3)	59(4.7)	26(1.0)	170(3.2)
视情况而定	271(20.2)	260(20.8)	157(5.9)	688(13.1)
合 计	1 340(100)	1 251(100)	2 659(100)	5 250(100)

$\chi^2 = 364.175. P = 0.000$。

表 4-31 对愿意住在养老机构的老年人进行进一步询问,发现城市老年人每月能承担养老机构费用在 1 000 元以下的比例为 6%,费用在 1 000~1 999 元之间的占比是 40.5%,费用在 2 000~2 999 元之间的比例为 29.8%,费用在 3 000~3 999 元之间的比例为 16.7%,费用在 4 000 元以上的占比 7.2%,仅有 1.2% 的城市老年人能够承担养老机构费用在 5 000 元及以上。城镇老年人每月最多能承担费用在 1 000 元以下的比例为 22.4%,费用在 1 000~1 999 元之间的占比为 51.7%,费用在 2 000~2 999 元之间的比例为 24.1%,费用在 3 000~3 999 元之间的比例为 1.7%,没有城镇老年人能够承担养老机构费用在 4 000 元以上的。乡村老年人每月最多能承担费用在 1 000 元以下的比例为 84.0%,费用在 1 000~1 999 元之间的占比 16.0%,没有农村老年人能够承担养老机构费用在 2 000 元以上。

表 4-31 福建省老年人最多能承担养老机构费用的城乡比较

单位:n(%)

如果入住养老机构,您(和 家人)每月最多能承担费用?	城 市	镇	村	总 计
1 000 元以下	5(6.0)	13(22.4)	21(84.0)	39(23.4)
1 000~1 999 元	34(40.5)	30(51.7)	4(16.0)	68(40.7)
2 000~2 999 元	25(29.8)	14(24.1)	0(0)	39(23.4)
3 000~3 999 元	14(16.7)	1(1.7)	0(0)	15(9.0)
4 000~4 999 元	5(6.0)	0(0)	0(0)	5(3.0)
5 000 元及以上	1(1.2)	0(0)	0(0)	1(0.6)
合 计	84(100)	58(100)	25(100)	167(100)

二、现有社区(村/居)老龄服务的需求与供给情况

在本次调查中,共有 5280 位老年人对社区老龄服务的需求情况做了回答,排在前五位的社区老龄服务分别是上门看病、上门做家务、健康教育服务、心理咨询/聊天解闷、康复护理。表 4-32 为户籍与社区(村/居)服务的需求,除了"上门做家务"不存在统计学上的户籍差异外,其余的老龄服务项目几乎都是农村户籍的老年人需求更强于城镇的老年人。

表 4-32　户籍与社区(村/居)服务的需求

单位:%

服务需求	村	镇	城　市	总体占比	P
助餐服务	6.14	5.41	4.00	5.59	—
助浴服务	4.12	2.00	0.77	2.88	***
上门做家务	6.42	13.85	14.62	10.32	***
上门看病	39.42	16.72	16.62	27.78	***
日间照护	7.39	4.53	4.92	5.97	***
康复护理	10.42	4.83	2.31	7.24	***
老年辅具用品租赁	5.09	1.22	1.23	3.11	***
健康教育服务	13.02	5.95	9.08	9.79	***
心理咨询/聊天解闷	9.45	5.07	7.23	7.47	***
其他服务	0.19	0.24	1.08	0.32	***
上述都不需要	50.00	67.82	62.31	58.45	

$N=5\ 273;\chi^2;***:P<0.001;-:P>0.05$。

　　表 4-33 为社区现有服务所占的比例,表 4-34 为受访老年人利用过社区所提供的服务情况。明显可见,老年人利用服务情况低于社区所提供的服务情况。同时,社区(村/居)服务项目如"助餐服务""助浴服务""上门做家务""日间照护""康复护理""老年辅具用品租赁"明显是城镇老年人口所居住的社区高于农村老年人口的社区。农村老年人口的社区"上门看病"的利用率明显高于城镇社区。总体上,社区(村/居)老龄服务的供给与利用率有限,明显低于需求率。

表 4-33　社区现有服务所占的比例

单位:%

现有服务	村	镇	城　市	总体占比	P
有助餐服务	1.20	22.96	21.54	12.16	***
有助浴服务	1.20	8.81	11.11	5.35	***
有上门做家务	3.24	21.83	20.00	12.57	***
有上门看病	23.79	27.92	19.70	24.85	***
有日间照护	2.41	22.45	18.75	12.18	***
有康复护理	3.21	16.84	15.38	10.00	***
有老年辅具用品租赁	6.02	29.08	32.81	18.27	***
有健康教育服务	13.02	5.95	9.08	9.79	***
有心理咨询/聊天解闷	0.40	0	0	0.20	***

$N=509,\chi^2;***:P<0.001$。

表 4-34　老年人对社区服务的利用情况

单位:%

利用过下列服务	村	镇	城　市	总体占比
助餐服务	—	—	—	—
助浴服务	—	—	—	—
上门做家务	1.30	1.03	4.76	1.64
上门看病	18.14	1.04	0	9.13
日间照护	0	0	1.16	0.21
康复护理	0.87	0	0	0.41
老年辅具用品租赁	0.43	0	0	0.21
健康教育服务	3.85	5.70	12.90	5.73
心理咨询/聊天解闷	2.16	0.52	4.84	1.85

N＝410～489。

小结及讨论

　　本章节将参与调查的福建省的城乡老年人的生活状况作为分析内容,比较城市、城镇和乡村的老年人的健康状况、照护服务状况、宜居环境等方面,以反映老年人生活状况的差异水平。城市、城镇和乡村是按照老年人居住地的地理环境、经济发展水平和规模划分的,"中心城区""边缘城区"(不含"城中村")等划分为"城市";"城中村""城乡接合部""城区以外的镇/乡镇中心"划分为"城镇";其余则为"乡村"。具体而言,居住在"城市"的老年人共有 1501 人,占比 28.43％;居住在"城镇"的老年人有 960 人,占比 18.18％;居住在"乡村"里的老年人有 2819 人,占比 53.39％。研究发现,我省城镇村老年人的生活状况上呈现不同程度的差异。

　　从健康行为角度来评价,经常吸烟的人群中,城市老年人占 9.8％,乡村老年人占 12.8％。乡村居民中从不锻炼老年人比例最高,占 52.9％,而城市和城镇居民中从不锻炼的比例不到其一半,分别为 24.7％和 23.1％。从宜居环境视角,城镇村老年居民住房中有自来水供应的分别占比 99.3％、100.0％和 83.8％,有煤气/天然气/沼气供应的分别占比 84.4％、58.7％和 45.5％;有室内厕所的比例分别为 94.1％、94.4％和 69.5％;有洗澡/淋浴设施的分别占比 95.6％、94.4％和 71.4％。另外,居住于城市的老年人其家中电子产品和家用电器中如电脑、空调、空气净化器、净水设备等,在一些智能化或高端设备上的使用率还是比农村老年人高。

　　从健康状况看,居住于乡村的老年人认为自身健康状况不好的比例要高于城市、城镇的老年群体。城市老年人患高血压、骨关节病、心脑血管疾病、糖尿病、白内障/青光眼等五类慢性病的比例最高,城镇老年人常年患的慢性病排在前五位的为高血压、骨关节病、心脑血管疾病、白内障/青光眼和糖尿病,乡村老年人最常患的慢性病有骨关节病、高血压、胃病、白内障/青光眼和心脑血管疾病。老年人在视力、听力及口腔保健状况上也存在统计学上显著性的城乡差异。

从日常生活的能力角度来看,乡村老年人的生活自理能力要比城镇老年人差。这一结果同我们以往一贯的认知有所偏差,大多数人认为乡村老年人长期从事体力劳动,而相对于缺乏锻炼的城市老年人,他们的体质较好。可调查结果显示:有关进食,认为有些困难或无法自理的城市、城镇和乡村老年人所占比例分别为 1.5％、2.2％和 1.6％;穿衣状况,认为穿衣有些困难或无法自理的城市、城镇和乡村老年人所占比例分别为 2.2％、2.6％和2.6％;上厕所情况,认为上厕所有些困难或无法自理的城市、城镇和乡村老年人所占比例分别为2.7％、3.2％和 4.1％;其他大小便失禁情况、上下床有困难或做不了、室内走动、洗澡等情况,均为乡村老年人失能的比例大于城市或城镇的老年人。这可能是因为乡村老年人经年累月的过度劳动,造成身体各个组织和器官受累耗损,从而使其身体机能更加容易衰弱、老化,影响其日常生活质量。同时,福建省老年人失能与半失能发生率的城乡比较,明显的乡村老年人失能及半失能的发生率要高于城市或城镇的老年人。

再对照护服务需求情况进行比较,可以看到,城镇老年人的照护服务需求要显著高于农村老年人,但实际上农村老年群体中还是对照护服务存在着很大的潜在需求,然而受传统观念的影响、缺乏接受照护服务意识,再加上经济等条件的制约,这些需求没能够直接体现出来。

总之,福建省大部分老年人缺乏良好的生活习惯和健康的生活理念,尤其农村老年人的自我健康管理意识较弱,受教育知识水平的限制,其对健康生活的观念认知较低,自我保健意识差,没有良好的生活习惯,以及生活环境和条件的约束,均可能是造成其健康状况差于城镇老年人的影响因素。如何培养健康生活理念是今后农村老龄工作的重点。另外,农村老年人的居住条件和居住环境都劣于城镇居民,除了一些主观因素外,不得不承认政府在对新农村环境建设上有待从老龄工作视角提高外在条件的建设。通过以往其他省市对老年人生活状况的城乡比较研究,发现不少地方存在与我省问题相似的情况;在一些经济水平普遍较好的省市,老年人生活状况的城乡差异会明显降低;对于一些居住环境较差的城市,其老年人生活状况可能与我省总体情况截然不同。

第五章　社区(村/居)的建设情况与老龄事业的发展

"社区"一词是外来词语,翻译自英文单词"community"。西方学者关于社区的认知归纳起来大概有两大类:一类是强调具有心理认同和情感归属的实体或类型;另一类是强调地域范围中的社会互动。[①] 在我国,2000 年民政部下发文件《关于在全国推进城市社区建设的意见》(以下简称《意见》),《意见》指出,社区是指居住在一定地域范围内的人们所组成的社会生活共同体,所以,广义的社区可以包含城镇中的社区和乡村中的村。社区总是包含一定的地理与文化特征,随着我国城市化的发展,城市和乡村界限变得愈发模糊和交叉,对城市或城镇[②]内部的地理划分也变得越来越繁多,比如将其划分为中心城区、边缘城区、城乡接合部、乡镇中心及乡镇中心以外等概念。本研究中的社区概念不仅包括城市或城镇中的居委会辖区,还包括乡村中的行政村辖区。了解受访社区(村/居)老龄工作状况是完善我省老龄工作的重要前提,因此,下文在分析受访社区老龄工作基本情况的基础上,还从多维地域的视角来对老龄工作情况进行对比分析。

第一节　受访社区(村/居)地理与老年人口状况

本节中的受访社区(村/居)地理状况主要分析了受访社区的地理位置、类型、总面积及乡村人均耕地面积等,而人口状况主要包括了社区的常住人口数、户籍人口数、老年人口的相关情况等。

一、受访社区(村/居)地理位置与社区(村/居)类型

福建省第四次城乡老年人生活状况抽样调查的样本地区具体情况如表 5-1 所示,本次调查有 6 个地区市下属的 11 个县(市、区)被抽到,其中具体包括了:福州市的台江区、晋安区和闽侯县;厦门市的思明区;漳州市的漳浦县和诏安县;泉州市的鲤城区和德化县;莆田市的涵江区和荔城区;南平市的延平区。再往下分析这 11 个县(市、区)被抽到的下

---

① 杨淑琴,王柳丽. 国家权力的介入与社区概念嬗变:对中国城市社区建设实践的理论反思[J]. 学术界,2010(06):167-173,287.

② 本研究中城市对应英文中的"city",城镇对应"town"。

属 44 个乡镇(街道),如福州市台江区下属的茶亭街道、瀛洲街道、苍霞街道、上海街道与晋安区下属的茶园街道、新店镇、岳峰镇、鼓山镇,就让人们自然联想到"中心城区""边缘城区"等概念,因为被抽样到的 44 个乡镇(街)它们各自有着不同的历史变迁史与文化风俗底蕴,所谓"一方水土一方人",所以,在社区研究中有必要划分中心城区、边缘城区、城乡接合部、城区以外的镇/乡镇、中心乡镇附近及离乡镇较远的地区。

虽然从国家层面来讲,并没有一个统一和明确的划分标准,但从各地实际情况来看,不同的划分又常常是以各地政府规划或是传统习俗为主,随着时间的改变而改变。因此,在本研究中"中心城区""边缘城区"等概念的划分是按照各自城市的规划或者惯例而形成的。以福州市为例,根据《福州市城市总体规划(2011—2020 年)》,其中心城区包括福州市 5 区(晋安区除寿山乡、日溪乡、宦溪镇),以及闽侯的荆溪镇、南屿镇、尚干镇、祥谦镇、青口镇、上街镇和连江县的琯头镇。在本研究的 174 个样本中,如下表 5-1 所示,"中心城区"所占比例最高,共有样本 69 个,占比 39.7%,其中厦门、泉州、福州三市样本较多,分别为 16 个、17 个、20 个,这与三市在福建省经济和城市化水平较高也比较吻合;其次是"乡镇附近",共有样本 40 个,占比为 23.0%,其中莆田和漳州市样本较多,分别为 13 个和 12个,余下各市共有 15 个;接着从高到低依次为"离乡镇较远的地区(26 个,占 14.9%)""城乡接合部(22 个,占 12.6%)""城区以外的镇/乡镇中心(11 个,占 6.3%)""边缘城区(6个,占 3.4%)"。样本数最低的是"边缘城区"。

表 5-1 受访社区(村/居)地理位置的分布情况

地理位置	福州市	南平市	莆田市	泉州市	厦门市	漳州市	小计(个)	百分比(%)
中心城区	20	7	5	17	16	4	69	39.7
边缘城区	0	1	2	1	0	2	6	3.4
城乡接合部	11	0	4	4	0	3	22	12.6
城区以外的镇/乡镇中心	3	0	0	3	0	5	11	6.3
乡镇附近	9	3	13	3	0	12	40	23.0
离乡镇较远的地区	5	5	7	3	0	6	26	14.9
合　计	48	16	31	31	16	32	174	100

受社会主义制度、市场经济和传统文化习俗等因素的影响,我国城市或城镇的社区形成了三种基本类型:第一种类型是街道平房社区;第二种类型是社会主义工业化建设时期的单位社区;第三种类型是 20 世纪 90 年代以后兴起的商品楼社区。[①] 随着我国城市化进程的加快,城市内部社区类型也日益多样化,许多别墅区或高级住宅区涌现,同时更多农村社区也逐渐转变为城市社区。我国现行社区是一个行政上的地理概念,社区的划分是按照行政的力量自上而下进行的,这就可能存在着在一个行政辖区内不同类型的社区

---

① 李国庆. 社区类型与邻里关系特质:以北京为例[J]. 江苏行政学院学报,2007(2):59-65.

并存的状况,如既管辖有普通商品房小区又有别墅区或高级住宅区。因此在本研究中的社区类型可以是单一的或是几种类型兼而有之,在表 5-2 中,实际有 173 个社区(村/居)报告了"本社区的类型",因部分社区包含几种类型,所以共有 235 个社区类型。这其中,"农村(地处农村中心区)社区"样本数最多,共有样本 83 个,占样本总数的 35.3%;其次是"普通商品房小区",共有样本 44 个,占比 18.7%;接着从高到低依次为:"混合的单位社区(41 个,占 17.4%)""未经改造的老城区(街坊型社区)(38 个,占 16.2%)""新近由农村社区转变过来的城市社区(7 个,占 3.0%)""别墅区或高级住宅区(6 个,占 2.6%)""单一的单位社区(企事业单位)(5 个,占 2.1%)""其他类型(5 个,占 2.1%)""保障性住房社区(4个,占 1.7%)""特殊型(林场/矿区/校区等)社区(2 个,占 0.9%)"。最低的是"特殊型(林场/矿区/校区等)社区"。

表 5-2　受访社区(村/居)类型的分布情况

社区类型	总　计	百分比(%)
未经改造的老城区(街坊型社区)	38	16.2
单一的单位社区(企事业单位)	5	2.1
混合的单位社区	41	17.4
保障性住房社区	4	1.7
普通商品房小区	44	18.7
别墅区或高级住宅区	6	2.6
新近由农村社区转变过来的城市社区	7	3.0
农村(地处农村中心区)社区	83	35.3
特殊型(林场/矿区/校区等)社区	2	0.9
其他类型	5	2.1
合　计	235	100

二、受访社区(村/居)总面积及农村人均耕地面积

在对"社区总面积"相关问题的回答中,共有有效样本 171 个,如表 5-3 所示,受访社区总面积以"5 平方千米以下"为主,共有样本个数 129 个,占有效样本的 75.4%;其次是"5~10 平方千米",共有样本个数 23 个,占有效样本的 13.5%;"20 平方千米及以上"占比最少,仅为 2.9%。受访社区总面积的范围是 1~80 平方千米,最小值为 1 平方千米,最大值为 80 平方千米,标准差为 83.3,平均值约为 3 平方千米。相比于湖北省的调查数据[①]结果,我省社区从面积上来看相对"小型化"。

为便于对城乡之间社区总面积差异进行研究,根据表 5-1 社区"地理位置",将"中心城区""边缘城区""城乡接合部"合并为"城市地区",将"城区以外的镇/乡镇中心""乡镇附

近""离乡镇较远的地区"合并为"乡村地区"后进行比较分析(本章以下部分城乡分析均按此划分标准),发现"城市地区"社区面积以"5平方千米以下"居多,其面积大小的范围为1~35平方千米,平均面积为3.45平方千米,标准差为5.6,中位数为2平方千米,众数为1平方千米;而"乡村地区"社区面积大于5平方千米的地区明显多于城市,其面积大小的范围为1~80平方千米,平均面积为7.6平方千米,标准差为10.6,中位数为4平方千米,众数为2平方千米。由此可见,"乡村地区"社区的面积总体上要大于"城市地区"。

在对"本村人均耕种面积"的回答中,共有77个样本,见表5-4,其中,农村人均耕地面积以"1亩以下"为主,共有样本68个,占有效百分比为90.7%,"3亩以上"样本为7个,仅占比9.3%。可见除了部分地区人均耕种面积可以达到3亩以上外,我省农村大部分地区则不足1亩,远远低于全国现阶段人均耕地面积的平均水平(约1.35亩)[①]。

表5-3　受访社区(村/居)总面积的分布情况

面积大小	城市地区	乡村地区	总　　计	百分比(%)
5平方千米以下	88	41	129	75.4
5~10平方千米	7	16	23	13.5
10~20平方千米	1	13	14	8.2
20平方千米及以上	1	4	5	2.9
合　　计	97	74	171	100

注:①社区面积的平均数=5.92平方千米,最小值=1平方千米,最大值=80平方千米,标准差=83.3,中位数=3平方千米,众数=1平方千米。

②"城市地区"社区面积的平均数=3.45平方千米,最小值=1平方千米,最大值=35平方千米,标准差=5.6,中位数=2平方千米,众数=1平方千米。

③"乡村地区"社区面积的平均数=7.6平方千米,最小值=1平方千米,最大值=80平方千米,标准差=10.6,中位数=4平方千米,众数=2平方千米。

表5-4　受访村庄人均耕种面积的分布情况

人均耕种面积	总　　计	百分比(%)	有效百分比(%)
1亩以下	68	88.3	90.7
3亩以上	7	9.1	9.3
缺失值	2	2.6	—
合　　计	77	100	100

三、受访社区(村/居)户籍人口、常住人口及人口流动状况

户籍登记人口是指具有本社区户籍的人口数量,不论其是否实际居住于本社区,其都算作本社区户籍人口总数内。如表5-5所示,在174个有效样本中,2014年底户籍登记总

---

① 国家统计局农村社会经济调查司.中国农村统计年鉴(2015)[M].北京:中国统计出版社,2016:31-56.

人口以"2 500～5 000 人"的居多,样本个数共有 71 个,占样本总数的 40.8%;其次是"5 000～7 500 人",共有样本 39 个,占比 22.4%;最少的是"2 500 人以下",样本共有 30 个,占比 17.2%。2014 年底户籍登记总人口数量的范围最大值是 19 948 人,最小值为 213 人,标准差为 3 030.3,平均人数为 5 092.0。可见不同社区的人口数量差异是极大的。对城乡之间户籍人口进行比较分析,发现"城市地区"社区户籍登记人口数的范围为 962～19 948 人,平均人数为 5 963.0 人,标准差为 3 316.5,中位数为 5 450 人,众数为 962 人;而"乡村地区"社区户籍登记人口数的范围为 213～9 737 人,平均人数为 3 994.5 人。可以看出"城市地区"社区户籍人口的平均数要大于"乡村地区",同时城乡内部社区之间人口数的大小差异也更大。

表 5-5　受访社区(村/居)2014 年底户籍登记总人口数的分布情况

人口数	城市地区	乡村地区	总　计	百分比(%)
2 500 人以下	9	21	30	17.2
2 500～5 000 人	33	38	71	40.8
5 000～7 500 人	27	12	39	22.4
7 500 人及以上	28	6	34	19.5
合　计	97	77	174	100

注:①社区 2014 年底户籍登记总人口的平均数＝5 092.0 人,最小值＝213 人,最大值＝19 948 人,标准差＝3 030.3,中位数＝4 491.5 人,众数＝4 523 人。

②"城市地区"户籍登记总人口平均数＝5 963.0 人,最小值＝962 人,最大值＝19 948 人,标准差＝3 316.5,中位数＝5 450 人,众数＝962 人。

③"乡村地区"户籍登记总人口平均数＝3 994.5 人,最小值＝213 人,最大值＝9 737 人,标准差＝2 195.5,中位数＝3 665 人,众数＝4 523 人。

相比于户籍人口数,常住人口更能反映一个地区实际人口的数量,如在中西部或者农村等一些劳务输出地区,其常住人口往往小于户籍人口,大量劳动力外出打工即人口的净流出;与此相比,城市地区或经济发达的地区,常常表现为人口净流入,即户籍人口数要小于常住人口数。在对"本社区 2014 年底常住人口数"的回答中,共有 172 个有效样本,见表 5-6,常住总人口以"2 500～5 000 人"居多,共有样本数 60 个,占样本总数的 34.9%;其次是"7 500 人及以上",样本总数为 43 个,占比 25%;最少的是"5 000～7 500 人",共有样本个数 34 个,占比 19.8%。2014 年底常住总人口数量的范围在 190～24 742 人之间,最大值是 24 742 人,最小值为 190 人,标准差为 3 933.7,平均人数为 5 318.0 人。"城市地区"常住人口数的范围为 687～24 742 人,平均人数为 6 630.3 人;而"乡村地区"社区户籍登记人口数的范围为 190～8 350 人,平均人数为 3 660.3 人。结合表 5-5 户籍人口数据,可见"城市地区"常住人口数高于户籍人口数,人口处于净流入状态;相反"乡村地区"常住人口数低于户籍人口数,人口处于净流出状态。

表 5-6　受访社区(村/居)2014 年底常住人口总数的分布情况

人口数	城市地区	乡村地区	总　计	百分比(%)
2 500 人以下	14	21	35	20.3
2 500～5 000 人	23	37	60	34.9
5 000～7 500 人	23	11	34	19.8
7 500 人及以上	36	7	43	25.0
合　计	96	76	172	100

注:①社区 2014 年底常住总人口的平均数=5 318.0 人,最小值=190,最大值=24 742,标准差=3 933.7,中位数=4 695,众数=2 500。
②"城市地区"常住人口平均数=6 630.3 人,最小值=687 人,最大值=24 742 人,标准差=4 469.3,中位数=5 856.5,众数=2 500。
③"乡村地区"户籍登记总人口平均数=3 660.3 人,最小值=190,最大值=8 350,标准差=2 234.1,中位数=3 343,众数=830。

　　青年人口是指年龄在 16～28 周岁之间的人口,而青壮年劳动力在我国是指男性年龄在 16～60 周岁,女性年龄在 16～55 周岁的人口。青年人是劳动力的重要组成部分,其外出打工比例则从一定程度上反映出当地经济情况和人口流出状况,越来越多的青年人口流失造成了农村劳动力日益不足的现象。在对该问题的回答中,如表 5-7 所示,有 76 个村庄报告了本村在外打工的青年人占青壮年劳动力的比例情况。其中以"20%以下"占比最高,共有样本个数 28 个,占有效样本的比例为 36.8%;其次是"20%～40%",样本共有 20 个,所占比例为 26.3%;最少的是"60%～80%",样本个数共有 8 个,占比 10.5%。"农村中在外打工的青年人占青壮年劳动力比例"的范围为 1%～98%,平均比例为 39.8%,标准差为 28.5%,中位数为 35%,众数为 10%,可见各个村庄外出打工青年人占青壮年劳动力的比例差距较大。

表 5-7　农村中在外打工的青年人占青壮年劳动力比例的分布情况

比　例	人　数	百分比(%)	有效百分比(%)
20%以下	28	36.4	36.8
20%～40%	20	26.0	26.3
40%～60%	10	13.0	13.2
60%～80%	8	10.4	10.5
80%以上	10	13.0	13.2
缺失值	1	1.3	—
合　计	77	100	100

注:农村中在外打工的青年人占青壮年劳动力比例的平均数=39.8%,最小值=1%,最大值=98%,标准差=28.5%。

四、受访社区(村/居)老年人口数量以及"纯老户"或农村"留守老年人"情况

1.受访社区(村/居)中老年人口分布情况

对问题"本社区 2014 年户籍人口中 60 周岁及以上老年人口数量"的回答中,共有

171 个社区(村/居)报告了其人口数量情况,3 个社区(村/居)样本缺失。从总体上看,社区户籍人口中 60 周岁及以上老年人口数量的范围是在 65~3 800 人之间,平均数为 856.1 人,标准差为 601.7,众数为 500 人,中位数为 700 人,其分布情况如表 5-8 所示。在 171 个样本中,"800 人以下"所占比例最高,共有样本个数 98 个,占有效样本个数的 57.3%;其次是"800~1 600 人",共有样本数 57 个,占比 33.3%;最少的是"2 400 人以上",仅有样本个数 6 个,占比 3.5%。

表 5-8 受访社区(村/居)2014 年户籍人口中 60 周岁及以上老年人口数量的分布情况

人口数	城市地区	乡村地区	总　　计	百分比(%)
800 人以下	38	60	98	57.3
800~1 600 人	41	16	57	33.3
1 600~2 400 人	10	0	10	5.8
2 400 人以上	6	0	6	3.5

注:①受访社区 2014 年户籍人口中 60 周岁及以上老年人口数量的平均数=851.58 人,最小值=65,最大值=3 800,标准差=601.7。
②"城市地区"户籍人口中 60 周岁及以上老年人口量的平均数=1 084.7 人,最小值=155,最大值=3 800,标准差=672.1。
③"乡村地区"户籍人口中 60 周岁及以上老年人口量的平均数=560.84 人,最小值=65,最大值=1 462,标准差=316.7。

对城乡比较分析,"城市地区"户籍人口中 60 周岁及以上老年人口数量的范围为 155~3 800 人,平均人数为 1 084.7 人;而"乡村地区"户籍人口中 60 周岁及以上老年人口数量的范围为 65~1 462 人,平均人数为 560.84 人。具体分析发现"乡村地区"共有样本 76 个,其社区 60 周岁及以上老年人口规模以"800 人以下"为主,共有样本 60 个,其余 16 个样本人口规模为"800~1 600 人",尚未发现 1 600 人以上的乡村老年人口规模地区;然而,"城市地区"的社区中,"800 人以下"和"800~1 600"老年人口规模各有样本 38 个和 41 个,"1 600~2 400 人"老年人口规模的社区 10 个,"2 400 人以上"老年人口规模的社区样本 6 个。因此,可以看出"城市地区"户籍人口中 60 周岁及以上老年人口数量总体上要大于"乡村地区"。

对问题"本社区户籍人口中 80 周岁及以上老年人口数量"的回答中,共有 172 个社区(村/居)报告了其人口数量情况,2 个社区(村/居)样本缺失,其分布情况如表 5-9 所示。在 170 个样本中,"100 人以下"所占比例最高,共有样本个数 78 个,占有效样本个数的 45.3%;其次是"100~200 人",共有样本数 58 个,占比 33.7%;最少的是"300 人及以上",共有样本个数 16 个,占比 9.3%。从总体上看,社区户籍人口中 80 周岁及以上老年人口数的范围是在 5~1 272 人之间,平均数为 145.3 人,标准差为 144.1,众数 67 人,中位数为 105 人。

表 5-9 受访社区(村/居)2014 年户籍人口中 80 周岁及以上老年人口数量的分布情况

人口数	城市地区	乡村地区	总　　计	百分比(%)
100 人以下	27	51	78	45.3
100~200 人	37	21	58	33.7

续表

人口数	城市地区	乡村地区	总　计	百分比（%）
200～300 人	17	3	20	11.6
300 人及以上	15	1	16	9.3

注：①受访社区 2014 年户籍人口中 80 周岁及以上老年人口数量的平均数＝145.34 人，最小值＝5，最大值＝1 272，标准差＝144.14。
②"城市地区"2014 年户籍人口中 80 周岁及以上老年人口数量的平均数＝189.0 人，最小值＝17，最大值＝1 272，标准差＝173.6。
③"乡村地区"2014 年户籍人口中 80 周岁及以上老年人口数量的平均数＝90.2 人，最小值＝5，最大值＝310，标准差＝60.8。

对城乡进行比较分析，发现"城市地区"户籍人口中 80 周岁及以上老年人口数量的范围为 17～1272 人，平均人数为 189 人，标准差为 173.6，中位数为 148.5 人，众数为 60 人；而"乡村地区"户籍人口中 80 周岁及以上老年人口数量的范围为 5～310 人，平均人数为 90.2 人，标准差为 60.8，中位数为 77.5 人，众数为 68 人。"乡村地区"共有样本 76 个，其社区 80 周岁及以上老年人口规模以"100 人以下"为主，共有样本 51 个，"300 人及以上"的社区仅有 1 个；而"城市地区"的社区 80 周岁及以上老年人口规模"100 人以下"和"100～200 人"各有样本 27 个和 37 个，并且其还有"300 人及以上"人口规模的社区样本 15 个和 17 个"200～300 人"人口规模的社区。可以看出"城市地区"户籍人口中 80 周岁及以上老年人口数量总体上要大于"乡村地区"。

对问题"本社区户籍人口中 100 周岁及以上老年人口数量"的回答中，共有 170 个社区（村/居）报告了其人口数量情况，4 个社区（村/居）样本缺失，其分布情况如表 5-10 所示。从总体上看，社区户籍人口中 100 周岁及以上老年人口个数的范围是在 0～5 个之间，平均数为 0.64 个，标准差为 2.70，众数为 0 个，中位数为 0 个。绝大部分社区（116 个，占比 68.2%）都没有 100 周岁及以上老年人口，社区中有 1 个 100 周岁及以上老年人的共有样本个数 40 个，占比 23.5%；社区中有 4 个和有 5 个 100 周岁及以上老年人的各有 1 个样本社区，分别占比 0.6%、0.6%。对城乡进行比较分析，发现"城市地区"户籍人口中 100 周岁及以上老年人口数的范围为 0～5 人，平均人数为 0.5 人，标准差为 0.9；而"乡村地区"户籍人口中 100 周岁及以上老年人口数的范围为 0～4 人。

表 5-10　受访社区（村/居）2014 年户籍人口中 100 周岁及以上老年人口个数的分布情况

人口数	城市地区	乡村地区	总　计	百分比（%）
0	61	55	116	68.2
1	26	14	40	23.5
2	4	3	7	4.1
3	3	2	5	2.9
4	0	1	1	0.6
5	1	0	1	0.6

注：①受访社区 2014 年户籍人口中 100 周岁及以上老年人口个数的平均数＝0.64 个，最小值＝0，最大值＝5，标准差＝2.70。

②"城市地区"2014年户籍人口中100周岁及以上老年人口个数的平均数＝0.51人,最小值＝0,最大值＝5,标准差＝0.9。

③"乡村地区"2014年户籍人口中100周岁及以上老年人口个数的平均数＝0.4人,最小值＝0,最大值＝4,标准差＝2.8。

从总体上来看,户籍人口中无论是60周岁及以上还是80周岁及以上的老年人口数量"城市地区"都高于"乡村地区"。另外,表5-11为受访社区2014年底80岁及百岁老年人数量的地区市分布情况,可以发现,厦门市的长寿老年人的平均数量要相对高于其他几个地区市。

表5-11　受访社区2014年底80岁及百岁老年人数量的地区市分布情况

户　数	厦门市	莆田市	泉州市	南平市	漳州市	福州市	总　计	百分比(%)
80岁以上老人平均数	224.19	106.32	122.32	89.69	116.91	198.85	145.34	90.6
标准差(SD)	78.74	56.40	162.53	43.82	61.21	213.78	144.14	6.5
100岁以上老人平均数	1.00	1.74	0.17	0.06	0.55	0.35	0.64	2.9
标准差(SD)	1.41	6.06	0.38	0.25	0.77	0.71	2.70	100

2.受访社区(村/居)"纯老户"及农村"留守老年人"情况

所谓"纯老户"一般指无子女赡养的老年家庭。在对问题"社区纯老户数量"的回答中,结果如表5-12所示,170个受访社区(村/居)报告了2014年底"纯老户"的数量情况,4个社区(村/居)数据缺失。其中纯老户"低于200户"的样本占绝大多数,共有样本154个,占有效样本总数的90.6%。"纯老户"数量的范围是在0～2 415户之间,平均户数为88户,标准差为208.3。对各市"纯老户"人数进行比较分析,纯老户数量在"400户及以上"的样本分别分布于莆田和福州两市,各有样本2个和3个;纯老户数量在"200～400户"的样本主要集中于福州市、漳州市、厦门市和泉州市,各有样本4个、3个、3个和1个;纯老户"低于200户"的福州市有样本33个,其次是莆田市、漳州市和泉州市,均有样本29个。

表5-12　受访社区2014年底"纯老户"数量的分布情况

户　数	厦门市	莆田市	泉州市	南平市	漳州市	福州市	总　计	百分比(%)
低于200户	17	29	29	17	29	33	154	90.6
200～400户	3	0	1	0	3	4	11	6.5
400户及以上	0	2	0	0	0	3	5	2.9

农村"留守老年人"一般是指子女长期在外务工而留守在农村的老年人口,其生活一般来讲比较贫困。在对"农村留守老年人数量"问题的回答中,结果如表5-13所示,因厦门市所抽取的社区均位于城市地区,所以不存在农村留守老年人数量的样本社区。农村留守老年人数"低于100人"的社区占绝大多数,共有样本57个,占有效样本的78.1%,其次是"100～200人",占比16.4%。对各市农村"留守老年人"数量进行比较分析,人数"低

于100人"的社区以漳州市最多,共有样本20个,其次是莆田市,共有样本14个;农村"留守老年人"数量在"100~200人"的样本主要集中于泉州市、漳州市和莆田市,各有样本5个、3个和3个;农村"留守老年人"人数在"200人以上"的样本分布于莆田和泉州两市,各有样本3个和1个。

表5-13　受访社区2014年底"留守老年人"数量的分布情况

人　数	厦门市	莆田市	泉州市	南平市	漳州市	福州市	总　计	百分比 (%)
低于100人	0	14	3	8	20	12	57	78.1
100~200人	0	3	5	1	3	0	12	16.4
200人以上	0	3	1	0	0	0	4	5.5

注:社区2014年年底"留守老年人"数量的平均数=55.4人,最小值=0,最大值=520,标准差=84.9。

对问题"社区中入住养老机构的老年人数量"的回答中,结果如表5-14所示,共有169个受访社区(村/居)报告了社区目前入住养老机构的老年人的数量,5个社区(村/居)数据缺失。社区目前入住养老机构的老年人数量的范围在0~1052人之间,平均人数为12人。其中,"福州市岳锋镇三华社区"共有60岁以上老年人1052人,入住养老机构的老年人数也是1052人,其余社区入住养老机构的老年人数以"50人以下"的占绝大多数,共有样本165个,占有效样本总数的97.6%。对各市社区入住养老机构的老年人数进行比较分析,人数在"100人以上"的样本分布于厦门市和福州市,各有样本1个和2个;人数在"50~100人"的社区仅有1个样本,位于福州市;人数在"50人以下"的社区以福州市最多,共有样本35个,其次是漳州市,共有样本32个。

表5-14　受访社区目前入住养老机构的老年人数量的分布情况

人　数	厦门市	莆田市	泉州市	南平市	漳州市	福州市	总　计	百分比 (%)
50人以下	19	31	31	17	32	35	165	97.6
50~100人	0	0	0	0	0	1	1	0.6
100人以上	1	0	0	0	0	2	3	1.8

注:社区目前入住养老机构的老年人平均数=12.0人,最小值=0,最大值=1052,标准差=86.0。

第二节　受访社区(村/居)基础设施状况

社区是社会的基础单元,是居民社会生活的共同体,社区的基础设施从理论上应以老百姓"衣食住行"的安全、健康、便利为宗旨,包括针对社区空气、(上下)水道系统、道路(交通)系统、基础公共设施、垃圾处理,以及物质文明和精神文明相和谐的基础设施建设。所以,本节根据调查数据内容分析了受访社区在社区道路、公共养老设施、无障碍设施、基础公共设施及社区活动场所等方面基础设施的建设状况。

一、道路与炊事燃料

道路类型通常可以分为柏油路、水泥路、土路、沙路等,土路、沙路容易出现坑洼及崎岖不平等情况,这对老人而言存在一定的风险隐患。所以,相对平整的柏油路、水泥路相对路面平整,走路更安全。其中,柏油路造价比水泥路高昂,但是其防滑性能及降噪方面比水泥路好。本次调查结果发现,在福建省被抽到的社区的道路类型都是柏油路、水泥路,如表5-15所示,在172个样本中,已经没有土路、沙路等道路类型,说明我国的改革开放的春风早就吹到了福建的边边角角。

表5-15 受访社区(村/居)的主要道路类型的分布情况

类 型	城市地区	乡村地区	总 计	百分比(%)
柏油路	20	0	20	11.6
水泥路	76	76	152	88.4
总 计	96	76	172	100

受访社区绝大部分道路类型属于水泥路,共有样本个数152个,占样本总数的88.4%,其余样本则为柏油路,占比为11.6%。从城乡社区来看,柏油路全部20个样本均分布于城市地区,而乡村地区的76个样本则全为水泥路,这种分布情况与两种材质的使用特点密不可分。对受访各市社区主要道路的类型进行比较分析,以莆田市为例,其30个受访社区中,29个社区的道路类型为水泥路,仅有1个社区的道路类型为柏油路;在厦门市受访的20个社区中,使用水泥路的社区有12个,使用柏油路的社区有8个。

在对福建省社区主要炊事燃料类型的调查中,如表5-16所示,在174个样本中,大部分受访社区的主要炊事燃料为燃气和电,其余如煤炭、沼气、柴草等燃料使用较少,使用"燃气"的社区样本共有118个,占样本总数的67.8%;使用"电"为主要炊事燃料的社区共有样本个数44个,占比25.3%。从城乡社区来看,大部分城市社区使用燃气作为其炊事燃料,共有样本个数86个;而在乡村地区,使用燃气和电的比例接近,分别有样本个数32个和35个,煤炭、沼气、柴草等燃料使用地区全部分布于乡村。

表5-16 受访社区(村/居)主要炊事燃料的分布情况

类 型	城市地区	乡村地区	总 计	百分比(%)
燃 气	86	32	118	67.8
煤 炭	0	4	4	2.3
电	9	35	44	25.3
沼 气	0	1	1	0.6
柴 草	0	4	4	2.3
其 他	2	1	3	1.7
总 计	97	77	174	100

因受访社区主要使用燃气和电这两种能源作为主要炊事燃料,所以再对各市社区使用燃气和电的情况进行比较分析,除南平市外,其余各市社区燃气使用的样本数均高于使用电作为炊事燃料的社区样本数,其中厦门市的20个样本全部为使用燃气。而南平市使用电作为其主要炊事燃料的社区样本有8个,高于使用燃气的4个社区样本,这样的分布情况与南平市的地理位置及经济发展相对滞后等密切相关。

二、饮用水与下水道系统

社区中饮用水的类型可以分为井水、自来水(管道)、地表水等,自来水指经过公用设施净化处理的管道输送水,地表水主要是指直接取自近江、河、湖等的饮用水。如表5-17所示,在174个样本中,大部分受访社区的饮用水类型为自来水(管道)和井水,其余如地表水和其他使用较少,使用"自来水(管道)"的社区样本共有150个,占样本总数的86.2%;使用"井水"的社区共有样本个数17个,占比9.8%。

为便于研究,将受访社区饮用水类型区分为自来水(管道)和非自来水,非自来水包括表5-17中的井水、地表水及其他的类型。对各市社区饮用水类型进行比较分析,发现各市社区均以自来水(管道)为主要饮用水的类型,除厦门市外,各市均有部分社区使用非自来水作为主要饮用水类型。在使用非自来水的各市社区中,漳州市样本最多,共有10个;其次是泉州市,共有样本6个;再次是南平市和福州市,都有样本3个;最少的是莆田市,有样本2个。

表 5-17　受访社区(村/居)饮用水类型的分布情况

饮用水类型	受访社区(村/居)数	百分比(%)
井　水	17	9.8
自来水(管道)	150	86.2
地表水	6	3.4
其　他	1	0.6
合　计	174	100

下水道是指城市、厂区或村庄排除污水和雨水的地下通道,在对社区中下水道系统的调查中,共有174个社区(村/居)回答了该问题,结果如表5-18所示,大部分社区有下水道系统,共有样本个数107个,占比为62.6%;而没有下水道系统的社区共有64个,占总数的37.4%。可见,我省在下水道建设方面还存在一定的问题。对各市社区是否有下水道系统进行比较分析,发现在福州市、厦门市、漳州市的受访社区中,有下水道系统的社区高于没有下水道系统的社区,其有下水道系统的社区样本数也最多,分别为33个、20个和19个;而莆田市、南平市、泉州市三市没有下水道系统的社区样本高于有下水道系统的社区,其没有下水系统的社区样本数分别为17个、9个和17个。可见,在下水道系统的建设中,莆田市、南平市和泉州市三市还有待加强。

表 5-18　受访社区(村/居)是否有下水道系统的分布情况

方式	受访社区(村/居)数	百分比(%)	有效百分比(%)
否	64	36.8	37.4
是	107	61.5	62.6
缺失值	3	1.7	—
总　计	174	100	100

三、垃圾处理与公共无障碍设施

社区垃圾处理方式可以分为集中处理或是自行处理。集中处理就是由专人统一收集并进行无害化处理;而自行处理就是没有进行统一专门收集,而由居民自身进行填埋、焚烧或者随意丢弃等,往往会造成很大的污染和危害。在对社区垃圾处理方式的调查中,结果如表 5-19 所示,共有 173 个社区(村/居)回答了该问题,1 个社区(村/居)样本缺失。大部分受访社区的垃圾处理模式为集中处理,但仍存有少部分"自行处理"的方式,使用"集中处理"方式的社区样本共有 160 个,占样本总数的 92.5%;使用"自行处理"的社区共有样本个数 10 个,占比 5.8%。

为便于研究,将受访社区垃圾处理方式区分为集中处理和非集中处理,非集中处理包括表 5-19 中的自行处理及其他的类型。对各市社区垃圾处理方式进行比较分析,如图 5-5,发现各市社区均以集中处理为其主要的类型,尤其是厦门市和南平市的受访社区均实现了垃圾的集中处理;在未实行垃圾集中处理的社区中,福州市有 5 个,其次分别是漳州市 4 个,莆田市和泉州市均为 2 个。

表 5-19　受访社区(村/居)垃圾处理方式的分布情况

方　式	受访社区(村/居)数	百分比(%)	有效百分比(%)
集中处理	160	92.0	92.5
自行处理	10	5.7	5.8
其　他	3	1.7	1.7
缺失值	1	0.6	—
总　计	174	100	100

无障碍设施是指为保障残疾人、老年人等社会成员通行安全和使用便利,在建设工程中配套建设的服务设施。本研究所指的公共无障碍设施主要包括坡道、无障碍电梯、无障碍厕所或厕位、低位柜台或电话、清晰的标识、字幕提示和语音提示等。在对"本社区有哪些公共无障碍设施"问题的回答中,结果如表 5-20 所示,共有 170 个受访社区(村/居)报告了本社区的公共无障碍设施情况,因本调查为多选题,可能存在同时选择一个或多个无障碍设施的情况。其中,社区公共无障碍设施为"清晰的标识"的情况最多,共有样本个数 51 个,占比 21.8%;其次是"坡道",共有样本 40 个,占比 17.1%;最少的是"无障碍电梯"和"字幕提示和语音提示",都仅有样本 8 个,占比 3.4%;"都没有"的样本高达 80 个,占比

34.2％。可见，我省许多社区并没有公共无障碍设施，公共无障碍设施建设亟待加强。

表 5-20　受访社区(村/居)公共无障碍设施的分布情况

设施类型	厦门市	莆田市	泉州市	南平市	漳州市	福州市	总　计	百分比(％)
坡　　道	9	4	5	4	4	14	40	17.1
无障碍电梯	3	2	0	0	1	2	8	3.4
无障碍厕所或厕位	7	4	5	6	6	11	39	16.7
低位柜台或电话	1	0	2	0	1	4	8	3.4
清晰的标识	8	9	7	3	11	13	51	21.8
字幕提示和语音提示	2	1	2	0	1	2	8	3.4
都没有	4	16	17	9	16	18	80	34.2
总　　计	34	36	38	22	40	64	234	100

　　对各市之间没有任何公共无障碍设施的社区比例(该市没有无障碍设施的社区数/该市受访社区总数)进行比较，结果如图 5-1 所示，厦门市比例最小，共有 4 个"都没有"的社区样本，占比为 20％；其次是福州市比例较小，共有样本 18 个，占受访社区总数的41.9％；莆田市、泉州市、南平市、漳州市没有任何公共无障碍设施的社区比例均超过或等于50％，分别为 51.6％、54.8％、52.9％、50.0％。因此，可以看出在社区公共无障碍设施建设中，厦门市社区建设比例较高，而莆田市、泉州市、南平市和漳州市则还需要加强社区公共无障碍设施建设。

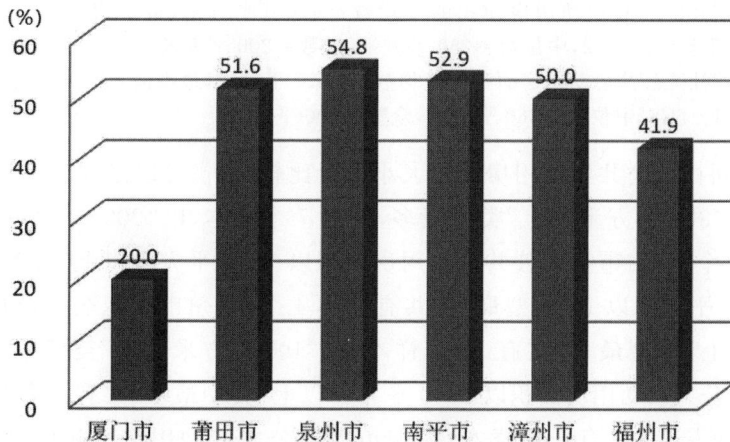

图 5-1　没有任何公共无障碍设施的社区比例

四、公共活动用房及其造建年代

　　在对社区公共活动用房面积大小的问题回答中，共有 170 个社区(村/居)回答了该问题。其结果如表 5-21 所示,受访社区公共活动用房面积在"300 平方米"以上的居多,共有样本个数 75 个,占样本总数的 44.1%;其次是"100～200 平方米",共有样本 39 个,占比 22.9%,最少的是"200～300 平方米",样本共有 23 个,占比 13.5%。社区公共活动用房面积的大小范围在 20～10 000 平方米之间,最大值是 10 000 平方米,最小值为 20 平方米,平均面积为 537.9 平方米,中位数为 300 平方米,众数为 200 平方米。可见不同社区的公共活动用房面积差别较大。

对城乡之间社区公共活动用房面积大小进行比较分析,见表 5-21,"城市地区"社区公共活动用房面积的大小范围在 20～10 000 平方米之间,最大值是 1 000 0 平方米,最小值为 20 平方米,标准差为 1 040.2,平均面积 416 平方米,众数为 200 平方米;而"乡村地区"社区公共活动用房面积的大小范围在 25～7 800 平方米之间,最大值是 7 800 平方米,最小值为 25 平方米,标准差为 1 044.8,平均面积为 697.7 平方米。可见"乡村地区"社区公共活动用房平均面积要大于"城市地区"的社区,这与"乡村地区"平均面积较大相吻合。

表 5-21　受访社区公共活动用房面积大小的分布情况

面积大小	厦门市	莆田市	泉州市	南平市	漳州市	福州市	城市地区	乡村地区	总计	百分比(%)
100 平方米以下	4	4	5	6	5	9	21	12	33	19.40
100～200 平方米	6	6	8	3	5	11	24	15	39	22.90
200～300 平方米	2	7	7	0	4	3	15	8	23	13.50
300 平方米以上	7	14	11	7	18	18	34	41	75	44.10

注:①社区公共活动用房面积的平均数=537.9 平方米,最小值=20 平方米,最大值=10 000 平方米,标准差=1 048.4,中位数=300 平方米,众数=200 平方米。
②"城市地区"社区公共活动用房面积的平均数=416.0 平方米,最小值=20 平方米,最大值=10 000 平方米,标准差=1 040.2,中位数=250 平方米,众数=200 平方米。
③"乡村地区"社区公共活动用房面积的平均数=697.7 平方米,最小值=25 平方米,最大值=7 800 平方米,标准差=1 044.8,中位数=360 平方米,众数=500 平方米。

对各市之间社区公共活动用房面积大小进行比较分析,可以发现,厦门市社区公共活动用房面积以"300 平方米以上"类型最多,共有 7 个样本,以"200～300 平方米"类型最少,共有样本 2 个;莆田市社区公共活动用房面积以"300 平方米以上"类型最多,共有 14 个样本,以"100 平方米以下"类型最少,共有样本 4 个;泉州市社区公共活动用房面积以"300 平方米以上"类型最多,共有 11 个样本,以"100 平方米以下"类型最少,共有样本 5 个;南平市社区公共活动用房面积以"300 平方米以上"类型最多,共有 7 个样本,以"200～300 平方米"类型最少,没有任何样本;漳州市社区公共活动用房面积以"300 平方米以上"类型最多,共有 18 个样本,以"200～300 平方米"类型最少,共有样本 4 个;福州市社区公共活动用房面积以"300 平方米以上"类型最多,共有 18 个样本,以"200～300 平方米"类型最少,共有样本 3 个。

在对社区公共活动用房建设年代的相关问题回答中,共有 164 个受访社区(村/居)报告了本社区的公共活动用房建设年代,10 个社区(村/居)样本缺失。如表 5-22 所示,社区公共活动用房建设年代为"80—90 年代"的最多,共有样本 77 个,占有效样本总数的 47.0%;其次是"近十年内新建",共有样本 69 个,占比 42.1%;最少的是建于"40—50 年代",占比 4.3%。

表 5-22　受访社区(村/居)公共活动用房建设年代的分布情况

建设年代	受访社区(村/居)数	百分比(%)	有效百分比(%)
40—50 年代	7	4.0	4.3
60—70 年代	11	6.3	6.7
80—90 年代	77	44.3	47.0
近十年内新建	69	39.7	42.1
缺失值	10	5.7	—
总　计	174	100	100

五、附近基础公共设施建设情况

1.社区(半径 1 000 米)附近公共基础设施的分布情况

公共基础设施是为方便居民生活而建立的一些基础性服务设施,在本研究中包括生活服务设施如商店/超市/便利店/百货店,文化服务设施如学校、图书馆/文化站,公共服务设施如公共厕所(公共场所)、公园等多种类型的设施。如表 5-23 所示,有 174 个受访社区(村/居)报告了本社区附近(半径 1 000 米)公共基础设施情况,因同一社区存在一种或多种基础设施,所以共有 1 466 个设施类型。其中,分布最多的是"商店/超市/便利店/百货店",共有样本个数 159 个,占比 10.8%;其次是"学校",共有样本 154 个,占比 10.5%;最少的是"电影院/剧院",共有样本 33 个,占比 2.3%;"都没有"的样本有三个,占比 0.2%。可见,我省对文化服务设施尤其是学校建设比较重视,公共基础服务设施相对齐全。

表 5-23　受访社区(村/居)公共基础设施的分布情况

设施类型	厦门市	莆田市	泉州市	南平市	漳州市	福州市	总计	百分比(%)
汽车站	18	8	6	7	6	33	78	5.3
加油站	8	7	11	2	11	13	52	3.5
邮局/储蓄所	25	16	24	16	16	23	120	8.2
商店/超市/便利店/百货店	20	27	28	16	28	40	159	10.8
农贸市场	18	18	15	7	17	29	104	7.1
学　校	20	28	22	17	28	39	154	10.5
图书馆/文化站	14	10	8	7	12	20	71	4.8
派出所/警务室/治安岗亭	19	21	22	10	15	31	118	8.0
社区(村/居)社区服务中心/站	20	20	22	12	17	33	124	8.5

续表

设施类型	厦门市	莆田市	泉州市	南平市	漳州市	福州市	总计	百分比（％）
银行（支行）/信用社（不含邮局/储蓄所）	20	17	19	9	11	34	110	7.5
电影院/剧院	7	3	7	5	2	9	33	2.3
公共厕所（公共场所）	17	20	22	12	23	33	127	8.7
餐馆/饭店/酒店	20	24	22	11	23	37	137	9.3
公　园	16	10	12	8	11	19	76	5.2
都没有	0	0	3	0	0	0	3	0.2
总　计	242	229	243	139	220	393	1 466	100

本研究选取了与老年人生活关联性较大的 4 种基础设施：商店/超市/便利店/百货店、农贸市场、社区（村/居）社区服务中心/站、公园，将其在各市社区的覆盖比例（该市有某类基础设施社区数/该市受访社区总数）进行比较，结果如图 5-2 所示，"农贸市场"在六个市的所有社区完全覆盖，每个社区附近都有农贸市场；"商店/超市/便利店/百货店"在厦门市的所有调查社区 100％覆盖，说明厦门市该项基础设施建设相比于其他城市更加完善、覆盖更加全面；"公园"在厦门市社区覆盖比例最高，共有样本 16 个，占总样本的80％，相比之下其他各市的覆盖比例不超过 50％；"社区（村/居）社区服务中心/站"在厦门市的所有调查社区 100％覆盖，最低的是漳州市，仅有 53.1％的受访社区有社区（村/居）社区服务中心/站。

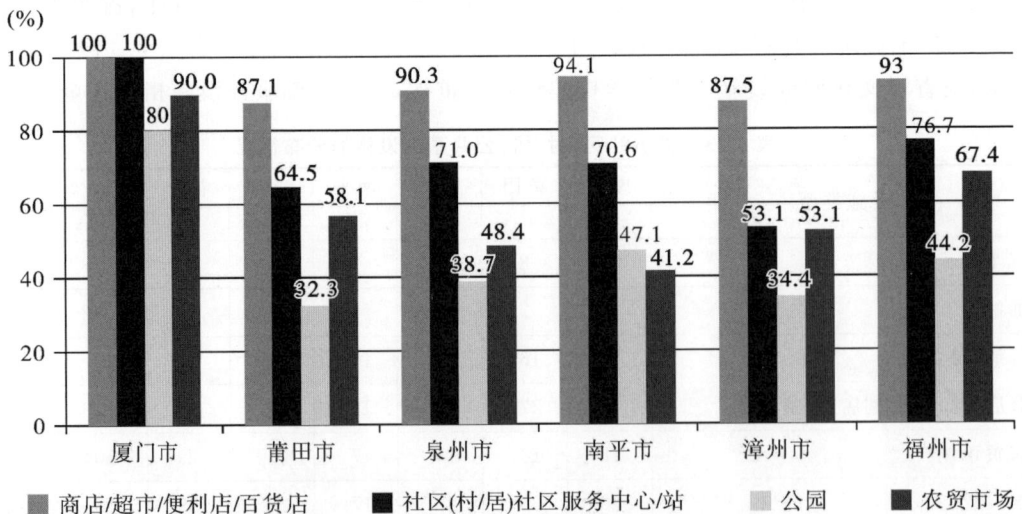

图 5-2　社区中老年人生活密切相关的四种基础设施的覆盖情况

2.社区附近养老设施的分布情况

本研究将社区养老设施分为两大类，一是养老机构，如敬老院、福利院、光荣院等；二是为社区内生活不能完全自理、日常生活需要一定照护的半失能老年人提供日间服务的社区日间照护中心。如表 5-24 所示,有 172 个受访社区(村/居)报告了养老设施基本情况,因同一社区可能存在一种、两种养老设施或兼而有之,所以共有 177 个设施类型。大部分受访社区"都没有",共有样本个数 111 个,占比为 62.7%;有 26% 的受访社区有"社区日间照护中心",有 11.3% 的受访社区有"养老机构(敬老院/福利院/光荣院等)"。可见我省社区养老设施建设滞后,大部分社区没有养老服务设施。

在对各城市养老设施的比较分析中,如表 5-24 所示,从总量上看,福州市养老设施中的"养老机构(敬老院/福利院/光荣院等)""社区日间照护中心"最多,共有 19 个;泉州市其次,共有 16 个;厦门市最少,一共只有 6 个。对每个社区(村/居)养老设施的平均数分析,发现平均最高的为南平市社区,平均每个社区有 0.63 个"养老机构(敬老院/福利院/光荣院等)"或"社区日间照护中心",最少的则为莆田市 0.22 个。

表 5-24　　　　受访社区(村/居)养老设施的分布情况

设施类型	厦门市	莆田市	泉州市	南平市	漳州市	福州市	总 计	百分比(%)
养老机构(敬老院/福利院/光荣院等)	1	4	1	4	2	8	20	11.3
社区日间照护中心	5	3	15	6	6	11	46	26.0
都没有	14	25	16	8	23	25	111	62.7
每个社区(村/居)设施的平均数*	0.38	0.22	0.52	0.63	0.25	0.40	177	100

* 每个社区(村/居)平均数指每个地区市社区(村/居)所开展养老设施总数/每个地区市的社区(村/居)总数。

3.社区附近医疗卫生机构的分布情况

本研究所指的医疗卫生机构主要包括有医院、诊所、社区卫生服务中心/站、老年保健中心、乡镇卫生院、药店等。对该问题的回答结果如表 5-25 所示,有 172 个受访社区(村/居)报告了养老设施基本情况,因同一社区可能存在一种或几种医疗卫生机构,所以共有393 个机构类型。其中,分布最多是"诊所",共有样本个数 118 个,占比 30.0%;其次是"药店",共有样本 109 个,占比 27.7%;最少的是"老年保健中心(残疾人康复保健中心)",共有样本 11 个,占比 2.8%;"都没有"的样本有 5 个,占比 1.3%。

对城乡地区医疗卫生机构进行比较分析,见表 5-24,城乡地区之间医疗卫生机构分布差距明显。"城市地区"共有"医院"样本分布 25 个,而"乡村地区"仅有 4 个;"药店""诊所""社区卫生服务中心/站"等医疗卫生机构"城市地区"都远远大于"乡村地区";全部 11 个"老年保障中心(残疾人康复/保健中心)"样本都分布于"城市地区";医疗卫生机构"都没有"的五个样本都位于"乡村地区"。可见,城市地区的医疗卫生条件远远要好于"乡村地区",乡村地区医疗卫生机构还有待发展完善。

将每个地区市社区(村/居)所医院、诊所、药店等医药机构总数/每个地区市的社区(村/居)总数得到每个社区(村/居)的平均数后发现,厦门市每一社区拥有的平均医疗卫生机构最多,为 3.63 个;其次是泉州市 2.55 个,最少的是漳州市 1.91 个。另外,还发现城市地区每个社区的医院诊所、药店等平均数为 2.65 个,明显高于乡村地区的 1.70 个。

因此可以反映出城乡差异比较明显。参见表5-25。

表5-25　受访社区(村/居)医疗卫生机构的分布情况

面积大小	厦门市	莆田市	泉州市	南平市	漳州市	福州市	城市地区	乡村地区	总　计	百分比(%)
医　院	5	5	8	3	3	5	25	4	29	7.4
诊　所	15	25	22	9	19	28	66	52	118	30.0
社区卫生服务中心/站	11	11	17	7	12	25	62	21	83	21.1
老年保健中心(残疾人康复/保健中心)	6	1	3	0	0	1	11	0	11	2.8
乡镇卫生院	2	9	9	4	9	5	17	21	38	9.7
药　店	19	12	20	10	18	30	76	33	109	27.7
都没有	0	2	1	1	0	1	0	5	5	1.3
总　计	58	65	80	34	61	95	257	136	393	100
每个社区(村/居)医药机构平均数*	3.63	2.03	2.55	2.06	1.91	1.96	2.65	1.70	—	—

* 每个社区(村/居)平均数为指每个地区市社区(村/居)所医院、诊所、药店等医药机构总数/每个地区市的社区(村/居)总数。

4.社区附近文体设施的分布情况

在对问题"社区附近有哪些文体设施"的回答中,结果如表5-25所示,有172个受访社区(村/居)报告了其文体设施分布情况,因同一社区可能存在一种或多种文体设施,所以共有546个设施类型。其中,分布最多的是"老年活动中心/站(老年星光之家/农村幸福大院)",共有样本个数120个,占比22.0%;其次是"室内活动场所(棋牌活动室/乒乓球/台球场地等)",共有样本113个,占比20.7%;最少的是"老干部活动中心",共有样本24个,占比4.4%;"都没有"的样本仅有1个,占比0.2%。

对城乡社区文体设施的分布情况进行比较分析,见表5-26,城乡地区之间文体设施分布差距明显。"城市地区"文体设施较"乡村地区"多的是"老干部活动中心""露天健身器材场地(乒乓球/台球场地/篮球场地等)""室内活动场所(棋牌活动室/乒乓球/台球场地等)""老年活动中心/站(老年星光之家/农村幸福大院)";而"乡村地区"较"城市地区"多的是"教堂/庙宇寺庙/清真寺""家族祠堂"。因此可见,农村地区文体活动还带有比较浓厚的传统及宗教色彩。

对各市每一社区拥有的平均文体设施数量(该市受访社区拥有的文体设施总数/该市受访社区总数)进行比较,结果发现莆田市每一社区拥有的文体设施最多,平均每一社区拥有3.97个文体设施;其次是厦门市3.56个,接着是南平市3.44个,泉州市3.16个,漳州市2.75个,最少的为福州市,平均每一社区拥有2.58个文体设施。值得一提的是乡村地区社区(村/居)平均文体设施数为3.29,高于城市社区(村/居)的3.06个。参见表5-26。

表 5-26　受访社区(村/居)文体设施的分布情况

设施类型	厦门市	莆田市	泉州市	南平市	漳州市	福州市	城市地区	乡村地区	总计	百分比(%)
老干部活动中心	4	5	5	3	2	5	15	9	24	4.4
老年活动中心/站(老年星光之家/农村幸福大院)	13	22	23	11	23	28	68	52	120	22.0
露天健身器材场地(乒乓球/台球场地/篮球场地等)	13	24	21	12	10	27	63	44	107	19.6
室内活动场所(棋牌活动室/乒乓球/台球场地等)	17	24	20	14	7	31	77	36	113	20.7
教堂/庙宇寺庙/清真寺	10	27	17	7	20	18	47	52	99	18.1
家族祠堂	0	21	12	8	26	15	22	60	82	15.0
都没有	0	0	1	0	0	0	0	1	1	0.2
总　计	57	123	99	55	88	124	292	254	546	100
社区(村/居)的平均数*	3.56	3.97	3.16	3.44	2.75	2.58	3.06	3.29	3.13	—

＊社区(村/居)的平均数为每个地区市社区(村/居)文体设施总数/每个地区市的社区(村/居)总数。

第三节　受访社区老龄事业发展现状

本节主要从老龄工作的组织情况、老龄政策的落实情况、开展老龄服务等多角度来说明我省社区老龄工作的现状。

一、社区的老龄工作机构及老龄政策的落实情况

1.社区老龄工作机构或组织情况

社区老龄工作机构是公共机构为从事老龄工作、履行服务职能所设立的机构组织,而老年人组织一般是由老年人自愿组成的兴趣、服务类组织。在对该问题的回答中,结果如表 5-27 所示,有 173 个受访社区(村/居)报告了老龄工作机构/老年人组织情况,因同一社区可能存在一种或多种老龄工作机构或组织,所以共有 358 个机构组织类型。其中,分布最多的是"老年协会",共有样本个数 149 个,占比 41.6％;其次是"老年学校",共有样本 86 个,占比 24.0％;最少的是"其他",共有样本 3 个,占比 0.8％;"都没有"的样本有 13 个,占比 3.6％。可见,我省老年人自我组织以"老年协会"为主,老龄服务机构以"老年学校"为主。

对各市每一社区拥有的平均老年工作机构或组织(该市受访社区拥有的老年工作机构或组织/该市受访社区总数)进行比较,结果发现厦门市每一社区拥有的老年工作机构或组织最多,平均每一社区拥有 4.25 个老年工作机构或组织;其次是泉州市,为 2.97 个;再次是莆田市 1.68 个,福州市 1.58 个,漳州市 1.50 个;最少的是南平市平均每一社区为 1.38 个。因此可以反映出,南平市社区老年工作机构或组织建设还比较少。

表 5-27 受访社区拥有老年工作机构或组织的分布情况

机构组织类型	厦门市	莆田市	泉州市	南平市	漳州市	福州市	总 计	百分比(%)
老龄/老年事务处/科/组	4	3	4	0	0	1	12	3.4
老年协会	20	31	30	4	30	34	149	41.6
老年志愿组织	16	4	19	5	3	10	57	15.9
老年兴趣小组	8	5	11	3	5	6	38	10.6
老年学校	20	9	28	2	7	20	86	24.0
其 他	0	0	0	1	1	1	3	0.8
都没有	0	0	0	7	2	4	13	3.6
总 计	68	52	92	22	48	76	358	100
社区(村/居)的平均数*	4.25	1.68	2.97	1.38	1.50	1.58	2.06	—

* 社区(村/居)的平均数为每个地区市每个社区(村/居)的机构组织类型数=每个地区市社区(村/居)机构组织类型总数/每个地区市的社区(村/居)总数。

2.老年人优待证及其他政策的落实情况

老年人优待证是国家按照规定给予老年人的一种优惠、照顾。在对问题"社区有多少老年人办理优待证"的回答中,结果如表 5-28 所示,共有 163 个受访社区(村/居)报告了社区老年人办理优待证的情况,11 个社区(村/居)数据缺失。办理过优待证的老年人数以"100 人以下"最多,共有样本 76 个,占有效样本总数的 46.6%;其次是"300 人以上",共有样本 45 个,占比 27.6%;最少的是"200~300 人",样本共有 14 个,占比 8.6%。

表 5-28 受访社区办过老年优待证人数的分布情况

人 数	厦门市	莆田市	泉州市	南平市	漳州市	福州市	总 计
100 人以下	4	14	15	12	12	19	76
100~200 人	1	7	3	2	8	7	28
200~300 人	2	3	2	1	2	4	14
300 人以上	11	6	11	1	8	8	45

对各市之间社区老年人办理优待证人数情况进行比较分析,可以发现厦门市社区老年人办理优待证人数以"300 人以上"类型最多,共有 11 个样本,以"100~200 人"类型最少,共有样本 1 个;莆田市社区老年人办理优待证人数以"100 人以下"的类型最多,共有 14 个样本,以"200~300 人"类型最少,共有样本 3 个;泉州市社区老年人办理优待证人数以"100 人以下"类型最多,共有 15 个样本,以"200~300 人"类型最少,共有样本 2 个;南

平市社区老年人办理优待证人数以"100 人以下"类型最多,共有 12 个样本,以"200～300 人"和"300 人以上"类型最少,各有 1 个样本;漳州市社区老年人办理优待证人数以"100 人以下"类型最多,共有 12 个样本,以"200～300 人"类型最少,共有样本 2 个;福州市社区老年人办理优待证人数以"100 人以下"类型最多,共有 19 个样本,以"200～300 人"类型最少,共有样本 4 个。

对"社区为落实老龄政策法规所做了哪些工作"问题的回答中,结果如表 5-29 所示,有 169 个受访社区(村/居)报告了社区落实老龄政策法规的情况,因同一社区可能存在组织落实一种或多种老龄政策法规的情况,所以共有 317 个工作类型。其中,分布最多活动是"最低生活保障制度",共有样本个数 94 个,占比 29.7%;其次是"农村计划生育家庭奖励扶助制度",共有样本 86 个,占比 27.1%;最少的是"'三无'老人供养",共有样本 62 个,占比 19.6%。

表 5-29　受访社区 2015 年以来落实老龄政策法规的分布情况

类　型	厦门市	莆田市	泉州市	南平市	漳州市	福州市	总　计	百分比(%)
最低生活保障制度	18	14	20	9	8	25	94	29.7
"三无"老人供养	11	14	9	8	8	12	62	19.6
农村计划生育家庭奖励扶助制度	0	24	10	9	23	20	86	27.1
"五保"老人供养	2	24	9	8	18	14	75	23.7
总　计	31	76	48	34	57	71	317	100

对各市之间社区落实老龄政策法规的情况进行比较分析,可以发现厦门市社区落实老龄政策法规以"最低生活保障"类型最多,共有 18 个样本,因调查的样本全部为城市社区,所以不存在落实"农村计划生育家庭奖励扶助制度";莆田市社区落实老龄政策法规以"农村计划生育家庭奖励扶助制度"和"'五保'老人供养"的类型最多,都为 24 个样本,以"最低生活保障制度"和"'三无'老人供养"类型最少,都为样本 14 个;泉州市社区落实老龄政策法规以"最低生活保障制度"类型最多,共有 20 个样本,以"'三无'老人供养"和"'五保'老人供养"类型最少,均有样本 9 个;南平市社区落实老龄政策法规以"最低生活保障制度"和"农村计划生育家庭奖励扶助制度"类型最多,均有 9 个样本,以"'五保'老人供养"和"'三无'老人供养"类型最少,均有样本 8 个;漳州市社区落实老龄政策法规以"农村计划生育家庭奖励扶助制度"类型最多,共有 23 个样本,以"'三无'老人供养"和"最低生活保障制度"类型最少,各有样本 8 个;福州市社区落实老龄政策法规以"最低生活保障制度"类型最多,共有 25 个样本,以"'三无'老人供养"类型最少,共有样本 12 个。

二、老龄基础设施与老龄服务体系建设情况

问及"社区为完善老龄服务设施做了哪些工作"的调查结果如表 5-30 所示,有 147 个受访社区(村/居)报告了 2015 年以来完善老龄服务设施的情况,因同一社区可以开展一种或多种建设活动,所以共有 154 个活动类型。其中,"(农村)解决老年人活动场所不足问题"所占的比例最高,共有样本 74 个,占样本总数的 48.1%;其次是"(城市)在社区建设

中统筹规划老龄服务设施,兴建老龄服务机构、老年活动中心、老年大学",共有样本71个,占比46.1%。从城乡视角进行分析,全省城市社区平均完善老龄服务设施情况完成率[①]为73%,乡村完善老龄服务设施完成率100%。

表 5-30　2015 年以来受访社区(村/居)完善老龄服务设施的具体情况

活动类型	人　数	百分比(%)
(城市)在社区建设中统筹规划老龄服务设施,兴建老龄服务机构、老年活动中心、老年大学	71	46.1
(农村)解决老年人活动场所不足问题	74	48.1
(农村)开展幸福大院	9	5.8
总　计	154	100
城乡视角的社区(村/居)完善老龄服务设施情况		
城市平均完成率		73
乡村平均完成率		100

社区(村/居)完善老龄服务设施情况完成率指社区(村/居)完善老龄服务设施总数/城乡社区(村/居)总数×100%。

"社区为建设老龄服务体系做了哪些工作"的调查结果如表 5-31 所示,有 172 个受访社区(村/居)报告了 2015 年以来建设老龄服务体系的情况,因同一社区可以开展一种或多种建设活动,所以共有 550 个建设老龄服务的活动类型。"开展老年人定期免费体检"的占比最多,共有样本 157 个,占样本总数的 28.5%,考量每个地区市的社区(村/居)总数,按各个地区市的每个社区(村/居)的平均活动数[②]进行分析,发现厦门市社区(村/居)的平均活动数排列第一为 5.94 个,泉州市排列第二为 3.61 个,最少的为南平市 1.75 个。

表 5-31　受访社区 2015 年以来建设老龄服务体系的情况

活动类型	厦门市	莆田市	泉州市	南平市	漳州市	福州市	总　计	百分比(%)
加强社区生活照护、医疗卫生等便捷老龄服务建设	7	6	10	2	11	12	48	8.7
开展老年人定期免费体检	19	30	27	11	30	40	157	28.5
鼓励和引导社会力量参与老龄服务业	6	11	12	3	13	10	55	10
开展健康管理服务	14	14	18	5	13	18	82	14.9
加强老龄服务队伍建设	17	9	18	2	9	15	70	12.7

---

①　完善老龄服务设施情况完成率指社区(村/居)完善老龄服务设施总数/城乡社区(村/居)总数×100%。

②　每个社区(村/居)的平均活动数指每个地区市每个社区(村/居)的平均活动次数=每个地区市社区(村/居)所开展的活动总数/每个地区市的社区(村/居)总数。

续表

活动类型	厦门市	莆田市	泉州市	南平市	漳州市	福州市	总 计	百分比（%）
加强志愿者队伍建设	18	7	16	5	9	21	76	13.8
加大老龄服务培训工作	7	6	8	0	6	3	30	5.5
建设老龄服务网络/信息化建设	7	5	3	0	3	4	22	4
都没有	0	1	3	4	1	1	10	1.8
总 计	95	89	115	32	95	124	550	100
每个社区(村/居)的平均活动次数*	5.94	2.84	3.61	1.75	2.94	2.56	3.10	—

* 每个社区(村/居)的平均活动次数指每个地区市每个社区(村/居)的平均活动次数＝每个地区市社区(村/居)所开展的活动总数/每个地区市的社区(村/居)总数。

对各市未进行任何老龄服务体系建设的社区比例(该市未进行任何老龄服务体系建设的社区总数/该市受访社区总数)进行比较,结果如图 5-3 所示,厦门市全部社区都有进行老龄服务体系建设,未进行任何老龄服务体系建设的社区比例为 0;其次是福州市,未进行任何老龄服务体系建设的社区比例为 2.3%;再次是漳州市,未进行任何老龄服务体系建设的社区比例为 3.1%;接下来是莆田市和泉州市,未进行任何老龄服务体系建设的社区比例分别为 3.2% 和 9.7%;最多的是南平市,未进行任何老龄服务体系建设的社区比例高达 23.5%。

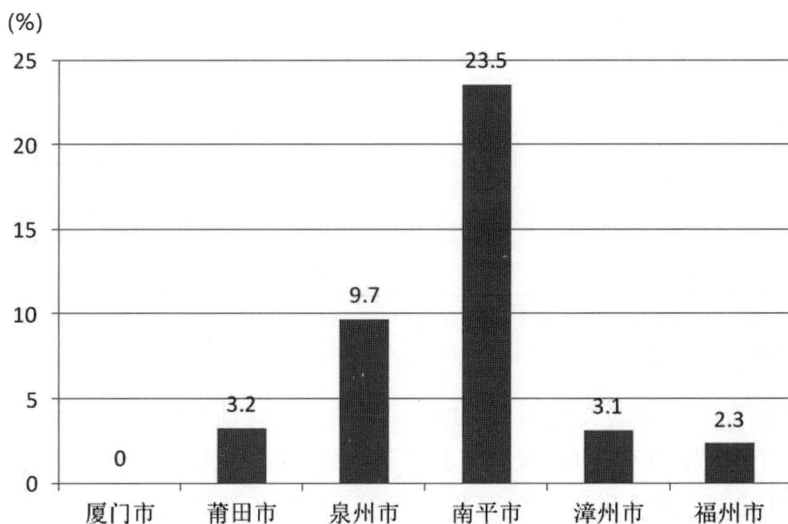

图 5-3 各市未进行老龄服务体系建设的社区比例

生活类服务主要指为便利老年人日常生活所提供的一系列服务,涵盖饮食、家政、购物、法律、理财等多个方面。在对"社区所提供的生活类服务"的问题的回答中,结果如表 5-32 所示,有 174 个受访社区(村/居)报告了其所提供的生活类服务,因同一社区存在提供一种或几种生活类服务,所以共有 362 个服务类型。其中,分布得最多的是"便民服务

（代缴费/充值、快递服务等）"，共有样本 105 个，占样本总数的 29.0%；其次是"法律/维权服务"，共有样本 57 个，占比 15.7%；最少的是"老年婚介服务"，仅有样本 2 个，占比 0.6%；"都没有"的样本为 33 个，比例为 9.1%。对每个地区市的每个社区（村/居）的平均活动数进行分析，发现厦门市社区（村/居）的平均活动数排列第一的为 3.69 个，泉州市排列第二，为 2.16 个，再次是南平市，平均每一社区开展 1.88 个生活服务类服务；接下来是漳州市和福州市，分别为 1.75 个和 1.50 个；最少的是莆田市，平均每一社区开展 1.45 个生活服务类服务。因此可以反映出厦门市社区针对老年人的生活服务类活动开展较好。

表 5-32　受访社区老龄生活服务体系的建设情况

服务类型	厦门市	莆田市	泉州市	南平市	漳州市	福州市	总 计	百分比（%）
老年餐桌	9	1	3	0	1	9	23	6.40
家政服务	11	1	9	4	3	11	39	10.80
陪同购物	0	0	2	0	1	2	5	1.40
便民服务（代缴费/充值、快递服务等）	12	22	18	12	23	18	105	29.00
托老服务（日间照护中心/站）	4	3	8	5	6	13	39	10.80
理财服务	4	2	2	0	0	0	8	2.20
法律/维权服务	15	4	15	6	7	10	57	15.70
老年婚介服务	0	0	2	0	0	0	2	0.60
殡葬服务	4	12	8	3	15	9	51	14.10
都没有	1	7	4	3	6	12	33	9.10
总　　计	60	52	71	33	62	84	362	100
每个社区（村/居）的平均服务次数*	3.69	1.45	2.16	1.88	1.75	1.50	1.89	—

　*社区（村/居）的平均活动数指每个地区市每个社区（村/居）的平均活动数＝每个地区市社区（村/居）所开展的活动总数/每个地区市的社区（村/居）总数。

在对"社区提供了哪些文化娱乐、社会参与服务类活动"问题回答中，结果如表 5-33 所示，有 174 个受访社区（村/居）报告了其文化娱乐、社会参与服务类活动的提供情况，因同一社区可以提供一种或几种活动，所以共有 474 种服务类型。其中，社区开展最多的活动是"棋牌娱乐等"，共有样本 148 个，占样本总数的 31.2%；其次是"读书看报"，共有样本个数 131 个，占比 27.6%；最少的是"老年人再就业服务"和"老年人交友服务"，都仅有样本 9 个，占比 1.9%；"都没有"的样本个数为 13 个，占比 2.7%。每个地区市社区（村/居）的平均活动数＝每个地区市社区（村/居）所开展的活动总数/每个地区市的社区（村/居）总数，结果发现厦门市社区（村/居）的平均服务开展次数排列第一，为 4.81 次，泉州市排列第二，为 3.13 次，最少的为漳州市，为 1.91 次。

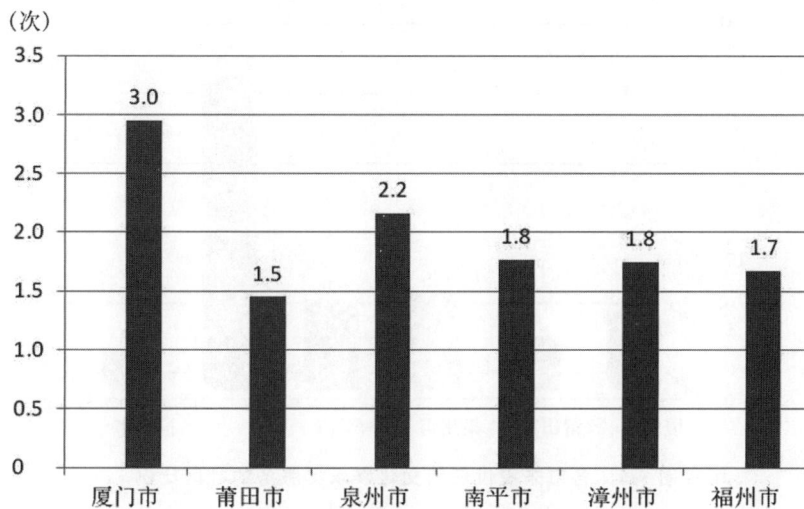

图 5-4 各市社区开展生活服务类服务数(次)

表 5-33 受访社区老年文化娱乐、社会参与类的服务开展情况

服务类型	厦门市	莆田市	泉州市	南平市	漳州市	福州市	总 计	百分比(%)
棋牌娱乐等	18	27	26	16	19	42	148	31.2
球类活动	7	10	11	7	13	13	61	12.9
读书看报	18	22	23	15	15	38	131	27.6
老年人再就业服务	1	1	3	1	0	3	9	1.9
老年学校/大学	18	4	23	2	8	17	72	15.2
旅游咨询	2	1	3	0	3	3	12	2.5
老年人上网服务	11	0	5	0	1	2	19	4.0
老年人交友服务	2	1	3	0	2	1	9	1.9
都没有	1	1	2	1	7	1	13	2.7
总 计	78	67	99	42	68	120	474	100
每个社区(村/居)的平均服务数*	4.81	2.13	3.13	2.56	1.91	2.48	2.65	—

＊社区(村/居)的平均活动数指每个地区市每个社区(村/居)的平均活动次数＝每个地区市社区(村/居)所开展的活动总数/每个地区市的社区(村/居)总数。

对各市未提供任何文化娱乐、社会参与服务类服务的社区比例(该市受访社区未提供任何文化娱乐、社会参与服务类服务的社区总数/该市受访社区总数)进行比较,结果如图 5-5 所示,福州市未提供任何文化娱乐、社会参与服务类服务的社区比例最少,为 2.3％；其次是莆田市,为 3.2％；再次是厦门市,有 5％的社区未提供任何文化娱乐、社会参与服务类服务；接下来是南平市和泉州市,分别为 5.9％和 6.5％；未提供任何文化娱乐、社会参与服务类服务的社区比例最高的是漳州市,高达 21.9％。因此可以反映出,福州市社区提供文化娱乐、社会参与服务类服务较好,而漳州市则需要加强。

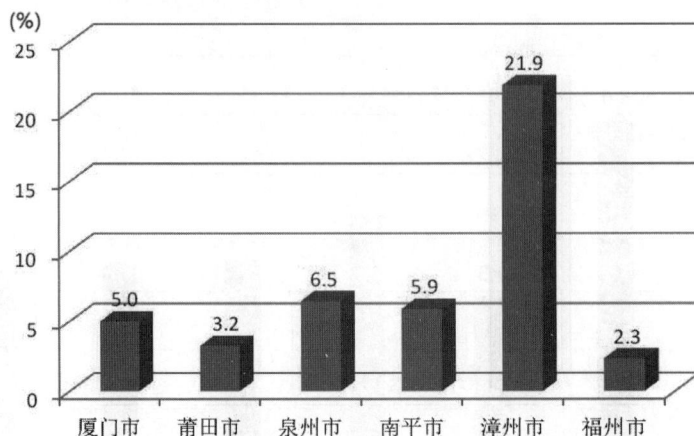

图 5-5　各市未提供任何文化娱乐类服务的社区比例

三、医疗照护服务体系的建设情况

　　医疗、康复类服务主要是指为满足老年人健康需求所提供的一系列服务，涵盖健康咨询、疾病看护、治疗等多个方面。在对"社区所提供的医疗、康复类服务"问题回答中，结果如表 5-34 所示，有 174 个受访社区（村/居）报告了其所提供的医疗、康复类服务，因同一社区可以提供一种或几种医疗、康复类服务，所以共有 324 个服务类型。其中，分布最多的是"健康讲座"，共有样本 95 个，占样本总数的 29.3%；其次是"上门看病"，共有样本个数 67 个，占比 20.7%；最少的是"康复辅具租赁/出售"，仅有样本 3 个，占比 0.9%；"都没有"的样本个数高达 52 个，比例为 16%。可见我省社区提供的医疗、康复类服务比较丰富，但是仍然存在一些社区未能提供至少一种医疗、康复类服务。

表 5-34　受访社区医疗、康复类服务的分布情况

服务类型	厦门市	莆田市	泉州市	南平市	漳州市	福州市	总 计	百分比（%）
健康讲座	19	10	22	9	9	26	95	29.3
陪同看病	0	2	4	0	1	3	10	3.1
上门看病	10	12	10	9	16	10	67	20.7
家庭病床	2	0	5	0	0	2	9	2.8
康复服务	8	4	7	0	1	2	22	6.8
上门护理	3	0	3	0	1	2	9	2.8
心理咨询	16	3	11	5	7	15	57	17.6
康复辅具租赁/出售	2	0	0	0	0	1	3	0.9
都没有	1	14	6	5	12	14	52	16.0
总　计	61	45	68	28	47	75	324	100
每个社区（村/居）的平均服务数 *	3.75	1.00	2.00	1.44	1.09	1.27	1.56	—

　　* 社区（村/居）的平均活动数为指每个地区市每个社区（村/居）的平均活动次数＝每个地区市社区（村/居）所开展的活动总数/每个地区市的社区（村/居）总数。

将各市每一社区提供医疗、康复类服务数(该市受访社区提供的医疗、康复类服务总数/该市受访社区总数)进行比较,结果发现厦门市社区平均提供的医疗、康复类服务数最多,平均每一社区提供 3.75 次医疗、康复类服务;其次是泉州市,为 2.0 次;再次是南平市,平均每一社区提供 1.44 次医疗、康复类服务;接下来是福州市为 1.27 次;漳州市为 1.09次;最少的是莆田市,平均每一社区提供 1.0 次医疗、康复类服务。因此可以反映出,厦门市社区医疗、康复类服务提供得较好。

四、老年人的维权与救助工作情况

在对问题"社区组织开展了哪些维护老年人合法权益活动"的回答中,结果如表 5-35所示,有 173 个受访社区(村/居)报告了本社区 2015 年以来维护老年人合法权益的情况,因同一社区可以组织一种或多种维权活动,所以共有 457 个维权活动类型。其中,社区开展的维权活动类型为"调解涉老纠纷"的占比最多,共有样本 124 个,占样本总数的27.1%;其次是"开展《老年法》普法宣传",共有样本 123 个,占比 26.9%;再次是"落实城乡老年人优待政策",共有样本 115 个,占比 25.2%;"都没有"的样本共有 13 个,占比 2.8%。

表 5-35　受访社区 2015 年以来维护老年人合法权益的活动情况

活动类型	厦门市	莆田市	泉州市	南平市	漳州市	福州市	总　计	百分比(%)
开展《老年法》普法宣传	18	22	30	7	17	29	123	26.9
落实城乡老年人优待政策	18	20	20	10	20	27	115	25.2
开设为老法律服务热线	8	4	6	2	3	5	28	6.1
调解涉老纠纷	18	22	22	10	25	27	124	27.1
*(农村)推动签订家庭养老赡养协议	0	4	2	1	1	0	8	1.8
提供法律援助和法律服务	9	9	4	1	7	9	39	8.5
监管老龄用品市场,保护老年消费者合法权益	1	5	0	0	1	0	7	1.5
都没有	1	3	1	2	5	1	13	2.8
总　计	73	89	85	33	79	98	457	100
社区(村/居)维权活动的平均数*	4.5	2.77	2.77	1.94	2.31	2.02	2.55	—

* 社区(村/居)活动的平均数指每个地区市每个社区(村/居)的组织各类老年龄维权活动的总数/每个地区市的社区(村/居)总数。

对各市每一社区开展维护老年人合法权益活动数(该市受访社区开展维护老年人合法权益活动总数/该市受访社区总数)进行比较,厦门市每一社区开展维护老年人合法权益活动数最多,平均每一社区开展 4.5 个维权活动;其次是莆田市和泉州市,平均每一社区开展 2.77 个维护老年人合法权益活动;接下来是漳州市 2.31 个、福州市 2.02 个;最少的是南平市,平均每一社区开展 1.94 个活动。因此可以反映出厦门市社区开展维护老年人合法权益活动较多,平均每一社区开展活动数是南平市的 2 倍以上。

低保救助是我国对城乡居民中收入低于当地最低生活标准的贫困人口进行补助的一种社会救济制度,各地区因其经济社会发展状况不同,其低保救助标准也相应有所不同。2014 年《福建省人民政府关于进一步做好社会救助工作的意见》指出,城市最低生活保障标准按当地最低工资标准的 36%~42%确定,农村最低生活保障标准按不低于当地上年度农民人均生活消费支出的 25%确定。如表 5-36 所示,有 172 个受访社区(村/居)报告了 2014 年获得低保救助老年人数量的情况,2 个社区(村/居)数据缺失。在 172 个样本中,每个社区中获得低保救助的老年人平均数为 19.0 人,标准差为 26.2;其中,获得低保救助老年人口数为"50 人以下"的占绝大多数,共有样本 158 个,占有效样本总数的91.9%;其次是"50~100 人",共有样本 10 个,占比为 5.8%;最少的是"100~150 人",仅有样本 4 个,占比 2.3%。

表 5-36　受访社区(村/居)2014 年获得低保救助老年人数量的分布情况

人口数	厦门市	莆田市	泉州市	南平市	漳州市	福州市	总　计	百分比(%)
50 人以下	20	30	29	17	22	40	158	91.9
50~100 人	0	1	1	0	8	0	10	5.8
100~150 人	0	0	1	0	2	1	4	2.3

对各市之间社区获得低保救助老年人数量进行比较分析,可以发现厦门市、南平市社区全部样本都为"50 人以下",分别各有样本 20 个和 17 个;莆田市大部分样本为"50 人以下",另外还有 1 个样本社区为"50~100 人";泉州市大部分样本为"50 人以下",另外各有1 个样本社区为"50~100 人"和"100~150 人";福州市大部分样本为"50 人以下",另有 1个样本为"100~150 人";漳州市社区获得低保救助老年人数量以"50 人以下"和"50~100人"为主,分别有样本 22 个和 8 个,位于"100~150 人"的样本有 2 个。

根据 2006 年国务院发布的《农村五保供养工作条例》,"五保"对象指农村中无劳动能力、无生活来源、无法定赡养抚养义务人或虽有法定赡养抚养义务人但无赡养抚养能力的老年人、残疾人和未成年人。"三无"通常指城镇中无生活来源、无劳动能力、无法定抚养义务人的公民。"三无/五保"的救助标准根据各地经济社会发展水平而确定,2014 年《福建省人民政府关于进一步做好社会救助工作的意见》指出,属农村"五保"供养的特困供养人员标准按不低于当地农村居民家庭上年度人均生活消费支出的 70%确定,属城市"三无"人员的特困供养人员标准按不低于当地城市低保标准的 130%确定。如表 5-37 所示,有 168 个受访社区(村/居)报告了 2014 年纳入"三无/五保"老年人数量的情况,6 个社区(村/居)数据缺失。在 168 个样本中,社区中获得"三无/五保"救助的老年人平均数为 3.6人,标准差为 5.6;其中,获得"三无/五保"救助老年人口数为"10 人以下"的占绝大多数,共有样本 158 个,占有效样本总数的 94.0%;其次是"10~20 人",共有样本 8 个,占比4.8%;最少的是"20 人以上",仅有样本 2 个,占比 1.2%。

表 5-37　受访社区(村/居)2014 年获得低保救助老年人数量的分布情况

人口数	厦门市	莆田市	泉州市	南平市	漳州市	福州市	总　计	百分比(%)
10 人以下	17	27	29	17	31	37	158	94.0
10~20 人	0	3	1	0	1	3	8	4.8
20 人以上	0	1	0	0	0	1	2	1.2

对各市之间社区被纳入"三无/五保"救助的老年人数量进行比较分析,可以发现厦门市、南平市社区全部样本都为"10 人以下",都有样本 17 个;莆田市和福州市社区大部分样本都位于"10 人以下",分别有样本 27 个和 37 个,另外"10~20 人"的样本都有 3 个,"20 人以上"的样本都为 1 个;泉州市和漳州市社区大部分样本都位于"10 人以下",分别有样本 29 个和 31 个,另外"10~20 人"的样本都有 1 个。

在对问题"社区老年人获得了哪些特殊帮助"的回答中,结果如表 5-38 所示,有 174 个受访社区(村/居)报告了本社区老年人提供特殊服务的情况,因同一社区老年人可以获得一种或多种特殊服务,所以共有 715 个老年人获得特殊服务的类型。其中,老年人所获得特殊帮助为"低保救助"的类型占比最多,共有样本个数 155 个,占样本总数的 21.7%;其次是"高龄补贴",共有样本 146 个,占比 20.4%;再次是"特困老年人生活补贴",共有样本 119 个,占比 16.6%;"都没有"的样本仅有 2 个,占比 0.3%。对社区(村/居)提供服务的平均数开展分析,厦门市社区平均开展这类活动 7.25 个,最少的为漳州市 3.34 个。

表 5-38　受访社区为老年人提供特殊服务的分布情况

特殊服务类型	厦门市	莆田市	泉州市	南平市	漳州市	福州市	总　计	百分比(%)
法律援助	15	6	14	6	7	13	61	8.5
高龄补贴	19	30	22	14	23	38	146	20.4
特困老年人生活补贴	16	24	23	9	21	26	119	16.6
特困老年人医疗救助	18	11	17	7	6	16	75	10.5
低保救助	19	29	28	16	27	36	155	21.7
失独家庭帮扶	19	13	21	9	15	28	105	14.7
老年心理关爱	10	8	13	3	8	10	52	7.3
都没有	0	0	0	0	1	1	2	0.3
总　计	116	121	138	64	108	168	715	100
社区(村/居)提供服务的平均数*	7.25	3.90	4.45	4.00	3.34	3.58	5.10	—

*社区(村/居)提供服务的平均数指每个地区市每个社区(村/居)提供各类特殊服务的总数/每个地区市的社区(村/居)总数。

随着现代社会的发展,物质生活条件日益改善,但与此同时,老年人心理问题日益突出,许多老年人存在着孤独、自闭等心理问题,因此提供必要的心理服务对满足老年人生活心理需求日益重要。对比各市社区有开展老年人心理关爱的比例(该市受访社区有开展老年人心理关爱活动的总数/该市受访社区总数）进行比较,结果见图 5-6,发现厦门市有 50%的社区开展了老年人心理关爱互动,比例最高;其次泉州市,比例为 41.9%;接着从高到低依次为莆田市、漳州市、福州市,有提供心理服务的社区比例分别为 25.8%、25.0%、23.3%;最低的是南平市,仅有 17.6%。

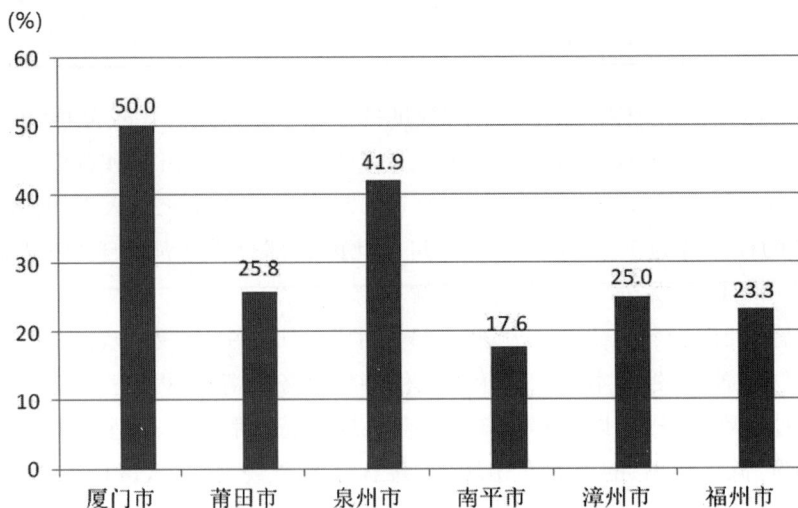

图 5-6　开展老年人心理关爱活动的社区比例

在对问题"社区是否有对纯老户/留守老年人专门帮扶措施"的回答中,结果如表 5-39所示,共有 138 个受访社区(村/居)报告了对"纯老户/留守老年人"专门帮扶措施的情况,其中有帮扶措施的比例为 27%,没有帮扶措施的比例为 73%。可见我省社区对纯老户/留守老年人的专门帮扶措施还很不到位,绝大部分社区没有对纯老户/留守老年人的专门帮扶措施。

表 5-39　受访社区对"纯老户/留守老年人"专门帮扶措施的分布情况

专门帮扶措施	厦门市	莆田市	泉州市	南平市	漳州市	福州市	总　计	百分比（%）
没　有	9	20	16	9	18	19	91	73
有	9	4	9	4	6	15	47	27
总　计	18	24	25	13	24	34	138	100

对各市社区有对"纯老户/留守老年人"提供专门帮扶措施的比例(该市受访社区有对"纯老户/留守老年人的总数/该市受访社区总数")进行比较,结果如图 5-7 所示,发现厦门市有 45%的社区有对"纯老户/留守老年人"提供专门帮扶措施,比例最高;其次是福州市,比例为 34.9%;接着从高到低依次为泉州市、南平市、漳州市,有对"纯老户/留守老年人"提供专门帮扶措施的社区比例分别为 29.0%、23.5%、18.8%;最低的是莆田市,仅有 12.9%。

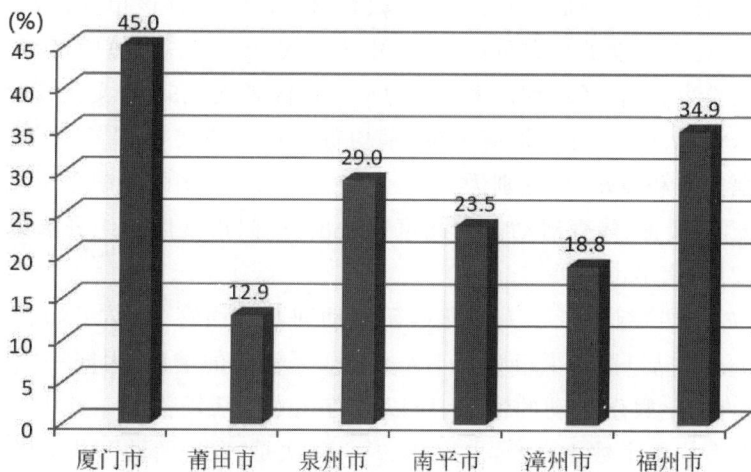

图5-7　采取纯老户/留守老年人专门帮扶措施的社区比例

五、老年文化、教育、体育活动的开展情况

在对问题"社区组织开展了哪些老年文化、教育、体育活动"的回答中,结果如表5-40所示,有174个受访社区(村/居)报告了本社区老年人提供特殊服务的情况,因同一社区可以组织开展一种或多种活动,所以共有466个活动类型。其中,"开展文体娱乐活动"的占比最多,共有样本127个,占样本总数的27.3%;其次是"举办健康讲座",共有样本97个,占比20.8%;再次是"加强基层老年人组织建设",共有样本77个,占比16.5%;"都没有"的样本共有25个,占比5.4%。

表5-40　受访社区2015年以来组织开展老年人文化、教育、体育活动的分布情况

活动类型	厦门市	莆田市	泉州市	南平市	漳州市	福州市	总计	百分比(%)
举办健康讲座	20	13	21	8	10	25	97	20.8
培训老年文化、体育骨干	7	4	11	1	4	4	31	6.7
开展文体娱乐活动	18	25	21	10	20	33	127	27.3
组织/参与县(市、区)级大型老年文化体育活动	9	10	15	1	5	4	44	9.4
开办老年教育(老年大学/学校/老年远程教育)	15	6	21	1	5	17	65	13.9
加强基层老年人组织建设	10	19	16	3	17	12	77	16.5
都没有	0	3	4	5	8	5	25	5.4
总计	79	80	109	29	69	100	466	100
社区(村/居)文化活动的平均数*	4.94	2.48	3.39	1.50	1.91	1.98	2.53	—

　*社区(村/居)文化活动的平均数指每个地区市每个社区(村/居)开展各类文化活动的总数/每个地区市的社区(村/居)总数。

对各市每一社区组织开展老年人文化、教育、体育活动数(该市受访社区组织开展老年人文化、教育、体育活动的总数/该市受访社区总数)进行比较,厦门市每一社区组织开展老年人文化、教育、体育活动数最多,平均每一社区开展 4.94 个文化、教育、体育活动;其次是泉州市,为 3.39 个;再次是莆田市,平均每一社区开展 2.48 个文化、教育、体育活动;接下来是福州市和漳州市,分别为 1.98 个和 1.91 个;最少的是南平市,平均每一社区开展 1.50 个文化、教育、体育活动。因此可以看出,厦门市社区组织开展老年人文化、教育、体育活动较好,南平市较差。

在对社区(村/居)组织老年人文化娱乐活动问题的回答中,结果如表 5-41 所示,有 172 个受访社区(村/居)报告了组织老年人文化娱乐活动的情况,因同一社区可以组织一种或多种老年人文化娱乐活动的情况,所以共有 359 个活动类型。其中,分布最多的是"健身活动",共有样本个数 100 个,占比 27.9%;其次是"歌舞活动",共有样本 96 个,占比 26.7%;最少的是"集体旅游",共有样本 10 个,占比 2.8%;"都没有"的样本有 35 个,占比 9.7%。可见,我省社区组织老年人文化娱乐活动以"文化娱乐活动"和"健身活动"为主,"集体旅游"等活动比较少。

表 5-41　受访社区 2015 年以来组织老年人文化娱乐活动的分布情况

活动类型	厦门市	莆田市	泉州市	南平市	漳州市	福州市	总　计	百分比(%)
歌舞活动	18	14	21	10	13	20	96	26.7
戏曲活动	4	10	9	1	3	18	45	12.5
书画活动	15	2	9	5	5	9	45	12.5
健身活动	17	17	19	7	14	26	100	27.9
集体旅游	0	2	1	0	2	5	10	2.8
其他活动	2	6	6	2	6	6	28	7.8
都没有	0	5	6	7	12	5	35	9.7
总　计	56	56	71	32	55	89	359	100

小结与讨论

本章节主要基于社区这个地理范围探究福建省老龄工作基本概况,从社区和人口状况出发,分析了包括社区地理(村/居)地理位置、类型、户籍登记人口总数、常住人口总数及农村劳动力流出状况等方面,进而探寻社区基础设施状况、地理与人口、老龄服务体系建设及老龄工作现状。本章节主要选取了社区道路、公共养老设施、无障碍设施、基础公共设施及社区活动场所等方面和老龄服务体系建设(包括生活类服务、医疗与康复类服务、文化娱乐与社会参与服务类等)等相关内容,试图从侧面反映政府的老龄工作水平和质量,主要为我省今后老龄产业发展及老年事业建设提供科学的数据支撑。最后着重说明当前的老龄工作状况,试图从中发现作为主体的政府及各界社会力量在其中的具体作用,为进一步完善我省的老龄事业和产业建设提供路径思考。同时,生动展现出整个福建省社区的基本面貌,为整个研究提供宏观视角上的福建省基本概况解析,在后续开展各项研究内容上提供基本的事实依据,从而对各项研究结果提供更为科学化的支持。

在社区的范围界定上,本节按照各自城市的规划或者惯例而形成"中心城区""边缘城区"的划分概念,整个研究的样本选取亦按照此标准进行,一定程度上反映出各社区所在城市区域在经济与城市化建设水平上的差异。其中"中心城区"所占比例最高,共有样本69个,占比39.7%,以厦门、泉州、福州三市作为主体部分,体现出三个城市在福建省经济地位和城市化水平上,相较于其他城市仍是福建省的核心城市区域;其次是以"乡镇附近"作为过渡区域进行样本选取,共有样本40个,占比23%,其中主要集中于莆田市和漳州市,余下各市共有15个;最低的是"边缘城区",共有样本6个,占样本总数的3.4%。在社区(村/居)类型的选取上,正如前文所述,随着时代的发展和城市进程的深入,对于社区具体类型的划分亦随着社区构成形态的变化而日新月异,呈现出各自不同的社区类型。本节基于社区是一个行政上的地理概念,兼顾社区类型的多元化构成形态,将各种社区进行融合,可以是单一的或是几种类型的统一。在具体样本的选取上,包括了未经改造的老城区(街坊型社区)、单一的单位社区(企事业单位)、混合的单位社区、保障性住房社区、普通商品房小区、别墅区或高级住宅区、新近由农村社区转变过来的城市社区、农村(地处农村中心区)社区、特殊型(林场/矿区/校区等)社区及其他类型,实际有173个社区报告了"本社区的类型",因部分社区包含几种类型,所以共有样本个数235个。其中,"农村(地处农村中心区)社区"数最多,共有83个,占总数的35.3%;其次是"普通商品房小区",共有44个,占比18.7%;紧接着是"混合的单位社区",共有41个,占比17.4%;最低的是"特殊型(林场/矿区/校区等)社区",共有2个,仅占比0.9%。

在社区(村/居)总面积及农村人均耕地面积的统计分析上,充分体现出福建省的城市发展离不开和受制于地理面貌这个客观事实,多山的丘陵地区和稀缺的可耕种土地,直接决定着福建省社区的总面积及人均耕种面积。在社区(村/居)总面积的分布情况上,呈现出"小型化"的特点,以"5平方千米以下"为主,共有129个,占比75.4%。在农村人均耕种面积的分布情况上,呈现出农村人均耕种面积两极分化相对严重的情况,农村人均耕种面积以"1亩以下"为主,共有68个,占比90.7%,"3亩以上"样本为7个,仅占比9.3%。这种两极分化的形式需要引起一定的注意。在社区(村/居)户籍登记人口总数的统计中,主要探讨本社区户籍的人口数量,可以看出福建省社区发展的人口规模相对适中,一定程度上体现福建省的城市化进程水平,但在不同社区的比较上差异极大;而在城乡比较上,"城市地区"的社区户籍人数要大于"乡村地区"的社区,其内部大小差异也更大。在城乡之间户籍人口比较上,"城市地区"社区户籍登记人口数的范围为962~19 948人,平均人数为5 963.0人;而"乡村地区"社区户籍登记人口数的范围为213~9 737人,平均人数为3 994.5人。

在社区(村/居)常住人口总数及农村劳动力流出状况的统计中,从常住人口的规模及人口的流动情况上展现福建省的经济发展和城市化水平,相比于户籍人口数,常住人口更能反映一个地区实际人口的数量,通过二者间的比较来探讨地区的经济发展概况。通常情况下,一些劳务输出地区其常住人口往往小于户籍人口,呈现出大量劳动力外出的净流出;而城市地区或经济发达的地区,常常表现为人口净流入,即户籍人口数要小于常住人口数。福建省作为东南沿海地区相对发达的省份,一定程度上符合以上的发展态势。在对 2014 年年底社区(村/居)常住人口总数统计上,"本社区 2014 年底常住人口数",以"2 500~5 000 人"居多,共有 60 个,占比 34.9%;其次是"7 500 人以上",共有 34 个,占比 25%;最少的是"5 000~7 500 人",共有 34 个,占比 19.8%。2014 年年底常住总人口数量的范围在 190~24 742 人,平均人数为 5 318.0 人。在城乡比较中,"城市地区"常住人口数的范围为 687~24 742 人,平均人数为 6 630.3 人;而"乡村地区"的范围为 190~8 350 人,平均人数为 3 660.3 人。结合户籍人口数据,可见"城市地区"常住人口数高于户籍人口数,人口处于净流入;相反"乡村地区"常住人口数低于户籍人口数,人口处于净流出。而在具体的"农村中外出打工的青年人占青壮年劳动力比例的分布情况"分析中,可以看出作为劳动力主力的青年人普遍选择外出就业,各个村庄外出打工青年人占青壮年劳动力的比例差距相对较大,越来越多的青年人口流失则造成农村劳动力日益不足的现象。在该项调查中,有 76 个村庄报告了本村在外打工的青年人占青壮年劳动力的比例情况,其中以"20%以下"占比最高,共有 28 个,占比 36.8%;其次是"20%~40%",共有 20 个,占比 26.3%;最少的是"60%~80%",共有 8 个,占比 10.5%。据此,在面对当前所存在的"空心村""留守儿童"等问题上,如何实现青年劳动力回归对于解决各类问题提供一定的解决路径。在社区(居、村)老年人口数量的统计调查试图去探寻当下社区中老年人口的具体构成。从中可以发现,老年人的主体构成集中于 60 至 80 岁的年龄层,2014 年社区户籍人口中 60 周岁及以上老年人口数量的分布,"800 人以下"所占比例最高;80 周岁及以上的老年人以"100 以下"所占比例最高;而 100 周岁及以上老年人口个数的分布中,绝大部分社区都没有 100 周岁及以上老年人口。对那些生活中遇到困难的老年人而言,必要的救助有助于个体更好地安度晚年,根据统计调查可以发现,大部分老年人无须在社区中获取低保救助,获得低保救助老年人口数为"50 人以下"的占绝大多数,占比 91.9%;纳入"三无/五保"老年人数量为"10 人以下"的占绝大多数,占比达 94.0%。

在社区基础设施状况方面,主要选取了社区道路、公共养老设施、无障碍设施、基础公共设施及社区活动场所等指标,试图从侧面反映政府的老龄工作的水平和质量。研究发现当下我省的社区已经没有土路、沙路等道路类型,绝大部分受访社区的主要道路类型属于水泥路,其余样本则为柏油路。从城乡社区来看,柏油路全部分布在城市地区,而乡村地区则全为水泥路。在炊事燃料使用情况的调查中,大部分受访社区的主要使用燃气和电为主的炊事燃料,煤炭、沼气、柴草等燃料使用较少。大部分城市社区使用燃气作为其炊事燃料;而在乡村地区,使用燃气和电的比例接近,煤炭、沼气、柴草等燃料的使用地区全部分布在乡村。在饮用水类型的调查中,大部分受访社区的饮用水类型为自来水(管道)和井水,其余如地表水和其他使用较少。在社区(村/居)中下水道系统的调查中,62.6%的社区有下水道系统,而没有下水道系统的社区占比 37.4%。可见,我省在下水道建设方面还存在一定的问题。在垃圾处理方式的调查中,大部分受访社区的垃圾处理模式为集中处理,但仍有少部分社区使用"自行处理"的方式,可见在环境保护方面还有一定的优化空间。在公共无障碍设施的分布情况中,21.8％的社区有指出公共无障碍设施"清晰的标识",17.1％的社区有"坡道",而拥有"无障碍电梯"和"字幕提示和语音提示"的社区占比仅为3.4％,高达34.2％的社区没有任何无障碍设施。可见,我省社区的公共无障碍设施建设亟待加强。在公共活动用房情况的调查中,不同社区的公共活动用房面积差别较大,而且在城乡比较中,"乡村地区"的社区公共活动用房平均面积要大于"城市地区"的社区,这与"乡村地区"平均面积较大的客观事实相一致。在公共活动用房建设年代调查中,建于"80—90年代"的公共活动用房数量最多,其次是"近十年内新建",最少的是建于"40—50年代",这本质上与地区经济发展步伐相一致。在基础公共设施中,我省对文化服务设施尤其是学校建设比较重视,公共基础服务设施资源多样且丰富。但是,数据显示我省社区养老设施建设滞后,大部分社区没有养老服务设施,且主要集中于经济相对发达的个别城市当中,如福州市、泉州市、厦门市,而各个城市具体的服务设施的设置又有所差异。在医疗卫生机构的分布上,这种地区差异更是明显,城市地区的医疗卫生条件远远要好于乡村地区,乡村地区医疗卫生机构还有待发展完善。文体设施上,这种差异亦存在,又显现出地区特色性,农村地区的文体活动还带有比较浓厚的传统及宗教色彩。

在第三节主要探讨了老龄服务体系建设,包括生活类服务、医疗与康复类服务、文化娱乐与社会参与等服务类等方面的内容。研究发现,受访社区普遍具有"便民服务(代缴费/充值、快递服务等)""法律/维权服务""老年婚介服务"等,而也有9.1％的社区没有任何服务提供。对于医疗、康复类服务而言,我省社区提供的医疗、康复类服务比较丰富,但是仍然存在一些社区未能提供至少一种医疗、康复类服务,这可能与医生、护理员和专业医疗护理人员的缺口较大有关。在文化娱乐、社会参与服务类方面,我省种类是丰富多彩的,但"老年人再就业服务"和"老年人交友服务"需要加强重视,其提供比例仅占1.9％,可见对于新兴的老龄事业及产业的建设仍有很大的空间需要提升。

在老龄工作机构/老年人组织上,我省老年人自我组织以"老年协会"为主,老龄服务机构以"老年学校"为主,晚年的文化娱乐活动主要集中于"健身活动""歌舞活动"和"集体旅游"等方面,这种现象对于今后老龄产业的建设很有启示意义。在老龄工作开展方面,相关老龄政策法规虽然能够得到一定程度的落实,但在具体的老龄服务设施的建设方面需要进一步加强,存在"(农村)解决老年人活动场所不足问题""(城市)在社区建设中统筹规划老龄服务设施,兴建老龄服务机构、老年活动中心、老年大学"等问题,广大老年人仍希望政府部门能够针对老年群体开展更多有益于老年人的活动。

针对上文提到的留守问题,由于年轻劳动力的外流,地区的人口构成不可避免地呈现出以"留守老年人"为主的农村形态。福建省的社区在2014年年底"留守老年人"人数的平均范围在0～520人之间,而针对"纯老户/留守老年人"建立专门的帮扶措施的社区所占比例仅为27％,没有帮扶措施的社区所占比例为73％。可见,我省社区对"纯老户/留守老年人"的专门帮扶措施还很不到位,绝大部分社区没有为"纯老户/留守老年人"建立专门帮扶措施。调查还发现,基本不存在虐待/不赡养老年人的现象,也从某种程度上说明我省敬老、爱老文化的建设成果是喜人的。虽然老年人犯罪问题几乎为零,但96.3％的社区仍发生了"5例以下"老年人受骗上当的问题,这需引起有关部门的注意。

第六章 老年人生活、健康、医疗的 地区特征及老龄工作的困境

自古道"一方水土养一方人""靠山吃山，靠水吃水""水土异也""橘逾淮为枳"，虽然样子相似，其实味道不一样。同样，八闽大地虽然水土交融，但是闽南、闽北、闽西、闽东等不同地区的历史文化渊源及水土环境、人文环境都不同，现有的地方行政区划中八闽九个地区市的很多政策制定或多或少带有地方特色。诸如此类的地区经济、政策、人文文化和社会生活综合交互作用，所以，有必要把老年人生活状况抽样调查数据从地区视角展开分析。

第一节 老年人生活及经济状况的地区特征

福建省第四次城乡老年人生活状况抽样调查通过采用"分层、多阶段 PPS、最后阶段等概率"的近似自加权样本抽样设计的原则，确保抽取样本的全省代表性。首先于全省 85 个县级行政单位数中随机抽取了 11 个县级行政单位数，它们分别隶属于以下 6 个地级市：福州市、厦门市、南平市、莆田市、泉州市和漳州市；这 6 个地级市被抽到的样本分别为福州市 1 439 人占 27.25%、厦门市 480 人占 9.09%、南平市 480 人占 9.09%、莆田市 960 人占 18.18%、泉州市 960 人占 18.18%和漳州市 961 人占 18.20%。

一、基本特征

福建省第四次城乡老年人生活状况抽样调查 6 个地级市老年人的平均年龄分布情况（图 6-1），总体波动在 69.58—70.54 之间，6 个地级市老年人平均年龄的差异没有统计学上的显著性意义（F=1.91,df=5,$P=0.0891$）。样本市老年人的文化程度比较如表 6-1 及图 6-2 所示，从高到低的依次排序为：厦门市、福州市、泉州市、南平市、莆田市和漳州市。老年人文化程度 6 个样本市之间呈现统计学上的显著性地区差异（$P<0.001$）。

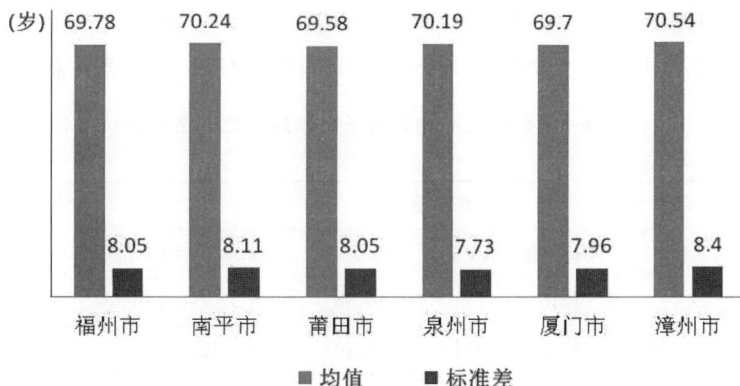

图 6-1 受访老年人年龄的地区市比较

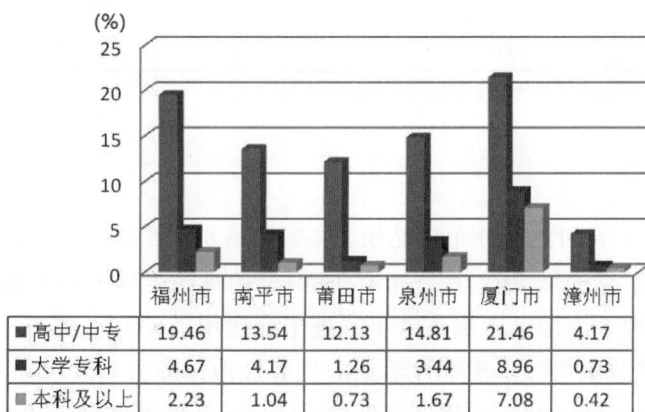

图 6-2 老年人文化程度的地区市比较

表 6-1 老年人文化程度的地区市比较

单位:n(%)

地 区	未上过学	小 学	初 中	高中/中专	大学专科	本科及以上	总 计
福州市	168(11.72)	520(36.26)	368(25.66)	279(19.46)	67(4.67)	32(2.23)	1 434(100)
南平市	145(30.21)	166(34.58)	79(16.46)	65(13.54)	20(4.17)	5(1.04)	480(100)
莆田市	244(25.52)	364(38.08)	213(22.28)	116(12.13)	12(1.26)	7(0.73)	956(100)
泉州市	211(22.00)	371(38.69)	186(19.4)	142(14.81)	33(3.44)	16(1.67)	959(100)
厦门市	63(13.13)	97(20.21)	140(29.17)	103(21.46)	43(8.96)	34(7.08)	480(100)
漳州市	398(41.50)	378(39.42)	132(13.76)	40(4.17)	7(0.73)	4(0.42)	959(100)
总 计	1 229(23.33)	1 896(35.99)	1 118(21.22)	745(14.14)	182(3.45)	98(1.86)	5 268(100)

$\chi^2 = 643.0718, P = 0.000$。

被访老年人总体平均拥有 1.61 个儿子与 1.61 个女儿。如表 6-2 所示,从 6 个样本市分析,老年人平均拥有儿子数量从多到少依次为:漳州市 1.93 个、泉州市 1.79 个、南平市 1.71 个、莆田市 1.65 个、福州市 1.36 个和厦门市 1.1 个。老年人平均拥有女儿数量从多到少依次为：漳州市 2.03 个、泉州市 1.83 个、莆田市 1.64 个、南平市 1.62 个、福州市 1.29 个和厦门市 1.1 个。上述子女数量的地区差异具有统计学上的显著性意义（$P<0.001$）。

表 6-2　老年人平均拥有子女数量的地区市比较

单位：个

城　市	儿子数量		女儿数量	
	均　值	标准差	均　值	标准差
福州市	1.36	0.86	1.29	0.94
南平市	1.71	1.20	1.62	1.21
莆田市	1.65	0.93	1.64	1.02
泉州市	1.79	1.08	1.83	1.28
厦门市	1.10	0.84	1.10	0.89
漳州市	1.93	1.16	2.03	1.25

ANOVA F1＝64.03，P＝0.000 ；F2＝71.47，P＝0.000。

二、生活状况

6 个样本市老年人的独居分布情况如表 6-3 和图 6-3 所示，老年人口独居比例最高的为南平市，从分析数据的结果看，南平市有 40.21％的被访老年人处于独居状态，远高于其他 5 个地区市，其他 5 个地区市被访老年人处于独居率波动在 7.95％～16.88％。6 个样本市老年人的独居分布情况呈现统计学上的显著性地区差异（$P<0.001$）。其中，厦门市的被访老年人口处于独居状态的比例最低（7.95％）。厦门的这种现象也许与当地的房价有关，由于高房价必然导致人口密集度提高，同时，厦门生活工作环境良好也是使得许多子女愿意留在父母的身边的一个原因。南平市老年人独居率高于其他地区市的情况，也许与南平市就业机会相对较少，从而许多子女为了更好地就业流出本地，当然，有关现象还有待于今后进一步考察。

表 6-3　独居老年人的分布情况地区市比较

单位：n（％）

城　市	不是独居	独　居	总　　计
福州市	1,252(89.24)	151(10.76)	1,403(100)
南平市	287(59.79)	193(40.21)	480(100)
莆田市	825(89.58)	96(10.42)	921(100)
泉州市	773(83.12)	157(16.88)	930(100)
厦门市	440(92.05)	38(7.95)	478(100)
漳州市	800(83.95)	153(16.05)	953(100)
总　计	4 377(84.74)	788(15.26)	5 165(100)

χ^2＝291.8065，P＝0.000。

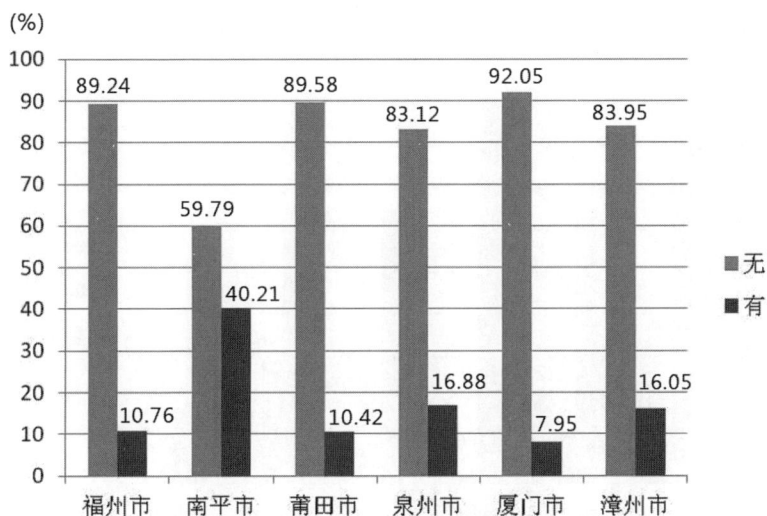

图 6-3　老年人独居分布的地区市比较

表 6-4 及图 6-4 为老年人与子女长期生活意愿的地区市比较,从高到低依次为:莆田市 91.58%、福州市 74.65%、泉州市与南平市并列 64.58%、厦门市 58.33% 和漳州市 54.74%。上述的地区市差异具有统计学上的显著性意义($P<0.001$)。值得关注的是漳州市老年人平均子女数量最多,但是与子女同住的意愿最低,而莆田市的老年人 90% 以上都希望与子女同住。这种地区市差异可能与地方文化或习俗有关,同时反映出地方"孝"文化的差异。

表 6-4　老年人和子女长期一起生活意愿的地区市比较

单位:n(%)

"您愿意和子女长期一起生活吗?"	愿　意	不愿意	看情况
福州市	106(74.65)	14(9.86)	22(15.49)
南平市	31(64.58)	6(12.5)	11(22.92)
莆田市	87(91.58)	2(2.11)	6(6.32)
泉州市	62(64.58)	19(19.79)	15(15.63)
厦门市	28(58.33)	14(29.17)	6(12.5)
漳州市	52(54.74)	17(17.89)	26(27.37)

$\chi^2=49.1578,P=0.000$。

图 6-5 为老年人中由子女轮流赡养的地区市比例,从高到低依次排序为:莆田市、泉州市与漳州市(并列)、福州市、南平市和厦门市。图 6-6 为老年人有生活困难子女的地区市比较,从高到低的依次排序为:泉州市、漳州市、南平市、莆田市、福州市和厦门市。地区市之间呈现统计学上的显著性差异($P<0.05$),生活在厦门市的老年人其子女在经济上有困难的比例最低。老年人长期经济上支持子女的比例从高到低的依次排序为:南平市、

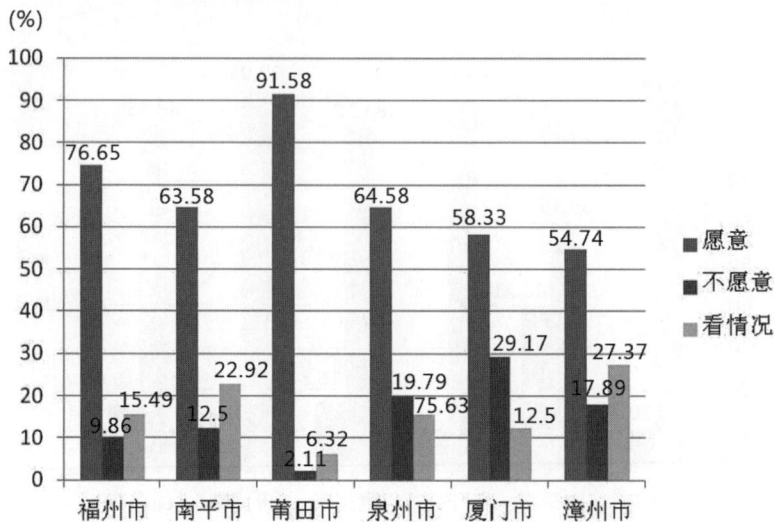

图 6-4　老年人与子女长期生活意愿的地区市比较

厦门市、福州市、莆田市、泉州市和漳州市,如图 6-7 所示,但是,这个比例的地区市差异不存在统计学上的显著性意义($\chi^2 = 5.9265, P = 0.313$),即 6 个地区市的老年人都同样长期在经济上支持子女。

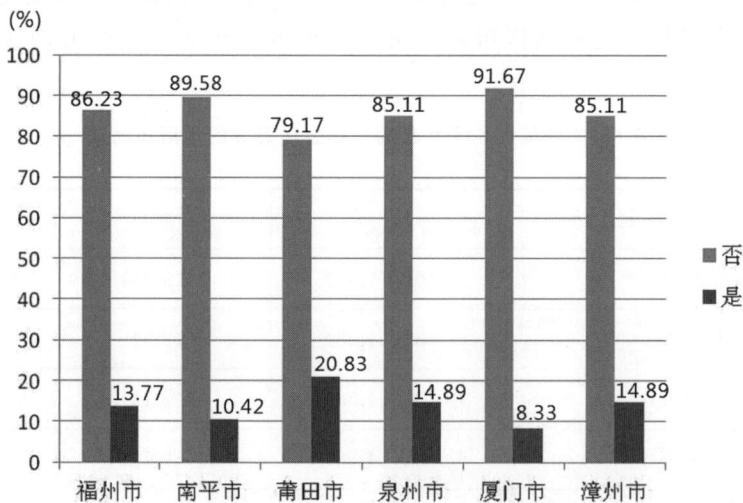

图 6-5　由子女轮流赡养的地区市比较

尊老、敬老、爱老是中华民族的传统美德,我国的《婚姻法》和《老年人权益保障法》都对子女赡养老人的义务作了明确规定。本次调查在问及"是否由子女轮流赡养"的问题时,莆田市回答"是"的比例最高,厦门市最低。老年人由子女轮流赡养的情况通常是子女众多按照事先共同商定的顺序轮流赡养父母,每人轮流接到自己家中(或到父母家中)赡养一段时间,赡养期满后由接续赡养的子女负责。期间也可以送去养老院,但是生活所需费用和医疗费用都是轮流到的子女负责支付。由于我国社会经济突飞猛进的发展,许多

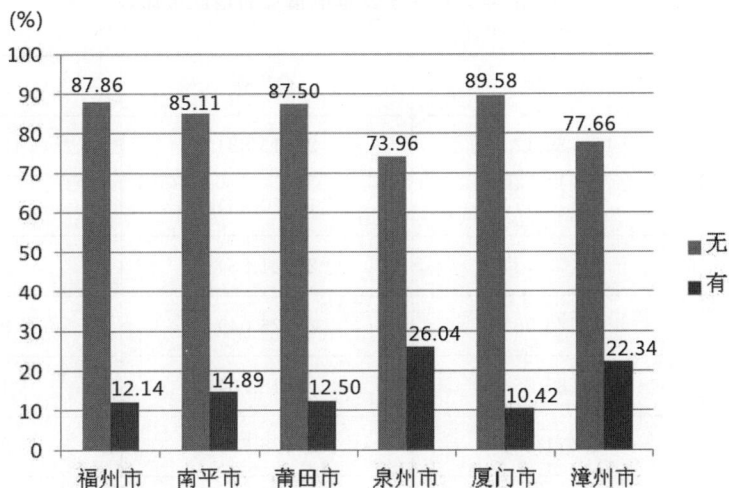

图 6-6　有无生活困难子女的地区市比较

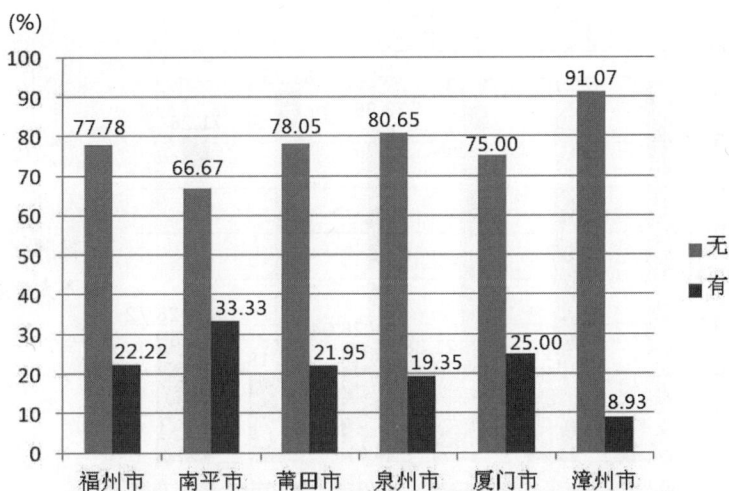

图 6-7　长期经济上支持子女情况的地区市比较

老年人尤其退休前工作单位比较好的老年人可以领取到足够的养老金,所以,社会化养老模式逐渐替代了传统的子女轮流赡养的模式。这也是图 6-5 所反映的情况:经济比较发达的地区市如厦门市、福州市老年人由子女轮流赡养的比例明显低于经济相对比较欠发达的莆田市、漳州市。但是,老年人由子女轮流赡养情况的地区市的差异不存在统计学上的显著性意义($\chi^2=6.8331,P=0.233$)。

同样,老年人如果自己独立拥有了养老的经济,其子女孝顺的比例相对就比较高,表 6-5 及图 6-8 为老年人反映子女孝顺情况的地区市比较,老年人认为子女不孝顺从高到低的依次排序为:漳州市、泉州市、莆田市、南平市、厦门市和福州市。但是,老年人认为子女孝顺情况的地区市差异不存在统计学上的显著性意义($\chi^2=6.8331,P=0.233$)。

表 6-5　老年人反映子女孝顺情况的地区市比较

单位:n(%)

城　市	孝　顺	不孝顺	总　计
福州市	117(84.17)	22(15.83)	139(100)
南平市	38(79.17)	10(20.83)	48(100)
莆田市	75(78.13)	21(21.88)	96(100)
泉州市	71(73.96)	25(26.04)	96(100)
厦门市	39(81.25)	9(18.75)	48(100)
漳州市	67(71.28)	27(28.72)	94(100)
总　计	407(78.12)	114(21.88)	521(100)

$\chi^2=6.8331, P=0.233$。

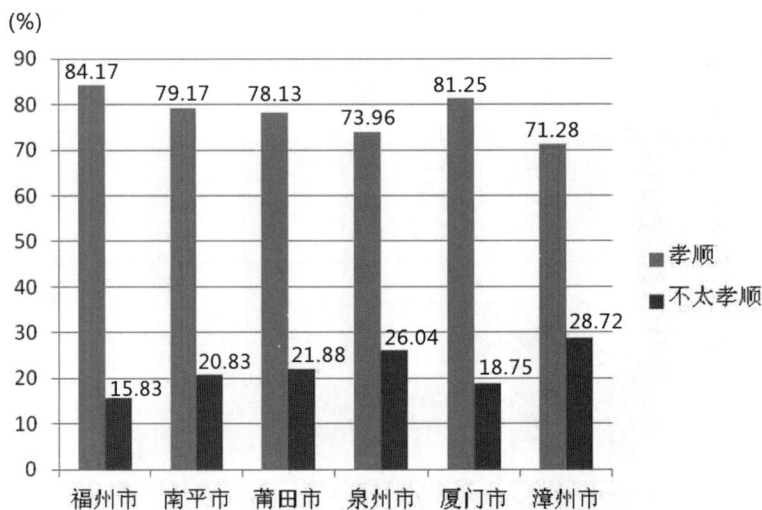

图 6-8　子女孝顺情况的地区市比较

　　图 6-9、图 6-10 分别为老年人目前帮子女照看(外)孙子女情况及做家务情况,二者都是莆田市的比例最高,泉州市最低。图 6-9 的照看(外)孙子女情况地区市差异不存在统计学上的显著性意义($\chi^2=7.4698, P=0.188$),即 6 个地区市老年人对照看(外)孙子女的事情上同样热情不存在差异。但是,帮助子女做家务的地区市差异却存在统计学上的显著性意义($\chi^2=25.4104, P=0.000$),表示 6 个地区市老年人在帮助子女做家务的问题上的确存在差异,莆田市老年人中最多人数帮助子女做家务,福州市的第二多,泉州市的则最少,估计这种差异源于地方的文化或习俗。

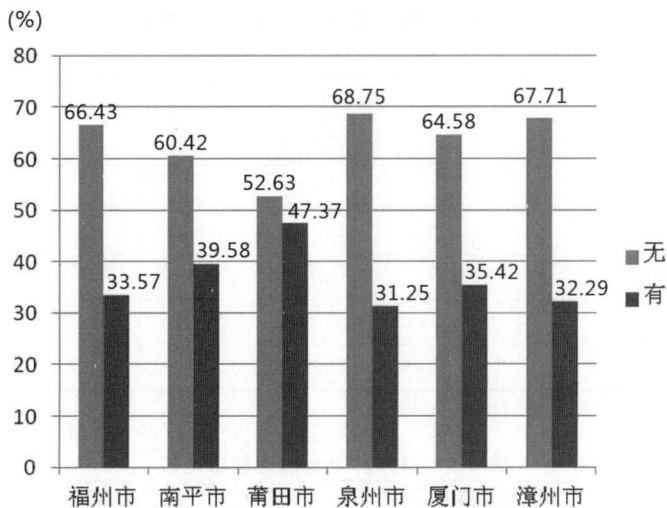

图 6-9 老年人要照看(外)孙子女情况

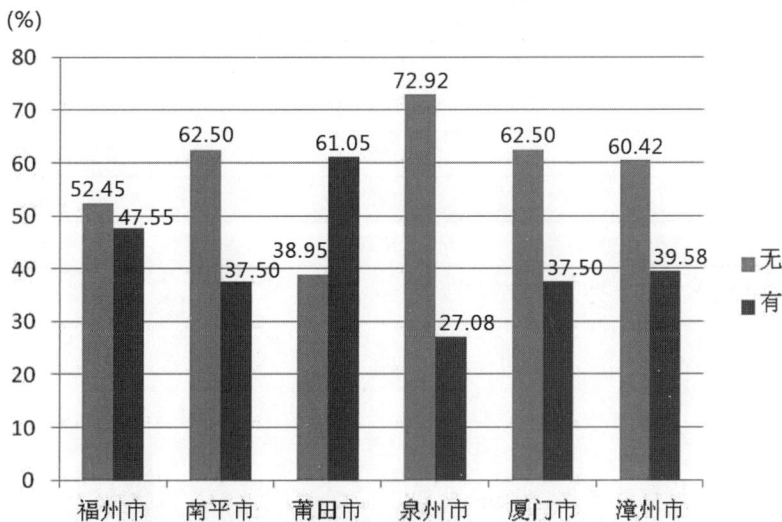

图 6-10 老年人长期帮助子女做家务情况

三、经济状况

1.目前从事工作及家庭总收支情况

不同地区市之间老年人的离退休年龄存在差异,其分析结果如表 6-6 所示,厦门市的平均退休年龄为 55.1 岁,漳州市的为 56.86 岁,莆田的为 56.32 岁,其余地区市为 55.3 岁左右。每月领取到的养老金也呈现地区市差异,明显的厦门市的最高,平均为 3 529.59元,漳州市的最低,平均为 346.81 元(表 6-7)。也许是因为每月领取到的养老金有限,所以比较 60 岁老年人目前从事有收入工作的情况,发现漳州市有 19.35% 的老年人都在从事有收入工作(图 6-11),其次为泉州地区 14.37% 的老年人目前从事有收入工作,最低的为厦门市,占比 6.04%。

表 6-6　离退休年龄的地区市比较

单位:岁

城　市	均　值	标准差
福州市	55.39	4.99
南平市	55.61	4.72
莆田市	56.32	4.56
泉州市	55.37	5.06
厦门市	55.10	5.02
漳州市	56.86	4.50

$N=5\ 280, \text{ANOVA F}=3.11, P=0.0084$。

表 6-7　每月养老金的地区市比较

单位:元

城　市	均　值	标准差
福州市	1 673.29	1 474.57
南平市	1 302.47	1 509.01
莆田市	583.56	1 143.79
泉州市	1 528.10	1 646.76
厦门市	3 529.59	1 593.20
漳州市	346.81	814.96

$N=4\ 972, \text{ANOVA F}=409.52, P=0.0000$。

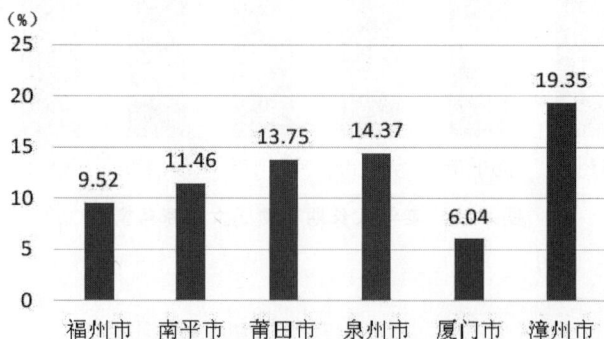

图 6-11　老年人目前从事有收入工作情况

　　表 6-8、图 6-12 为老年人 2014 年家庭总收入情况,可见,2014 年家庭总收入 20 万元以上只有 95 位老年人家庭,其中大约一成的厦门市老年人家庭总收入可达 20 万元以上,在所有地区市中占比最高。南平市的占比最低(0.21%)。2014 年家庭总收入 15 万~20 万元、10 万~15 万元地区市的比较结果雷同,厦门市占比最高,南平市占比最低。相应的表 6-9、图 6-13 为样本市老年人 2014 年家庭总支出情况,可见赚得多相对应支出也多,2014 年家庭总支出 15 万元以上、10 万~15 万的比例也是厦门市占比最高,南平市占比最低。其他地区市介于二者之间。

表 6-8　老年人 2014 年家庭总收入的地区市比较

单位:n(%)

城　市	5 万元及以	5 万～10 万元	10 万～15 万元	15 万～20 万元	20 万元以上	缺失值	总　计
福州市	671(46.63)	597(41.49)	115(7.99)	38(2.64)	15(1.04)	3(0.21)	1 439(100)
南平市	291(60.62)	157(32.71)	20(4.17)	4(0.83)	1(0.21)	7(1.46)	480(100)
莆田市	522(54.37)	319(33.23)	76(7.92)	30(3.13)	9(0.94)	4(0.42)	960(100)
泉州市	517(53.85)	298(31.04)	89(9.27)	38(3.96)	17(1.77)	1(0.10)	960(100)
厦门市	65(13.54)	179(37.29)	128(26.67)	61(12.71)	47(9.79)	0(0)	480(100)
漳州市	784(81.58)	141(14.67)	21(2.19)	9(0.94)	6(0.62)	0(0)	961(100)
总　计	2 850(53.98)	1 691(32.03)	449(8.50)	180(3.41)	95(1.80)	15(0.28)	5 280(100)

$\chi^2 = 1.1e + 03, P = 0.000$。

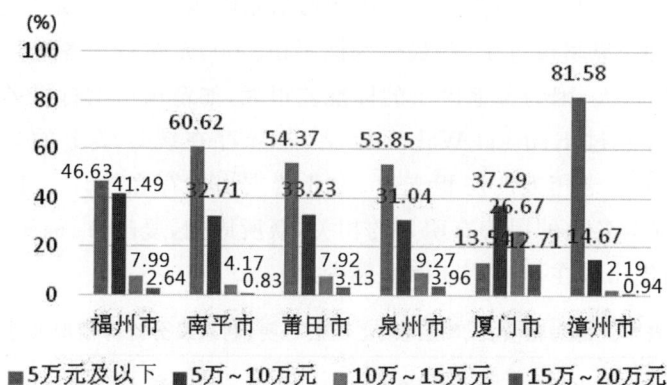

图 6-12　老年人 2014 年里家庭总收入情况

表 6-9　样本市老年人 2014 年家庭总支出的比较

单位:n(%)

城　市	5 万元及以	5 万～10 万元	10 万～15 万元	15 万元以上	缺失值	总　计
福州市	1 024(71.16)	363(25.23)	31(2.15)	18(1.25)	3(0.21)	1 439(100)
南平市	382(79.58)	88(18.33)	7(1.46)	2(0.42)	1(0.21)	480(100)
莆田市	752(78.33)	172(17.92)	23(2.40)	10(1.04)	3(0.31)	960(100)
泉州市	698(72.71)	214(22.29)	21(2.19)	26(2.71)	1(0.10)	960(100)
厦门市	169(35.21)	228(47.50)	48(10.00)	34(7.08)	1(0.21)	480(100)
漳州市	853(88.76)	87(9.05)	11(1.14)	10(1.04)	0(0)	961(100)
总　计	3 878(73.45)	1 152(21.82)	141(2.67)	100(1.89)	9(0.17)	5 280(100)

$\chi^2 = 567.9396, P = 0.000$。

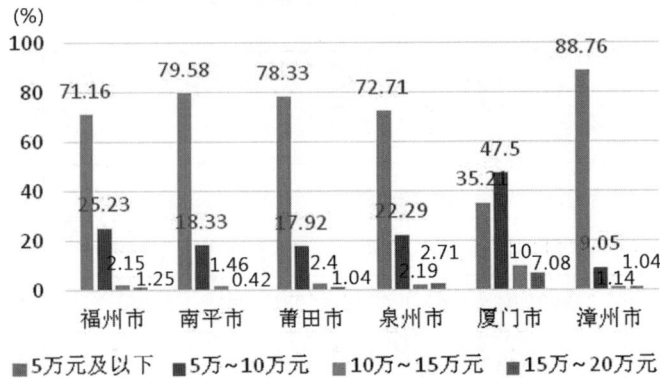

图 6-13　老年人 2014 年里家庭总支出情况

2.房租收支及子女给予等情况

本次调查问及了 2014 年老年人房租收入与支出情况,如表 6-10 所示,2014 年厦门市老年人平均房租收入 2 万元左右,其次为福州市房租收入为 1.6 万元左右,接着为莆田市 1.4 万,泉州市 1.2 万,漳州市近 1 万,最低为南平市 5 000 元左右。各地区市内老年人之间的房租收入的差异很大,因为各地区市的标准差很大,如莆田市的标准差为 22 349 元,福州市为 19 939 元,经过 Kruskal-Wallis 检验,差异存在统计学上的显著性差异($P <$ 0.001)。同理,2014 年老年人的房租支出、物业费支出也存在统计学上的显著性地区差异。这些差异明显与各地的房价有明显的相关,众所周知,厦门市、福州市的房价较高,所以,其房租收益与支出也在 6 个地区市中最贵。

表 6-10　老年人的房租收支、物业费、土地出租费、利息及分红等情况的地区市比较

分　组	福州市	南平市	莆田市	泉州市	厦门市	漳州市	总　计	P
2014 年房租收入								***
均值(元)	16 104.79	5 529.09	14 011.52	12 722.4	20 776.52	9 781.43	14 483.76	$N=526$
标准差(元)	19 939.14	5 463.12	22 349.18	15 980.47	19 666.29	4 939.13	18 909.48	
2014 年房租支出								***
均值(元)	35.21	79.89	56.04	191.35	428.24	67.47	113.11	$N=5\ 268$
标准差(元)	709.22	953.30	799.95	1 257.93	2 742.19	799.89	1 198.0	
2014 年物业费支出								***
均值(元)	373.65	153.08	86.21	88.88	848.81	8.46	226.06	$N=5\ 271$
标准差(元)	860.12	372.18	418.48	391.86	1628.05	95.43	756.78	
2014 年利息收入								***
5 000 元以下(%)	90.78	96.30	90.26	92.78	75.51	95.38	—	$N1=1\ 062$
5 000~10 000 元(%)	2.16	—	1.30	1.44	10.20	0	—	$N2=22$
10 000 元以上(%)	7.06	3.70	8.44	5.78	14.29	4.62	—	$N3=79$

续表

分 组	福州市	南平市	莆田市	泉州市	厦门市	漳州市	总 计	P
（农村）土地出租/承包收入								**
5 000 元以下（%）	96.00	100	99.22	100	0	4.17	—	N1=253
5 000～10 000 元（%）	2.00	0	0	0	0	0	—	N2=25
10 000 元以上（%）	2.00	0	0	0	0	60.21		N3=2
单位福利/集体补贴/分红								*
5 000 元以下（%）	91.89	75.00	75.00	65.22	75.00	100		N1=99
5 000～10 000 元（%）	2.70	0	0	4.35	12.50	0		N2=4
10 000 元以上（%）	5.41	25.00	25.00	30.43	12.50	0		N3=14

χ^2 或 Kruskal-Wallis equality-of-populations rank test：*：$P<0.05$；**：$P<0.01$；***：$P<0.001$。

本次调查还问及"单位福利/集体补贴/分红""2014 年利息收入"及"（农村）土地出租/承包收入"，可以发现这些也呈现显著的地区市特点。经济发达的地方相应的"单位福利/集体补贴/分红""2014 年利息收入"及"（农村）土地出租/承包收入"也较高。

表 6-11 为 2014 年老年人的子女（孙子女）或亲戚的给予情况，地区市的差异也呈现统计学上的显著性差异。

表 6-11　2014 年老年人的子女（孙子女）或亲戚给予的情况的地区市比较

单位：元

分 组	福州市	南平市	莆田市	泉州市	厦门市	漳州市	P
子女（孙子女）给予							***
5 000 元以下	68.93	82.24	62.92	67.65	58.55	68.58	N1=2,337
5 000～10 000 元	16.14	11.53	16.26	16.24	17.10	15.59	N2=538
10 000－15 000 元	5.13	2.49	7.90	6.98	6.22	7.85	N3=225
15 000－20 000 元	4.37	1.56	3.95	3.49	5.70	3.52	N4=127
20 000－25 000 元	2.11	0.62	3.04	2.15	4.66	2.34	N5=81
25 000－30 000 元	1.06	0.62	3.04	1.48	3.63	1.17	N6=57
30 000－35 000 元	0.45	0	0.76	0.54	0	0.47	N7=16
35 000 元以上	1.81	0.93	2.13	1.48	4.15	0.47	N1=52
亲戚给予							***
1 000 元以下	60.98	88.0	70.97	79.71	71.43	83.55	N1=636
1 000～2 000 元	9.76	10.67	16.77	13.04	14.29	10.44	N2=97
2 000～3 000 元	12.20	1.33	7.10	2.17	14.29	3.39	N3=34
3 000 元以上	17.07	0	5.16	5.07	0	2.61	N4=32

χ^2 ***：$P<0.001$。

3.老年人储蓄及债务情况

6个样本市的老年人分别有六到八成左右的老年人拥有自己或老伴产权的房子,如图6-14所示。这些老年人中平均拥有1.17套房子,标准差为0.5。莆田市的平均值最大为1.30套,漳州市的最小为1.07套。老年人现在居住在"楼房"的比例以厦门市最高(95.83%),居住在"平房"与"土坯房"的以漳州市的老年人所占比例最高。老年人现在所居住房屋的价值也以厦门市的最高,漳州市的最低(表6-12、表6-13、表6-14)。

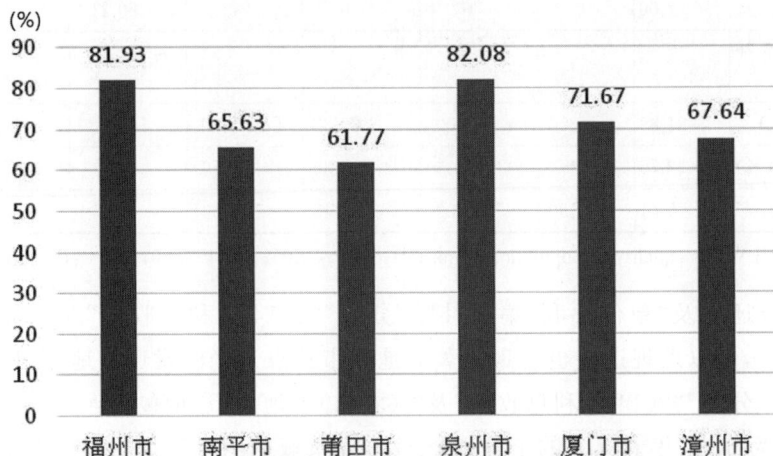

图6-14 有属于自己(老伴)房产老年人所占比例

表6-12 老年人拥有产权的房子数量

单位:套

城 市	均 值	标准差
福州市	1.15	0.51
南平市	1.09	0.33
莆田市	1.30	0.68
泉州市	1.19	0.55
厦门市	1.18	0.40
漳州市	1.07	0.28

ANOVA $F=15.76$,$P=0.000$。

表6-13 老人现在居住的房屋类型的地区市比较

单位:n(%)

城 市	楼 房	平 房	土坯房	其 他	总 计
福州市	1 222(84.92)	183(12.72)	14(0.97)	17(1.38)	1 436(100)
南平市	387(80.63)	55(11.46)	9(1.88)	29(6.04)	480(100)
莆田市	802(83.54)	98(10.21)	55(5.73)	5(0.52)	960(100)
泉州市	723(75.31)	171(17.81)	37(3.85)	29(3.02)	960(100)
厦门市	460(95.83)	17(3.54)	0(0)	3(0.63)	480(100)
漳州市	465(48.39)	320(33.30)	152(15.82)	24(2.49)	961(100)
总 计	4 059(76.88)	844(15.98)	267(5.06)	101(1.91)	5 280(100)

$\chi^2=795.7421$,$P=0.000$。

表 6-14　老年人拥有房子的价值的地区市比较

单位:%

分　组	福州市	南平市	莆田市	泉州市	厦门市	漳州市	P
50 万以下	35.96	74.19	58.93	65.82	9.09	85.48	$N1=205$
50 万~100 万元	38.64	25.81	33.93	21.52	18.18	14.52	$N2=103$
100 万~150 万元	13.16	0	3.57	6.33	12.12	0	$N3=26$
150 万~200 万元	6.14	0	1.79	3.80	24.24	0	$N4=19$
200 万元以上	6.14	0	1.79	2.53	36.36	0	$N5=22$

$\chi^2=152.9034,P=0.000$。

老年人(和老伴)现有的债务情况以福州市的最高,目前福州市老年人家庭债务平均为 1 万元左右,标准差为 7 万元左右;而厦门市的老年人债务最低,平均为 600 元左右,标准差为 4 000 元左右。老年人(和老伴)存有养老钱等的比例以泉州市老年人为最高,有53.96%的泉州市老年人和其老伴存有养老钱。但是,老年人所存的养老钱金额以厦门市老年人最高,平均为 13 万元,标准差为 14 万元,泉州市和福州市的老年人平均值均为 7 万元左右,但是,泉州市的标准差为 11.5 万元,福州市的标准差为 10 万元,6 个样本市中漳州市老年人存有养老钱的金额最少(表 6-15、图 6-15)。

表 6-15　老年人(和老伴)现有的债务与存有养老钱等情况

单位:元

城　市	现有债务		存有的养老钱	
	均　值	标准差	均　值	标准差
福州市	10 084.51	69 526.41	74 013.90	102 532.53
南平市	9 361.74	34 288.04	57 335.29	57 739.36
莆田市	7 927.11	32 229.43	38 803.51	53 211.81
泉州市	2 815.79	13 276.33	68 612.02	115 860.27
厦门市	625.00	4 330.13	131 218.25	145 009.97
漳州市	7 388.32	19 769.38	17 380.95	27 636.49

$N1=455$,Kruskal-Wallis test:$P=0.0012$;$N2=2,457$,ANOVA F2$=49.55$,$P=0.000$。

图 6-16 为老年人对自己经济状况的评价,六成左右老年人认为自己经济基本够用,除了厦门市以外,其他几个样本市均有 10%左右的老年人认为比较困难或非常困难。另外,老年人对子女是否存在"啃老"现象做出回应,老年人觉得子女存在"啃老"情况其比例从高到低的依次排序为:福州市、南平市、莆田市、厦门市、泉州市和漳州市。福州市的子女被老年人认为"啃老"的比例最高,占比 7.71%,漳州市的比例最低,占比 1.25%(图 6-17)。

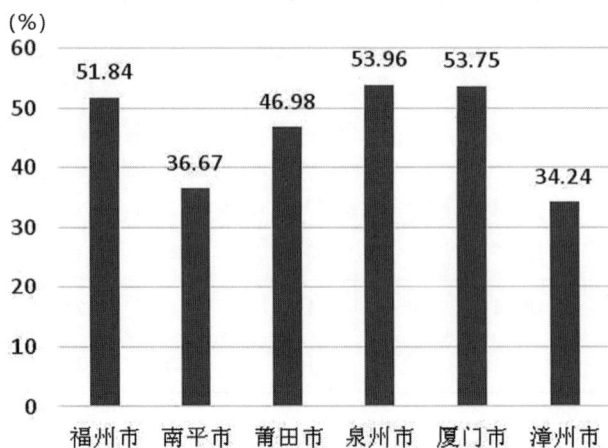

图 6-15　存有养老钱的老年人比例

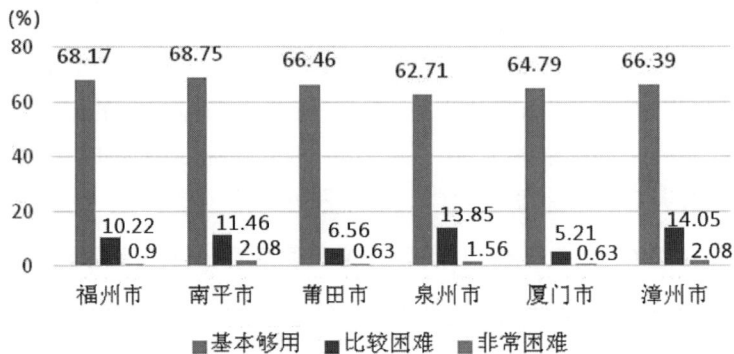

图 6-16　老年人对自己经济状况的评价

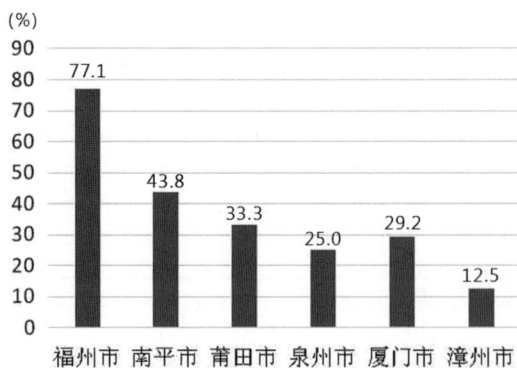

图 6-17　觉得子女存在"啃老"现象所占的比例

第二节　老年人健康及医疗状况的地区特征

一、躯体健康指标

1.患病指标

6个地区市老年人"过去一年内平均住院次数""两周患病情况""没有得慢性病所占比例""患有恶性肿瘤的比例""患有高血压的比例""患有心脑血管疾病的比例""患有糖尿病的比例""患有白内障/青光眼的比例""患有骨关节病的比例""患有慢性肺部疾病的比例"等如图6-18至图6-27所示，"过去一年内平均住院次数"厦门市的人均为最低（0.25次），福州市、莆田市、漳州市的人均接近0.5次，标准差均为0.5；过去2周内患病率为南平市的比例最高，其次为福州市的老年人；总体上6个地区市老年人患有慢性病情况存在统计学上的显著性地区差异（p＜0.001），慢性病从高到低依次为南平市（76.88％）、泉州市（76.2％）、福州市（75.61％）、漳州市（72.16％）、莆田市（69.63％）、厦门市（68.69％），参见表6-16。

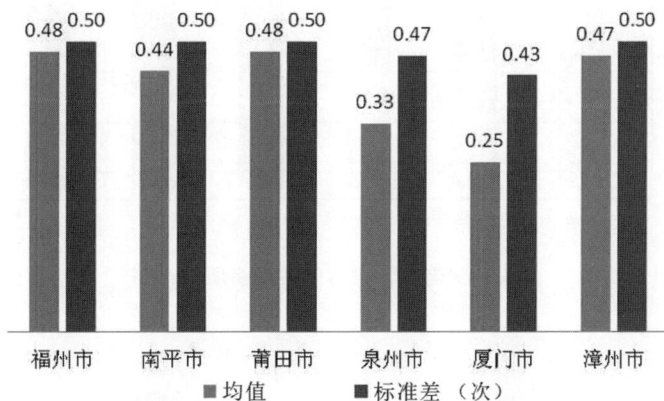

图 6-18　老年人过去一年内平均住院次数

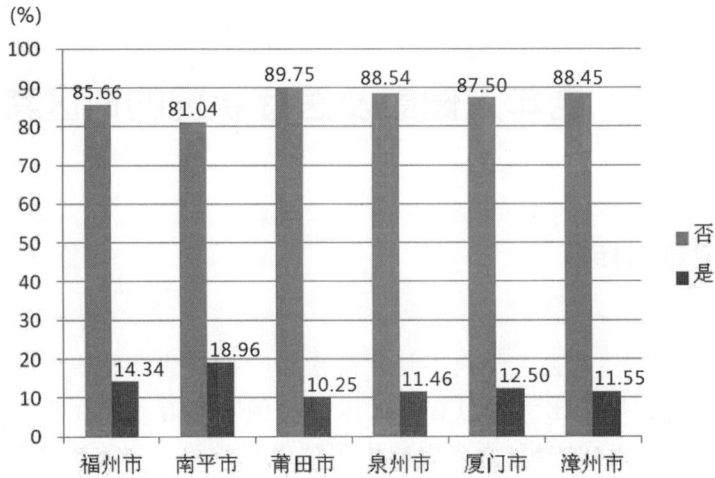

图 6-19　老年人两周患病情况的比较

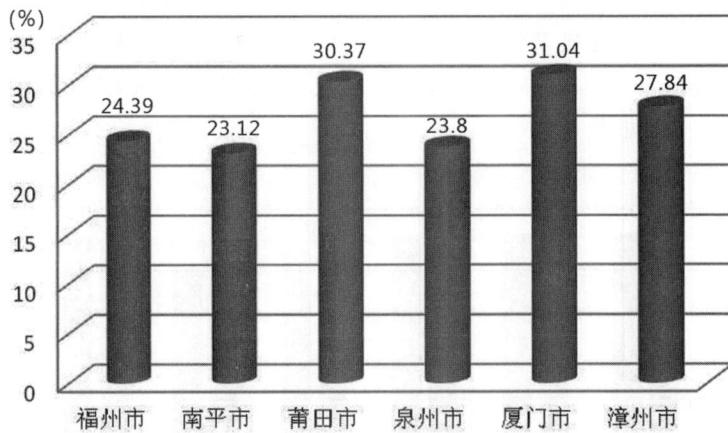

图 6-20　老年人没有得慢性病所占比例

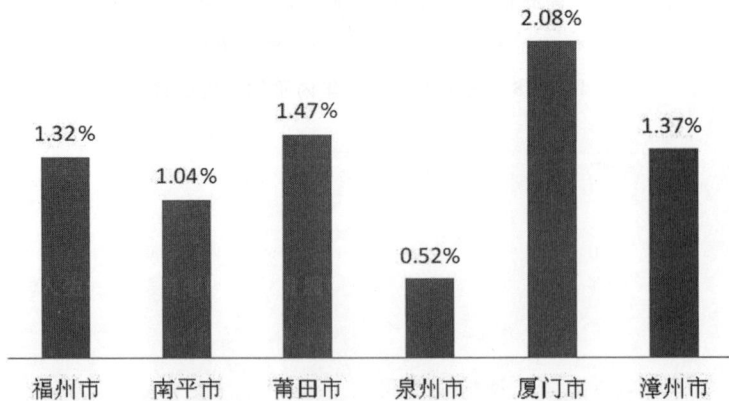

图 6-21　老年人患有恶性肿瘤的比例

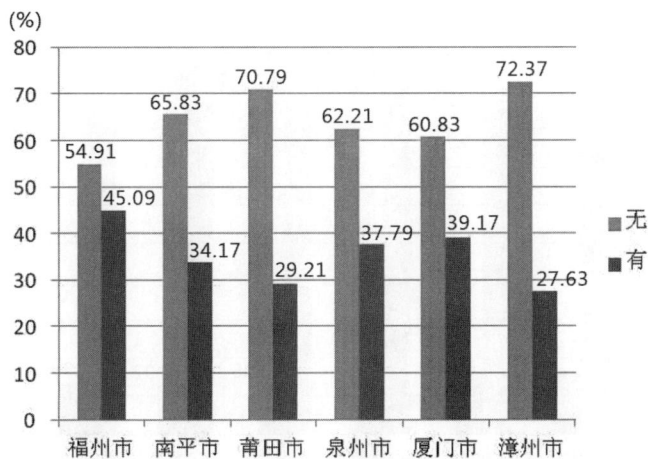

图 6-22　老年人患有高血压的比例

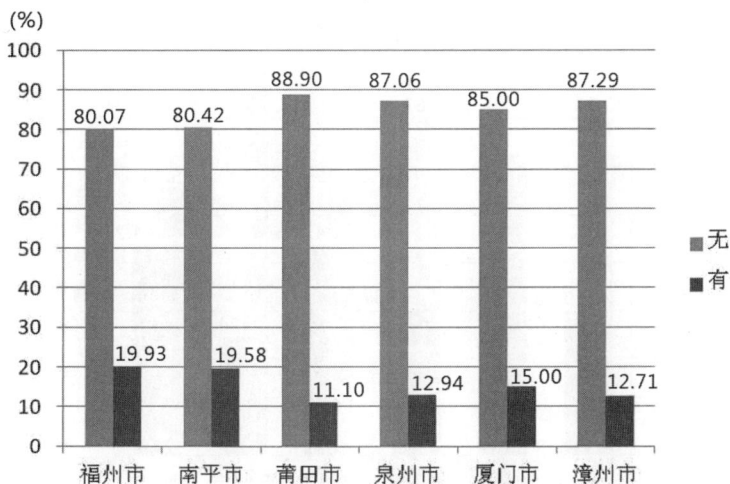

图 6-23　老年人患有心脑血管疾病的比例

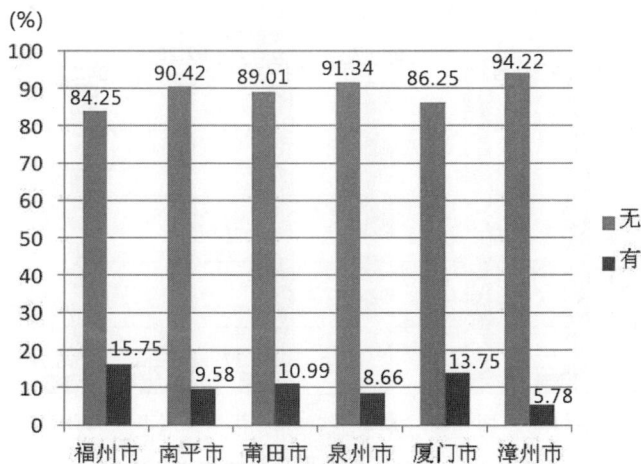

图 6-24　老年人患有糖尿病的比例

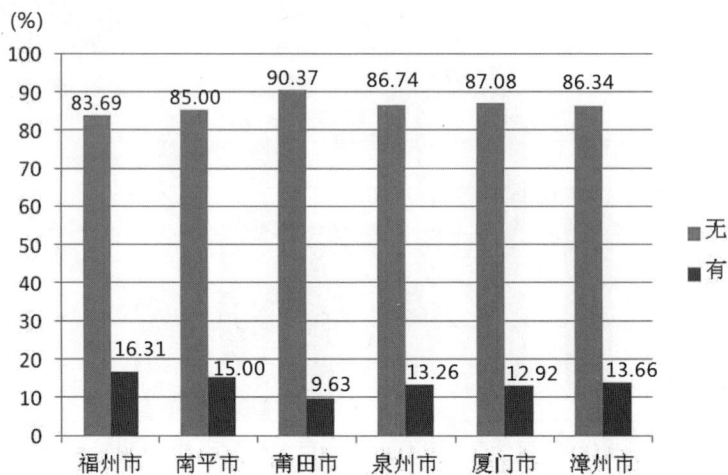

图 6-25　老年人患有白内障/青光眼的比例

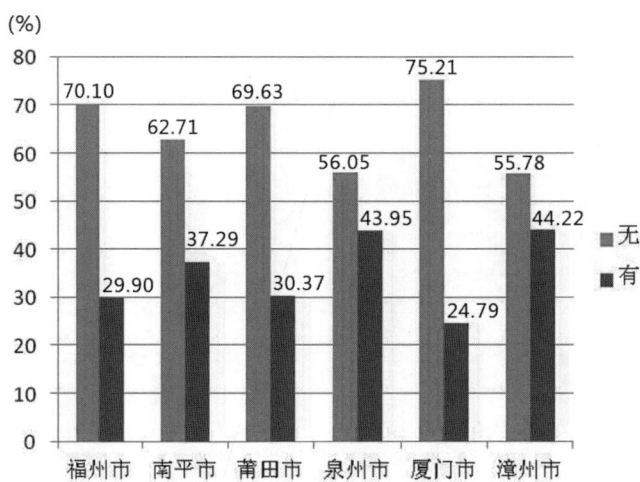

图 6-26　老年人患有骨关节病的比例

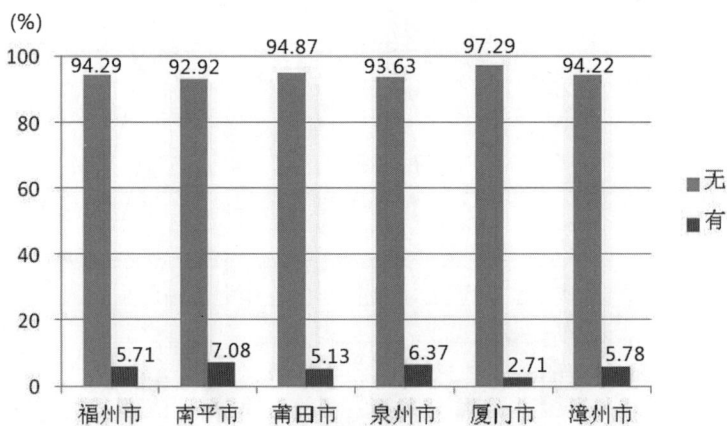

图 6-27　老年人患有慢性肺部疾病的比例

表 6-16　老年人是否患有慢性病情况的地区市比较

单位:n(%)

城　　市	有慢性病	无慢性病	总　　计
福州市	1 085(75.61)	350(24.39)	1 435(100)
南平市	369(76.88)	111(23.13)	480(100)
莆田市	665(69.63)	290(30.37)	955(100)
泉州市	730(76.20)	228(23.80)	958(100)
厦门市	331(68.96)	149(31.04)	480(100)
漳州市	687(72.16)	265(27.84)	952(100)
总　　计	3 867(73.52)	1 393(26.48)	5 260(100)

$\chi^2 = 22.9676, P = 0.000$。

有关 6 个地区市老年人"患有高血压的比例""患有心脑血管疾病的比例""患有糖尿病的比例""患有白内障/青光眼的比例""患有骨关节病的比例""患有慢性肺部疾病的比例"均存在统计学上的显著性地区差异($P < 0.001$)。具体特征为福州市的老年人患有高血压、心脑血管疾病、糖尿病与白内障/青光眼的比例相对最高;漳州市与泉州市的老年人患有骨关节病比例相对最高,南平市的老年人相对性患有慢性肺部疾病的比例相对最高。有关老年人患有恶性肿瘤的比例虽然厦门市的占比相对最高,为 2.08%,泉州市的为 0.52%,但是,总体上 6 个地区市老年人患有恶性肿瘤情况不存在统计学上的显著性地区差异($\chi^2 = 7.4818, P = 0.187$)。

2.听力、视力、牙齿及疼痛指标

6 个地区市老年人"视力情况(包括戴眼镜)""听力情况""饮食受牙齿影响情况",如图 6-28 至图 6-30、表 6-17、表 6-18 所示,"几乎/完全看不清""很难听清楚"的比例分别以

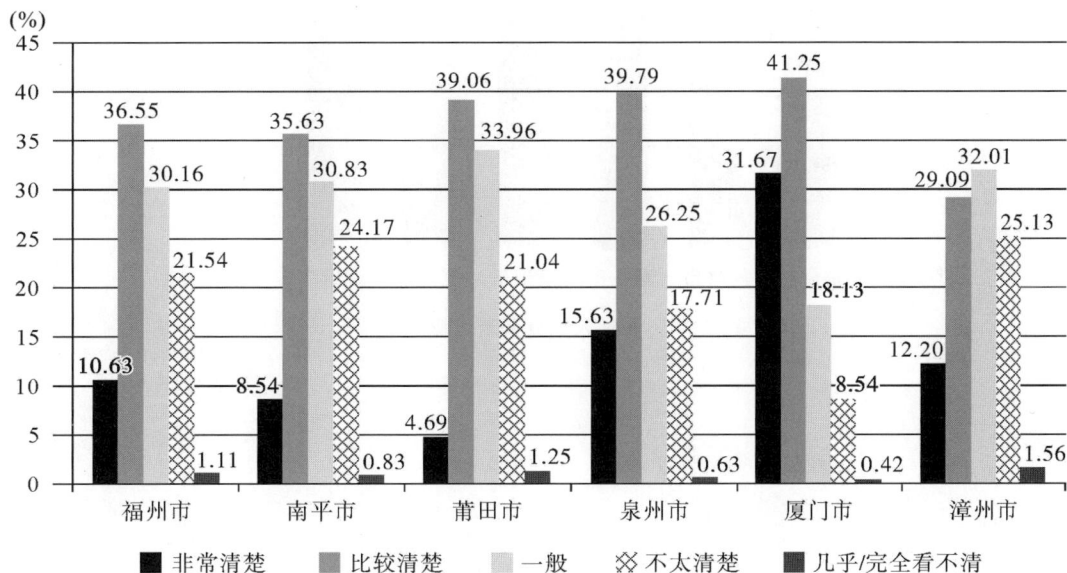

图 6-28　老年人视力情况（包括戴眼镜）

漳州市和莆田市为最高,厦门市的均为最低。"老年人饮食受牙齿影响情况"相对最为严重的为泉州市、漳州市。"老年人经常有疼痛情况"的为南平市的所占比例最高。参见图6-31。

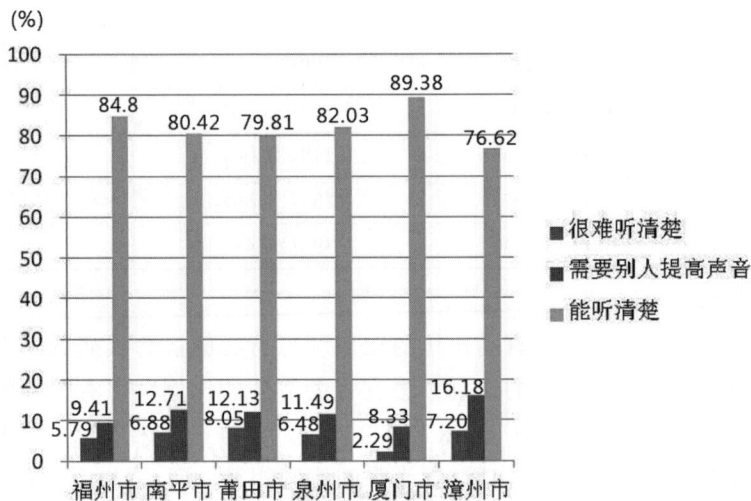

图 6-29　老年人听力情况

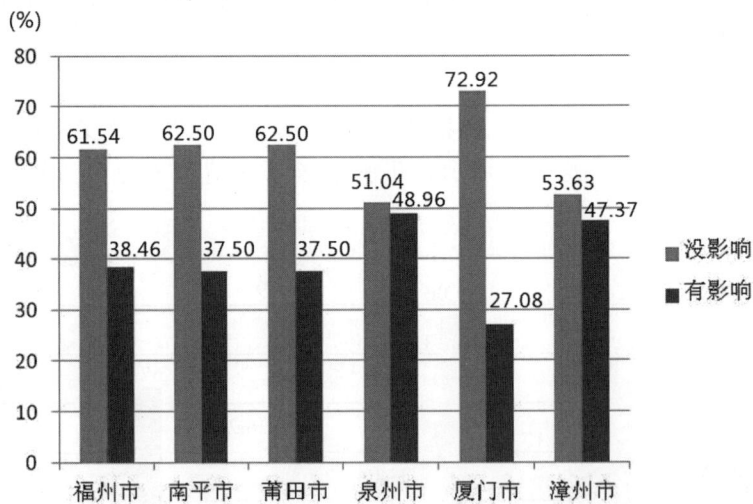

图 6-30　老年人饮食受牙齿影响的情况

表 6-17　老年人视力情况（包括戴眼镜）的地区市比较

单位:n(%)

城　市	非常清楚	比较清楚	一　般	不太清楚	几乎/完全看不清	总　计
福州市	153(10.63)	526(36.55)	434(30.16)	310(21.54)	16(1.11)	1 439(100)
南平市	41(8.54)	171(35.63)	148(30.83)	116(24.17)	4(0.83)	480(100)
莆田市	45(4.69)	375(39.06)	326(33.96)	202(21.04)	12(1.25)	960(100)
泉州市	150(15.63)	382(39.79)	252(26.25)	170(17.71)	6(0.63)	960(100)
厦门市	152(31.67)	198(41.25)	87(18.13)	41(8.54)	2(0.42)	480(100)
漳州市	117(12.20)	279(29.09)	307(32.01)	241(25.13)	15(1.56)	959(100)
总　计	658(12.47)	1 931(36.59)	1 554(29.44)	1 080(20.46)	55(1.04)	5 278(100)

$\chi^2 = 319.5362, P = 0.000$。

表 6-18　老年人听力情况（包括戴助听器）的地区市比较

单位:n(%)

城　市	很难听清楚	需要别人提高声音	能听清楚	总　计
福州市	83(5.79)	135(9.41)	1 216(84.80)	1 434(100)
南平市	33(6.88)	61(12.71)	386(80.42)	480(100)
莆田市	77(8.05)	116(12.13)	763(79.81)	956(100)
泉州市	62(6.48)	110(11.49)	785(82.03)	957(100)
厦门市	11(2.29)	40(8.33)	429(89.38)	480(100)
漳州市	69(7.20)	155(16.18)	734(76.62)	958(100)
总　计	335(6.36)	617(11.72)	4 313(81.92)	5 265(100)

$\chi^2 = 55.5160, P = 0.000$。

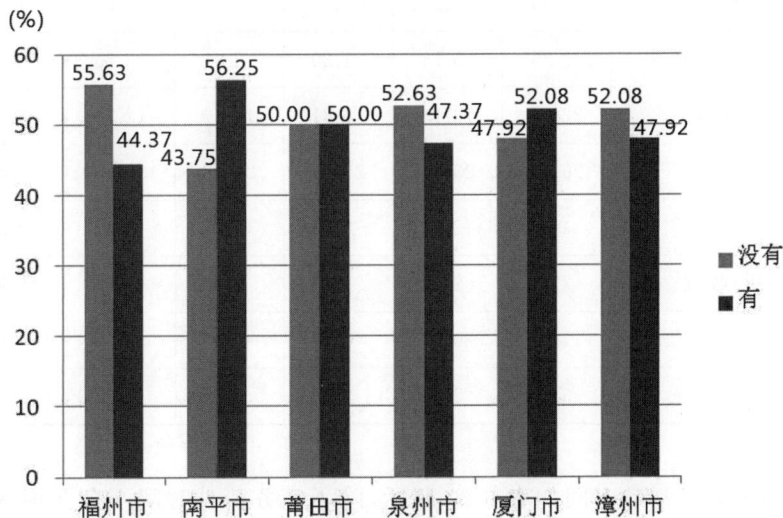

图 6-31　老年人经常有疼痛情况

二、精神文化生活及其健康指标

1.精神文化生活状况

老年人日常经常参加的精神文化生活活动内容有"看电视/听广播""读书/看报""去影院看电影/去戏院""散步/慢跑等""打太极拳/做保健操""跳舞(广场舞/扭秧歌)""打门球/乒乓球/羽毛球等""打麻将/打牌/下棋等""种花养草等""养宠物""钓鱼/书画/摄影/收藏"等,6个地区市的比较结果如表6-19所示,所有项目都存在统计学上的显著性地区差异。值得一提的是,"上述都没有"的老年人所占比例以漳州市的相对最高,到8.53%,厦门市的最低,为1.67%;"读书/看报""散步/慢跑等""打太极拳/做保健操""跳舞(广场舞/扭秧歌)""打门球/乒乓球/羽毛球等""种花养草等""钓鱼/书画/摄影/收藏"等活动均以厦门市老年人所占的比例最高(67.29%、71.88%、9.79%、7.71%、3.75%、36.88%、4.58%);"看电视/听广播"与"去影院看电影/去戏院"以莆田市老年人所占比例最高(96.46%、13.75%);"打麻将/打牌/下棋等"则以福州市老年人所占比例最高(22.72%)。可以看到,老年人的精神文化生活特征也与地方习俗存在很强的关联。

表 6-19　老年人经常参加的活动内容的地区市比较

单位:%

您经常参加下列活动吗	福州市	南平市	莆田市	泉州市	厦门市	漳州市	P
看电视/听广播	94.44	96.04	96.46	93.75	95.83	90.63	***
读书/看报	49.48	25.83	22.60	36.46	67.29	10.30	***
去影院看电影/去戏院	7.57	1.25	13.75	2.40	4.58	0.52	***
散步/慢跑等	62.33	52.50	54.37	53.96	71.88	34.13	***
打太极拳/做保健操	5.21	3.96	1.67	4.79	9.79	1.25	***
跳舞(广场舞/扭秧歌)	7.64	7.29	3.65	3.54	7.71	1.35	***
打门球/乒乓球/羽毛球等	2.29	3.13	1.25	2.81	3.75	0.10	***
打麻将/打牌/下棋等	22.72	13.13	7.81	10.10	12.50	5.62	***
种花养草等	26.48	23.13	26.15	21.98	36.88	11.86	***
养宠物	4.24	2.50	6.15	3.85	5.21	2.39	***
钓鱼/书画/摄影/收藏	2.71	2.29	1.56	2.50	4.58	0.94	***
其　　他	1.04	0.83	0.31	0.10	2.08	0.73	***
上述都没有	3.61	2.92	2.50	4.79	1.67	8.53	***

$N = 5\ 280$,***:$P < 0.001$。

老年人每天日常活动时间如表6-20所示,除了家务劳动时间不存在地区差异外,其余工作时间、午休时间、读书看报、休闲时间均存在统计学上的显著性地区差异。如图6-32到图6-40,"参加老年大学所占比例""经常上网老年人所占比例""上网看影视剧所占比例""上网看新闻所占比例""上网购物所占比例""上网聊天所占比例""上网玩游戏所占比例""经常上网所占比例""上网炒股所占比例""计划未来一年内出游的比例"等均以厦门市老年人所占比例最高。

表 6-20 老年人每天日常活动时间的地区市比较

单位:小时

每天用于下列的活动时间	福州市	南平市	莆田市	泉州市	厦门市	漳州市	P
有收入的工作/劳动/经营活动:均值	2.11	2.03	2.24	2.24	2.10	2.07	**
标准差	1.79	1.67	1.78	1.90	1.59	1.96	
家务劳动:均值	2.11	2.03	2.24	2.24	2.10	2.07	—
标准差	1.79	1.67	1.78	1.90	1.59	1.96	
看电视:均值	66.90	33.33	51.04	64.21	47.92	35.79	**
标准差	7.04	6.25	13.54	4.21	8.33	5.26	
读书看报:均值	0.63	0.30	0.31	0.61	0.94	0.17	***
标准差	0.76	0.53	0.54	0.87	0.90	0.43	
其他休闲活动:均值	1.55	2.49	2.29	1.24	1.67	28.42	***
标准差	1.53	2.45	3.06	1.38	1.83	1.28	
午休:均值	1.33	1.33	1.38	1.11	1.10	1.63	**
标准差	0.67	0.96	0.58	0.66	0.64	0.68	

非参数检验: $**:P<0.01$;$***:P<0.001$;$—:P>0.05$。

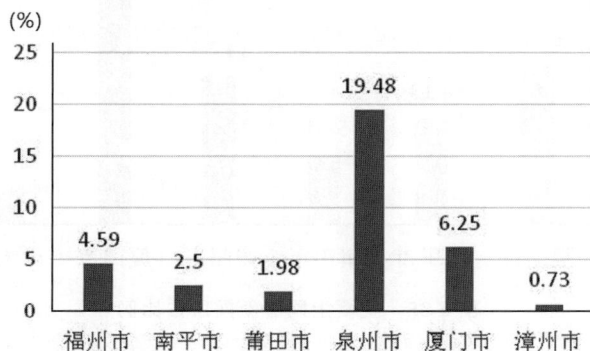

图 6-32 参加老年大学所占比例

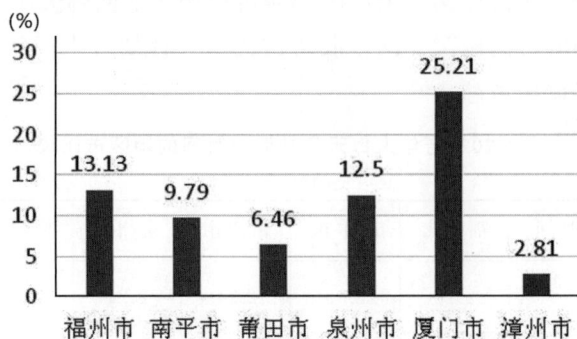

图 6-33　经常上网老年人所占比例

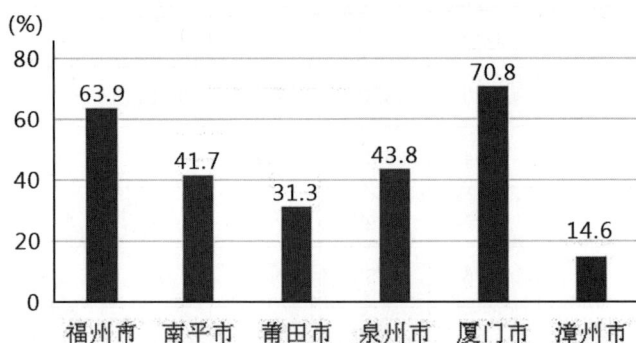

图 6-34　主要上网看影视剧所占比例

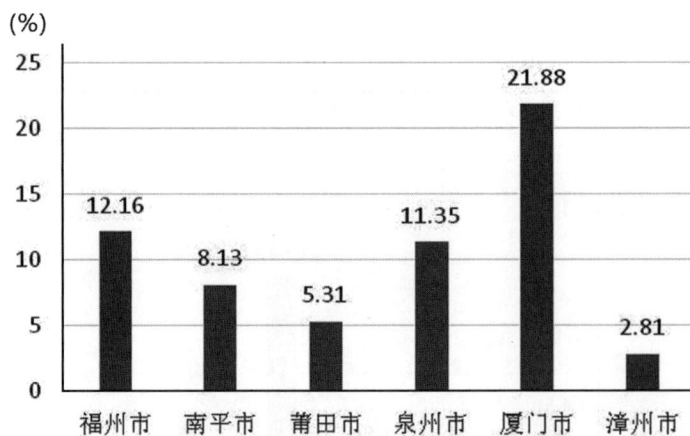

图 6-35　主要上网看新闻所占比例

(%)

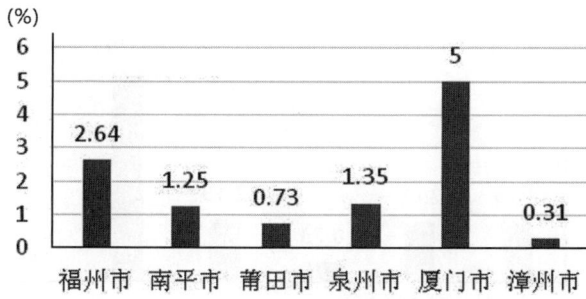

图 6-36　主要上网购物所占比例

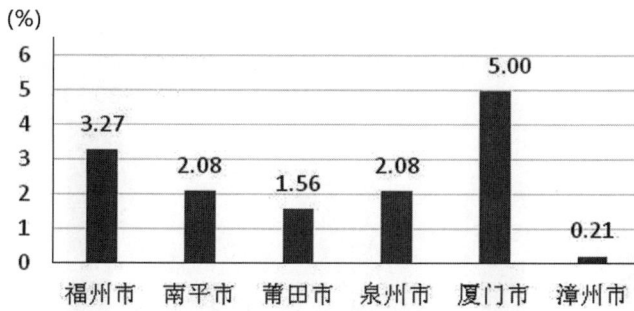

(%)

图 6-37　主要上网聊天所占比例

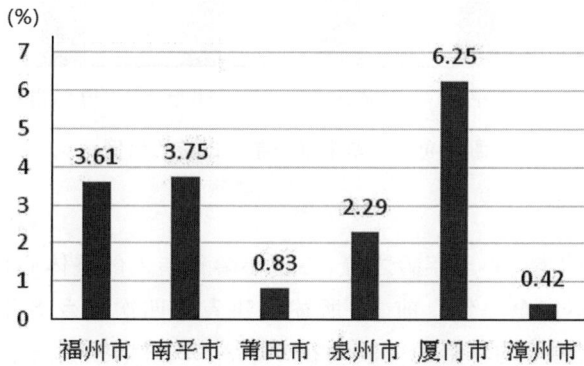

(%)

图 6-38　主要上网玩游戏所占比例

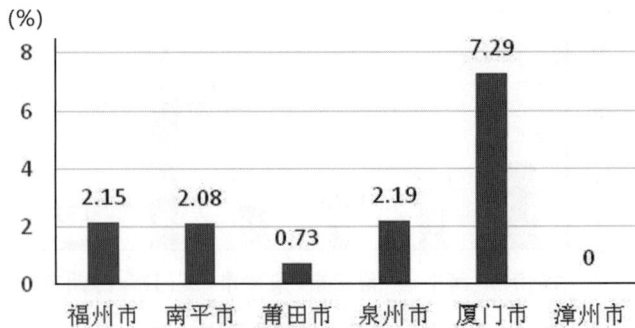

图 6-39　主要上网炒股所占比例

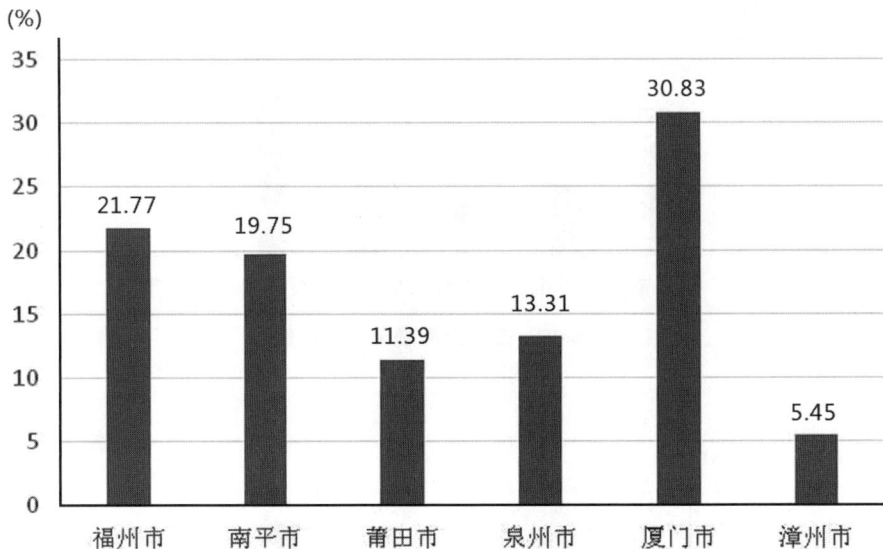

图 6-40　计划未来一年内出游的比例

2.精神健康指标

人的年龄有生理年龄、心理年龄之分,心理年龄是指人的整体心理特征所表露的年龄特征,与实际年龄并不完全一致。前文[①]所述福建省第四次城乡老年人生活状况抽样调查 6 个地级市老年人的平均年龄总体波动在 69.58～70.54 之间,他们平均年龄的差异没有统计学上的显著性意义(F=1.91,df=5,P=0.0891)。但是,心理年龄的高低,和一个人的遗传、性格、经历、环境等因素密切相关,甚至受到近期的心情等因素的影响,通常人们把心理年龄先于生理年龄衰老的人称为"未老先衰""老气横秋"等。表 6-21 结果显示,6 个地区市老年人自我评价的心理年龄存在着统计学上的显著性地区差异($P<0.001$),表现为厦门市老年人的自我评价的心理年龄最"年轻",平均为 57.71 岁,标准差为 13.95 岁,而漳州市老年人对应的心理年龄最"年老",平均为 67.06 岁,标准差为 11.66 岁。

---

① 第六章第一节:图 6-1.

表 6-21　老年人自我评价心理年龄

单位：岁

城　市	均　值	标准差
福州市	63.40	12.39
南平市	60.33	10.24
莆田市	63.04	10.39
泉州市	65.22	9.49
厦门市	57.71	13.95
漳州市	67.06	11.66

ANOVA F＝5.44，P＝0.0001。

另外，表 6-22 为老年人精神健康状况的指标，如"都没有早期痴呆症状"[①]"从不感到孤独""过去一周大部分时间觉得心情愉快""过去一周整天觉得烦躁和坐立不安""过去一周常常感到情绪低落""过去一周认为现在活着是件好事"等，除了后三项指标不存在统计学上的显著性地区差异外，前三项指标均显示厦门市老年人相对精神健康指数较高，相对应的漳州市比较低。"老年人应该发挥余热参与社会发展""老年人应该自强自立尽可能不给子女和社会添麻烦"等思想观念上也显示厦门市老年人所占比例较高。但是，有关"老年人是家庭的负担""老年人是社会的负担"的想法的厦门市老年人所占比例也相对较高，相反福州市老年人有这种想法所占比例较低。同样，对于"幸福度"与"孤独感"的感受也存在地区差异（图 6-41、图 6-42、表 6-23、表 6-24）。

表 6-22　老年人精神健康状况的地区市比较

单位：%

生活中出现下列情况	福州市	南平市	莆田市	泉州市	厦门市	漳州市	P
都没有"早期痴呆症状"	76.06	87.50	76.60	65.96	81.25	67.71	*
从不感到孤独	73.71	71.34	69.95	73.22	87.71	66.77	***
过去一周大部分时间觉得心情愉快	73.38	70.83	52.63	69.15	83.33	55.79	***
过去一周整天觉得烦躁和坐立不安	2.16	2.08	4.21	9.57	2.08	3.16	—
过去一周常常感到情绪低落	7.19	6.25	12.63	7.45	2.08	9.47	—
过去一周认为现在活着是件好事	51.08	58.33	54.74	57.45	52.08	63.16	—

$N＝525$，χ^2：*：$P<0.05$；***：$P<0.001$；—：$P>0.05$。

---

① "早期痴呆症状"这里指本次问卷中有关老年人认知功能状态的指标，包括"突然对亲朋好友的面有陌生感""常常想不起亲朋好友的名字""出门后一时找不到自己的家门""经常忘记带钥匙""常常忘记灶上还煮着粥或烧着水"等项目。

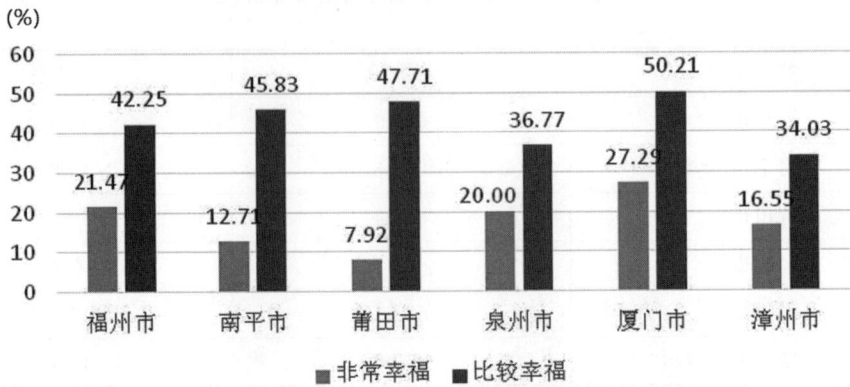

图 6-41 老年人的幸福度比较

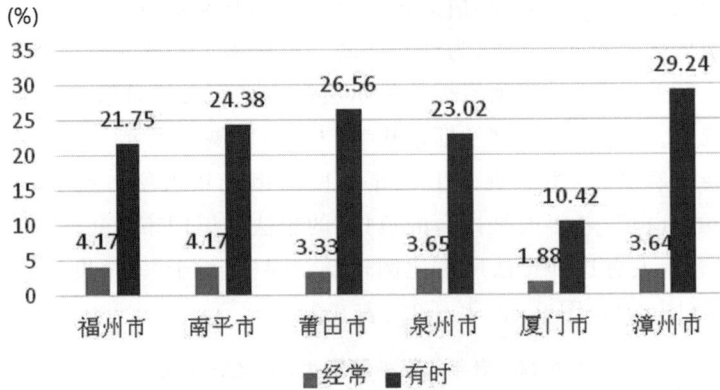

图 6-42 老年人的孤独感比较

表 6-23 老年人思想调查结果的地区市比较

单位:%

赞同下列想法的比例	福州市	南平市	莆田市	泉州市	厦门市	漳州市	P
老年人应该发挥余热参与社会发展	65.03	54.17	47.92	64.21	60.42	48.96	*
老年人就应该享受生活,得到家庭和社会供养	69.23	50.00	53.13	51.58	58.33	43.75	**
老年人是家庭的负担	4.90	12.50	11.46	11.58	8.33	6.25	—
老年人是社会的负担	1.40	8.33	6.25	4.21	8.33	5.21	—
老年人是国家和社会的宝贵财富	52.45	39.58	44.79	45.26	43.75	40.63	—
老年人应该自强自立尽可能不给子女和社会添麻烦	81.82	83.33	68.75	84.21	95.83	80.21	**

$N = 525, \chi^2 : * : P < 0.05; ** : P < 0.01; *** : P < 0.001; — : P > 0.05。$

表 6-24　老年人自我感觉幸福度的地区市比较

单位:n(%)

城　市	非常幸福	比较幸福	一　般	比较不幸福	非常不幸福	总　计
福州市	309(21.47)	608(42.25)	469(32.59)	47(3.27)	4(0.28)	1 437(100)
南平市	61(12.71)	220(45.83)	163(33.96)	31(6.46)	5(1.04)	480(100)
莆田市	76(7.92)	458(47.71)	377(39.27)	37(3.85)	11(1.15)	959(100)
泉州市	192(20.00)	353(36.77)	381(39.69)	27(2.81)	7(0.73)	960(100)
厦门市	131(27.29)	241(50.21)	99(20.63)	8(1.67)	1(0.21)	480(100)
漳州市	159(16.55)	327(34.03)	409(42.56)	50(5.2)	16(1.66)	961(100)
总　计	928(17.58)	2 207(41.80)	1 898(35.95)	200(3.79)	44(0.83)	5 277(100)

$\chi^2 = 236.0237, P = 0.000$。

在问及"由于各种原因,少数老人有轻生的情况,您怎么看",福州市老年人持有"珍惜生命"所占的比例最高,为75.52%(表6-25)。图6-43与图6-44为被调查员判断老年人健康程度及日常生活自理能力的情况,可见,厦门市老年人被判断为"非常健康"与"完全自理"的比例最高,同样也是漳州市的被判断"非常健康"与"完全自理"的比例最低。同为闽南地区,近在比邻的厦门市、漳州市,其老年人口的心理年龄竟然有近10岁的差异,躯体健康及精神健康指标的差异也是一个最好一个最差,看来值得今后老龄工作的关注!

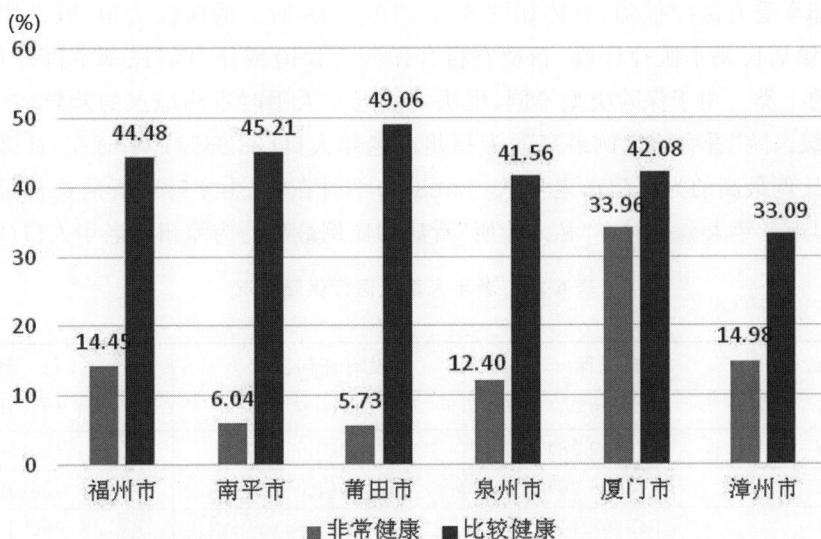

图 6-43　被调查员判断非常健康与比较健康的比例

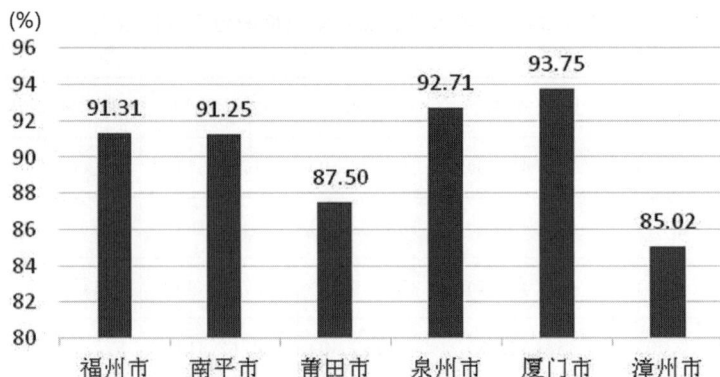

图 6-44 被调查员判断完全自理的比例

表 6-25 老年人对轻生的态度的地区市比较

单位:%

赞同下列想法的比例	福州市	南平市	莆田市	泉州市	厦门市	漳州市	P
珍惜生命	75.52	72.34	51.04	63.54	56.25	54.26	***
顺其自然	24.48	25.53	48.96	35.42	43.75	45.74	
自己有权放弃生命	0.0	2.13	0	1.04	0	0	
总计(人)	143	47	96	96	48	94	

$N=525, \chi^2=28.3509, P=0.002$。

三、医保及医疗环境的地区特征

6 个地区市老年人享受医保情况如表 6-26 所示,几乎所有地区的老年人中 98%～99%左右都享受有医疗保障,具体如图 6-45 到图 6-48 所示的医保类型[城镇职工基本医疗保险、城镇居民基本医疗保险、新型农村合作医疗保险或城乡居民基本医疗保险(与新农合)]中的一类。由于保险类型不同,也决定了老年人平时看病地点的差异,参见表6-27,平时在"省级医院"看病的比例最高的为福州市老年人口(23.96%),平时在"社区卫生服务中心"看病比例最高的为厦门市老年人(42.08%)平时在"卫生室/站"看病比例最高的为漳州市与莆田市老年人。平时在"私人诊所"看病的比例最高的为漳州市老年人口(37.92%)。

表 6-26 老年人享受医疗保障情况

单位:n(%)

城 市	有医保	没有任何医保	总 计
福州市	1423(99.03)	14(0.97)	1 437(100)
南平市	477(99.38)	3(0.63)	480(100)
莆田市	948(98.96)	10(1.04)	958(100)
泉州市	945(98.44)	15(1.56)	960(100)
厦门市	476(99.37)	3(0.63)	479(100)
漳州市	939(98.22)	17(1.78)	956(100)
总 计	5208(98.82)	62(1.18)	5 270(100)

$\chi^2=7.3612, P=0.195$。

(%)

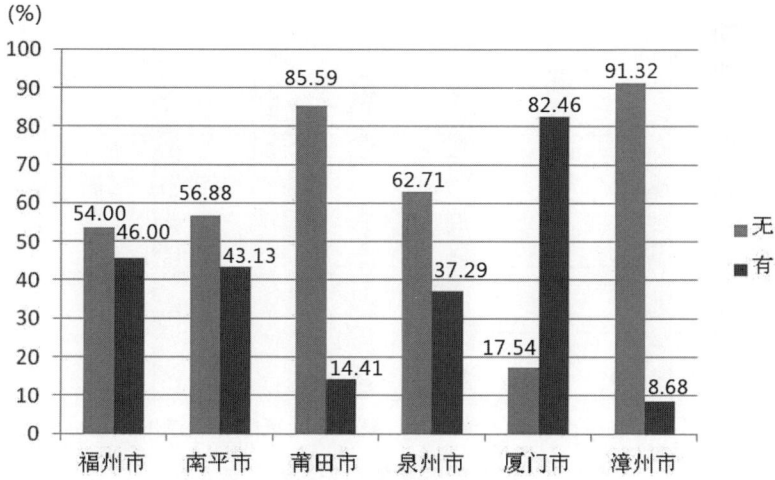

图 6-45　城镇职工基本医疗保险

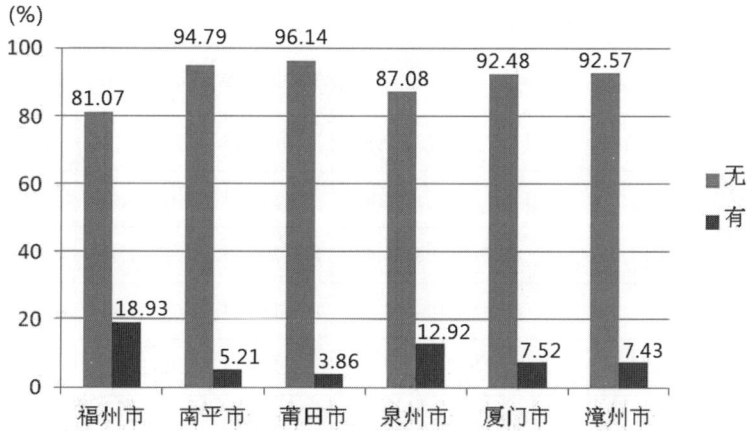

(%)

图 6-46　城镇居民基本医疗保险

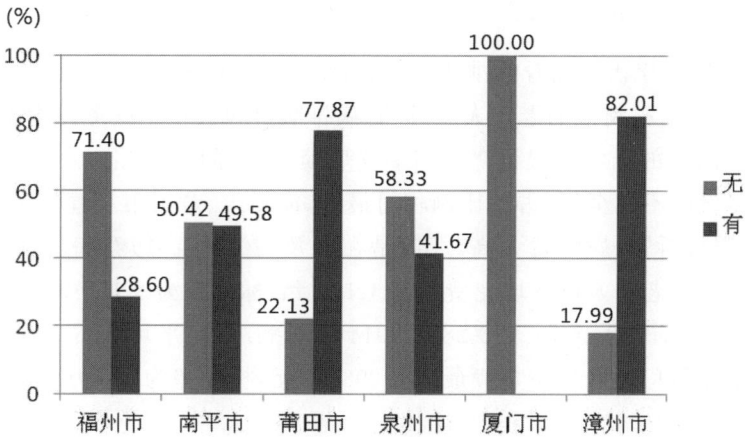

(%)

图 6-47　新型农村合作医疗保险

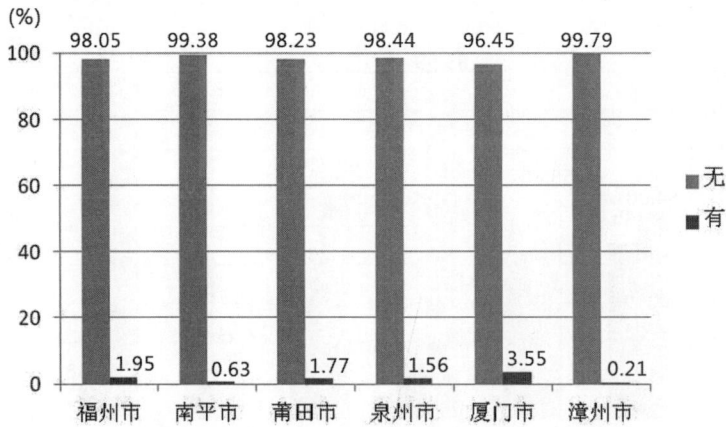

图 6-48　城乡居民基本医疗保险(与新农合)

表 6-27　老年人平时主要看病地点的地区市比较

单位:n(%)

城市	私人诊所	卫生室/站	社区卫生服务中心	乡镇/街道卫生院	县/市/区医院	市/地医院	省级医院	其 他
福州	212(14.76)	99(6.89)	246(17.13)	175(12.19)	103(7.17)	216(15.04)	344(23.96)	41(2.86)
南平	32(6.67)	135(28.13)	49(10.21)	43(8.96)	85(17.71)	127(26.46)	1(0.21)	8(1.87)
莆田	186(19.42)	328(34.24)	61(6.37)	96(10.02)	196(20.46)	68(7.10)	9(0.94)	14(1.46)
泉州	258(26.90)	82(8.55)	53(5.53)	100(10.43)	175(18.25)	115(11.99)	116(12.10)	60(6.26)
厦门	11(2.29)	5(1.04)	202(42.08)	14(2.92)	52(10.83)	148(30.83)	22(4.58)	26(5.42)
漳州	364(37.92)	380(39.58)	3(0.31)	65(6.77)	124(12.923)	20(2.08)	0(0)	4(0.41)
总计	1 063(20.16)	1 029(19.51)	614(11.64)	493(9.35)	735(13.94)	694(13.16)	492(9.33)	153(2.90)

$N=5\ 280, \chi^2=2.6e+03, P=0.000$。

　　6 个地区市的医疗状况如看病排队时间、看病手续、服务态度及看病收费等情况如图 6-49 到图 6-54 所示,福州市的老年人投诉"看病排队时间太长""服务态度不好"所占的比例相对最高,厦门市的老年人投诉"看病手续烦琐"所占的比例相对最高,南平市的老年人投诉"无障碍设施不健全"所占的比例相对最高,漳州市、莆田市及福州市的老年人均有较高比例的人数投诉"看病收费太高"。但是在问及"2014 年,您看病/住院共花多少钱"的问题上,厦门市的老年人口平均花费最高 1.1 万元,标准差为 3.1 万元,6 个地区市的差异呈现统计学上的显著性意义(表 6-28);2014 年看病/住院平均花费中自费金额情况如表 6-29 所示,也是厦门地区自费金额最高 6 298.92 元,标准差为 1.8 万元。

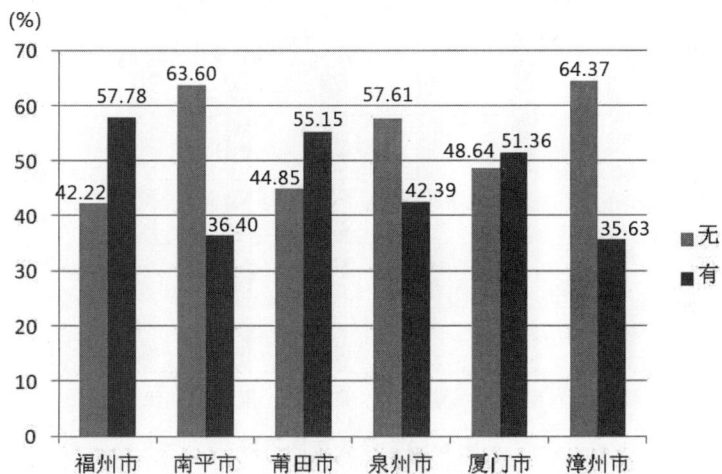

图 6-49　看病排队时间太长

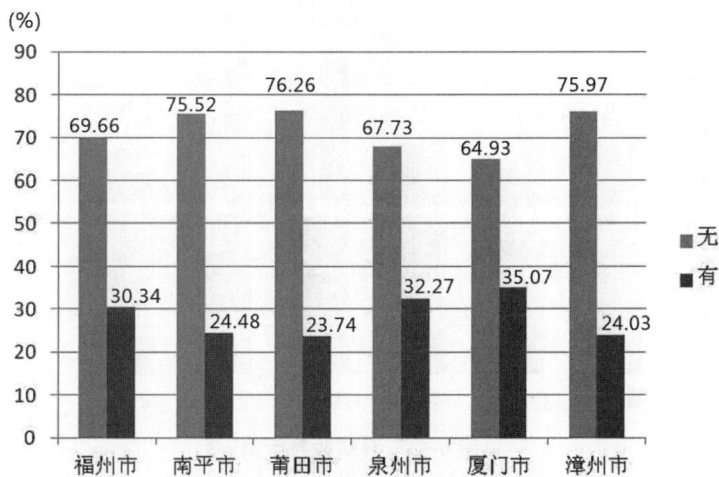

图 6-50　看病手续烦琐

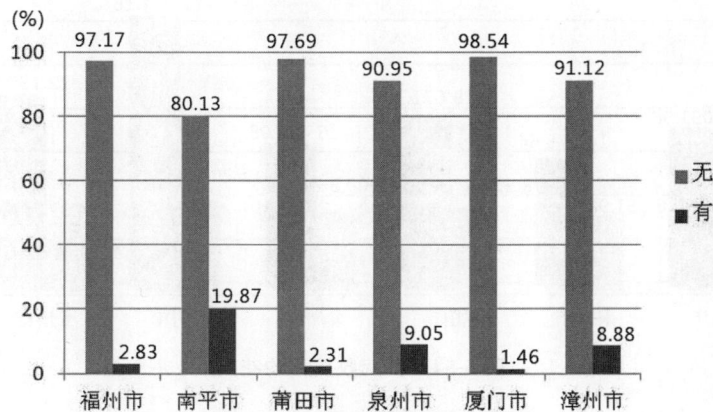

图 6-51　无障碍设施不健全

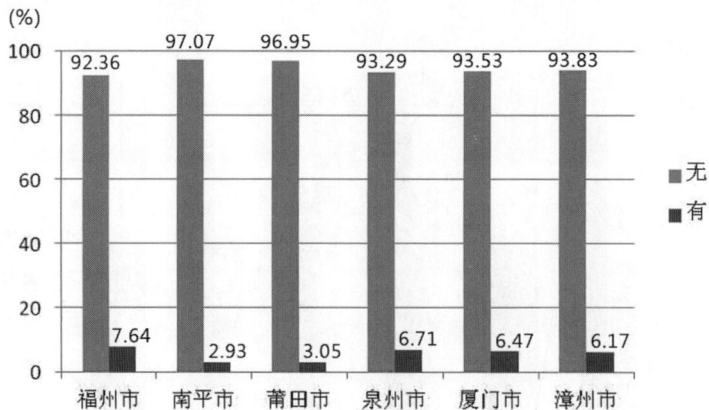

图 6-52　服务态度不好

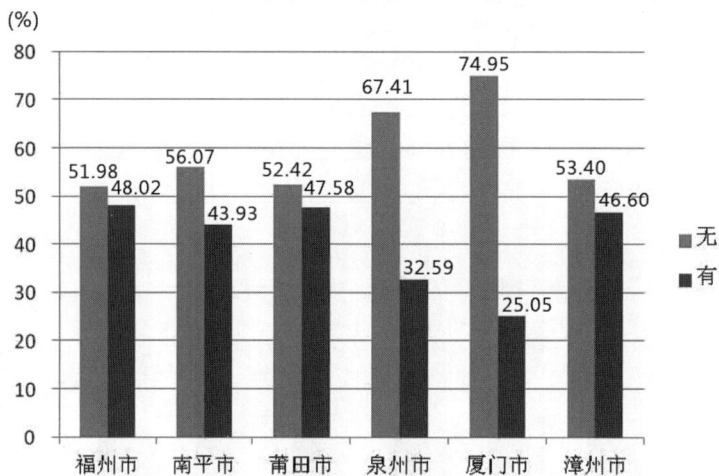

图 6-53　看病收费太高

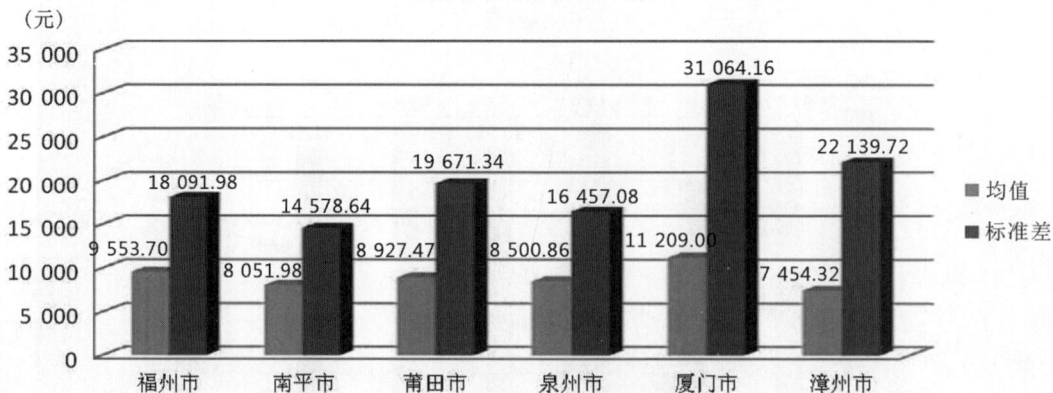

图 6-54　看病收费平均花费

表 6-28　老年人 2014 年看病/住院平均花费

单位:元

城　市	均　值	标准差
福州市	9 553.70	18 091.98
南平市	8 051.98	14 578.64
莆田市	8 927.47	19 671.34
泉州市	8 500.86	16 457.08
厦门市	11 209.00	31 064.16
漳州市	7 454.32	22 139.72

ANOVA F＝1.43,P＝0.0001。

表 6-29　2014 年看病/住院平均花费中自费金额

单位:元

城　市	均　值	标准差
福州市	4 485.89	10 947.43
南平市	4 038.72	7 535.40
莆田市	6 004.06	15 426.74
泉州市	4 411.01	10 219.82
厦门市	6 298.92	18 491.15
漳州市	3 605.70	9 310.81

ANOVA F＝1.59,P＝0.000。

第三节　老年人健康行为、自理能力及照护需求的地区特征

一、老年人的健康行为与健康意识

分析 6 个地区市的老年人不良健康行为如吸烟、饮酒情况、锻炼情况,总体上"经常吸烟"的以泉州市排列第一、漳州市排列第二、福州市排列第三,厦门市的最低;"经常醉酒"的以南平市的最高;"从不锻炼"的以漳州市排列第一。(表 6-30 至表 6-33,图 6-55、图 6-56)。

表 6-30　老年人吸烟行为的地区市比较

单位:%

城　市	曾经吸烟	经常吸烟	偶尔吸烟
福州市	7.75	9.15	9.15
南平市	12.50	8.33	6.25
莆田市	14.58	11.46	5.21

续表

城　市	曾经吸烟	经常吸烟	偶尔吸烟
泉州市	4.21	21.05	2.11
厦门市	6.25	2.08	2.08
漳州市	10.42	18.75	9.38

$N=525, \chi^2=32.8171, P=0.005$。

表 6-31　老年人吸烟年数的比较

单位:年

城　市	均　值	标准差
福州市	30.72	13.83
南平市	22.46	13.56
莆田市	33.44	14.67
泉州市	37.27	12.57
厦门市	40.00	15.81
漳州市	34.62	15.81

$N=139$, ANOVA F$=2.39, P=0.0411$。

表 6-32　老年人饮酒行为的地区市比较

单位:n(%)

城　市	不喝或偶尔喝	每周1—2次	每周至少3次	经常醉酒	总　计
福州市	128(91.43)	6(4.29)	5(3.57)	1(0.71)	140(100)
南平市	39(81.25)	1(2.08)	7(14.58)	1(2.08)	48(100)
莆田市	88(92.63)	6(6.32)	1(1.05)	0(0)	95(100)
泉州市	92(96.84)	1(1.05)	2(2.11)	0(0)	95(100)
厦门市	46(95.83)	1(2.08)	1(2.08)	0(0)	48(100)
漳州市	90(93.75)	3(3.13)	3(3.13)	0(0)	96(100)
总　计	483(92.53)	18(3.45)	19(3.64)	2(0.38)	522(100)

$\chi^2=29.4683, P=0.014$。

表 6-33　老年人每周锻炼次数的地区市比较

单位:n(%)

城　市	从不锻炼	不到一次	一至二次	三至五次	六次及以上	总　计
福州市	414(28.77)	59(4.10)	239(16.61)	240(16.68)	483(33.78)	1 435(100)
南平市	214(44.58)	18(3.75)	59(12.29)	70(14.58)	119(24.79)	480(100)
莆田市	284(29.58)	76(7.92)	219(22.81)	185(19.27)	194(20.21)	958(100)
泉州市	424(44.17)	26(2.71)	104(10.83)	121(12.60)	283(29.48)	958(100)
厦门市	108(22.50)	19(3.96)	53(11.04)	85(17.71)	215(44.79)	480(100)
漳州市	588(61.19)	45(4.68)	97(10.09)	75(7.80)	155(16.13)	960(100)
总　计	2 032(38.48)	243(4.60)	771(14.60)	776(14.70)	1 449(27.44)	5 271(100)

$\chi^2=533.1464, P=0.000$。

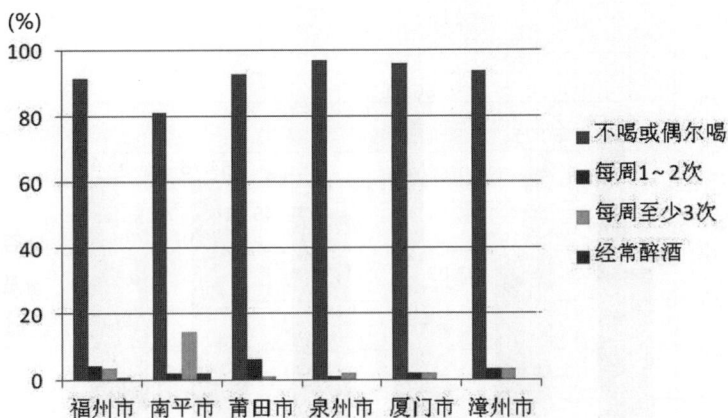

图 6-55　老年人喝酒情况(数据参见表 6-32)

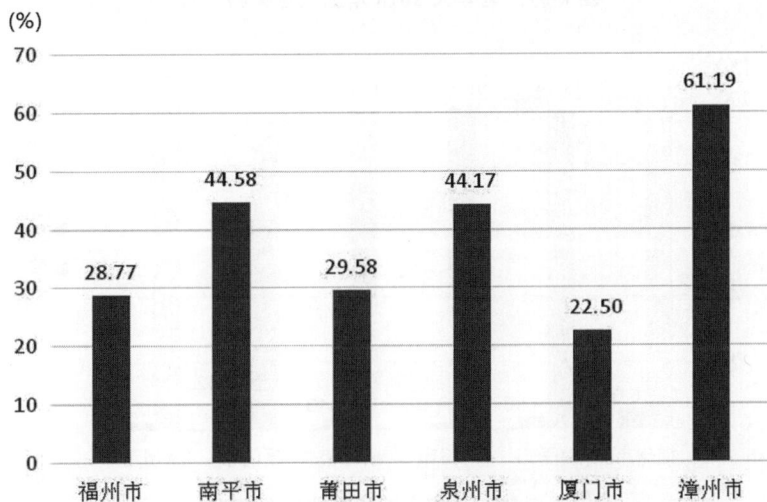

图 6-56　老年人从不锻炼人数的比例

　　莆田市、福州市 2014 年里老年人做过体检所占的比例最高(图 6-57),厦门市老年人购买商业保险比例最高(图 6-58),"经常吃保健品"的厦门市老年人比例最高(11.67%)。没有使用辅助用具的共有 1 182 位、占比 22.41%,其中,漳州市有 32.46%的老年人尚未使用任何辅助用具,使用比例最高的为福州市与厦门市老年人,80%以上老年人使用了像老花镜、助听器、假牙、拐杖、血压计、血糖仪等。(表 6-34、表 6-35、表 6-36)。

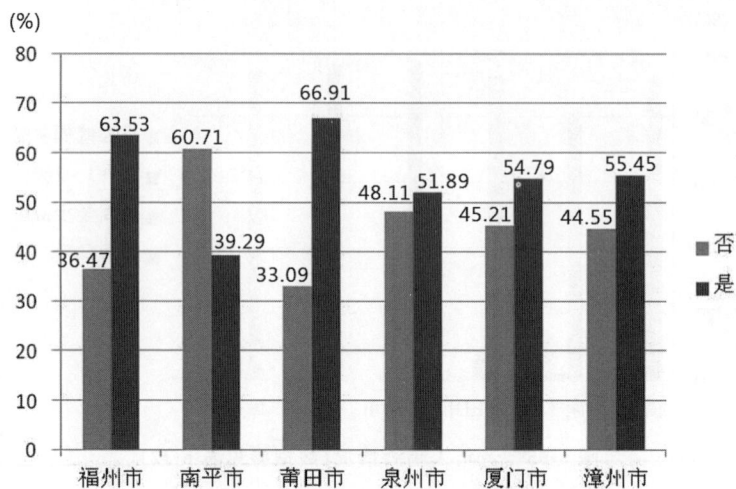

图 6-57　老年人 2014 年里做过体检情况

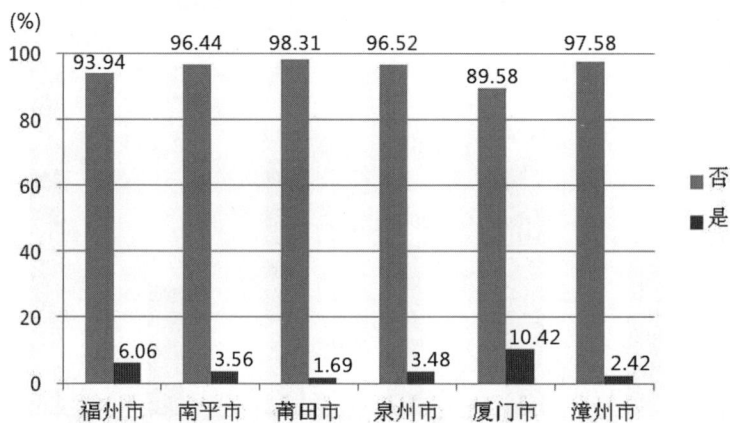

图 6-58　老年人购买商业保险情况

表 6-34　老年人购买商业健康保险情况的地区市比较

单位:n(％)

城　　市	否	是	总　　计
福州市	1 332(93.94)	86(6.06)	1 418(100)
南平市	460(96.44)	17(3.56)	477(100)
莆田市	931(98.31)	16(1.69)	947(100)
泉州市	915(96.52)	33(3.48)	948(100)
厦门市	430(89.58)	50(10.42)	480(100)
漳州市	926(97.58)	23(2.42)	949(100)
总　　计	4 994(95.69)	225(4.31)	5 219(100)

$\chi^2 = 80.1481, P = 0.000$。

表 6-35　老年人服用保健品情况的地区市比较

单位：%

城　市	从来不吃	偶尔吃	经常吃
福州市	74.11	17.82	8.07
南平市	66.74	24.69	8.58
莆田市	80.02	16.74	3.24
泉州市	80.82	13.84	5.35
厦门市	75.00	13.33	11.67
漳州市	75.10	21.98	2.92

$N=5\,235, \chi^2=115.1283, P=0.000$。

表 6-36　老年人使用辅助用具的地区市比较

单位：n（%）

城　市	有使用	未使用任何辅具	总　计
福州市	1 173(81.63)	264(18.37)	1 437(100)
南平市	365(76.04)	115(23.96)	480(100)
莆田市	727(75.73)	233(24.27)	960(100)
泉州市	793(82.60)	167(17.40)	960(100)
厦门市	388(80.83)	92(19.17)	480(100)
漳州市	647(67.54)	311(32.46)	958(100)
总　计	4 093(77.59)	1182(22.41)	5 275(100)

$\chi^2=88.5297, P=0.000$。

二、老年人的自理能力与照护需求

在 ADL 或 IADL 中，6 个地区市老年人在"做饭、扫地、日常购物、乘坐公交车、提起10 斤重物"等项目上不存在统计学上的显著性地区差异，其他的如"洗澡、洗衣、上下楼梯、打电话"等方面存在地区差异，漳州市的老年人相对在这些项目的自理能力最差、厦门市的老年人相对自理能力较强。关于老年人"大小便失禁情况"，福州市老年人相对比较差一些（表 6-37、图 6-59）。

表 6-37　老年人日常生活自理能力部分项目的地区市比较

单位：%

ADL 或 IADL		福州市	南平市	莆田市	泉州市	厦门市	漳州市	P/N
洗　澡	有些困难	2.41	3.55	3.23	1.88	2.08	4.27	*
	做不了	1.42	2.71	2.40	2.40	1.67	1.14	$N=5\,247$
做　饭	有些困难	0.70	8.33	3.13	3.13	0	7.29	—
	做不了	4.23	10.42	9.38	5.21	6.25	6.25	$N=526$
洗　衣	有些困难	1.41	8.33	4.17	3.13	0	8.33	*
	做不了	4.23	12.50	11.46	7.29	6.25	8.33	$N=526$
扫　地	有些困难	2.82	6.25	4.17	3.13	0	6.25	—
	做不了	2.82	10.42	8.33	7.29	4.17	5.21	$N=526$

续表

ADL 或 IADL		福州市	南平市	莆田市	泉州市	厦门市	漳州市	P/N
日常购物	有些困难	2.82	8.33	4.17	3.13	0	10.42	—
	做不了	4.23	10.42	9.38	7.29	4.17	5.21	N=526
上下楼梯	有些困难	4.23	14.58	6.25	6.25	2.08	16.84	**
	做不了	3.52	6.25	8.33	3.13	2.08	6.32	N=525
乘坐公交车	有些困难	8.45	6.38	6.25	4.26	2.08	8.42	—
	做不了	6.34	6.38	12.50	6.38	2.08	11.58	N=522
提起10斤重物	有些困难	10.56	12.77	5.21	8.33	10.42	13.54	—
	做不了	7.75	10.64	12.50	8.33	6.25	10.42	N=525
打电话	有些困难	2.82	4.17	3.13	3.13	4.17	10.42	***
	做不了	4.93	14.58	11.46	4.17	0	14.58	N=526

日常生活自理能力（ADL 及 IADL）。$*:P<0.05$；$**:P<0.01$；$***:P<0.001$；$-:P>0.05$。

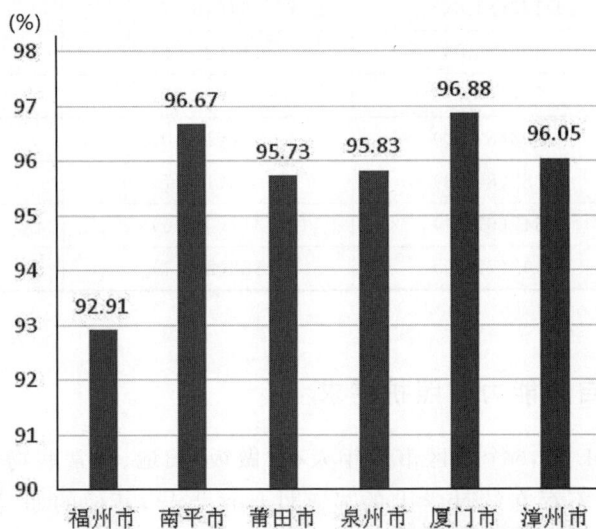

图 6-59　老年人大小便正常的人所占比例

表 6-38 为失能与半失能发生率的地区市比较,可见,失能或半失能发生率的地区市比较,福建省老年人失能或半失能发生率从高到低的排序为:南平市与莆田市(并列第一)、漳州市、福州市、泉州市、厦门市。6 个地区市存在统计学上的显著性差异。

表 6-38　失能或半失能发生率的地区市比较

城　市	频　数	百分比（%）
福州市	87	6.05
南平市	32	6.67
莆田市	64	6.67
泉州市	47	4.90

续表

城　市	频　数	百分比(%)
厦门市	21	4.38
漳州市	63	6.56
总　计	314	5.95

　　表 6-39 为老年人对社区(村/居)服务的需求情况,包括"需要助餐服务""需要助浴服务""需要上门做家务""需要上门看病""需要日间照护""需要康复护理""需要老年辅具用品租赁""需要健康教育服务""需要心理咨询/聊天解闷"的地区市比较。可见,各个项目均存在统计学上的显著性地区差异($P<0.001$ 或 $P<0.05$)。具体特点为"需要助餐服务"的泉州市排列第一,厦门市第二,漳州市最低;"需要助浴服务"的泉州市排列第一,南平市排列第二;"需要上门做家务"的厦门市排列第一,福州市排列第二;"需要上门看病"的漳州市排列第一,南平市排列第二;"需要日间照护"的泉州市排列第一,南平市排列第二;"需要康复护理"的泉州市排列第一,漳州市排列第二;"需要老年辅具用品租赁"的泉州市排列第一,漳州市排列第二;"需要健康教育服务"的泉州市排列第一,南平市排列第二;"需要心理咨询/聊天解闷"的泉州市排列第一,南平市排列第二。

表 6-39　老年人对社区(村/居)服务的需求的地区市比较

单位:%

城　　市	福州市	南平市	莆田市	泉州市	厦门市	漳州市	P/N
需要助餐服务	3.47	6.04	1.56	15.00	10.00	0.94	***
需要助浴服务	1.11	3.75	0.83	9.06	2.29	1.25	***
需要上门做家务	13.20	10.00	2.71	12.81	24.79	3.95	***
需要上门看病	17.79	38.13	24.69	29.27	19.79	43.08	***
需要日间照护	5.07	5.83	2.81	11.46	5.00	5.62	***
需要康复护理	4.10	6.25	5.10	11.56	6.25	10.72	***
需要老年辅具用品租赁	1.11	2.29	0.31	10.10	2.08	2.81	***
需要健康教育服务	6.81	13.33	12.50	14.48	4.58	7.60	***
需要心理咨询/聊天解闷	6.18	10.63	5.42	11.56	4.17	7.49	***
需要其他服务	0.69	0.42	0.21	0.31	0	0	*
上述都不需要	65.39	49.58	59.06	60.21	60.21	49.32	***

　　$N=5\,280$;χ^2:*:$P<0.05$;***:$P<0.001$。

　　另外,由图 6-60 到图 6-63 可知,莆田市老年人日常需要别人照护的比例最高(11%),同时,有 10.31% 的莆田市老年人日常有人在照护。主要照护者为配偶的为南平市和厦门市的老年人最高,漳州、莆田、福州、泉州的老年人则以子女为主要照护者的比例最高。表 6-40 提示每个地区市的老年人最愿意接受的照护地点均为"在家里"。表 6-41 为如果入住养老机构老年人(和家人)每月最多能承担的费用情况,总体而言,缺失值占了八成以上,剩余的老年人也大都集中在 1 000 元以下,其次是 1 000~2 000 元之间。

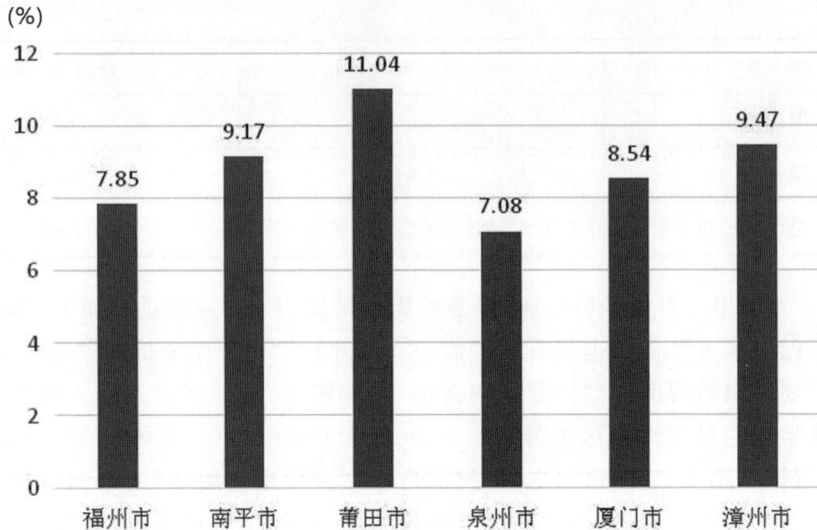

图 6-60　老年人日常生活需要他人照护的情况的比例

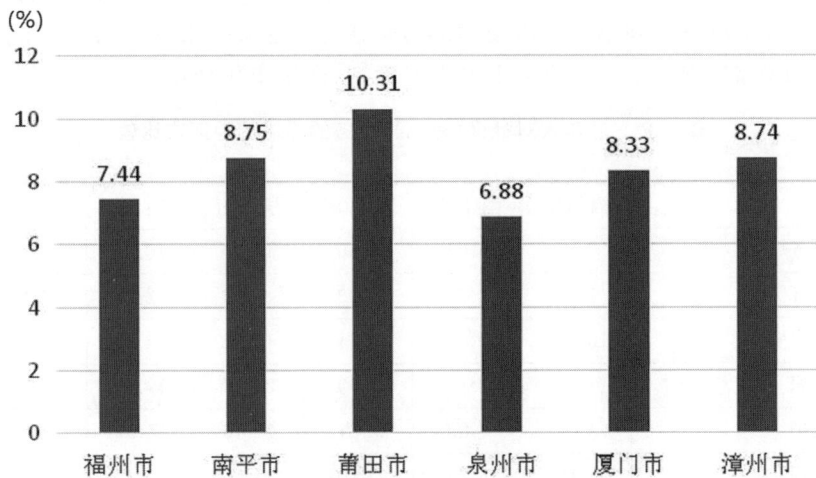

图 6-61　老年人有人照护的比例

表 6-40　老年人最愿意接受照护地点的地区市比较

单位:n(%)

城　市	在家里	白天在社区晚上回家	在养老机构	视情况而定	缺　失	总　计
福州市	1 085(75.4)	28(1.95)	55(3.82)	256(17.79)	15(1.04)	1 439(100)
南平市	371(77.29)	5(1.04)	26(5.42)	76(15.83)	2(0.42)	480(100)
莆田市	896(93.33)	25(2.60)	10(1.04)	25(2.60)	4(0.42)	960(100)
泉州市	792(82.50)	13(1.35)	24(2.50)	124(12.92)	7(0.73)	960(100)
厦门市	310(64.58)	14(2.92)	48(10.00)	108(22.50)	0(0)	480(100)
漳州市	814(84.70)	39(4.06)	7(0.73)	99(10.30)	2(0.21)	961(100)
总　计	4 268(80.83)	124(2.35)	170(3.22)	688(13.03)	30(0.57)	5 280(100)

$\chi^2 = 333.5026, P = 0.000$。

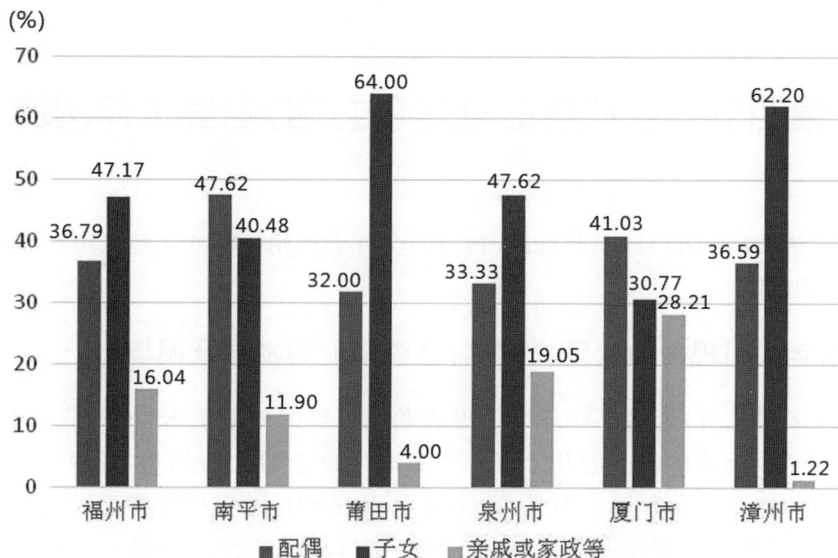

图 6-62　老年人的主要照护者所占比重

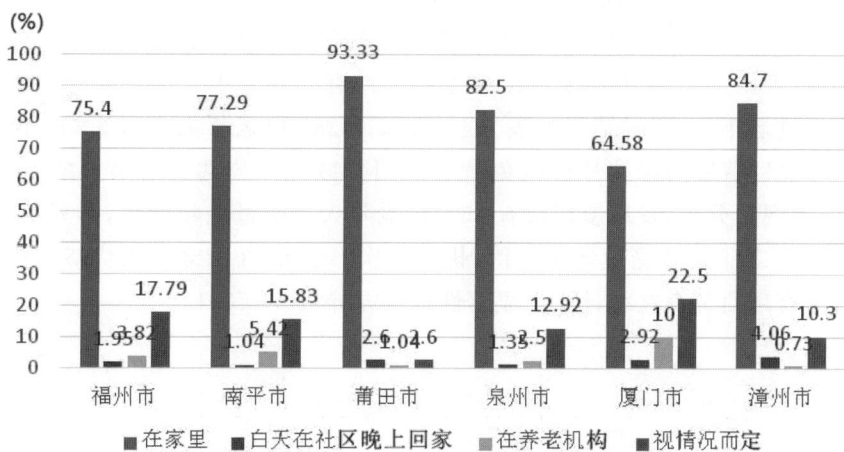

图 6-63　老年人最愿意照护的地点的分布

表 6-41　如果入住养老机构老年人(和家人)每月最多能承担的费用

单位:n(%)

城 市	1 000 元以下	1 000~1 999 元	2 000~2 999 元	3 000~3 999 元	4 000~4 999 元	5 000 元以上	缺失值	总 计
福州市	100(6.95)	124(8.62)	51(3.54)	4(0.28)	2(0.14)	2(0.14)	1 156(80.33)	1 439(100)
南平市	25(5.21)	56(11.67)	8(1.67)	2(0.42)	0(0)	0(0)	389(81.04)	480(100)
莆田市	20(2.08)	13(1.35)	0(0)	0(0)	0(0)	0(0)	927(96.56)	960(100)
泉州市	66(6.88)	34(3.54)	10(1.04)	4(0.42)	0(0)	1(0.10)	845(88.02)	960(100)
厦门市	8(1.67)	44(9.17)	63(13.13)	24(5.00)	6(1.25)	6(1.25)	329(68.54)	480(100)
漳州市	83(8.64)	10(1.04)	2(0.21)	0(0)	0(0)	0(0)	866(90.11)	961(100)
总 计	302(5.72)	281(5.32)	134(2.54)	34(0.64)	8(0.15)	9(0.17)	4 512(85.45)	5 280(100)

第四节　各地区的社区(村/居)老龄工作困境

本节主要从老年人口视角与社区(村/居)工作者视角分析 6 个地区市社区(村/居)老龄事业的工作困境。

一、老年人口视角的社区(村/居)老龄事业的发展及困境

发展社区(村/居)老龄事业是为了提高老年人口的健康生活质量,是一个国家和地区"以人为本"政策的体现。近几十年随着我国人口老龄化的加速,各级政府不断加大对老年人口的社会福利程度。但是,政策自上而下实施过程中常常受到各种因素的干扰。所以,从老年人口视角了解社区(村/居)老龄事业的发展情况也是一个很有效的途径。

1.老年人口视角的老年优待政策

本次调查问及老年人口"您是否办了老年人优待证(卡)",结果有 3 249 位(61.77％)老年人没有办理。图 6-64 为各个地区市老年人没有办理老年人优待卡的比例。在问及"您是否享受过老年优待"时结果如表 6-42 所示,5 280 位老年人中有 3 473 位老年人享受过"免费体检""普通门诊挂号费减免""公园门票减免""公共交通票价减免"等老年优待。从地区市视角分析,发现厦门市有 85％的老年人享受过老年优待,排列第一;南平市只有 35.21％的老年人享受过老年优待,排列最次。表 6-43 为老年人优待服务的地区市比较,发现所有项目都存在统计学上显著性地区差异($P<0.001$)。

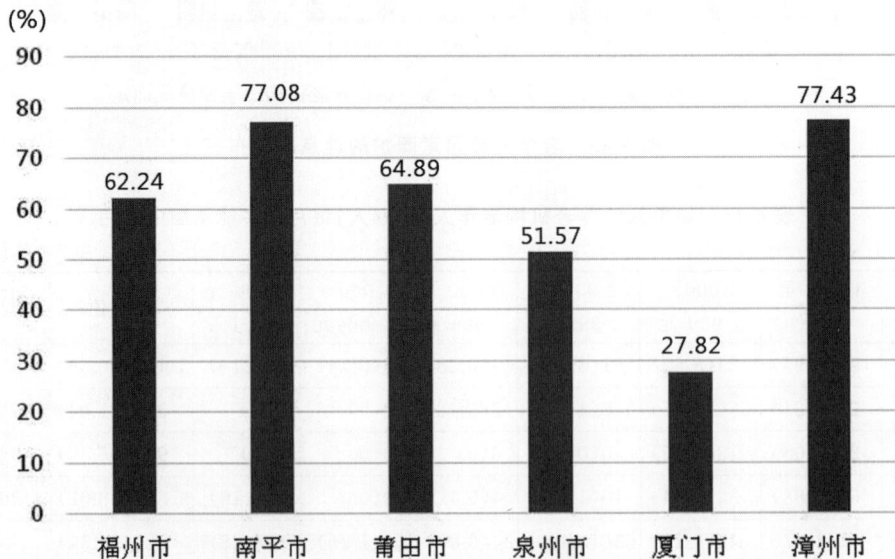

图 6-64　没有办理老年优待卡的比例

表 6-42　老年人享受过老年优待情况

单位:n(%)

城　市	有	没　有	缺失值	总　计
福州市	989(68.73)	438(30.44)	12(0.83)	1,439(100)
南平市	169(35.21)	311(64.79)	0(0)	480(100)
莆田市	712(74.17)	244(25.42)	4(0.42)	960(100)
泉州市	624(65.0)	331(34.48)	5(0.52)	960(100)
厦门市	408(85.0)	72(15.00)	0(0)	480(100)
漳州市	571(59.42)	389(40.48)	1(0.10)	961(100)
总　计	3473(65.78)	1785(33.81)	22(0.42)	5 280(100)

表 6-43　老年人享受优待的地区市比较

单位:%

享受优待项目	福州市	南平市	莆田市	泉州市	厦门市	漳州市	P
免费体检	57.95	21.88	72.59	53.40	42.29	58.75	***
普通门诊挂号费减免	1.89	1.25	1.36	5.76	17.50	0.42	***
公共交通票价减免	26.35	21.25	8.47	42.41	57.92	3.85	***
公园门票减免	21.79	5.42	7.95	25.34	67.92	2.08	***
旅游景点门票减免	14.58	6.88	5.33	23.98	54.17	1.35	***
博物馆、公共图书馆等公共文化场所门票减免	6.10	1.88	1.46	15.81	15.42	0.94	***
上述都没有	30.69	64.79	25.52	34.66	15.00	40.52	***

$N = 3\ 473, \chi^2 : *** : P < 0.001$。

在问及"您知道《老年人权益保障法》吗"时,6 个地区市中南平市和漳州市分别有七成左右应答者不知晓(图 6-65)。另外针对"您认为您的合法权益是否得到了应有的保障"时,总体约有半数的老年人认为没有得到保障,其中,南平市老年人排列第一,参见图 6-66。表 6-44 为各地区市老年人特殊权益保障受益人数情况,发现"计划生育家庭特别扶助金"排列总数第一,其次为"高龄津贴"。尤其值得关注的是享受到"护理补贴"的人数总计只有 6 例。

表 6-44　各地区市老年人特殊权益保障受益人数情况

单位:人

权益保障项目	福州市	南平市	莆田市	泉州市	厦门市	漳州市	总　计
养老服务补贴	22	5	33	0	1	0	61
高龄津贴	104	10	15	43	4	19	195
最低生活保障金	17	7	9	30	0	45	108
五保/三无救助金	8	2	2	0	0	2	14
计划生育家庭特别扶助金	269	57	42	61	3	23	455
遗嘱抚恤金	14	4	10	21	11	9	69
护理补贴	1	3	0	0	2	0	6

(%)

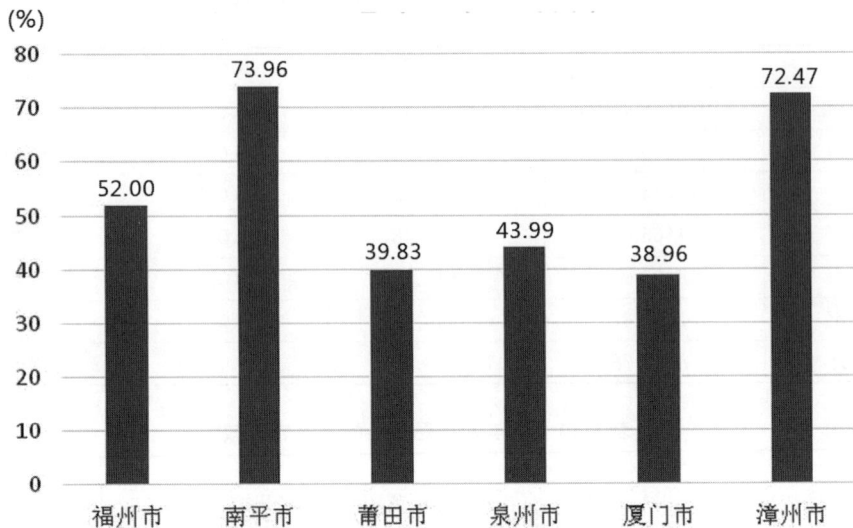

図 6-65 《老年人权益保障法》的不知晓率

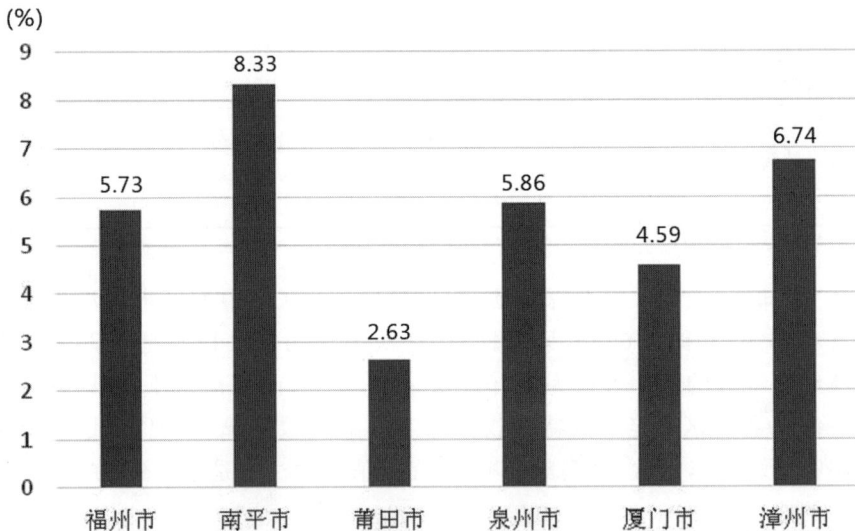

(%)

图 6-66 老年人合法权益没有得到保障的比例

2.老年人口视角的社区现有提供的老龄服务

老年人口视角的社区提供老龄服务项目如"助餐服务""助浴服务""上门做家务""上门看病""日间照护""康复护理""老年辅具用品租赁""健康教育服务"的地区市比较结果如表 6-45 所示,总体都存在统计学上的显著性差异,而且每个地区市所提供的服务率都比较低下,都低于三成,大部分都徘徊在一成左右;尤其"心理咨询/聊天解闷"最低,多地区市为空白,其次,"老年辅具用品租赁""助浴服务"也非常低下。"上门看病"相对最高,尤其泉州市与漳州市能达到三成左右。

表 6-45　社区现有提供老龄服务情况的地区市比较

单位:%

社区现有提供老龄服务	福州市	南平市	莆田市	泉州市	厦门市	漳州市	P/N
助餐服务	14.07	8.33	1.08	21.05	22.22	8.51	***
助浴服务	6.82	2.08	1.08	10.53	2.33	5.32	***
上门做家务	14.81	2.08	4.30	23.66	17.39	9.57	***
上门看病	18.38	18.75	19.35	34.74	24.44	32.98	***
日间照护	11.94	8.33	2.15	23.16	15.56	11.70	***
康复护理	8.89	6.25	4.30	14.74	20.00	9.57	***
老年辅具用品租赁	5.97	2.08	1.08	6.32	6.82	4.26	***
健康教育服务	16.42	12.50	10.75	32.63	28.89	11.70	***
心理咨询/聊天解闷	0	0	0	0	0	1.06	—

$N=509,\chi^2$:*:$P<0.05$;**:$P<0.01$;***:$P<0.001$;—:不适合检验。

老年人对家附近活动场所的知晓率,一方面体现了老年人的兴趣偏好,另一方面也从侧面体现了社区老龄工作的成效。老年人视角的社区生活环境的建设情况如表 6-46 所示,6 个地区市老年人除了"广场""老年活动中心/站/室""图书馆/文化站"的知晓率没有差异外,对"公园""健身场所"的知晓率存在统计学上的显著性地区差异。表 6-47 为老年人对家附近活动场所的利用情况,"老年活动中心/站/室"利用率从高到低的排序为南平市、福州市、漳州市、莆田市、泉州市、厦门市;"公园"利用率从高到低的排序为厦门市、南平市、福州市、漳州市、泉州市、莆田市。"健身场所"利用率从高到低的排序为厦门市、福州市、漳州市、泉州市、莆田市、南平市。参见图 6-67、图 6-68。

表 6-46　老年人对家附近活动场所的知晓率

单位:%

家附近的活动场所	福州市	南平市	莆田市	泉州市	厦门市	漳州市	P
广场:有	51.41	58.33	48.96	51.04	56.25	31.58	—
不知道	4.23	2.08	4.17	3.13	8.33	6.32	
公园:有	67.13	64.58	30.53	58.33	77.08	28.42	***
不知道	3.50	2.08	8.42	0	4.17	6.32	
健身场所:有	66.90	33.33	51.04	64.21	47.92	35.79	***
不知道	7.04	6.25	13.54	4.21	8.33	5.26	
老年活动中心/站/室:有	76.92	81.25	64.89	75.79	56.25	66.32	—
不知道	6.29	6.25	6.38	5.26	10.42	6.32	
图书馆/文化站:有	49.30	31.25	40.43	43.16	43.75	28.42	—
不知道	14.08	6.25	10.64	10.53	12.50	12.63	

$N=522,\chi^2$:***:$P<0.001$;—:$P>0.05$。

表 6-47　不同地区市老年人经常去家附近活动场所的情况

单位:%

经常去下列活动场所	福州市	南平市	莆田市	泉州市	厦门市	漳州市	P
广　场	22.09	26.67	12.70	18.31	34.38	25.64	—
公　园	31.73	42.42	13.33	22.67	47.50	23.68	***
健身场所	21.10	5.00	6.35	9.21	21.21	16.67	**
老年活动中心/站/室	17.21	17.95	11.43	8.14	2.94	14.71	*
图书馆/文化站	5.26	0	0	4.05	0	6.67	—

$N = 319 \sim 419, \chi^2: *: P < 0.05; **: P < 0.01; ***: P < 0.001; -: P > 0.05$。

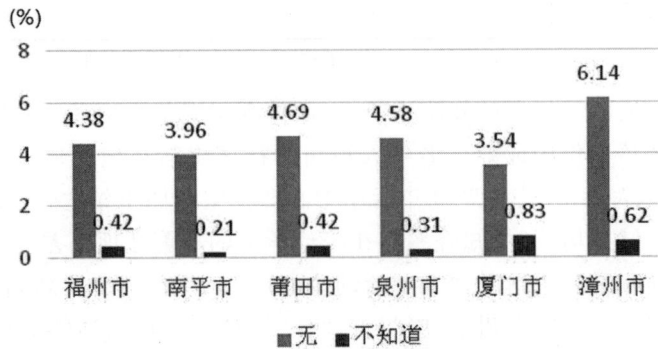

图 6-67　老年人对家附近广场的知晓率

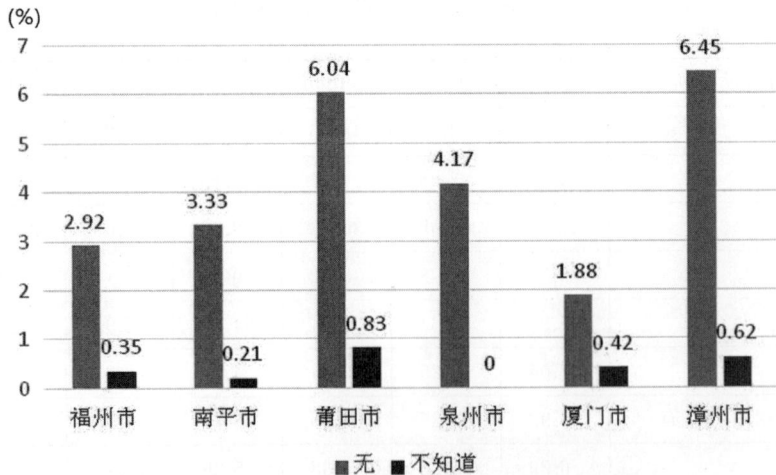

图 6-68　老年人对家附近公园的知晓率

老年人对本社区(村/居)环境满意度的地区市比较如表 6-48 所示,6 个地区市老年人口在"道路/街道照明""交通状况""公共卫生间""治安环境"和"尊老敬老氛围"项目上不存在统计学上的显著性差异,在"指示牌/标识""生活设施""健身活动场所"和"环境绿化"项目上存在统计学上的显著性地区市差异,对"指示牌/标识"莆田市老年人口满意度排列第一,"生活设施"莆田市和漳州市老年人口满意度排列并列第一,"健身活动场所"为南平市的满意度排列第一,"环境绿化"为漳州市和南平市的满意度并列第一。

表 6-48　老年人对本社区(村/居)环境满意度的地区比较

单位:%

不满意	福州市	南平市	莆田市	泉州市	厦门市	漳州市	P
指示牌/标识	63.38	66.67	75.00	43.16	50.00	57.29	***
道路/街道照明	37.32	20.83	26.04	24.21	27.08	20.83	—
交通状况	42.25	37.50	39.58	36.84	20.83	44.79	—
生活设施	57.75	62.50	73.96	48.42	43.75	73.96	***
健身活动场所	51.41	77.08	56.25	55.79	70.83	72.92	***
公共卫生间	74.65	60.42	68.75	68.42	81.25	72.92	—
环境绿化	45.07	60.42	53.13	40.00	39.58	60.42	*
治安环境	38.73	29.17	39.58	28.42	37.50	31.25	—
尊老敬老氛围	52.11	60.42	54.17	46.32	47.92	56.25	—
上述都不满意	9.15	0	4.17	1.05	2.08	1.04	**

$N = 525, \chi^2$:*:$P < 0.05$;**:$P < 0.01$;***:$P < 0.001$;—:$P > 0.05$。

总之,我省老年人口现阶段权力保障程度有待提升,所居住的社区(村/居)老龄服务项目提供程度很有限,甚至老年人对家附近公共活动场所的知晓率与利用率不超过半数。另外,对所居住的社区(村/居)的老龄友善环境建设情况的满意度波动在三一六成之间。

二、社区工作者视角老龄事业发展现状中的困境

1.受访社区(村/居)老龄工作经费及其拨款方式

对社区 2014 年用于老龄工作的经费问题回答中,共有 161 个社区(村/居)回答了该问题。在应答的 161 个社区中 2014 年用于老龄工作的平均经费为 2.05 万元,最小值为 0,最大值为 20 万元,标准差为 2.62。其中,"城市地区"社区 2014 年用于老龄工作的经费平均数为 2.51 万元,最小值为 0,最大值为 20,标准差为 3.12;"乡村地区"社区 2014 年用于老龄工作的经费平均数为 1.48 万元,最小值为 0,最大值为 8 万元,标准差为 1.68。2014 年厦门市社区用于老龄工作经费最高,平均每个社区投入 4.75 万元;投入最少的为南平市,平均每个社区(村/居)投入为 0.54 万元,每个社区(村/居)投入老龄工作经费存在统计学上的显著性地区差异(表 6-49)。

表 6-49　社区(村/居)2014 年的老龄工作经费情况

单位:万元

经　　费	厦门市	莆田市	泉州市	南平市	漳州市	福州市	总　计	城市地区	乡村地区
均　值	4.75	1.27	1.94	0.54	1.14	2.76	2.05	2.51	1.48
标准差	6.01	1.31	1.84	0.52	1.51	1.80	2.62	3.12	1.68
社区(村/居)数(个)	16	31	31	13	28	42	161	97	77

Kruskal-Wallis equality-of-populations rank test: $P < 0.001$。

有关老龄经费拨款的方式,有"一事一议""固定经费""按人头拨付"等。"一事一议"方式主要在乡村地区实行,以农民自愿筹资筹劳为基础,政府按照先议后筹、先筹后补的原则,通过民办公助的方式,对村内道路、农田水利、村容村貌等村级公益事业建设项目给予适当奖补。在对社区老龄工作经费拨款方式的问题回答,如表 6-50 所示,有 159 个受访社区(村/居)报告了老龄工作经费的拨款方式,15 个社区(村/居)数据缺失。其中,以"一事一议"和"固定经费"两种方式居多,分别有 56 和 52 个样本,各占比为 35.2% 和 32.7%。

表 6-50　受访社区老龄工作经费拨款方式的分布情况

单位:n(%)

拨款方式	厦门市	莆田市	泉州市	南平市	漳州市	福州市	总计	百分比(%)
一事一议	4	7	10	2	9	24	56	35.2
固定经费	8	13	10	3	4	14	52	32.7
按人头拨付	3	5	7	6	2	7	30	18.9
其　他	1	3	3	3	11	0	21	13.2
总　计	16	28	30	14	26	41	159	100

对各市之间社区老龄工作经费拨款方式进行比较分析,可以发现厦门市社区老龄工作经费拨款方式以"固定经费"的类型最多,有 8 个样本,最少的是"其他"类型,有样本 1 个;莆田市社区老龄工作经费拨款方式以"固定经费"方式为主,共有 13 个样本,最少的是"其他"类型,共有样本 3 个;泉州市社区老龄工作经费拨款方式以"一事一议"和"固定经费"的类型最多,各有 10 个样本,最少的是"其他"类型,有样本 3 个;南平市社区老龄工作经费拨款方式以"按人头拨付"为主,共有样本 6 个,以"一事一议"类型最少,共有样本 2 个;漳州市社区老龄工作经费拨款方式以"其他"类型最多,共有样本 11 个,以"按人头拨付"类型最少,有样本 2 个;福州市社区老龄工作经费拨款方式以"一事一议"类型最多,共有 24 个样本,没有"其他"类型。

2.受访社区(村/居)老龄服务人员的缺失情况

在对问题"社区缺失哪类老龄服务人员"的回答中,结果如表 6-51 所示,有 173 个受访社区(村/居)报告了本社区缺乏老龄服务人员类型的情况,因同一社区可能缺乏一种或同时缺乏几种老龄服务人员,所有共有 512 个社区缺乏老龄服务人员类型。其中,社区缺少的老龄服务人员以"全科医生"占比最多,共有样本 135 个,占比为 26.4%;其次是"护理员",共有样本 125 个,占比 24.4%;再次是"家政服务人员",共有样本 97 个,占比18.9%;"都不缺"的样本有 4 个,占样本总数的比例为 0.8%。

表 6-51　受访社区缺乏老龄服务人员类型的分布情况

老龄服务人员类型	厦门市	莆田市	泉州市	南平市	漳州市	福州市	总　计	百分比(%)
家政服务人员	12	17	18	8	15	27	97	18.9
护理员	19	17	25	14	21	29	125	24.4
全科医生	19	20	24	15	25	32	135	26.4
志愿者	2	16	13	8	19	18	76	14.8
社会工作者	2	12	14	5	18	21	72	14.1
其　他	0	1	0	0	2	0	3	0.6
都不缺	0	1	1	0	2	0	4	0.8
总　计	54	84	95	50	102	127	512	100
社区(村/居)的平均缺乏人数*	3.38	2.68	3.03	3.13	3.13	2.65	2.92	—

* 社区(村/居)的平均数指每个地区市每个社区(村/居)的机构组织类型数=每个地区市社区(村/居)机构组织类型总数/每个地区市的社区(村/居)总数。

对各市每一社区缺乏的老龄服务人员数(该市受访社区缺乏的老龄服务人员总数/该市受访社区总数)进行比较,结果发现每个地区市的社区缺乏的老龄服务人员数均为3个左右,即每个社区(村/居)都希望能增添3个老龄服务人员。可见,我省老龄服务对医生、护理员等专业医疗护理人员的缺口比较严重。

3.受访社区老年人虐待、受骗与犯罪的发生情况

表 6-52 展示了6个地区市每个受访社区(村/居)的平均"纯老户"户数,"三无老人"/"五保老人""低保救助老年人的平均数"及"留守老人""受虐待老人""受骗老人"平均数。可见,每个受访社区(村/居)"纯老户"平均户数波动在 50～125 户之间,"留守老人"平均数波动在 50～120 之间,还有"三无老人"/"五保老人""低保救助老年人""受虐待老人"和"受骗老人"。在对问题"社区发生虐待/不赡养老年人案例数"的回答结果如表 6-53 所示,共有 163 个受访社区(村/居)报告了 2015 年以来社区发生的虐待/不赡养/受骗老年人的案例数量情况,11 个社区(村/居)数据缺失。由表 6-52 可以发现漳州市相对虐待/不赡养/受骗老年人的案例数最高,其次,老年人受骗的案例数较高的为漳州市。全省在 2015 年共有 10 个社区(村/居)报告了 1 例虐待/不赡养老年人的事;有 2 个社区(村/居)报告了 2 例虐待/不赡养老年人的事;有 1 个社区(村/居)报告了 3 例虐待/不赡养老年人的事(表 6-53)。

表 6-52　社区(村/居)的"纯老户""三无老人"/"五保老人""留守老人""受虐待老人""受骗老人"

户　数	厦门市	莆田市	泉州市	南平市	漳州市	福州市	总　计
"纯老户"平均户数	116.94	125.87	76.80	58.88	67.25	84.16	87.99
标准差	81.53	444.34	67.01	62.32	71.65	141.10	208.35
"留守老人"平均数	—	53.59	127.06	37.00	37.54	16.88	50.80
标准差	—	80.36	152.95	38.77	60.19	24.11	86.76

续表

户 数	厦门市	莆田市	泉州市	南平市	漳州市	福州市	总 计
"三无老人"/"五保老人"平均数	1.60	6.13	2.20	3.00	4.69	2.77	3.57
标准差	2.35	9.22	2.93	3.29	3.47	5.58	5.55
低保救助老年人平均数	7.56	20.13	17.26	6.69	40.59	12.54	18.97
标准差	8.58	18.29	24.32	4.83	37.27	22.85	26.19
受虐待老年人平均数	0.06	0.14	0	0.07	0.22	0.10	0.10
标准差	0.25	0.44	0	0.26	0.49	0.49	0.39
受骗老年人平均数	0.13	0.60	0.03	0.33	1.25	1.02	0.66
标准差	0.34	2.22	0.18	1.29	5.65	2.32	2.94

表 6-53　受访社区 2015 年以来发生虐待/不赡养老年人案例数的分布情况

案例数	频 数	百分比（%）	有效百分比（%）
0	150	86.2	92.0
1	10	5.7	6.1
2	2	1.1	1.2
3	1	0.6	0.6
缺失值	11	6.3	—
总 计	174	100	100

注：社区社区发生虐待/不赡养老年人的案例平均数＝0.1 例，标准差＝0.40。

在对问题"社区发生多少起老年人受骗上当的案例"的回答结果如表 6-54 所示，共有 164 个受访社区（村/居）报告了社区发生老年人受骗上当的案例数情况，10 个社区（村/居）数据缺失。其中，发生老年人受骗上当的案例数在"5 例以下"的占绝大多数，共有样本 158 个，占有效样本总数的 96.3%。社区 2015 年以来发生老年人上当受骗案例在 5—10 例之间的有 4 个社区（村/居），发生老年人上当受骗案例在 10 例以上的有 2 个社区（村/居）。具体分析，受骗案例发生较多的是莆田市荔城新度镇锦墩村，共发生老年人上当受骗案例 12 例；最多的是漳州诏安县桥东镇甲州村，2015 年共发生老年人上当受骗案例 32 例。

表 6-54　受访社区 2015 年以来发生老年人上当受骗案例数的分布情况

案例数	频 数	百分比（%）	有效百分比（%）
5 例以下	158	90.8	96.3
5—10 例	4	2.3	2.4
10 例以上	2	1.1	1.2
缺失值	10	5.7	—
总 计	174	100	100

注：社区 2015 年以来发生老年人上当受骗案例的平均数＝0.66 例，标准差＝2.9。

小结及讨论

本章节主要从受访的 6 个地级市（福州市、厦门市、南平市、莆田市、泉州市和漳州市）分析老年人在生活、健康、医疗等层面的实际情况差异，并分别从老年人口和社区工作者的视角探讨了当前我省老年工作的困境。另外，本研究还分别从老年人口和社区工作者的视角探讨了福建省 6 个地级市社区（村/居）老龄事业发展中存在的问题。研究发现，老年人文化程度从高到低的依次排序为：厦门市、福州市、泉州市、南平市、莆田市和漳州市；老年人平均拥有儿子数量从多到少依次为：漳州市 1.93 个、泉州市 1.79 个、南平市 1.71 个、莆田市 1.65 个、福州市 1.36 个和厦门市 1.1 个。老年人平均拥有女儿数量从多到少依次为：漳州市 2.03 个、泉州市 1.83 个、莆田市 1.64 个、南平市 1.62 个、福州市 1.29 个和厦门市 1.1 个。厦门市的相对最少，占比 7.95%。就业机会与房价可能是影响老年人独居与否的关键因素。南平市老年人独居率高于其他地区市的情况，也许与南平市就业机会相对较少，许多子女为了更好地就业而流出本地有关，厦门老年人独居比例最低也许与当地的房价有关，由于高房价必然导致人口密集度提高，当然，有关现象还有待于今后进一步考察。老年人与子女长期生活意愿的地区市比较，从高到低依次为：莆田市 91.58%、福州市 74.65%、泉州市与南平市并列 64.58%、厦门市 58.33% 和漳州市 54.74%。这种地区市差异可能与地方文化或习俗有关，同时反映出地方"孝"文化的差异。老年人有生活困难子女从高到低的依次排序为：泉州市、漳州市、南平市、莆田市、福州市和厦门市。生活在厦门市的老年人其子女在经济上有困难的比例最低。

从老年人健康的层面来看，"过去一年内平均住院次数""慢性病患病情况""视力、听力"等躯体健康指标均以厦门市最好，老年人的精神文化生活也以厦门市最为丰富。值得关注的是，厦门市老年人的自我评价的心理年龄最"年轻"，平均为 57.71 岁，而漳州市老年人对应的心理年龄最"年老"，平均为 67.06 岁。厦门市与漳州市均处在闽南地区，老年人的心理年龄相差甚远，躯体健康状况也处于两个极端，这其中的原因值得深究。同时，老年人的自理能力也存在地区性的显著差异，漳州市老年人的自理能力最低，厦门市老年人的自理能力最高。同时，失能或半失能发生率的地区市比较，可见，福建省老年人失能或半失能发生率从高到低的排序为：南平市与莆田市（并列第一）、漳州市、福州市、泉州市、厦门市。6 个地区市存在统计学上的显著性差异。漳州市老年人"从不锻炼"的比例最高，厦门市老年人"经常吃保健品"及"购买商业保险"的比例最高，而且厦门市老年人在医疗方面的平均花费在所有地区中也是最高的。

针对 6 个地级市的社区（村/居）老年工作的发展及困境，从老年人口视角进行分析发现，在漳州市和南平市，有七成左右的老年人不知道《老年人权益保障法》，更不可能利用法律的武器进行维权；有关老年人享受"免费体检""普通门诊挂号费减免""公共交通票价减免""公园门票减免"等老年优待中，厦门市有 85% 的老年人享受过相关的老年优待，排列第一；南平市只有 35.21% 的老年人享受过老年优待，排列最次；有关社区提供老龄服务项目如"助餐服务""助浴服务""上门做家务""上门看病""日间照护""康复护理""老年辅具用品租赁""健康教育服务"等,每个地区市所提供的服务率都比较低下,都低于三成,大部分都只有一成的水平;尤其"心理咨询/聊天解闷"最低,多地区市为空白。其次,"老年辅具用品租赁""助浴服务"也非常低下。"上门看病"相对最高,尤其泉州市与漳州市能达到三成左右。针对社区(村/居)老龄工作的经费,在应答的 161 个社区中 2014 年用于老龄工作的平均经费为 2.05 万元,最小值为 0,最大值为 20 万元,标准差为 2.62。其中,"城市地区"社区 2014 年用于老龄工作的经费平均数为 2.51 万元,"乡村地区"社区 2014 年用于老龄工作的经费平均数为 1.48 万元;不同地区差别较大,而且这种差距在城乡也很显著。有 173 个受访社区(村/居)报告了本社区缺乏老龄服务人员类型的情况,发现社区缺少"全科医生"占比最多,其次是"护理员",再次是"家政服务人员";每个地区市社区缺乏的老龄服务人员数均为 3 个左右,即每个社区(村/居)都希望能增添 3 个老龄服务人员。可见,我省老龄服务对医生、护理员等专业医疗护理人员的缺口比较严重。

第七章　第三、四次老年人生活状况抽样调查的纵向比较

改革开放以后,尤其是党的十八大以来,随着全面建成小康社会的进一步推进,我国居民的生活水平显著提高,与之相对应,我国老年人的生活方式也发生了深刻的变化。因此,动态地把握老年人生活状况有助于维护老年人的基本权利,改善老年人的社会生活环境。基于上述目的,本书在这一章对"2010 年第三次全国老年人生活状况抽样调查"[①]与"2015 年第四次全国老年人生活状况抽样调查"进行纵向对比。

第一节　老年人生活及居住环境的纵向比较

一、家庭及子女情况比较

1.子女孝顺情况及与子女长期生活的意愿

"百善孝为先"。孝顺是中华民族的优良传统,也是孔孟之道的首德,是一脉相承的。儿女孝顺是父母最大的安慰,也是父母最大的一笔财富,更是衡量老年人家庭幸福与否的重要标尺之一。通过表 7-1 可以明显发现,在 2015 年长表问卷调查对象 527 个样本中,认为子女"孝顺"的受访老年人的比例最高,占样本总数的 77.2%,其次是认为子女"一般"孝顺的老年人,占样本总数的 21.4%,还有 0.2% 的受访老年人认为他们的子女"不孝顺";反观在 2010 年的 1001 个样本中,认为子女"孝顺"的受访老年人的比例占样本总数的 72.6%,其次,是认为子女"一般"孝顺的老年人,占样本总数的 24.5%,还有 1.6% 的受访老年人认为他们的子女"不孝顺"。

---

① 2010 年"福建省城乡老年人生活状况抽样调查"是在全国老龄工作委员会领导下,由福建省老龄办主导展开的一项全国性专项国情调查。2010 年为第三次,2015 年为第四次。其中,第三次(2010年)共回收有效问卷 1001 份。

表 7-1　受访老年人认为子女孝顺情况的纵向比较

单位:n(%)

子女是否孝顺	第四次(2015 年)	第三次(2010 年)
孝　顺	407(77.2)	726(72.6)
一　般	113(21.4)	245(24.5)
不孝顺	1(0.2)	16(1.6)
缺　失	6(1.1)	14(1.4)
总　计	527(100)	1001(100)

注:为保持两次抽样调查中研究问题的一致性,将 2010 年该问题的"很孝顺""比较孝顺"合并为"孝顺","比较不孝顺"改为"不孝顺"。

表 7-2 为受访老年人与子女长期生活意愿的纵向比较。可以明显发现,在 2015 年长表问卷的调查对象 527 个样本中,"愿意"与子女长期一起生活的受访老年人的比例占样本总体的 69.4%,超过总体的三分之二,证明大部分老年人还是愿意与子女一起生活的,有 13.7%的受访老年人表示"不愿意"与子女长期一起生活,而回答"看情况"的受访老年人占总体样本的 16.3%。反观在 2010 年的 1001 个样本中,"愿意"与子女长期一起生活的受访老年人的比例占样本总体的 59.1%,其次是"看情况"的受访老年人,占总体样本的 21.9%,有 17.3%的受访老年人表示"不愿意"与子女长期一起生活。

表 7-2　受访老年人与子女长期生活意愿的纵向比较

单位:n(%)

与子女长期生活	第四次(2015 年)	第三次(2010 年)
愿　意	366(69.4)	592(59.1)
不愿意	72(13.7)	173(17.3)
看情况	86(16.3)	219(21.9)
缺　失	3(0.6)	17(1.7)
总　计	527(100)	1 001(100)

注:为保持两次抽样调查中研究问题的一致性,将 2010 年该问题的"无所谓"改为"看情况"。

2.居住安排及帮子女做事的情况

中国人素有"三世同堂""四世同堂"的观念,认为一家老小应当生活在同一屋檐下。随着社会的进步,越来越多的子女在成家后选择自己住,这就造成了我国现在家庭成员构成的复杂性。调查问卷中"当前老年人家里(包括同吃同住)有哪些人"分析后得到表7-3。2015 年,在 5 280 个总体样本中共有 12 125 个有效响应次数,其中,与"配偶"同吃同住的老年人比例最高,为30.7%,其次是与"儿子"和"(外、重)孙子女"同吃同住的老年人,数量相当,分别占有效响应次数的 19.0%和 18.9%。2010 年,在 1 001 个总体样本中共有 2 000 个有效响应次数,其中,与"配偶"同吃同住的老年人比例最高,为31.4%,其次是与"儿子"同吃同住的老年人,占有效响应次数的 20.4%。("其他"可能包括了"单独居住""保姆"等其他情况。)

表 7-3　　　受访老年人居住安排情况的纵向比较

单位:n(%)

居住安排	第四次(2015 年)		第三次(2010 年)	
	响　应	个案百分比	响　应	个案百分比
配　偶	3 717(30.7)	70.4	628(31.4)	72.4
(岳)父母	104(0.9)	2.0	43(2.2)	5.0
儿　子	2 299(19.0)	43.6	408(20.4)	47.0
儿　媳	1 983(16.4)	37.6	345(17.3)	39.7
女　儿	601(5.0)	11.4	76(3.8)	8.8
女　婿	284(2.3)	5.4	37(1.9)	4.3
(外、重)孙子女	2 293(18.9)	43.4	354(17.7)	39.7
其　他	844(7.0)	16.0	1.9(5.5)	12.6

老年人尤其是退休后的老年人离开工作岗位,回归家庭,更多地选择为子女做事情为子女保驾护航,负责子女日常生活的打理,方便让子女在社会上打拼。这也是老年人发挥其社会价值的一种方式。但是由于家庭状况不同,以及受到老年人自身的年龄和身体状况等的制约,老年人在家庭中所扮演的角色和承担的任务是不同的。调查问卷中"帮子女做事情"的比较分析结果如表 7-4 所示,2015 年,在 527 个老年人中有 835 个有效响应次数。其中,帮子女"照看家"的老年人有效响应次数最多,占比 28.8%,其次是帮子女"做家务"的老年人有效响应次数,占比 25.1%,还有 21.1%的老年人表示,现在正在帮子女"照看(外)孙子女",同时也有 17.6%的老年人"都没有做";反观 2010 年,在 1 001 个样本中有 1 521 个有效响应次数。同样,帮子女"照看家"的老年人的有效响应次数最多,占比 32.5%,其次有 22.5%的老年人正在帮子女"做家务",有 21.2%的老年人帮子女照看(外)孙子女,但是,"都没有做"的老年人占比为 23.9%。

表 7-4　受访老年人帮子女做事情的纵向比较

单位:n(%)

帮子女做事情	第四次(2015 年)	第五次(2010 年)
照看家	260(28.8)	494(32.5)
做家务	226(25.1)	342(22.5)
照看(外)孙子女	190(21.1)	322(21.2)
都没有做	159(17.6)	363(23.9)
总　计	835(100)	1 521(100)

二、退休及经济情况比较

1.退休年龄及离退休前的工作单位性质

在 2015 年 5 280 个样本中共有 2 141 名老年人已经办理了退休手续;而在 2010 年的

数据中,共有 387 名老年人办理了退休手续。参见表 7-5、表 7-6。2015 年,在 2 141 个样本数据中,有 45.3%的受访老年人在"60～64 岁"进行离退休,其次是"50～54 岁"离退休的受访老年人占总数据的 28.9%,有 5.4%的受访老年人"49 岁及以下"已经离退休,同时还有 0.7%的受访老年人"65 岁及以上"进行离退休。在 2010 年,387 个样本数据中,有 47%的受访老年人表示在"60～64 岁"进行了离退休,其次是"50～54 岁"进行离退休的受访老年人占总数据的 30.2%,还有 0.5%的受访老年人是在"65 岁及以上"离退休的。

表 7-5 受访老年人离退休时年龄的纵向比较

单位:n(%)

离退休时年龄	第四次(2015 年)	第三次(2010 年)
49 岁及以下	116(5.4)	25(6.5)
50—54 岁	619(28.9)	117(30.2)
55—59 岁	392(18.3)	61(15.8)
60～64 岁	970(45.3)	182(47)
65 岁及以上	16(0.7)	2(0.5)
缺 失	28(1.3)	0(0)
总 计	2 141(100)	387(100)

在 2015 年 527 份长表问卷中,共有 222 名老年人已经办理了离退休手续;而在 2010 年的 1 001 个研究对象中,共有 387 名的老年人办理了离退休手续。进一步分析,得到表 7-6。2015 年,在 222 个样本数据中,有 14.9%的受访老年人"是"提前离退休,有 81.5%的受访老年人"不是"提前离退休。2010 年,在 387 个样本数据中,有 81.1%的受访老年人"不"属于提前离退休,有 18.3%的受访老年人"是"提前离退休。

表 7-6 受访老年人办理退休手续及提前离退休的纵向比较

单位:n(%)

退 休	第四次(2015 年)	第三次(2010 年)
是	2 141(40.5)	387(38.7)
否	267(5.1)	4(0.4)
不适用(从未有过正式工作)	2 850(54)	111(11.1)
缺 失	22(0.4)	499(49.9)
总 计	5 280(100)	1 001
提前退休	第四次(2015 年)	第三次(2010 年)
否	181(81.5)	314(81.1)
是	33(14.9)	71(18.3)
缺 失	8(3.6)	2(0.5)
总 计	222(100)	387(100)

注:这里将离休、退休统称为"是"。

表 7-7 提示在 2015 年已经退休的 2 141 个老年人中,有 44.9％的受访老年人离退休前单位的工作性质为"国有企业",其次离退休前在"集体企业"工作的受访老年人占总数据的 21.6％,同时也有 19.4％的受访老年人退休前在事业单位上班。2010 年,在 387 个样本数据中,在"国有企业"工作的受访老年人占总数据的 43.9％,其次是"事业单位"和"集体企业",均占总数据的 22.5％,占总数据 7％的在"党政机关"工作的受访老年人为比例最小项。

表 7-7　受访老年人离退休前工作单位性质的纵向比较

单位:n(%)

退休前工作单位	第四次(2015 年)	第三次(2010 年)
党政机关	143(6.7)	27(7)
事业单位	416(19.4)	87(22.5)
国有企业	962(44.9)	170(43.9)
集体企业	462(21.6)	87(22.5)
私营企业	41(1.9)	5(1.3)
其　他	96(4.5)	10(2.6)
缺　失	21(1.0)	1(0.3)
总　计	2 141(100)	387(100)

2.继续从事有收入的工作及从事理财活动情况

老年人"继续从事有收入的工作"大致可分为三类:一是拥有一技之长,选择"退而不休";二是虽然步入老年,却因生活所迫需要打工补贴家用;三是子女成家立业后,老年人没有家庭生活负担,利用积蓄创业。目前老年人就业市场上,第一类占据了主要部分。一般退休老年人重新就业集中在"高、精、专"的岗位,这些岗位无法离开有众多经验的老年人。对于老年人继续从事有收入的工作问题,其影响因素有很多,在一定意义上对老年人的生活水平和身心状况存在影响。在这里,将受访老年人继续从事有收入的工作分为"是""否"两种情况进行分析。表 7-8 为老年人目前从事有收入工作的情况。在 2015 年的 5 280 个样本数据中,有 12.8％的受访老年人表示仍在从事有收入的工作,86.8％的受访老年人表示不再继续工作。2010 年,在 1 001 个样本数据中,继续从事有收入工作的受访老年人占样本总体的 3.5％,有 46.2％的受访老年人没有继续工作。

表 7-8　目前从事有收入工作的老年人情况的纵向比较

单位:n(%)

有收入的工作	第四次(2015 年)	第三次(2010 年)
否	4 582(86.8)	462(46.2)
是	677(12.8)	35(3.5)
缺　失	21(0.4)	504(50.3)
总　计	5 280(100)	1 001(100)

时下的理财市场,无论是在银行国债销售柜前排队的长龙中,还是在行情涨落交替频繁的股市交易大厅里,老年人成了理财主体中的一个重要群体已是不争的事实。老年人进行理财活动的类型越来越多种多样。但是这并不意味着大多数的老年人可以接受这种具有风险性的投资,老年人从事理财活动现状依旧复杂。表7-9的结果提示,在2015年的5 280个有效样本中,只有5.2%的受访老年人"有"投资理财活动,而92.3%的受访老年人表示"没有"进行投资理财活动。2010年的1 001个样本数据中,只有4.4%的受访老年人"有"投资理财活动,而92%的受访老年人表示"没有"进行投资理财活动。

表7-9 受访老年人从事投资理财活动的纵向比较

单位:n(%)

投资理财活动	第四次(2015年)	第三次(2010年)
有	273(5.2)	45(4.4)
没 有	4 874(92.3)	920(92.0)
缺 失	133(2.5)	36(3.6)
总 计	5 280(100)	1 001(100)

3.养老金的拥有情况及其金额

古语有讲:老有所依。养老金作为一个好的规划工具使老有所依,理应为人们所熟知。其作用有很多,能保障年老后基本生活,实现老有所养,为老年人的晚年提供可靠的经济来源,满足其生活需求;减轻子女赡养负担,免除家庭一定的后顾之忧,也减少子女抚养老年人和孩子的双重压力,对老年人和整个家庭都带来了积极的影响;意味着对将来年老后的生活有了预期,免除了后顾之忧,从社会心态来说,人们多了些稳定、少了些浮躁,这有利于社会的稳定。在这里。将受访老年人分为两部分,一部分为"与老伴存有养老金",另一部分为"与老伴没有存养老金"两种进行分析,得到表7-10。在2015年的5 280个样本数据中,有52.1%的受访老年人"没有"和老伴存养老金,有46.9%的受访老年人选择了"有"。在2010年的1 001个样本数据当中,有71.7%的受访老年人和老伴"没有"存养老金,有27.1%的受访老年人和老伴选择"有"。

表7-10 受访老年人和老伴预存养老金情况的纵向比较

单位:n(%)

养老金	第四次(2015年)	第三次(2010年)
没 有	2 753(52.1)	718(71.7)
有	2 478(46.9)	271(27.1)
缺 失	49(0.9)	12(1.2)
总 计	5 280(100)	1 001(100)

在当今社会状况下,老年人要想晚年生活有所保障,自己所储存养老钱金额要达到一定数值,才能应对一些突发状况,如大小疾病的影响之类。在这基础之上才有可能在晚年

生活中享受人生,做一些自己喜欢的事情。在调查中将养老金额分为"10 000 元以下""10 000～20 000 元""20 000～30 000 元""30 000～40 000 元""40 000～50 000 元""50 000元以上"几个具有代表性的金额区间进行调查研究。在2015 年的5 280 份总样本中,共有2 478 名老年人样本数据;而在2010 年的1001 份总样本中,共有271 名老年人样本数据,进一步分析,得到表7-11。2015 年,在2 478 个样本数据中,有28.7%的受访老年人存款金额"50 000 元以上",其次是"10 000 元以下"的受访老年人占总数据的24.5%。受访老年人中平均每人养老金存款66 217 元,最多存款5 000 000 元。2010 年,在271 个样本数据中,有28.8%的受访老年人表示存款金额在"10 000 元以下",其次是存款金额在"10 000～20 000 元之间"的受访老年人,占总数据的18.8%。受访老年人中平均每人养老金存款48 151 元,最多存款1 333 000 元。

表 7-11　老年人存有养老钱金额的纵向比较

单位:n(%)

存有养老钱	第四次(2015 年)	第三次(2010 年)
10 000 元以下	608(24.5)	78(28.8)
10 000～20 000 元	479(19.3)	51(18.8)
20 000～30 000 元	296(11.9)	32(11.8)
30 000～40 000 元	53(2.1)	10(3.7)
40 000～50 000 元	310(12.5)	23(8.5)
50 000 元以上	711(28.7)	50(18.5)
缺　失	21(0.8)	27(10.0)
总　计	2 478(100)	271(100)

＊2015 年:均值＝66 217 元,众数＝20 000 元,最小值＝0 元,最大值＝5 000 000 元;
2010 年:均值＝48 151 元,众数＝20 000 元,最小值＝10 元,最大值＝1 333 000 元。

4.经济状况的自评与决策

老年人生活质量的高低,一定程度上取决于经济状况。经济有了保证,才不会有后顾之忧。在患病时有看病治疗的经济实力,可以为自己的生活支付相应开销。在问卷中,将老年人对自己经济水平的自评分为五个阶段:"非常宽裕""比较宽裕""基本够用""比较困难""非常困难",得到表7-12。2015 年,在5 280 个有效样本中,认为自己的经济状况"基本够用"的受访老年人的比例最高,占样本总体的66.3%;其次是认为"基本宽裕"的受访老年人,占总体样本的19.6%;也有10.6%的受访老年人表示自己的经济状况"比较困难"。2010 年,在1 001 个有效样本中,认为自己的经济状况"基本够用"的受访老年人的比例最高,占样本总体的62.8%;其次是认为"比较困难"的受访老年人,占总体样本的19.6%;也有10.0%的受访老年人表示自己的经济状况"比较宽裕"。

表 7-12　受访老年人经济状况自评结果的纵向比较

单位:n(%)

自评经济状况	第四次(2015 年)	第三次(2010 年)
非常宽裕	93(1.8)	16(1.6)
比较宽裕	1 033(19.6)	100(10.0)
基本够用	3 500(66.3)	629(62.8)
比较困难	558(10.6)	196(19.6)
非常困难	67(1.3)	60(6.0)
缺　失	29(0.5)	0(0)
总　计	5 280(100)	1 001(100)

　　有收入就有支出,家庭作为经济生活的基本单位,也要面临众多的支出选择。在选择过程中,不同家庭有不同的选择模式。有的家庭属于传统式的"家长制"模式,由家中最长的家长做出决策;有的家庭由家中承担经济重任的子女担负这一责任;也有的家庭比较民主,选择共同协调做出重大支出的决策。进一步分析,得到表 7-13。2015 年,在 5 280 个样本中,选择"共同协商"决定重大支出的受访老年人的比例最高,占样本总体的 44%;其次是"自己"做决定的受访老年人,占总体样本的 27.4%;还有 17.3% 的受访老年人表示,家里重大支出由"子女"说了算。2010 年,在 1 001 个样本中,选择"自己"决定重大支出的受访老年人的比例最高,占样本总体的 47.5%;其次是"子女"做决定的受访老年人,占总体样本的 37.9%;还有 11.6% 的受访老年人表示,家里重大支出由"配偶"说了算。

表 7-13　受访老年人重大支出决定权的纵向比较

单位:n(%)

重大支出	第四次(2015 年)	第三次(2010 年)
自　己	1 445(27.4)	475(47.5)
配　偶	564(10.7)	116(11.6)
子　女	915(17.3)	379(37.9)
共同协商	2 323(44.0)	28(2.8)
缺　失	33(0.6)	3(0.3)
总　计	5 280(100)	1 001(100)

三、居住条件及满意度的比较

1.现住房条件与房屋建成时间

　　住房是我国传统观念中的重要问题,以房养老是当今社会的一个典型现象。老年人拥有住房所有权,可以给老年人极大的稳定感和安全感。在社会上对房屋的拥有权有以下几种状况:"自有产权""子女的房产""租公房""租私房""其他"。通过对受访老年人分别进行分析,得到表 7-14。在 2015 年 5 280 个有效样本中,有 68.3% 的受访老年人拥有

"自有产权"并居住,有 25.5％的受访老年人现居住房为"子女的房产",有 0.3％的受访老年人现居住房为"孙子女的房产"。在 2010 年的 1 001 个样本数据中,有 74.5％的受访老年人拥有"自有房产"并居住,有 17.8％的受访老年人现居住房为"子女的房产";有 1.2％的受访老年人现居住房为"租公房"。

表 7-14　受访老年人现居住房情况的纵向比较

单位:n(％)

住房情况	第四次(2015 年)	第三次(2010 年)
自有产权	3 606(68.3)	746(74.5)
子女的房产	1 345(25.5)	178(17.8)
租公房	109(2.1)	12(1.2)
租私房	42(0.8)	43(4.3)
其　他	176(3.3)	17(1.7)
缺　失	2(0)	5(0.5)
总　计	5 280(100)	1 001(100)

　　老年人因为对住房已经使用了较长时间,并不太乐意离开自己大半辈子生活的房子。所以很多老年人居住房屋具有较长时间的历史,是旧式的房屋小区。而时间更长的一些房屋现在会有各种各样的问题,了解老年人房屋的住宅情况,有助于帮助改善老年人的居住环境。我们按房屋建成时间划分为"中华人民共和国成立前""50—60 年代""70—80 年代""90 年代""2 000 年以后"对老年人的房屋情况进行统计分析,得到表 7-15。2015 年,在 5 280 个有效样本中,选择住房是"90 年代"建成的受访老年人的比例最高,占样本总体的 31.5％;其次是选择"2000 年以后"的受访老年人,占总体样本的 29.9％;有 29.1％的受访老年人表示,他们所居住的房子是"70—80 年代"建的。2010 年,在 1001 个有效样本中,选择住房是"70—80 年代"建成的受访老年人的比例最高,占样本总体的 39.8％;其次是选择"90 年代"建成的受访老年人,占总体样本的 27.5％;还有 15％的受访老年人表示建房时间为"2000 年以后"。

表 7-15　受访老年人住所建筑时间的纵向比较

单位:n(％)

建筑时间	第四次(2015 年)	第三次(2010 年)
中华人民共和国成立前	216(4.1)	58(5.8)
50—60 年代	272(5.2)	82(8.2)
70—80 年代	1 534(29.1)	398(39.8)
90 年代	1 662(31.5)	275(27.5)
2000 年以后	1 581(29.9)	150(15.0)
缺　失	15(0.3)	38(3.8)
总　计	5 280(100)	1 001(100)

2.房屋建筑面积及单独居住房间

由于老年人购房时间较早,居住时间较长,所以他们在早年选择的房屋面积不是太大,相较于之后购房居住的老年人的住房面积偏小。房屋的面积一部分代表了房屋的价值,另一部分代表了老年人的生活水平和经济条件。按照社会普遍的标准,将老年人居住房屋的面积做五个区间划分"50平方米以下""50~100平方米""100~150平方米""150~200平方米""200平方米以上"。进一步分析,得到表7-16。2015年,在5 280个有效样本中,选择住房是"50~100平方米"建筑面积的受访老年人的比例最高,占样本总体的38.5%;其次是选择"100~150平方米"的受访老年人,占总体样本的25%;还有13.9%的受访老年人表示,他们住房的建筑面积是"200平方米以上"。2010年,在1001个有效样本中,选择住房是"50~100平方米"建筑面积的受访老年人的比例最高,占样本总体的45.1%;其次是选择"100~150平方米"的受访老年人,占总体样本的19.9%;还有18.4%的受访老年人表示,他们住房的建筑面积"50平方米以下"。

表 7-16　受访老年人住所建筑面积的纵向比较

单位:n(%)

建筑面积	第四次(2015年)	第三次(2010年)
50平方米以下	612(11.6)	184(18.4)
50~100平方米	2 033(38.5)	451(45.1)
100~150平方米	1 319(25.0)	199(19.9)
150~200平方米	458(8.7)	71(7.1)
200平方米以上	736(13.9)	90(9.0)
缺　失	122(2.3)	6(0.6)
总　计	5 280(100)	1 001(100)

很多老年人在晚年是与自己的子女一起生活,共用一套住房,或者由于种种原因导致不能单独使用房屋行使居住权。老年人拥有自己独立的房间,可以为老年人提供必要的安全感,保障其私密性,在生活中有放松自在的状态,从而提升老年人在社会中的安全感和舒适感。调查将受访老年人分为"有单独居住房间""无单独居住房间"两种类型。进一步分析,得到表7-17。2015年,在5 280个有效样本中,选择"有"单独居住房间的受访老年人的比例最高,占样本总体的93.4%;还有6%的受访老年人表示,他们"无"单独居住房间。2010年,在1 001个有效样本中,选择"有"单独居住房间的受访老年人的比例最高,占样本总体的91%;还有8.7%的受访老年人表示"无"单独居住房间。

表 7-17　受访老年人单独居住房间的纵向比较

单位:n(%)

单独居住房间	第四次(2015年)	第三次(2010年)
无	317(6.0)	87(8.7)
有	4 930(93.4)	911(91.0)

续表

单独居住房间	第四次（2015 年）	第三次（2010 年）
缺　失	33(0.6)	3(0.3)
总　计	5 280(100)	1 001(100)

3.生活设施及电子产品或家用电器的配备情况

随着社会的进步与发展,越来越多的生活辅助设施给人民提供了便利。生活设施有益于提高老年人的生活质量、使其生活更便捷。在这里对老年人以下几项生活设施进行调查研究:"自来水""煤气天然气""暖气土暖气""室内厕所""洗澡淋浴设施"。调查问卷中"配备生活设施的情况"为多选项目,所以采用多重响应的数据处理方法进一步分析,得到表 7-18。2015 年,在 527 个有效样本中共有 1 674 个有效响应次数。其中,选择其住房中有"自来水"生活设施的受访老年人的比例最高,占有效响应次数的 28.9%;其次是选择"洗澡/淋浴设施"和"室内厕所"的受访老年人,分别占比 26.2% 和 25.7%;还有 18.5% 的受访老年人表示,他们住房中有"煤气天然气"。2010 年,在 1001 个有效样本中共有 2 944 个有效响应次数,其中,选择住房中有"自来水"生活设施的受访老年人的比例最高,占有效响应次数的 31.9%;其次是选择"室内厕所"和"洗澡淋浴设施"的受访老年人,分别占比 23.6% 和 23.4%;还有 19.5% 的受访老年人表示,他们住房中有"煤气天然气"。

表 7-18　受访老年人配备生活设施的纵向比较

生活设施	第四次（2015 年）		第三次（2010 年）	
	人数（人）	百分比（%）	人数（人）	百分比（%）
自来水	483	95.5	940	96.9
煤气天然气	309	61.1	575	59.3
暖气土暖气	13	2.6	44	4.5
室内厕所	431	85.2	696	71.8
洗澡淋浴设施	438	86.6	689	71.0

主要对"电话""电视机""洗衣机""手机""电脑""空调""电冰箱"几个普遍主要用品进行分析。调查问卷中"在住房中使用电子产品和家用电器情况"为多选项目,所以我们采用的是多重响应的数据处理方法,进一步分析,得到表 7-19。2015 年,在 527 个有效样本中共有 2 627 个有效响应次数,其中,家里有"电视机"的受访老年人的比例最高,占有效响应次数的 18.7%;其次是选择"电冰箱"和"洗衣机"的受访老年人,分别占比 16.9% 和 15.8%;还分别有 12% 的受访老年人表示,他们住房中有"电话"和"空调"。2010 年,在 1 001 个有效样本中共有 4 825 个有效响应次数,其中,家里有"电视机"的受访老年人的比例最高,占有效响应次数的 19.7%;其次是选择"电话"的受访老年人,占比 15.5%。

表 7-19　受访老年人电子产品和家用电器分布情况的纵向比较

家用电器	第四次（2015 年）		第三次（2010 年）	
	人数（人）	百分比（％）	人数（人）	百分比（％）
电　话	315	61.0	747	77.4
电视机	490	95.0	952	98.7
洗衣机	415	80.4	633	65.6
手　机	404	78.3	569	59.0
电　脑	177	34.3	279	28.9
空　调	315	61.0	480	49.7
电冰箱	443	85.9	667	69.1
其　他	68	13.0	498	51.6

注：这里只选择电话、手机、电视机、洗衣机、电脑、空调、电冰箱为主要分析对象，将其他的电器都归为"其他"。

4.拥有房产情况及对现在住房条件满意度

改革开放以来，我国房地产事业迅速发展，一座座高楼大厦拔地而起。在中国人的传统观念里，拥有一套住房是自己晚年生活的保障。在现实生活中，老年人的产权意识与状况则更为复杂，大多数老年人经过一辈子兢兢业业的奋斗，拥有了自己的住房，也有受访老年人的产权状况不容乐观。将房产分为"有"自己所属房产和"没有"自己所属房产两种类型，进一步分析，得到表 7-20。2015 年，在 5 280 个样本数据中，有 26.6％的受访老年人"没有"自己（或老伴）所属房产，73.3％的受访老年人表示"有"自己（或老伴）所属房产。在 2010 年的 1 001 个样本数据中，"没有"自己（或老伴）所属房产的受访老年人占总数据的 31.6％，选择"有"的受访老年人占总数据的 68％。

表 7-20　受访老年人房屋产权所属情况的纵向比较

单位：n（％）

自己所属房产	第四次（2015 年）	第三次（2010 年）
没　有	1 407(26.6)	316(31.6)
有	3 869(73.3)	681(68.0)
缺　失	4(0.1)	4(0.4)
总　计	5 280(100)	1 001(100)

随着生活水平的提高，越来越多的老年人在长期工作中，积攒了一些资金。这些资金在当今市场状况下转变成了房产。老年人更倾向于将资金转变成实体资产。因此，在生活水平有所保障的基础下，很多老年人所拥有的房产数量也有所增多。在这里，我们将受访老年人拥有房产的数量分为"1 套""2 套""3 套""4 套及以上"几个种类进行调查研究。在 2015 年的 5 280 份总样本中，共有 3 869 名的老年人拥有自己的房产；而在 2010 年的 1 001 份总样本中，共有 681 名老年人拥有自己的房产。进一步分析，得到表 7-21。2015 年，在 3 869 个样本数据中，拥有 1 套房屋产权的老年人占样本总体的 86.8％，拥有 2 套

房屋产权的老年人占样本总体的9.9%,拥有3套房屋产权的老年人占样本总体的2.0%。2010年,在681个样本数据中,拥有1套房屋产权的老年人占样本总体的88.3%,拥有2套房屋产权的老年人占样本总体的7.2%,拥有3套房屋产权的老年人占样本总体的0.4%。

表 7-21   受访老年人产权房屋数目的纵向比较

单位:n(%)

房屋数目	第四次(2015 年)	第三次(2010 年)
1	3 357(86.8)	601(88.3)
2	383(9.9)	49(7.2)
3	79(2.0)	3(0.4)
≥4	28(0.7)	3(0.4)
缺 失	22(0.6)	25(3.7)
总 计	3 869(100)	681(100)

　　根据我国的社会状况,在老年人群当中,老年人个体因素中的年龄、城乡、经济和健康状况及住房条件中的建筑时间、产权状况显著影响老年人的住房条件满意度。基于此,要在保障"老有所居"前提下重点关注老年人的居住状况和居住条件。这里将受访老年人住房条件满意度划分为三个等级:"满意""一般""不满意"。从表7-22中可以看出,2015年,在5 280个有效样本中,选择对住房满意程度是"满意"的受访老年人的比例最高,占样本总体的46.6%;其次是选择"一般"的受访老年人,占总体样本的42.7%;还有10.6%的受访老年人表示他们对住房的满意程度是"不满意"。2010年,在1001个有效样本中,选择对住房满意程度是"满意"的受访老年人的比例最高,占样本总体的46.1%;选择"一般"的受访老年人占总体样本的38.9%;还有12.9%的受访老年人表示他们对住房的满意程度是"不满意"。

表 7-22   受访老年人住房条件满意程度的纵向比较

单位:n(%)

住房满意度	第四次(2015 年)	第三次(2010 年)
满 意	2 458(46.6)	461(46.1)
一 般	2 257(42.7)	389(38.9)
不满意	558(10.6)	129(12.9)
缺 失	7(0.1)	22(2.2)
总 计	5 280(100)	1 001(100)

第二节 老年人生活健康行为及健康指标的纵向比较

一、生活行为与健康理念比较

1.吸烟状况

人们都知道吸烟对健康有百害而无一利,对于老年人来说,长期吸烟更是容易诱发很多急性慢性疾病。老年人的抵抗力较弱,吸烟对心脏血管的压力增高,但是长期以来的抽烟习惯,在老年人群中并不少见,这是一个严重的现象。表 7-23 就老年人的吸烟情况进行分析。在 2015 年的长表问卷的 527 个样本中,"从来不吸烟"的受访老年人的比例最高,占样本总体的 71.5%,接近总体的四分之三;其次是"经常吸烟"的受访老年人,占总体样本的 12.7%;还有 9.1%的受访老年人表示,"曾经吸烟,现在已经戒烟"。2010 年,在 1001 个样本中,"从来不吸烟"的受访老年人的比例最高,占样本总体的 58.9%;其次是"偶尔吸烟"的受访老年人,占总体样本的 20.5%;还有 13.2%的受访老年人表示,"曾经吸烟,现在已经戒烟"。可见,2015 年老年人吸烟的人数并没有减少反而增加。

表 7-23 受访老年人吸烟状况的纵向比较

单位:n(%)

吸 烟	第四次(2015 年)	第三次(2010 年)
从来不吸烟	377(71.5)	590(58.9)
曾经吸烟,现在已经戒烟	48(9.1)	132(13.2)
经常吸烟	67(12.7)	70(7.0)
偶尔吸烟	33(6.3)	205(20.5)
缺 失	0.4	4(0.4)
总 计	527(100)	1 001(100)

2.服用保健品情况

老年人的代谢功能下降,营养物质不容易被吸收,需要通过一定的保健品补充营养。当然,老年人服用保健品也是老年人生活水平有所提高,进而对身体进行保养的行为。很多老年人选择服用保健品增加活力,提高免疫力,为身体健康提供保障,减少患病的风险。我们对老年人服用保健品的现象进行分析,得到表 7-24。2015 年,在 5280 个样本中,"从来不吃"保健品的受访老年人的比例最高,占样本总体的 75.6%;其次是"偶尔吃"的受访老年人,占总体样本的 17.8%;还有 6.1%的受访老年人表示,"经常吃"保健品。2010 年,在 1001 个样本中,"从来不吃"保健品的受访老年人的比例最高,占样本总体的 51.2%;其次是"偶尔吃"的受访老年人,占总体样本的 37%;还有 10.5%的受访老年人表示,"经常吃"保健品。

表 7-24　受访老年人服用保健品情况的纵向比较

单位:n(%)

保健品	第四次(2015 年)	第三次(2010 年)
从来不吃	3 992(75.6)	513(51.2)
偶尔吃	939(17.8)	370(37)
经常吃	322(6.1)	105(10.5)
缺　失	27(0.5)	13(1.3)
总　计	5 280(100)	1 001(100)

3.购买商业健康保险情况

商业养老保险一般可选择相应的附加险或进行产品组合,从而规避重大疾病和意外伤害带来的风险。老年人在经济条件允许的情况下,筹划商业养老保险,为自己谋定一个幸福晚年。进一步分析,得到表 7-25。2015 年,在 5 280 个有效样本中,购买商业健康保险的受访老年人的比例占样本总体的 4.3%;而 94.6%的受访老年人没有购买商业健康保险。2010 年,在 1 001 个有效样本中,购买商业健康保险的受访老年人的比例占样本总体的 3.4%;而 95.6%的受访老年人没有购买商业健康保险。

表 7-25　受访老年人购买商业健康保险情况的纵向比较

单位:n(%)

购买商业健康保险	第四次(2015 年)	第三次(2010 年)
否	4 994(94.6)	957(95.6)
是	225(4.3)	34(3.4)
缺　失	61(1.2)	10(1.0)
总　计	5 280(100)	1 001(100)

4.患病后处置情况

在"两周内患过病"的受访老年人中探究他们如何处置自己的病情。有的老年人选择进行治疗(包括自我处置),也有的老年人选择"未处置"。在 2015 年的 5280 个样本当中共有 668 名老年人在调查前两周患过病;而在 2010 年的数据当中,共有 217 名老年人在调查前两周患过病,如表 7-26 所示。2015 年,在选择患病的 668 个有效样本当中,96.1%的受访老年人选择"进行治疗(包括自我处置)",有 2.1%的患病老年人选择"未处置"。在 2010 年,有 88.5%的老年人进行治疗(包括自我处置),有 10.6%的受访患病老年人选择"未处置"。不难看出,无论是就医还是自我处置,绝大多数老年人在生病后都会选择立刻治疗。

表 7-26　受访老年人疾病后处置状况的纵向比较

单位:n(%)

疾病处置状况	第四次(2015 年)	第三次(2010 年)
进行治疗(包括自我处置)	642(96.1)	23(88.5)
未处置	14(2.1)	192(10.6)
缺　失	12(1.8)	2(0.9)
总　计	668(100)	217(100)

5.使用辅助用品情况

为维持正常的生活,有些老年人会借助于辅助用品来弥补一些器官功能的退化。比较常用的如老花镜、假牙、助听器、拐杖、轮椅等。调查问卷中"辅助用品的使用情况"为多选项目,所以我们采用的是多重响应的数据处理方法,分析结果如表 7-27 所示,2015 年,在 5 280 个老年人中有 8 068 个有效响应次数。其中,使用辅助用品"老花镜"的受访老年人有效响应次数最多,占比 37.1%,其次是使用"假牙"的受访老年人,占有效响应次数的 28.2%,还有 14.7%的受访老年人表示没有使用任何辅助工具;反观 2010 年,在 1 001 个数据样本中有 1 393 个有效响应次数。同样,使用辅助用品"老花镜"的受访老年人有效响应次数最多,占比 50.6%,其次是使用"假牙"的受访老年人,占有效响应次数的 38.9%;还有 6.7%的受访老年人表示他们的日常生活会使用"拐杖"。

表 7-27　受访老年人辅具用品使用的纵向比较

辅具用品	第四次(2015 年)		第三次(2010 年)	
	人数(人)	百分比(%)	人数(人)	百分比(%)
老花镜	2 993	56.7	705	78.5
助听器	76	1.4	19	2.1
假　牙	2 274	43.1	542	60.4
拐　杖	306	5.8	94	10.5
轮　椅	53	1.0	9	1.0
其　他	1 184	22.4	24	2.7
都没有	1 182	22.4	0	0

二、健康指标的比较

1.自评健康与两周患病状况

认知健康是个体的认知功能处于正常或者良好状态,能够满足日常生活的需要。认知健康对于维持老年人的生活自主性和主动性起着非常重要的作用,影响老年人生活质量。本研究将老年人对自己的健康情况评价的程度分为"非常好""比较好""一般""比较差""非常差"几个方面进行调查,得到表 7-28。在 2015 年的 5 280 个样本中,认为自己健康状况"一般"的受访老年人的比例最高,占样本总体的48.5%,其次是健康状况"比较好"的受访老年人,占总体样本的28%,有14.1%的受访老年人表示,自己的健康状况"比较差";2010年,在1 001个样本中,认为自己健康状况"一般"的受访老年人的比例最高,占样本总体的59.9%,其次是健康状况"较差"的受访老年人,占总体样本的17.2%,有14%的受访老年人表示自己的健康状况"比较好"。

表 7-28 受访老年人自评健康状况的纵向比较

单位:n(%)

自评健康状况	第四次(2015年)	第三次(2010年)
非常好	364(6.9)	25(2.5)
比较好	1 476(28.0)	140(14.0)
一 般	2 559(48.5)	600(59.9)
比较差	747(14.1)	172(17.2)
非常差	127(2.4)	64(6.4)
缺 失	7(0.1)	0(0)
总 计	5 280(100)	1 001(100)

通过对受访老年人"近两周内生过病"状况的数据调查,分析结果如表7-29所示,在2015年的5 280个样本数据中,87%的受访老年人表示在调查前两周没有生病,有12.7%的受访老年人表示在调查前两周生过病;在2010年的1 001个样本数据中,77.9%的受访老年人表示在调查前两周没有生病,有21.7%的受访老年人表示在调查前两周生过病。

表 7-29 受访老年人两周患病情况的纵向比较

单位:n(%)

两周患病情况	第四次(2015年)	第三次(2010年)
否	4 594(87.0)	780(77.9)
是	668(12.7)	217(21.7)
缺 失	18(0.3)	4(0.4)
总 计	5 280(100)	1 001(100)

2.视力与听力状况

"眼睛是心灵的窗户"。视力对于老年人来说尤其重要,是保证其正常生活的基础,也是衡量健康状况的因素之一。在这里,老年人的视力状况分为五个级别,来体现老年人的视力情况(包括戴眼镜),分别为"非常清楚""比较清楚""一般""不太清楚"和"几乎/完全看不清"。从表7-30中看到,在2015年短表问卷的调查对象5 280个样本中,有12.8%的受访老年人认为自己的视力"非常清楚",然后是视力状况"比较清楚"的受访老年人,占比36.6%,视力状况"一般"的受访老年人占总体样本的29.4%,有20.5%的受访老年人表示他们的视力已经"不太清楚",同时,有1%的受访老年人的视力已经"几乎/完全看不清";反观2010年,在1 001个有效样本中,有10.6%的受访老年人认为自己的视力"非常清楚",其次是视力状况"比较清楚"的受访老年人,占总体样本的31.3%,然后是视力状况"一般"的受访老年人占比33.3%,有23.5%的受访老年人表示,他们的视力已经"不太清楚",有1.3%的受访老年人的视力已经"几乎/完全看不清"。

听觉也是我们日常生活中不可或缺的一项技能,随着年龄的增长,老年人的听力机能会逐渐降低,会感到越来越不好使,很多人认为这也是正常的衰老现象之一。这里,我们把听力状况分为以下几个级别:"很难听清楚""需要别人提高声音""能听清楚(包括戴助听器)",进一步分析得到表7-31。在2015年短表问卷的5 280个调查对象当中,日常生活中"能听清楚"的受访老年人比例最高,占比81.7%,其次是"需要别人提高声音"才能听清楚的受访老年人,占总体样本的11.7%,有6.3%的受访老年人表示"很难听清楚";反观在2010年的1 001个有效样本中,听力状况为"能听清楚"的受访老年人的比例占样本总体的81.3%;"需要别人提高声音"才能听清楚的受访老年人占样本总体的17.3%;还有1.4%的受访老年人表示"很难听清楚"。

表7-30　受访老年人视力状况的纵向比较

单位:n(%)

视力状况	第四次(2015年)	第三次(2010年)
非常清楚	658(12.5)	106(10.6)
比较清楚	1 931(36.6)	313(31.3)
一　般	1 554(29.4)	333(33.3)
不太清楚	1 080(20.5)	235(23.5)
几乎/完全看不清	55(1.0)	13(1.3)
缺　失	2(0)	1(0.1)
总　计	5 280(100)	1 001(100)

表7-31　受访老年人听力状况的纵向比较

单位:n(%)

听力状况	第四次(2015年)	第三次(2010年)
很难听清楚	335(6.3)	14(1.4)
需要别人提高声音	617(11.7)	173(17.3)
能听清楚	4 313(81.7)	813(81.3)
缺　失	159(0.3)	1(0.1)
总　计	5 280(100)	1 001(100)

注:为保持两次抽样调查中研究问题的一致性,将2010年该问题的"比较清楚"和"非常清楚"合并为"能听清楚",将"一般"改为"需要别人提高声音",将"不太清楚"和"几乎完全听不清"合并为"很难听清楚"。

3.大小便失禁的发生情况及住院次数

失禁是老年人的常见疾病,发病率较高,分析结果如表 7-32 所示,在 2015 年的 5 280 个数据样本中,95.2%的受访老年人表示没有大小便失禁的问题出现;有 4.8%的受访老年人表示存在大小便失禁问题;在 2010 年的 1 001 位受访老年人当中,有 91.7%的老年人表示不存在大小便失禁问题的困扰,有 7.8%的老年人表示存在大小便失禁问题。

表 7-32　受访老年人大小便失禁情况的纵向比较

单位:n(%)

大小便失禁	第四次(2015 年)	第三次(2010 年)
否	5 028(95.2)	918(91.7)
是	252(4.8)	78(7.8)
缺　失	0(0)	5(0.5)
总　计	5 280(100)	1 001(100)

注:为保持两次抽样调查中研究问题的一致性,将 2015 年该问题的"大便失禁"和"小便失禁"合并为"是"。

分析老年人在接受调查的前一年住过几次医院,同时将老年人住院状况按次数分为"0 次""1 次""2 次""3 次""4 次""5 次以上"得到表 7-33。在 2015 年的 5 280 个有效样本中,去年没有住过院的受访老年人的比例最高,占比 82%,其次是住过"1 次"的受访老年人占总体样本的 12.7%,还有 2.7%的受访老年人表示在去年住过"2 次"医院;反观在 2010 年的 1 001 个有效样本当中,去年没有住过院的受访老年人的比例最高,占样本总体的 85.1%;其次是住过"1 次"的受访老年人占总体样本的 10.7%;还有 2.6%的受访老年人表示在去年住过"2 次"医院。

表 7-33　受访老年人住院次数的纵向比较

单位:n(%)

住院次数	第四次(2015 年)	第三次(2010 年)
0 次	4 331(82.0)	851(85.1)
1 次	670(12.7)	107(10.7)
2 次	144(2.7)	26(2.6)
3 次	41(0.8)	7(0.7)
4 次	14(0.3)	1(0.1)
5 次及以上	18(0.3)	1(0.1)
缺　失	62(1.2)	8(0.8)
总　计	5 280(100)	1 001(100)

第三节　老年人的日常照护需求与供给状况的纵向比较

一、需要照护的需求

部分老年人由于年老体弱,可能会需要别人的照护才能维持正常生活。这种照护可能是来自于子女、其他亲属、保姆、公共照护组织等多种渠道。正如表 7-34 所示,在 2015 年的 5 280 个样本数据中,89.7％的受访老年人表示"不需要"别人照护,有 8.8％的受访老年人表示"需要"别人照护;而在 2010 年的 1 001 个样本数据中,88％的受访老年人表示"不需要"别人照护,有11.8％的受访老年人表示"需要"别人照护。可以看得出,绝大部分老年人可以生活自理,不需要别人的照护。

表 7-34　受访老年人需要别人照护情况的纵向比较

单位:n(％)

照护需求	第四次(2015 年)	第三次(2010 年)
不需要	4 734(89.7)	881(88.0)
需　要	463(8.8)	118(11.8)
缺　失	83(1.6)	2(0.2)
总　计	5 280(100)	1 001(100)

二、老年人是否有人照护

从上述问题中,我们在"需要"别人照护的受访老年人中,探究他们照护需求是否已经得到满足。在 2015 年的 5 280 份总样本中,共有 463 名老年人需要别人照护;而在 2010 年的 1 001 份总样本中,共有 118 名老年人需要照护,进一步分析,我们得到表 7-35。2015 年,在需要照护的老年人当中,有 92.4％的受访老年人已经有人在照护他们的日常生活,但是有 4.8％的需要照护的受访老年人表示现在没有人照护;在 2010 年的 118 位需要照顾护理的受访老年人当中,有 88.1％的受访老年人已经有人照护,但是有 11％需要照护的受访老年人表示现在没有人照护。

表 7-35　受访老年人照护情况的纵向比较

单位:n(％)

照护者	第四次(2015 年)	第三次(2010 年)
无	22(4.8)	13(11.0)
有	428(92.4)	104(88.1)
缺　失	13(2.8)	1(0.8)
总　计	463(100)	118(100)

三、家中另有需要照护的老年人

在现实家庭中,可能因为某些特殊原因,老年人还需要亲自照护其他老年人。正如表7-36所示,2015年,在5 280个样本数据中,有9.5%的受访者表示家里还有其他需要照护的老年人;2010年,在1 001个样本数据中,有12.2%的受访者表示,家里还有其他需要照护的老年人。

表7-36 受访老年人家中另有需要照护的老年人情况的纵向比较

单位:n(%)

家中另有需要照护的老年人	第四次(2015年)	第三次(2010年)
没 有	4 765(90.2)	861(86.0)
有	500(9.5)	122(12.2)
缺 失	15(0.3)	18(1.8)
总 计	5 280(100)	1 001(100)

第四节 老年人社会参与及权益保障的纵向比较

一、社会保障与权益保障情况

1.看病/住院的总花费及自费情况

老年人在晚年生活中,对于身体健康问题十分重视。一旦生病,进行治疗的过程总会有一定的支出。依据疾病的严重程度,支出的金额也有很大的不同。如果是慢性或重大疾病,老年人在治疗医药上的花费会更甚。这对老年人的经济状况会造成极大的冲击。这里将老年人看病、住院的总花费划分为几个区间:"0""1～500元""500～2 000元""2 000～3 500元""3 500～5 000元"和"5 000元以上"。

如表7-37所示,2015年,在5 280个有效样本中,去年看病、住院总花销在"5 000元以上"的受访老年人占总体样本的15.5%;还有10.2%的受访老年人表示,看病、住院总花费在"500～2 000元";平均花费为4 208元,最多花60万元。2010年,在1 001个有效样本中,花费"1～500元"的受访老年人占总体样本的27.7%;还有17.6%的受访老年人表示,看病、住院总花费在"500～2 000元";平均花费为4 415元,最多花30万元。

表7-37 受访老年人看病/住院总花销的纵向比较

单位:n(%)

总费用	第四次(2015年)	第三次(2010年)
0	2 910(55.1)	324(32.4)
1～500元	497(9.4)	277(27.7)

续表

总费用	第四次(2015年)	第三次(2010年)
500~2 000元	538(10.2)	176(17.6)
2 000~3 500元	234(4.4)	52(5.2)
3 500~5 000元	202(3.8)	34(3.4)
5 000元以上	819(15.5)	138(13.8)
缺　失	80(1.5)	0(0)
总　计	5 280(100)	1 001(100)

　　＊均值＝4 208元,众数＝0元,最小值＝0元,最大值＝600 000元(2015年);
　　　均值＝4 415元,众数＝0元,最小值＝0元,最大值＝300 000元(2010年)。

　　老年人在看病就医时,有部分花销需要由自己承担。对于这一部分的研究,主要集中在老年人在这一项上由自己所支出的金额是多少而不享受到别的保险金的状况。这对于正确分析老年人的储蓄分配具有重要意义。在这里同样将自费的金额分为"0元""0~500元""500~2 000元""2 000~3 500元""3 500~5 000元"和"5 000元以上"几个区间。进一步分析,得到表7-38。2015年,在5 280个有效样本中,自费"500~2 000元"的受访老年人占总体样本的13%;还有10.7%的受访老年人表示,看病、住院自己花费在"500~2 000元";平均花费为1 938元,最多花20万元。2010年,在1 001个有效样本中,自费"1~500元"的受访老年人占总体样本的24.5%;还有13.5%的受访老年人表示,看病、住院自己花费在"500~2 000元";平均花费为1 226元,最多花8万元。

表7-38　受访老年人看病/住院自费花销的纵向比较

单位:n(%)

自费(元)	第四次(2015年)	第三次(2010年)
0	2 952(55.9)	327(32.7)
0~500元	565(10.7)	245(24.5)
500~2 000元	688(13.0)	135(13.5)
2 000~3 500元	290(5.5)	43(4.3)
3 500~5 000元	181(3.4)	19(1.9)
5 000元以上	379(7.2)	27(2.7)
缺　失	225(4.3)	205(20.5)
总　计	5 280(100)	1 001(100)

　　＊均值＝1 938元,众数＝0元,最小值＝0元,最大值＝200 000元(2015年);
　　　均值＝1 226元,众数＝0元,最小值＝0元,最大值＝80 000元(2010年)。

2.老年人优待证(卡)办理情况

　　老年人优待证(卡)是国家、政府为了完善社会保障制度,按照规定给予老年人的一种优惠、照顾,给老年人的一种享受和待遇。凡本省户籍年满60周岁的老年人,都可以凭本人身份证或其他有效身份证明,到户口所在地老龄办指定地点登记办证。办理了老年人优待证(卡)的老年人可享受诸多优惠,诸如:就医优惠、免费乘坐公共交通、法律诉讼费优惠等社会生活的各个方面,从而全面提高老年人的社会福利。为探究 2010 年和 2015 年的两次抽样调查当中,老年人办理老年人优待证(卡)的情况是否有显著性差异。进一步分析,得到表 7-39。2015 年,在 5 280 个有效样本中,选择"否",即没有办理老年人优待证(卡)的受访老年人的比例最高,占样本总体的 61.5%;其次是选择"是",即办理了老年人优待证(卡)的受访老年人,占总体样本的 38.1%。2010 年,在 1001 个有效样本中,办理了老年人优待证(卡)的受访老年人的比例最高,占样本总体的 53.2%;而没有办理老年人优待证(卡)的受访老年人,占总体样本的 46.8%。这样看起来,似乎 2015 年的抽样调查当中,办理了老年人优待证(卡)的老年人更多,但是为做出具体的比较,还需要通过卡方检验分析。

表 7-39　受访老年人办理老年人优待证(卡)情况的纵向比较

单位:n(%)

老年人优待证	第四次(2015 年)	第三次(2010 年)
否	3 249(61.5)	468(46.8)
是	2011(38.1)	533(53.2)
缺　失	20(0.4)	0(0)
总　计	5 280(100)	1 001(100)

3.接受法律援助的情况

老年人同样需要多元化、全方面的法律服务和法律援助,这就要求各级行政司法机关、基层法律服务工作者和法律援助人员深入开展老年人服务和法律援助工作,依法维护老年人合法权益。老年人法律援助的重点在于,解决医疗、保险、救助、赡养、婚姻、财产继承和监护等老年人最关心、最直接、最现实的法律问题,重点关注高龄、空巢、失独、失能半失能、失智及经济困难老年人法律服务和法律援助需求。这些需求能否如实解决,关系到我国老年人公益法律服务队伍的思想政治、业务能力、职业道德和党的建设,有助于不断提升做好老年人法律服务工作的能力。所以,我们希望通过分析 2010 年和 2015 年两次调查中老年人接受法律援助的情况,侧面体现我国法律服务工作的进程。如表 7-40 所示,在 2015 年,一共有 527 位老年人接受调查,其中,有 99.2% 的受访老年人选择"否",即没有接受过法律援助的受访老年人的比例最高;还有占总体样本的 0.8% 的受访对象选择"是",即接受过法律援助的受访老年人。2010 年,在 1001 个有效样本中,选择"否",即没有接受过法律援助的受访老年人的比例最高,占样本总体的 99.5%;其次是选择"是",即接受过法律援助的受访老年人,占总体样本的 0.5%。我们不难看出,接受过法律援助的老年人比例非常小,一方面可能是因为老年人的法律意识比较薄弱,面对法律问题选择忍气吞声;另一方面可能是法律服务的宣传力度不够,老年人未能找到合适的法律渠道。

表 7-40　受访老年人接受法律援助情况的纵向比较

单位:n(%)

法律援助	第四次(2015 年)	第三次(2010 年)
否	523(99.2)	996(99.5)
是	4(0.8)	5(0.5)
总　计	527(100)	1001(100)

二、社会活动参与及幸福感

1.公益活动情况

公益活动也是老年人晚年生活的一个重要组成部分,是老年人回报社会、贡献社会的一个重要途径。表 7-41 表示在 2015 年选择"都没有"参加公益活动的受访老年人的比例最高,占有效响应次数的 42.7%;其次是选择"帮助邻里"的受访老年人,占比 18.3%;还有 14.0% 的受访老年人表示他们愿意参加"维护社区卫生环境"。2010 年,在 1001 个有效样本中,选择"都没有"的受访老年人的比例最高,占有效响应次数的 32.8%;其次是选择"帮助邻里"的受访老年人,占比 23.8%;还有 14.0% 的受访老年人表示,他们愿意参加"其他",如"志愿服务"。

表 7-41　受访老年人参加公益活动情况的纵向比较

公益活动	第四次(2015 年)		第三次(2010 年)	
	参与人数(人)	参与比率(%)	参与人数(人)	参与比率(%)
维护社区社会治安	533	10.1	47	9.4
协助调解邻里纠纷	668	13.0	66	16.9
维护社区卫生环境	1 066	20.2	85	13.1
帮助邻里	1 396	26.4	189	37.6
关心教育下一代	540	10.2	35	7.0
其　他	162	3.1	112	22.4
都没有	3 257	61.7	261	52.0

2.参加组织团体情况

组织团体会给老年人带来归属感,使得老年人的晚年生活更加有趣、丰富。这里的组织团体主要包括:社区治安小组、人民调解委员会、社会公益组织(志愿慈善等)、文体娱乐组织(书画/歌唱/舞蹈等)、老年合作组织(自愿养老团体/老年经济组织等)、专业技术团体或组织、民俗文化组织等。表 7-42 中 2015 年的 527 个有效样本中,未参加组织、团体的受访老年人的比例最高,占样本总体的 82.0%;参加了各类组织团体的受访老年人占总体样本的 18.0%。2010 年,在 1 001 个有效样本中,选择"没有",即未参加组织、团体的受访老年人的比例最高,占样本总体的 82.4%;其次是选择"是",即参加各类组织团体的受访老年人,占总体样本的 17.4%。

表 7-42 受访老年人参加组织团体情况的纵向比较

单位:n(%)

组织团体	第四次(2015 年)	第三次(2010 年)
否	432(82.0)	825(82.4)
是	95(18.0)	174(17.4)
缺 失	0(0)	2(0.2)
总 计	527(100)	1001(100)

3.宗教信仰

宗教在一些老年人的日常生活中有巨大的作用,构成了他们社会生活的一个重要部分。宗教是人类社会发展到一定历史阶段出现的一种文化现象,属于社会特殊意识形态。在国内,宗教信仰主要分为以下几种:佛教、基督教、天主教、道教等。表 7-43 提示 2015 年在 5280 个有效样本中,选择信仰"佛教"的受访老年人的比例最高,占样本总体的 44.9%;其次是选择"不信仰任何宗教"的受访老年人,占总体样本的 32.1%;还有 16.2% 的受访老年人表示他们信仰"道教"。而 2010 年的调查结果显示,在 1001 个有效样本中,选择"不信仰任何宗教"的受访老年人的比例最高,占样本总体的 58.7%;其次是选择"佛教"的受访老年人,占总体样本的 35.3%;还有 2.5% 的受访老年人表示,他们信仰"道教"。

表 7-43 受访老年人信仰宗教的纵向比较

单位:n(%)

宗教信仰	第四次(2015 年)	第三次(2010 年)
不信仰任何宗教	1 694(32.1)	588(58.7)
佛 教	2 370(44.9)	353(35.3)
基督教	198(3.8)	22(2.2)
天主教	33(0.6)	5(0.5)
道 教	854(16.2)	25(2.5)
其他宗教	119(2.3)	8(0.8)
缺 失	12(0.2)	0(0)
总 计	5 280(100)	1 001(100)

4.老年人的幸福感

近年来,随着我国老龄化进程加快,老年人口数量在不断上升。老年人的幸福感问题越来越受到全社会的广泛关注。幸福感是心理健康的一种衡量标尺,心理健康也有很重要的作用。对老年人群幸福感具有影响的因素有很多,不同的老年人的感受也不尽相同。感受到幸福的程度对老年人的身心具有不同的影响。这里将受访老年人对幸福感受的程度分为"比较幸福""一般""比较不幸福"几种类型进行分析,得到表 7-44。在 2015 年的 5280 个有效样本中,选择"比较幸福"的受访老年人的比例最高,占样本总体的 59.4%;其次是选择"一般"的受访老年人,占总体样本的 35.9％。反观 2010 年的调查结果,在 1001 个有效样本中,选择"一般"的受访老年人的比例最高,占样本总体的 53.9％;其次是选择"比较幸福"的受访老年人,占总体样本的 38％;还有 7.7％的受访老年人表示他们"比较不幸福"。

表 7-44　受访老年人幸福感的纵向比较

单位:n(％)

幸福感	第四次(2015 年)	第三次(2010 年)
比较幸福	3 135(59.4)	380(38.0)
一　般	1 898(35.9)	540(53.9)
比较不幸福	244(4.6)	77(7.7)
缺　失	3(0.1)	4(0.4)
总　计	5 280(100)	1 001(100)

注:为保持两次抽样调查中研究问题的一致性,将 2015 年该问题的"比较幸福"和"非常幸福"合并为"比较幸福";将"比较不幸福"和"非常不幸福"合并为"比较不幸福"。

小结与讨论

本章节通过区域划分进行城乡横向比较和与 2010 年的统计数据进行纵向比较,主要探讨了基于社会基本构成单位——家庭中老年人生活状况。从家庭、健康、经济、住房、日常和社会生活等方面入手,试图通过调查子女孝顺情况、与子女长期一起生活的意愿、帮子女做事情、老年人是否需要别人照护、老年人是否有人照护及受访老年人照护其他老年人等的情况,探讨老年人的健康状况、经济状况、居住情况;同时调查老年人的日常和社会生活中宗教信仰、公益活动、组织团体参加情况及接受法律援助的情况,从微观层面探寻当下福建省老年人的生活状态,据此来描述老年人的晚年生活质量,从而在空间和时间上对福建省老年人生活状况做出科学的评判,为今后的各项研究提供必要的科学数据支持,同时为改善老年人晚年生活提供必要的路径思考。

在子女孝顺情况的调查分析中,基于我国特色文化传统的视角,试图探寻出有别于其他国家和地区的特色文化传统,为老年人改善晚年生活提供别样的研究着力点。据此,在对老年人的主观感受调查中,可以发现大部分老年人对于子女的评价是持肯定的态度,认可子女对于老年人是"孝顺"的,相较于 2010 年而言,比例是上升的,但同时可以发现仍有部分老年人认为子女是"不孝顺"的,但从纵向而言则呈现规模不断缩小的趋势。在与子女长期一起生活的意愿调查中,受我国传统的家庭构成模式和生活方式的影响,"三代同堂"甚至"多代同堂"这种根深蒂固的文化烙印仍然体现在当下老年人的晚年生活中,仍是老年人选择的晚年生活构成方式。同时,随着现代社会生活成本的提高,越来越多家庭选择两代人甚至是几代人住在一起,这样一方面有利于缩减生活成本,另一方面可促进家庭关系的和谐。在两次抽样调查的比较中也证实了这种生活构成方式,绝大多数老年人与子女长期生活的意愿是肯定的,而这种意愿和 2010 年的统计数据相比呈现上升的趋势。不管是何种选项,相信都基于个体的特殊性促使老年人做出是否与子女生活在一起的选择,其中的各项原因有待于进一步探讨。

在对帮子女做事情的情况调查中,本研究试图去探寻老年人在晚年生活中继续实现个人社会价值途径与方式。通过统计数据可以发现,老年人普遍上还是愿意通过帮助子女做些力所能及的事务,不仅可以为子女分担生活压力,还能够充实老年人自身的晚年生活及促进自身与子女间的沟通和交流。可以看出,不同的家庭当中,老年人在家庭中所扮演的角色和承担的任务是不同的,分别体现在"照看家""做家务""照看(外)孙子女""都没有"等内容所占比例的差异上。在对老年人是否需要别人照护的统计分析中,试图通过调查老年人是否需要照护,从另一个层面去分析和探讨老年人晚年生活质量及个人的健康状况。随着年龄的增长,人体机能的老化和衰退不可避免,甚至产生机体病变。这无疑影响老年人的晚年生活的顺利开展,而必要的照护有助于老年人拥有以往健康身体所带来的方便生活,促进老年人更好地适应晚年生活。通过对调查数据统计分析可以发现,福建省老年人普遍不需要别人的照护,一定程度上说明绝大部分老年人拥有相对健康的机体机能以应对晚年生活,但同时仍有部分老年人需要相关的照护服务,其所占的比重也是不可忽视的。分析"需要"别人照护的受访老年人的相关需求是否已经得到满足,以此来探寻该项需求的老年人晚年生活能否得到很好的保障,从而为今后各项老龄政策的制定和实施提供可靠的数据支持。可以发现,该群体的老年人普遍能够获得相对满足的服务需求,在纵向比较上呈现上升的趋势,同时要认识到,对于那些无法获得有效需求的老年人,仍需引起必要的重视。在对受访老年人照护其他老年人的数据统计中,试图去探寻老年人在日常生活中出现的生活负担,为改善老年人晚年生活提供解决路径。数据显示,老年人普遍无须护理其他老年人,在纵向比较上亦呈上升趋势,从而无须继续承担由此可能带来的生活、经济等方面的负担,同时可以发现仍有部分老年人需要照顾其他老年人,理应得到重视,而如何解决好这部分老年人的需求是今后工作中需要注意的地方。

在第二节主要对老年人的健康状况进行统计分析,包括视力、听力、辅助用品的使用、大小便失禁、近两周内生病、患病后处置和住院状况、对自身健康情况的认知以及老年人幸福感等方面,试图探寻随着增龄给老年人带来的各项健康问题及老年人的健康程度,为进一步提高老年人健康水平提供相关的路径思考。从中可以发现老年人普遍拥有较好的视力和听力以应对日常生活的需要,且相较于 2010 年的调查结果而言呈上升趋势。但同时可以发现,那些受困于机能衰退而借助辅助工具完成日常生活的仍占据一定的比例,如老花镜、假牙等。而对于健康状况而言,以大小便失禁、近两周内生病状况作为参考指标,大多数老年人处于相对健康的状态,但对生病而言仍有 12.7% 的受访老年人在调查前两周生病,与 2010 年相比(21.7%)呈现下降趋势。而在患病后的处置情况绝大部分受访老年人选择"进行治疗(包括自我处置)",只有 2.1% 的患病老年人选择"未处置"。据此,老年人对于自身的健康状况持肯定态度,但仍有 14.1% 的受访老年人认为自己的健康状况"比较差"。总体而言,随着我国社会经济的不断发展,老龄事业建设的推进,我省老年人普遍对于自身幸福感的评价是肯定的且逐年上升。

在第三节主要针对老年人的经济状况进行统计分析,试图通过老年人经济状况的研究为各类老龄问题的根本原因寻找突破口,包括有收入的工作状况、预存养老金、存养老金金额、从事的理财活动、拥有房屋产权和拥有房产数量、在去年看病/住院的总花费和看病住院自费花销,以及是否购买了商业健康保险和对自我经济状况的认知情况等。调查数据显示,达到退休年龄的老年人普遍不再继续工作,且较上次调查而言有所上升。而老年人预存养老金的人数比例(46.9%)相较于 2010 年也有所增加,一定程度上说明老年人开始有能够自我解决经济问题的能力,但其所拥有的金额十分有限。这无疑对老年人从事理财活动的可能性产生了限制性影响。调查显示,虽然绝大多数老年人表示"没有"进行投资理财,但绝大多数老年人拥有自己所属房产,且有产权的老年人的比例显著增高。根据调查结果,大部分老年人能够在家庭中自行进行决策,这为开发以房产为基础的相关老年人金融产品创造可能。反观商业健康保险,则由于各项主客观原因的限制,和 2010 年情况类似,绝大多数(94.6%)老年人没有购买商业健康保险,其中的具体原因有待进一步探讨。

基于上文提到老年人普遍拥有自住房,在第四节则主要针对老年人的居住情况进行统计分析,探讨这些住房所属的具体情况、建成时间、建筑面积、配备生活设施情况及对现在住房条件满意程度等情况,以便今后各项相关老龄政策的出台和实施。从中可以发现,虽然老年人普遍拥有自有产权的房屋,且大部分是"90 年代"所建,但仍有 29.1% 的是"70—80 年代"的房屋,其配套设施的应用程度也就可想而知,有些甚至连"自来水""洗澡淋浴设施"和"室内厕所"等基本生活设施都没有配备。即使如此,老年人普遍对于自身的住房条件持满意态度。

最后试图通过数据分析老年人的日常生活和社会生活,描述出当下老年人的实际生活状况,为丰富和提升老年人晚年生活质量提供切实可行的措施,包括老年人吸烟状况、服用保健品、家庭构成、工作性质、宗教信仰、公益活动和组织团体参加情况以及接受法律援助的情况等。老年人对于自身的健康还是相当重视的,普遍做到不吸烟,但是对于保健品的消费一直处于低迷状态:"从来不吃"保健品占比为 75.6%,其具体原因有待进一步研究。在家庭构成方面,传统的中国家庭构成方式仍处于主导地位,与家人安度晚年是老年人普遍选择的一种家庭生活方式。绝大多数老年人按国家规定的退休年龄结束工作,45.3% 的受访老年人在"60～64 岁"离退休,28.9% 的受访老年人在"50～54 岁"时离退休,另有 81.5% 的受访老年人不属于提前离退休。在宗教信仰方面,由于我国的特殊宗教氛围,选择信仰"佛教"的受访老年人的比例最高,"不信仰任何宗教"的受访老年人所占比例其次,和 2010 年的统计数据相比,信仰"佛教"的人数比重反超过"不信仰任何宗教"的。公益活动能够丰富老年人的晚年生活,但是数据显示,近过半的老年人"都没有"参加公益活动,而且在关于团体组织活动方面,绝大多数的老年人没有参加相关活动,其中原因需要进一步研究。而在老年人接受法律援助的情况方面,其结果亦是值得深思的,数据显示接受过法律援助的老年人比例更是微乎其微。因此,必要的法律知识的宣讲在今后的老龄事业建设中需要引起一定重视,使之能够为老年人的晚年生活在法律层面上进行保驾护航。

第八章 海峡两岸老年人口生活状况的横向比较

台湾与福建隔着台湾海峡,同根同源。台湾地区自 1993 年步入老龄化社会之后,老龄人口的比例就呈现出快速增长趋势,对其经济社会带来巨大的冲击与前所未有的挑战。面对不断增长的老年群体,台湾社会早在 20 世纪末就开始相关研究并提出应对措施,旨在为老年人提供一个有质量的晚年生活,同时又能够为经济的发展提供新的引擎动力。所以,比较两岸老年人口的生活与健康状况有着重要的借鉴意义。[①][②]

第一节 台湾老年人口社会经济特征

一、台湾老年人口结构与居住类型

台湾 65 岁以上人口占总人口比例 1993 年达到 7.1%,正式迈入老龄化社会,截至 2013 年底,台湾地区总登记人口数为 2 337 万,其中男性 1 168 万,女性 1169 万,男女人数相当,人口增长率为 2.27‰,但是 65 岁以上人口为 269.4 万人,占总人口比例为11.5%;预计 2018 年台湾 65 岁以上老年人口将达到 14%进入老龄社会,2025 年则将超过 20%进入超老龄社会。[③]

衡量一个地区或国家的人口老化程度,世界普遍采用老化指数来进行测量,即每 100 个 65 岁以上人口对 14 岁以下人口的比率,指数越高,则反映该国家或地区的老化情况越严重,反之则越小,如图 8-1 所示,台湾的老化指数逐年上升,老年人口抚养比亦逐年上升,至 2013 年台湾老龄人口抚养比为15.6%,意味着每 6 名劳动年龄人口(15～64 岁)要负担 1 位老年人。[④] 随着医疗设施的健全,生活方式、公共卫生及环境质量的改善,台湾

① 金晓彤,戴美华.台湾地区人口老龄化对经济社会的影响研究[J].人口学刊,2012(5):72-80.

② 吴宏洛.闽台养老模式差异与合作机制研究[J].福建论坛(人文社会科学版),2013(3):154-159.

③ 本部户政司.2013 台湾人口指标[DB/OL].http://www.moi.gov.tw/stat/index.aspx.

④ 台湾"卫生福利部",http://www.mohw.gov.tw/CHT/Ministry/Index.aspx.

老年人的寿命延长,人口平均预期寿命逐年增加,至 2013 年女性平均预期寿命为 83.25 岁,男性为 76.69 岁,人口年龄结构高龄化特征愈趋明显,参见图 8-2。2001 年,台湾老年人口随着年龄结构的上升而下降,然而,2013 年台湾 80 岁以上老年人口比例超过了 75～79 岁老年人口所占比例,说明台湾老年人口高龄化程度加深。人口老龄化是全世界共同面临的问题,每个国家或地区的老化速度和经验各不相同,与欧美国家相比,台湾地区从老龄化社会进入高龄社会大概仅仅为 25 年,因而面临着更加巨大的社会经济压力。

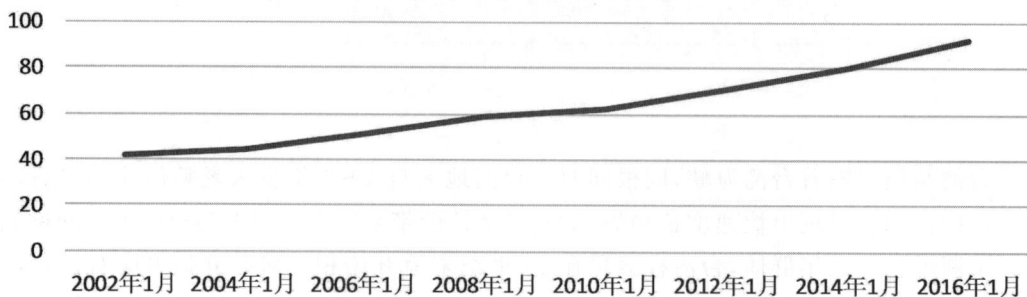

图 8-1　台湾地区老化指数趋势图

资料来源:台湾"卫生福利部",http://www.mohw.gov.tw/CHT/Ministry/Index.aspx.

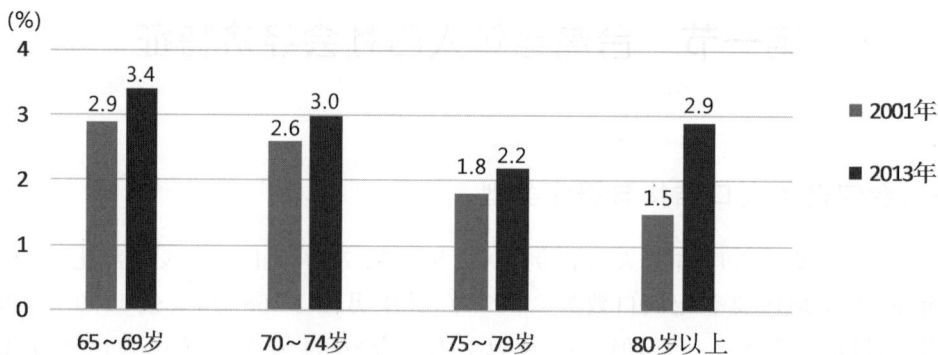

图 8-2　台湾老年人口结构变迁趋势

资料来源:台湾"卫生福利部".2014 年版卫生福利年报[DB/OL].http://www.mohw.gov.tw/MOHW_Upload/doc/2014 年版卫生福利年报_0047784001.pdf.

台湾 65 岁以上老年人家庭组成居住类型有:独居、仅与配偶同住、两代家庭、三代家庭、四代家庭、仅与其他亲戚或朋友同住、住在机构或其他。通过 2013 年与 2009 年的数据比较可见,近年来居住方式有所改变,老年人独居或仅与配偶同住的比例增加,而与子女同住的比例则有所下降,可见家庭承担老年人的居住照护功能逐渐减弱;2013 年,台湾 65 岁以上老年人家庭组成情形中,以"与子女及(外)孙子女同住"最多,占 36.6%;其次是"与配偶及子女同住"或"仅与子女同住"共占 22.4%,仅与配偶同住情形为 20.6%,而 65 岁以上老年人独居比率占 11.1%,"住在机构或其他"的比例较 2009 年有所上升,达到 3.4%(表 8-1)。据 2013 年的台湾老年人状况调查报告,65 岁以上老年人中,有 65.7%的老年人最想与子女同住,有 16.0％仅想与配偶同住,其余比例皆不到 10％。[①]

表 8-1　台湾 65 岁以上老年人居住类型

单位:％

年份/ 项目别	独居	仅与 配偶 同住	两代家庭				三代家庭			四代 家庭	仅与其 他亲戚 或朋友 同住	住在 机构 或其 他
			与配偶 及子女 同住	仅与 子女 同住	与父 母同 住	与(外) 孙子女 同住	与子女及 (外)孙子 女同住	与父母 及子女 同住	与父母及 (外)孙子 女同住			
2009 年	9.2	18.8	13.9	11.8	1.2	2.9	37.0	0.8	0	0.8	0.8	2.8
2013 年	11.1	20.6	12.6	9.8	1.2	2.2	36.6	0.8	0	1.0	0.6	3.4

数据来源:台湾"卫生福利部".老年人状况调查报告(2013)[DB/OL].http://www.mohw.gov.tw/cht/DOS/DisplayStatisticFile.aspx? d=47398&s=1.

二、台湾医保制度与老年人口的经济状况

台湾于 1995 年 3 月 1 日正式实施全民健康保险制度,是国民党时代连战担任行政部门负责人时最亮丽的政绩。该制度采取强制性的社会保险方式,是一种缴费互助、社会统筹、平等就医的医疗安全保障制度。由于其被保险人口投保率高、投保费率低、给付范围广及就医方便,在国际备受称道。[②] 2002 年,台湾医保的特约医疗院所达 16 958 家,约占台湾全部医疗院所总数的 93.33％;特约社区的零售药店 3 348 家,医事检验机构 226 家,助产所 22 家,精神病社区康复机构 53 家,社区居家照护机构 390 家。特约医院提供的住院病床计有 123 723 张。在台湾私立医院约占全部医院总数的 85％,其中由保险全额支付的病床占 78.4％,病人只需负担病床费差额的 21.6％。所以,台湾的医疗资源分布及收费合理,非常适合老年群体方便就医,所谓"大病看大医院,小病看诊所",只要付出较少的钱,即可享受到多种医疗服务。当然由于台湾人口的老龄化的进程不断加剧了其医保的财务危机,没有充分的资金来源为日益庞大的消费群体提供基础支撑,必将影响未来的老年人晚年生活体验。

有关台湾 65 岁以上老年人的经济情况[③],据 2013 年的调查数据,主要是来自子女或孙子女奉养的占 43.9％,其次为政府救助或津贴占 36.2％。台湾女性老年人的经济水平普遍较男性的差。女性老年人口以子女或孙子女奉养为主要经济来源占 53.6％,明显高于男性的 32.9％。除了"子女或孙子女奉养""政府救助或津贴"外,台湾老年人主要经济来源依次为"退休金、抚恤金或保险给付""储蓄、利息、租金或投资所得"各占 19.6％和16.8％,而"工作或营业收入""配偶提供"各占 8％和 5.1％。另外,台湾老年人的经济水平与教育程度视角研究,发现高中(职)以下老年人口以子女或孙子女奉养比例最高;专科以上者则以自己退休金、抚恤金或保险给付占比最高,说明台湾的老年人口经济水平与福建

---

① 台湾"卫生福利部".老人状况调查报告(2013)[DB/OL].http://www.mohw.gov.tw/cht/DOS/DisplayStatisticFile.aspx? d=47398&s=1.

② 张玉冰.台湾全民健保制度的现状及改革[J].统一论坛,2013(2):63-64.

③ 台湾"卫生福利部".老人状况调查报告(2013)[DB/OL].http://www.mohw.gov.tw/cht/DOS/DisplayStatisticFile.aspx? d=47398&s=1.

省的雷同,与其教育水平成正比。

第二节　台湾老年人口的健康及日常生活自理能力

一、台湾老年人的生活及健康调查

据 2013 年的统计数据[①],台湾 65 岁以上老年人自诉患有慢性病者占 81.1%,所患慢性病主要为高血压(54.5%)、骨质疏松(32.9%)、糖尿病(24.7%)、心脏疾病(21.5%)、高血脂(19.6)、关节炎(18.4%)。女性自诉患有慢性病的比率为 84.1%,高于男性的 77.7%。可见,台湾超过八成的老年人患有慢性病。

表 8-2 为台湾地区老年人口的老年人自评健康状况。2013 年 55～64 岁年龄段的老年人自评"良好"(包含很好及还算好)的占 62.5%,"普通"的则占 22.9%,"不好"(包含不太好及很不好)的占比为 14.1%;65 岁以上老年人的对应值分别为 47.0%、25.5% 与 27%。就性别观察,男性老年人觉得"良好"的所占比重为 50.8%,较女性 43.6% 高出 7.2 个百分点。

表 8-2　2013 年台湾 55 岁以上老年人自评健康状况统计表

单位:%

项目类别	良好			普通	不好			很难说	不知道/拒答
	小　计	很　好	还算好		小　计	不太好	很不好		
55～64 岁	62.5	20.7	41.8	22.9	14.1	11.7	2.5	0.4	0
男	65.3	22.2	43.2	21.3	13.0	10.6	2.4	0.4	—
女	59.8	19.4	40.5	24.4	15.2	12.7	2.5	0.5	0.1
65 岁以上	47.0	12.8	34.2	25.5	27.0	21.6	5.4	0.5	0
男	50.8	14.0	36.8	26.9	21.9	16.9	5.0	0.5	—
女	43.6	11.8	31.8	24.3	31.5	25.7	5.8	0.5	0

资料来源:2014 年台湾地区老年人调查报告。

表 8-3 为 2014 年台湾地区老年人生活状况的调查,提示在台湾 65 岁以上老年人中,"常常觉得很快乐"的比重将近有 57.4%,有 54.6% 的老年人"觉得日子过得很好很享受人生"。台湾老年人感到较为困扰的是"睡不安稳",睡眠问题成为老年群体的一大现实难题,这也许是机体老化所导致的全球老年人口的共同困惑问题。在对 11 项(2 个正向指标,9 个负向指标):"不想吃东西、胃口不好""觉得心情不好"、生活指标"觉得做事很不顺利""睡不安稳""觉得很快乐""觉得很孤单、寂寞""觉得人人都不友善(对您不好)""觉

___

① 台湾"卫生福利部".老人状况调查报告(2013)[DB/OL].http://www.mohw.gov.tw/cht/DOS/DisplayStatisticFile.aspx? d=47398&s=1.

得日子过得很好很享受人生""觉得很悲哀""觉得别人不喜欢您""提不起劲做任何事"的调查中,台湾 65 岁以上老年人在 2 个正向指标中,表示常常"觉得很快乐"及"觉得日子过得很好很享受人生"者的比重分别占 57.4％及 54.6％;在负向指标中最让老年人感到困扰的为常常"睡不安稳",占 16.6％,常常"觉得心情很不好""觉得很孤单、寂寞""觉得很悲哀"与"提不起劲"的比重约占 5％~7％。

表 8-3　台湾 65 岁以上老年人生活状况的调查结果

单位:%

项目类别	从　未	有　时	常　常
不想吃东西、胃口不好	81.3	14.9	3.7
觉得心情很不好	70.9	22.2	6.9
觉得做事很不顺利	81.1	15.2	3.7
睡不安稳	59.3	24.1	16.6
觉得很快乐	21.6	21.0	57.4
觉得很孤单、寂寞	80.6	13.3	6.1
觉得人人都不友善(对您不好)	93.9	4.8	1.3
觉得日子过得很好很享受人生	25.8	19.7	54.6
觉得很悲哀	82.7	11.9	5.4
觉得别人不喜欢您	93.6	5.2	1.2
提不起劲做任何事	76.2	18.5	5.3

资料来源:2014 年台湾地区老年人调查报告。

二、台湾老年人需要长期照护及住院情况

随着人口老龄化的加速,慢性病及身心障碍人数也会增加。疾病、残障或老化是造成自我照顾能力丧失的原因,而慢性病中风及肌肉骨骼疾病更是造成老年人失能的主要原因,因而导致 ADL 及 IADL 缺损而无法自我照顾,需依赖他人协助。2010 年,台湾 65 岁以上老年人身心障碍人数为 37.3 万人,占当年老年总人口数 15％,其中需要长期照护的身心障碍人数约 17 万人,占老年身心障碍人数的 45％,占老年人口总数 6.8％。同时,台湾 65 岁以上常住人口中有长期照护需求①的人数为 310 790 人,占当年老年人口总数的 12.5％。随着年龄段的增长需求人数上升,80 岁以上老年人口需长期照护人数比例最高,占 53.3％;从婚姻状况来看,有配偶或同居、丧偶的老年人需长期照护人数比例分别占 48％、44％;按居住类型分,居住在家庭里的老年人所需照护人数有 26.2 万人,占 84.5％,

---

① 长期照护需求是指因生病、受伤、衰老而有表现活动障碍,且需他人帮忙长达 6 个月以上者。

其中以居住在主干家庭①和核心家庭②中的老年人需求占比最高,分别占37.3%、23.6%,居住在养护机构中的长期照护需求人数占比15.5%。③

2013年,台湾65岁以上老年人在过去一年曾经住院者或曾经日常生活活动有困难需要他人照护者的比例高达九成以上。照护者以儿子为最多数,其次为女儿或媳妇,再次为配偶,其他照护者还包括外籍看护工、机构照护服务员、居家照护服务员等。④表8-4、表8-5、表8-6为2013年台湾65岁以上老年人ADL、IADL的统计表。发现65岁以上日常生活活动自理有困难者占20.8%。"在平地走50米以上或电动轮椅""穿脱衣裤鞋袜(义肢、支架)""刷牙、洗脸、洗手、梳头发等""上下楼梯一层楼""大便控制(大便失禁)""小便控制(小便失禁)""其他",以"上下楼梯一层楼"有困难者每百人有13人为最多。就性别观察,女性自理有困难者占24.9%,高于男性(16.3%),各困难项目也多呈女性高于男性。

在对老年人工具性日常生活活动能力调查(表8-5)发现,在工具性日常生活活动"上街购物""外出活动""食物烹调""家务维持""洗衣服""使用电话""服用药物""处理财务能力"等八项中,65岁以上老年人在工具性日常生活活动需要性中大部分都能够独立完成,而"使用电话""服用药物"及"外出活动"这三项的需求较高,其能独力完成所占的比重均在70%以上,分别为84.7%、84.0%及72.7%。

表8-4 2013年台湾65岁以上老年人ADL统计

单位:%

项目类别	自理困难情形			有困难项目(人/百人)			
	没有困难	有困难	不知道/拒答	吃饭	室内移动	上厕所	洗澡
合　计	79.2	20.8	—	4.9	6.5	6.6	9.8
性　别							
男	83.7	16.3	—	4.1	5.3	5.2	8.0
女	75.1	24.9	—	5.7	7.6	7.8	11.3
年　龄							
65～69岁	89.6	10.4	—	2.2	2.9	2.4	3.9
70～74岁	85.8	14.4	—	3.0	3.9	3.8	4.8
75～79岁	78.2	21.8	—	4.8	5.1	5.1	9.1
80岁以上	61.3	38.7	—	10.2	14.4	15.6	22.2

注:日常生活活动自理有困难项目可复选。

资料来源:2014年台湾地区老年人调查报告。

---

① 主干家庭是指由祖父母、父母及未婚子女、夫妇及已婚子女或祖父母及未婚孙子女所组成的家庭。

② 核心家庭是指由夫妇、夫妇及未婚子女或夫(或妇)及未婚子女所组成的家庭。

③ "行政院"主计总处.2010年台湾户口及住宅普查报告[DB/OL].http://www.dgbas.gov.tw/np.asp? ctNode=2834.

④ 台湾"卫生福利部".老人状况调查报告(2013)[DB/OL].http://www.mohw.gov.tw/cht/DOS/DisplayStatisticFile.aspx? d=47398&s=1.

表 8-5　2013 年台湾 65 岁以上老年人 IADL 状况统计表

单位：%

项目类别	需　要			不需要从事此活动
	能独立完成	独立完成有些困难	不能独立完成	
上街购物	64.2	1.9	2.8	31.0
外出活动	72.7	2.9	4.8	19.6
食物烹调	60.9	1.1	1.9	36.1
家务维持	58.5	2.3	2.4	36.8
洗衣服	59.1	0.8	1.7	38.4
使用电话	84.7	3.6	3.1	8.6
服用药物	84.0	2.8	3.6	9.6
处理财务能力	60.2	1.6	3.3	34.9

资料来源：2014 年台湾地区老年人调查报告。

表 8-6　2013 年 65 岁以上老年人 ADL 及 IADL 具体困难的项目

单位：%

项目类别	有困难项目（人/百人）						
	在平地走 50米以上或电动轮椅	穿脱衣裤鞋袜、义肢、支架	刷牙、洗脸、洗手、梳头发等	上下楼梯一层楼	大便控制（大便失禁）	小便控制（小便失禁）	其　他
65～69 岁	3.8	2.5	2.4	6.1	0.9	1.3	0.5
70～74 岁	5.2	4.6	2.7	9.3	0.8	1.5	0.3
75～79 岁	7.9	8.3	4.3	13.3	2.3	3.3	0.8
80 岁以上	19.8	17.5	11.3	26.0	6.0	5.8	0.4
合　计	9.0	8.0	5.1	13.4	2.4	2.9	0.5

注：日常生活活动自理有困难项目可复选。

资料来源：2014 年台湾地区老年人调查报告。

第三节　台湾老年人社会参与及生活满意度

一、台湾老年人日常活动的参与度

根据 2014 年台湾地区老年人调查报告，台湾老年人主要日常活动项目有：参加老年人研习或再进修活动、从事休闲娱乐活动、从事养生保健活动、含饴弄孙、从事志工或志愿工作、与朋友聚会聊天、从事宗教修行活动及其他等。其中 65 岁以上老年人日常生活从事活动项目"与朋友聚会聊天"所占比重为 37.8%,在其他活动项目中的比重最高。其次是"从事休闲娱乐活动"及"从事养生保健活动",所占比重分别为 23.1% 及 21.6%。就性别观察,男女老年人均以"与朋友聚会聊天"作为首要选项,而男性选择"从事休闲娱乐活动"的比重为 26.3%,高于女性的 20.2%;女性老年人在"从事宗教修行活动"中的比重为 14.5%,远远高于男性老年人的 7.3%,相信这同整个台湾的社会文化氛围是密不可分的(表 8-7)。

表 8-7　2013 年台湾 65 岁以上老年人日常活动项目的重要度* 统计

单位:%

项目 类别	促进老年人研习或再进修活动	从事休闲娱乐活动	从事养生保健活动	含饴弄孙	从事志工或志愿工作	与朋友聚会聊天	从事宗教修行活动	其　他
男　性	3.6	26.3	23.5	15.3	6.4	38.3	7.3	7.6
女　性	3.6	20.2	20.1	15.2	7.8	37.2	14.5	7.1
合　计	3.6	23.1	21.6	15.3	7.1	37.8	11.0	7.4

* 重要度=(1×主要百分比+1/2×次要百分比)×100。

资料来源:2014 年台湾地区老年人调查报告。

二、台湾老年人的生活满意度

表 8-8 为台湾地区老年人目前生活的整体满意度。发现 65 岁以上老年人对目前整体生活表示"满意"者所占的比重为 78.9%(含"很满意"者的比重 23.3% 及"还算满意"者的比重 55.6%),"不满意"者所占比重为 12.1%(含"不太满意"者所占比重 9.9% 及"很不满意"者所占比重 2.2%)。就性别观察,男性老年人表示"满意"者所占的比重为 80.8%,较女性 77.0% 的比重高出 3.8 个百分点,亦即代表在"不满意"的选项上,女性老年人相对于男性比重更大,即 12.5% 女性选择"不满意",而男性只有 11.6%。就纵向的年龄区别观察上可以发现,随着年龄的增加,对整体生活表示"满意"的比率逐渐降低,特别是 65~69 岁阶段与 70~74 岁阶段的老年人在对于生活满意度的测评上,前者比后者高出 4.8 个百分点,二者分别为 83.5% 和 78.7%。

就婚姻状况进行区别观察可以看出,在"有配偶/同居""丧偶""离婚/分居""未婚"的选项中,目前"有配偶/同居"的老年人对整体生活"满意"情形较其他婚姻状况者为高,而在"未婚"和"离婚/分居"的选项上,二者所占的比重为 66.4% 和 64.9%,前者高于后者 1.5 个百分点。同时在选择"不满意"的数据比较上可以发现,"离婚/分居"者比"有配偶/同居""丧偶""未婚"者对于生活的满意度更低,四者分别为 30.3%、10.9%、12.3% 及 18.1%,"离婚/分居"者所占的比重远远高出其他三个选项,可见这样的一种婚姻状况对于当事人来说更易导致自身对于生活的不满,这样一种状态中的痛苦更深。

表8-8　2013年65岁以上老年人对整体生活满意度

单位:%

项目类别	满　意			不满意			不知道/拒答
	小　计	很满意	还算满意	小　计	不太满意	很不满意	
总　体	78.9	23.3	55.6	12.1	9.9	2.2	9.0
性　别							
男	80.8	21.7	59.1	11.6	8.9	2.7	7.6
女	77.0	24.8	52.2	12.5	10.8	1.7	10.4
年龄区间							
65～69岁	83.5	22.7	60.8	10.4	8.7	1.7	6.1
70～74岁	78.7	22.3	56.4	11.1	9.4	1.8	10.1
75～79岁	75.8	23.5	52.4	13.6	11.5	2.0	10.6
80岁以上	73.0	25.6	47.3	15.4	11.4	4.1	11.6
婚姻状况							
有配偶/同居	80.8	23.5	57.3	10.9	9.2	1.7	8.3
丧　偶	77.2	23.7	53.5	12.3	9.6	2.7	10.5
离婚/分居	64.9	13.5	51.4	30.3	21.8	8.4	4.8
未　婚	66.4	24.4	42.0	18.1	18.1	—	15.5

注:本表仅呈现65岁以上老年人由本人填答的状况。

资料来源:2014年台湾地区老年人调查报告。

第四节　两岸横向比较的结果

一、福建省与台湾老年人口生活指标的比较结果

两岸老年人具体生活概况的勾勒离不开具体的指标代表,从而将其具象化、可视化,生动地向人们展现两岸老年人口的具体生活模样,以便找寻二者间的差异,进而扬长避短,一方面选择有益于福建省老年人口发展的方方面面,另一方面更好地规避未来发展进程中可能出现的种种困境。据此,研究从宏观、中观及微观三个维度出发,从两岸老年人口的经济、社会参与、生活满意度、健康及长期照护等方面入手,勾勒出两岸老年人口生活的具体差异性。

1.宏观层面:两岸老年人口社会经济的差异性

(1)老年人口结构与居住类型

对于早已进入老龄化社会的台湾地区而言,面对日益增长的老龄人口,以及人口高龄化程度不断加深的局面,相对于福建而言积累了一定的经验,相对于日益老龄化的大陆而

言,台湾地区在老龄事业方面的实践有许多方面可供借鉴。当然,少子化问题是台湾地区面临的一大挑战,少子化所产生的家庭形态改变,家庭扶持老人的社会功能逐渐减弱,[①]后续人口的补充必然最终影响整个社会的和谐发展。在家庭居住模式上,老年人独居或仅与配偶同住的比例增加,而与子女同住的比例则有所下降,进一步说明了以往家庭扶持的改变。

反观福建省,根据第六次人口普查的统计数据,65 岁以上老年人已于 2010 年达到7.9%,超过国际上 7% 的标准线,已然进入老龄化社会,但相对于台湾地区(1993 年)[②]而言老龄化进程是相对缓慢的。其中,家庭观念仍占据很大的比重,在非独居老年人中,与配偶同吃同住的老年人比例最多(30.6%),其次分别为儿子(18.9%)、(外、重)孙子女(18.9%)、儿媳(16.3%)、女儿(5.0%),与保姆同吃同住的老年人最少,其比例为 0.3%。此外,还有 6.5% 的老年人单独居住。

(2)制度设计与老年人口的经济状况

台湾地区在针对老年人的各类社会保障上,构建了一套相对完善的制度设计,各类政策,如"老年人福利法""社会福利政策纲领""老人长期照顾三年计划""建构长期照护体系先导计划""照顾服务福利及产业发展方案""长期照顾十年计划"等,涉及老年人生活的方方面面,为当地老年人提供了一个相对完善的制度保障。其中,台湾地区的全民健保制度在国际上一直享有盛誉,成为各个地区争相借鉴的一套制度范本。但同时应该看到,人口老龄化的进程也不断加剧了医保的财务危机,没有充分的资金来源为日益庞大的消费群体提供基础支撑,必将影响未来的老年人晚年生活体验。因此,在针对老年人的经济来源的探讨中,可以发现主要是来自子女或孙子女奉养,其次为政府救助或津贴。

另外,正如前文所述有关台湾 65 岁以上老年人的经济情况主要是来自子女或孙子女奉养,占 43.9%,其次为政府救助或津贴,占 36.2%。台湾女性老年人的经济水平普遍较男性的差。女性老年人口以子女或孙子女奉养为主要经济来源,占 53.6%,明显高于男性的 32.9%。除了"子女或孙子女奉养"和"政府救助或津贴"外,台湾老年人主要经济来源依次为"退休金、抚恤金或保险给付""储蓄、利息、租金或投资所得",各占 19.6% 和16.8%,而"工作或营业收入""配偶提供"各占 8% 和 5.1%。另外,台湾老年人的经济水平与教育程度视角研究,发现高中(职)以下老年人口以子女或孙子女奉养比例最高;专科以上者则以自己退休金、抚恤金或保险给付占比最高,说明台湾的老年人口经济水平与福建省的雷同,与其教育水平成正比。

反观福建省,随着中央及地方政府开始重视老龄化问题,随之而来的各项政策陆续出台,为保护老年人的合法权益提供了必要的制度保障,如《老年人权益保障法》《中共中央、国务院关于加强老龄工作的决定》等,其中福建省陆续出台了《福建省老年人保护条例(1990)》《福建省优待老年人若干规定(2002)》等相关政策,逐步构建适合地方社会治理的制度体系。

本次调查结果发现,福建省老年人在储蓄、拥有房产等经济收支项目上都存在户籍与

---

① 孙铭宗,王军.台湾地区"国民年金"制度述评[J].台湾研究,2012(2):54-58.

② 张广翠.中国台湾地区人口老龄化及面临的挑战[J].人口学刊,2008(4):46-50.

文化程度的关联性。不同性别、年龄、户籍、文化程度的老年人生活状况存在统计学上的显著性差异,非农业户口老年人在家庭状况、经济状况、宜居环境状况、社会参与情况、权益保障方面要好于农业户口老年人,文化程度较高的老年人的基本生活状况和对生活状况的满意度也高于文化程度较低的老年人。通过本章梳理,结果显示,福建省老年人的生活状况与生活环境存在人口学特征上的差异,其具体表现与我国老年人生活状况和生活环境情况大致吻合,其他学者的研究结论也存在许多相似。此外,有的学者在研究中提到,老年人生活状况和生活环境的影响因素之间存在传导效应,如不同户籍和文化程度的老年人经济状况存在差异,而该差异是否会导致居住环境、社会参与、权益保障等方面的不同、具体影响有多大等此类问题有待今后深入探讨。受访老年人中有 4 972 位回答了每月领取养老金情况,其平均值为每月 1 328.64 元,标准差为 1 620.19 元,最低值为 67.5元,最高值为 10 000 元。男性老年人每月的养老金(离退休金)平均是 1 591.4 元,女性老年人平均每月有 1 021.2 元的养老金(离退休金)。"高中以下"文化程度的老年人每个月养老金(离退休金)的平均数额是 817.7 元,文化程度在"高中及以上"老年人平均每个月的养老金(离退休金)收入为 3 257.4 元。

2.中观层面:两岸老年人社会参与及生活满意度的差异性

(1)老年人日常活动的参与状况

参与社会活动及日常生活是老年人保持晚年生活积极性的重要组成部分。根据2014 年台湾地区老年人调查报告,台湾老年人主要日常活动项目有:参加老年人研习或再进修活动、从事休闲娱乐活动、从事养生保健活动、含饴弄孙、从事志工或志愿工作、与朋友聚会聊天、从事宗教修行活动及其他等。其中 65 岁以上老年人日常生活从事活动项目"与朋友聚会聊天"所占比重为 37.8%,在其他活动项目中的比重最高。其次是"休闲娱乐活动"及"养生保健活动",所占比重分别为 23.1% 及 21.6%。

反观福建省的本次调查结果,老年人经常参与的活动主要有看电视/听广播(38.1%)、散步/慢跑等(21.9%)、读书/看报(14.0%)、种花养草等(9.5%)、打麻将/打牌/下棋等(5.2%),仍是以传统的活动项目为主,可以说这与海峡两岸分不开的血脉息息相关,同宗同源让两岸老年人坚守着传统的生活方式以安度晚年生活。不同性别、年龄、户籍、文化程度的老年人生活状况存在统计学上的显著性差异,非农业户口老年人在家庭状况、经济状况、宜居环境状况、社会参与情况、权益保障方面要好于农业户口老年人,文化程度较高的老年人的基本生活状况和对生活状况的满意度也高于文化程度较低的老年人。通过梳理发现两岸老年人的具体表现大致吻合,但是台湾参加老年人研习或再进修活动的比例似乎高于福建省的老年人。

(2)老年人的生活满意度

生活满意度的大小直接体现出老年人对于自身晚年生活的一个自我感知,是等价于幸福感的一个指标。可以发现,台湾绝大多数的老年人对于目前整体生活是满意的,比重高达 78.9%,而婚姻状况在其间所产生的作用是不可忽视的,"有配偶/同居"的老年人对整体生活"满意"情形较其他婚姻状况者为高,"离婚/分居"更易导致自身对于生活的不满,这样一种状态中痛苦更深。

反观福建省,老年人对于自身的社会满意度以幸福感来表达的话,比重高达 95.3%,

其中选择"比较幸福"的受访老人的比例最高,占样本总体的41.8%;其次是选择"一般"的受访老人(35.9%);还有17.6%的受访老人表示,他们"非常幸福"。其中婚姻状况的调查可以发现,有配偶和丧偶的比例较高,分别为73.2%和24.8%,离婚的比例为1.3%,从未结婚的比例为0.7%,相信婚姻状况对于老年人感知晚年生活的幸福感呈现出与台湾地区类似的相关性。总体而言,随着我国社会经济的不断发展,老龄事业建设的推进,福建省老年人普遍对于自身幸福感的评价是肯定的且逐年上升。

3.微观层面:海峡两岸老年人口的健康及日常生活差异性

(1)老年人的生活及健康状况

随着机体老化及机能衰退,各类慢性病成为影响老年人感知生活幸福的一大阻碍,诸如高血压、骨质疏松、糖尿病、心脑血管疾病等,在老年人群体当中并不鲜见。其中,对于台湾地区的老年人而言,患有慢性病者占81.1%,所患慢性病主要为高血压(54.5%)、骨质疏松(32.9%)、糖尿病(24.7%)、心脏疾病(21.5%)、高血脂(19.6)、关节炎(18.4%),台湾超过八成的老年人患有慢性病,但总体从对于老年人自评健康的调查中可以看出,老年人普遍对于自身健康状况持有积极态度,并且对于自身的生活状况也持肯定的态度,"常常觉得很快乐"的比重将近有57.4%,有54.6%的老年人觉得"日子过得很好很享受人生"。反观福建省,仍有高达73.5%的老年人患有各类慢性病,其中高血压占比36.2%,其次是骨关节病(35.3%)、心脑血管疾病(15.3%)、白内障/青光眼(13.6%)、胃病(11.3%)及糖尿病(11.0%),可以看出,与台湾相比,各类慢性病的排位上有相似亦有所不同。但是,同样,老年人对于自身的健康状况持肯定态度,其中仍有14.1%的受访老人表示,自己认为自己的健康状况"比较差"。

福建老年人的调查中,慢性病排名前五位的分别是高血压(占比22.1%)、骨关节病(骨质疏松/关节炎/风湿/椎间盘疾病等)(21.6%)、心脑血管疾病(冠心病/心绞痛/脑卒中等)(9.3%)、白内障/青光眼(8.3%)、胃病(6.9%)。其中,"75岁以下"老年人患慢性病的前五位分别是骨关节病(33.5%)、高血压(33.2%)、心脑血管疾病(12.7%)、胃病(12.1%)、糖尿病(10.4%),"75岁及以上"老年人患的主要慢性病是高血压(44.3%)、骨关节病(40.6%)、白内障/青光眼(24.4%)、心脑血管疾病(22.2%)、糖尿病(12.7%)。"75岁以下"老年人没患这些常见慢性病的比例为29.9%,"75岁及以上"老年人该比例为16.8%。

另外,本次调查中男性"半失能"老年人有89人,占比为3.59%;女性为147人,占比5.33%。从年龄段分析,75岁以上"半失能"老年人有162人,占比11.19%,明显高于60—74岁年龄段的老年人的半失能发生率(2.01%)。老年人性别及年龄段的"半失能"发生率的差异存在统计学上的显著性意义。本次调查对象中共有105人发生失能,失能的发生率为2.02%。但是,性别的失能发生率不存在统计学上的显著性差异,年龄段却存在明显的差异。通过福建省老年人失能与半失能发生率的城乡比较,明显的农村老年人失能及半失能的发生率要高于城市或城镇的老年人。

(2)老年人需要长期照护的情况

对于身患慢性病的老年人而言,有质量的照护支持对于恢复机体健康大有益处。在针对ADL及IADL两项指标的调查中,台湾65岁以上常住人口中有长期照护需求人数占比超过十个百分点,并随着年龄的增长而不断递增,80岁以上老年人口高达53.3%。可以看出,针对该项特定群体,需要极其充沛的医疗卫生资源、人力资源等各类资源的支持,以弥补巨大的资源空缺。

反观福建省,本次调查的5 280位受访老年人对社区老龄服务的需求情况,排在前五位的社区老龄服务分别是上门看病(34.7%)、上门做家务(12.9%)、健康教育服务(12.2%)、心理咨询/聊天解闷(9.3%)、康复护理(9.0%)。通过年龄与社区(村/居)服务的需求分析发现年龄越高的老年人对"上门看病""上门做家务""日间照护""心理咨询/聊天解闷"的需要越强烈。但是社区(村/居)老龄相关服务的供给与利用率极其有限,远远落后于台湾地区。

二、台湾地区老龄工作的特点

为了满足日益高涨的老年人照顾需求,台湾地区"卫福部"以经济安全、健康维护、生活照顾三大主题为政策主轴,并以心理及社会适应、教育及休闲为具体领域推动相关措施,贯彻"老年人福利法",落实"人口政策白皮书——高龄化社会对策",建构有利于老年人健康、安全及终身学习的友善环境,进而落实维持老年人的活力、尊严与自主的政策目标。具体做法如下:

1.注重老年人健康维护

健康的体魄是一切社会活动得以开展的先决基础,在社会环境里,健康的获取更是离不开社会当中的各个要件,其中很重要的一方面是必要的经济支持。因此,健康的获取离不开必要的经济支撑,一个连自身温饱都不能够得到满足的人,哪有可能去追寻自身的健康,对于老年人来说更是如此,由于生理机体随着岁月的推延并不能够很好地通过自身的劳作以获取必要的经济收入,此时必要的社会、政府的支持能够保证老年人在晚年生活中有基本的物质基础。于此,台湾通过扩大对老年人的财政支出,增进经济投入,协助经济困难及减轻老年人缴纳保险费或部分负担医疗费用,全额补助中低收入70岁以上老年人的保险费,至2013年共计补助79 572人。提供"卫福部"委托安置机构照顾之中低收入老年人重病住院看护费补助,每日台币1 800元,每年最高216 000元台币,2013年计补助4家机构。对低收入户、中低收入户、领有中低收入老年人生活津贴、领有中低收入身心障碍者生活补助费,经由各级政府全额补助收容安置,以及经各级政府补助身心障碍者日间照顾及住宿式照顾费用达50%以上的老年人装置假牙,以维护老年人健康。

2.关心老年人的生活照顾

对于百姓而言,直接与个人息息相关的就是日常生活里的方方面面,进而影响大众对于整个社会的体验。对于老年人而言更是如此,在面对日益不能够像年轻时期的机体那样适应社会生活,更好地促进老年人自身融入晚年生活显得尤为关键,据此,能够为老年人提供相对优越的生活帮助和支持,直接影响老年人自身对晚年生活满意度的感知。面对人口的速老化,台湾地区的相关政府督导地方政府依据"老年人福利法"第17条至第19条提供居家式、社区式及机构式相关服务措施,以协助失能长者得到所需连续性照顾,其中 2013 年对于健康老年人的生活照顾措施如下①：

（1）自 2011 年 6 月 1 日实施"马偕计划"，针对在台湾居住 20 年以上，每年居住超过 183 日，且持"外侨永久居留证"，并年满 65 岁，对台湾长期奉献服务或具有特殊贡献的外籍人士，经审核符合资格者比照台湾老年人，提供搭乘台湾地区大众运输工具的优待福利。截至 2013 年年底，共计 209 位外籍长者申请符合资格。

（2）持续加强关怀照顾独居老年人，除提供生活照顾服务，并结合民间单位、志工、社区资源及社会人力提供独居老年人访视协助，建立独居老年人安全网，并办理 24 小时老年人紧急救援服务，使独居老年人发生危难时获得立即救援。另成立"失踪老年人协寻中心"，借由行政部门与民间单位合作，透过教育宣导、配戴预防走失手链、协寻通报、后续比对、追踪服务及社会福利咨询等整体措施，协助家属寻找不慎走失的老年人。自开办起至 2013 年 12 月底，计 2 000 人通报协寻，其中 1 151 人经由"失踪老年人协寻中心"寻获。

（3）专案补助绩优民间团体设置老年人咨询服务中心，通过具有丰富学识经验或专长人士参与，对老年人、老年人家庭或老年人团体提供"老朋友专线"咨询服务，协助解决老年人各方面问题，平均每月咨询近 600 人次。

（4）整合跨部会资源，邀集县市政府、专家学者及民间团体，共同规划推动友善关怀老年人服务方案第 2 期计划。该计划依照台湾 200 多万健康与亚健康老年人的特性与需求，并延续第一期计划强调的"活跃老化、友善老年人及世代融合"三大理念，以"健康老化""在地老化""智慧老化""活力老化""乐学老化"为目标，提出 84 项具体行动措施，以满足老年人全方位的需求。

（5）推进机构照顾，对于无法进行在家、社区照顾的需求，机构照顾很好地补充了此方面的需求。2013 年底计有 1 035 家老年人福利机构，可收容 57 675 人（实际收容 43 499 人）。对于资源不足地区，补助民间单位设立老年人福利机构；针对资源不虞匮乏之县市，则以提升机构服务品质为目标进行各项辅导；督促地方政府加强老年人福利机构辅导查核，并定期办理机构评鉴，提升机构服务品质。至 2013 年，共计编列 198 719 000 元台币，补助机构服务费、设施设备及教育训练费。

3.提倡老年人社会参与

人作为社会的动物，个体处在生命历程的任何一个阶段，都离不开社会生活，参与其中去实现自身的价值，对于处于生命阶段后半程的老年人来说更是如此，积极地融入晚年生活以便更好地适应离不开必要的社会参与活动。据此，随着老年时期的到来，如何很好地适应这个时期的各个问题，是老年人需要直视的无法回避的现实问题，需要社会、政府等各界力量的支持，以保证老年人以一个健康的心态去面对到来的晚年生活。而积极投入社会参与中是老年人自身价值得以延续的一大保证。因此，应当鼓励老年人走出家门从事休闲活动、参与社会，满足其社会参与需求，具体措施如下：

（1）打造老年人活动平台，为老年人提供必要的活动渠道，同时勾连社会的各个有机组成部分，活化社会资源。台湾地区各县市政府积极结合村里办公处、社会团体参与普遍

---

① 台湾"卫生福利部".2014 年版卫生福利年报［DB/OL］.http://www.mohw.gov.tw/MOHW_Upload/doc/2014 年版卫生福利年报_0047784001.pdf.

设置社区照顾关怀据点 1 852 个,由当地民众担任志工,提供关怀访视、电话问安咨询及转介服务、餐饮服务、办理健康促进活动,服务逾 20 万人。

(2)丰富老年人活动,通过丰富多彩的活动形式吸引老年人参与其中,从而让老年人喜欢这些活动,保持对于生活的兴趣。比如,通过办理长青学苑、届龄退休研习及各项老年人福利活动,如研讨会、健康讲座、长青运动会、槌球比赛、老年人歌唱比赛等活动,并提供搭乘国内交通工具、进入康乐场所及参观文教设施半价优待,鼓励老年人多方参与户外活动,促进身心健康。2013 年已补助办理长青学苑及老年人福利活动,计受益人数 413 772 人。

(3)拓展活动形式,在继承过往的老年活动的同时,开展各类新颖的有意义的活动形式来适应不同老年人的不同需求,注意那些处在偏乡地区等公共资源较难企及地区的老年人的需求。比如,通过推展行动式老年人文康休闲巡回服务,补助 16 个县市购置多功能巡回关怀专车(计 18 部车),由县市政府结合民间团体定期定点办理社区巡回服务,利用巡回关怀专车深入社区,协助老年人就近接受福利服务、健康咨询及休闲文康娱乐等服务。

三、台湾老龄工作的经验启示

相较于大陆而言,台湾地区基于自身的地区实际情况,较早构建一套相对有效的社会保障及长期照护体系,建立起相对完整的服务输送模式、供需平衡机制、运行管理机构,以及各类评估机制、补助机制、多元协同治理模式等,极大地满足地区公众对于公共服务的需求,从制度层面对于老年人的健康问题进行有益的实践。反之,对于我国大陆来说,迫切需要借鉴世界各地先进的经验,特别是那些已然步入老龄化社会的国家和地区,它们在这方面的实践能够为我国大陆地区积极准备和应对即将到来的社会转变提供有益的借鉴,有效避免陷入这些国家走过的老路、困境之中,使得大陆能够结合实际情况,构建符合实际的老年人健康促进事业而少走弯路,进而促进自身的老龄事业建设和发展。

1.注重制度建设,完善机构和服务流程,建构相对统一的服务体系

"兵马未动粮草先行",在整个健康促进的建设中,完善的制度建设就好比粮草,为整个活动的顺利开展提供必要的根本性保障。毋庸置疑,制度建设的滞后性往往导致一系列实践活动得不到保障,严重阻碍各项活动的顺利开展,在养老事业的发展进程中亦是如此。台湾在多年的实践过程中,所推行的各项计划、制度有效地整合服务对象、服务内容、管理制度、机构建设、人力资源开发等各个关键要素,实现"中央"与"地方"的各部门间明确的职责分工和角色定位,积极走出去和世界合作,针对未来规划方向,具有很强的预见性,为社会转型打下坚实的基础。据此,必要的制度设计对于当前进入老龄化社会的福建省乃至全国而言,积极构建适合地区发展的制度框架能够有效减免未来社会发展所带来的种种困境及难题,做好充分的制度准备,不打无准备的"战争",从而"亡羊补牢犹未为晚"。

2.拓展资源渠道,联合社会各方力量,建构相对协同性的供给模式

健康促进的建设是件系统的复杂的社会工程,单靠政府一方的力量很难有效建设符合公众要求、满足公众需求的公共服务体系,迫切需要社会各界力量积极参与其中,厘清

各方职责,做好自身角色定位,下好养老事业这盘大棋。据此,需要广开渠道,集合有限的社会资源参与其中,以政府作为"元治理者"的角色主持整个养老事业的支柱性工作,同时打造各类平台引导、支持社会资源参与其中,满足日益多样化、多元化的社会需求,构建协同性的供给模式。特别是医疗卫生资源及各类以老年人为对象的服务资源的开发和建设,社会资源的活化及全社会主体的参与,能够有效弥补日益扩大的供需不平衡缺口、有效弥补当下乃至未来的老年人市场供给不足的问题。

3.细化项目建设,建立完备的服务供给,促进公共服务均等化

公共服务均等化的目标就是保证全体社会公众能够获得必要的基本的公共服务,保证自身作为一个公民所应获得的基本权益,健康促进的建设亦是如此。由于地理位置的天然限制及区域经济的发展不协调,不可避免的导致各个地区的公众所获得的公共资源有所差异。因此,需要根据各个地区的具体情况,进行细化分类,有意识地进行政策倾斜,促进地区的公共事业的发展,比如离岛、偏乡地区的养老事业的建设,通过一系列科学的评估机制,确定各个地区的具体要求,保证相关区域的养老事业的发展,从而促进全地区的公共服务事业的整体化、均等化发展。对于大陆而言亦是如此,在满足社会公众基本需求的前提下,注重社会小众群体的需求也是不容忽视的,同时满足人们日益多样化的需求,提供与之相关的产品和服务,这是构建老龄友善社会的题中之意,仍需社会各界力量的共同努力。

第九章　提升福建省老年人口
生活状况的对策

21 世纪以来,特别是党的十八大以来,党中央、国务院高度重视老龄事业的发展,全国各级政府都积极采取一系列政策举措发展老龄事业。习近平于 2016 年对关于加强老龄工作发展老龄事业做出重要指示,强调有效应对我国人口老龄化,事关国家发展全局,事关亿万百姓福祉。人口老龄化是当下我国经济发展进程中面临的一大常态。福建省位于东南沿海地区,正处于全面建成小康社会的关键时期,在社会转型的新形势下,如何应对人口老龄化,提升福建老年人口生活与健康水平,考验着全省各级政府的智慧。

第一节　福建省老年人口发展趋势与主要特征

一、福建省老年人口发展趋势

福建省于 2001 年进入人口老龄化社会,老年人口的比重在逐年持续增长,截至 2015 年末,全省 60 岁以上的老年人占总人口的 13.41%,65 岁及以上的老年人占总人口的 8.45%,其中,女性老年人口数量多于男性老年人口[①]。

从表 9-1 与图 9-1 中可以看到,在 1990—2015 年期间福建省老年人口的比重在逐年持续增长,2015 年福建 60 岁以上男性老年人口比 1990 年的 3.68% 增长了 2.82 个百分点,女性老年人口比 1990 年的 4.34% 上升了 2.57 个百分点。福建女性老年人口数量多于男性老年人口,尤其 80 周岁以上的高龄段更加明显,这与全国的老年人性别与年龄分布情况一致。

---

① 福建省统计局福建统计年鉴(2016). http://www.s tats-fj.gov.cn/tongjinianjian/dz2016/index-cn.htm.

表 9-1 1990—2015 年福建省 60 周岁以上老年人口变动趋势

单位:%

年 份	性 别	年龄分组					合 计
		60～64 岁	65～69 岁	70～74 岁	75～79 岁	80 岁及以上	
1990	男	1.52	1.01	0.63	0.34	0.18	3.68
	女	1.43	1.09	0.81	0.56	0.45	4.34
	合 计	2.95	2.1	1.44	0.90	0.63	8.02
2000	男	1.52	1.26	0.96	0.53	0.33	4.6
	女	1.35	1.23	1.03	0.70	0.64	4.95
	合 计	2.87	2.49	1.99	1.23	0.97	9.55
2010	男	1.83	1.29	1.09	0.77	0.65	5.63
	女	1.69	1.18	1.07	0.87	0.98	5.79
	合 计	3.52	2.47	2.16	1.64	1.63	11.42
2014	男	2.31	1.48	1.05	0.81	0.68	6.33
	女	2.33	1.43	1.03	0.92	0.97	6.68
	合 计	4.64	2.91	2.08	1.73	1.65	13.01
2015	男	2.45	1.55	1.04	0.78	0.68	6.5
	女	2.51	1.52	1.04	0.87	0.97	6.91
	合 计	4.96	3.07	2.08	1.65	1.65	13.41

数据来源:福建省统计局福建统计年鉴(2016),http://www.stats-fj.gov.cn/tongjinianjian/dz2016/index-cn.htm。

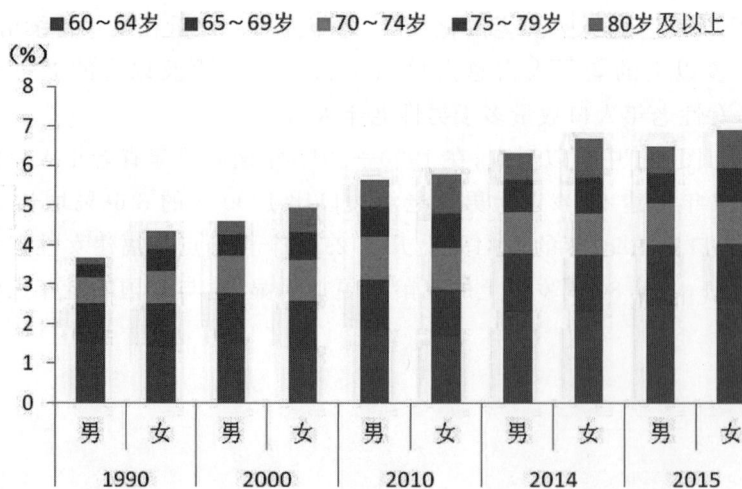

图 9-1 1990—2015 年福建省 60 周岁以上老年人口性别和年龄构成

二、福建省老年人口生活、健康、医疗、照护状况的主要特征

1.老年人口医疗卫生服务需求日益增长,城乡老年医疗卫生服务资源供给有待拓宽

随着经济的不断发展,医疗技术的不断进步,人口寿命的不断延长,整个社会的人口必将不断向老龄、高龄转变,在有限的资源下如何应对日益增加的老年人口成为当下必须要面对的一大问题。本次调查结果提示,只有13.62%老年人被调查员判断为"非常健康",42.62%的老年人被判断为比较健康,7.89%老年人被判断为比较不健康,1.63%的老年人被判断为非常不健康。而农村老年人被判断为"非常健康"及"比较健康"的比例为46.91%、小于非农业老年人口(后者比例大于60%)。大约有10%的老年人被判断为不能完全自理(含部分自理和完全不能自理)。同样,女性完全自理能力低于男性老年人,农业户口的老年人完全自理能力低于非农业户口老年人。在老年人的慢性病统计中,"75岁以下"老年人患慢性病的比例为29.9%,"75岁及以上"患慢性病比例为16.8%。老年人作为慢性疾病的高发群体,病后的康复治疗和护理是身体健康的重要保证,但是专业医疗服务、康复护理、精神卫生服务等领域的资源供给远不能够满足当下老年群体的需求。而且,当前城镇老年人所能拥有的卫生服务资源远远高于农村老年人。因此,随着我省老年人口日益增长的医疗卫生服务需求,城乡老年医疗卫生服务资源供给有待拓宽,打破城乡二元的格局。

2.慢性病是影响老年人口健康水平的主要原因之一,全省范围健康促进有待进一步加强

人口健康变化的简化路径:暴露风险因素→疾病或障碍→功能丧失→残障→死亡。有研究者利用欧美发达国家数据进行研究,结果提示由于康复医学进步及物质生活环境的改善等原因,人类生命历程中老年阶段功能丧失和残障的存活期得到延长[1]。另外,慢性病的高发率是造成老年阶段功能丧失和残障的主要原因之一。研究表明,全球疾病总负担的23%是用于60岁以上患有疾病的老年人,其中,老年人心血管疾病的花费比例为30.3%,恶性肿瘤所占比例为15.1%,慢性呼吸系统疾病所占比例为9.5%,肌肉骨骼疾病所占比例为7.5%,神经和精神障碍所占比例为6.6%[2]。可见,慢性病是影响老年人口健康水平的主要原因之一。研究表明,老年人口中大约只有25%的健康或功能性问题是由基因决定的,其余75%与不良健康行为的累积效应和整个生命过程中的不公平境遇呈现很强的关联性;健康促进与疾病预防等有效的干预措施,可以减低老年人口慢性病的患病率及残障率。因而,如何最大限度地让老年人拥有一个强壮的体魄是保证他们免受疾病侵扰的一大路径。根据统计数据可以发现,在每周锻炼次数中,乡村居民中从不锻炼老年人比例最高,占52.9%,而城市和城镇居民中从不锻炼的比例分别为24.7%和23.1%。造成这种局面的原因有多种,诸如老龄完善无障碍设施尚未建立起来、没有完善的体育设

---

① Chatterji S, Byles J, Cutler D, et al. 2015. Health, functioning, and disability in older adults——present status and future implications.Lancet;385;563-575;Published Online. November 6, 2014.

② Prince J, Wu F, Guo Y, et al. 2015. The burden of disease in older people and implications for health policy and practice. Lancet;385;549-562. Published Online November 6, 2014.

施、老年人自身不愿意锻炼、没有完备的健康教育指导等,因此需要社会各界力量参与到老年人健康促进的活动中来,依托完备的社会资源供给鼓励和支持老年人参与日常的健康锻炼,同时社区提供必要的专业的健康指导,保证老年人有一个更加健康的身体来面对晚年生活。

3.老年人的经济水平得到一定的提高,但其生活质量仍有待进一步改善

福建省作为东南沿海地区经济较为发达的省份,相对于其他省份来说,老年人拥有更多的经济来源及相对雄厚的经济实力,能够为自身的晚年生活提供更好的保障。本研究表明,不同人口学特征的老年人生活状况及生活环境存在统计学上的显著性差异。农业户口老年人的子女数量为3.8个,非农业户口的平均子女数为2.5个,本次受访老年人中每月领取养老金平均值为1 328.64元,标准差为1 620.19元,最低值为67.5元,最高值为10 000元。男性老年人每月的养老金(离退休金)平均是1 591.4元,女性老年人平均每月有1021.2元的养老金(离退休金)。"高中以下"文化程度的老年人每个月养老金(离退休金)的平均数额是817.7元,文化程度在"高中及以上"老年人平均每个月的养老金(离退休金)收入为3257.4元。另外,研究发现,老年人在储蓄、拥有房产等经济收支项目上都存在户籍与文化程度的关联性。在对于自身的经济状况的评价中,认为非常富裕的占1.8%,比较富裕的占19.6%,基本够用的占66.7%,但同时可以发现,认为自身经济状况比较困难的占10.7%,非常困难的占1.3%。但是,在被访老年人中,有92%的老年人报告了自己在过去一年内(2014年)内跌倒情况,其中,85岁及以上老年人2014年跌倒的比例最高,为18.6%,其次是80~84岁的老年人,比例是13.0%,60~64岁老年人2014年跌倒的比例最低,有4.8%。有656位老年人说明了自己生病后的处置措施情况;其中,有543位(82.8%)生病的老年人选择找医生看病,99位(15.1%)老年人选择自我治疗,只有14位(2.1%)老年人生病后未处置。有58%的老年人表示自己在过去一年内(2014年)体检过,42%的老年人2014年未曾体检。有95.7%的老年人没有购买商业健康保险,即购买商业健康保险的老年人比例仅有4.3%。在精神文化方面,在未来一年准备旅游的统计中,16.0%的老年人未来一年有旅游打算。综上,一方面反映出老年人在日常出行领域的局限性,另一方面反映出城乡老年人生活的差距,总体上老年人口健康生活质量还有待提升。

4.城乡养老待遇不平等统筹层次低下等问题依然,养老保障体系有待进一步完善

养老保障体系是老年人能够拥有一个有尊严有质量晚年生活的坚强后盾。全省90%左右的老年人享受了社会保障,5 280位被访老年人分别享受新型农村合作医疗保险(47.6%)、城镇职工基本医疗保险(34.0%)、城镇居民基本医疗保险(10.4%)。农业户口老年人享受医疗保障待遇的前三位分别是新型农村合作医疗保险(92.7%)、城镇居民基本医疗保险(4.6%)、城乡居民基本医疗保险(1.4%)。非农业户口老年人享受医疗保障待遇的前三位分别是城镇职工基本医疗保险(71.5%)、城镇居民基本医疗保险(16.8%)、公费医疗(9.3%)。统一居民户口享受医疗保障待遇的前三位分别是城镇职工基本医疗保险(55.2%)、新型农村合作医疗保险(23.3%)、城镇居民基本医疗保险(15.9%)。但是面对人口老龄化的不断加速,养老保障体系当中不适应时代发展的部分,诸如城乡养老待遇不平等、统筹层次低等问题依然存在。比如,就医保与报销问题,本调查结果提示有265位(5.4%)老年人认为医药费用报销比较不方便或很不方便,非农业户

口老年人认为医药费用报销比较不方便及很不方便的比例最低，只有 5.5％，但是农业户口老年人的比例远高于前者。另外，以老年人享受老年优待的情况为例，农村中44.2％的老年人未享受过老年优待，城镇中未享受过老年优待的比例为 24.1％，二者相差近 20 个百分点，农村老年人未享受过老年优待的比例远高于城镇老年人，而这些老年人优待包括免费体检、普通门诊挂号费减免、公共交通票价减免、博物馆与公共图书馆等公共文化场所门票减免等多个领域，切实影响老年人的晚年生活质量。所以，养老保障体系有待进一步完善，依然是我省今后老龄工作的重中之重。

5.老年人口日常衣食住行中潜在许多需求，老龄产业的发展势在必行

本研究的实证调查结果也提示了福建省老年人口对老龄产业的需求没有被释放，一方面是老年人口可支配收入的低下，另一方面是传统的消费观念在一定程度上限制了老龄产业需求的释放。比如大小便失禁的受访老年人中，只有约 20％使用了成人纸尿裤/护理垫。可以设想大小便失禁如果没有使用成人纸尿裤/护理垫，老年人的尊严将如何受打击！所以，政府有必要把老年人口的这种需求激发出来，一方面是有助于提高老年人生活质量与尊严，另一方面也能推动老龄产业的发展。老龄产业发展是一个面向公民老年期、以提供生活性老龄服务产品为主的生产部门和企业的集合体，它是老龄社会条件下一种新的业态，是老龄产业的重要组成部分，也是未来中国第三产业快速发展的新的增长点。当然，各级政府更要鼓励社会组织和民间资金投入来研发物美价廉的老龄产业的相关产品，这样更能激发老年人口的潜在需求。社会治理活动的顺利开展离不开社会各界力量积极参与其中，从而协同治理各项公共事务，老龄事业的建设更是如此。面对日益扩大的老龄人需求，诸如医疗卫生服务、老年人专项产品供给、生活照护护理等方面，迫切需要社会各个力量参与其中，扩大供给来源，从而有效解决供需不平衡的问题。同时，面对各个经济水平的老年人的不同需求，社会化资源的参与能够为老年人提供多元化的个性化的服务和产品，从而构建一个完善的老龄产业。在老年人照顾护理服务状况上，仍有一定比例的老年人无法进行日常生活中的吃饭、穿衣、上厕所、上下床、室内走动、洗澡等活动。同时，老年人对社区老龄服务如上门看病、上门做家务、助餐服务、康复护理、日间照护、心理咨询/聊天服务、健康教育服务、老年辅助用品租赁、助浴服务等需求基本上都无法得到正常满足，农村的情况更是突出。因此，如何挖掘社会各类资源参与老龄事业的建设，从而发展多元化、个性化的老龄产业值得深入探讨。

6.社区(村/居)基础设施、无障碍设施等数量有限，老龄友善社会/社区建设有待推进

世界卫生组织(WHO)在面对人口老龄化和城镇化发展的过程中，鼓励全球城镇化建设过程中不忽视老龄化规划，于 2005 年发起了"age-friendly city"(本文泛译为老年友善城市/社区建设)的全球性协作项目。该项目对 22 个国家中的 33 个城市展开实证研究(其中 14 个城市在发达国家，19 个在发展中国家)。我国的上海市也是其中 33 个实证样本之一。根据研究结果，WHO 于 2007 年发布了 *Global Age-friendly Cities：A Guide*(以下简称 *Guide*)(WHO，2007)。*Guide* 指出社区户外空间与建筑、交通、住房条件等领域要以老年人口视角进行考虑，进行无障碍设施的建设，目标为提升全球老年人口的健康水平及养老生活质量。本调查结果发现，我省老年人所居住的住房诸如居民设施简陋、房体老旧等问题各地均有存在，在现实生活当中极大地造成老年人在日常生活中的各种不

便。没有呼叫/报警设施、光线昏暗、厕所/浴室不好用、没有扶手等问题普遍存在于当前的老年人住房中。大部分城市社区使用燃气作为其炊事燃料,而在乡村地区,还有使用煤炭、沼气、柴草等燃料。在饮用水类型的调查中,大部分受访社区的饮用水类型为自来水(管道)和井水,其余如地表水和其他使用较少;但是下水道系统的调查中,没有下水道系统的社区占调查总体比为37.4%。可见,我省在下水道建设方面还存在一定的不足。在垃圾处理方式的调查中,大部分受访社区的垃圾处理模式为集中处理,但仍存有少部分"自行处理"的方式。在公共无障碍设施的分布情况中,有"清晰的标识"的占比21.8%;其次是"坡道"占比17.1%;最少的是"无障碍电梯"和"字幕提示和语音提示"仅占3.4%;可见,我省许多社区并没有公共无障碍设施,公共无障碍设施建设亟待加强,更广义上全省老龄友善社会/社区建设有待推进。

7.老年人精神文化生活得到一定的发展,但是老年人社会参与形式与参与度依然有待提高

随着逐渐步入老年社会,由于不适应当前的生活状态,老年人会产生与社会脱节的感觉,老年人往往觉得不适应当下的生活,从而可能产生消极的心理状态,而这样的心理状态无法让老年人积极地应对晚年生活,而必要的社会参与会让老年人重新认识到自我的价值,会以一种更加积极的心态面对晚年生活,参与到社会建设当中。在对老年人社会参与状况的统计中可以发现,主要参加的活动类型集中于看电视/听广播、散步/慢跑、读书/看报、种花养草、打麻将/打牌/下棋等相关活动。而在参加公益活动统计中,主要集中于帮助邻里、维护社区卫生环境、维护世界社会治安、协助调解邻里纠纷等,其中城镇老年人公益活动有帮助邻里(21.3%)、维护社区卫生环境(21.2%)、维护社区社会治安(10.8%)、都没有的为67.3%;农村老年人前三项公益活动有帮助邻里(32.7%)、维护社区卫生环境(20.8%)、协助调解邻里纠纷(16.9%)、都没有的占54.4%。可以发现,没有参与任何公益活动的老年人仍然占据很大的比例,参加老年协会的更是如此,平均占比为32.9%,城镇为26.8%,农村为34.9%。而在对于自我的提升方面,所占的比例更是少之又少,以参加老年大学为例,6.2%的老年人参加了老年大学,其中城镇为7.7%,农村为5.3%;在向社区提建议的统计中,只有13.7%的老年人向所在社区提过建议。可以看出,虽然老年人社会参与的形式多种多样,但是绝大多数老年人仍然没有参与其中,关于老年人再学习、再教育等更有质量和水平的活动形式,参与率更是少之又少。

第二节　福建省老龄事业发展的主要成效

一、福建各级老龄工作委员会的成立与发展

1989年10月福建省老龄工作委员会成立,之后,市、县(区)相继成立了老龄工作委员会。各级老龄工作部门在当地党委、政府和老龄委的领导下扎实工作,为我省老龄事业的发展奠定了坚实的基础。为贯彻《中共中央国务院关于加强老龄工作的决定》和第一次

全国老龄工作会议精神,2000 年 10 月 27 日,省政府印发了《关于组建新一届福建省老龄工作委员会的通知》(闽政〔2000〕文 363 号),决定组建新一届省老龄工作委员会,作为省政府主管老龄工作的议事协调机构,新一届老龄工作委员会由一名副省长任主任,省政府一位副秘书长和省委组织部、省民政厅、省劳动和社会保障厅等各单位的一位领导担任副主任,23 个成员单位的厅级领导为委员。2006 年 1 月成员单位增至 31 个。福建省老龄工作委员会办公室的具体职责是:贯彻落实党和国家有关老龄工作方针政策和省委、省政府的工作部署;宣传人口老龄化问题,弘扬敬老养老助老的传统美德,办好全省性老年报刊,推动社会各界关心和支持老龄事业;推动和协调有关部门实施老龄事业发展规划,建立和完善社会保障制度,兴办老年福利事业,宣传贯彻《老年法》和《福建省老年人保护条例》,维护老年人合法权益,做好老年思想政治工作,抓好老年教育,推动开展有利于老年人身心健康的各种活动;调查研究全省老龄事业发展状况和存在问题,开展老龄科学研究和老龄工作外事活动;指导、督促和检查全省老龄工作;指导老年群众组织的工作;负责与省老龄委成员单位的联络、沟通,做好服务工作。

福建省老龄工作委员会办公室的作用是"参谋助手,综合协调,督促检查"。主要是立足老龄事业的全局,面向整个老年群体,抓住普遍性难点、热点问题,深入实际调查研究,及时提出解决问题的意见建议,为领导决策当好参谋助手。依靠老龄委各成员单位和社会各界共同开展工作,主动协商,主动协调,主动服务,调动和凝聚各方面的力量,共同推动老龄事业的发展。对党委、政府和老龄委决定的重大事项,加强督促检查,加强跟踪指导,确保落实。

二、基于相关部门统计的福建省老龄服务事业发展成效

近十多年来福建省委、省政府高度重视老龄事业的发展,出台了许多政策并投入大量资金,助推老龄事业的发展。全省各级政府将养老工作纳入经济社会发展总体规划,全面推进养老服务体系建设。福建省比全国早两年实现城乡居民社会养老保险制度全覆盖,截至 2015 年 6 月,全省城镇基本养老保险参保人数 853.7 万人,新型农村社会养老保险参保人数 1 473.68 万人。此外,各地区和部门通过多种渠道筹集资金,兴办养老机构、社区居家养老服务中心(站)、敬老院、福利院、老年公寓、老年人活动中心等各类设施。全省建设了一套为保障老年人口的生活水平与经济社会发展水平相协调,以居家为基础、社区为依托、机构为支撑,功能完善、规模适度、覆盖城乡、布局合理、制度健全、管理规范、服务优良、监管到位的社会养老服务体系[①]。

现阶段全省共有养老机构 212 个,其中公办养老机构 84 个,民办养老机构 128 个。据福建民政厅及老龄委的数据,截至 2015 年 9 月底,全省共有城市社区居家养老服务中心(站)2 219 个,实现城市社区日间照护中心全覆盖;[②]农村社区居家养老服务中心5 330

---

① 福建省老龄网.http://www.fjll.gov.cn/web/news_1.asp? CatalogID=295&id=2165.

② 福建民政.http://www.fjsmzt.gov.cn/xxgk/zfxxgk/xxgkmu/gfxwj/shflfw/201608/t20160804_1206327.htm.

个,覆盖率为 37%。[①] 表 9-2 根据《福建统计年鉴(2016)》[②],展示了福建省 2010 年、2014 年、2015 年老龄事业涉及的项目及各项目对应的机构数量。如 2015 年全省老年医院有 42 所,老年活动站/中心/室数有 18 332 个,等等。

为保障老年人的权益,在全省 9 个地级市的 85 个县级行政单位内全部设立了法律援助中心,大量乡镇(街道)设有法律援助站,2015 年共有 1 306 个老年法律援助中心,各类维权协调组织数 2011 年 1 851 个。多数村(居)设有法律援助联络员,全省各类人民调解委员会 1.89 万个,形成了以法律援助机构为主导,社会团体、乡镇(街道)法律援助站积极参与,上下一致、纵横协调的老年人法律援助工作服务网络[③]。

表 9-2 福建省老龄事业发展情况

项 目	年 份		
	2010	2014	2015
老年维权			
老年法律援助中心(个)	891	1 013	1 306
维权协调组织数(个)	1 851	1 642	2 011
老年服务设施			
老年活动站/中心/室数(个)	15 166	17 035	18 332
老年福利			
享受高龄补贴的老年人数(人)	197 587	366 736	518 541
老年医疗护理机构			
老年医院(个)	38	55	42
# 床位数(张)	2 115	3 407	3 065
老年临终关怀医院(个)	6	41	33
# 床位数(张)	844	1 818	1 798
年底在院人数(人)	396	949	954
老年群众组织			
老年协会(个)	13 827	15 667	16 072
参加人数(人)	2 243 303	2 109 225	2 275 301
老年基金会(个)	470	356	261
事业投入经费(万元)	3 370	7 801	7 588

---

① 福建省老龄网.http://www.fjll.gov.cn/web/meida_1.asp? CatalogID=346&id=2365.

② 福建省统计局福建统计年鉴(2016).http://www.stats-fj.gov.cn/tongjinianjian/dz2016/index-cn.htm.

③ 福建省老龄网.http://www.fjll.gov.cn/web/news_1.asp? CatalogID=295&id=2165.

续表

项 目	年 份		
	2010	2014	2015
其他老年社团组织(个)	1 164	833	512
参加人数	261 839	251 672	247 984
老年教育			
老年大学个数(个)	11 268	11 731	12 032
在校人数(人)	592 429	924 290	1 041 805

数据来源:福建省统计局福建统计年鉴(2016),http://www.stats-fj.gov.cn/tongjinianjian/dz2016/index-cn.htm。

近年来福建省不断完善城镇"三无"(无劳动能力,无生活来源,无赡养人和抚养人,或者其赡养人和抚养人确无赡养和抚养能力)和农村"五保"老年人政府救助制度,对城市"三无"老人、农村"五保"老人,实行政府供养;对低收入、失能、失独、高龄和特殊困难老年人,由政府给予相应的福利保障[1]。同时,为满足农村"五保"供养对象的集中供养需求,全省已建成或已安排建设乡镇敬老院 861 所,约有床位 3.5 万张。[2] 为实现基本公共服务均等化,满足老年人基本服务需求,福建省大力推动老年社会福利由补缺型向适度普惠型转变,从省级层面建立统筹的高龄补贴的老年福利制度。截止到 2015 年 6 月,全省 84 个县(市、区)均建立了高龄津(补)贴制度,实现了这项制度的全省性覆盖。其中,建立 80 周岁及以上高龄津(补)贴制度的县(市、区)47 个,建立 90 周岁及以上高龄津(补)贴制度的县(市、区)36 个,建立 95 周岁及以上高龄津(补)贴制度 1 个区。全省 84 个县(市、区)实现 70 周岁及以上老年人免费乘坐公交车。此外,全省二级以上医疗机构开设老年人优待就诊窗口,对老年人实行挂号、就诊、取药、住院、收费等方面的优待服务;全省有 110 个 A 级旅游景区对老年人实行门票优待。[3]

此外,在福建省财政支持下,年满 60 周岁及以上省级非物质文化遗产项目代表性传承人从 2014 年起每人每年补助 3 000 元;在 2014 年全省还新建或修缮老年人体育活动场所 297 处,全省出版有关老年人图书 20 余种。截至 2015 年 10 月,全省共创办各类老年大学(学校)12 032 所,累计在校学员 104 余万人,占全省老年人口总数的 19.23%,建校率和老年人参学率均居全国前列;全省拥有老年人健身活动中心(室)9 259 座(间);老年体育活动场地 17 823 处;20 人以上的纳凉点 21 451 处;相对固定的集体广场群众性文化活动点近 2 000 处,常年参加活动的群众性文艺队伍 2 万多支,约 180 万人。[4]

---

[1] 福建民政.http://www.fjsmzt.gov.cn/xxgk/zfxxgk/xxgkmu/gfxwj/shflfw/201608/t20160804_1206318.htm.

[2] 福建省老龄网.http://www.fjll.gov.cn/web/meida_1.asp? CatalogID=346&id=2365.

[3] 福建省老龄网.http://www.fjll.gov.cn/web/news_1.asp? CatalogID=295&id=2165.

[4] 福建省老龄网.http://www.fjll.gov.cn/web/news_1.asp? CatalogID=295&id=2165.

三、基于本次调查数据的福建省老龄事业发展成效

第四次中国城乡老年人生活状况抽样调查的福建省部分,在 11 个县级行政单位数中,按照县、县级市与市辖区又进行了随机抽样,一共抽取了 176 个村或社区作为调查地区,针对每一个个村或社区进行了相关内容的调查。参见附件中社区(村/居)的调查问卷。

1.社区(村/居)养老机构、医疗、文体设施情况

调查一共抽取了 176 个作为样本。176 个受访村或社区都报告了养老设施基本情况。其中 46 个(26%)受访社区有"社区日间照护中心",20 个(11.3%)受访社区有"养老机构(敬老院/福利院/光荣院等)",111 个(62.7%)受访社区既没有养老机构也没有社区日间照护中心(图 9-2)。

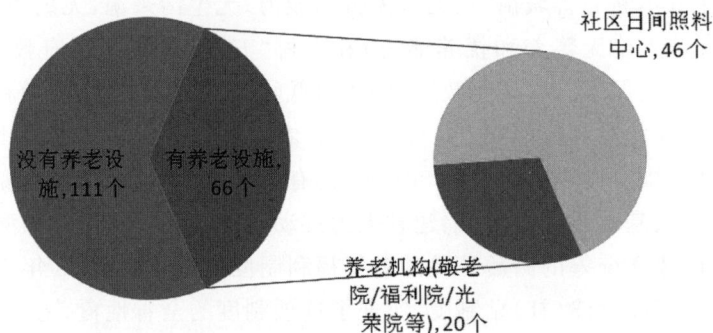

图 9-2 受访社区(村/居)拥有养老设施的情况

有关医疗卫生机构,在受访社区中,拥有诊所的社区最多,占比达到 30.0%;其次是药店,占 27.7%;然后是社区卫生服务中心/站,占 21.1%。依然有少数(1.3%)受访社区(村/居)内没有任何医疗卫生机构(图 9-3)。

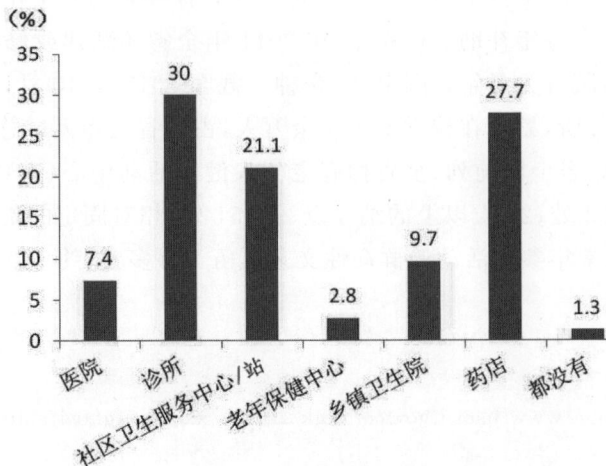

图 9-3 受访社区(村/居)拥有医疗卫生机构的分布情况

受访社区中,22.3%的社区拥有老年活动中心/站,包括老年星光之家、农村幸福大院等;有室内活动场所,如棋牌活动室、乒乓球、台球场地等的社区占20.7%,拥有露天健身器材场地,如乒乓球场地、台球场地、篮球场地等的社区也达到了19.6%(图9-4)。

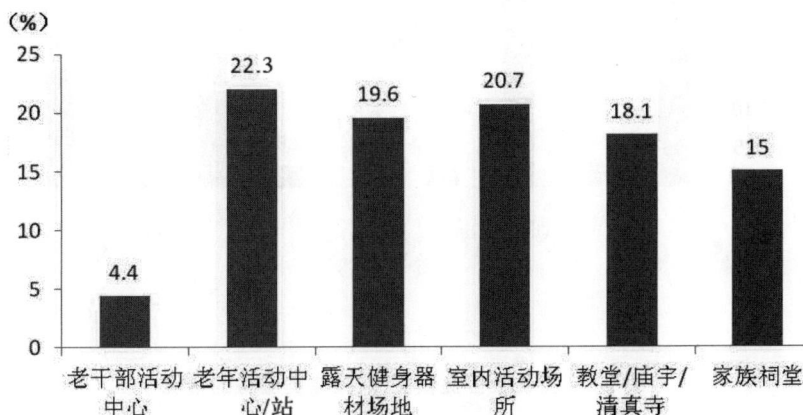

图9-4 受访社区(村/居)拥有文体设施的情况

2.社区(村/居)的养老(生活)服务供给情况

如表9-3所示,受访社区提供最多的是便民服务,包括代缴费/充值、快递服务等,占29.0%;其次是"法律/维权服务"和"殡葬服务",分别占15.7%和14.1%。9.1%的社区没有提供任何一种生活服务。有关社区提供医疗、康复类服务的情况如图9-5所示,"健康讲座"最多,占29.3%,其次是"上门看病",占比20.7%,"都没有"的比例为16%。

表9-3 受访社区提供各类生活服务的情况

生活服务	频 数	百分比(%)
老年餐桌	23	6.4
家政服务	39	10.8
陪同购物	5	1.4
便民服务(代缴费/充值、快递服务等)	105	29.0
托老服务(日间照护中心/站)	39	10.8
理财服务	8	2.2
法律/维权服务	57	15.7
老年婚介服务	2	0.6
殡葬服务	51	14.1
都没有	33	9.1
总　计	362	100

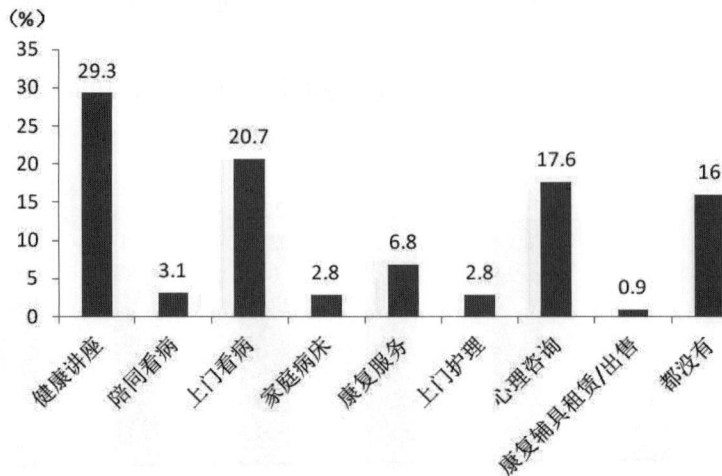

图 9-5　受访社区提供医疗、康复类服务的情况

3.社区文化娱乐活动情况

31.2％的社区提供棋牌娱乐等活动，27.6％的社区提供读书看报服务，2.7％的社区不提供任何文化娱乐、社会参与服务（图 9-6）。

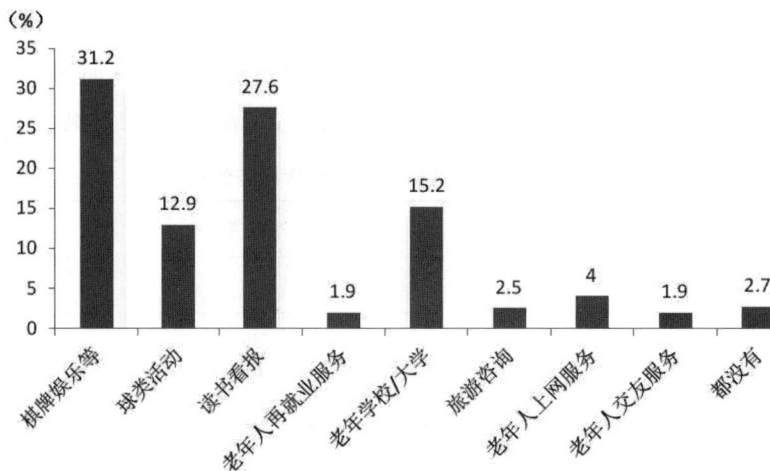

图 9-6　受访社区提供文化娱乐、社会参与服务的情况

综上，基于各部门统计的福建省老龄服务事业发展情况，以及基于本调研数据分析结果的福建省老龄服务事业发展情况，可以看出福建省老龄服务事业发展取得可喜的成效，全省比全国早两年实现城乡居民社会养老保险制度全覆盖，全省以居家为基础、社区为依托、机构为支撑的社会养老服务体系基本健全。但是由于庞大老年人口日益增长的需求，同时随着我国社会经济文化水平的不断提升，想要建设一套为保障老年人口的生活水平与经济社会发展水平相协调，功能完善、覆盖城乡、布局合理、制度健全、管理规范、服务优良、监管到位的社会养老服务体系。但是，"万里长征还在路上"，我省老龄事业仍有很大的空间需要进一步发展。

四、福建老龄事业相关的政策回顾

为规范有序地促进福建省老龄事业的发展,从 1990 年至今,在福建省老龄工作委员会的牵头下福建省出台了一系列有关老龄事业的条例、规定、意见、通知,相关政策的协同推进对我省形成一个覆盖城乡、布局合理、制度完善、管理规范、服务优良的老龄事业管理服务体系有极大助益。从 1990 年以来,有关福建省老龄事业的政策举措从老年人需求低阶到高阶的发展逻辑大致可以分为三类:①与老年人保护相关的政策举措;②与老年人优待相关的政策举措;③与老年人服务相关的政策举措。

1.老年人保护、老年优待等相关政策

1990 年 10 月 26 日福建省第七届人民代表大会常务委员会第十七次会议通过的《福建省老年人保护条例》对老年人保护的受众、基本原则、大致方面做了简要说明;明确规定了在家庭生活中赡养人对老年人的保护义务和老年人享有的权利,从而确定了如何进行老年人的家庭保护;从社会保护的角度,《福建省老年人保护条例》规定了政府各部门、企事业单位、基层群众自治组织在老年人保护中应承担的责任和注意事项;同时,该条例也明确了各部门、组织、团体在老年人保护中的管理责任并规定了相关奖励处罚措施的适用范围。

与老年人优待相关的政策举措主要有 2002 年颁布的《福建省优待老年人若干规定》和 2014 年的《关于进一步加强老年人优待工作的意见》。《福建省优待老年人若干规定》从医疗保健、公共交通、文化服务等 11 个方面大致罗列了老年人所享有的优待权利,《关于进一步加强老年人优待工作的意见》则从细节入手,进一步完善和细化老年人优待工作。首先,该意见明确指出要扩大优待服务的覆盖面,提高老年人优待的整体水平;其次,从政务服务优待、卫生保健优待、生活服务与交通出行优待、商业服务与文体休闲优待、维权服务优待五个方面细化了优待对象和项目;最后,该意见从管理协调、经费支撑、检查监督三个层次进行保障、保证老年人优待工作的全面落实。

2012 年到 2014 年福建省人民政府和民政厅相继发布了相关的通知和实施意见,旨在全面推进福建省老龄服务业的发展。2012 年发布的《福建省人民政府关于加快社会养老服务体系建设的意见》提出福建省要在 2015 年基本形成社会养老服务体系,并从社区养老服务基础设施、社会养老服务规范化、社会养老信息化、促进社会养老服务业发展、培育养老服务人才队伍等方面进行了任务部署,同时也实行了相应的保障措施。同年,《福建省人民政府办公厅转发省民政厅等部门关于支持社会力量兴办养老服务机构实施意见的通知》说明了支持社会力量兴办养老机构的总体要求,明确了民办养老机构的具体类型,同时对开办民办养老机构进行了全流程的管理,并从用地、收费、补贴、融资等方面对民办养老服务机构进行扶持。2014 年《福建省人民政府关于加快发展养老服务业的实施意见》强调了加快养老服务业的重点任务,从用地、税收、补贴、投融资、市场监督方面进行政策保障,同时,对各单位进行重点任务责任分工,力求到 2020 年,全面建成以居家为基础、社区为依托、机构为支撑的覆盖城乡的养老服务体系。

福建省老龄事业的发展状况与相关政策举措的推行息息相关。一方面,相关政策举措的实施有力促进了老龄事业的发展;另一方面,随着经济社会的发展,人口老龄化的到来,相关政策也处在不断调整适应的过程中。从 1990 年至今,福建省的老龄事业政策大致呈现以下四个变化趋势：①相关政策举措更加注重老年人发展服务需求，为老年人提供更个性化的服务；②日益强调社会力量在提供老年服务的重要作用；③相关政策往往通过配套举措保障落实；④更加明确相关任务举措的主体责任。

2.养老服务等相关政策

国家产业政策的制定和完善是带动老龄产业的最主要和最基本的要素。产业的健康发展离不开有效的政策对其进行保障，好比"行军打仗，粮草先行"。有效的政策建设好比"粮草"，既要应运而生，又要先行一步，从而为老龄产业的健康发展提供必要的制度保障。2000年"全国老龄工作会议"提出了发展老龄产业的指导思想、原则。2013年11月十八届三中全会通过《中共中央关于全面深化改革若干重大问题的决定》（以下简称《决定》），《决定》要求"积极应对人口老龄化，加快建立社会养老服务体系和发展老年服务产业"。[①] 同年，国务院出台《国务院关于加快发展养老服务业的若干意见》（国发〔2013〕35号）对我国养老服务业的发展作了全面部署，提出为了充分发挥市场在资源配置中的决定性作用和更好地发挥政府作用，逐步使社会力量成为发展养老服务业的主体，鼓励民间资本参与养老服务业发展。

在此之后福建省各级政府及其有关部门先后出台了50余份促进养老服务业发展的文件。2014年11月，福建省民政厅制定了《福建省养老服务机构等级评定办法（试行）》（以下简称《办法》），采用星级制，将全省养老服务机构从高到低评为五星级、四星级、三星级、二星级四个等级。《办法》明确规定将政府设立的养老机构及社会力量设立的营利性或非营利性的养老机构纳入等级评定范围。[②] 这一评定办法的出台将有利于促进营利性养老机构与公立医院的良性竞争，推动市场化的养老机构的发展。同年，福建省人社厅出台《关于福建省省本级城镇基本医疗保险定点服务机构资格认定有关问题的补充通知》[闽人社文（2014）314号]，明确取消包括养老机构设置医疗机构在内的医疗机构纳入城镇医保定点必须满一年的准入条件，取消定点医疗机构选址间距的要求等。同时，各级医疗保险管理部门及时将符合条件的养老机构设置的医疗机构，纳入城镇基本医疗保险定点范围，签署服务协议，按规定执行统一的医保管理政策，并开通医保信息系统，实现诊疗就医即时刷卡结算服务。[③]

尤其是2015年福建省由发改委牵头制定出台《福建省加快推进健康与养老服务工程建设行动计划（2015—2020）》，该计划要求"依托福建丰富的山水旅游资源，合理规划布局、引导社会资本建设一批集养老、医疗、保健、娱乐、休闲于一体的养老公寓，推动形成一批具有知名品牌和较强竞争力的养老机构，满足广大群众个性化、多样化的养老服务需求"。该计划还进一步提出至2020年养老服务建设的主要目标和工程任务，重点实施社区老年人日间照护中心、老年养老护院、养老公寓、农村养老服务设施等工程。[④] 这一计

---

① 中共中央关于全面深化改革若干重大问题的决定. http://news.xinhuanet.com/2013-11/15/c_118164235.htm.

② 全国老龄工作委员会办公室，福建省全面推行养老服务机构等级评定. 2014-11-28. http://www.cncaprc.gov.cn/contents/792/166413.html.

③ 方少雄. 在2015年老年节新闻通气会上的讲话. 2015年10月20日.http://www.fjll.gov.cn/web/news_1.asp? CatalogID=295&id=2165.

④ 方少雄. 在2015年老年节新闻通气会上的讲话. 2015年10月20日.http://www.fjll.gov.cn/web/news_1.asp? CatalogID=295&id=2165.

划旨在打造福建省老龄服务业一套完整的产业链,在一定程度上弥补了长期以来福建省老龄产业政策的缺失。

2015 年 3 月各地转发民政部等 10 部委关于鼓励民间资本参与养老服务业发展意见,明确鼓励民间资本参与居家、社区、机构养老服务,支持民间资本参与养老产业发展,并进一步完善医养结合、投融资、税费优惠、人才和用地保障政策。福建省财政厅牵头制定出台《福建省财政支持社会组织参与社会服务项目资金管理办法》,通过政府购买服务方式,安排 2 400 万元专项资金,支持社会组织开展养老服务等项目。另外,省级财政下达专项资金 10 878 万元,开展社会福利中心和农村幸福院建设,实施非营利性民办养老机构一次性开办补助和床位运营补贴。①

福建省住建厅牵头开展养老设施配置和建设标准研究,出台《福建省城乡养老服务设施规划及配置导则(试行)》,明确在编制城市总体规划、控制性详细规划时,按照人均用地不少于 0.1 平方米的标准,分市、区、街道、社区四个等级配置不同的设施和建设规模。凡新建城区和新建居住(小)区,要按标准配套建设养老服务设施,并与住宅同步规划、同步建设、同步验收、同步交付使用,按每百户不少于 20 平方米的标准配套建设社区居家养老服务用房。老城区和已建成居住小区应按每百房不少于 15 平方米的标准,通过购置、置换、租赁等方式调剂解决社区居家养老服务用房。②

随着各种养老服务等政策的不断出台,以及各级政府不断作为下,投身到老龄产业的社会组织或个体在逐年增多。如在政府“以公建民营为突破口,鼓励民间资本通过租赁、承包、委托运营、合资合作、输出管理或服务等方式,参与公建养老机构的运营、管理”政策的指导下,截至 2015 年,福建省共有 41 家社会福利中心、乡镇敬老院实行公建民营。③截至 2015 年 9 月底,全省共有民办养老机构 266 个。如图 9-7 所示,虽然 9 个地级市中都有一定的养老机构数量,但是分布严重不均,如全省中福州、厦门的民办养老机构数量最多,都为 27 个,而漳州市民办养老机构数量为 1 个,泉州、宁德的为 4 个。这提示可能不仅与地方的经济水平有关,同时也与各地方的老龄产业政策的落实力度有关。

资金是老龄产业发展的资本。2014 年以来,福建省搭建起了“政银企”对接平台,为福建省老龄产业重大项目的融资建立对接平台与长效机制,为老龄产业重大项目和重点领域工程提供了多元化、可持续的资金保障。2015 年 5 月,福建省召开健康与养老服务业重点项目融资对接会,55 个前期工作比较成熟、项目资本金基本到位、融资需求比较迫切的项目参加此次对接会,项目总投资 205 亿元,融资需求 105 亿元。④

对福建省而言,一个重要优势就是与台湾经济发展的联系密切。众所周知,台湾的老

---

① 方少雄. 在 2015 年老年节新闻通气会上的讲话. 2015 年 10 月 20 日.http://www.fjll.gov.cn/web/news_1.asp? CatalogID=295&id=2165.

② 方少雄. 在 2015 年老年节新闻通气会上的讲话. 2015 年 10 月 20 日.http://www.fjll.gov.cn/web/news_1.asp? CatalogID=295&id=2165.

③ 方少雄. 在 2015 年老年节新闻通气会上的讲话. 2015 年 10 月 20 日.http://www.fjll.gov.cn/web/news_1.asp? CatalogID=295&id=2165.

④ 全国老龄工作委员会办公室,福建省健康与养老服务业重点项目融资对接会召开,2015-5-6.http://www.cncaprc.gov.cn/contents/20/77795.html.

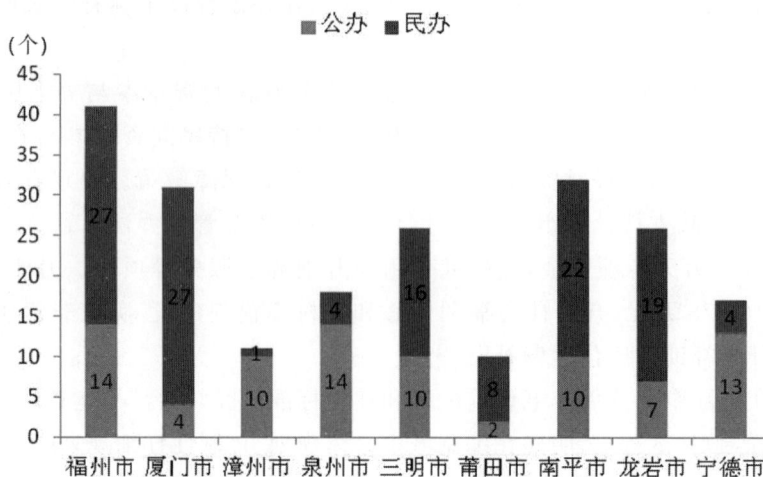

图 9-7　福建省 2015 年省 9 个地级市公办与民办养老机构分布

龄产业已经发展到一个较高的水平,因此,福建省充分利用了这种地理和经济联系上的优势,积极引进台湾相关企业,布局老龄产业的发展。2016 年 6 月,2016 海峡两岸(厦门)老龄产业博览会在厦门开幕。博览会吸引了海峡两岸 140 多家涉老企业参展,展区面积 1 万平方米。整个展馆分四个展区和一个海峡两岸养老产业主题馆,涵盖养老地产、养老金融、养老机构、健康管理机构、康复医疗、生活护理、养生保健等领域。①

　　"互联网＋养老"模式近年也在福建开始了试点。例如,总部设在福建自贸区福州片区的福建支储宝电子商务科技股份有限公司,在"大众创业、万众创新"的浪潮中探索"医养结合",创新养老模式。②厦门市佳音在线股份公司也在厦门推行一键呼叫救护老人定位服务,即 365 天 24 小时的生活管家式"互联网＋养老"模式。同时,该公司正在向市场推广老年人专用智能手环和 APP 客户端,提供一键呼叫生活管理服务。③

　　提高老年人抵御疾病风险能力,商业保险被认为是可以发挥作用的"社会稳定器"。2016 年 9 月太平洋寿险福建分公司推出了一款老年人专属的"爱心工程"保险产品,并启动暨"为老年人办实事"承诺签约仪式,郑重承诺以爱心赠险的方式为全省(除厦门外)"三无"老人革命老红军、特困、孤寡以及百岁老人等提供 4000 万元意外伤害保障,设立太平洋寿险福建分公司敬老爱老关怀基金,并成立志愿者服务队伍,为全省特困、孤寡老年人提供服务。④

　　福建省老龄产业在举办养老机构、推出老龄服务、老龄金融与智慧养老等方面已有一

---

①　2016 海峡两岸(厦门)老龄产业博览会开幕,2016-6-17. http://news. xinhuanet. com/gongyi/yanglao/2016-06/17/c_129071360.htm.

②　福建日报记者郭斌.我省养老产业试水医养结合.2016-10-29.http://www.fjll.gov.cn/web/mei-da_1.asp? catalogid＝346&id＝2577.

③　全国老龄工作委员会办公室,互联网＋养老将在厦门试点,2015-6-2. http://www.cncaprc.gov.cn/contents/20/78779.html.

④　太平洋寿险福建分公司开展形式多样敬老服务活动.http://www.fjll.gov.cn/web/news_1.asp? catalogid＝294&id＝2618.

些新的进展,但是总体上老龄产业的数量少得可怜,产业所涉及的领域也很有限,距离广大老年人衣食住行等各方面需求还相差甚远。可见,如何发展福建省老龄产业有着迫切的时代需求,必须深入探讨与加强研究。总体而言,近几年福建省扶持老龄产业的政策力度在不断加强。

第三节 福建省老龄事业发展的困境及其原因探讨

一、现阶段社区养老照护供需失衡

WHO 提到"政策和准则制定者及保健提供者意识到老年人口的需求和贡献,就将能够制定更为有效的干预措施,包括使老年人口在突发状况的各个阶段能够公平获得基本卫生和社会服务。"[①]人口老龄化对社会经济及医疗卫生体系的影响是复杂的。我国现阶段 65 岁以上老年人的健康问题日益凸显,现实中对老年人口的照护供给率均低于 10%,与老年人口的需求(约 60%)之间还存在着巨大的落差。就福建省总体上分析,福建省养老照护需求日益攀升,但是供给严重不足的情况。老年人对社区养老照护需求较强烈的可能原因:首先是不良健康行为较多,导致老年人健康状况不尽人意,产生对健康照护的需求意愿增强;其次是家庭照护资源减少,现代核心家庭一般是独生子女,缺少家庭成员照护;最后是独居、空巢、高龄、失能、失智老年人增多,导致一方面老年人对长期的照护需求不断增加,另一方面,种种人口社会学上的原因导致家庭照护能力下降。

有关老年人照护供给不足的原因,研究发现:社区养老照护事业中,预算不足、技术低效、分配低效。预算不足的原因有地方政府缺少对老龄事业的认知,对老龄事业的投入不足,或者虽然地方政府认识到老龄事业的重要性,但由于遭受财政赤字而无法投入等;技术低效的原因有医护人员专业技术能力不高,或缺乏专业护理设备,或养老机构管理者经验不足等;配置低效的原因很明显是基层医疗卫生服务资源不足,政府在三级医疗卫生服务网的建构上还有待于进一步优化,以满足人口老龄化对基层医疗、养老照护的大量需求;目前基层医务工作者数量明显缺乏,尤其专业照护人员可谓匮乏;另外,地区之间还存在明显的差异,经济发达地区与欠发达地区、城市与乡村之间、大城市与小城镇之间医疗卫生资源配置明显不均衡。再者,社区养老的供给与需求之间也存在着密切的相互关系,老年人需求不足无法拉动供给,带来社区养老照护供给不足。这里的需求指满足两个条件:一为消费者有购买愿望;二为消费者有支付能力。有需求意愿如果不购买就不算是需求,就不能促进供给的产生。导致老年人有养老照护的需求意愿但没有实际需求的原因,可能是潜在的需求未被挖掘,如针对失能失智老年人的长期高质量照护需求,一般存在价格障碍,由于老年人的经济状况一般不很好,要维持长期自费的购买养老照护服务,没有

---

① 2012 年世界卫生日:健康有益长寿 重新思考"老年"的传统定义.http://www.who.int/ageing/projects/emergencies/zh/.

经济的可持续性;当然,社区养老供给不足又进一步催生老年人需求不足,老年人对现有养老照护服务的质量不满也会导致购买总量低下。在这种情况下,供给与需求没有形成一个良好的催动机制,也就导致了供需不平衡的出现(图 9-8)。

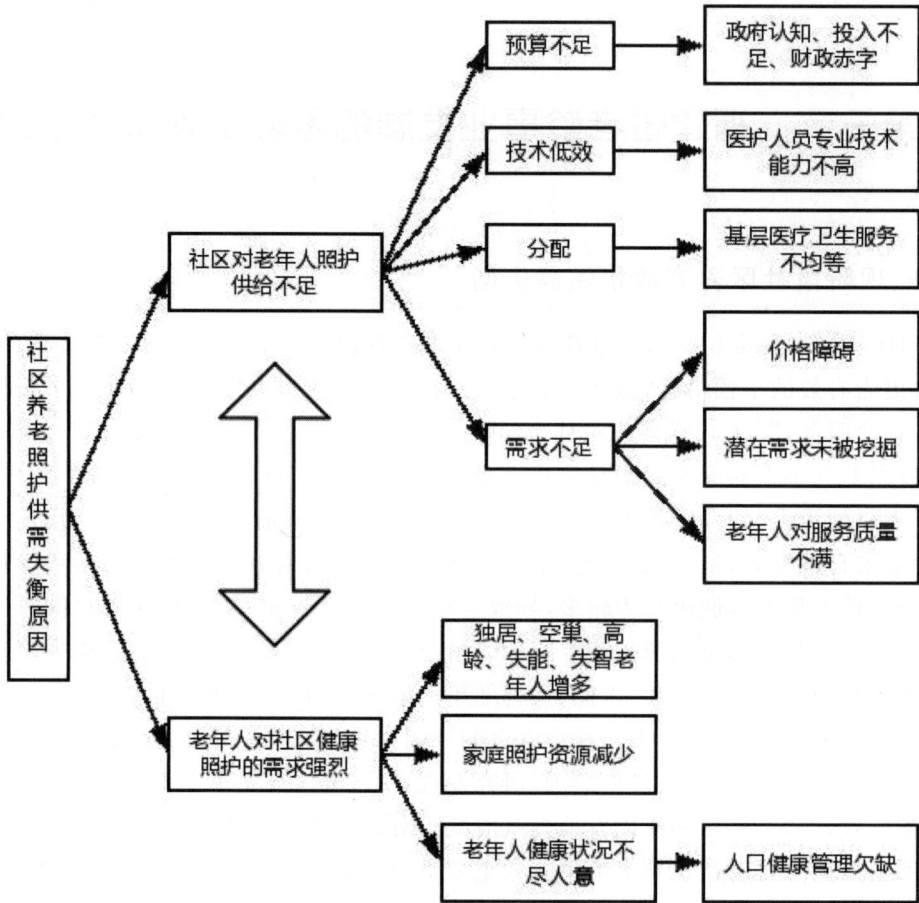

图 9-8　福建现阶段社区养老照护供需失衡原因分析

二、照护人力资源尤其专业人才严重匮乏

社区养老照护服务更多的是属于一种"服务行业",可以说人力资源是所有照护资源中第一宝贵的,是社区养老照护的基础。目前我国潜在养老护理员的需求在 1000 万左右,但目前全国取得职业资格的仅有几万人[①]。照护服务人员无论从数量还是质量方面都不能满足当前城乡老年人的照护服务需求。福建省的情况与全国一样,当前的居家照护服务人员很多没有经过老年照护方面的职业训练,一般仅能提供生活照护,且几乎不签订规范的劳动合同,难以保证提供充足、专业的照护服务。独居老年人、空巢老年人起居照护、日常购物、精神慰藉、聊天解闷、组织社会和娱乐活动的需求都难以满足。但是,社区为老年人所提供的服务比例却极其有限。这说明针对老年人较为迫切需要的服务的供

---

① 窦玉沛.民政部:着力加快建立健全社会养老服务体系[J].社会福利,2010(11).

给水平还较低,且服务水平较低的多集中在专业性不高、人工成本较高的方面,例如起居照护和日常购物。这与社区照护还没有形成专业的体系、缺少专业人才有关。

很多地方的养老照护事业中,一是缺乏专职人员负责居家养老服务工作,二是缺少专业照护人才。现有社区长期照护服务人员的来源不足,居家养老工作多数是居委会兼职人员,没有人员专职负责,所以难以对社区的居家养老工作有全盘考虑和规划,只能是忙于应付上级布置的工作;同时缺少专业照护人才,养老服务质量就无法保证,照护服务人员队伍不稳定。这主要由于老年人长期照护服务工作责任性大、风险高,但工资福利待遇低、社会地位低,所以很多人不愿意从事该项工作。只有建立了与服务从业人员的高风险、大责任相对应的较高工资福利待遇才能满足高质量的照护,只有较高的工资福利待遇才能促进高素质与技能养老照护从业人员队伍的发展。只有这样,才能从根本上解决人员不足的问题,真正实现养老照护服务从业人员的专业化和职业化。

此外,人力资源不足还带来了一些弊端。很多养老机构由于缺乏具备专业技术的照护人员,因此更希望接收一些有一定生活自理能力的老年人,而不太愿意接受那些完全没有自理能力的老年人;另一方面即使有专业技术的照护人员,其收取的费用也是相当高昂的。这样就出现了养老机构"有钱的老年人不愿住,没钱的老年人住不起"的困局。随着人口老龄化的不断发展,社会保障的覆盖体系不断扩大,养老服务对象不断增多,社区养老保障人力资源队伍建设工作日益重要。因此,如何建立专业化、高素质的照护服务人员队伍,是当前老年照护服务事业发展壮大的主要课题。

三、基层为老服务资源未形成真正的合力

老年人口疾病的特点是以慢性病为主,需要长期治疗、康复、照护。病情稳定的老年人如果长期在大医院住院治疗,既浪费大医院的优质资源,又加重老年人的经济负担。

改革开放后,全国医疗卫生领域凸显出重重矛盾,卫生资源集中在城市大医院(三级医疗机构),高、精、尖设备在数量规模上已接近或达到发达国家水平;与此同时,城市基层医疗卫生服务明显滞后,设备陈旧,优秀医疗卫生人员"养不住",效益"入不敷出",发展举步维艰。结果,导致居民看小伤小病也不去基层医疗机构,而是纷纷涌到大医院。另外,卫生体制的改革过程中过多地运用市场手段,导致卫生资源配置的非均衡,主要表现为城乡失衡、农村卫生、基层卫生、基层公共卫生没有有效发展起来,加剧了相对性看病难。[①]

---

① 看病难是指病人看病就医要走很远的路、花费大量的时间、耗费很大的心血,才能来到比较满意的医院或看上比较认可的好医生。用卫生经济学的概念表示,看病难就是看病就医的地理可及性较差。从成因及表现形式看,看病难可分为两种:第一种是绝对性看病难,第二种是相对性看病难。绝对性看病难主要是指某一特定范围(就医半径)内医疗需求相对正常,医疗供给完全或者部分缺乏,导致患者的需求难以得到满足。这是由于医疗资源绝对不足造成的看病难,是因缺医少药而无法满足基本医疗卫生服务需求的看病难。新中国成立60多年来,特别是改革开放以来,我国卫生事业取得了显著成就,覆盖城乡的医药卫生服务体系基本形成,现在这种看病难往往发生在中西部经济落后、交通不便、地广人稀的偏远农村地区。目前大部分地区看病难是属于相对性看病难。主要表现为在就医半径内总体医疗卫生服务的供求基本平衡,但是医疗卫生服务结构性供求失衡。赵云. 新医改形势下看病难、看病贵的表现形式、根源与对策[J].中国卫生资源,2010(6).

20世纪90年代末社区卫生服务引入我国,但是,由于政府对基层医疗卫生机构的投入有限,导致基层医疗卫生机构在设施上、人才培养上发展缓慢,使得缓解居民"看病难""看病贵"的作用有限。所以还是很多地方"累死大医院,闲死小医院"。然而,现实中老年人在白内障、青光眼、高血压、糖尿病、关节炎等方面疾病高发,老年人在上门看病送药等需求不断提升,但是现实中存在有需求并且也有一定能力购买服务,但没有资源供给的情况。如果基层社区卫生服务中心(站)有充足的医疗人力资源,创建更多家庭病床、康复或照护服务,并落实与大医院的双向转诊机制,则完全可以胜任老年人群健康照护的任务,因为对于老年群体而言,在病情更稳定的情况下,熟悉的社区照护要比医院更有亲和力。但是目前我省大部分社区供给无法满足老年人的上门服务等需求。

目前在我省很多城市的全科医生的工作职责中,对本社区老年人建立健康档案是一份很重要的工作,如果能够将社区卫生服务中心(站)与民政部门主管城市居家养老服务中心或社区养老院等联动协作起来,在资源的利用上形成真正的合力,整合为老服务的实体和民间组织,为老年人、服务组织、市场之间形成有效对接,老年人需求与其可利用资源间形成有效的充分联动协调,那么,基层养老照护工作一定会更加顺畅,更有条件满足老年人照护、医疗等需求。

总之,基层社区中尚未见能够统筹协调的满足老年人口在经济、健康、生活及精神照护等方面的需求的机构或组织。基层医疗卫生服务中心以及社区居家养老服务中心缺乏资源整合与联动协调,所以没有发挥应有的作用;同时老年人口的专职或专业照护人员严重不足;基层为老服务的资金保障不健全等问题,制约了基层养老照护服务可持续发展的进程。另外,医疗费用持续增长,使老年人口疾病负担沉重。

概而言之,目前缺乏对老年人口长期养老照护事业的总体制度设计。

四、老年人口总体经济水平低下但疾病负担不断加重

养老照护费用涵盖了医疗健康照护的费用,老年人口是慢性病的高发人群。所谓慢性病是指不构成传染、具有长期积累形成疾病形态损害的疾病的总称。慢性病会导致巨大危害,一旦防治不及,会造成经济、生命等方面危害。慢性病需要长期稳定的治疗。然而长期治疗对大部分老年人来说无疑加重了其经济负担,虽然自2009年新医改后,我国医疗费用过快增长趋势基本得到控制[①],但是如前文分析提到我省老年人口医疗费用依然逐年呈现增长趋势,同时农村老年人口自费医疗购药的费用大于非农村老年人口。可见,老年人口慢性病高发医疗费用持续增长,老年人口尤其农村老年人口的经济负担沉重。

老年人口疾病负担不断加重,这不但对老年人个体产生影响,对社会、经济等都产生巨大影响。顾大男[②]的研究发现,及时就医对老年人健康有非常重要的影响。如果必要的医疗需求得不到满足,将会阻碍老年人健康状况的维护,这可能导致恶性循环,加剧老

---

① 第四次国家卫生服务调查主要结果. http://www.moh.gov.cn/publicfiles/business/htmlfiles/mohbgt/s3582/200902/39201.htm.

② 顾大男.中国高龄老人就医及时性状况研究[J].人口学刊,2002(3).

年人的医疗服务和疾病负担①。有研究②表明我国老年人口的医疗有效需求受限比较明显，广覆盖低保障的合作医疗和贫困补助能够在一定程度上减少老年人家庭医疗费用自付比重，但对老年人及时就医、医疗总费用以及家庭医疗支出的影响没有统计显著性。还有研究③根据中国的老龄化趋势预测，在医疗服务价格不变的情况下，随着老年人口数量的逐年攀升，人口老龄化导致医疗费用负担每年将以 1.54％ 的速度递增，若时间过了 10 年，则因人口老龄化造成的医疗费用负担将增加 15.4％。据世界银行的一份报告显示，美国三分之一的医疗支出用于 65 岁以上老年人；澳大利亚 60 岁以上老年人的人均健康支出是 15 岁以下人口人均支出的 6 倍；在日本，老年人医疗费用是其他人群的 5 倍，50％ 的国民医疗费用于老年人④。近几年我国老年人医疗卫生消费支出的压力越来越大，老年人消费的医疗卫生资源一般是其他人群的 3～5 倍，人口老龄化必将生产高额医疗费用，必将对我国现行的医疗保障体系产生严峻挑战。

另外，人口老龄化必然给我国的经济、社会、政治、文化等方面的发展带来深刻影响，庞大老年群体的养老需求的压力也越来越大。在我国进入 21 世纪以来，养老保障的负担日益沉重，中国基本养老保险的支出总额逐年攀升，离休、退休、退职费用也呈现连年猛增的趋势。政府、企业、社会都已经感到养老保障方面的压力。⑤

所以，从上述分析中可以看到我省乃至我国目前基本上完成了广覆盖的社会保障制度的建设，但是对特殊人群的制度安排也是考量制度设计是否完整的重要内容。我省乃至我国现阶段尚缺乏针对老年人口的需求特点和变化规律，制定与之相适应的养老、医疗、照护服务的社会保障制度。因为虽然现阶段我国大部分老年人口在广覆盖低保障的养老保险、医疗保险、救助保险下，在一定程度上解决了老年人的温饱问题，减少了老年人及家庭医疗费用的自付比重。但是，随着人口老龄化，老年人患病频率较高，慢性病较多，患病严重程度也较高，因而对医疗卫生服务利用也相对较多，在医疗费用年年攀升，老年人的收入水平较低的背景下，老年人往往缺乏相应医疗服务购买力，更何况慢性病在病情稳定后与其说需要医疗，不如说更需要长期照护，但是我国目前对老年人口长期照护的制度设计才刚刚提到政府的工作议程。

概而言之，各级政府对人口老龄化问题认知滞后，缺乏对长期养老照护事业的制度设计，长期养老照护人力资源严重匮乏，基层为老服务资源未形成真正的合力以及老年人口疾病负担不断加重等是造成现阶段养老照护供需失衡的重要原因。

---

① 曾毅等.老年人口家庭、健康与照料需求成本研究[M].科学出版社,2010:310.

② 刘国恩,蔡春光,李林.中国老人医疗保障与医疗服务需求的实证分析[J].经济研究,2011(3).

③ 仇雨临.人口老龄化对医疗保险制度的挑战及对策思考[J].北京科技大学学报(社会科学版).2008(52).

④ 高丽敏.我国人口老龄化与医疗保障体系构建研究[J].中国初级卫生保健,2005(9).

⑤ 全国老龄工作委员会办公室.中国人口老龄化发展趋势预测研究报告. http://www.china.com.cn/chinese/news/1134589.htm.

第四节　通向未来的老龄事业发展之路

一、进一步完善老年社会保障体系从制度上创建老年友善社会

世界卫生组织于 2007 年发布了老年友善城市/社区建设指南（*Global Age-friendly Cities：A Guide*，以下简称 *Guide*）。*Guide* 具体包括户外空间与建筑（Outdoor spaces and buildings）、交通（Transportation）、住房条件（Housing）、社区支持与卫生保健服务（Community support and health services）、社会参与（Social participate）、尊重与社会包容（Respect and social inclusion）、市民参与和就业（Civic participation and employment）、交流和信息（Communication and information）等 8 个领域，目标为提升全球老年人口的健康水平及养老生活质量。[①] 因此，根据世界卫生组织的 *Guide* 广义的老年社会保障体系应该要含有上述的各个领域。

完善的老年社会保障体系是从制度层面上保证老年人的晚年生活有章可循、有法可依，促进将"老有所养、老有所医、老有所为"真正落到实处。面对当前养老事业建设中的种种问题，诸如老年人社会保障体系的不完善，政府职能的缺位、不到位，社会参与力量的疲乏等，需要各方力量通过推进新型保险制度的建设和改革，完善老年人社会保障体系的构建。

以养老保障为例，一是从宏观层面上，改善城乡老年人社会保障的差异状况，构建更为完善的平等的养老保障制度，如农村养老保险，可以创建由省级保险基金进行统筹，努力克服以往制度在实施过程中出现的地区分化、层次单一和参与度低的状况。二是从微观层面上，进一步针对各项具体的制度进行精准改革，要认识到将事关民生的制度完善是社会有效运行的保障以及政府履行自身职能的体现。诸如机关事业单位养老保险制度、城镇职工基本养老保险制度、"被征地农民"社会养老保险制度、农村最低生活保障制度等，迫切需要依据当前地区的经济发展水平而与时俱进，不是故步自封、僵化、滞后地等待矛盾激发后而着手进行改革，同时在改革的过程中要注意新老制度的前后衔接问题，保障政策制度的平稳过渡。从制度上实现老年友善城市/社区的建设。

梳理国外研究可以发现，世界卫生组织《指南》不存在"金标准"，要因地制宜地探讨本土化建设指标。曾毅等曾呼吁决策者除了尽快调整现行生育政策外，还必须尽快采取其他的社会经济措施以应对我国人口老龄化。例如，逐步提高退休年龄，大力鼓励支持成年子女与老人同居或紧邻居住，提倡开发复式单元公寓房，促进相对独立的老年人与子女紧邻居住的模式。总之，建议将实证为基础的政策制定方法应用到决策中，完善我省老年社会保障体系，从制度上创建老年友善社会。

---

① 王德文，马健囡，王正联.发达国家老龄友善城市建设轨迹及其借鉴意义[J].公共行政评论，2016（4）.

二、创建医养结合社区养老模式以满足广大社区老年人的需求

对于人口老龄化的国家或地区而言,节省长期照护费用是一个重要的课题。我省老年人口疾病的特点也是以慢性病为主,高血压、糖尿病、脑卒中、肿瘤等慢性病患病率依然居高不下,老年人口中日常生活自理能力(ADL 及 IADL)、认知能力下降的人数逐年增加,长期治疗、照护及康复训练的需求也日益攀升。目前虽然全国推广"广覆盖、低保障"养老金和医保制度,老年人口因为经济原因有病未就诊率有所下降,但是长期以来无论门诊还是住院医疗费用几乎逐年增长,老年人口的医疗费用负担沉重。另外,全省基层在治疗、康复、养老照护等的供给方面无法满足老年人口的需求。因此,为了应对快速的人口老龄化,要积极响应世界卫生组织号召结合城镇化发展进程,探讨老年友善城市或社区建设与医养结合的社区养老模式协同发展的政策路径是"事半功倍"的举措。"医养结合的社区养老模式"可为降低医疗费用,老年友善城市/社区建设可为"医养结合的社区养老模式"提供社区物理环境与人文环境。有研究提到,"医养结合的社区养老模式"可以为政府节省开支,因为可以节省由于大规模老龄化所需要的大量建设养老院的费用……图 9-9 显示了"医养结合的社区养老模式"。因此,通过推进"医养结合"养老模式,支持社区医院参与养老事业的构建,鼓励其参与对特殊老年群体提供必要的医疗支持,进行必要的养护服务,同时在政策上出台相关政策进行重点扶持,如财政补贴等。打造新型养老服务生态模式,促进社区在养老服务体系中发挥核心作用。要认识到社区是当前的养老事业建设中提供服务并将各类政策制度落到实处的主体,诸如老年人的日常照护、医疗保健等方面处于前线位置,它们能够有效保障老年人接受各项为老服务,如"家庭病床""社区病床"等,既能够广泛满足老年人口的需求,又能很大程度上减少老年人各项成本的支出。

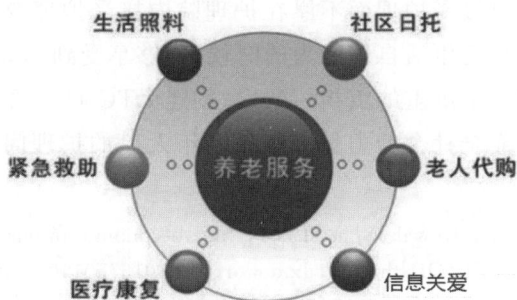

图 9-9 医养结合的社区养老模式

资料来源:转载自中华人民共和国民政部,http://jnjd.mca.gov.cn/article/zyjd/zcwj/201310/20131000534003.shtml。

三、关注失能家庭,勇敢尝试创建长期护理保险制度

发表在 Lancet 上的研究指出所有国家中最常见的 5 种非传染性疾病(心血管疾病、癌症、慢性呼吸疾病、糖尿病和精神障碍)所构成的疾病负担(医疗支出)越来越大且逐年

攀升①。研究②还表明随着人口老龄化,年龄依赖性疾病或残障如痴呆、中风、慢性阻塞性肺病和视觉障碍等所产生的长期护理费用大大超过医疗支出。虽然养老金制度与医疗保险是解决发达国家养老问题的两大重要支柱,但是,长期照护是所有老龄化社会都要面临的共同问题,在不降低老年人口护理质量和生活质量的前提下,控制医疗支出费用的增长是很多发达国家所面临的巨大挑战③。

由于老年人口不断增长的医疗支出使得很多国家的财政不堪重负④。德国、英国、日本等出于减轻政府财政负担的目的,把没有治疗价值的失能老年人(针对慢性病及退行性疾病所造成的)的长期照护费用从针对疾病治疗的医疗保险体系中分离出来,创建了长期照护保险制度(Long Term Care,以下简称 LTC 制度),同时,它们整合与优化社区医疗卫生服务资源,从而推动"Aging in place"以减轻医疗机构的住院负担⑤。所以,养老保障、医疗保险与 LTC 制度成为很多国家老年阶段的三项基本制度安排。根据美国健康保险协会的统计,到 1999 年末共出售了 680 万 LTC 保险单⑥。

所谓协同,指协调两个或者两个以上的不同资源或者个体,协同一致地完成某一目标。如图 9-10 所示,养老保障、医疗保险与 LTC 制度犹如一座桥的三个桥墩,相互起协同效应,让老年阶段的"养老问题"安全"过桥",到达"老有所养、老有所医、老有所为、老有所学、老有所教及老有所乐"的幸福彼岸。

长期养老照护是所有老龄化社会都要面临的共同挑战。老年阶段的三项制度安排是很多发达国家维护其社会公平、提供公共服务的职能的体现,尤其"长期照护保险制度"建设体现了各国政府解决人口老龄化问题的决心。"长期照护保险制度"为社会及家庭提供了长期照护经费的可持续性保障,这项制度在我省还处于空白。

为什么在我省要主张在创建"医养结合社区养老模式"+LTC 制度呢? 首先,老年人更喜欢在他们自己的家里接受护理而不愿在护理院内接受护理专业人员的护理。⑦ 大多数的老年人普遍希望在缺乏生活自理能力的时候,能够享受到相关服务。但是,长期照护的费用对广大老年人而言是沉重的负担。所以,创建 LTC 制度意义体现如下:一方面,通过建立 LTC 制度,可依靠全社会的力量来解决老年人口的护理问题,在很大程度上消除

---

① Bloom D,Chatterji S,Kowal P,et al.2014.Macroeconomic implications of population ageing and selected policy responses[EB/OL].http://dx.doi.org/10.1016/S0140-6736(14)61464-1.

② Prince J,Wu F,Guo Y,et al. 2015. The burden of disease in older people and implications for health policy and practice. Lancet;385:549-562. Published Online November 6, 2014.

③ Katz P. 2011. An international perspective on Long Term Care:focus on Nursing Homes. JAMDA, 9:487-492.

④ Rexford E. Stephen P .Neun.卫生经济学:理论、案例和产业研究[M].程晓明,等译. 北京:北京大学出版社,2006:516,548.

⑤ 王德文,谢良地.社区老年人口养老照护现状与发展对策[M].厦门大学出版社,2013:239-252,254-272,273,280,291-293.

⑥ Rexford E. Stephen P .Neun.卫生经济学:理论、案例和产业研究[M].程晓明,等译. 北京:北京大学出版社,2006:516,548.

⑦ Rexford E. Santerre,Stephen P.Neun.卫生经济学:理论、案例和产业研究[M].程晓明,等译.北京:北京大学出版社,2006:549.

图 9-10 老年阶段的三项制度安排

由于个人经济状况的差异所带来的影响;另一方面,通过建立 LTC 制度,可把老年人的照护问题纳入到社会保障制度框架内,并以保险形式缓解老年人口在照护上的长期经济负担①。从日本的经验,LTC 制度不但有利于照护服务行业形成规模效应,还有效地带动了老龄产业的发展,从而达到了节约资源、降低成本、增进社会整体福利的制度安排。

其次,在养老照护体系中,社区居家养老的明显优点是可以生活在自己熟悉的社区及居家环境中,由专业照护人员上门服务,或者白天到社区养老机构晚上回家,同时能增加老年人与其他人接触机会,还能获得所需的服务,子女还可以安心上班或有喘息机会;而机构养老,则要离开自己熟悉的社区及居家环境,相对费用也高。家庭是社会的细胞,是人类生活最基本的载体,据报道大多数老年人在养老意愿中首选"居家养老"②。21 世纪随着人口老龄化及家庭赡养老年人职能逐渐削弱,所以,必须借助社会力量,发展社区居家养老+LTC 制度,避免过度机构化的模式,为政府减轻压力,是当下经济实力有限背景下应对人口老龄化的最佳选择。

最后,笔者曾经在厦门市空巢老年人的实证研究中发现,老年人对政府所主办的社区居家服务中心等是很受益的,有东方文化的中国建立以社区为中心的居家养老照护服务体系可以预测会深受老年人接受的可行的养老模式。若要长期可持续性,必须要在社区内开展养老照护服务(因为比医院或机构廉价),如果能有 LTC 保险作为长效经济支撑,那么就能得到可持续发展。实际上,近几年我国各地都在探索以社区为依托,以家庭为核心,解决适合本地社会经济发展的社区老年人"医养结合"照护模式。北京、上海等在社区老年人"医养结合"照护方面取得较好的成效。有的兄弟省份采取政府购买、签订协约、志愿者服务等多种形式,为老年人提供上门或日托服务,提供的日间照护服务,专门为不能(不愿)出门的老年人提供做(买)饭、家宴帮厨、代购物品、户外活动等服务;为辖区内所有老年人提供送水换气、洗涤衣被、缝纫修补、打扫卫生、家电维修、管道疏通、临终关怀等服务;社区还提供康复理疗。包括健康指导、残疾人康复指导、保健咨询、慢性病预防、康复

---

① 尹豪.新型社会保障制度:日本的护理保险制度[J].人口学刊,2000(2).

② 胡月.基于老人养老意愿与需求的居家养老体系构建[J].人口与计划生育,2009(9).

护理、组织老年人检查身体、建立健康档案等；还包括图书阅览、读书读报、文体活动、谈心交友、老年课堂、心理咨询及疏导等；在法律服务方面提供法律咨询、法律援助等。①

现阶段国内地区社区养老照护工作的试点取得了一定的成效。但是，遗憾的是有关LTC 保险问题尚未突破。长期照护一般与慢性照护有关，并且主要关注那些残疾者。因此照护提供一般是长期的并且费用支付会延续数年甚至数十年；其次，许多的提供长期护理是非正式的，有家庭或朋友提供；由于提供这些照护并没有直接给予支付，所以照护费用不详而且这其中还包括误工工资。所以，建议各级政府关注失能老年人，关注失能家庭，在经济发达的地区要勇敢尝试创建 LTC 制度，真正做到如图 9-10 所示，让我省老年人在老年阶段的"养老问题"安全"过桥"，到达"老有所养、老有所医、老有所为、老有所学、老有所教及老有所乐"的幸福彼岸。

四、做好顶层设计发挥社会资源促进多元化养老资源的供给

面对当前日益多样化的社会发展，多样化的需求决定以政府作为单一供给的模式日渐乏力。因此，需要积极打造平台、渠道，依托企业、社区、非营利组织、个人及家庭等多方力量，构建新型的合作网络，适应当前多元化、多样化的养老需求。除了由政府基于核心地位提供基本的养老资源外，诸如特殊养老群体（高龄老年人、"三无"老年人、失能失智老年人及贫困老年人等）的补贴、救济，社会各界力量理应积极参与其他各类社会资源的供给，并且能够得到充分的保障和支持来参与养老事业的建设，竞争性提供各类资源以补充政府职能空白处，从而满足多样化的养老需求。

据此，以政府为桥梁积极动员、发挥社会多方力量，构建多元化的社会养老资源的供给模式：

1.以居家养老为基础，构建多样化的社区居家养老服务供给形式。福建省各地风俗多样，适合地区老年人需要的养老形式才是最合理的科学的养老形式，据此，可以发挥社会多方力量，充分激发社会资源构建多元化的"上门服务"或"日间照料"供给模式，创建富有生动活力的社区居家养老形式。

2.完善机构养老的功能设计，提供有质量的养老服务。机构养老是介于社区养老及家庭养老的中间地段，能够起到承上启下的作用，一方面弥补社区养老无法受理的领域，另一方面相较于家庭养老在资源、设备、人员等方面又具有相当大的优势。据此，需要从如下方面入手：(1)在养老机构的布局上，走入基层接地气，根据有效的数据统计，在老年人需求集中的地区设置相关机构，兼顾集中与分散的布局格式，以便老年人就近接受服务。(2)重塑公办养老机构的职能设计，解决公立养老院"一床难求"为人们所诟病的现象，实现对"三无""五保"老人的"兜底"功能。(3)支持营利性养老机构的发展，迎合老年人日益多样化的服务需求，通过市场这只"无形的手"发挥作用，同时通过价值指导及必要的经济支持，如补贴、税收减免等，鼓励、支持私营机构发展，从而帮忙失能、失智及高龄老

---

① 依托社区服务平台 提升为老服务水平：安徽省合肥市瑶海区人民政府在全国养老服务社会化经验交流会议上的发言材料.[2006-10-11]. http://www.ahpc.gov.cn/showfgyw.jsp？newsId=10010819.

年人有场所得到养老照护,另外,通过指导与监管以保障老年人群体尽量获取更高质量的养老服务。

五、大力加强人才培养,鼓励引导人才流向社区照护领域

我国目前专业照护人才极其匮乏,要加大力度开展老年护理专业的人才培养,加强培训专业与非专业照护人力资源,强调正式与非正式照护互补、专业与非专业人才协同发展。建立服务技术等级评定和资格认证制度,对工作人员进行专业化教育,对一般民众进行照护常识的教育和普及,积极鼓励志愿者参与。总之,现阶段发挥正式照护人员与非正式照护人员的力量加强居家养老社区照护体系的建设。1982 年联合国在维也纳的第一次老龄问题世界大会中呼吁各国要改善老年保健服务,推行非正规照护和家庭照护方案。之后若干发达国家已建立普遍老年保健制度,提供更加完善的非正规照护和家庭照护方案,并对保健专业人员进行老年人问题培训。[①]

由于老年人长期照护需求的多样性、连续性导致老年人口长期照护问题的复杂性,如何培训及管理相关 LTC 人力资源也是各国正在努力的方向。中国传统的养老方式通常是老年人有病在家躺着养,日常生活主要依靠非正式照护,护理人员的照护常识参差不齐。国外 LTC 发展的经验表明,对待老年慢性疾病最有效的办法不是治疗,而是对老年人的良好照护,老年照护人员应该具备一定的专业知识,掌握老年人的病情,并能及时处理一些意外和紧急事件。但是如果要达到高标准的护理服务则会形成沉重的经济负担,护理人员供需失衡,同时放宽护理准入标准则影响质量。

我国目前缺少专业的护理人员,养老服务人员队伍素质也参差不齐,缺乏对老年人的爱心,缺乏职业道德,缺乏基本的家政服务和对老年人的保健护理知识,甚至缺乏必要的卫生常识和习惯。按照规定,护理人员必须通过专业资质考试,获得国家颁发的资格证书后方能提供服务。但是我国护理服务界的供需并不匹配,护理需求旺盛时,没有足够数量的合格护理人员提供服务,同时因为护理供不应求时,管理部门放宽标准,通过简单的培训抽调人员上岗。这种做法降低了整体护理水平,引发被护理者及其家属的不满。[②]

从日本的经验看,老年人在基本的经济生活得到保障之后,随之而来的需求是获得具有专业水准的照护服务。老年人最需要的服务的需求已经从一般的生活便利转向专业化程度较高的护理服务。要求从事老年人护理服务的人员要具备专业化知识,与此同时家庭成员也要具备基本的护理常识。另外,在长期照护中家庭成员也容易陷入身心疲惫状态,也需要有照护人员来定期顶替以提供照护者的喘息机会。[③]日本政府非常重视从业人员的专业化问题。1987 年,日本国会通过了"社会福利师和照护福利士法",并于 1989 年进行了这两项国家资格的首次考试。"社会福利师"主要为老年人的身心健康和日常生活提供咨询和指导,参加考试的人员须具大学以上学历并选修过相关的专业课程(如无选修

---

① 第一次老龄问题世界大会. http://www.un.org/chinese/esa/ageing/1stageing.htm.

② 郭士征. 国外老年护理服务制度的发展现状与经验教训[J].外国经济与管理,1997(5).

③ 沈洁.从日本养老需求变化看老人福利政策选择的走向[J].华中科技大学学报(社会科学版),2003(2).

过专业课程则需在培训中心接受 1 年以上的培训),或大专以上学历并有 2～3 年以上的实践经验,而且在培训中心接受过 6 个月至 1 年的培训。"照护福利士"主要为老年人提供具体的照护和日常生活服务,只需高中以上学历并在培训中心接受过 1～2 年的培训就可取得这项国家资格,但如无高中学历则需有 3 年以上实践经验并通过资格考试。21 世纪初已有 14 万和 37 万余人次分别参加这两项资格考试,合格率分别为 28% 和 47%,近 4 万名社会福利师和 30 万照护福利士以及大量拥有资格的家政助手等不仅为老年人提供了较高质量的服务,也从照护人力资源方面满足了相关行业发展的需要。此外,部分大学设立了相关专业,近十几年都成为热门学科。所以,今后的老龄工作有必要鼓励宣传养老事业的相关知识,引导青年大学生报考相关专业,经济支持青年大学生到相关领域就业,促进服务人员的专业化发展,满足日益扩大的老年人养老服务需求。

六、把老龄产业纳入社会发展规划以促进老龄产业的快速发展

大力发展老龄产业也是发达国家应对人口老龄化挑战的重要战略。老龄产业一般涵盖了满足老年人口衣、食、住、行、乐、医等各方面需求的多种行业,大体可分为以下五大类:(1)老年用产品领域,指的是以老年人为主要消费对象的各种机械、器具、用品和食品等的制造和销售,其种类随着科技的进步日益增多。(2)老年照护和生活服务领域,一般分为居家养老的老年人和机构养老的老年人两大市场。(3)老年住宅和养老设施领域,包括退休者住宅小区(retirement community)、老年人公寓、老年社会福利院、养老院、护老院、护养院、敬老院、托老所和老年人服务中心等的建设,以及老年人现有住宅的改造等。(4)老年金融、保险领域,包括老年人金融资产的投资管理和各种老年险种等业务。(5)老年教育、文化、休闲等领域。[①] 面对 1 亿以上的我国老年人口,台湾地区及日本等发达国家的经验对尚处于形成前期的我国老龄产业发展具有重要的借鉴意义。要把老龄产业纳入经济社会发展总体规划,鼓励社会资本投入老龄产业,促进老年用品、用具和服务产品开发,重视康复辅具、电子呼救等老年特需产品的研究开发,拓展适合老年人多样化需求的特色护理、家庭服务、健身休养、文化娱乐、金融理财等服务项目,以提升我国老年人口的生活质量与健康水平。

对近十年台湾地区及日本等发达国家的老龄产业的发展状况进行分析,发现老龄产业的发展不但改善了老年人境遇,改善老年人的生活环境,提升了老年人的生活质量,还达到了提高社会福利等政策目标。日本政府出台《护理保险法》,具体目标是鼓励和促进居家养老,居家养老促进了老龄产业的研发与市场。从这几年居家养老的实践看,各种专用车辆、轮椅、家庭小型电梯、呼救设备、床具、沐浴设备、排泄设备和成人用纸尿裤、老花镜、手杖等以老年人为主要消费对象的"狭义福利用具",以及适合老年人特点但其他年龄层的消费者也可使用的产品,如操作简单的家电,相对宽敞并设有扶手和呼救系统的沐浴间等"广义福利用具",两者的市场消费额逐年攀升。如何开发适合老年人特点的商品和服务,满足他们的需求乃至开发他们的潜在需求,扩大市场规模,拉动经济增长,成为企业界乃至世界各国政府日益重视的问题。

---

① 陈茗.日本老龄产业的现状及其相关政策[J].人口学刊,2002(6).

有需求就有市场,有市场就会促进经济发展,面对老龄化社会,相关领域必然会成为未来经济发展的新兴增长点。据此,为了更好地应对老龄事业建设中日益紧张的供需矛盾,大力支持现代化的老龄产业的建设,既有利于各项经济产业的发展,又有利于缓解日趋紧张的供需不平衡。可以从如下方面入手:

1.规范市场秩序,促进老龄产业健康发展。市场是逐利的,从市场产生的同时,市场失灵无法避免的伴随其左右。因此,要克服以往在其他领域可能出现的制度建设的滞后性问题,超强的预见性地进行制度设计,对于促进地区老龄产业的健康发展大有裨益,可极大地减免社会成本,弱化各类突发事件所带来的社会损害。据此,处于领导地位的政府有必要通过"有形的手",做好战略规划,明确产业制度、标准,规范市场行为,构建相关机制,履行自身职能,做好监管工作,如资质审查、行业标准、诚信系统等,从而保证新兴的老龄产业的发展有制度保障,有环境生存,有渠道、平台发展。

2.支持产业发展,发挥市场的资源配置作用。作为新兴的产业领域,起步阶段往往是最为艰难的时期也是最为关键的阶段。因此,一是需要当地政府灵活运用各项政策工具以及提供必要的财政支持,如成立专项养老资金、通过购买服务的形式激发市场活力、对社区养老以及托老服务等提供必要的财政扶持等;二是促进市场竞争,优胜劣汰,保障各类产业提供优质的产品和服务,既要保量又要保质,从而缓解老龄事业供需不平衡的状况,如注重产业的品牌打造,保证具有信誉度、美誉度的老龄产业蓬勃发展,遏制"劣币驱除良币"现象的产生,从而真正保证市场在资源配置中的决定作用。

3.加大科研投入,优化老龄产业结构和活力。构建现代化老龄产业离不开具有科技含量的产业建设,从而保证产业的长盛不衰,更有活力适应日新月异的社会变化。据此,可以依靠地区的智库研究,如厦门大学、福州大学、福建师范大学等各大高等院校,人口研究所等科研单位,以及国内外各地区的先进理念和实践,设计符合地区发展的老龄产业和产品。因此,一是在产业设计上,要具有远见性,可以借鉴西方发达国家在老龄产业上的设计,构建符合地方发展的产业,诸如政府、社会等多元力量应积极参与老龄健康业、老龄文化业、老龄宜居业等的建设,进而构建老龄友善社会,满足老年人的多样化需求。二是在产品设计上,生产更人性化、智能化的产品以满足老年人的需求,特别是特殊群体,如失能、失智及高龄老年人,迫切需要新兴的科技产品以解决由于机体功能失常所带来的日常生活困难。因此,诸如依托软件园与电子工厂等研发健康智能设备、康复辅助器材、交通工具等,都是未来老龄产业具有针对性的发展方向。

七、加强人口健康管理让更多老年人以健康状态进入老年期

人类生态学理论提示我们,个体的健康行为受其所处的微环境影响最直接。遍观发达国家的老年友善社区项目,其建设过程中特别关注社区人口健康保健,如英国政府的"全国规模为老服务框架"中以人为本的关怀,对中风、跌倒老年人的有效治疗与康复指标,善待和支持社区中患有痴呆症和抑郁症的老年人等,都是从微系统中的家庭、社区、基层医疗卫生服务体系入手来做好为老服务。

研究认为在应对人口老龄化的挑战中,可以通过改变人们的生活行为或习惯以及社

会政策来回应解决①。普林斯等认为健全的疾病预防与早期检测的医疗卫生预防体系可以在某种程度上减少老年人口的疾病和长期照护费用的开支,关键的政策就是重视疾病预防工作②。还有研究也提到,在美国和丹麦的数据中发现健康行为良好的高龄老年人(the most old people)中约有 30%～40%的没有太多的残障可以独立生活,认为用于投入人口健康干预措施,会改善老年人口的健康水平,会给社会带来"投资红利"③。

可见,利用公共政策作用机制推进改善人口健康行为,不仅是一种理念,也是一种有效的政策工具,它需要一套完善、周密的服务程序,从人类生态学视角,广泛协调社会各相关部门以及社区、家庭和个人,普及健康知识,改变个体的不良健康行为,使个体履行各自对健康的责任,从而达到降低老年人口慢性病患病率的目的。普林斯等研究中也提到许多老年人晚年残障的原因是不良生活方式的累积效应和早期生活中暴露于疾病风险的结果,比如青少年时期的吸烟或肥胖等会使老年时期慢性病的患病风险提高④。曾毅等利用"中国老年健康影响因素跟踪调查"数据研究,也发现针对社区人群尤其老年人群的健康行为及生活环境的干预可以有效提高我国老年人口健康水平,从而降低长期养老照护的经费支出。可见,国内外的研究一致呼吁各国要推进公共卫生政策,改善人口健康行为的健康干预。

另外,不是所有政策都需要复杂的战略措施,一些地方在老年友善城市/社区建设中就从确定城市环境的简单项目入手,如公共厕所的便利性,公共场所公共休息椅子的有无及其安全性确认⑤。可见,政策改变未必都要大动作,也从微环境入手,加强推进公共环境建设,从而促进基层人口健康生活。2014 年 7—9 月,笔者在厦门市针对 105 位老年人乘坐公交车情况的调查中,发现有约 30%的老年人认为公交车站停靠时间太短,来不及准备,由于老年人行动迟缓,部分司机明知有老人要上车却关上车门扬长而去,老人上车后也存在司机态度欠佳,催促老年人快买票向后走的情况。调查还发现老年人就目前的公共交通系统上乘车存在安全性风险大。所以,在我国从微环境入手建设老年友善城市/社区的研究有待进一步加强。

世界卫生组织前总干事布伦特兰在 2000 年的第五届全球健康促进大会上,提到健康促进就是要使人们尽一切可能让人们的精神和身体保持在最优状态,宗旨是使人们知道如何保持健康,在健康的生活方式下生活,并有能力做出健康的选择⑥。因此,在应对人口老龄化的种种实际问题时,对于各级政府如何正确制定政策,如何灵活把握各种政策工

① Bloom D, Chatterji S, Kowal P, et al. 2014. Macroeconomic implications of population ageing and selected policy responses[EB/OL]. http://dx.doi.org/10.1016/S0140-6736(14)61464-1.

② Pince J, Wu F, Guo Y, et al. 2015. The burden of disease in older people and implications for health policy and practice. Lancet;385;549-562. Published Online November 6,2014.

③ Chatterji S, Byles J, Cutler D, et al. 2015. Health, functioning, and disability in older adults-present status and future implications.Lancet;385;563-575;Published Online. November 6,2014.

④ Zeng Y,Gu D, PurserJ, et al. 2010. Associations of environmental factors with elderly health and mortality in China. American Journal of Public Health,100(2);298-305.

⑤ Beard J, Bloom D. 2014. Towards a compehensive public health response to population ageing [EB/OL]. http://dx.doi.org/10.1016/S0140-6736(14)61461-6.

⑥ 马云祥,闫旭霞.第五次全球健康促进大会简讯[J].河南预防医学杂志,2001,12(2).

具与政策机制,做好人口健康管理与健康促进,有效地提高老年人口生活质量,从而降低家庭与社会的医疗费用与长期照护费用等值得深入探讨。

另外,由于世界人口迅速老龄化的趋势,WHO经常组织并呼吁各国采取有效干预措施,以确保老年人口能够公平获得基本卫生和社会服务。WHO指出各国政府和社会现在可采取的四项主要行动:①促进所有年龄的良好健康和健康行为,预防或推迟慢性病的发展;②通过早发现和高质量保健(初级保健、长期保健和姑息治疗)减轻慢性病的后果;③创造能够加强老年人口健康和参与的生活和社会环境;④重塑老龄化——改变社会态度,鼓励老年人参与。为了更好地应对老龄化,WHO选取"老龄化与健康"作为2012年4月7日世界卫生日的主题,口号是"健康有益长寿"。它重点关注有生之年身体健康如何有助于老年人度过圆满和有益的一生,并成为家庭和社会的财富。WHO呼吁并组织各国采取紧急行动,在世界人口迅速老龄化的过程中,确保人们以最佳健康状况进入老年。[①] 所以,展望快速人口老龄化的趋势加强人口健康管理事业势在必行。

恶性肿瘤、心脑血管病、呼吸系统疾病都是我国老年人口的好发疾病。WHO也指出世界各地老年人口所面临的主要健康挑战是非传染性疾病,如心脏病、中风、癌症、糖尿病和慢性肺病。[②] 总之,我国现阶段的这种疾病流行模式的变化,使卫生系统面临着两种挑战:既要制定和实施控制慢性病、交通事故伤害的策略,又要继续与传染病做斗争。据WHO统计:"人类三分之一的疾病通过预防保健可以避免;三分之一的疾病通过早期发现可以得到有效控制;三分之一的疾病通过信息的有效沟通可以提高治疗效果。"[③]所以,我国人口健康管理事业有很多发展与提升的空间。所谓健康管理(Health Management)是以不同健康状况的人群的健康需求为导向,对个人或群体健康状况以及各种健康危险因素进行全面检测、分析、评估和预测,向人们提供专业健康咨询和指导服务,并提出相应的健康计划,协调个人、组织和社会的行动,继而针对各种健康危险因素进行系统干预和管理的过程。健康管理是一个无限循环的持续动态过程,单次的循环中健康问题得到解决,不断的循环保证了健康管理朝着健康的终点前进。健康管理旨在调动人们的积极性,变被动就医为主动预防,以减少疾病的发生,减少医疗费用支出,提高人群的生活质量,促进社会的和谐发展。[④]

健康管理可以被理解为运用管理学理论和方法,其中包括疾病预防、临床诊疗、康复保健等应用医学的各个方面,去提高社会健康意识及改善人群健康行为,以提高个体生活质量,其目的在于使生病的人及健康的人更好地拥有健康、促进健康,从而有效降低医疗支出。怎样做好新时期的健康管理,从宏观上可以防止环境污染、交通事故等发生,微观上可以预防人类慢性病、传染病的蔓延,将预防、低成本的治疗、康复和有效的保健措施结合起来,确保人们以最佳健康状况进入老年,这是值得全球深虑的问题。

---

① Marc J. Roberts, William Hsiao, Peter Berman, Michael R. Reich. 通向正确的卫生改革之路:提高卫生改革绩效和公平性的指南[M]. 任明辉,主译,郭岩,主校. 北京:北京大学出版社,2010.

② 2012年世界卫生日:健康有益长寿重新思考"老年"的传统定义. http://www.who.int/ageing/projects/emergencies/zh/.

③ 张士靖,周志超.国内外健康管理研究热点对比分析[J].医学信息学杂志,2010(4).

④ 李鲁. 社会医学[M].3版.北京:人民卫生出版社,2007:107-108.

八、促进老年人力资源的再开发利用，增进社会发展活力

岁月老化了人们的机体功能，但同时为人们增进了很多的阅历、知识和智慧。随着社会的不断发展，医疗卫生技术的不断提升，人们往往到了一定的退休年龄，仍然具有很大的青春活力和机体动力，并随着思想观念的不断转变，很大部分的老年人希望通过重新投入社会工作中，参与社会的建设，并通过这种参与方式，进一步实现人生价值，发挥余热，从而更好地适应晚年生活。同时，进一步开发老年人力资源有助于为社会创造更多的财富，老年人中的高级知识分子凭借渊博的学识、娴熟的技术、丰富的经验，能够继续参与社会建设、创造价值，抑或成为青年人的人生导师，支持和帮助青年人，从而构建良好的社会氛围。简而言之，老年人力资源的开发和利用，既有利于促进社会进一步发展，又有利于老年人身心健康，从而节约由于可能的疾病所带来的各类医疗卫生支出，节约社会养老成本。据此，需要社会各界重新定义老年人的作用，认识到老年人的价值。

可以从如下方面入手：①转变社会价值观念，从政府直至社会各界应认可老年人的价值，将其纳入社会动力来源的一个重要组成部分，并将其纳入社会治理框架中，成为各项政策设定中不可忽视的价值诉求。②制定切实、可操纵的方案，如编制老年人才开发实施计划等，那些拥有高级专业技术和管理技能的老年人可以根据自身的需要决定推行方案，而不是将其"束之高阁"成为面子工程。同时，鼓励新办老年大学，鼓励老年人再教育，帮助老年人跟上时代发展的步伐，避免由于老年人与社会脱节所造成的内心困惑、无力，进而影响自身健康。③为老年人打造专项人才数据库，避免由于信息鸿沟所造成的信息不对称，从而为老年人提供信息技术的支持，有针对性地为相关老年人才提供必要的就业岗位，保证老年人拥有发挥自身价值的活动领域。

课题负责人：王德文

成　　员：李　珍、钱祎晟、吴隆文、陶　磊、王　冠、陈友华、刘　莉

附　件

印刷流水号：

调查问卷编号：□□□□□□□□□

《中华人民共和国统计法》第七条规定：国家机关、企业事业单位和其他组织以及个体工商户和个人等统计调查对象，必须依照本法和国家有关规定，真实、准确、完整、及时地提供统计调查所需的资料，不得提供不真实或者不完整的统计资料，不得迟报、拒报统计资料。

《中华人民共和国统计法》第二十五条规定：统计调查中获得的能够识别或者推断单个统计对象身份的资料，任何单位和个人不得对外提供、泄露，不得用于统计以外的目的。

表　　　号：CRCA2015-3

制定机关：民政部

批准机关：国家统计局

批准文号：国统制［2014］87 号

有效期至：2015 年 9 月

为了配合《第四次中国城乡老年人生活状况抽样调查》，我们需要了解本社区（村/居）地理人口社会经济状况、基础设施及活动场所及本社区（村/居）老龄服务的基本情况，请社区（村/居）有关工作人员如实填写问卷，并按照规定时间要求，随同老年人个人调查问卷一同交至本乡镇/街道，由乡级督导员审签后统一交至县（市、区）老龄工作委员会办公室，由县级督导员审签后统一交至中国老龄科学研究中心。

****

1.第四次中国城乡老年人生活状况抽样调查
社区（村/居）问卷

****

1.本问卷填写要求准确反映当地的真实情况。

2.本问卷的题型分为两类：一类为选择题（单选和多选），另一类为填空题。

3.单选题：请在答案中选择一个选项打√。

4.多选题：请在答案中选择一个或多个选项，并在前面的□中打√。

5.填空题：请填入反映当地真实情况的答案。

6.所有"其他"项，请在问卷空白处给予详细说明。

省（自治区、直辖市）＿＿＿＿＿＿＿＿＿　　县（市、区）＿＿＿＿＿＿＿＿＿

乡镇/街道＿＿＿＿＿＿＿＿＿＿＿　　社区（村/居）＿＿＿＿＿＿＿＿＿

填表人：＿＿＿＿＿＿＿＿＿＿＿　　电话：＿＿＿＿＿＿＿＿＿

乡级督导员：＿＿＿＿＿＿＿＿＿＿＿＿＿＿　　电话：＿＿＿＿＿＿＿＿＿＿＿＿＿＿＿＿＿＿

县级督导员：＿＿＿＿＿＿＿＿＿＿＿＿＿＿　　电话：＿＿＿＿＿＿＿＿＿＿＿＿＿＿＿＿＿＿

一、地理与人口状况

A1　本社区（村/居）地理位置：

　　1.中心城区　　2.边缘城区　　3.城乡接合部

　　4.城区以外的镇/乡镇中心　　5.乡镇附近

　　6.离乡镇较远的地区　　7.其他（请说明）＿＿＿＿＿＿＿＿＿

A2　本社区（村/居）类型：（多选题）

　　□未经改造的老城区（街坊型社区）　　□单一的单位社区（企事业单位）

　　□混合的单位社区　　□保障性住房社区

　　□普通商品房小区　　□别墅区或高级住宅区

　　□新近由农村社区转变过来的城市社区（"村改居"、村居合并或"城中村"）

　　□农村（地处农村中心区）社区

　　□特殊型（林场/矿区/校区等）社区＿＿＿＿＿＿＿＿＿

　　□其他类型（请说明）＿＿＿＿＿＿＿＿＿

A3　本社区（村/居）总面积为：＿＿＿＿＿＿平方千米

　　A3.1＊（农村）本村人均耕地面积：＿＿＿＿＿＿亩

A4　本社区（村/居）2014年底的户籍登记总人口数为：＿＿＿＿＿＿人

A5　本社区（村/居）2014年底常住人口的总人口数为：＿＿＿＿＿＿人

　　A5.1＊（农村）本村长期在外打工的青年人大约占青壮年劳力的比例？＿＿＿＿％

A6　本社区（村/居）2014年底的户籍登记老年人口（60周岁及以上）数为：＿＿＿＿＿＿人

A7　本社区（村/居）2014年底的户籍登记老年人口（80周岁及以上）数为：＿＿＿＿＿＿人

A8　本社区（村/居）2014年底的户籍登记老年人口（100周岁及以上）数为：＿＿＿＿＿＿人

A9　本社区（村/居）2014年获得低保救助的老年人有多少？＿＿＿＿＿＿人

A10　本社区（村/居）2014年被纳入"三无老人"/"五保老人"救助的老年人，＿＿＿＿＿＿人

二、基础设施和活动场所

B1　本社区（村/居）的主要道路属于哪种类型？

　　1.柏油路　2.水泥路　3.土路　4.沙石路　5.其他（请说明）＿＿＿＿＿＿＿＿

B2　本社区（村/居）主要炊事燃料：

　　1.燃气　2.煤炭　3.电　4.沼气　5.柴草　6.其他（请说明）＿＿＿＿＿＿＿＿

B3　本社区（村/居）饮用水类型：

　　1.井水　2.自来水（管道）　3.地表水　4.其他（请说明）＿＿＿＿＿＿＿＿

B4　本社区（村/居）是否集中供暖？　1.是　0.否

B5　本社区（村/居）是否有下水道系统？　1.是　0.否

B6　本社区(村/居)的垃圾处理方式为以下哪种?

　　1.集中处理　2.自行处理　3.其他(请说明)_____

B7　本社区(村/居)有哪些公共无障碍设施?(多选题)

　　□坡道　　　　　　　□无障碍电梯　□无障碍厕所或厕位

　　□低位柜台或电话　□清晰的标识　□字幕提示和语音提示　□都没有

B8　本社区(村/居)公共活动用房面积:_____平方米

B9　本社区(村/居)公共活动用房建设年代:

　　1.40—50年代　2.60—70年代　3.80—90年代　4.近10年内新建

B10　本社区(村/居)附近(半径1000米)基础公共设施情况:

　　B10.1 公共基础设施:(多选题)

　　　　　　□汽车站　　　　　　□加油站　　　　　□邮局/储蓄所

　　　　　　□商店/超市/便利店/百货点　　　　□农贸市场

　　　　　　□学校　　　　　　　□图书馆/文化站　□派出所/警务室/治安岗亭

　　　　　　□社区(村/居)社区服务中心/站　　□邮局/储蓄

　　　　　　□银行(支行)/信用社(不含邮局/储蓄所)

　　　　　　□电影院/剧院　　　□公共厕所(公共场所)

　　　　　　□餐馆/饭店/酒店　□公园　　　　　□都没有

　　B10.2 养老设施基本情况:(多选题)

　　　　　　□养老机构(敬老院/福利院/光荣院等)

　　　　　　□社区日间照料中心　　□都没有

　　B10.3 医疗卫生机构基本情况:(多选题)

　　　　　　□医院　　□诊所　　□社区卫生服务中心/站

　　　　　　□老年保健中心(残疾人康复/保健中心)

　　　　　　□乡镇卫生院　　□药店　　□都没有

　　B10.4 文体设施情况:(多选题)

　　　　　　□老干部活动中心

　　　　　　□老年活动中心/站(老年星光之家/农村幸福大院)

　　　　　　□露天健身器材场地(乒乓球/台球场地/篮球场地等)

　　　　　　□室内活动场所(棋牌活动室/乒乓球/台球场地等)

　　　　　　□教堂/庙宇寺庙/清真寺

　　　　　　□家族祠堂

　　　　　　□都没有

三、老龄服务体系建设

C1　生活服务类:(多选题)

　　□老年餐桌　　□家政服务(家政服务公司提供)　　□陪同购物

　　□便民服务(代缴费/充值、快递服务等)

□托老服务（日间照料中心/站）　　□理财服务

□法律/维权服务　　□老年婚介服务

□殡葬服务　　□都没有

C2　医疗、康复服务类：（多选题）

□健康讲座　　□陪同看病　　□上门看病

□家庭病床　　□康复服务　　□上门护理

□心理咨询　　□康复辅具租赁／出售　　□都没有

C3　文化娱乐、社会参与服务类：（多选题）

□棋牌娱乐等　　□球类活动　　□读书看报　　□老年人再就业服务

□老年学校/大学　　□旅游咨询　　□老年人上网服务　　□老年人交友服务

□都没有

四、老龄工作

D1　2014 年，本社区（村/居）用于老龄工作的经费有多少？＿＿＿＿＿＿万元

　D1.1　老龄工作经费的拨款方式：

　　　1.一事一议　　2.固定经费　　3.按人头拨付

　　　4.其他（请说明）＿＿＿＿＿＿＿

D2　本社区（村/居）是否有以下老龄工作机构/老年人组织？（多选题）

□老龄/老年事务处/科/组　　□老年协会

□老年志愿组织　　□老年兴趣小组

□老年学校　　□其他（请说明）＿＿＿＿＿＿＿

□都没有

D3　今年以来，本社区（村/居）组织老年人文化娱乐活动情况（多选题）

□歌舞活动　　□戏曲活动　　□书画活动

□健身活动　　□集体旅游　　□其他活动　　□都没有

D4　今年以来，本社区（村/居）开展老龄工作情况

　D4.1　落实老龄政策法规：（多选题）

　　　（城市）□最低生活保障制度　　□"三无"老人供养

　　　（农村）□农村计划生育家庭奖励扶助制度　　□"五保"老人供养

　D4.2　完善老龄服务设施：（多选题）

　　　（城市）□在社区建设中统筹规划老龄服务设施，兴建老龄服务机构、老年活动

　　　　　　中心（站、室）、老年大学（学校）

　　　（农村）□解决老年人活动场所不足问题　　□开展幸福大院

　D4.3　建设老龄服务体系：（多选题）

　　　□加强社区生活照料、医疗卫生等便捷老龄服务建设

　　　□开展老年人定期免费体检

　　　□鼓励和引导社会力量参与老龄服务业发展

　　　　□开展健康管理服务

　　　　□加强老龄服务队伍建设

　　　　□加强志愿者队伍建设

　　　　□加大老龄服务培训工作

　　　　□建设老龄服务网络/信息化建设

　　　　□都没有

　　D4.4 维护老年人合法权益:(多选题)

　　　　□开展《老年法》普法宣传

　　　　□落实城乡老年人优待政策

　　　　□开设为老法律服务热线

　　　　□调解涉老纠纷

　　　　＊(农村)□推动签订家庭养老赡养协议

　　　　　　　　□提供法律援助和法律服务

　　　　　　　　□监管老龄用品市场,保护老年消费者合法权益

　　　　　　　　□都没有

　　D4.5 组织开展老年文化、教育、体育活动:(多选题)

　　　　□举办健康讲座　　□培训老年文化、体育骨干

　　　　□开展文体娱乐活动

　　　　□组织/参与县(市、区)级大型老年文化体育活动

　　　　□开办老年教育(老年大学/学校/老年远程教育)

　　　　□加强基层老年人组织建设　　□都没有

D5　本社区(村/居)老年人能够获得哪些特殊帮助?(多选题)

　　□法律援助　　　　□高龄补贴　　　　□特困老年人生活补贴

　　□特困老年人医疗救助　　　　□低保救助

　　□失独家庭帮扶　　□老年心理关爱　　□都没有

D6　本社区(村/居)缺少哪种类型的老龄服务人员?(多选题)

　　□家政服务人员　　□护理员　　□全科医生　　□志愿者

　　□社会工作者　　　□其他(请说明)_____

　　□都不缺

D7　2014年底,本社区(村/居)"纯老户"有多少?_____户。

　　(纯老户,是指独居、老年夫妇,以及老老户)

　　D7.1＊(农村)2014年底,本村委会"留守老人"有多少?_____人。

　　(留守老人,是指因全部子女长期离开户籍地进入城镇务工或经商或从事其他生产经营活动而在家留守的老人。)

D8　目前,本社区(村/居)对"纯老户/留守老人"是否有专门的帮扶措施?

　　1.有　　0.没有

D9　今年以来,本社区(村/居)发生了_____例虐待/不赡养老年人的情况?

D10　今年以来,本社区(村/居)发生了_____例老年人受骗上当的案例?

D11　今年以来,本社区(村/居)发生了_____例老年人犯罪的案例?

D12　本社区(村/居)有多少老年人办理了优待证(卡)?_____人。

D13　目前,本社区(村/居)入住养老机构的老年人共有多少?_____人。

五、当前最迫切需要解决的老龄问题
(请在空白处说明)

E1　本社区(村/居委)的老年人需要解决的问题?

E2　本社区(村/居委)老龄工作需要解决的问题?

E3　本社区(村/居委)其他需要解决的问题?

印刷流水号：

调查问卷编号：□□□□□□□□□□□□□

《中华人民共和国统计法》第七条规定：国家机关、企业事业单位和其他组织以及个体工商户和个人等统计调查对象，必须依照本法和国家有关规定，真实、准确、完整、及时地提供统计调查所需的资料，不得提供不真实或者不完整的统计资料，不得迟报、拒报统计资料。

《中华人民共和国统计法》第二十五条规定：统计调查中获得的能够识别或者推断单个统计对象身份的资料，任何单位和个人不得对外提供、泄露，不得用于统计以外的目的。

表　　号：CRCA2015-1
制定机关：民政部
批准机关：国家统计局
批准文号：国统制〔2014〕87号
有效期至：2015年9月

****

2.第四次中国城乡老年人生活状况抽样调查
个人问卷（长表）

****

一、访问地点：

省（自治区、直辖市）＿＿＿＿＿＿＿＿＿　　地级市＿＿＿＿＿＿＿＿＿＿＿＿＿＿

县（市、区）＿＿＿＿＿＿＿＿＿＿＿＿　　乡镇/街道＿＿＿＿＿＿＿＿＿＿＿＿＿

村（居）委会＿＿＿＿＿＿＿＿＿＿＿＿　　家庭地址＿＿＿＿＿＿＿＿＿＿＿＿＿＿

二、访问记录：

访问日期		开始时间	结束时间
月	日		

调查员签名：＿＿＿＿＿＿＿＿＿　　电话：＿＿＿＿＿＿＿＿＿　　日期：＿＿月＿＿日

乡级督导员签名：＿＿＿＿＿＿＿＿＿　　电话：＿＿＿＿＿＿＿＿＿　　日期：＿＿月＿＿日

县级督导员签名：＿＿＿＿＿＿＿＿＿　　电话：＿＿＿＿＿＿＿＿＿　　日期：＿＿月＿＿日

录入人员签名：＿＿＿＿＿＿＿＿＿　　电话：＿＿＿＿＿＿＿＿＿　　日期：＿＿月＿＿日

【调查导语】

尊敬的_____（被访老人姓名）老人家：

　　您好！我是第四次老年人生活状况调查的工作人员，这次调查是全国老年人生活中的一件大事，得到了全国老龄工作委员会和国家统计局的批准。我们希望通过这次调查，全面了解全国老年人生活的各种情况、困难和问题，为党和政府制订政策提供依据，目的是提高全国老年人的生活质量和水平。我们将严格遵守《统计法》的有关规定，认真做好相关保密工作。希望您告诉我们您生活的实际情况，非常感谢您的合作！

【填表说明】

1. 本问卷由调查员入户填写，所有数据必须做到公正、客观、准确，调查员对所提供的数据材料真实性负责。
2. 本问卷答案没有对错之分，但一定要准确反映被访者的真实情况。
3. 本问卷的题型分为两类：一类为选择题，另一类为填空题。
4. 单选题：请在答案中选择一个选项打√。
5. 多选题：请在相应选项前面的□中打√。
6. 填空题：请填入反映被访者真实情况的答案（文字或数字）。
7. 选择"其他"项需要详述的，请给予相应说明。
8. 部分题目不适用、老年人无法回答、拒答等情况，请在题目序号上打"×"，并在题目序号旁边标注原因。

A 基本状况

A1　被访老年人性别：【调查员观察填写】　1.男　0.女

A2　被访老年人出生年月：【调查员根据身份证填写】____年____月

A3　您的户籍属于哪种类型？【调查员根据户口簿填写】

　　1.农业　2.非农业　3.统一居民户口

A4　您属于哪个民族？【调查员根据身份证填写】

　　1.汉族　2.壮族　3.回族　　4.满族　5.维吾尔族

　　6.苗族　7.彝族　8.土家族　9.藏族　10.蒙古族

　　11.其他民族_____（请写出民族全称）

A5　您的文化程度：

　　1.未上过学（包括扫盲班）　2.小学（包括私塾）　3.初中　4.高中/中专/职高

　　5.大学专科　6.本科及以上

A6　您的专业技术职称：　1.没有　2.技术员级　3.初级职称　4.中级职称　5.高级职称

A7　您的政治面貌：　1.群众　2.中共党员　3.民主党派　4.无党派人士

A8　您现在的婚姻状况：

　　1.有配偶,配偶年龄_____周岁？　　2.丧偶,丧偶距今_____年了？

　　3.离婚,离婚距今_____年了？　　4.从未结婚

B 家庭状况

【调查员:接下来,我们想了解您的家庭状况】

B1　您现在的子女情况:【调查员:包括养/继子女,不包括儿媳/女婿】

　　B1.1 儿子_____人；

　　B1.2 女儿_____人。【没有子女的,跳问 B2】

　　B1.3 您子女中有生活困难的吗？　1.有　0.无【跳问 B1.5】

　　B1.4 您长期在经济上支持生活有困难的子女吗？　1.有　0.无

　　B1.5 您是不是由子女轮流赡养？　1.是　0.否

　　B1.6 您觉得您的子女孝顺吗？　1.孝顺　2.一般　3.不孝顺

B2　现在,您家(与您同吃同住)有哪些人？（多选题）

　　【调查员:按照与被访老年人的关系选择,并写明人数】

　　□单独居住　　　　□配偶　　　　□(岳)父母_____人　□儿子_____人

　　□儿媳_____人　□女儿_____人　□女婿_____人

　　□(外、重)孙子女_____人　　　　□保姆_____人　　　　□其他_____人

B3　您有子女居住在本省以外吗？　1.有　0.无【跳问 B4】

　　B3.1 您在本省以外居住的子女有几人？_____人

　　B3.2 您在本省以外居住的子女每年回家看望您几次？

　　　　　1.少于一次　2.一次　3.二至三次　4.四次以上

B4　您愿意和子女长期一起生活吗？　1.愿意　2.不愿意　3.看情况

B5　您现在帮子女做以下事情吗？（多选题）【调查员:逐项询问】

　　□照看家　　　□做家务　　＊(农村)　　□干农活　　□照看(外)孙子女

　　□其他(请说明)_____　　　　□都没有做

B6　您经常来往的亲属/朋友有_____人？

B7　今年以来,您家发生了哪些重大事件？（多选题）【调查员:逐项询问】

　　□子女失业　　□子女离异　　□纠纷/官司

　　□亲人大病　　□亲人去世　　□其他(请说明)_____

　　□都没有

B8　您平时主要利用什么交通方式出行？（多选题）【调查员:逐项询问】

　　□骑自行车　　□骑摩托车/电动车　　□乘公交车　　□乘地铁

　　□乘出租车　　□开/坐私家车　　□其他(请说明)_____

　　□都没有

B9　您家里有重大支出谁说了算？　1.自己　2.配偶　3.子女　4.共同协商

C 健康医疗状况

【调查员:接下来,我们想了解您的健康医疗状况】

C1　您吸烟吗?

　　1.从来不吸烟【跳问 C2】　　　2.曾经吸烟,现在已经戒烟

　　3.经常吸烟　　　　　　　　　4.偶尔吸烟

　　C1.1 您吸烟多少年了? ＿＿＿＿＿＿年

C2　您喝酒吗?　　1.不喝或偶尔喝　2.每周 1～2 次　3.每周至少 3 次　4.经常醉酒

C3　您平时的睡眠质量怎么样?　　1.非常好　2.比较好　3.一般　4.比较差　5.非常差

C4　您看得清楚吗(包括戴眼镜)?

　　1.非常清楚　2.比较清楚　3.一般　4.不太清楚　5.几乎/完全看不清

C5　您听得清楚吗(包括戴助听器)?

　　1.很难听清楚　2.需要别人提高声音　3.能听清楚

C6　您的牙齿影响您吃饭吗?　　1.有影响　0.没影响

C7　您经常有疼痛感?　　1.有　0.没有【跳问 C8】

　　C7.1 如果您经常有疼痛感,疼痛程度如何?　　1.不严重　2.一般　3.严重

C8　您每周锻炼几次?

　　1.从不锻炼　2.不到一次　3.一至二次　4.三至五次　5.六次及以上

C9　您吃保健品吗?　　1.从来不吃　2.偶尔吃　3.经常吃

C10　2014 年,您是否体检过?　　1.是　0.否

C11　您患有下列慢性疾病吗?(多选题)【调查员:逐项询问】

　　□白内障/青光眼　　　　□高血压　　　　□糖尿病

　　□心脑血管疾病(冠心病/心绞痛/脑卒中等)　　　□胃病

　　□骨关节病(骨质疏松/关节炎/风湿/椎间盘疾病等)

　　□慢性肺部疾病(慢阻肺/气管炎/肺气肿等)　　　□哮喘

　　□恶性肿瘤　　　□生殖系统疾病

　　□其他慢性病(请说明)＿＿＿＿＿＿

　　□都没有

C12　调查前两周,您是否生过病?　　1.是　0.否【跳问 C13】

　　C12.1 您这次生病属于哪种情况?

　　　　1.两周内新发生　2.急性病两周前开始发病延续到两周内

　　　　3.慢性病两周前开始发病延续到两周内

　　C12.2 您患病后,是如何处置的?

　　　　1.找医生看病　2.未处置【跳问 C12.4】　3.自我治疗【跳问 C12.5】

　　C12.3 最近两周,您到医院或诊所看过几次病? ＿＿＿＿＿＿次【跳问 C13】

　　C12.4 您未处置的主要原因是什么?(多选题)【调查员:逐项询问】

　　　　□自感病轻　　□经济困难　　□没时间　　□行动不便

  □没人陪同 □医院太远 □就医麻烦 □其他原因(请说明)_____

  【答完此题,跳问 C13】

  C12.5 您采取过下列哪些自我治疗措施?(多选题)【调查员:逐项询问】

  □自己买药 □采用传统方法治疗 □使用保健康复设备

  □其他(请说明)_____

C13 平时您主要在哪里看病的?

【调查员:可能去了多个医疗卫生机构看过,填去的最多的医疗卫生机构】

  1.私人诊所 2.卫生室/站 3.社区卫生服务中心 4.乡镇/街道卫生院

  5.县/市/区医院 6.市/地医院 7.省级医院 8.其他(请说明)_____

  C13.1 您去的最多的医疗卫生机构离您家有多远?

    1.不足 1000 米 2.1000～2000 米 3.2000～5000 米 4.5000 米及以上

C14 你到医院或诊所看病遇到过下列问题吗?(多选题)【调查员:逐项询问】

  □排队时间太长 □手续烦琐 □无障碍设施不健全 □不能及时住院

  □服务态度不好 □收费太高 □其他(请说明)_____

C15 2014 年,您住院几次?_____次

C16 2014 年,您看病/住院总共花费多少钱?_____元

  C16.1 其中,自费(不能报销)花了多少钱?_____元

  C16.2 自费的部分里,您的孩子或他人替您支付了多少钱?_____元

C17 2014 年,您在药店自费购买药物花了多少钱?_____元

C18 您享受了以下哪些医疗保障待遇?(多选题)【调查员:逐项询问】

  □城镇职工基本医疗保险 □城镇居民基本医疗保险 □新型农村合作医疗保险

  □城乡居民基本医疗保险(城镇居民基本医疗保险与新型农村合作医疗保险合一)

  □城乡居民大病保险 □职工大额医疗补助

  □公费医疗 □其他(请说明)_____ □都没有

  C18.1 您认为医药费用报销是否方便?

  1.很方便 2.比较方便 3.一般 4.比较不方便 5.很不方便

C19 您是否购买了商业健康保险? 1.是 0.否

C20 您觉得自己的健康状况如何?

  1.非常好 2.比较好 3.一般 4.比较差 5.非常差

D 照料护理服务状况

【调查员:接下来,我们想了解您的照料护理服务状况】

D1 您在进行下列日常活动中属于哪种情况?

日常活动	做得了	有些困难	做不了
1.吃饭	1	2	3
2.穿衣	1	2	3
3.上厕所	1	2	3
4.上下床	1	2	3
5.在室内走动	1	2	3
6.洗澡	1	2	3
7.做饭	1	2	3
8.洗衣	1	2	3
9.扫地	1	2	3
10.日常购物	1	2	3
11.上下楼梯	1	2	3
12.乘坐公交车	1	2	3
13.提起 10 斤重物	1	2	3
14.打电话	1	2	3
15.管理个人财务	1	2	3

D2　很多老年人有失禁的情况,您是否也有?(多选题)【调查员:逐项询问】
　　□大便失禁　　□小便失禁　　□都没有

D3　您现在使用下列辅具用品吗?(多选题)【调查员:逐项询问】
　　□老花镜　　□助听器　　□假牙　　□拐杖　　□轮椅　　□血压计
　　□血糖仪　　□成人纸尿裤/护理垫　　□按摩器具　　□智能穿戴用品
　　□护理床　　□其他(请说明)＿＿＿＿＿＿＿＿　　□都没有

D4　您现在的日常生活需要别人照料护理吗?　1.需要　0.不需要【跳问 D5】
　　D4.1 您是否有人照料护理?　1.有　0.无【跳问 D5】
　　D4.2 您最主要的照料护理者是谁?
　　　　　1.配偶　　　2.儿子　　　3.儿媳　　　4.女儿　　　5.女婿
　　　　　6.孙子女　　7.其他亲属　　8.朋友/邻居　　9.志愿人员
　　　　　10.家政服务人员(保姆,小时工等)　　　11.医疗护理机构人员
　　　　　12.养老机构人员　　13.社区工作人员　　14.其他人(请说明)＿＿＿＿＿＿
　　D4.3 她/他(指最主要的照料护理者)的年龄?＿＿＿＿＿＿周岁
D5　您家里还有其他需要照料护理的老年人吗?　1.有　0.没有【跳问 D6】
　　D5.1 现在谁在照料护理他/她?
　　　　　1.被访老年人　2.其他人(请说明)＿＿＿＿＿＿＿＿＿
D6　如果需要,您最愿意在哪里接受照料护理服务?

1.在家里【跳问 D7】　　2.白天在社区晚上回家【跳问 D7】

3.在养老机构　　　　　4.视情况而定

D6.1 如果入住养老机构,您(和家人)每月最多能承担多少费用?

　　　　1.1000 元以下　　　　2.1000~1999 元　　　3.2000~2999 元

　　　　4.3000~3999 元　　　5.4000~4999 元　　　6.5000 元以上

D7　您对以下社区老龄服务项目的需要、知晓和利用情况:【调查员:逐项询问】

服务项目	是否需要	是否有	是否用过
1.助餐服务	1.是　0.否	1.是　2.否　3.不知道	1.是　0.否
2.助浴服务	1.是　0.否	1.是　2.否　3.不知道	1.是　0.否
3.上门做家务	1.是　0.否	1.是　2.否　3.不知道	1.是　0.否
4.上门看病	1.是　0.否	1.是　2.否　3.不知道	1.是　0.否
5.日间照料	1.是　0.否	1.是　2.否　3.不知道	1.是　0.否
6.康复护理	1.是　0.否	1.是　2.否　3.不知道	1.是　0.否
7.老年辅具用品租赁	1.是　0.否	1.是　2.否　3.不知道	1.是　0.否
8.健康教育服务	1.是　0.否	1.是　2.否　3.不知道	1.是　0.否
9.心理咨询/聊天解闷	1.是　0.否	1.是　2.否　3.不知道	1.是　0.否

E 经济状况

【调查员:接下来,我们想了解您个人和家庭的基本经济状况】

E1　您现在是否已经办理了离退休手续?

　　1.是　2.否【跳问 E2】　3.不适用(从未有过正式工作)【跳问 E2】

　　E1.1 您离退休时的年龄是多少岁? ＿＿＿＿＿＿周岁

　　E1.2 您是否属于提前离退休?　1.是　0.否

　　E1.3 您离退休前的工作单位属于什么性质?

　　　　1.党政机关　2.事业单位　3.国有企业　4.集体企业

　　　　5.私营企业　6.三资企业　7.部队　　　8.农村集体

　　　　9.其他(请说明)＿＿＿＿＿＿

E2　您现在还在从事有收入的工作吗(包括务工、做生意等)?

　　1.是　　0.否【跳问 E2.3】

　　E2.1 获得这份工作的途径?

　　　　1.个人关系　2.单位返聘　3.市场招聘　4.政府帮助　5.自己创业

　　　　6.其他(请说明)＿＿＿＿＿＿

　　E2.2 上个月,您从事上述工作的收入为? ＿＿＿＿＿＿元

　　E2.3 您现在是否愿意从事有收入的工作(包括务工、做生意等)?　1.是　0.否

E3 * （农村）您现在是否从事农林牧副渔等经济活动？　1.是　0.否【跳问 E4】

　　　E3.1 2014 年,您从事上述经济活动的纯收入是？＿＿＿＿＿＿元

E4　您和老伴有没有存一笔养老钱？　1.有　0.没有【跳问 E5】

　　　E4.1 共存了多少钱？＿＿＿＿＿＿元

E5　您现在每月有以下固定收入吗？

【调查员:逐项询问,有则填具体金额,无则填 0】

　　　E5.1 养老金(离退休金)＿＿＿＿＿＿元　　E5.2 遗属抚恤金＿＿＿＿＿＿元

　　　E5.3 职业/企业年金＿＿＿＿＿＿元　　E5.4 商业养老保险金＿＿＿＿＿＿元

　　　E5.5 高龄津贴＿＿＿＿＿＿元　　E5.6 养老服务补贴＿＿＿＿＿＿元

　　　E5.7 护理补贴＿＿＿＿＿＿元　　E5.8 最低生活保障金＿＿＿＿＿＿元

　　　E5.9 五保/三无救助金＿＿＿＿＿＿元

　　　E5.10 计划生育家庭奖励(特别)扶助金＿＿＿＿＿＿元

　　　E5.11 其他社会保障收入(请说明)＿＿＿＿＿＿,＿＿＿＿＿＿元

E6　2014 年,您和老伴还有以下收入吗？【调查员:逐项询问,有则填具体金额,无则填 0】

　　　E6.1 房租收入＿＿＿＿＿＿元

　　　E6.2 利息收入＿＿＿＿＿＿元

　　　E6.3 *（农村）土地出租/承包收入＿＿＿＿＿＿元

　　　E6.4 原单位福利/集体补贴/分红＿＿＿＿＿＿元

　　　E6.5 子女(孙子女)们给的钱(含实物)＿＿＿＿＿＿元

　　　E6.6 其他亲戚给的钱(含实物)＿＿＿＿＿＿元

E7　您现在从事下列哪些投资理财活动？(多选题)【调查员:逐项询问】

　　　□国债/债券　□股票　□基金　□外汇　□贵金属

　　　□其他理财产品　□其他(请说明)＿＿＿＿＿＿

　　　□都没有【跳问 E8】

　　　E7.1 如果有以上金融资产,现值总共＿＿＿＿＿＿万元

E8　您有产权属于自己(或老伴)的房子吗？　1.有　0.没有【跳问 E9】

　　　E8.1 一共有几套？＿＿＿＿＿＿套

　　　E8.2 现在这些房子大约值多少钱？＿＿＿＿＿＿万元

　　　E8.3 如果把房子出售/出租/抵押以换取养老金,您愿意吗？

　　　　　1.愿意　2.不愿意　3.看情况

E9　您现在居住的住房属于哪种情况？

　　　1.自有产权　2.子女的房产　3.孙子女的房产　4.租公房

　　　5.租私房　6.借住　7.其他(请说明)＿＿＿＿＿＿

E10　平均每月,您个人日常生活开支情况:

【调查员:逐项询问,有则填具体金额,无则填 0】

　　　E10.1 个人用品类支出(包括烟酒、化妆品、洗漱用品等)＿＿＿＿＿＿元

　　　E10.2 交通支出＿＿＿＿＿＿元

　　　E10.3 通讯支出＿＿＿＿＿＿元

  E10.4 雇佣保姆/钟点工/护工_____元

  E10.5 卫生保健支出（美容美发、保健品、按摩等）_____元

  E10.6 文体娱乐支出（看电影、订书报等）_____元

E11 2014 年，您个人下列开支情况：【调查员：逐项询问，有则填具体金额，无则填 0】

  E11.1 衣装鞋帽类支出_____元

  E11.2 旅游支出_____元

  E11.3 给子女/孙子女_____元

  E11.4 购买辅助器具（镶牙、轮椅、助听器等）_____元

E12 2014 年，您和老伴以下支出情况：【调查员：逐项询问，有则填具体金额，无则填 0】

  E12.1 房租_____元   E12.2 取暖费_____元

  E12.3 物业费_____元   E12.4 购房/装修_____万元

  E12.5 购买家具家电_____元 E12.6 购买车辆_____万元

  E12.7 贵重首饰_____万元

E13 您家平均每月食品支出（伙食费）是_____元

E14 2014 年，您家总支出是_____万元

E15 2014 年，您家总收入是_____万元

E16 您家现在大概有多少债务？_____元

E17 您是否觉得您的（孙）子女存在"啃老"的现象？ 1.是 0.否

E18 您觉得自己的经济状况属于下列哪种情况？

  1.非常宽裕 2.比较宽裕 3.基本够用 4.比较困难 5.非常困难

F 宜居环境状况

【调查员：接下来，我们想了解您的宜居环境状况】

F1 您现在居住的这个房子是什么时候建的？

  1.中华人民共和国成立前 2.50～60 年代 3.70～80 年代 4.90 年代 5.2000 年以后

F2 您家现在居住房子的建筑面积共有多少？_____平方米

F3 您（和老伴）有单独居住的房间吗？ 1.有 0.无

F4 您现在的住房中有下列生活设施吗？（多选题）【调查员：逐项询问】

  □自来水 □煤气/天然气/沼气 □暖气/土暖气

  □室内厕所 □洗澡/淋浴设施 □都没有

F5 您现在的住房中有下列电子产品和家用电器吗？（多选题）【调查员：逐项询问】

  □固定电话 □老人手机 □智能手机 □普通手机 □电脑 □电视机

  □洗衣机 □空调 □电冰箱 □空气净化器 □净水设备 □都没有

F6 今年以来，您是否跌倒过？ 1.是 0.否【跳问 F7】

  F6.1 您最近一次跌倒的地点在哪？

    1.卧室 2.卫生间 3.客厅 4.厨房 5.阳台 6.门槛 7.楼梯/台阶

    8.院子 9.道路 10.交通工具 11.购物场所 12.健身场所

13.公园　14.劳动场所　15.其他地点(请说明)＿＿＿＿＿

F6.2 您跌倒后产生的后果是什么?

1.没有受伤　2.轻伤,无须医治　3.重伤,需要医治　4.重伤,长期卧床

F7　您现在的住房存在下列哪些情况?(多选题)【调查员:逐项询问】

□光线昏暗　□门槛绊脚或地面高低不平　□没有扶手　□地面滑

□门用起来不合适　□厕所/浴室不好用　□没有呼叫/报警设施

□有噪音　□其他(请说明)＿＿＿＿＿　□都很好,没什么问题

F8　您对现在的住房条件满意吗?　1.满意　2.一般　3.不满意

F9　您在本社区(村/居)住了多少年?　＿＿＿＿＿年

F10　您与邻居关系属于哪种情况?

1.不了解　2.仅限于打招呼　3.经常走动　4.必要时相互帮助

F11　您对本社区(村/居)下列哪些情况感到满意?(多选题)

□指示牌/标识　□道路/街道照明　□交通状况　□生活设施

□健身活动场所　□公共卫生间　□环境绿化　□治安环境

□尊老敬老氛围　□都不满意

G 社会参与状况

【调查员:接下来,我们想了解您的社会参与状况】

G1　您经常参加以下公益活动吗?(多选题)

□维护社区社会治安　□协助调解邻里纠纷　□维护社区卫生环境

□帮助邻里　□关心教育下一代(不包括教育自己孙子女)

□参加文化科技推广活动　□都没有

G2　您参加了下列哪些组织或团体?(多选题)【调查员:逐项询问】

□社区治安小组　□人民调解委员会

□社会公益组织(志愿/慈善等)　□文体娱乐组织(书画/歌唱/舞蹈等)

□民俗/民间文化组织　□专业技术团体或组织

□老年合作组织(自愿养老团体/老年经济组织等)

□其他组织(请说明)＿＿＿＿＿　□都没有

G3　您参加过下列家族/宗族活动吗?(多选题)【调查员:逐项询问】

□修家谱/族谱　□参加祭祖活动　□参加家族/宗族组织的慈善/公益活动

□帮助调解族内或族间纠纷　□其他活动(请说明)＿＿＿＿＿　□都没参加

G4　您是否参加了老年协会?　1.是　0.否【跳问 G4.3】

G4.1 您对老年协会组织的活动满意吗?

1.非常满意　2.比较满意　3.一般　4.比较不满意　5.非常不满意

G4.2 您希望老年协会开展哪些方面的活动?(多选题)【调查员:逐项询问】

□学习/娱乐活动　□困难老人帮扶活动　□老少共融亲情活动

□老年人权益维护　□志愿公益活动　□营利项目活动

       □参与社区公共事务　　□其他(请说明)_____　　　□没有建议【跳问 G5】

    G4.3 您没有参加老年协会的主要原因是?(多选题)【调查员:逐项询问】

        □没有成立　□不感兴趣　□没有时间　□身体不允许

        □家人不支持　□其他(请说明)_____

G5　您是否愿意帮助社区有困难的老年人?　　1.是　0.否

G6　最近一次的社区选举您参加了吗?　　1.参加了　0.没参加

G7　您是否关心社区事务公开?　　1.关心　2.不关心　3.无所谓

G8　本社区办大事时是否征求过您的意见?　　1.是　0.否

G9　您是否向社区提出过建议?　　1.是　0.否

G10　您是否关心国家大事?　　1.是　0.否

H 维权状况

【调查员:接下来,我们想了解您的维权状况】

H1　您知道《老年人权益保障法》吗?　　1.知道　0.不知道

H2　您是否办了老年人优待证(卡)?　　1.是　0.否

H3　您享受过以下老年人优待吗?(多选题)【调查员:逐项询问】

    □免费体检　　□普通门诊挂号费减免

    □公共交通票价减免　　□公园门票减免

    □旅游景点门票减免　　□博物馆、公共图书馆等公共文化场所门票减免

    □都没有

H4　今年以来,您家人对您有过下列行为吗?(多选题)【调查员:逐项询问】

    □在您要求提供基本生活费时不给您提供

    □给您提供的住所条件差　　□不给您吃饱/吃得很差

    □不给您看病　　□在您需要时不照顾您

    □侵占您的财产　　□长期不来探望/问候/不和您说话

    □经常打骂您　　＊(仅对丧偶、离异老年人)□阻止您再婚

    □其他行为(请说明)_____　　□都没有【跳问 H5】

    H4.1 如果存在以上情况之一,您采取了什么措施解决?(多选题)

        □自己委屈/忍气吞声　　□找亲属/宗族调解

        □找居委会(村委会)寻求帮助　　□找老年协会求助

        □找家人单位调解　　□打官司/找司法机关解决

        □向媒体反映　　□其他(请说明)_____

H5　今年以来,您遇到过下列哪些情况?(多选题)【调查员:逐项询问】

    □上当受骗　　□被抢劫　　□被盗

    □被打骂/恐吓　　□其他(请说明)_____　　□都没有

H6　今年以来,您是否接受过法律援助?　　1.是　0.否

H7　您认为您的合法权益是否得到了应有的保障?　　1.是　0.否

I 精神文化生活状况

【调查员：接下来，我们想了解您的精神文化生活状况】

I1 您经常参加下列活动吗？（多选题）【调查员：逐项询问】

□看电视/听广播 □读书/看报

□去影院看电影/去戏院听戏 □散步/慢跑等

□打太极拳/做保健操等 □跳舞（广场舞/扭秧歌）

□打门球/乒乓球/羽毛球等 □打麻将/打牌/下棋等

□种花养草等 □养宠物

□钓鱼/书画/摄影/收藏 □其他（请说明）_____

□都没有

I2 您经常上网吗？ 1.是 0.否【跳问 I3】

I2.1 如果您经常上网，您做以下事项吗？（多选题）【调查员：逐项询问】

□看新闻 □看影视剧 □聊天 □购物

□玩游戏 □炒股票 □其他（请说明）_____

I3 您参加了老年大学/学校（含远程老年教育）吗？ 1.参加了 0.没参加

I4 您家附近有下列活动场所吗？您经常去参加活动吗？

【调查员：逐项询问，如果被访老年人回答"无"或"不知道"，不再询问是否经常去】

活动场所	有无场所	是否经常去
1.广场	1.有 2.无 3.不知道	1.从不 2.偶尔 3.经常
2.公园	1.有 2.无 3.不知道	1.从不 2.偶尔 3.经常
3.健身场所	1.有 2.无 3.不知道	1.从不 2.偶尔 3.经常
4.老年活动中心/站/室	1.有 2.无 3.不知道	1.从不 2.偶尔 3.经常
5.图书馆/文化站	1.有 2.无 3.不知道	1.从不 2.偶尔 3.经常

I5 通常您每天用于下列活动的时间分布情况是怎样的？

活动类型	活动时间
1.有收入的工作/劳动/经营活动	_____小时
2.家务劳动	_____小时
3.看电视	_____小时
4.读书看报	_____小时
5.其他休闲活动	_____小时
6.午休	_____小时

I6 未来一年,您有出去旅游的打算吗?

    1.有   2.没有   3.说不好

I7 您现在信仰什么宗教?

    1.不信仰任何宗教   2.佛教   3.伊斯兰教   4.基督教   5.天主教   6.道教

    7 其他宗教(请说明)＿＿＿＿＿＿

I8 您的日常生活中出现过以下情况吗?(多选题)【调查员:逐项询问】

    □突然对亲朋好友的面孔有陌生感   □常常想不起亲朋好友的名字

    □出门后一时找不到自己的家门   □经常忘记带钥匙

    □常常忘记灶上还煮着粥或烧着水   □都没有

I9 您感到孤独吗?   1.经常   2.有时   3.从不

I10 在过去的一星期里,您有以下方面的感受吗?(多选题)【调查员:逐项询问】

    □大部分时间觉得心情愉快   □整天觉得烦躁和坐立不安

    □常常感到情绪低落   □认为现在活着是件好事

I11 您觉得自己的心理年龄是多少岁? ＿＿＿＿＿＿周岁

I12 由于各种原因,少数老人有轻生的情况,您怎么看?

    1.珍惜生命   2.顺其自然   3.自己有权利放弃生命

I13 以下说法您赞同吗?(多选题)【调查员:逐项询问】

    □老年人应该发挥余热,参与社会发展

    □老年人就应该享受生活,得到家庭和社会供养

    □老年人是家庭的负担

    □老年人是社会的负担

    □老年人是国家和社会的宝贵财富

    □老年人应该自强自立,尽可能不给子女和社会添麻烦

I14 总的来说,您觉得自己幸福吗?

    1.非常幸福   2.比较幸福   3.一般   4.比较不幸福   5.非常不幸福

****

【调查员:为了便于单位核实我对您的访问情况,请留下您(代答人)的姓名和联系电话】

被访者签名＿＿＿＿＿＿＿＿＿＿＿＿＿＿＿＿;电话号码＿＿＿＿＿＿＿＿＿＿＿＿＿＿＿

代答人签名＿＿＿＿＿＿＿＿＿＿＿＿＿＿＿＿;电话号码＿＿＿＿＿＿＿＿＿＿＿＿＿＿＿

调查到此结束,多谢您的支持与配合!

J 调查后记

【调查员:调查结束后,请依据本次调查情况继续填写下面问题】

J1 老人现在居住的房屋属于哪种类型?

    1.楼房   2.平房   3.土坯房   4.其他(请说明)＿＿＿＿＿＿

J2 如果是楼房,被访老年人住几层? ＿＿＿＿＿＿层

J3 如果是楼房,是否有电梯?

1.有　0.没有

J4　在整个调查过程中,是否有他人在场?

1.有　0.没有

J5　在场的其他人是否代答问题?

1.是　0.否【跳至J8】

J6　代答人(与被访老年人的关系)

1.配偶　2.子女　3.孙子女　4.其他人(请说明)_____

J7　代答原因:(多选题)

□因聋哑无法回答　　□因痴呆无法回答

□回答不清　　　　　□听觉障碍

□生病不能接受访问　□其他(请说明)_____

J8　对被访老年人的健康判断:

1.非常健康　2.比较健康　3.一般　4.比较不健康　5.非常不健康

J9　对被访老年人的生活自理能力判断:

1.完全自理　2.部分自理　3.完全不能自理

印刷流水号：

调查问卷编号：☐☐☐☐☐

《中华人民共和国统计法》第七条规定：国家机关、企业事业单位和其他组织以及个体工商户和个人等统计调查对象，必须依照本法和国家有关规定，真实、准确、完整、及时地提供统计调查所需的资料，不得提供不真实或者不完整的统计资料，不得迟报、拒报统计资料。

《中华人民共和国统计法》第二十五条规定：统计调查中获得的能够识别或者推断单个统计对象身份的资料，任何单位和个人不得对外提供、泄露，不得用于统计以外的目的。

表　　　号：CRCA2015-2
制定机关：民政部
批准机关：国家统计局
批准文号：国统制〔2014〕87 号
有效期至：2015 年 9 月

****

3.第四次中国城乡老年人生活状况抽样调查
个人问卷（短表）

****

一、访问地点：

省(自治区、直辖市)＿＿＿＿＿＿＿＿　　地级市＿＿＿＿＿＿＿＿＿＿＿＿＿＿＿＿＿

县(市、区)＿＿＿＿＿＿＿＿＿＿＿＿　　乡镇/街道＿＿＿＿＿＿＿＿＿＿＿＿＿＿＿

村(居)委会＿＿＿＿＿＿＿＿＿＿＿＿　　家庭地址＿＿＿＿＿＿＿＿＿＿＿＿＿＿＿＿

二、访问记录：

访问日期		开始时间	结束时间
月	日		

调查员签名：＿＿＿＿＿＿＿＿＿＿　　电话：＿＿＿＿＿＿＿＿＿　　日期：＿＿月＿＿日

乡级督导员签名：＿＿＿＿＿＿＿＿　　电话：＿＿＿＿＿＿＿＿＿　　日期：＿＿月＿＿日

县级督导员签名：＿＿＿＿＿＿＿＿　　电话：＿＿＿＿＿＿＿＿＿　　日期：＿＿月＿＿日

录入人员签名：＿＿＿＿＿＿＿＿＿　　电话：＿＿＿＿＿＿＿＿＿　　日期：＿＿月＿＿日

【调查导语】

尊敬的_____(被访老人姓名)老人家:

您好!我是第四次老年人生活状况调查的工作人员,这次调查是全国老年人生活中的一件大事,得到了全国老龄工作委员会和国家统计局的批准。我们希望通过这次调查,全面了解全国老年人生活的各种情况、困难和问题,为党和政府制订政策提供依据,目的是提高全国老年人的生活质量和水平。我们将严格遵守《统计法》的有关规定,认真做好相关保密工作。希望您告诉我们您生活的实际情况,非常感谢您的合作!

【填表说明】

1. 本问卷由调查员入户填写,所有数据必须做到公正、客观、准确,调查员对所提供的数据材料真实性负责。
2. 本问卷答案没有对错之分,但一定要准确反映被访者的真实情况。
3. 本问卷的题型分为两类:一类为选择题,另一类为填空题。
4. 单选题:请在答案中选择一个选项打√。
5. 多选题:请在相应选项前面的□中打√。
6. 填空题:请填入反映被访者真实情况的答案(文字或数字)。
7. 选择"其他"项需要详述的,请给予相应说明。
8. 部分题目不适用、老年人无法回答、拒答等情况,请在题目序号上打"×",并在题目序号旁边标注原因。

A 基本状况

A1　被访老年人性别:【调查员观察填写】　1.男　0.女

A2　被访老年人出生年月:【调查员根据身份证填写】____年____月

A3　您的户籍属于哪种类型?【调查员根据户口簿填写】

　　1.农业　2.非农业　3.统一居民户口

A4　您属于哪个民族?【调查员根据身份证填写】

　　1.汉族　2.壮族　3.回族　4.满族　5.维吾尔族　6.苗族　7.彝族　8.土家族

　　9.藏族　10.蒙古族　11.其他民族_____(请写出民族全称)

A5　您的文化程度:

　　1.未上过学(包括扫盲班)　2.小学(包括私塾)　3.初中　4.高中/中专/职高

　　5.大学专科　6.本科及以上

A7　您的政治面貌:1.群众　2.中共党员　3.民主党派　4.无党派人士

A8　您现在的婚姻状况:1.有配偶　2.丧偶　3.离婚　4.从未结婚

B 家庭状况

【调查员:接下来,我们想了解您的家庭状况】

B1　您现在的子女情况:【调查员:包括养/继子女,不包括儿媳/女婿】

　　B1.1 儿子_____人

　　B1.2 女儿_____人。

B2　现在,您家(与您同吃同住)有哪些人?(多选题)

【调查员:按照与被访老年人的关系选择,并写明人数】

　　□单独居住　　　　□配偶　　　　　□(岳)父母_____人

　　□儿子_____人　　□儿媳_____人　　□女儿_____人

　　□女婿_____人　　□(外、重)孙子女_____人

　　□保姆_____人　　□其他_____人

B3　您有子女居住在本省以外吗?　　1.有　　0.无

　　B3.1 您在本省以外居住的子女有几人?_____人

B9　您家里有重大支出谁说了算?　　1.自己　2.配偶　3.子女　4.共同协商

C 健康医疗状况

【调查员:接下来,我们想了解您的健康医疗状况】

C4　您看得清楚吗(包括戴眼镜)?

　　1.非常清楚　2.比较清楚　3.一般　4.不太清楚　5.几乎/完全看不清

C5　您听得清楚吗(包括戴助听器)?

　　1.很难听清楚　2.需要别人提高声音　3.能听清楚

C8　您每周锻炼几次?

　　1.从不锻炼　2.不到一次　3.一至二次　4.三至五次　5.六次及以上

C9　您吃保健品吗?　　1.从来不吃　2.偶尔吃　3.经常吃

C10　2014 年,您是否体检过?　　1.是　　0.否

C11　您患有下列慢性疾病吗?(多选题)【调查员:逐项询问】

　　□白内障/青光眼　　□高血压　　□糖尿病

　　□心脑血管疾病(冠心病/心绞痛/脑卒中等)　　□胃病

　　□骨关节病(骨质疏松/关节炎/风湿/椎间盘疾病等)

　　□慢性肺部疾病(慢阻肺/气管炎/肺气肿等)　　□哮喘

　　□恶性肿瘤　　□生殖系统疾病　　□其他慢性病(请说明)_____

　　□都没有

C12　调查前两周,您是否生过病?　　1.是　　0.否【跳问 C13】

　　C12.1 您这次生病属于哪种情况?

　　　　1.两周内新发生

    2.急性病两周前开始发病延续到两周内

    3.慢性病两周前开始发病延续到两周内

C12.2 您患病后,是如何处置的?

    1.找医生看病　　2.未处置【跳问 C12.4】　　3.自我治疗【跳问 C12.5】

C12.3 最近两周,您到医院或诊所看过几次病?　_____ 次【跳问 C13】

C12.4 您未处置的主要原因是什么?(多选题)【调查员:逐项询问】

    □自感病轻　　□经济困难　　□没时间　　　□行动不便

    □没人陪同　　□医院太远　　□就医麻烦　　□其他原因(请说明)_____

    【答完此题,跳问 C13】

C12.5 您采取过下列哪些自我治疗措施?(多选题)【调查员:逐项询问】

    □自己买药　　□采用传统方法治疗　　□使用保健康复设备

    □其他(请说明)_____

C13　平时您主要在哪里看病的?

【调查员:可能去了多个医疗卫生机构看过,填去的最多的医疗卫生机构】

    1.私人诊所　2.卫生室/站　3.社区卫生服务中心　4.乡镇/街道卫生院

    5.县/市/区医院　6.市/地医院　7.省级医院　8.其他(请说明)_____

    C13.1 您去的最多的医疗卫生机构离您家有多远?

        1.不足 1000 米　2.1000～2000 米　3.2000～5000 米　4.5000 米及以上

C14　你到医院或诊所看病遇到过下列问题吗?(多选题)【调查员:逐项询问】

    □排队时间太长　　□手续烦琐　　□无障碍设施不健全　　□不能及时住院

    □服务态度不好　　□收费太高　　□其他(请说明)_____

C15　2014 年,您住院几次?　_____ 次

C16　2014 年,您看病/住院总共花费多少钱?　_____ 元

    C16.1 其中,自费(不能报销)花了多少钱?　_____ 元

    C16.2 自费的部分里,您的孩子或他人替您支付了多少钱?　_____ 元

C17　2014 年,您在药店自费购买药物花了多少钱?　_____ 元

C18　您享受了以下哪些医疗保障待遇?(多选题)【调查员:逐项询问】

    □城镇职工基本医疗保险　　□城镇居民基本医疗保险　　□新型农村合作医疗保险

    □城乡居民基本医疗保险(城镇居民基本医疗保险与新型农村合作医疗保险合一)

    □城乡居民大病保险　　□职工大额医疗补助

    □公费医疗　　□其他(请说明)_____　　□都没有

    C18.1 您认为医药费用报销是否方便?

        1.很方便　2.比较方便　3.一般　4.比较不方便　5.很不方便

C19　您是否购买了商业健康保险?　　1.是　0.否

C20　您觉得自己的健康状况如何?

    1.非常好　2.比较好　3.一般　4.比较差　5.非常差

D 照料护理服务状况

【调查员:接下来,我们想了解您的照料护理服务状况】

D1 您在进行下列日常活动中属于哪种情况?

日常活动	做得了	有些困难	做不了
1.吃饭	1	2	3
2.穿衣	1	2	3
3.上厕所	1	2	3
4.上下床	1	2	3
5.在室内走动	1	2	3
6.洗澡	1	2	3

D2 很多老年人有失禁的情况,您是否也有?(多选题)【调查员:逐项询问】
　　□大便失禁　　□小便失禁　　□都没有

D3 您现在使用下列辅具用品吗?(多选题)【调查员:逐项询问】
　　□老花镜　　□助听器　　□假牙　　□拐杖　　□轮椅　　□血压计
　　□血糖仪　　□成人纸尿裤/护理垫　　□按摩器具　　□智能穿戴用品
　　□护理床　　□其他(请说明)_____　　　　□都没有

D4 您现在的日常生活需要别人照料护理吗?　　1.需要　　0.不需要【跳问 D5】
　　D4.1 您是否有人照料护理?　　1.有　　0.无【跳问 D5】
　　D4.2 您最主要的照料护理者是谁?
　　　　　1.配偶　　2.儿子　　3.儿媳　　4.女儿　　5.女婿　6.孙子女　　7.其他亲属
　　　　　8.朋友/邻居　　9.志愿人员　　10.家政服务人员(保姆,小时工等)
　　　　　11.医疗护理机构人员　　12.养老机构人员　　13.社区工作人员
　　　　　14.其他人(请说明)_____
　　D4.3 她/他(指最主要的照料护理者)的年龄?_____周岁

D5 您家里还有其他需要照料护理的老年人吗?　　1.有　　0.没有【跳问 D6】
　　D5.1 现在谁在照料护理他/她?
　　　　　1.被访老年人　　2.其他人(请说明)_____

D6 如果需要,您最愿意在哪里接受照料护理服务?
　　1.在家里【跳问 D7】　　2.白天在社区晚上回家【跳问 D7】
　　3.在养老机构　　4.视情况而定
　　D6.1 如果入住养老机构,您(和家人)每月最多能承担多少费用?
　　　　　1.1 000 元以下　　　　2.1 000~1 999 元　　　3.2 000~2 999 元
　　　　　4.3 000~3 999 元　　　5.4 000~4 999 元　　　6.5 000 元以上

D7 您需要以下社区老龄服务项目吗?(多选题)【调查员:逐项询问】

☐助餐服务   ☐助浴服务   ☐上门做家务

☐上门看病   ☐日间照料   ☐康复护理

☐老年辅具用品租赁   ☐健康教育服务   ☐心理咨询/聊天解闷

☐其他(请说明)＿＿＿＿＿   ☐都不需要

E 经济状况

【调查员:接下来,我们想了解您个人和家庭的基本经济状况】

E1   您现在是否已经办理了离退休手续?

     1.是   2.否【跳问 E2】   3.不适用(从未有过正式工作)【跳问 E2】

     E1.1 您离退休时的年龄是多少岁? ＿＿＿＿＿周岁

     E1.3 您离退休前的工作单位属于什么性质?

         1.党政机关   2.事业单位   3.国有企业   4.集体企业

         5.私营企业   6.三资企业   7.部队   8.农村集体

         9.其他(请说明)＿＿＿＿＿

E2   您现在还在从事有收入的工作吗(包括务工、做生意等)?

     1.是   0.否【跳问 E3】

     E2.2 上个月,您从事上述工作的收入为? ＿＿＿＿＿元

E3 *   (农村)您现在是否从事农林牧副渔等经济活动?   1.是   0.否【跳问 E4】

     E3.1 2014 年,您从事上述经济活动的纯收入是? ＿＿＿＿＿元

E4   您和老伴有没有存一笔养老钱?   1.有   0.没有【跳问 E5】

     E4.1 共存了多少钱? ＿＿＿＿＿元

E5   您现在每月有以下固定收入吗?

【调查员:逐项询问,有则填具体金额,无则填 0】

     E5.1 养老金(离退休金)＿＿＿＿＿元   E5.2 遗属抚恤金＿＿＿＿＿元

     E5.3 职业/企业年金＿＿＿＿＿元   E5.4 商业养老保险金＿＿＿＿＿元

     E5.5 高龄津贴＿＿＿＿＿元   E5.6 养老服务补贴＿＿＿＿＿元

     E5.7 护理补贴＿＿＿＿＿元   E5.8 最低生活保障金＿＿＿＿＿元

     E5.9 五保/三无救助金＿＿＿＿＿元

     E5.10 计划生育家庭奖励(特别)扶助金＿＿＿＿＿元

     E5.11 其他社会保障收入(请说明)＿＿＿＿＿,＿＿＿＿＿元

E6   2014 年,您和老伴还有以下收入吗?【调查员:逐项询问,有则填具体金额,无则填 0】

     E6.1 房租收入＿＿＿＿＿元

     E6.2 利息收入＿＿＿＿＿元

     E6.3 * (农村)土地出租/承包收入＿＿＿＿＿元

     E6.4 原单位福利/集体补贴/分红＿＿＿＿＿元

     E6.5 子女(孙子女)们给的钱(含实物)＿＿＿＿＿元

     E6.6 其他亲戚给的钱(含实物)＿＿＿＿＿元

E7 您现在从事下列哪些投资理财活动？（多选题）【调查员：逐项询问】

□国债/债券   □股票   □基金   □外汇   □贵金属

□其他理财产品   □其他（请说明）_____   □都没有【跳问 E8】

E7.1 如果有以上金融资产，现值总共_____万元

E8 您有产权属于自己（或老伴）的房子吗？   1.有   0.没有【跳问 E9】

E8.1 一共有几套？ _____套

E9 您现在居住的住房属于哪种情况？

1.自有产权   2.子女的房产   3.孙子女的房产   4.租公房

5.租私房   6.借住   7.其他（请说明）_____

E10 平均每月，您个人日常生活开支情况：

【调查员：逐项询问，有则填具体金额，无则填 0】

E10.1 个人用品类支出（包括烟酒、化妆品、洗漱用品等）_____元

E10.2 交通支出_____元

E10.3 通讯支出_____元

E10.4 雇佣保姆/钟点工/护工_____元

E10.5 卫生保健支出（美容美发、保健品、按摩等）_____元

E10.6 文体娱乐支出（看电影、订书报等）_____元

E11 2014 年，您个人下列开支情况：【调查员：逐项询问，有则填具体金额，无则填 0】

E11.1 衣装鞋帽类支出_____元

E11.2 旅游支出_____元

E11.3 给子女/孙子女_____元

E11.4 购买辅助器具（镶牙、轮椅、助听器等）_____元

E12 2014 年，您和老伴以下支出情况：【调查员：逐项询问，有则填具体金额，无则填 0】

E12.1 房租_____元   E12.2 取暖费_____元

E12.3 物业费_____元   E12.4 购房/装修_____万元

E12.5 购买家具家电_____元   E12.6 购买车辆_____万元

E12.7 贵重首饰_____万元

E13 您家平均每月食品支出（伙食费）是_____元

E14 2014 年，您家总支出是_____万元

E15 2014 年，您家总收入是_____万元

E17 您是否觉得您的（孙）子女存在"啃老"的现象？   1.是   0.否

E18 您觉得自己的经济状况属于下列哪种情况？

1.非常宽裕   2.比较宽裕   3.基本够用   4.比较困难   5.非常困难

F 宜居环境状况

【调查员：接下来，我们想了解您的宜居环境状况】

F1 您现在居住的这个房子是什么时候建的？

1.中华人民共和国成立前　2.50—60年代　3.70—80年代　4.90年代　5.2000年以后

F2　您家现在居住房子的建筑面积共有多少？＿＿＿＿＿＿平方米

F3　您（和老伴）有单独居住的房间吗？　1.有　0.无

F6　今年以来,您是否跌倒过？　1.是　0.否

F7　您现在的住房存在下列哪些情况？（多选题）【调查员:逐项询问】
　　□光线昏暗　□门槛绊脚或地面高低不平　□没有扶手　□地面滑
　　□门用起来不合适　□厕所/浴室不好用　□没有呼叫/报警设施
　　□有噪音　□其他（请说明）＿＿＿＿＿＿　□都很好,没什么问题

F8　您对现在的住房条件满意吗？　1.满意　2.一般　3.不满意

G 社会参与状况

【调查员:接下来,我们想了解您的社会参与状况】

G1　您经常参加以下公益活动吗？（多选题）
　　□维护社区社会治安　□协助调解邻里纠纷　□维护社区卫生环境　□帮助邻里
　　□关心教育下一代（不包括教育自己孙子女）　□参加文化科技推广活动
　　□都没有

G4　您是否参加了老年协会？　1.是　0.否【跳问G4.3】

　　G4.1　您对老年协会组织的活动满意吗？
　　　　　1.非常满意　2.比较满意　3.一般　4.比较不满意　5.非常不满意

　　G4.2　您希望老年协会开展哪些方面的活动？（多选题）【调查员:逐项询问】
　　　　　□学习/娱乐活动　□困难老人帮扶活动　□老少共融亲情活动
　　　　　□老年人权益维护　□志愿公益活动　□营利项目活动
　　　　　□参与社区公共事务　□其他（请说明）＿＿＿＿＿＿　□没有建议【跳问G5】

　　G4.3　您没有参加老年协会的主要原因是？（多选题）【调查员:逐项询问】
　　　　　□没有成立　□不感兴趣　□没有时间　□身体不允许
　　　　　□家人不支持　□其他（请说明）＿＿＿＿＿＿

G5　您是否愿意帮助社区有困难的老年人？　1.是　0.否

G6　最近一次的社区选举您参加了吗？　1.参加了　0.没参加

G8　本社区办大事时是否征求过您的意见？　1.是　0.否

G9　您是否向社区提出过建议？　1.是　0.否

H 维权状况

【调查员:接下来,我们想了解您的维权状况】

H1　您知道《老年人权益保障法》吗？　1.知道　0.不知道【跳问H2】

H2　您是否办了老年人优待证（卡）？　1.是　0.否

H3　您享受过以下老年人优待吗？（多选题）【调查员:逐项询问】

□免费体检 □普通门诊挂号费减免 □公共交通票价减免

□公园门票减免 □旅游景点门票减免

□博物馆、公共图书馆等公共文化场所门票减免 □都没有

H5 今年以来,您遇到过下列哪些情况?(多选题)【调查员:逐项询问】

□上当受骗 □被抢劫 □被盗

□被打骂/恐吓 □其他(请说明)_____ □都没有

H7 您认为您的合法权益是否得到了应有的保障? 1.是 0.否

I 精神文化生活状况

【调查员:接下来,我们想了解您的精神文化生活状况】

I1 您是否经常参加下列活动?(多选题)【调查员:逐项询问】

□看电视/听广播 □读书/看报

□去影院看电影/去戏院听戏 □散步/慢跑等

□打太极拳/做保健操等 □跳舞(广场舞/扭秧歌)

□打门球/乒乓球/羽毛球等 □打麻将/打牌/下棋等

□种花养草等 □养宠物

□钓鱼/书画/摄影/收藏 □其他(请说明)_____

□都没有

I2 您经常上网吗? 1.是 0.否【跳问I3】

I2.1 如果您经常上网,您做以下事项吗?(多选题)【调查员:逐项询问】

□看新闻 □看影视剧 □聊天 □购物

□玩游戏 □炒股票 □其他(请说明)_____

I3 您参加了老年大学/学校(含远程老年教育)吗? 1.参加了 0.没参加

I6 未来一年,您有出去旅游的打算吗? 1.有 2.没有 3.说不好

I7 您现在信仰什么宗教?

1.不信仰任何宗教 2.佛教 3.伊斯兰教 4.基督教 5.天主教 6.道教

7.其他宗教(请说明)_____

I9 您感到孤独吗? 1.经常 2.有时 3.从不

I14 总的来说,您觉得自己幸福吗?

1.非常幸福 2.比较幸福 3.一般 4.比较不幸福 5.非常不幸福

****

【调查员:为了便于单位核实我对您的访问情况,请留下您(代答人)的姓名和联系电话】

被访者签名_____;电话号码_____

代答人签名_____;电话号码_____

调查到此结束,多谢您的支持与配合!

J 调查后记

【调查员：调查结束后，请依据本次调查情况继续填写下面问题】

J1 老人现在居住的房屋属于哪种类型？

　　1.楼房　　2.平房　　3.土坯房　　4.其他（请说明）_____

J2 如果是楼房，被访老年人住几层？　_____层

J3 如果是楼房，是否有电梯？

　　1.有　　0.没有

J4 在整个调查过程中，是否有他人在场？

　　1.有　　0.没有

J5 在场的其他人是否代答问题？

　　1.是　　0.否【跳至J8】

J6 代答人（与被访老年人的关系）

　　1.配偶　　2.子女　　3.孙子女　　4.其他人（请说明）_____

J7 代答原因：（多选题）

　　□因聋哑无法回答　　□因痴呆无法回答

　　□回答不清　　□听觉障碍

　　□生病不能接受访问　　□其他（请说明）_____

J8 对被访老年人的健康判断：

　　1.非常健康　　2.比较健康　　3.一般　　4.比较不健康　　5.非常不健康

J9 对被访老年人的生活自理能力判断：

　　1.完全自理　　2.部分自理　　3.完全不能自理

福建省及时、科学、综合应对人口老龄化战略思路和举措

课题负责人：史晓丹

成　　员：史晓丹　陈　新

福建省委党校经济学教研部课题组

摘　要

人口是经济社会发展的基础,随着人口老龄化不断发展,我省人口老龄化将与加快新型工业化、城镇化、现代化相伴随,与经济转型、社会转型、文化领域的改革发展相交织,与城乡差距、区域差距、收入差距相重叠,并呈现伴随家庭结构日趋小型化和高龄、空巢、失能老年人不断增多的特点,社会养老保障和养老服务的压力日益增大,给我省经济社会发展及公共服务、社会和谐稳定都产生深刻的影响。本报告通过福建省人口老龄化现状、特征的描述,分析人口老龄化对福建省经济社会的影响,借鉴国际上应对人口老龄化的经验,为及时有效解决我省人口老龄化引发的相关问题,同时为未来可能出现的各类问题,提出及时、科学、综合的应对策略。

前　言

人口老龄化是经济社会发展进步的结果,也是 21 世纪人类社会共同面临的重大课题。随着世界性的人口老龄化,欧美国家和亚洲的日本、韩国等国家先后将应对人口老龄化纳入其国家发展战略。

中国人口老龄化速度之快,老年人口之多,养老保险制度之复杂,世界少有,人口老龄化问题十分突出。人口是经济社会发展的基础,人口老龄化是贯穿我国 21 世纪的基本国情,我国历来高度重视老龄工作,积极出台各种政策措施。党的十八大和十八届三中、四中、五中全会以及"十三五"规划纲要都对应对人口老龄化、加快建设社会养老服务体系、发展养老服务产业等提出了的明确要求。2016 年 5 月 27 日中共中央政治局就我国人口老龄化的形势和对策举行第三十二次集体学习。习近平总书记强调,坚持党委领导、政府主导、社会参与、全民行动相结合,坚持应对人口老龄化和促进经济社会发展相结合,坚持满足老年人需求和解决人口老龄化问题相结合,努力挖掘人口老龄化给国家发展带来的活力和机遇,努力满足老年人日益增长的物质文化需求,推动老龄事业全面协调可持续发展。习总书记在多次讲话中也提到我国的养老服务业供给滞后,要推动养老事业多元化发展,着力发展养老服务业和老龄产业。

福建省基本同步于全国进入老龄化社会,随着人口老龄化不断发展,我省人口老龄化将与加快新型工业化、城镇化、现代化相伴随,与经济转型、社会转型、文化领域的改革发展相交织,与城乡差距、区域差距、收入差距相重叠,并呈现伴随家庭结构日趋小型化和高龄、空巢、失能老年人不断增多的特点,社会养老保障和养老服务的压力日益增大,给我省经济社会发展以及公共服务、社会和谐稳定都产生深刻的影响。对此我们要辩证地认识人口老龄化的影响;但同时也要看到,"十三五"时期,是我省老年人口增速放缓、处在轻度人口老龄化阶段,这一时期是我省制定、完善养老相关政策的重要"窗口期"。政府既要着力完善人口、社会保障及养老服务相关政策,推进养老服务机构和为老服务社会组织的健康快速发展,及时有效解决当下人口老龄化引发的相关问题,同时为未来可能出现的各类问题,做好"及时应对、科学应对、综合应对",这是实现我省和谐、可持续发展的必然之路。

一、福建省人口老龄化现状、特点

1999年年底,我国60岁以上人口首次超过10%,按照国际通行标准,标志着我国正式进入老龄化社会。此后,老年人口快速增加,老龄化加速发展,形势日趋严峻,且高龄化、空巢化、失能化。据第六次人口普查显示[①]:我国60岁及以上人口数量为1.78亿,占人口总数的13.26%,其中65岁及以上人口为1.19亿,占8.87%。2015年,60岁以上人口比例达16.1%,65岁以上人口比例达10.5%。2020年,60岁以上老年人将达到2.43亿,2025年将突破3亿。可见,我国早已且正加速进入老龄化社会,老年人口比重在持续走高。

与此相类似,福建省也于21世纪初步入老龄化社会,人口老龄化程度比全国轻,外来人口有效降低了我省的老龄化程度,但基数大,速度快,发展不均衡,未来形势同样严峻。

(一)福建省人口保持低速平稳增长

2015年末全省常住人口3 839万人,比上年末增加33万人,增长0.87%,增幅比上年略高0.02个百分点。其中,城镇常住人口2 403万人,占总人口比重为62.60%,比上年末提高0.8个百分点。全年出生人口53.13万人,出生率为13.9‰;死亡人口23.32万人,死亡率为6.1‰;自然增长率为7.8‰。(图1)

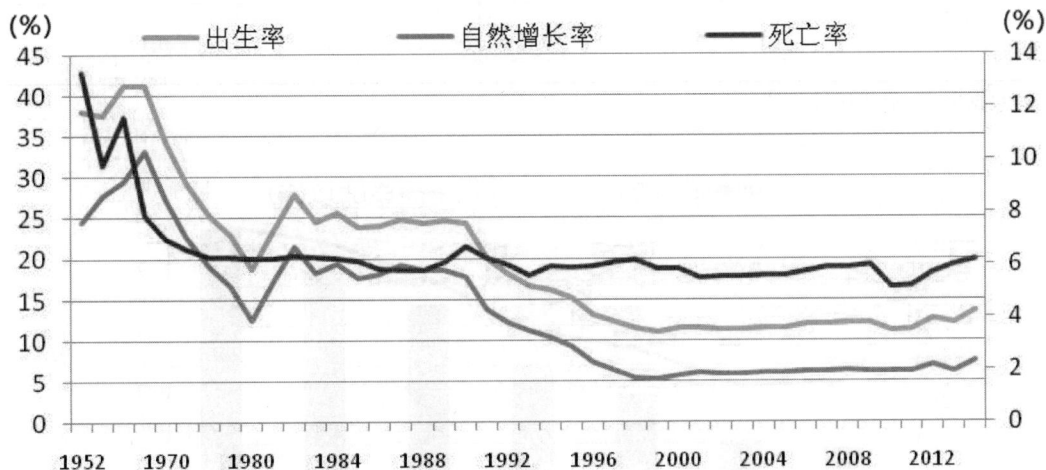

图1 福建省人口情况

数据来源:福建统计年鉴。

---

① 数据来源于中国统计年鉴。

(二)老年人口基数大,老龄人口增长速度快

从福建省六次人口普查数据看福建省的老龄化形势,福建省老龄人口基数较大,且在加速增长。65 岁以上人口数量从 1964 年的 53 万,增长到 1982 年的 113 万,再到 2000 年增长至 228 万,2010 年 291 万,2015 年 324 万。老龄人口比重快速上升,65 岁以上人口比例由第四次人口普查时的 5%,上升到第五次人口普查时的 6.7%,平均每年上升了 0.17 个百分点。第六次人口普查时 65 岁以上人口比例上升到 7.9%,平均每年上升 0.12 个百分点,再到 2015 年上升到 8.45%,平均每年上升 0.11 个百分点,早已进入老龄化社会,但与全国六普的 8.87%,2015 年的 10.5% 相比,人口老龄化程度较全国轻。全省有空巢老人 109.49 万人,占老年人口的 22.07%。(表 1、图 2)

表 1 福建省六普及 2015 各年龄段人口数量及占比

单位:万,%

年　　龄	1953 年	1964 年	1982 年	1990 年	2000 年	2010 年	2015 年
0~14 岁	460	709	945	946	760	571	623
0~14 岁占比(%)	35.80	42.30	36.50	31.50	22.30	15.50	16.22
15~64 岁	782	914	1 530	1 907	2 422	2 828	2 892
15~64 岁占比(%)	60.90	54.50	59.10	63.50	71.00	76.70	75.33
65 岁及以上	43	53	113	152	228	291	324
65 岁及以上占比(%)	3.30	3.20	4.40	5.00	6.70	7.90	8.45
65 岁及以上占比年均增长(%)			0.067	0.075	0.17	0.12	0.11

数据来源:福建统计年鉴。

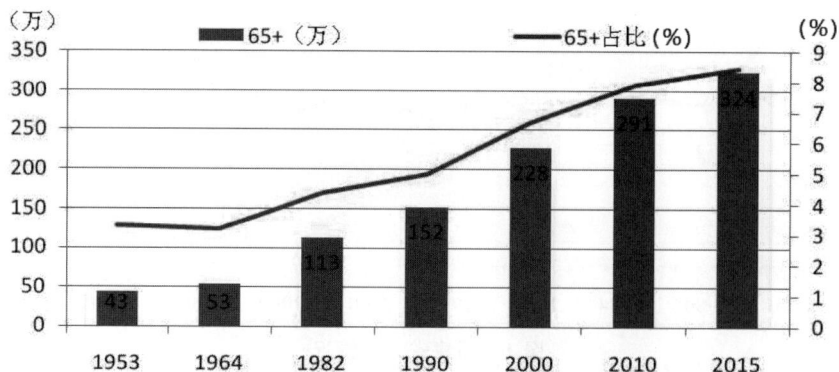

图 2 福建省 65 岁及以上老年人口总量及占比情况

数据来源:福建统计年鉴。

(三)外来人口有效降低我省的老龄化程度

从 2010 年人口普查情况看,福建省省外流入人口规模列广东、浙江、上海、江苏、北京

之后的全国第六位。劳动力资源丰富的优势是我省参与经济竞争的基本优势之一。作为东部沿海经济发展较快省份之一,省外劳动力人口的不断注入,不仅为我省建设提供了丰富的劳动力资源,也减缓了我省的老龄化进程,使之与全国相比,具有较轻的年龄结构。全省常住人口中,迁移而至的人口为 1107 万人,其中市区迁移人口为 83 万人。具有外省户籍的迁入人口为 431 万人。同 2000 年第五次全国人口普查相比,迁移人口增加 516 万人,增长 87.35%,外省迁入人口增加 216 万人,总量上翻一番。占常住人口的比重也由 2000 年的 6.3% 提高至 2010 年的 11.7%。[①]

(四)未来高龄老年人口形势严峻

按照国际标准,年龄在 60~69 岁之间的人口为低龄老年人口,70~79 岁之间的人口为中龄老年人口,80 岁及以上的人口为高龄老年人口。从表 2 可以看出,福建省老年人口中低龄人口占多数,分地区看,各设区市的情况也类似(图 3),且 60 岁以上人口和

表 2　低、中、高龄老年人口占比

单位:%

年　份	1990	2000	2010	2013	2014	2015
60~69 岁	5.05	5.36	5.99	7.11	7.55	8.03
70~79 岁	2.34	3.22	3.80	3.85	3.81	3.73
80 岁及以上	0.63	0.97	1.63	1.65	1.65	1.65

数据来源:据福建统计年鉴计算而来。

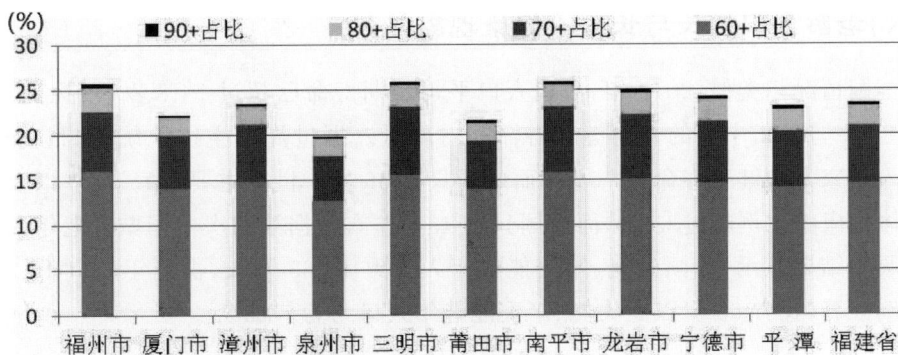

图 3　2015 年各设区市不同年龄段老年人口占比

数据来源:福建统计年鉴。

70 岁以上人口各设区市占比差异在 2 个百分点左右,而 80 岁以上人口占比差异不到 1 个百分点,90 岁以上老年人口比例在各区市较均衡。但老年人口数量和比重在增加的同时,老年人口内部年龄结构也在老化,高龄化趋势明显。随着人们预期寿命的不断提高,福建省老龄人口高龄化趋势明显。从每五年为一组的年龄层分布看[②],2015 年,25~29

---

①　资料来源于福建省第六次人口普查资料。

②　2015 年数据来源于福建统计年鉴抽样调查样本数据。

岁,40～44 岁年龄组的人口比例最高,从而形成两个人口高峰段。过 20～35 年这两个年龄层会相继进入老年抚养压力高峰期,即至 2035 年,人口形势将更加严峻。据中国老年科研中心预测,到 2020 年,福建省 60 周岁及以上老年人口将达到 615.73 万人,占全省总人口的15.02％。

(五)老年抚养比呈不断攀高的态势

老年抚养比是指老年人口数与劳动年龄人口数之比,即 65 岁及以上的老年人口与 15～64 岁的劳动年龄人口之比。随着人口老龄化程度的不断加重,福建省老年抚养比呈不断攀高的态势,2015 年福建省老年抚养比已经达到 11.2％,与 1990 年相比上升了 3.23 个百分点,抚养压力不断增大(表3)。老年抚养比逐年增长,赡养一个老年人的劳动人口相应逐年下降。这里的劳动人口从 15 岁算起,忽略 15 岁仍在上学,未到 60 岁就退休的人口,实际老年抚养比远高于表中的数据,即实际赡养比更低。据预测,到 2020 年,平均每 4 个人中就有一个老年人,且高龄、失能、空巢化、失独、家庭小型化,老年人赡养问题不容忽视。

表 3　福建省老年抚养比情况

单位:％

年　份	1953	1964	1982	1990	2000	2010	2015
老年抚养比	5.50	5.80	7.39	7.97	9.41	10.29	11.20

数据来源:根据福建省统计年鉴计算整理而来。

(六)老龄人口增长与长寿不健康现象并存

与全国情况相类似,2010 年,中国人口平均预期寿命已超过 74.8 岁,预计到 2050 年将达到 85 岁,然而,中国的人均健康寿命相对较低。据世界卫生组织统计,目前全球 49 个高收入国家人均健康寿命为 70 岁,而中国只有 66 岁。世界主要国家 60 岁以上老年人口中身体健康的比例超过 60％,而中国只有 43％左右。据第四次中国城乡老年人生活状况抽样调查结果显示,我国失能、半失能老年人大致 4 063 万人,占老年人口 18.3％。按这一比例推算,我省 65 岁以上失能、半失能老年人口约为 59.3 万。

(七)福建省未富先老,且城乡区域间不平衡

发达国家的老龄化是社会经济高度发达的产物,老龄化进程与经济发展基本上是同步的,进入老龄化社会时,人均国内生产总值一般都在 5 000～10 000 美元以上,是"先富后老"。这些国家在人口老龄化浪潮来临时,自身已经具备了较强的物质基础和承受能力。我省的人口老龄化是一个快速迅猛的进程(表5),超前于社会经济发展水平,典型的"未富先老"。福建省在 2014 年居民人均可支配收入为 23 331 元,相当于 3 500 美元,应对人口老龄化的经济实力还比较薄弱。其中,城镇居民人均可支配收入 30 722 元,相当于 4 600 美元;而农村居民人均可支配收入为 12 650 元,相当于 1 900 美元。从各设区市内部城乡情况看:各地区之间,城镇人均可支配收入差距近 15 000 元,而农民人均可支配

收入差距约 5 000 元。且随着青壮年人口的大量外流,农村留下了规模巨大的"空巢留守老人"。

表 4　2014 年分地区城乡居民可支配收入

单位:元

地　　区	农民人均可支配收入	城镇人均可支配收入
福州市	14 012.12	32 450.86
厦门市	16 219.55	39 625.09
莆田市	12 828.79	26 870.83
三明市	11 665.18	25 197.04
泉州市	14 586.03	34 819.52
漳州市	12 690.15	25 741.42
南平市	11 251.54	24 074.28
龙岩市	12 054.43	26 153.07
宁德市	11 301.88	23 956.36

资料来源:福建统计年鉴。

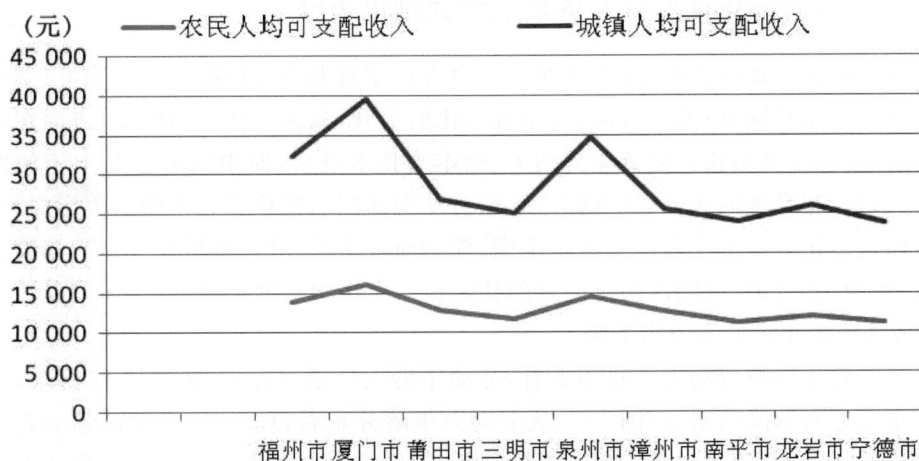

图 4　2014 年分地区城乡居民可支配收入

资料来源:福建统计年鉴。

表 5　福建省人口转变情况

项　　目	1953 年	1964 年	1982 年	1990 年	2000 年	2010 年
出生率(‰)	36.67	38.59	27.91	24.44	11.60	11.27
死亡率(‰)	12.55	8.68	6.35	6.71	5.85	5.16
自然增长率(‰)	24.12	29.91	21.56	17.73	5.75	6.11
总和生育率			2.70	2.40	1.00	
平均预期寿命			68.50	70.50	72.55	75.76
城镇化率(%)		13.30	21.20	21.40	42.00	57.10

数据来源:福建统计年鉴。

二、福建省人口老龄化对社会经济的影响

随着人口老龄化程度的不断加深,特别是老年人口的高龄化,福建人口老龄化将会给福建社会经济发展和人民生活等各个领域带来广泛而深刻的影响,引起经济、社会、家庭、个人各方面的问题。比如未富先老影响经济的发展,失能、高龄、空巢和独居等养老服务重点对象也将大幅增加,家庭养老功能弱化,国家、社会和家庭的养老负担加重,养老风险突显;社会保障和福利费用支出将大幅增长,劳动力资源的短缺和老化,消费领域和服务领域发生变化等。

总之,在国家层面,社会保障养老金支付、卫生支出以及医疗保险费用等方面的不可预测性;在家庭层面,核心家庭面临的经济健康成本及相关机会成本增大,赡养老人心有余而力不足;在老年人个体层面,生活、心理和生理健康等方面面临窘迫境况。但是,不管哪个层面,不能未雨绸缪,都可能带来不断恶化的社会连锁反应。

(一)人口老龄化使传统经济发展方式难以为继

人口老龄化对经济的影响,体现在劳动力人口相对老年人口的比重下降上。一方面,造成劳动力的相对减少;另一方面,老年抚养比的上升,减少了社会的储蓄,进而在新古典经济学框架内,经济增长主要依靠劳动力、资本与技术进步,而中国最近几十年的发展主要依靠人口红利带来的无限供应的劳动力、劳动力部门间转移及其不断储蓄形成的资本。

人口老龄化对经济发展的影响是全面、深刻而普遍的,对经济增长、消费、储蓄、投资、劳动力、税收、养老金、资产价格及财富的代际流动产生深远的影响。

1.劳动密集型产业竞争力下降

人口老龄化影响劳动力。总体上看,劳动年龄人口增速停滞,数量上现拐点,占总人口的比重也迎来下降的拐点(图5)。从劳动力年龄分布看,15～29岁年轻劳动人口占总人口的比例从1990年的30.69％下降至2014年的23.31％,30～64岁年长劳动人口比例从1990年的32.77％上升至2014年的52.22％,超过半数。人口老龄化,老龄人口高龄化的同时,劳动年龄人口也年长化。(表6)

劳动力的减少,劳动力供给格局的改变,劳动力老化,充足而廉价的劳动力不复存在,弱化了劳动力比较优势产业的竞争能力。我省人口快速老龄化使得传统以劳动密集型、粗放型及出口导向型的经济发展方式难以为继。劳动力短缺导致劳动力价格上涨,导致企业生产成本上涨,大量企业不能有效转型升级,从依靠低廉的劳动力盈利模式转变到依靠科技创新发展的模式,必然导致企业收益下降,资本收益率下降,遏制资本投资,企业数量及规模增长速度下降,最终导致我省经济发展速度下降。

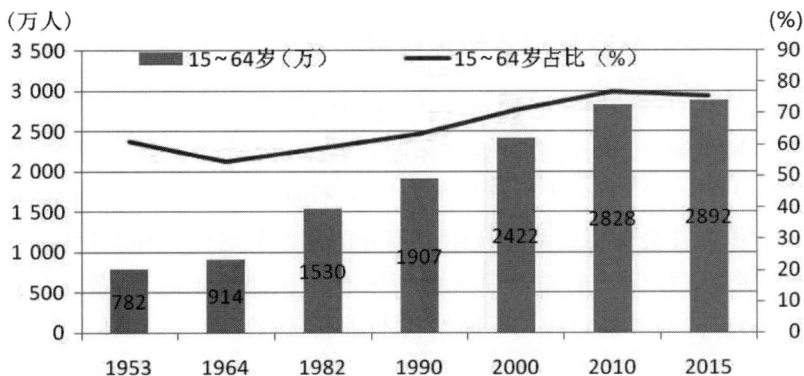

图5 福建省劳动年龄人口情况

表6 福建省劳动年龄人口状况

单位:%

年 份	15～29岁占比	30～64岁占比
1990	30.69	32.77
2000	29.32	41
2010	27.19	49.44
2013	24.36	51.49
2014	23.31	52.22

数据来源:福建统计年鉴。

2.人口老龄化影响社会消费、储蓄

生命周期理论认为,人们会在相当长的时期跨度内计划自己的消费开支,并按照终身效用最大化来配置各个时期的消费与储蓄。如果把人的一生分为三个时期:少年期、成年期及老年期。成年期由于收入增加,且大于消费,超出部分为储蓄,用以补偿少年期支出并同时为老年期的消费进行积累。少年期及老年期没有工作,少年期的消费依靠向成年期借贷,老年期的消费来自成年期的储蓄。因此,对个人而言,成年时储蓄率上升,老年时储蓄率会降低。与此相应,全社会储蓄率会随着成年人口比例的增大而上升,而老年人口比例的上升则会导致全社会储蓄率的下降,即一个社会的人口结构会影响整个社会的储蓄率,人口老龄化会降低全社会的储蓄率水平,减少经济增长所需的资本积累。随着我国人口老龄化趋势的加深,人口红利的迅速下降,人口老龄化对消费、储蓄率进而对投资对经济增长产生影响。

3.农村青壮年外流,影响现代农业发展

当前,我国农村人口老龄化进程快于城市老龄化,而农村青壮年劳动力正大量外流,农村多是留守儿童、留守老人,青壮年劳动力转移殆尽,这就使留在农村从事农业生产的劳动力素质整体下滑,不利于现代先进农业机械、农业技术的推广与应用,阻碍现代农业发展。同时,农业是我国社会发展的基础产业,农业发展缓慢也必将全面影响我国经济发展进程。但另一层面看,人均耕地的增加,为发展农业适度规模经营创造了良好的条件。

(二)人口老龄化影响基本养老保险制度稳定运行

人口结构老化的日趋严重,必然对社会保障制度带来巨大挑战,相对于人口老龄化的未来发展趋势,城市圈内现行的养老保障体制存在不可持续的问题。人口老龄化进程加速背景下,老年人口日益增多、人口平均预期寿命不断延长,老龄收入保障体系也受到了极大的冲击,而作为社会保障体系重要组成部分的基本养老保险和医疗保险首当其冲,基本养老保险及基本医疗保障的需求呈现前所未有的快速增加趋势,养老经济负担沉重。而当前养老社会保障与养老负担的不断增长不适应,医疗卫生保障体系与老年群体医疗保健服务需求不适应。一是养老金每年支出大于收入,而随着老龄化的加速增长,养老负担将大幅度上升。二是城乡之间医疗保障的不均衡明显,目前农村老龄化程度大于城市老龄化程度,这样的情况对可持续发展产生很不利的影响。基本养老保险情况,如养老保险抚养比、基金收支平衡、参保人员、养老金收益率等均需关注。

1.对基本养老保险的影响

人社部社会保险事业管理中心发布《中国社会保险发展年度报告 2015》,报告显示,2015 年职工养老保险抚养比继续保持下降的态势,由 2014 年 2.97∶1 降至 2.87∶1,这意味着不到 3 个在职职工要"养"1 个老人。各个省份城镇职工基本养老保险制度参保人数继续保持增长,但参保职工人数负增长的省份已经出现,如 2014 年,辽宁省参保职工人数增速为－0.38%。城镇企业职工养老保险基金当期"入不敷出"的省份在快速增加。截至2014 年底只有三省份当期收不抵支,而到 2015 年,黑龙江、辽宁、吉林、河北、陕西和青海6 省份的城镇企业职工养老保险基金当期"入不敷出",数量翻了一番。2015 年东北三省的养老金全面"沦陷",黑龙江企业职工养老金收入比支出少 183 亿元,辽宁、吉林也收支相差 105 亿元、41 亿元。[①]

福建省离退休人员大幅递增,2010 年到 2015 年,福建省城镇企业离退休人员净增将近 30 万人,加上人口平均预期寿命的延长和生活水平的提高,致使社会养老保险基金支出水平急剧上升。从 2010 年的 135.85 亿元,增长至 2015 年的 336.18 亿元,增长了近两倍(见表 7)。

表 7 福建省城镇企业职工养老保险情况表

单位:万人,亿元

年 份	2010	2011	2012	2013	2014	2015
期末参加基本养老保险人数	466.88	518.57	569.60	620.99	648.70	676.76
期末参加基本养老保险离退休人数	93.33	97.32	103.34	111.60	118.27	124.10
基本养老保险基金收入	149.55	188.93	231.37	324.08	362.95	372.47
基本养老保险基金支出	135.85	160.55	194.15	253.38	293.49	336.18
基本养老保险基金累计结余	104.63	133.00	170.23	356.95	426.41	501.74

数据来源:福建统计年鉴。

---

① 《中国社会保险发展年度报告 2015》。

截至 2015 年底,福建省城镇企业职工养老保险职工人数 676.76 万人,离退休人员 124.1 万人,月人均养老金 2 709 元;机关事业单位养老保险职工人数 59.82 万人,离退休人员 22.99 万人,月人均养老金 4 253 元。2013—2015 年二者合计的实际赡养比依次为: 5.1∶1、5.05∶1、5.01∶1[①],即平均 5 个在职职工要"养"1 个老人,数据较为稳定,情况较全国平均 3∶1 的水平高。(表 8)

从城镇职工养老保险基金当期收支平衡上看,福建省基本养老保险基金累计结余在增长,当期收入大于当期支出,差额也在减小(见表 9)。

表 8 机关事业单位养老保险情况

单位:万人,亿元

年 份	2010	2011	2012	2013	2014	2015
期末参加基本养老保险职工人数	54.93	58.14	60.40	58.67	59.41	59.82
期末参加基本养老保险离退休人数	20.13	20.89	22.14	21.55	21.89	22.99
基本养老保险基金收入	55.32	77.91	86.67	88.20	90.32	81.49
基本养老保险基金支出	52.65	69.97	75.20	85.28	85.42	97.78
基本养老保险基金累计结余	36.60	44.53	55.99	58.92	63.85	75.39

数据来源:福建统计年鉴。

表 9 城镇企业职工基本养老保险基金收支增长率

单位:%

年 份	2011	2012	2013	2014	2015
收入增长率	26.33	22.46	40.07	11.99	2.62
支出增长率	18.18	20.93	30.51	15.83	14.55

数据来源:福建统计年鉴计算而来。

城镇企业职工基本养老保险基金收入增长率在急骤下降,从 2011 年的 26.33%,下降至 2015 年的 2.62%,支出增长率上下浮动(表 9),且随着事业单位养老保险改革,城乡职工基本养老保险制度和城乡居民基本养老保险制度的融合,人口老龄化仍在深入,在职职工人数增速放缓,离退休老年人数仍在增长,养老金人均支出水平也在上升,对制度的财务可持续性产生影响。(图 6)

养老金新旧制度的转换,制度的平稳转轨和代际公平问题也提上日程。

同时,养老保险基金收益的低水平也值得关注。2009—2015 年的企业养老保险基金收益率分别为 2.2%、2.0%、2.5%、2.6%、2.4%、2.9%、3.1%。2015 年的 3.1% 是近 7 年以来的最高,基本持平年存款利率,落后于各类理财产品,收益率过低。[②]

---

① 据福建统计年鉴数据计算而来。

② 福建统计年鉴。

图6　福建省人口老龄化与养老基金人均支出水平

资料来源:据统计年鉴计算而来。

2.对基本医疗保险的影响

人体的健康状况和人的年龄相关,随着人口的老龄化,医疗卫生服务需求和医疗费用不断增长,基本医疗保险资金需求也迅速攀升。

一般情况下,人到中年后身体健康状况开始走下坡路,进入老年期后发病率会明显提高。根据原卫生部相关调查,老年人比中青年人发病率要高3~4倍,住院率高2倍;老年人患慢性病的比率为71.4%,有42%的老年人患有两种以上的疾病。日益严重的人口老龄化将导致医疗费用的大幅度增长①。同时,随着经济社会水平的提高,人们的健康意识不断提高,医疗技术不断进步,许多高价的医疗仪器、设备、检查和治疗手段的运用也使医疗费用日渐增长。

从总体上看,近年来基本医疗保险基金收入大于支出,均有结余(表10)。但从收支增长率上看(表11),福建省医疗保险基金收入增长率从2011年的27.22%,快速降低至2015年的13.21%;而福建省医疗保险基金支出增长率在2013年下降后又快速恢复至2015年17.31%的增长率。

2016年1—11月份,省本级城镇职工基本医疗保险共有参保职工261 253人(去年同期257 209人),其中:在职职工201 516人(去年同期199 327人),退休人员59 737人(去年同期57 882人),占22.87%(去年同期占22.5%),缴费人数净增长21 810人,赡养比为3.37∶1(去年同期3.44∶1)。

随着人口老龄化的快速推进,城镇职工基本医疗保险体系内部也会出现参保人群结构老龄化的现象,老年人高龄化、失能化,劳动人口年长化,且退休人员不再缴纳基本医疗保险费,使整个医疗保险系统存在系统性风险。

---

① 颉慧玲,侯志刚.人口老龄化对医疗保险制度的影响:以山西为例[J].经济问题,2012(6):57-60.

表 10　福建省医疗保险情况

单位:万人,亿元

年　份	2010	2011	2012	2013	2014	2015
参加基本医疗保险人数	1 226.25	1 255.17	1 262.92	1 283.78	1 292.97	1 301.24
城镇职工	554.67	626.35	666.30	703.00	737.25	759.38
城镇居民	671.58	628.82	596.62	580.78	555.72	541.86
基本医疗保险基金收入	113.72	144.68	176.60	206.76	235.93	267.09
城镇职工	106.22	133.73	163.27	190.65	216.24	244.59
城镇居民	7.50	10.95	13.33	16.11	19.69	22.50
基本医疗保险基金支出	96.01	114.74	134.81	148.66	175.52	205.90
城镇职工	88.96	106.49	123.22	133.57	158.36	184.90
城镇居民	7.05	8.25	11.59	15.09	17.16	21.01

资料来源:福建统计年鉴。

表 11　福建省医疗保险基金收支增长率

单位:%

年　份	2011	2012	2013	2014	2015
收入增长率	27.22	22.06	17.08	14.11	13.21
支出增长率	19.51	17.49	10.27	18.07	17.31

数据来源:福建统计年鉴计算而来。

(三)人口老龄化凸显养老服务体系建设短板

养老服务供给严重不足。床位数与全国比严重缺乏,2015 年全省养老床位共 14.9 万张,每千名老年人拥有的床位数远低于全国平均水平,只达到需求量的 30% 左右。政府公共服务职能不到位,对养老服务体系建设推动不力;社区养老服务发展严重滞后,无法对居家养老形成有效支撑;养老机构功能紊乱,质量参差不齐,影响机构养老的补充作用。

长期照护服务资源的高度紧张。老年期疾病的特点决定了照护远比医疗更重要,面对供需失衡的老年照护服务需求,亟须进行顶层设计和制度安排,谋求传统照护服务的变革。老年人口护理需求基数增大和增长速度加快,使得传统照护服务模式面临巨大的承载压力。

党的十八大和十八届三中、四中、五中全会及"十三五"规划纲要都对应对人口老龄化、加快建设社会养老服务体系、发展养老服务产业等提出明确要求。

随着改革开放的不断深入,人民生活水平的提高和医疗设施的完善,人口的平均寿命大幅度提高,老龄阶段人口在整个人口中的比重逐年增大,而人口的总和生育率不断下降,人口出生率随之降低,白发浪潮日益临近。计划生育政策的实施,此时的 80 年代生育夫妇集中进入老年阶段,其子女数较少,而大规模的人口流动又造成子女与父母分离,均使家庭中子女人数大为减少,大家庭逐渐小型化、空巢化,传统的家庭养老面临挑战。老年人数的增长,从一个侧面反映了养老服务需求随人口增长而增加的情况。

养老服务可分为三大类,一类是居家养老,一类是社区养老,一类是机构养老。目前的居家养老不再是传统的仅由子女、亲戚照顾老人或老人自理的固有模式,而是引入了社区服务站和日间照料中心的新形式。以家庭为依托,以社区化、社会化服务为补充,既满足了老人居家养老的传统观念的需求,又实现了由社区提供帮助以及各种服务,是一种较为适合我国及我省现阶段国情的居家养老模式的新发展。因此,合并为居家养老服务。

1.居家养老服务功能不完善

目前情况下,居家养老是重点。

到 2015 年,我省 65 周岁以上老龄人口达 324 万人,占总人口的 8.45%,按照国家规划的"9073",由于经济条件及社会化养老服务的限制,居家养老的老年人要占总人口的90%。高龄老人数量庞大,70～79 周岁、80～89 周岁、90～99 周岁及百岁以上老年人分别达 149.98 万人、75.28 万人、11.07 万人和 0.2 万人。且随着高龄老人不断增加,失能化日益突出。

农村青壮年劳动力外出务工经商、上学、出国造成大量"空巢老人",达 114 万,约占老年人口的 20%,城市虽同城但异地居住、子女亲属无法照顾到父母的也较普遍,老年照料和护理服务需求快速增长。[①]

越来越多的老年人渴望夜间在家居住、日间有人陪伴和照料的养老模式,因此,以家庭为基础、以社区为依托的社会化养老是符合国情省情的最佳模式。而福建省社区老年基础设施建设尚不发达,社区服务网络建设滞后,智慧社区网络建设也仍处于发展阶段。福州市积极开展社区居家养老服务站星级评定工作,共评出 50 个星级社区居家养老服务站,厦门市积极推进居家养老智能化建设,设立了首家市级居家养老服务信息化统一平台。

一方面日间照料中心服务供给不能满足需求。不能为居家老人提供生活照料、膳食供应、文化娱乐、精神慰藉、康复保健等方便、快捷、人性化、多样化的日间服务。

2014 年以来,福建省组织实施《2014—2015 年福建省社区老年人日间照料中心试点建设方案》,推进和规范社区老年人日间照料中心建设,2015 年底,全省共有城市社区居家养老服务中心 2 516 个,乡镇共建成敬老院 861 个、农村幸福院(含五保幸福园和慈善幸福院)3 116 个。全省养老机构(含公办和民办)拥有城市日间照料床位 7 800 张、农村日间照料床位 17 600 张。[②]

数量扩张的同时,质量未跟上需求。大多数居家养老服务中心面积较小,服务内容大多只限于提供场所给老人休闲娱乐,能够提供一日三餐和日间照料服务的很少。目前为数不多的日间照料中心大部分是由社区服务中心或是活动中心加挂牌子形成,中心建设基本达不到《社区老年人日间照料中心建设标准》,难以满足老年人日间照料中心生活照料、配餐和就餐服务、康复保健、精神慰藉的基本功能。

同时,我省居家养老服务城乡发展还不平衡,真正的市场主体未形成,服务专业化、社会化发展缓慢,"互联网+"智慧社区、社区照料服务及养老机构支持居家养老功能还不完善。社区养老服务功能、服务网络与多样化、个性化养老服务需求不适应。

2.机构养老服务参差不齐

我省社会养老机构发展缓慢,不能适应社会化养老需求。

从全国情况看,截至 2014 年底,全国共有各类养老服务床位 550 余万张,每千名老年

---

① 数据均据 2015 年福建省老龄事业统计表计算整理而来。

② 福建省 2016—2018 年社区老年人日间照料中心建设方案。

人拥有养老床位数在 26 张左右。而当年的目标是确保实现每千名老年人拥有养老床位 30 张,养老床位数的缺口为 80 万张。

2013 年 5 月,福建省下发了《关于支持社会力量兴办养老服务机构实施意见的通知》,但成效甚微。截至 2015 年末,我省每千名老年人拥有床位数仅 16 张,即使按现有的老年人口规模,加上在建的床位数,每千名老年人拥有的床位数仍仅能达到 23 张,远低于全国水平。分地区看,截至 2015 年年底,每千名老人床位数最多的是南平地区近 28 张,略高于全国平均水平,但也未实现当年目标床位数,而床位数最少的是莆田地区,不到 9 张。[1](表 12)

表 12　截至 2015 年末各地区养老机构床位数及在建床位数

城　市	老龄人数	已有床位数			每千名老人床位数	在建床位数			建成后千名床位数
		已　有	公　办	民　营		在　建	公　办	民　营	
福州市	1 061 573	11 994	2 717	9 277	11.2983	11 654	4 819	6 835	22.2764
厦门市	296 079	5 830	2 630	3 200	19.6907	3 200	500	2 700	30.4986
漳州市	745 985	8 227	7 727	500	11.0284	2 540	2 010	530	14.4333
泉州市	953 398	11 156	8 904	2 252	11.7013	5 564	2 981	2 583	17.5373
三明市	446 808	8 517	6 634	1 883	19.0619	250	250	0	19.6214
莆田市	484 738	4 349	2 644	1 705	8.97186	1 400	500	900	11.86
南平市	504 657	14 119	10 046	4 073	27.9774	4 853	3 337	1 516	37.5939
龙岩市	465 109	12 446	7 936	4 510	26.7593	3 930	330	3 600	35.209
宁德市	521 176	12 608	12 380	228	24.1914	5 450	3 250	2 200	34.6486
平　潭	60 902	568	352	216	9.32646	0	0	0	9.32646
小　计	5 540 425	89 814	61 970	27 844	16.2107	38 841	17 977	20 864	23.2211

数据来源:老龄事业统计报表 2015 整理计算而来。

在建养老机构床位建成后,福建省仍未实现目标,但南平、龙岩、宁德、厦门四地区均能达标。从养老机构性质上看,已有养老机构中,公办养老机构床位数远多于民营,在建床位数中,民营机构床位数略高于公办的在建床位数。民营养老机构的床位数占比在增长,已建成的民营床位数占床位总数的 31%,加上在建后增加到占总床位数的比例增长至接近总床位数的 38%。

而现实情况是不少老人愿意入住老人院,公办的养老院空位少入住难,民办的养老院收费太高,社区的居家养老服务站又不完善。

而广州自 2012 年起实施养老服务设施发展三年行动计划,三年多来全市动工兴建养老床位超过 2.5 万张。广州市现有养老机构超过 170 家,床位数达 5.6 万张,每千名老年人拥有养老床位 40 张,其中民办床位占床位总数比例达 70%。

福建省机构养老服务不仅在数量上欠缺,床位不足,服务内容、质量仍不能满足日益

---

[1]　数据来源于《2015 年全省老龄事业统计表》。

增长的多样化养老服务的需求。护理型机构偏少,对民办养老服务机构政策扶持和监管力度还不够,社会力量参与兴办养老机构虽有意愿但受土地供应和场所的制约,实际参与不充分,一些民办养老机构由于消防等原因,难以注册登记,合法经营。

3.养老服务人员职业化程度低

随着人口老龄化进程的深入,对为老服务的数量和质量有了更高的要求,但护理人员数量不足,质量欠缺,尚未职业化,总体素质不高的问题严重制约了养老服务体系的发展。

我省目前养老机构专业化人才相当缺乏,还未形成职业化的发展模式。养老服务人员职业素质不高,专业护理人员十分短缺,待遇低,人员队伍很不稳定,相比于我省失能、半失能老人的数量,现有养老护理员难以满足社会养老方面的需求。

一方面,养老机构护理人员素质不高,尤其是民办的经济型养老机构,下岗的中年妇女工人较多,护理人员队伍年龄老化严重,文化层次偏低,素质和层次相对较低,相关护理知识欠缺,只能进行简单劳动。专业教育背景和训练不足,缺少护理经验,且专科类院校养老服务相关专业和课程少,缺乏科学的培训体系,老年医学、康复、护理、营养、心理和社会工作等方面的专门人才缺乏。

另一方面,护理人员待遇较低,地位低、工作压力大,使得有限的护理人员队伍又表现出流动率极高的特点,从业意愿较低,工作满意度不高,激励措施过于单一,更加剧了高素质护理人员的短缺,人员队伍不稳定,严重制约着社会养老服务质量的进一步提升。

(四)人口老龄化有利于催生银发产业

根据生命周期理论,个人消费需求会随着生命周期变化而相应变化,存在于个体层面的变化会随着总人口年龄结构的改变累积叠加,带来社会总需求结构的变化,最终反映到产业结构上。老年人有效消费需求主要取决于两个因素:一是老年人收入水平;二是老年人消费倾向。为老年人提供针对性的消费产品与服务,意味着存在一个银发大市场。按照消费经济学的观点,当老年人口的绝对数量增加到一定程度时,老年人在比如老年护理、老年娱乐和老年用品等方面的需求将会迅速增加,以及满足老年人特色的衣、食、住、行、乐、医等方面的物质、文化的多样化需求增多,进而促使形成一个崭新的、庞大的消费市场。在市场经济发达的国家,伴随着人口老龄化而来的"银色产业"已经有了显著发展,并形成了新的经济增长极。目前,我省养老服务业大多属于劳动密集型行业,对劳动力的需求比较大,随着老年消费需求的扩大,我省产业结构的调整也会带动就业结构的调整,这可以为社会创造大量的就业机会,人口老龄化将缓解目前的就业压力,并倒逼企业寻求资本和技术对劳动力的替代,促进产业结构的优化升级。

三、应对人口老龄化的国际经验

国际上应对人口老龄化挑战主要是包括理念转变、社会保障制度的完善、延迟退休开发老年人力资源开发、发展养老产业、完善养老服务、长期护理保险制度的建立这几方面。

这里简要介绍理念转变、人力资源开发及长期护理保险制度三个方面。

(一)从安享晚年到老年参与和发展的理念转变

1982 年维也纳第一次老龄问题世界大会的核心目标是"以便制定出一项国际行动纲领来保证年纪较大的人能够得到经济和社会保障,并保证这些人有机会对他们本国的发展做出贡献"。大会并提出,在制定及执行国际、区域和国家各级政策时,要充实老年人的生活,并让他们在和平、健康和有保障的情况下,身心都充分、自由地安享晚年,把解决老年人的生存问题作为首要的和前提性的条件。

1991 年的《联合国老年人原则》主要讨论了老年人的人权问题,主张"愿长者颐养天年",赞赏老年人对社会所做的贡献,提出独立、参与、照顾、自我实现、尊严五大原则。

第二次老龄问题大会通过的《2002 年马德里老龄问题国际行动计划》提出,世界各国必须帮助老年人充分地为发展做出贡献,并平等地从中获益,以便改善所有人的经济和社会状况。

到 2010 年联合国 65 届会议通过的《第二次老龄问题世界大会的后续行动:全面综述》指出,老年人积极参与社会和发展的前提是老年人有机会对社会做出贡献。

目前国际社会应对老龄化的基本思想为"平等""参与""发展",应对老龄化的行动从消极被动转变为积极主动。

(二)促进老年人力资源开发

延长退休年龄本质上是把部分低龄老年人转变为劳动力资源,延长生命周期中生产性的时间,缩短消费性的时间段,提高老年人的劳动参与率,实现"寿命更长,工作更长"。发达国家正采取循序渐进的方式提高退休年龄。如日本宣布每 3 年延长 1 年,到 2016 年逐步把法定退休年龄从 60 岁提高到 65 岁;美国提出在 2002—2027 年间,通过对不同出生队列的人采取不同的调整方式,把退休年龄逐步由 65 岁延长到 67 岁;法国计划每年延迟退休年龄 4 个月,到 2018 年逐渐延长退休年龄到 62 岁;在德国从 1972 年起就已实行弹性退休年龄制度,凡年满 63 岁男性,可自行决定是继续工作,还是退休,并计划在2012—2029 年把退休年龄从 65 岁提高到 67 岁;韩国计划从现在开始逐步把退休年龄从 61 岁延长到 2 033 年的 65 岁;瑞典法定退休年龄为 67 岁,是世界之最。发达国家的低龄老年人的劳动参与率也在逐步提高。美国为老年人参与社会工作提供各种便利条件,设立老年群众组织等老龄工作机构,建立社区型老年教育模式。法国开展老年学术研究,向发展中国家派遣老年人才。

(三)建立长期护理保险制度

长期护理保险是健康保险的一个险种。所谓长期护理保险,简而言之,就是对接受长期护理所产生的费用进行补偿。美国健康保险协会(HIAA)的定义是"长期护理保险是为消费者设计的,对其在发生长期护理时发生的潜在巨额护理费用支出提供保障"。

对德国长期护理保险的制度设计展开深入研究,可以为我国长期护理保险制度的顶层制度设计提供有益的借鉴。

德国于 1995 年引入并推行长期护理社会保险制度,并取得重大社会改革成就。其在融资、受益条款、成本控制、质量保证等多个方面拥有良好而精密的制度设计。融资制度采取的是社会保险与强制性商业保险相结合的模式。个人收入水平低于强制医疗门槛的,必须加入强制性长期护理社会保险体系,而高收入者则有权选择加入社会保险体系或购买强制性商业保险。长期护理社会保险的保费通过法律统一规定强制性征收,由雇员和雇主各负担一半。

受益资格的审核和受益级别的确定是客观的。均由德国健康保险疾病基金的医疗审查委员会派专业员工到申请人家中进行观察后执行识别、验证和评估的程序。为使审核程序尽可能统一规范,德国国内达成了一套全国适用的现场评估标准。健康保险疾病基金的医疗办公室持续开展员工培训和改进评估程序等日常工作。

德国长期护理保险体系实现了受益范围的全面覆盖,但是否可获得保险受益取决于受益人是否具有真实的护理需求。法定的受益资格门槛为因个人身体或精神方面的问题会导致其需要在一段较长的时间内,在包括卫生、饮食、行动、家务四个方面的日常生活行为中至少有两个方面需要提供经常性或实质性的帮助。

如果申请人通过了受益资格审核被确认为具有长期护理服务需求,需要进一步被认定需要什么程度的护理需求进而被划归为不同程度的受益级别。受益级别划分主要取决于其所需要的护理时间和护理频率。

引入长期护理服务供应商之间市场化的竞争机制后,长期护理保险基金作为服务的付款方,积极与大量存在竞争的服务供应商进行谈判,努力实现服务受益可能的最低费率,并向其基金成员提供供应商的价格表以方便比较,鼓励成员选择最具竞争力的护理机构,实现在规定的成员受益框架内尽可能降低基金成本,使其控制在基金预算之内。对德国长期护理保险的制度设计展开深入研究,可以为我国长期护理保险制度的顶层制度设计提供有益的借鉴。

(四)对福建省应对人口老龄化的启示

为应对人口老龄化,各先进国家做了相应的战略准备并积累了丰富的实践经验,统观各先进国家和地区应对人口老龄化的举措,包括如下几点:健全老年人相关法律和政策保障扶持体系;适度调整人口政策和退休政策,延缓老龄化压力;大力开发人力资源,提高劳动生产率;积极发展老龄经济,推进产业结构调整;完善养老经济保障及养老服务体系。对我国我省而言:

一是要清醒认识"未富先老"及"少子高龄化""空巢化""失能化"的现状。西方发达国家是在经济社会发展到一定程度后开始进入老龄化社会的,即"边富边老",具备了经济储备及成熟的相关政策体系。而我国则是处于"未富先老"的状态中,经济、政策等的准备都不足。除此之外,我国"少子高龄化",同时面临着人口规模压力及人口老龄化压力,如何平衡这两者也是一项艰巨挑战。因此在借鉴相关经验时,要充分考虑各国差异,将可用经验本土化,不可盲目借鉴。

二是要将应对人口老龄化提升到战略高度,提前准备,系统筹划。基于上述第一点,与西方发达国家相比,我们在应对人口老龄化的先天基础上已存在一定劣势。与此同时,发达国家早已为应对来临的老龄化社会,积累了许多经验可为我们所借鉴,这是我们应对人口老龄化的一大优势。因此,我省更应该在借鉴前人经验的基础上,将应对人口老龄化提升到战略高度,提前做好准备以成功实现老龄社会的转型。

三是建立健全涉老法律政策体系。制定的应对人口老龄化的战略举措应该是系统的、可持续的,而不是朝令夕改,让人无所适从。这就需要制定系统的政策体系来规范战略举措的实施,同时要健全法律体系来为其保驾护航。

四、福建省应对人口老龄化的战略任务

今后一段时期,既是福建省人口老龄化快速发展、挑战日益增大的时期,也是成功应对人口老龄化、实现老龄化社会转型的战略机遇期。从社会和谐、可持续发展的长远角度来说,要系统规划老龄化社会下各项制度与政策的走向,统筹治理人口老龄化与生育政策、劳动力市场、城乡发展等其他影响经济社会发展的问题,做好有准备的老龄化。从让老年人共享社会经济发展成果的角度来说,要切实提高老年人的经济保障水平及健康状况、提升社会养老服务水平,使老年人享受到有保障、有尊严的人文关怀。从整体的养老文化及氛围来说,要转变传统养老观念,营造健康老龄化、积极老龄化的社会人文环境。

立足社会主义初级阶段基本省情,主动适应人口老龄化发展的客观规律,增强问题意识,善用底线思维,全面实施中国特色积极应对人口老龄化战略,把挑战降到最小,把机遇发挥到最大,为确保人口老龄化背景下经济社会的长期繁荣稳定,贯彻落实十八届五中全会做出的"积极开展应对人口老龄化"的重要部署,做好我省老龄政策制度"补短板",坚持应对人口老龄化和促进经济社会发展相结合,坚持满足老年人需求和解决人口老龄化问题相结合,努力满足老年人日益增长的物质文化需求,努力挖掘人口老龄化给我省发展带来的机遇,将人口老龄化转化为促进我省健康持续发展的长期有利因素。

(一)统筹规划,加强应对老龄化顶层设计

人口老龄化影响劳动力供给、资本积累、技术进步、消费需求、投资需求和产业结构调整,进而影响经济社会的发展。同时,我省"未富先老"经济储备不足,老龄化初期可能引起的需求下降,高龄化、窝巢化、失能化,保障制度不完善、服务水平跟不上、法律体系不健全等方面,让目前在应对人口老龄化的过程中有些措手不及,要立足我省的长远发展,立足人口老龄化的长远考虑及顶层设计,以全局的视角,以适应老年人口规模的快速增长和制度抚养比的快速攀升。

人口老龄化是经济社会发展的必然趋势,要重视老龄化带来的挑战、存有机遇,也要科学认识老龄化、积极应对。延缓人口老龄化趋势:一方面,降低生育成本、养育成本及父母在生儿育女过程中的机会成本,积极促进生育观念的转变,切实落实国家生育政策。为老年人提供经济保障:完善社会保险、医疗保险和老年相关福利制度。积极发展老龄经济,满足老年人需求。提高为老服务的能力,实现积极老龄化和健康老龄化。各方面政策

的齐头并进,统筹发展避免"头痛医头,脚痛治脚"。

(二)完善制度,实现有保障的老龄化

全面建成小康社会,要求全体公众生活水平的提高,进而要求政府保障程度的提高。有保障的老龄化体现的是社会对老年人的人文关怀,彰显了弱势保护原则、公平正义原则和分层分类原则。

社会保障制度要实现公平性、保障性、全员共享性,就要提高社会保障的覆盖范围,应保未保者纳入保障系统,依照经济快速发展后的物价水平为老年人提供基本生活保障,避免部分老人因保障水平过低不足以满足个人需求,提供多元化的养老服务,以此实现公平为先,福祉为本,实现有保障的老龄化。

此外,有保障的老龄化还要求提高老龄化背景下养老保障制度的可持续性。养老保障制度的可持续性,在根本上取决于保障资金收支的长期均衡。一些发达国家的养老保障制度发展面临资金收不抵支的危机,其改革过程遭遇重重阻力,引发代际利益冲突乃至社会动荡。有鉴于此,我国应当未雨绸缪,立足制度的长期可持续发展进行改革的规划与设计,确保在老龄化高峰到来之前,实现养老保障制度的整合和定型。否则,越是延迟改革时间,今后养老保障制度的改革和发展所面临的压力也将越大。这种压力很有可能积重难返,甚至诱发政治风险。

(三)统筹代际,强化养老责任共担理念

应对人口老龄化,实现老有所养,老有所乐,不仅仅是老年人自身的责任、家庭的责任,更是社会的责任,需要社会参与、全民行动。

养老从生命发展历程看,每个正常的、有劳动能力的人在老年阶段支取的都是过去创造价值的积累、转移。中青年人对老年人的物质供养、生活照料以及精神慰藉既不是恩赐,也不是出自人道主义精神,而是老年人以其在劳动年龄阶段为家庭和社会的发展所付出的劳动为投资,通过代际交换所获得的。

从横截面看,养老保障的实现需要政府、用人单位、家庭与个人共担责任。养老保障的本质虽然是自我保障,但其实现方式却是现时的代际转移,即以当前中青年人生产的产品和服务供养目前的老年人,也就是以当前国民收入分配最终形成的政府收入、用人单位收入和居民收入来供养老年一代。这就需要按照社会互济的理念,统筹政府、用人单位、家庭和个人的责任,建立社会养老保障体系,实现养老资源的跨期配置和当期兑现的有机统一,确保人类社会的代际延续和可持续发展。

(四)爱老敬老,营造积极老龄化氛围

人口老龄化是医疗卫生水平的发展,人均寿命的延长,从关注数量到质量转变的结果,是社会发展的必然结果,也是人类社会文明进步的标志,它的存在本身就是一种积极发展的结果。老龄人的健康长寿,使健康老年人口的年龄中位数后移,大量健康有经验有技术的中低龄老年人口为经济社会的发展提供了丰富的人力资本,他们不再是社会的负担,而是社会发展的宝贵资源,我们要充分发挥其余热,而不应对老龄社会持有悲观态度,

片面认为人口老龄化是一个重大挑战,严重危及经济社会的长远发展,因而采取的应对人口老龄化的措施也较为消极而又沉重。

我们要在科学认识人口老龄化的前提下,以积极应对老龄化为基本文化战略定位,营造积极老龄化氛围,爱老敬老,合理利用老年人力资源,开拓老龄产业、发展老年经济。

五、福建省应对人口老龄化的战略举措

(一)保持经济增速和提高潜在生产率

应对福建省"未老先富"的挑战,从宏观与长远视角看,仍需要大力发展经济,使经济发展速度保持较快增长,因此,必须利用中央给予福建的"多区叠加"的政策优势(全国生态文明示范区、平潭综合实验区、海上丝绸之路核心区、福建自由贸易试验区、福州新区、福厦泉国家自主创新示范区),在人口老龄化高峰期到来之前,抓住我省未来二三十年人口抚养负担轻、劳动力资源丰富的有利契机,使经济保持中高速增长,提高我省潜在劳动生产率,尽快改变经济发展滞后于人口老龄化进程的状况,增强其承受人口老龄化的经济实力,为老龄人口高峰期的到来奠定坚实的物质基础。

从国际经验来看,在人口老化高峰的至少前 20～30 年,必须建立起相应的社会养老保障体系,进行足够的资金储备,以应对人口老龄化高峰带来的压力。而福建省 20 世纪 50 年代至 70 年代生育高峰期出生的人口将在 2010 年到 2035 年陆续进入老年期。据 2015 年人口数据显示,福建省劳动年龄人口比重为 75.33%,占经济活动人口的绝大部分,总抚养比为 32.7%,负担较轻,仍是经济发展的黄金时期。短期内由人口老龄化带来的劳动力年龄结构的变化,对社会积累和投资暂时不会产生显著的不良影响,但是由于人口问题在时间上存在一定的滞后性,我省需要早做准备。《福建省"十三五"规划纲要》提出,"十三五"期间全省经济继续保持稳定较快、高于全国平均增长,地区生产总值年均增长 8.5%,比全国年均增长水平高约 2 个百分点,GDP 提前比 2010 年翻一番;一般公共预算总收入达 5 800 亿元以上,其中地方一般公共预算收入达 3 300 亿元以上。这有利于为即将到来的老龄化高峰做好先期准备。

(二)加快产业转型升级及农业人口市民化进程

加快传统产业转型升级,大力发展战略性新兴产业,减少普通劳动力下降对经济的冲击,提升经济发展的质量和效益。积极落实"国民经济社会发展十三五规划纲要"提出的农业转移人口和其他常住人口在城镇落户,将具备条件在福建长住的外省农业人口加快市民化进程,是近期降低我省老龄人口比重、抑制我省人口老龄化过快上升的有效措施。

长期以来我省以劳动密集型的产业为主导产业,大量而又丰富的廉价劳动力是我省经济的最主要竞争优势,随着人口老龄化速度的加快,我省劳动力市场上青壮年劳动力的比例不断下降,近几年福建省出现"用工荒"影响了经济的长期可持续发展。因此必须通过加快产业加快转型升级、发展战略性新兴产业来集聚高学历青壮年人口,提高经济发展对人口老龄化的承载能力。如福建省七大战略性新兴产业发展成效显著,2015年实现增加值2 618.82亿元,占地区生产总值比重为10%,七大战略性新兴产业占全省规模以上工业增加值的比重达到17%。到2020年,战略性新兴产业增加值有望达到5 850亿元,年均增长17.5%,占地区生产总值比重约15%;省级以上工程研究中心、重点实验室、企业技术中心有望达到800个、240个和500个。相应地将大量吸收年轻的大学毕业生、留学海归人员来闽创业就业,有效减缓我省老年化比例的上升速度。

要继续保持城市人口的集聚效应。城市化的自然规律就是人口向大城市集聚。根据2010年人口普查数据,与2000年人口普查相比,东部地区的人口比重上升2.41个百分点,中部、西部、东北地区的比重都在下降。福建省老龄人口比例较全国轻,很大原因是经济的集聚效应带来的人口迁移。2010年全省常住人口为36 894 216人,同2000年第五次全国人口普查的34 714 835人相比,十年共增加2 179 381人,增长6.28%,年平均增长率为0.61%。

积极引导农村学生升学和参军进入城镇的人口、在城镇就业和居住5年以上和举家迁徙的农业转移人口在我省城镇定居落户。根据福建省"十三五"规划,2020年户籍人口城镇化率将由2015年的34.7%上升到48%,年均增长13.3%。要加快现行户籍制度改革,逐步剥离附着的社会福利制度,综合推行住房保障、劳动用工、教育、社保等多项改革,实现进城农民与城镇居民享有同等待遇,降低农民在城市生活、就业成本,引导非农产业和农村人口有序向中小城市和建制镇转移,使进城农民"进得来、留得下、过得好"。

(三)推进渐进式延迟退休试点

延长职工退休年龄,既能缓解养老金的压力,又能强身健体,还有利于缩小职工与干部之间退休待遇的差别,延缓就业人口下滑的趋势。

若我省成为试点,可借鉴国外经验,职工到了退休年龄还想继续工作,可以一边领取退休金,一边工作;也可以不领取退休金而继续工作到70岁,每多工作一年正式退休时将领取比正常退休高出约7%的退休金,目的是使养老金能节约地使用,同时延长缴费期。或借鉴法国经验,雇员只有支付满40年保费才能全额获得退休养老金,在65岁前退休的人将不能领取正常的退休金。也可参照社科院发布的《中国人口与劳动问题报告》建议,从2018年开始,全省女性退休年龄每3年延迟1岁,男性退休年龄每6年延迟1岁,至2045年男性、女性退休年龄同步达到65岁。具体职业上可对于从事教育、科研、医务工作和有其他特殊专长的老年高级专业技术人才,按规定和需要适当延长退休年龄。

鉴于延迟退休政策不属于地方权限,而我省目前提前退休的情况较为普通,因此,要为实现延迟退休做准备,首先得抑制提前退休,并为年长劳动者继续就业创造条件。出台有利于老年人继续在岗的政策,在法律制度层面为老年人就业提供各方面保障,并鼓励和引导老年人从事教育传授、社会公益事业、社区服务和自我服务等活动。

(四)探索建立多元化养老保障体系

1.探索发展涉老金融服务

涉老金融是应对人口老龄化的战略制高点之一,既是金融体系的重要组成部分,也是老龄产业的重要内容。涉老金融是对资源的跨时空配置,让老年人在年轻时通过金融工具储备资源为老年生活做准备。要引导和规范商业银行、证券公司等金融机构开发适合老年人的理财、信贷等产品,如推出适合老年人购买的记账式国债、货币基金、银行保本型理财产品等。

在我省金融服务业中,对养老服务业的有效信贷投入占比较少,应该鼓励我省金融机构加快金融产品和服务方式的创新,加大对养老服务业的有效信贷投入,拓宽信贷抵押担保物范围,支持养老服务业的信贷需求,促进老龄产业的发展。通过拓宽市场化融资渠道,探索政府和社会资本合作的投融资模式(如 PPP、BOT),加大对养老服务领域的支持力度。

用好用活由福建省民政厅、福建省财政厅和福建省能源集团共同出资 15 亿元设立的"福建省养老产业投资基金"作用,通过产业基金运作方式,力争撬动 45 亿社会资本,实现"乘数效应",重点支持养老服务基础设施和养老服务及养老产品开发。

2.推进三大保险制度建设

(1)改革完善基本养老保险制度

健全的社会养老保障体系是实现"老有所养"的基本保障,也是解决人口老龄化问题的战略性措施。加快推进覆盖城乡居民的社会养老保障体系建设,加快推进养老保险制度建设。扩大社会养老保障覆盖范围,建立基本养老金正常调整机制,根据城乡居民收入增长、物价上涨等情况,适时提高基本养老保险待遇水平。完善城乡居民基本养老保险制度,尽快实现全覆盖,努力提高老年人口的健康和生活质量。

2016 年,福建省把居民基本养老保险参保扩面及保费征缴作为最重要管理指标,把"游离"于养老保险体系之外的人群纳入参保范围,提高个体私营企业职工的参保率,尽量做到广覆盖,参保扩面和保费征缴两项指标均创历史新高。通过层层分解任务,每月通报进展,强化指导督促,促使各县(市、区)均较好完成年度目标任务。截至 12 月 21 日,福建居民保参保人员达 1488 万,超额完成人社部下达的扩面任务;全省应缴费人员缴费率达 94.60%,且全省 89 个县(市、区)缴费率均超过 90%。

养老金方面,2016 年 7 月 1 日起,将我省城乡居民保基础养老金最低标准从每人每月 85 元提高至每人每月 100 元。各市、县(区)至少将当地基础养老金标准提高 15 元。其中,福州市、厦门市、龙岩市分别提高每人每月 30 元、15 元、15 元。截至 2016 年底,全省基础养老金加权平均水平达 115.38 元。探索建立长缴多得的激励机制,引导城乡适龄居民特别是中青年早参保、长缴费、多积累。

(2)探索建立长期护理保险制度

探索建立长期护理保险制度,是应对人口老龄化、促进社会经济发展的战略举措,是健全社会保障体系的重要制度安排。我省 60 岁以上的老人中有很大一部分需要不同程度的照料护理,而需要长期护理的失能半失能老年人是最困难的群体,他们大多无法依靠养老金来支付长期护理费用,许多失能半失能老人不是自己苦苦支撑,就是子女们轮流照护,其生活质量伴随失能程度而下降,因病致贫、因病返贫现象严重。与此同时,民间资本投向养老服务业时则因老年人的护理消费能力不足而信心不足,未能提供充足的老年护理服务,一些投资者偏好高收入老人,或借养老之名行房地产开发之实。建立长期护理保险,有利于保障失能人员基本生活权益,提升他们体面和有尊严的生活质量,弘扬中国传统文化美德;能更好地照料失能、半失能的老人,缓解子女尤其是独生子女的人力和时间成本双重压力;有利于促进养老服务产业发展和拓展护理从业人员就业渠道。

2016 年人社部发布了《关于开展长期护理保险制度试点的指导意见》,上海、广州、青岛等 15 个城市纳入了长期护理保险制度的首批试点城市,探索为长期失能人员基本生活照料和医疗护理,提供保障的社会保险制度,应将长期护理保险发展为我国现有"五险"之外的第六项社会保险制度。我省也应积极探索长期护理保险制度,在长期护理保险启动前,首先进行护理服务的基础设施的建设和护理服务人员的培训,落实职业培训补贴政策,这直接涉及长期护理服务的进展顺利和护理服务的质量。同时,鉴于不管是国家还是本省,财政均未具备雄厚的物质基础,在考虑试行长期护理保险制度时,不是完全采用强制性护理保险,需要引入商业保险的支持,鼓励商业保险公司开发适销对路的保险产品和服务,发展与长期护理社会保险相衔接的商业护理保险。并划分不同的保险等级,按照重、中、轻度规定提供不同的护理服务时间和不同的护理服务内容,运用费用支付政策,引导保障对象优先利用居家和社区护理服务,鼓励机构服务向社区和家庭延伸,根据护理等级、服务提供方式等制定差别化的待遇保障政策,对符合规定的长期护理费用,基金支付水平总体上控制在 70% 左右,防止过度消费护理服务的现象,减轻政府的负担。资金来源上,途径之一,可通过优化职工医保统账结构,划转职工医保统筹基金结余,调剂职工医保费率等途径筹集资金;途径之二,除了个人缴费之外,企业为职工缴费,国家为城乡居民承担一定比例的缴费,来解决老年长期护理的高额费用支付,无收入或收入微薄者可支付 50% 的费用。允许民间服务机构介入,提高服务质量,接受服务的个人自付一定费用。

(3)鼓励商业保险开发涉老产品

构建多层次的养老保险制度体系。完善第一层次全国统筹强制性的基础养老保险,根据企业的意愿和经济效益情况建立第二层次的企业年金计划,缴费由企业负担,可以在所得税前列支。根据个人的意愿建立的第三层次个人储蓄性养老保险制度,保障老年日常生活,适当提高老年生活的质量。提倡和引导公民参加个人储蓄性养老保障,鼓励并扶持商业性老年保险产品开发,支持商业保险企业建立实施老年人意外伤害保险,鼓励商业保险企业、商业银行或住房公积金管理部门建立公益性中介机构,积极开展"以房养老"(住房反向抵押贷款)试点业务。

(五)大力发展养老服务业,完善养老服务体系

针对福建省人口老龄化过程中,老年人口数量大,人口老龄化速度快,随着老龄化程度的不断加深,空巢现象日益普遍,失能、失独老年人逐年增多,传统的家庭养老难堪重负,养老压力逐步向社会转移,且养老服务业存在"供给不足、定位不当、结构失衡"的情况,必须加快社会养老服务的改革,实现供给与需求的匹配。因此,必须走家庭养老、社区养老与社会养老相结合的养老道路。到 2020 年,我省全面建立和完善以居家养老为基础、社区养老为依托、机构养老为补充、医养相结合的多层次、可持续的社会养老服务体系,满足老年人多样化的养老服务需求。居家生活的老年人得到社会养老服务的广泛支持,生活照料、医疗护理、精神慰藉、紧急救援等养老服务覆盖城乡所有老年人。养老服务

供给能力大幅提升,基本实现结构优化、布局均衡、功能完善。全省每千名老年人拥有养老床位数达 35 张以上,护理型床位占养老机构总床位 30％以上,养老服务设施覆盖所有城市社区和 60％以上建制村。养老服务供给能力大幅提高、质量明显改善、结构更加合理,多层次、多样化的养老服务更加方便可及,养老服务产品更加丰富、养老服务市场机制进一步健全、养老服务业健康有序发展。

1.推进养老服务社会化,找准政府角色定位

坚持养老服务的社会化、市场化、产业化、专业化的方向和政府引导、政策扶持、社会参与、市场推动的原则,政府逐渐从服务直接提供者的身份中脱离出来,推进养老服务的社会化发展,而把角色定位于:标准制定、政策支持、监督评价、服务购买,为养老服务业的发展提供政策、监管及公平竞争的市场环境。

(1)政府部门应充分扮演好养老服务体系建设的倡导者、支持者、协调者的角色。降低民间资本进入门槛,在土地、税收、融资等方面提供必要的支持,形成吸引社会要素进入养老事业的"洼地"效应。一方面,深入推进放管服改革,全面清理、简化申办养老机构的前置审批事项,大力营造公平、开放、可预期的市场环境和政策环境。改变以往重公办轻民办、重非营利性轻营利性的政府扶持思路,适度统一资金补助、税费减免等扶持政策。另一方面,落实政策的项目补贴及税收优惠。分不同区域,按总投资的一定比例给予投资补助,并规定单个项目补助的上限,设定税收优惠政策。参照我省大众创业万众创新十条措施,对各类人员创办养老企业提供最高 30 万元小额担保贷款和贴息扶持,对高校毕业生创办的养老企业给予房租补贴。适度统一营利性与非营利性养老服务机构优惠政策待遇,完善以实际入住人数、护理级别为主要标准的养老运营补贴制度。落实机构养老建设的土地政策。如县级政府按照"人均不少于 0.2 平方米"的要求,测算"十三五"时期新增养老用地总需求,每年按总量的 20％以上确保土地供应;各级政府优先保障养老产业建设用地,并且可不与使用城乡建设增减指标挂钩。

(2)政府要为养老服务市场制定规则、标准,强化行业监督。推进养老服务业管理规范化,为市场化养老产业发展保驾护航。加快立法:2016 年出台《福建省"十三五"民政事业发展专项规划》;2017 年 1 月福建省第十二届人民代表大会第五次会议通过《福建省老年人权益保障条例》;推动出台《福建省养老服务条例》,争取 2017 年内审议通过。制定相关政策,如《关于推进医疗卫生与养老服务相结合的实施意见》《关于鼓励民间资本投资 PPP 养老工程包的实施方案》《关于实施养老护理员特殊津贴、职称晋级和在岗护理员连续工龄补贴制度的通知》《关于建立养老服务补贴和护理补贴制度的通知》等。

(3)建立养老服务评估制度和建立政府购买服务制度。通过对老年人的生理、精神、经济条件、生活状况等方面的综合评估,科学确定服务需求,探索建立养老服务评估制度。加快制定涵盖机构、社区居家养老、农村幸福院等方面的设施、服务、管理标准和支持保障标准。根据各类标准,分类制定星级或等级评定规范。明确各类星级或等级的具体要求,同时开展星级或等级评定活动,对星级高、标准执行到位的采取以奖代补的方式给予奖励,推动各类标准贯彻实施。制定以居家养老服务项目为采购重点的指导性目录以方便政府向社会力量购买,进一步加大政府购买养老服务的力度,建立健全高龄、失能等老年人补贴制度。

（4）政府要实施重大养老项目工程包。建立省级养老产业重大项目库,库内项目优先支持申报国家专项资金,优先安排省级资金补助。督促各地紧跟国家和省稳增长的政策导向,把握中央和省投资重点,坚强养老项目的策划储备、研究论证、选址征地、规划设计、资金筹措等工作,每年实施一批引领功能强、带动作用大的养老项目建设。

2.探索居家养老服务创新,建立居家养老支持体系

逐步建立支持家庭养老的政策体系,支持成年子女与老年父母共同生活,履行赡养义务和承担照料责任。支持城乡社区定期上门巡访独居、空巢老年人家庭,帮助老年人解决实际困难。支持城乡社区发挥供需对接、服务引导等作用,加强居家养老服务信息汇集,引导社区日间照料中心等养老服务机构依托社区综合服务设施和社区公共服务综合信息平台,创新服务模式,提升质量效率,为老年人提供精准化、个性化、专业化服务。落实《福建省2016－2018年社区老年人日间照料中心储备项目名单》上的项目,把日间照料中心、托老所、互助式社区养老服务中心等社区养老设施,纳入小区配套建设规划,采取新建、社区配建、改扩建、购置等方式,并加快推进对道路、楼宇等与老年人生活密切相关的公共设施无障碍改造。鼓励与现有社区卫生、文化服务中心整合,充分利用现有设施,本着就近、就便和实用的原则,开展全托、日托、临托等多种形式的老年社区照料服务,并将养老服务特别是居家老年护理服务作为重点发展任务,推进居家社区养老服务全覆盖。提高乡镇敬老院使用率,逐步将空置率高的敬老院转型升级为农村社会养老服务中心,争取到2020年各设区市乡镇敬老院全部投入使用、床位使用率不低于70％。借鉴晋江经验,争取到2020年,对有特殊困难老年人,包括五保对象、低保对象、建档立卡的贫困人口、重点优抚对象、计生失独对象、重残老年人和80周岁以上特殊困难老年人的家居服务纳入政府购买服务范围。

统筹规划发展城乡社区养老服务设施,新建城区和新建居住(小)区按要求配套建设养老服务设施,老城区和已建成居住(小)区无养老服务设施或现有设施未达到规划要求的,通过购置、置换、租赁等方式建设。加强居住区公共设施无障碍改造,重点对坡道、楼梯、电梯、扶手等公共建筑节点进行改造。探索鼓励市场主体参与无障碍设施建设和改造的政策措施,推动设施无障碍建设和改造。加强社区养老服务设施与社区综合服务设施的整合利用。

推广智慧社区模式,探索多种模式的“互联网＋”居家和社区养老服务。依托现代技术手段,整合家政服务、便民服务、机构养老服务、社区居家养老服务以及社区现有信息服务平台等网络资源,强化协同功能,建立养老服务信息系统和服务平台,逐步推广构建社区“15分钟养老服务圈”。建立健全县(市、区)、乡镇(街道)和社区(村)三级服务网络,城市街道和社区基本实现居家养老服务网络全覆盖;争取大部分的乡镇和农村社区建立包括老龄服务在内的社区综合服务设施和站点。加快居家养老服务信息系统建设,做好居家养老服务信息平台试点工作。培育发展居家养老服务中介组织,引导和支持社会力量开展居家养老服务。支持社会企业和专业机构运用互联网、物联网等技术手段创新居家养老服务模式,发展老年电子商务,建设居家养老服务网络平台,提供紧急呼叫、家政预约、健康咨询、物品代购、服务缴费等适合老年人的服务项目。大力推行政府购买服务,推动专业化居家社区养老机构发展。

到 2020 年,全省城市标准化社区老年人日间照料中心建成率达到 80%,每个县(市区)引进或培育至少一家社区居家养老专业化组织落地服务,原则上每个社区对接一个养老服务组织。完善现有社区服务中心为老年人服务的功能,不断拓展服务项目。各部门、各单位设在街道、乡镇和社区的各类生活服务和文化体育设施要向老年人开放,满足老年人需求。

3.推进养老机构改革发展,提升养老服务质量

2016 年 12 月,习近平总书记在中央财经领导小组第十四次会议发表重要讲话强调:提高养老院服务质量,关系 2 亿多老年人口特别是 4 000 多万失能半失能老年人的晚年幸福,也关系他们子女工作生活,是涉及人民生活质量的大事。我省要按照适应需要、质量优先、价格合理、多元供给的思路,尽快在养老院服务质量上有个明显改善,加快建立统一的服务质量标准和评价体系,加强监管。放开养老服务市场,鼓励和支持社会力量兴办养老机构和其他养老服务组织,运营政府投资建设的养老服务设施。积极推进医疗卫生机构与养老机构合作共建,开展医疗服务,推进医疗卫生服务延伸至家庭,夯实居家社区养老服务基础。

(1)推进公办养老机构建设与改革。各地建设公办养老机构要实用适用,发挥托底作用,重点为城乡"三无"(无劳动能力、无生活来源且无法定赡养、抚养义务人,或者其法定赡养、抚养义务人无赡养、抚养能力)老人、低收入老人、经济困难的失能半失能老人和失独老人提供基本供养、护理服务。积极探索公建民营模式,推动公办养老机构改革试点,政府投资兴建的养老机构、老年照护服务等设施,实施所有权与经营权分离改革,与社会资本签署《PPP 项目合同》,由项目公司负责融资以及后期建设与运营维护,逐步实现社会化市场化运营。

(2)支持社会力量兴办养老机构。民办养老机构作为提供机构养老服务的重要力量,在满足多元化养老需求方面的作用日益凸显,引导各类所有制投资主体进入养老服务领域,非营利性民办养老服务机构将享受一次性开办补助和床位运营补贴,吸引社会力量兴办养老机构。贯彻全面放开养老服务市场、提升养老服务质量的有关政策要求,加快推进养老服务业"放管服"改革。首先,结合规划实施,持续实施好有关文件,完善配套措施,进一步降低制度性准入门槛,加强开办支持和服务指导;其次,继续落实好鼓励民间资本参与养老服务业发展的实施意见、支持整合改造闲置社会资源发展养老服务的通知等,以及规划建设、购买服务、土地供应、税费优惠、补贴支持方面的扶持政策,充分释放政策效益。对利用现有资源改造的养老机构,建设单位竣工验收合格证明缺失的,可以委托第三方出具建筑物面积、结构和安全度的房屋检测报告;房产证、土地证、规划许可证缺失的,由民政、住建、国土等部门以"一事一议"方式共同审核,并出具养老机构使用用途的认可证明材料;公安消防部门出具的建设工程消防设计审核、消防验收合格意见或消防备案凭证缺失的,可委托第三方机构出具消防合格意见书,让更多的养老机构特别是民办养老机构获得许可证;再次,将吸引社会力量参与的措施纳入发展规划、改革试点、地方激励、提高服务质量等工作中去,实行全方位激励。简化审批手续、规范程序、公开信息,逐步实现网上审批、服务动态跟踪和信息化管理,为社会力量举办养老机构提供便捷服务。参考民办医院、学校做法,对民办养老机构不分营利或非营利性,均允许其通过市场化经营获利,并允

许其土地、设备、资产作为质押贷款。力争实现政府运营的养老床位数占当地养老床位总数的比例不超过 50％,护理型床位占当地养老床位总数的比例不低于 30％,65 岁以上老年人健康管理率达到 70％。

(3)支持大企业进入养老服务领域,鼓励养老机构提供差异化服务。落实《关于鼓励社会资本投资养老服务 PPP 工程包的实施方案》,按照引入资本规模的大小给予市、县相应奖励。支持金太阳股份公司、海都公众股份有限公司、厦门智宇科技有限公司和禾康智慧服务公司等具有全国影响力的专业化居家养老服务企业(机构)跨区域、连锁化经营。鼓励大企业,如省外贸集团、省能源集团、三盛国际等投资老年房地产。老年人的个体差异,经济承受能力势必对服务产生多样化的需求,因此,在政府公办养老机构保基本需求之外,针对大部分养老机构定位在"低端",少部分选择在"高端",接受中等收入老年人的机构为数不多现状,应引导民间资本更多投向为中等收入老年群体服务。还可依据高收入者的需求,兴办医养结合的高端养老机构,开发差异化的服务产品。

(4)全面提升养老机构服务质量。加快建立全省统一的服务质量标准和评价体系,完善安全、服务、管理、设施等标准,加强养老机构服务质量监管。建立健全养老机构分类管理和养老服务评估制度,引入第三方评估,实行评估结果报告和社会公示。加强养老服务行业自律和信用体系建设。支持发展养老机构责任保险,提高养老机构抵御风险能力。

4.推进医养结合,健全健康支持体系。

按照先进医疗、再进医保、覆盖城乡的思路,完善医保对接,推动实现有养老的地方有医疗、有医疗的地方有医保。促进医养融合发展,发展护理型养老服务,保障失能、失智等特殊老年人服务需求。推动二级以上医院与老年病医院、老年护理院、康复疗养机构、养老机构内设医疗机构等之间的转诊与合作。支持有条件的养老机构设置医疗机构,统筹医疗服务与养老服务资源,合理布局养老机构与老年病医院、老年护理院、康复疗养机构等。对机构养老和居家养老医养护一体化分类施策。鼓励医疗机构将护理服务延伸至居民家庭,积极推行政府购买健康,鼓励养老机构与周边医疗卫生机构开展多种形式的协议合作。进一步放宽医保定点服务机构的准入条件,医保部门根据养老机构设立医疗机构的特点,参照卫生所或社区卫生服务站的标准将其纳入医保定点范围。

(1)完善医养结合机制。统筹落实好医养结合优惠扶持政策,深入开展医养结合试点,建立健全医疗卫生机构与养老机构合作机制,建立养老机构内设医疗机构与合作医院间双向转诊绿色通道,为老年人提供治疗期住院、康复期护理、稳定期生活照料以及临终关怀一体化服务。大力开发中医药与养老服务相结合的系列服务产品,鼓励社会力量举办以中医药健康养老为主的护理院、疗养院,建设一批中医药特色医养结合示范基地。

(2)支持养老机构开展医疗服务。支持养老机构按规定开办康复医院、护理院、临终关怀机构和医务室、护理站等。鼓励执业医师到养老机构设置的医疗机构多点执业,支持有相关专业特长的医师及专业人员在养老机构开展疾病预防、营养、中医养生等非诊疗性健康服务。对养老机构设置的医疗机构,符合条件的按规定纳入基本医疗保险定点范围。

5.培育养老服务专业队伍,提高养老服务水平

培育养老服务队伍,建立养老服务人才培养机制。转变观念,加大培训力度,提高技能水平,并加大政策支持,强化激励机制。

支持高等院校、中等职业学校(含技工学校)和职业培训机构设置老年医学、康复、护理、营养、心理和社会工作等相关专业或培训项目,并借鉴北京、天津的经验,开设老年服务与管理专业,培养具备综合素质的实践型、应用型养老服务专业人才。建立专业社会工作人才引入机制,通过政府购买服务方式,在养老服务行业中逐步设置社会工作岗位。

按照《养老护理员国家职业标准》,组织开展养老服务人员培训,提高职业道德、服务意识和业务技能水平。执行国家关于养老服务从业人员技术等级评定制度相关规定,实行执业资格认证制度,建立养老服务从业人员工资待遇与专业技能等级、从业年限挂钩制度,稳步提高养老护理员的工资福利待遇,对在养老机构中就业的专业技术人员,执行与医疗机构、福利机构相同的执业资格、注册考试政策。积极指导、发展志愿者队伍,探索建立义工服务时间储备制等互助服务制度。探索试行部分人员 60 岁退休,65 岁领养老金制度。男女职工 60 岁从生产企业退出,通过培训带薪到附近养老院服务,服务工作到 65 岁开始领退休金。

完善养老服务从业人员补贴政策。各地对符合条件的参加养老护理职业培训和职业技能鉴定的从业人员,按规定给予相关补贴。

实施专业护理人才培养工程,由政府全额出资,高等院校和职业教育机构负责培养,学生毕业后与养老机构签订定向服务协议,保障专业护理人才的培养和输送。实施护理员专业技能培训工程,每年培训 1 500 名养老护理员,到"十三五"末完成对养老机构在岗护理员的全面轮训工作,持证上岗率保持在 90% 以上。逐步建立养老护理员晋升机制,每年举办一次全省养老护理技能大赛,每年评选出 10 名"最美养老护理员"。

6.发展养老产业,繁荣老年消费市场

人口老龄化给社会经济和家庭生活带来问题的同时,也给老年人口特需商品与服务的市场提供了巨大的潜力。随着福建省人口老龄化规模的扩大,老年人收入水平的提高,老年人用品和服务需求巨大,老龄产业具有很好的发展势头,发展空间十分广阔。

我省应根据人口老龄化发展趋势,围绕老年人物质需求和精神需求,积极研制、开发和生产适用于老年人所需要的物质产品和精神产品,鼓励和引导老年产品市场的发展,发展老龄产业。丰富养老服务业态,大力发展养老服务企业,鼓励连锁化经营、集团化发展,实施品牌战略,培育一批各具特色、管理规范、服务标准的龙头企业,加快形成产业链长、覆盖领域广、经济社会效益显著的养老服务产业集群。支持养老服务产业与健康、养生、旅游、文化、健身、休闲等产业融合发展,丰富养老服务产业新模式、新业态。

针对我省养老产业发展的投融资瓶颈突出,资金供需缺口巨大,积极引导和鼓励民间资本、国有资本、外来资本等以独资、合资、合作等多种形式参与投资老年生活服务、医疗康复、教育娱乐、老年用品、休闲旅游等养老服务智能产业和服务业,鼓励和支持金融保险行业、产业基金为养老服务业提供相关服务。

增加老年用品供给。引导支持相关行业、企业围绕健康促进、健康监测可穿戴设备、慢性病治疗、康复护理、辅助器具和智能看护、应急救援、通信服务、电子商务、旅游休闲等重点领域,推进老年人适用产品、技术的研发和应用,促进老年康复辅具开发。策划省康复辅具产业园,建设研发平台,支持省假肢厂、英中耐、德林等业内领先的老年康复辅具生产企业打造福建康复护具品牌。支持老年用品制造业创新发展,采用新工艺、新材料、新技术,促进产品升级换代。丰富适合老年人的食品、药品、服装等供给;加强老年用品测试和质量监管,鼓励开辟老年用品展示、体验场所,发展老年用品租赁市场,争取在省内举办一场全省性的老年产品用品博览会。

提升老年用品科技含量。加强对老年用品产业共性技术的研发和创新。支持推动老年用品产业领域大众创业、万众创新。支持符合条件的老年用品企业牵头承担各类科技计划(专项、基金等)科研项目。支持技术密集型企业、科研院所、高校及老龄科研机构加强适老科技研发和成果转化应用。落实相关税收优惠政策,支持老年用品产业领域科技创新与应用项目。

针对老年群体,开发打造旅居健康养老目的地。依托我省区位、生态、文化优势,结合新型城镇化和旅游名镇、美丽乡村建设,打造一批富有福建特色的"候鸟"养老基地。开发多层次、多样化的老年人休闲养生度假产品。开发养生旅游项目,打造一批高端医疗养生度假区。

(六)推进"互联网十",完善老年人口大数据

掌握老年人口发展动态,加强老年人口的统计、管理、服务等工作,实时了解老年人基本情况和现实需求,加强老龄信息化建设,建立老年人口信息统计分析系统,完善老年人口大数据,促进数据开发利用,建立老年人健康档案大数据,有利于积极应对人口老龄化挑战,为政府决策老龄工作、制定老龄政策、改善老年民生等提供参考。

一是老年人口信息、信息登记,建立信息库进行信息化管理,为老年人确定养老服务方式、获得相关补贴及制定相关政策提供依据。二是建立社区居家养老服务信息平台,并与政府相关公共服务平台有效对接,挖掘整合现有线下服务资源,提供精准服务。大力发展以互联网为载体的信息技术在养老服务中的应用,根据老年人口信息及时调整跟进社会化养老服务,建立社区医院与老年人家庭医疗契约服务关系,加强医养结合服务体系智能化建设,加快推进面向养老机构的远程医疗服务试点,为居家养老、机构养老的老年人提供移动医疗服务。跟踪掌握养老服务业发展的总体规模、行业结构、经济效益等基础数据,并建立省直部门、地方政府、行业组织和社会单位之间的信息共享机制。三是建立老年人健康档案大数据平台,开展健康管理服务。做好老年慢病防治和康复护理工作,开展上门诊视、健康查体、保健咨询等服务,研究推广老年病防治适宜技术,及时发现健康风险因素,加强对老年人心脑血管疾病、糖尿病、恶性肿瘤、呼吸系统疾病、口腔疾病等常见病、慢性病的健康指导、综合干预,促进老年病早发现、早诊断、早治疗。推广应用基于移动互联网的便携式体验、紧急呼叫监控等设施,提高社区卫生服务中心为老年人提供日常护理、慢性病管理、康复和咨询,使老年人的日常起居处于远程监护状态。老龄化的不可逆转性及其对人民生活、经济建设、社会发展所具有的全局性、长期性、重大性影响,决定了它是关乎我省长远发展,应将科学应对老龄化上升为我省基本政策。结合国家战略,及上文对我省应对老龄化经济、政策、产业各方面的分析,从供给侧结构性改革视角,研究我省应对人口老龄化策略,应在养老供给侧诸环节进行改革。如在养老产业简政放权、产业开放方面;养老资金、土地等诸要素供给方面;养老财政政策、税收政策扶持方面;养老产业、产品的生产制造、生产方式变革等方面。

具体对策总结如下：

1.保持经济增速和提高潜在劳动生产率,增强承受人口老龄化的物质力量。由于我省属于未富先老,经济基础尚不发达,需要经济保持较快增长速度,持续壮大财力、增加居民收入来提供养老保障。

2.通过产业转型升级、农业人口市民化带动人口集聚。我省在产业转型升级中应大力发展高新技术产业、现代服务业,这样就有利于吸引全国高校毕业生、归国海归人员到我省就业,有利于降低我省人口老龄。

3.抑制提前退休,为延迟退休政策到来做准备,让老年人老有所为。延迟退休将降低退休金支付压力,同时让老年人老有所为,提供老年人发挥余热的空间,积极应对老龄化。

4.建立长期护理保险制度,引入商业保险。不管是国家还是本省,财政均未具备雄厚的物质基础。因此,在考虑试行长期护理保险制度时,引入商业保险的支持。

5.建立符合我省省情的老年照料体系,完善居家养老及机构养老相关养老服务业。根据省情,发展以居家养老为基础,同时积极发展机构养老,医养结合,培养护理人才,以养老机构的专业优势和人才优势,作为居家养老的支持,为未来深度人口老龄化做好准备。

6.发展养老产业,增加养老产品供给。包括发展机构养老业、养老金融业、养老产品开发生产、老年旅游业。以需求为导向,推进老年产业的发展,实现其市场化、社会化运作。

7.贯彻落实中央老龄政策,完善我省老龄政策制度。

课题负责人：史晓丹

执　　笔：史晓丹、陈　新

福建省老龄产业发展需求与提升路径

——基于中国城乡第四次老年人口追踪调查数据的研究

课题负责人：王德文

成　　员：吴隆文　李　珍　钱祎晟　乐忠强

　　　　　薛煜杰　王铭远　钟雨丹　黄绍芳

厦门大学公共事务学院课题组

摘　要

　　随着经济水平的提高和医学科学技术的发展,中国人的预期寿命逐年增长,我国人口结构逐渐呈现出快速老龄化和高龄化的态势。随之而来的是人口老龄化造成的老龄人口需求满足问题,国际社会上通用的最积极的办法就是发展老龄产业以应对由此产生的供需矛盾。据此,一方面我国的人口老龄化形势为各行各业提出了严峻的现实挑战;另一方面面对如此庞大的供需缺口,为我国未来的经济发展提供了新的动力引擎,以老年人为消费群体的老龄产业应运而生。党的十八大和十八届三中全会明确提出,"要积极应对人口老龄化,大力发展老龄服务事业和产业"。可见,发展老龄产业是当前我国老龄事业发展的重点议题之一,发展老年产业是老年保障事业的重要措施。

　　本文首先梳理了全球老龄产业发展的理论,认为从理论上,老年人口对老龄产业中"本位产业"的需求情况,具体包括老年人口对住宅、养老设施、社区设施的需求,以及对社区老龄服务项目的需求;老年人口对老龄产业中"关联产业"的需求情况,具体包括老年人口对辅助器具的需求,以及对旅游、休闲、文化及教育等需求;老年人口对老龄产业中"衍生产业"的需求情况,具体包括老年人口对金融服务的需求,以及对房产抵押置换养老金的意愿情况。其次,本文基于第四次中国城乡老年人生活状况抽样调查福建部分的数据分析,阐析了福建老年人口对老龄产业的"本位产业""关联产业""衍生产业"的需求概况。同时,对我省老龄产业发展不足的原因进行了深入探讨。再次,鉴于"他山之石,可以攻玉",本文梳理了我国的台湾地区以及美、日两国在老龄产业的发展概况与经验借鉴,旨在为我国的老龄产业发展提供理念和框架设计等方面的参考。

　　论文在最后基于上文宏观与微观的研究分析,针对福建省老龄产业的发展提出切实可行的路径参考:(1)明确老龄产业的发展定位,无缝对接老龄事业发展;(2)积极出台发展老龄产业的具体化系列化政策措施,建立政策的长效机制;(3)以"本位产业"为重点鼓励开发养老服务产业与产品,并深入农村市场;(4)引导企业丰富"关联产业"的品种,注重产品质量研究做到薄利多销;(5)认知"衍生产品",推动我国从"储蓄养老"向"保险养老"转型;(6)扶持"互联网＋科技产品",鼓励社会组织及民间资金探索养老新模式;(7)激发老年人口的潜在需求,推动老龄产业的发展。

一、引言

随着我国经济社会的不断发展、科技水平的不断进步,医疗卫生环境得到了极大改善,人口健康水平及人口预期寿命不断提高,人口老龄化日益成为全球人口结构发展的重要趋势。进入 21 世纪以来,我国老年人口数量在飞速增长。截止到 2014 年底,我国 60 岁及以上老年人数量达到 2.12 亿,占总口比例为 15.5％。[①] 庞大的老龄群体给我国老龄事业提出了新的挑战。鉴于欧美一些发达国家于第二次世界大战前后就步入了老龄化社会,毋庸置疑,他们的经验对我国老龄事业发展起到了重要的借鉴作用。国际上一些发达国家最通用的应对人口老龄化的办法就是发展老龄产业。正如我国著名人口学家、老年学家邬沧萍教授于 1997 年也指出的"发展老年产业是老年保障事业的重要措施"。[②]

党的十八大和十八届三中全会明确提出,要积极应对人口老龄化,大力发展老龄服务事业和产业。可见,发展老龄产业是当前我国老龄事业发展的重点议题之一。1990 年前,我国老龄产业的研究基本是一片空白,之后我国老龄产业在国民经济平稳发展,人民生活水平不断提高,同时人口老龄化的速度在加快的背景下开始起步,学界对如何满足老年人市场需求也开始有所关注。所谓老龄产业,也叫"老年产业""银发产业",目前我国学术界对其概念界定依然存在争议[③][④]。殷俊等[⑤]最近提出首先要区分老龄产业与老龄事业的不同,二者既相互区别又相互联系,都是为了满足老年人衣食住行等各方面需求而提供产品或服务。老龄产业是由市场进行调节,而老龄事业是由政府供给与购买,多倾向于为老年人提供公共物品与公共服务。所以综合近年来国内学者的观点,笔者认为老龄产业是指为了满足老年人衣食住行等各方面需求而提供产品或服务的各种行业,它是由多元主体参与由市场进行调节,包括所有有关老年人衣食住行需求的生产、经营、服务等经济活动和设施。

有关对老龄产业的分类方面,不同学者所依据的标准不同导致不同的分类结果。有人[⑥]认为老龄产业"基本涉及一产、二产和三产,主要包括农业、加工工业和服务业,农业为老年人提供特需的农副产品,加工工业为老年人提供必需的生活用品,服务业则为老年人提供所需的服务与设施"。萧振禹、陶立群[⑦]是国内比较早的探讨这方面内容的学者,

---

① 民政部.2014 年社会服务发展统计公报[EB/OL].[2015-06-10].http://www.mca.gov.cn/article/zwgk/mzyw/201506/20150600832371.shtml.

② 刘贵平.发展老年产业是老年保障事业的重要措施:访全国政协常委、中国老年学学会会长,著名人口学家、老年学家邬沧萍教授[J].人口与发展,1997(3).

③ 张纯元.老龄产业有着良好的发展前景[J].市场与人口分析,1997(4).

④ 萧振禹,陶立群.可持续发展的老年市场及老年产业[J].市场与人口分析,1997(3).

⑤ 殷俊,杨政怡.老龄产业与老龄事业协调发展路径研究[J].求索,2015(6).

⑥ 徐天琪,张清霞.关于浙江发展老龄产业的思考[J].市场与人口分析,1999(4).

⑦ 萧振禹,陶立群.可持续发展的老年市场及老年产业[J].市场与人口分析,1997(3).

他们将老龄产业的服务范围划分为 18 个方面,呼吁社会能够为老年人设计特殊、符合老年人特征的商品或服务。也有研究[1]将老龄产业归纳为"六大产业:分别是老年用品业、老年服务业、老年设施业、老年教育业、健康娱乐业和老年再就业产业"。陆杰华等[2]将我国现有的老龄经济业分为养老产业、退休产业、老年医疗产业、老年旅游产业、老年报刊产业、老年文化产业、老年教育产业、老年保险业、老年会展业、新型综合产业(包括征婚、法律援助、网上信息服务等)等 12 类。顾大男[3]则将老龄产业的发展方向归纳为"制药业和保健服务业、家庭服务业、日常生活用品业、人寿保险业、健康保险业和养老保险业、房产业、旅游业和娱乐业、金融需求、教育产业、婚姻市场以及其他特殊行业 10 类"。本研究综合国内外相关研究[4][5],根据老龄产业的地位不同,认为老龄产业可三大类:(1)本位产业,主要包括老龄居住产业(如养老机构、老年房地产等)、老年护理服务产业、老年食品产业以及老龄健康医疗产业;(2)关联产业,主要包括老年用品用具产业(如专业护理产品、用品、康复器械等)、老年旅游产业及老年教育产业;(3)衍生产业,主要包括老年金融产业(如护理保险产品、老年住宅反向抵押、老年储蓄投资理财等)。(图 1)

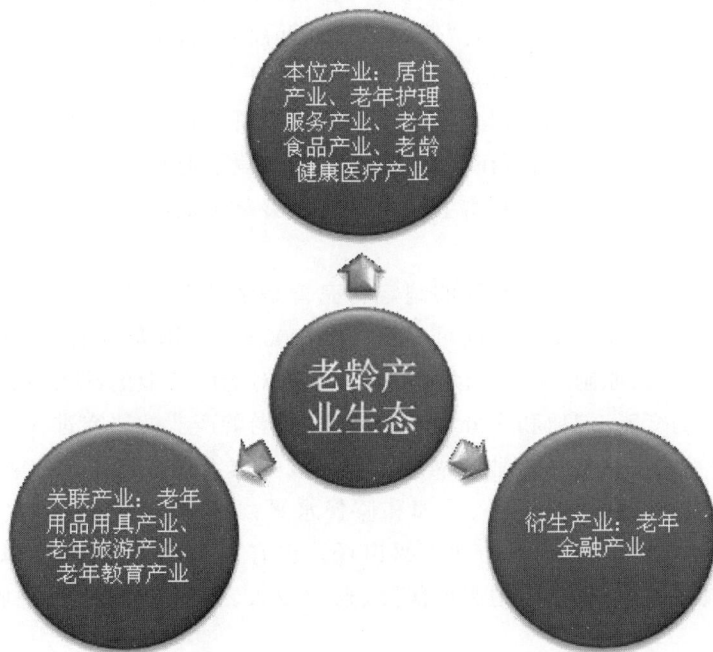

图 1　老龄产业内涵与分类

资料来源:依据相关文献资料整理自制。

---

①　谢建华.中国老龄产业发展的理论与政策问题研究[D].博士学位论文.中国社会科学院研究生院人口与劳动经济系,2003.

②　陆杰华,王伟进,薛伟玲.中国老龄产业发展的现状、前景与政策体系支持[J].城市观察,2013(4).

③　顾大男.中国人口老龄化与未来商机分析综述[J].市场与人口分析,1999(3).

④　田香兰.日本老龄产业制度安排及产业发展动向[J].日本问题研究,2015,29(6):37-49.

⑤　冯佺光,钟远平.养老产业开发与运营管理[M].北京:人民出版社,2013:11.

从我国学界对老龄产业的关注开始,到出现大量研究成果,大致可划分为三个阶段:1997年前为老龄产业研究的起步阶段、1997—2000年为研究开拓阶段、2001年以后为研究发展阶段。纵观学者们的研究发现,很多学者①②在承认中国老龄产业市场潜力巨大的前提下,都提出了要注意老龄产业市场的特殊性。张纯元、曾毅③将其细分为"衰老龄者市场、退休老龄者市场和兴趣老龄者市场",认为需要按照市场细分的原则加以科学和客观的发展对策。姜向群④对老龄产业的发展前景持谨慎的乐观态度,认为"中国老龄产业发展中的人口年龄构成因素对消费结构和市场结构的影响是不容忽视的,因此注重研究老年人随年龄变化而引起的消费内容变化是开拓老龄产业的关键"。老龄化社会是消费拉动型(老年人口购买力)和科技推动型(劳动人口生产力)社会,同时,老年人口有着其特殊的消费模式。邬沧萍⑤认为"我们应当急需发展能够满足老年人基本需求的一些领域,老年服务业和护理业应是老年产业的重中之重,这不仅能够使长期照料护理社会化,提高老年人的社会质量,同时也可以为老年产业的发展积蓄必要的经验,促使其健康发展"。很多研究都认同医疗保健需求是老龄产业市场不可分割的一部分。有研究⑥提出发展老年照料服务、集中养老服务、紧急援助服务和文娱服务等是目前我国老龄产业发展的重点领域,同时发展老龄产业发展要符合"低成本"和"近社区"的原则。⑦ 还有研究⑧将老年人消费行为概括为"多样化过程、平稳化过程和退行性过程,多样化过程是指老年人的需求特征更加趋于多样性,平稳化过程是指老年人消费范围一般比较狭窄而固定,退行性过程是指增龄过程中的老年人购买力在逐步减退"。现阶段已有很多研究都在探讨老龄产业的应用性和可操作性问题,它们基本上认为适应老龄化发展特征来开拓市场是中国老龄产业发展的关键。

从宏观层面上看,国家产业政策的制定和完善是带动老龄产业的最主要和最基本的要素,也是我国老龄产业健康发展的可靠保证。2000年"全国老龄工作会议"提出了发展老龄产业的指导思想、原则,从而推动了学界和政府对老龄产业的深入研究,加强了学界、政府等各个方面的交流、沟通和充分学术互动,我国老龄产业的研究进入了一个发展的新阶段。有研究⑨认为我国老龄产业发展应采取的政策体系包括建立和完善老龄产业的政策法规体系;加强政府的宏观引导、管理和监督水平;建立社会化、多层次的老龄产业模式;发展老龄产业文化,培育老龄产业新兴市场。也有不少研究通过实证调查⑩提出了发展老龄产业的具体政策,包括法制制度保障、财政投入、专项基金建立、税收优惠、减免费

---

① 杨燕绥,张弛.老龄产业发展依赖三个创新[J].中国国情国力,2014(1):17-19.

② 吴建安.中国银色市场的潜力和特点[J].市场与人口分析,1996(4).

③ 张纯元,曾毅.市场人口学[M].北京:北京大学出版社,1996.

④ 姜向群.影响我国老年产业发展的人口学与社会经济因素[J].市场与人口分析,1997(3).

⑤ 邬沧萍.老年服务业和护理业是老龄产业重中之重[J].人口研究,2001(2).

⑥ 朱即萍,寿莉莉.发展老年服务业的现状、前景及其基本构想[D].第二届老龄产业研讨会论文,2001(2).

⑦ 周丽萍,沈惠云.人口老龄化的医疗保健需要[J].市场与人口分析,1995(2).

⑧ 戴星翼.论老龄化过程与市场体系[J].市场与人口分析,1996(1).

⑨ 张文范.21世纪初中国老龄产业发展的指导思想及政策构想[J].市场与人口分析,2001(2).

⑩ 程勇.制定发展老龄产业的政策,形成良好的政策环境[J].人口研究,2001(2).

用、信贷优先、吸引外资等具体政策建议。

虽然我国现阶段积累了大量老龄产业的研究,它们都涉及老龄产业的方方面面,但却存在着两个方面的局限性:一方面,过多的总体研究不利于老龄产业的深层次理论思考,如老龄产业与老龄事业应该如何协调发展,即政府在老龄事业里应该如何兜底并引领老龄产业的科学化发展从而满足庞大的老年人口需求;另一方面,现有的研究文献还主要是以定性为主,对于老龄产业的某一方面进行泛泛的探讨,缺少实证数据作必要的支持,尤其规范的大规模调查研究更是屈指可数;同时现有能够反映福建省老龄产业发展现状的相关研究更是凤毛麟角,对于政策制定的指导性有限。

按照国际上的标准福建省于 1996 年早已明显进入了人口老龄化社会。[①] 截至 2015 年底,福建省 60 周岁以上老龄人口占总人口的 13.41%,男性老年人和女性老年人分别占 6.5% 和 6.91%。[②]另外,据福建省老龄工作委员会办公室统计[③],截至 2014 年底,福建省 65 周岁以上老年人口 319 万,占总人口的 8.38%,特别是 80 周岁以上老年人口 79.38 万,占总人口的 2.09%;还有全省空巢老人 109.49 万人,占老年人口的 22.07%;预测至 2020 年,福建省 60 周岁老年人口将达到 615 万人,占总人口的 15.02%。可见,"十三五"时期,福建省人口老龄化、高龄化、空巢化的进程将进一步加快。尤其高龄、失能老年人口的增多以及家庭结构日益小型化和空巢化的趋势,令传统的家庭养老模式难以为继。虽然在福建省各级政府的高度重视下,福建老龄事业取得了有目共睹的成效。但是,毕竟单单依靠政府投入难以满足日益庞大的老年人口在生活照料、医疗卫生、康复护理等方面的服务需求,因此,研究如何进一步发展福建老龄产业,对促进福建省经济、社会持续健康发展具有重要现实意义。

二、基于实证的福建省老年人口对老龄产业需求分析

根据第四次中国城乡老年人生活状况抽样调查的福建省数据,本节结合上文老龄产业的定义及分类,从本位产业、关联产业和衍生产业这几方面来分析福建省老年人口对老龄产业的需求及潜在需求状况。

(一)福建老年人口的变动趋势

从 1990—2015 年福建省 60 周岁以上老年人口性别和年龄构成的变动趋势(表 1,图 2)中,可以看到福建省老年人口的比重在逐年持续增长,2015 年福建男性老年人口比

---

① 林筱文. 福建省人口老龄化结构分析与对策建议[J]. 福州大学学报(哲学社会科学版),2002,16(2):88-91.

② 福建省统计局福建统计年鉴(2016). http://www.s tats-fj.gov.cn/tongjinianjian/dz2016/index-cn.htm.

③ 福建省老龄网.http://www.fjll.gov.cn/web/meida_1.asp? CatalogID=346&id=2365.

1990 年的 3.68％增长了 2.82 个百分点,女性老年人口比 1990 年的 4.34％上升了 2.57 个百分点。福建女性老年人口数量多于男性老年人口,尤其 80 周岁以上的高龄老人中的比重更为明显。

表 1　1990—2015 年福建省 60 周岁以上老年人口变动趋势

单位:％

年　份	性　别	年龄分组					合　计
		60—64 岁	65—69 岁	70—74 岁	75—79 岁	80 岁及以上	
1990	男	1.52	1.01	0.63	0.34	0.18	3.68
	女	1.43	1.09	0.81	0.56	0.45	4.34
	合　计	2.95	2.10	1.44	0.90	0.63	8.02
2000	男	1.52	1.26	0.96	0.53	0.33	4.60
	女	1.35	1.23	1.03	0.70	0.64	4.95
	合　计	2.87	2.49	1.99	1.23	0.97	9.55
2010	男	1.83	1.29	1.09	0.77	0.65	5.63
	女	1.69	1.18	1.07	0.87	0.98	5.79
	合　计	3.52	2.47	2.16	1.64	1.63	11.42
2014	男	2.31	1.48	1.05	0.81	0.68	6.33
	女	2.33	1.43	1.03	0.92	0.97	6.68
	合　计	4.64	2.91	2.08	1.73	1.65	13.01
2015	男	2.45	1.55	1.04	0.78	0.68	6.50
	女	2.51	1.52	1.04	0.87	0.97	6.91
	合　计	4.96	3.07	2.08	1.65	1.65	13.41

数据来源:福建省统计局福建统计年鉴(2016)http://www.stats-fj.gov.cn/tongjinianjian/dz2016/index-cn.htm。

(二)实证调查方法及样本的基本特征

福建省现辖 9 个地级市,85 个县级行政单位数。其中,县 44 个,县级市 13 个,市辖区 28 个(表 2)。第四次中国城乡老年人生活状况抽样调查的福建省部分,于 2014 年在福建省随机抽取了 11 个县级行政单位数,它们分别隶属于 6 个地级市(福州市、厦门市、南平市、莆田市、泉州市和漳州市)。在 11 个县级行政单位数中,按照县、县级市与市辖区又进行了随机抽样,一共抽取了 177 个村或社区作为调查地区。最后以这些地区全体 60 周岁以上人群为调查对象进行抽样调查,共获得有效样本 5 280 个,其中,短表问卷的受访者有 4 753 人,长表问卷的有 527 人[①]。

---

　①　本调查有两种问卷,长表问卷与短表问卷;长表问卷在包括了短表问卷所有问题的基础上又增加了一些项目。参见附件中的调查问卷。

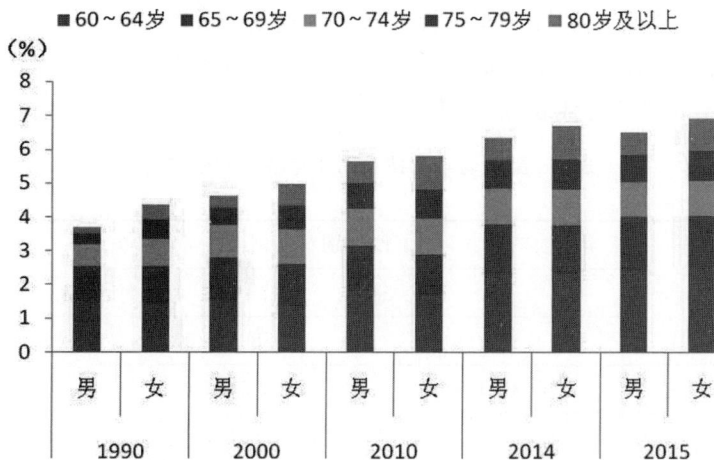

图2 1990—2015年福建省60周岁以上老年人口性别和年龄构成

表2 福建省行政区划(2015年年底)

设区市 名 称	县级行政单位数(个)				县级行政单位名称
	合 计	县	县级市	市辖区	
总 计	85	44	13	28	
福州市	13	6	2	5	鼓楼区 仓山区 台江区 马尾区 晋安区 福清市 长乐市 闽侯县 连江县 罗源县 闽清县 永泰县 平潭县
厦门市	6	—	—	6	思明区 海沧区 湖里区 集美区 同安区 翔安区
莆田市	5	1	—	4	城厢区 涵江区 荔城区 秀屿区 仙游县
三明市	12	9	1	2	三元区 梅列区 永安市 明溪县 清流县 宁化县 大田县 尤溪县 沙县 将乐县 泰宁县 建宁县
泉州市	12	5	3	4	鲤城区 丰泽区 洛江区 泉港区 石狮市 晋江市 南安市 惠安县 安溪县 永春县 德化县 金门县
漳州市	11	8	1	2	芗城区 龙文区 龙海市 云霄县 诏安县 漳浦县 长泰县 东山县 南靖县 平和县 华安县
南平市	10	5	3	2	延平区 建阳区 邵武市 武夷山市 建瓯市 顺昌县 浦城县 光泽县 松溪县 政和县
龙岩市	7	4	1	2	新罗区 永定区 漳平市 长汀县 上杭县 武平县 连城县
宁德市	9	6	2	1	蕉城区 福安市 福鼎市 霞浦县 古田县 屏南县 寿宁县 周宁县 柘荣县

数据来源:福建省统计局福建统计年鉴(2016) http://www.stats-fj.gov.cn/tongjinianjian/dz2016/index-cn.htm。

受访的老年人中有女性2 773人,占有效样本的52.47%;男性2475人,占47.53%。从年龄上看,受访的老年人平均年龄为69.8岁,其中超过三分之一的老年人处于60~64岁年龄段,22.68%的老年人处于65~69岁区间,80周岁以上老年人约占15%。受访老年人的性别和年龄分布存在统计上的显著性差异(χ^2检验,$P<0.001$),即受访的女性老

年人尤其高龄女性老年人明显多于男性老年人。这个差异与全国老年人口的基本分布情况一致①。也说明了福建省第四次城乡老年人生活状况抽样调查的抽样方法基本可靠，样本对我省老年人口具有代表性。（表3、图3）

表 3　受访老年人按性别和年龄段的分布情况

单位:n(%)

年龄组（岁）	性　别		P
	女	男	
60～64	913(17.53)	880(16.9)	
65～69	608(11.68)	573(11)	
70～74	378(7.26)	401(7.7)	
75～79	380(7.3)	298(5.72)	0.000
80～84	257(4.94)	208(3.99)	
≥85	196(3.76)	115(2.21)	

注:P 值为 χ^2 检验获得,下同。

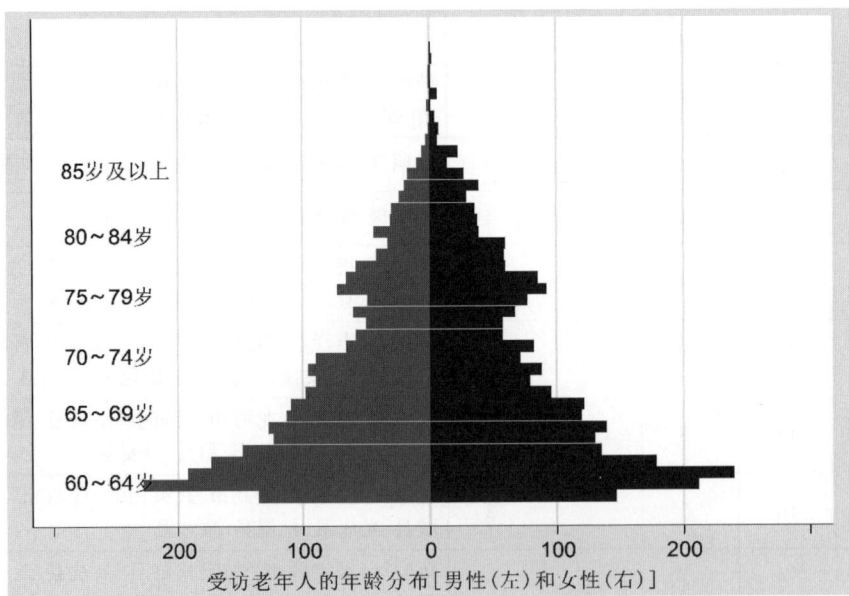

图 3　受访老年人的性别和年龄分布

(三)福建老年人口对老龄产业中"本位产业"的需求情况

下面就老龄产业的本位产业展开分析,主要包括老龄居住产业(如养老机构、老年房地产等)、老年护理服务产业、老年食品产业以及老龄健康医疗产业。

---

① 王德文,谢良地.社区老年人口养老照护的供需现状与对策研究[M].厦门:厦门大学出版社,2013:6.

1.老年人口对住宅、养老设施、社区设施的需求

本次受访的老年人在问及"您最愿意在哪里接受照料护理服务"时，约81％的表示愿意在家里接受照料护理服务，约2.4％的老年人选择白天在社区、晚上回家的照护方式，而3.2％的老年人则愿意在养老机构接受照料服务，还有13.1％的表示视情况而定（图4）。

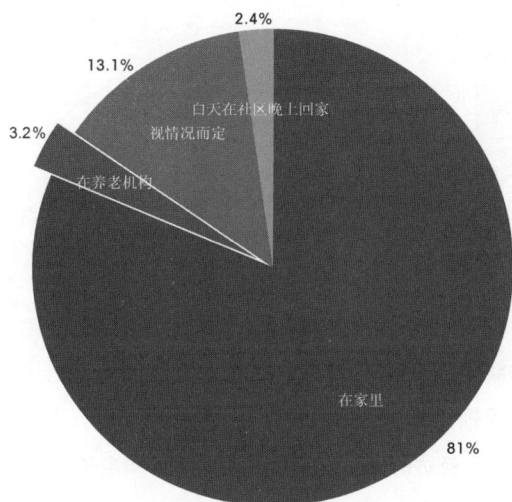

图4 老年人照料护理服务需求意愿

表4为老年人的住宅内存在问题与"今年以来，您是否跌倒过"的交差分析结果。在614位跌倒过的受访老年人中，住宅存在问题光线昏暗的有112人，占比18.24％，家中门槛绊脚或地面高低不平有67人，占比10.91％，家里没有扶手的有67人，占比10.91％，家中地面滑的有33人，占比5.37％，家中门用起来不合适的有24人，占比3.91％，觉得家中厕所/浴室不好用的有98人，占比15.96％，家中没有呼叫/报警设施的有157人，占比25.57％，家中有噪音的有41人，占比6.67％，还有其他情况的15人。

表4 老年人的住宅内存在问题与安全情况

单位:n(％)

住宅内存在问题	"今年以来，您是否跌倒过？"	
	否	是
光线昏暗	891(88.83)	112(11.17)
门槛绊脚或地面高低不平	339(83.50)	67(16.50)
没有扶手	481(87.77)	67(12.23)
地面滑	134(80.24)	33(19.76)
门用起来不合适	185(88.52)	24(11.48)
厕所/浴室不好用	667(87.19)	98(12.81)
没有呼叫/报警设施	1468(90.34)	157(9.66)
有噪音	373(90.10)	41(9.90)
其　他	146(90.68)	15(9.32)

受访老年人中使用家电和电子产品的情况如图 5 所示。老年人主要使用家用电器与电子产品为：电视机（93.0％）、电冰箱（84.1％）、洗衣机（78.7％）、固定电话（59.8％）和空调（59.8％）、老人手机（43.6％）、电脑（33.6％）、智能手机（20.3％）、普通手机（25.2％）以及净水设备（12.0％）。

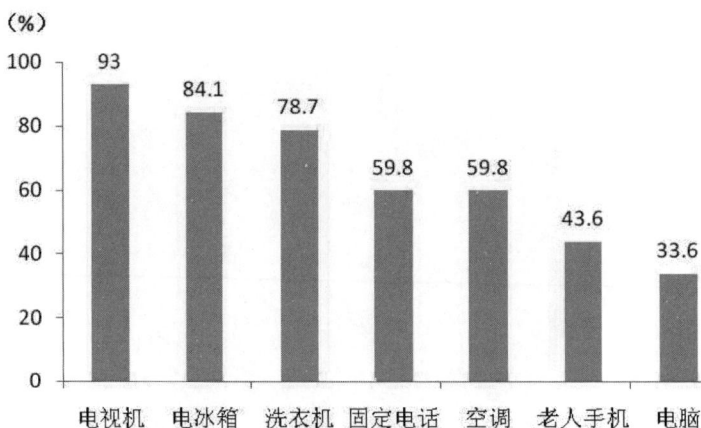

图 5　受访的老年人主要使用的家电和电子产品分布

在受访老年人住处周围公共场所/设施的情况的统计中（图 6），47％受访者的家附近没有广场，43.2％受访者的家附近没有公园，39.4％受访者的家附近没有健身场所，22.4％受访者的家附近没有老年活动中心，47.7％的受访者家的附近没有图书馆/文化站等。

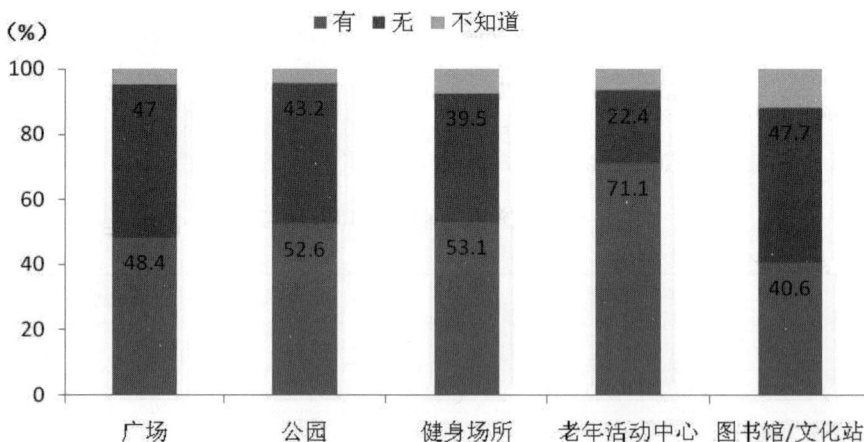

图 6　受访老年人居所附近公共场所/设施情况

2.老年人口对社区老龄服务项目的需求

表 5 分析了受访老年人的日常生活自理能力。学术界对老年人日常活动能力的测定主要包括两个层面：一是 ADL（Activities of Daily Living），即日常生活自理能力，包括老人洗澡、穿衣、进食、上厕所和参与其他室内活动等 6 个基本内容，主要用于测量老年人从事日常生活基本活动的自理能力；二是 IADL（Instrument Activities of Daily Living），即应用各种家庭或社会公共设施的生活自理能力，一般包括做饭、购物、使用交通工具、自我

管理财务等 9 个内容①,该指标用于反映老年人独立操持家务及维持基本社会活动的能力,是表明老年人能否独立生活的重要衡度。② 5 280 名受访老年人接受了 ADL 的 6 个项目信息调查,IADL 的 9 个项目来自第四次福建城乡老年人生活状况抽样调查的长表数据,只有 527 名调查对象。

6 项 ADL 调查结果提示"有些困难"及"做不了"的受访老年人人数比例波动在 2%~4%。但是,在 9 项 IADL 调查结果提示"有些困难"及"做不了"的人数比例大约波动在 9.69%~19.23%。从社区中老年人口日常生活自理能力的情况可以预测福建老年人口对老龄产业如老年护理服务产业、老年食品产业以及老龄健康医疗产业存在大量的需求。

表 5 受访老年人日常生活自理能力

单位:n(%)

日常活动	做得了	有些困难	做不了
吃　饭	5 157(98.27)	57(1.09)	34(0.65)
穿　衣	5 115(97.47)	84(1.60)	49(0.93)
上厕所	5 063(96.47)	131(2.50)	54(1.03)
上下床	5 073(96.68)	127(2.42)	47(0.90)
在室内走动	5 073(96.68)	116(2.21)	58(1.11)
洗　澡	4 998(95.25)	151(2.88)	98(1.87)
做　饭③	474(90.11)	18(3.42)	34(6.46)
洗　衣	464(88.21)	21(3.99)	41(7.79)
扫　地	475(90.30)	20(3.80)	31(5.89)
日常购物	467(88.78)	25(4.75)	34(6.46)
上下楼梯	457(87.05)	42(8.00)	26(4.95)
乘坐公交车	446(85.44)	34(6.51)	42(8.05)
提起 10 斤重物	424(80.76)	52(9.90)	49(9.33)
打电话	459(87.26)	24(4.56)	43(8.17)
管理个人财务	466(88.59)	24(4.56)	36(6.84)

注 1:从"做饭"以下的项目来自第四次福建城乡老年人生活状况抽样调查的长表数据。

为了摸底老年人口对社区老龄服务项目的具体需求,我们针对图 7 显示的每一个项目进行了应答个案数的统计排序,结果发现,受访老年人对"上门看病"的需求最大,有

---

①　本次调研中的 IADL 为中国版的,与国际版的 IADL 虽然大部分内容一致但是略有不同。

②　王德文,叶文振,朱建平,等.中国高龄老年人日常生活自理能力及其影响因素[J].中国人口与科学,2004 年增刊.

③　此表中加下画线的项目表示仅个人问卷(长表)的受访老年人作答。

11.0％的需要上门做家务,有8.0％的需要心理咨询或聊天解闷,有7.7％的需要康复护理,有6.4％的需要日间照料。"上门看病"在需求中排序第一的原因可能与人进入老年期后,人体组织结构老化、器官功能减退、身体机能下降,导致行动有所不便,尤其ADL与IADL下降,与我省大部分地区对于老年人口去医院看病存在各种困难等现实原因有关。本次调查分析结果也发现,受访老年人生病后未处置的最主要的原因中,行动不便的占37.5％,就医麻烦和医院太远的分别占25％和12.5％。

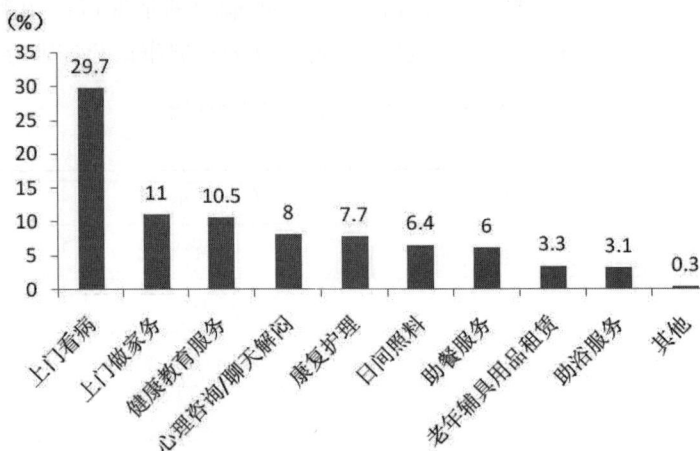

图7　老年人对社区老龄服务项目的需求

(四)福建老年人口对老龄产业中"关联产业"的需求情况

下面就老龄产业的关联产业展开分析,主要包括老年用品用具产业(如专业护理产品、用品、康复器械等)、老年旅游产业,以及老年教育产业等。

1.老年人口对辅助器具的需求

随着加龄,老年人口对老花镜、助听器、假牙、拐杖、轮椅、血压计和血糖仪等辅助器具的需求情况成为发展的必然趋势。调查结果发现,"看不太清楚"和"几乎/完全看不清"的受访老年人中,有半数却未佩戴老花镜;"很难听清楚"的335位受访者中,90.45％老年人没有佩用助听器;因为牙齿情况影响吃饭的217位受访者中,40.65％老年人没有使用假牙。(表6、表7、表8、图8)

表6　老年人戴老花镜与视力情况

单位:n(％)

"您看得清楚吗?"	戴老花镜	
	未使用	使用
不太清楚	439(40.65)	641(59.35)
几乎/完全看不清	27(49.09)	28(50.91)

表 7 老年人佩戴助听器与听力情况

单位:n(%)

您听得清楚吗(包括戴助听器)	助听器		总 计
	未使用	使 用	
很难听清楚	303(5.84)	32(42.11)	335(6.34)
需要别人提高声音	589(11.35)	28(36.84)	617(11.69)
能听清楚	4 297(82.81)	16(21.05)	4 313(81.69)
合 计	5 189(100)	76(100)	5 280(100)

表 8 老年人使用假牙与牙齿情况

单位:n(%)

您的牙齿影响您吃饭吗?	假牙		总 计
	未使用	使 用	
没影响	203(70.00)	109(46.19)	312(59.32)
有影响	87(30.00)	127(53.18)	214(40.68)
合 计	290(100)	236(100)	526(100)

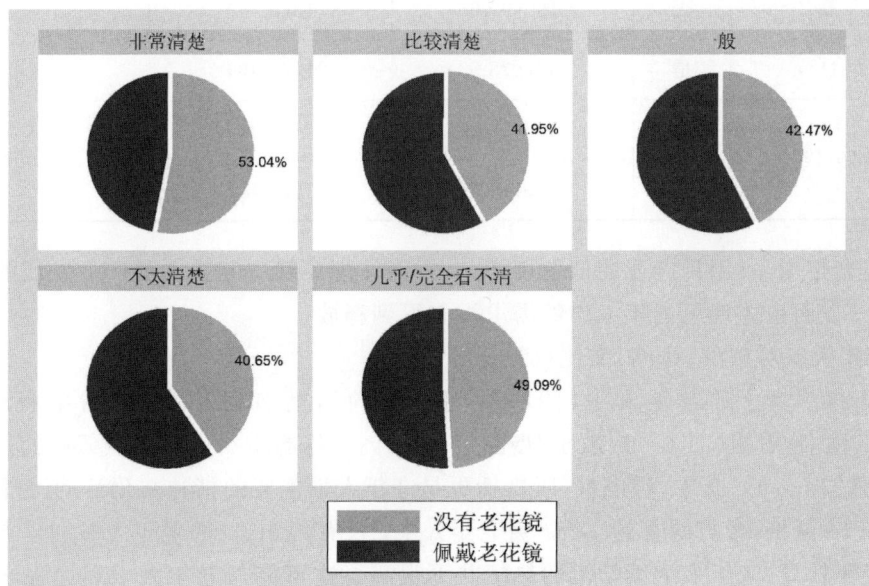

图 8 老年人佩戴老花镜的情况

在本次调查中,对问题"今年以来,您是否跌倒过?"回答"是"的受访老年人占样本总数的 8.1%。在这些有跌倒经历的老年人中仅有 22.1% 使用拐杖、0.6% 使用了轮椅,而没有跌倒过的受访老年人中只有 4.4% 的人使用了拐杖、4.9% 的人使用了轮椅。是否跌倒过与使用拐杖和使用轮椅均在统计上呈显著的相关性($P<0.001$)(表 9)。

表 9 老年人使用拐杖、轮椅与跌倒的情况

单位：n(%)

问　题	应　答	跌　倒	没跌倒	P
使用拐杖	是	94(22.1)	211(4.4)	0.000
	否	332(77.9)	4 593(95.6)	
使用轮椅	是	31(0.6)	21(4.9)	0.000
	否	4 773(99.4)	405(95.1)	

患高血压的 1 903 位受访老年人中，有 694 位(36.5%)老年人使用了血压计，而 1 209 位(63.53%)老年人没有使用血压计。同理，患糖尿病的 581 位受访老年人中，只有 224 位(38.55%)老年人使用血糖仪。表 10 还显示了大小便失禁的受访老年人中，只有约 20%使用了成人纸尿裤/护理垫。

表 10 老年人成人纸尿裤/护理垫使用情况

单位：n(%)

相关问题与应答		成人纸尿裤/护理垫		P
		未使用	使　用	
大便失禁	否	5 130(99.65)	18(0.35)	0.000
	是	77(78.57)	21(21.43)	
小便失禁	否	5 062(96.92)	4(0.08)	0.000
	是	145(80.56)	35(19.44)	

上述老年用品、用具产业的低使用率，一方面体现了我省相关老龄产业发展的普惠性不够，另一方面也体现了老年人口的需求没有得到释放。

2.老年人口对旅游、休闲、文化及教育等需求

在 5 280 个受访老年人中，闲暇时间主要的活动有以下几种：看电视/听广播(94.3%)、读书/看报(34.6%)、散步/慢跑等(54.2%)、打麻将/打牌/下棋等(12.8%)和种花养草等(23.6%)。其中，看电视/听广播更是老年人最主要的精神文化活动。(图 9)

从表 11 可见，参与调查的 5 280 名老年人中，仅有约 6.1%的老年人参加了老年大学或远程老年教育，老年人继续学习的热情并不很高。这可能与老年大学和远程老年教育当前并没有达到较高的普及程度有关，即老年人可能有这方面的教育需求，但却没有相应的渠道或者资源提供。同样，在受访的老年人中，有 3 526 人没有参加老年协会，占 66.8%；经常上网的老年人仅占总人数的 10.8%。

从表 12 可以看到，"经常"和"有时"感到孤独的老年人口中，仅 11.5%和 12.3%的能得到心理咨询或聊天解闷的机会。表 12 的结果存在统计学上的显著性差异(P < 0.001)，说明福建省老年人中能够得到精神慰藉的比例非常有限。

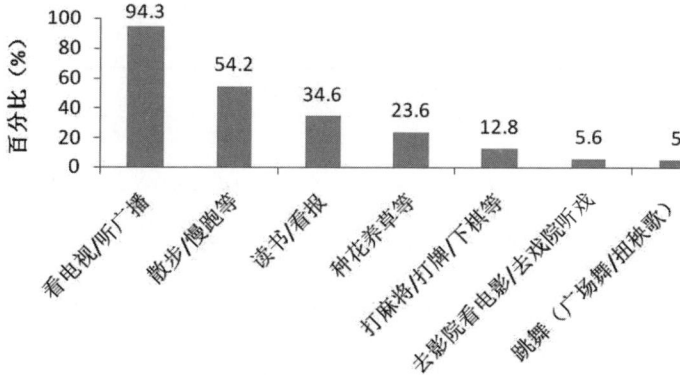

图9 老年人闲暇时间的主要活动情况

表11 老年人教育/上网情况

单位:n(%)

活动类别	否	是
是否参加老年大学/远程老年教育	4 915(93.87)	321(6.13)
是否经常上网	4 674(89.20)	566(10.80)

表12 感觉孤独与心理咨询/聊天解闷的交差分析

单位:n(%)

心理咨询/聊天解闷	"您感到孤独吗?"			P
	经常	有时	从不	
否	169(88.48)	1 085(87.71)	3 590(94.20)	0.000
是	22(11.52)	152(12.29)	221(5.80)	

(五)福建老年人口对老龄产业中"衍生产业"的需求情况

下面就老龄产业的衍生产业展开分析,主要包括老年金融产业,如护理保险产品、老年住宅反向抵押、老年储蓄投资理财等。

1.老年人口对金融服务的需求

在5 280名受访老年人中,只有225人购买了商业健康保险。这些购买者中26人认为自己健康状况非常好,约占11.6%;73名老人认为自己健康状况比较好,约占32.4%;只有14人认为自己健康状况比较差,有3人认为自己的身体非常差。表13反映了老年人口的月收入与购买了商业健康保险存在着统计学上的显著性相关,收入高的人群中购买商业保险的比例明显增高。另外,受访的老年人中进行投资理财活动的人数非常少,参见图10。由此可见,当前老年人口对老年金融产业活动的参与度并不高。

表 13　老年人健康保险购买情况

单位:n(%)

月固定收入(元)	是否购买了商业健康保险		P
	否	是	
≤1 000	2 172(98.01)	44(1.99)	
1 000～2 000	457(96.21)	18(3.79)	
2 000～3 000	771(94.83)	42(5.17)	0.000
3 000～4 000	375(91.02)	37(8.98)	
4 000～5 000	181(88.29)	24(11.71)	
≥5 000	134(89.33)	16(10.67)	

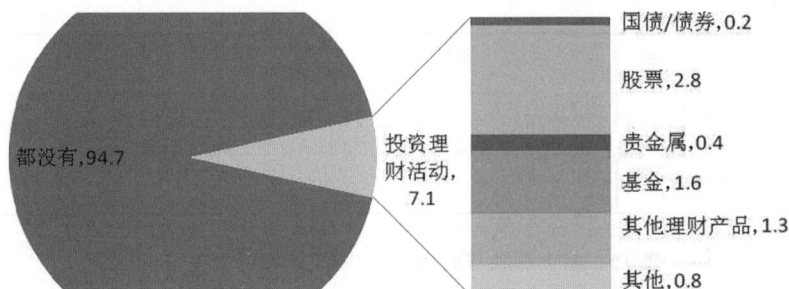

图 10　老年人投资理财活动参与情况

2.老年人口对房产抵押置换养老金的意愿情况

如表 14 所示,受访的老年人中仅 5.12% 的老年人愿意把房子出售/出租/抵押以换取养老金;约 81.1% 的老年人不愿意以这种形式换取养老金,13.75% 的老年人选择视情况而定。说明大部分老年人对房产抵押置换养老金持有不愿意。

表 14　房产抵押置换养老金

是否愿意把房子出售/出租/抵押以换取养老金	频　率	百分比(%)
愿　意	19	5.12
不愿意	301	81.13
看情况	51	13.75

注:来自长表问卷的数据。

(六)小结

本研究基于福建省老年人口的实证调查结果,受访老年人中 6 项 ADL 调查结果提示"有些困难"及"做不了"的人数比例大约波动在 2%～4%。在 9 项 IADL 调查结果提示"有些困难"及"做不了"的人数比例大约波动在 9.69%～19.23%。同时发现,受访老年人中约 81% 的表示愿意在家里接受照料护理服务,还有 13.1% 的表示视情况而定。但是,在 614 位跌倒过的受访老年人中,住宅存在光线昏暗问题、家中门槛绊脚或地面高低不平、家里没有扶手、家中地面滑、家中门用起来不合适、觉得家中厕所/浴室不好用、家中没有呼叫/报警设施、家中有噪音等情况。还有47%受访者的家附近没有广场,43.2%受访者的家附近没有公园,39.4%受访者的家附近没有健身场所,22.4%受访者的家附近没有老年活动中心,47.7%的受访者的家附近没有图书馆/文化站等。可以预测,社区老龄居住产业中上述的本位产业存在大量的需求。

随着加龄,老年人口对老花镜、助听器、假牙、拐杖、轮椅、血压计和血糖仪等辅助器具的需求情况成为发展的必然趋势。本次调查结果提示,上述老年用品、用具产业的低使用率,一方面体现了我省相关老龄产业发展的普惠性不够,另一方面也体现了老年人口的需求没有得到释放。在5280个受访老年人中,闲暇时间主要的活动有以下几种:看电视/听广播(94.3%)、读书/看报(34.6%)、散步/慢跑等(54.2%)、打麻将/打牌/下棋等(12.8%)和种花养草等(23.6%)。其中,看电视/听广播更是老年人最主要的精神文化活动。仅有约6.1%的老年人参加了老年大学或远程老年教育;有66.8%的没有参加老年协会,会经常上网的老年人仅占总人数的10.8%;"经常"和"有时"感到孤独的老年人中,约有20%的老年人能得到心理咨询或聊天解闷的机会。说明福建老年人中能够得到精神慰藉的比例非常有限。究其原因,可能与老年大学等设施没有达到较高的普及有关,也许体现老年人继续学习的热情并不很高,抑或是老年人可能有这方面的需求,但却没有相应的渠道或者资源提供。

有关老龄产业的衍生产业如老年金融产业、老年住宅反向抵押等在我省老年人口中参与度都非常低下。这可能与人们对老年金融产业的认知程度有限有关,也可能还与我国传统文化及养老模式有关。

三、福建省老龄产业发展现状及其不足的原因探讨

老龄事业与老龄产业都是为了满足老年人衣食住行等各方面需求而提供产品或服务,二者既相互区别又相互联系。所以,本节在梳理福建省老龄事业发展现状后,再分析其老龄产业的发展现状,最后探讨老龄产业发展不足的原因。

(一)福建省老龄事业发展现状

1.基于各部门统计的福建省老龄服务事业发展情况

近十多年来福建省委、省政府高度重视老龄事业的发展,出台了许多政策并投入大量资金,助推老龄事业的发展。全省各级政府将养老工作纳入经济社会发展总体规划,全面推进养老服务体系建设。福建省比全国早两年实现城乡居民社会养老保险制度全覆盖,截至2015年6月,全省城镇基本养老保险参保人数853.7万人,新型农村社会养老保险参保人数1 473.68万人。此外,各地区和部门通过多种渠道筹集资金,兴办养老机构、社区居家养老服务中心(站)、敬老院、福利院、老年公寓、老年人活动中心等各类设施。全省建设了一套为保障老年人口的生活水平与经济社会发展水平相协调,以居家为基础、社区

为依托、机构为支撑,功能完善、规模适度、覆盖城乡、布局合理、制度健全、管理规范、服务优良、监管到位的社会养老服务体系[①]。

如表 15 所示,现阶段全省共有养老机构 212 个,其中公办养老机构 84 个,民办养老机构 128 个。据福建民政厅及老龄委的数据,截至 2015 年 9 月底,全省共有城市社区居家养老服务中心(站)2 219 个,实现城市社区日间照料中心全覆盖;[②]农村社区居家养老服务中心 5 330 个,覆盖率为 37%。[③] 表 15 根据《福建统计年鉴(2016)》[④],展示了福建省 2010 年、2014 年、2015 年老龄事业涉及的项目以及各项目对应的机构数量。如 2015 年全省老年医院有 42 所,老年活动站/中心/室数有 18 332 个,等等。

为保障老年人的权益在全省 9 个地级市的 85 个县级行政单位内全部设立了法律援助中心,大量乡镇(街道)设有法律援助站,2015 年共有 1 306 个老年法律援助中心,各类维权协调组织数 2 011 个。多数村(居)设有法律援助联络员,全省各类人民调解委员会 1.89 万个,形成了以法律援助机构为主导,社会团体、乡镇(街道)法律援助站积极参与,上下一致、纵横协调的老年人法律援助工作服务网络[⑤]。

近年来福建省不断完善城镇"三无"(无劳动能力,无生活来源,无赡养人和抚养人或者其赡养人和抚养人确无赡养和抚养能力)和农村"五保"老年人政府救助制度。对城市"三无"老人、农村"五保"老人,实行政府供养。对低收入、失能、失独、高龄和特殊困难老年人,由政府给予相应的福利保障[⑥]。同时,为满足农村"五保"供养对象的集中供养需求,全省已建成或已安排建设乡镇敬老院 861 所,约有床位 3.5 万张。[⑦] 为实现基本公共服务均等化,满足老年人基本服务需求,福建省大力推动老年社会福利由补缺型向适度普惠型转变,从省级层面建立统筹的高龄补贴的老年福利制度。截止到 2015 年 6 月,全省 84 个县(市、区)均建立了高龄津(补)贴制度,实现了这项制度的全省性覆盖。其中,建立 80 周岁及以上高龄津(补)贴制度的县(市、区)47 个,建立 90 周岁及以上高龄津(补)贴制度的县(市、区)36 个,建立 95 周岁及以上高龄津(补)贴制度 1 个区。全省 84 个县(市、区)实现 70 周岁及以上老年人免费乘坐公交车。此外,全省二级以上医疗机构开设老年人优待就诊窗口,对老年人实行挂号、就诊、取药、住院、收费等方面的优待服务;全省有 110 个 A 级旅游景区对老年人实行门票优待。[⑧]

---

① 福建省老龄网.http://www.fjll.gov.cn/web/news_1.asp? CatalogID＝295&id＝2165.

② 福建民政.http://www.fjsmzt.gov.cn/xxgk/zfxxgk/xxgkmu/gfxwj/shflfw/201608/t20160804_1206327.htm.

③ 福建省老龄网.http://www.fjll.gov.cn/web/meida_1.asp? CatalogID＝346&id＝2365.

④ 福建省统计局福建统计年鉴(2016).http://www.stats-fj.gov.cn/tongjinianjian/dz2016/index-cn.htm.

⑤ 福建省老龄网.http://www.fjll.gov.cn/web/news_1.asp? CatalogID＝295&id＝2165.

⑥ 福建民政.http://www.fjsmzt.gov.cn/xxgk/zfxxgk/xxgkmu/gfxwj/shflfw/201608/t20160804_1206318.htm.

⑦ 福建省老龄网.http://www.fjll.gov.cn/web/meida_1.asp? CatalogID＝346&id＝2365.

⑧ 福建省老龄网.http://www.fjll.gov.cn/web/news_1.asp? CatalogID＝295&id＝2165.

表 15　福建省老龄事业发展情况

项　　目	年　份		
	2010	2014	2015
老年维权			
老年法律援助中心(个)	891	1 013	1 306
维权协调组织数(个)	1 851	1 642	2 011
老年服务设施			
老年活动站/中心/室数(个)	15 166	17 035	18 332
老年福利			
享受高龄补贴的老年人数(人)	197 587	366 736	518 541
老年医疗护理机构			
老年医院(个)	38	55	42
# 床位数(张)	2 115	3 407	3 065
老年临终关怀医院(个)	6	41	33
# 床位数(张)	844	1 818	1 798
年底在院人数(人)	396	949	954
老年群众组织			
老年协会(个)	13 827	15 667	16 072
参加人数(人)	2 243 303	2 109 225	2 275 301
老年基金会(个)	470	356	261
事业投入经费(万元)	3 370	7 801	7 588
其他老年社团组织(个)	1 164	833	512
参加人数	261 839	251 672	247 984
老年教育			
老年大学个数(个)	11 268	11 731	12 032
在校人数(人)	592 429	924 290	1 041 805

数据来源:福建省统计局福建统计年鉴(2016).http://www.stats-fj.gov.cn/tongjinianjian/dz2016/index-cn.htm。

此外,在福建省财政支持下,年满 60 周岁及以上省级非物质文化遗产项目代表性传承人从 2014 年起每人每年补助 3 000 元;在 2014 年全省还新建或修缮老年人体育活动场所 297 处,全省出版有关老年人图书 20 余种。截至 2015 年 10 月,全省共创办各类老年大学(学校)12 032 所,累计在校学员 104 余万人,占全省老年人口总数的 19.23%,建校率和老年人参学率均居全国前列;全省拥有老年人健身活动中心(室)9 259 座(间);老年体育活动场地 17 823 处;20 人以上的纳凉点 21 451 处;相对固定的集体广场群众性文化活动点近 2 000 处,常年参加活动的群众性文艺队伍 2 万多支,约 180 万人。[①]

———————————

① 福建省老龄网.http://www.fjll.gov.cn/web/news_1.asp? CatalogID=295&id=2165.

2.基于本调研数据的福建省老龄服务事业发展情况

第四次中国城乡老年人生活状况抽样调查的福建省部分,在 11 个县级行政单位数中,按照县、县级市与市辖区又进行了随机抽样,一共抽取了 176 个村或社区作为调查地区,针对每一个村或社区进行了相关内容的调查。参见附件中的社区(村/居)调查问卷。

(1)社区(村/居)养老机构、医疗、文体设施情况

一共抽取了 176 个作为调查地区。176 个受访村或社区都报告了养老设施基本情况。其中 46 个(26%)受访社区有"社区日间照料中心",20 个(11.3%)受访社区有"养老机构(敬老院/福利院/光荣院等)",111 个(62.7%)受访社区既没有养老机构也没有社区日间照料中心。(图 11)

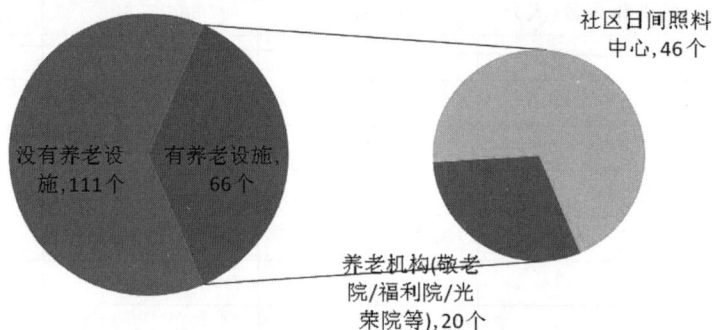

图 11 受访社区(村/居)拥有养老设施的情况

有关医疗卫生机构,在受访社区中,拥有诊所的社区最多,占比达到 30.0%;其次是药店,占 27.7%;然后是社区卫生服务中心/站,占 21.1%。依然有少数(1.3%)受访社区(村/居)内没有任何医疗卫生机构。(图 12)

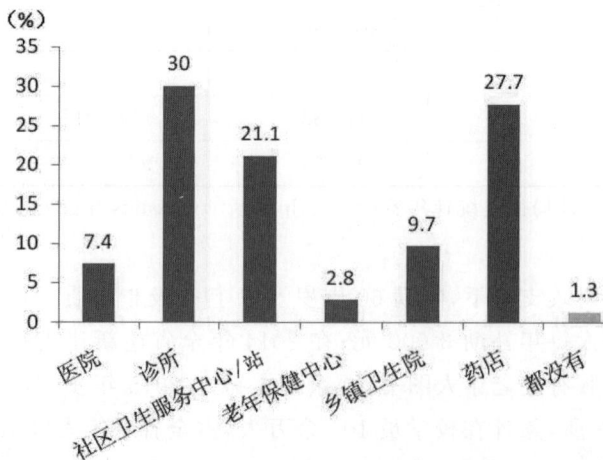

图 12 受访社区(村/居)拥有医疗卫生机构的分布情况

受访社区中,22.3%的社区拥有老年活动中心/站,包括老年星光之家、农村幸福大院等;有室内活动场所,如棋牌活动室、乒乓球、台球场地等的社区占 20.7%,拥有露天健身器材场地,如乒乓球场地、台球场地、篮球场地等的社区也达到了 19.6%。(图 13)

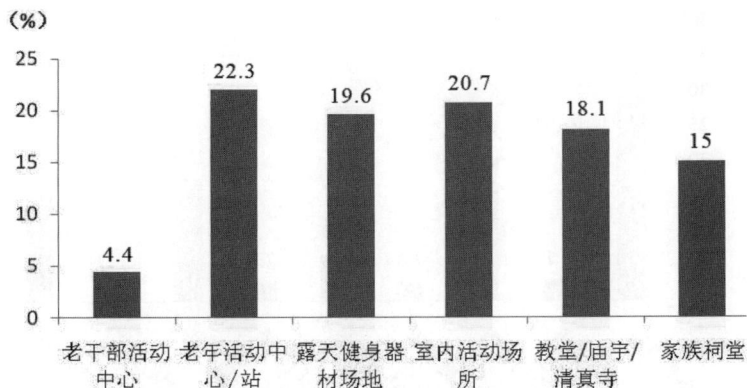

图 13 受访社区(村/居)拥有文体设施的情况

(2)社区(村/居)的养老(生活)服务供给情况

如表 15 所示,受访社区提供最多的是便民服务,包括代缴费/充值、快递服务等,占 29.0%;其次是"法律/维权服务"和"殡葬服务",分别占 15.7%和 14.1%。9.1%的社区没有提供任何一种生活服务。有关社区提供医疗、康复类服务的情况如图 14 所示,"健康讲座"最多,占 29.3%,其次是"上门看病",占比 20.7%,"都没有"的比例为 16%。

表 15 受访社区提供各类生活服务的情况

生活服务	频　数	百分比(%)
老年餐桌	23	6.4
家政服务	39	10.8
陪同购物	5	1.4
便民服务(代缴费/充值、快递服务等)	105	29.0
托老服务(日间照料中心/站)	39	10.8
理财服务	8	2.2
法律/维权服务	57	15.7
老年婚介服务	2	0.6
殡葬服务	51	14.1
都没有	33	9.1
总　　计	362	100

(3)社区文化娱乐活动情况

31.2%的社区提供棋牌娱乐等活动,27.6%的社区提供读书看报服务,2.7%的社区不提供任何文化娱乐、社会参与服务。(图 15)

综上,基于各部门统计的福建省老龄服务事业发展情况,以及基于本调研数据分析结

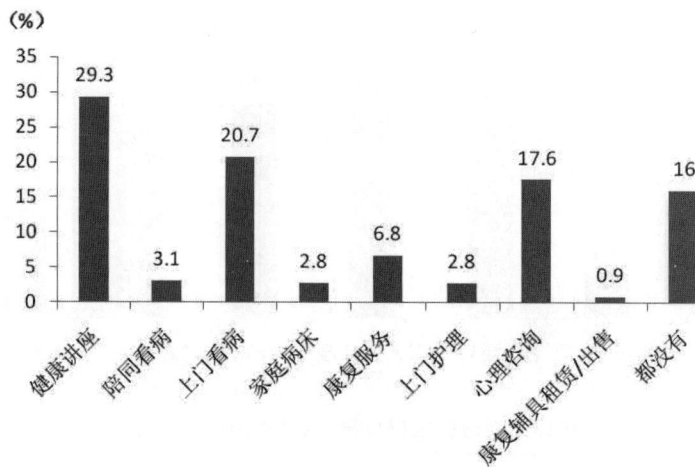

图 14　受访社区提供医疗、康复类服务的情况

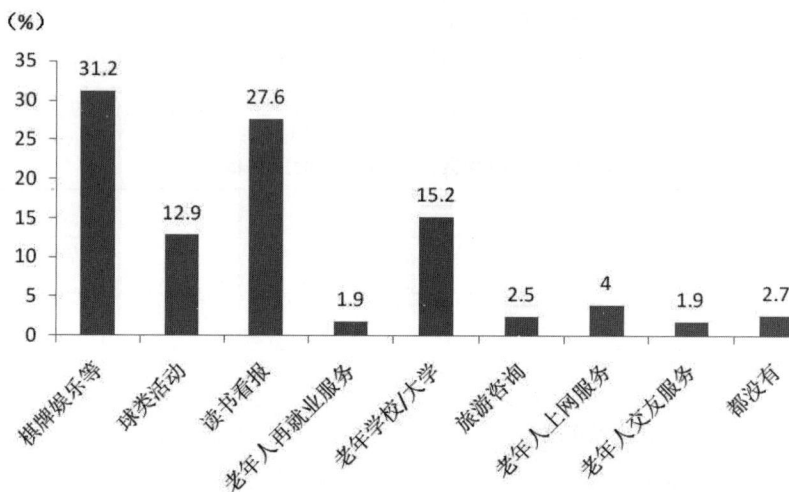

图 15　受访社区提供文化娱乐、社会参与服务的情况

果的福建省老龄服务事业发展情况,可以看出福建省老龄服务事业发展取得可喜的成效,全省比全国早两年实现城乡居民社会养老保险制度全覆盖,全省以居家为基础、社区为依托、机构为支撑的社会养老服务体系基本健全。但是由于庞大老年人口日益增长的需求,同时随着我国社会经济文化水平的不断提升,想要建设一套为保障老年人口的生活水平与经济社会发展水平相协调,功能完善、覆盖城乡、布局合理、制度健全、管理规范、服务优良、监管到位的社会养老服务体系,感觉"万里长征还在路上",相关服务仍有很大的空间需要进一步提升。

(二)福建省老龄产业发展现状

老龄事业是由政府供给与购买,多倾向于为老年人提供公共物品与公共服务。而庞大老年人口的养老问题,仅由政府供给必然力不从心,难以满足人们多层次、多样化的养老需求。所以,要发挥社会力量由多元主体参与,发展老龄产业是完善养老服务事业的重要举措。下文就福建老龄产业发展现状进行梳理。

1.福建老龄产业相关的政策回顾

前文分析中就提到了国家产业政策的制定和完善是带动老龄产业的最主要和最基本的要素。产业的健康发展离不开有效的政策对其进行保障,好比"行军打仗,粮草先行"。有效的政策建设好比"粮草",既要应运而生,又要先行一步,从而为老龄产业的健康发展提供必要的制度保障。2000 年"全国老龄工作会议"提出了发展老龄产业的指导思想、原则。2013 年 11 月十八届三中全会通过《中共中央关于全面深化改革若干重大问题的决定》(以下简称《决定》),《决定》要求"积极应对人口老龄化,加快建立社会养老服务体系和发展老年服务产业"。[①]同年,国务院出台《国务院关于加快发展养老服务业的若干意见》(国发〔2013〕35 号)对我国养老服务业的发展作了全面部署,提出为了充分发挥市场在资源配置中的决定性作用和更好地发挥政府作用,逐步使社会力量成为发展养老服务业的主体,鼓励民间资本参与养老服务业发展。

在此之后福建省各级政府及其有关部门先后出台了 50 余份促进养老服务业发展的文件。2014 年 11 月,福建省民政厅制定了《福建省养老服务机构等级评定办法(试行)》,采用星级制,将全省养老服务机构从高到低评为五星级、四星级、三星级、二星级四个等级。《办法》明确规定将政府设立的养老机构及社会力量设立的营利性或非营利性的养老机构纳入等级评定范围。[②] 这一评定办法的出台将有利于促进营利性养老机构与公立医院的良性竞争,推动市场化的养老机构的发展。同年,福建省人社厅出台《关于福建省省本级城镇基本医疗保险定点服务机构资格认定有关问题的补充通知》(闽人社文〔2014〕314 号),明确取消包括养老机构设置医疗机构在内的医疗机构纳入城镇医保定点必须满一年的准入条件,取消定点医疗机构选址间距的要求等。同时,各级医疗保险管理部门及时将符合条件的养老机构设置的医疗机构,纳入城镇基本医疗保险定点范围,签署服务协议,按规定执行统一的医保管理政策,并开通医保信息系统,实现诊疗就医即时刷卡结算服务。[③]

尤其是 2015 年福建省由发改委牵头制定出台《福建省加快推进健康与养老服务工程建设行动计划(2015—2020)》,该计划要求"依托福建丰富的山水旅游资源,合理规划布局、引导社会资本建设一批集养老、医疗、保健、娱乐、休闲于一体的养老公寓,推动形成一批具有知名品牌和较强竞争力的养老机构,满足广大群众个性化、多样化的养老服务需求"。该计划还进一步提出至 2020 年养老服务建设的主要目标和工程任务,重点实施社

---

① 中共中央关于全面深化改革若干重大问题的决定. http://news.xinhuanet.com/2013-11/15/c_118164235.htm.

② 全国老龄工作委员会办公室,福建省全面推行养老服务机构等级评定. 2014-11-28. http://www.cncaprc.gov.cn/contents/792/166413.html.

③ 方少雄. 在 2015 年老年节新闻通气会上的讲话. 2015 年 10 月 20 日. http://www.fjll.gov.cn/web/news_1.asp? CatalogID=295&id=2165.

区老年人日间照料中心、老年养老护院、养老公寓、农村养老服务设施等工程。[①] 这一计划旨在打造福建省老龄服务业一套完整的产业链,在一定程度上弥补了长期以来福建省老龄产业政策的缺失。

2015年3月各地转发民政部等10部委关于鼓励民间资本参与养老服务业发展意见,明确鼓励民间资本参与居家、社区、机构养老服务,支持民间资本参与养老产业发展,并进一步完善医养结合、投融资、税费优惠、人才和用地保障政策。福建省财政厅牵头制定出台《福建省财政支持社会组织参与社会服务项目资金管理办法》,通过政府购买服务方式,安排2 400万元专项资金,支持社会组织开展养老服务等项目。另外,省级财政下达专项资金10 878万元,开展社会福利中心和农村幸福院建设,实施非营利性民办养老机构一次性开办补助和床位运营补贴。[②]

福建省住建厅牵头开展养老设施配置和建设标准研究,出台《福建省城乡养老服务设施规划及配置导则(试行)》,明确在编制城市总体规划、控制性详细规划时,按照人均用地不少于0.1平方米的标准,分市、区、街道、社区四个等级配置不同的设施和建设规模。凡新建城区和新建居住(小)区,要按标准配套建设养老服务设施,并与住宅同步规划、同步建设、同步验收、同步交付使用,按每百户不少于20平方米的标准配套建设社区居家养老服务用房。老城区和已建成居住小区应按每百房不少于15平方米的标准,通过购置、置换、租赁等方式调剂解决社区居家养老服务用房。[③]

总体而言,近几年福建省扶持老龄产业的政策力度在不断加强。

2.福建老龄产业的发展现状

随着各种老龄产业政策的不断出台,以及各级政府不断作为下,投身到老龄产业的社会组织或个体在逐年增多。如在政府"以公建民营为突破口,鼓励民间资本通过租赁、承包、委托运营、合资合作、输出管理或服务等方式,参与公建养老机构的运营、管理"政策的指导下,截至2015年,福建省共有41家社会福利中心、乡镇敬老院实行公建民营。[④] 截至2015年9月底,全省共有民办养老机构266个。如图16所示,虽然9个地级市中都有一定的养老机构数量,但是分布严重不均,如全省中福州、厦门的民办养老机构数量最多,都为27个,而漳州市民办养老机构数量为1个,泉州、宁德的为4个。这提示可能不仅与地方的经济水平有关,同时也与各地方的老龄产业政策的落实力度有关。

资金是老龄产业发展的资本。2014年以来,福建省搭建起了"政银企"对接平台,为福建省老龄产业重大项目的融资建立对接平台与长效机制,为老龄产业重大项目和重点领域工程提供了多元化、可持续的资金保障。2015年5月,福建省召开健康与养老服务

---

① 方少雄.在2015年老年节新闻通气会上的讲话.2015年10月20日.http://www.fjll.gov.cn/web/news_1.asp? CatalogID=295&id=2165.

② 方少雄.在2015年老年节新闻通气会上的讲话.2015年10月20日.http://www.fjll.gov.cn/web/news_1.asp? CatalogID=295&id=2165.

③ 方少雄.在2015年老年节新闻通气会上的讲话.2015年10月20日.http://www.fjll.gov.cn/web/news_1.asp? CatalogID=295&id=2165.

④ 方少雄.在2015年老年节新闻通气会上的讲话.2015年10月20日.http://www.fjll.gov.cn/web/news_1.asp? CatalogID=295&id=2165.

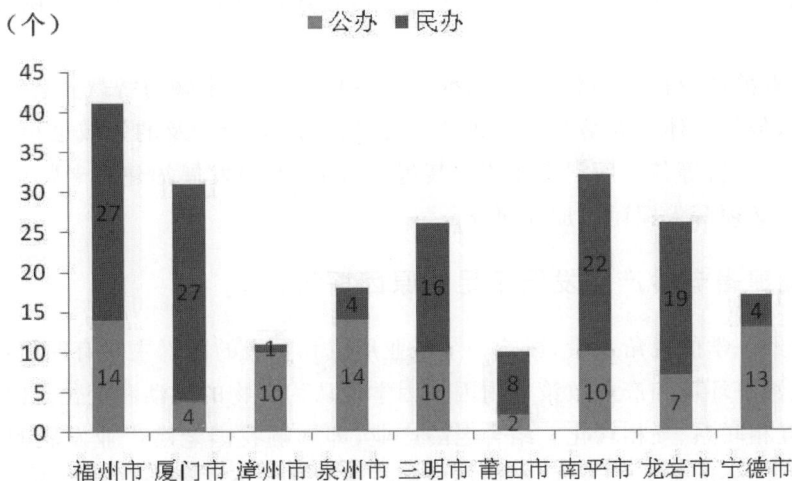

图 16 福建省 2015 年省 9 个地级市公办与民办养老机构分布

业重点项目融资对接会,55 个前期工作比较成熟、项目资本金基本到位、融资需求比较迫切的项目参加此次对接会,项目总投资 205 亿元,融资需求 105 亿元。①

对福建省而言,一个重要优势就是与台湾经济发展的联系密切。众所周知,台湾的老龄产业已经发展到一个较高的水平,因此,福建省充分利用了这种地理和经济联系上的优势,积极引进台湾相关企业,布局老龄产业的发展。2016 年 6 月,2016 海峡两岸(厦门)老龄产业博览会在厦门开幕。博览会吸引了海峡两岸 140 多家涉老企业参展,展区面积 1 万平方米。整个展馆分四个展区和一个海峡两岸养老产业主题馆,涵盖养老地产、养老金融、养老机构、健康管理机构、康复医疗、生活护理、养生保健等领域。②

"互联网＋养老"模式近年也在福建开始了试点。例如,总部设在福建自贸区福州片区的福建支储宝电子商务科技股份有限公司,在"大众创业、万众创新"的浪潮中探索"医养结合",创新养老模式。③厦门市佳音在线股份公司也在厦门推行一键呼叫救护老人定位服务,即 365 天 24 小时的生活管家式"互联网＋养老"模式。同时,该公司正在向市场推广老年人专用智能手环和 APP 客户端,提供一键呼叫生活管理服务。④

提高老年人抵御疾病风险能力,商业保险被认为是可以发挥作用的"社会稳定器"。2016 年 9 月太平洋寿险福建分公司推出了一款老年人专属的"爱心工程"保险产品,并启动暨"为老年人办实事"承诺签约仪式,郑重承诺以爱心赠险的方式为全省(除厦门外)"三无"老人革命老红军、特困、孤寡以及百岁老人等提供 4 000 万元意外伤害保障,设立太平

---

① 全国老龄工作委员会办公室,福建省健康与养老服务业重点项目融资对接会召开,2015-5-6.http://www.cncaprc.gov.cn/contents/20/77795.html.

② 新华网,2016 海峡两岸(厦门)老龄产业博览会开幕,2016-6-17.http://news.xinhuanet.com/gongyi/yanglao/2016-06/17/c_129071360.htm.

③ 福建日报记者郭斌.我省养老产业试水医养结合.[2016-10-29].http://www.fjll.gov.cn/web/meida_1.asp? catalogid＝346&id＝2577.

④ 全国老龄工作委员会办公室,互联网＋养老将在厦门试点,2015-6-2.http://www.cncaprc.gov.cn/contents/20/78779.html.

洋寿险福建分公司敬老爱老关怀基金,并成立志愿者服务队伍,为全省特困、孤寡老年人提供服务。[①]

福建省老龄产业在举办养老机构、推出老龄服务、老龄金融与智慧养老等方面已有一些新的进展,但是总体上老龄产业的数量少得可怜,产业所涉及的领域也很有限,距离广大老年人衣食住行等各方面需求还相差甚远。可见,如何发展福建省老龄产业有着迫切的时代需求,必须深入探讨与加强研究。

(三)福建省老龄产业发展不足的原因探讨

从产业经济学的视角来看,影响一个产业形成和发展的因素主要有四类:产业目标消费群、企业、经济环境和产业政策。内因外因学说认为事物的运动和变化是内因和外因的辩证统一、互相联系、互相转化。结合老龄产业,即影响我国老龄产业发展的内因是企业自身相关因素,外因有老年人群、经济环境和产业政策。下文就分别从内因与外因视角进行分析。

1.福建老龄产业"瓶颈"的内因之说

现阶段老龄产业市场的一个突出问题就是供需关系失调、老龄产品与服务的市场供给不足问题。我国老龄人口绝对数量迅速增加,因此老龄人口的市场需求总量也加速增长。但是目前老龄人口的许多现实需求和潜在需求都还没有相应的市场供给来对接。这种现象不是福建省的"特产",是我国的普遍现象。

有研究[②]认为,现有商家对老龄产业的敏感度不高,以及老龄产业本身存在的微利性,从而阻碍其发展。老龄产业,尤其"本位产业"如养老机构等,由于投资回收期较长,从现实中也发现许多民办养老机构普遍面临启动资金、土地、人力资源等投入的"瓶颈"问题,这些因素都会直接或间接影响到服务的质量和员工队伍的稳定性。有研究[③]特别强调民办养老机构发展困难是由于在建设用地、资金投入等方面受多种条件制约,大多数机构只能满足住养老人简单的食宿需要,与老年人日益增长的物质文化需求还存在一定差距。老龄产业中"关联产业",如老年专业护理产品、用品、康复器械,对质量与品种有着高要求。但是,目前我国相关老龄产业发展的投融资瓶颈非常突出,资金供需缺口巨大,导致许多企业或机构缺乏特色和核心技术,科研投入较低,在养老服务、产品的开发和营销等方面均存在很大的问题,所以老年产品和服务品种匮乏、质量难以保证。[④]

另有研究[⑤]认为一些老龄产业的企业走"高端"路线,市场开发和服务定位以高收入老年群体为主,因为高收入老年群体的消费能力更强,需求也更旺盛,投入高端老龄服务市场更能确保一个较好的回报预期。但是从市场发展的前景来看,目前老龄产业特别是在老龄服务业中,中等收入群体才是未来我国老龄产业发展的主要消费力量,特别是城市

---

① 太平洋寿险福建分公司开展形式多样敬老服务活动.http://www.fjll.gov.cn/web/news_1.asp?catalogid=294&id=2618.

② 曾霞.我国老龄产业发展对策研究[J].大连海事大学,2007,7(11).

③ 李珺.当前我国老年产业发展存在的问题与应对策略[J].昆明学院学报,2016,38(2):80-84.

④ 张同功,董振兴.构建我国老龄产业金融支持体系的基本思路[J].老龄科学研究,2013,1(6).

⑤ 吴玉韶.对老龄产业几个基本问题的认识[J].老龄科学研究,2004,2(1).

中等收入老年群体。在产业布局方面,一些研究[1][2]指出,现有老龄产业布局不合理,结构有失衡,老龄产品的开发严重滞后。从我国老龄产品和相关服务来看,不仅品种单一,甚至有些地带还存在空白领域,这反映了我国老龄产业结构不健全的特点。我国老龄产业大体分为四大板块,即老龄服务业、老龄房地产业、老龄金融业和老龄用品业。这四大板块中,社会各界特别是政府和企业关注最多的是老龄服务业,而轻老龄用品业,更加淡漠老龄金融业等。在老龄金融产品的开发上,仅停留在老龄金融的概念上,并未进行实践,更无从发展。目前,国内学界对老龄产业的研究主要集中在社区老年健康医疗方面,以老年人的健康和物质需求为主,而缺乏从多个领域对老龄产业进行综合性研究。老龄产业发展的理论研究和实践研究都滞后于社会发展,这种状况严重阻碍了老龄产业的发展。

所以,2014 年以来,福建省搭建起了"政银企"对接平台,为福建省老龄产业重大项目的融资建立对接平台与长效机制,为老龄产业重大项目和重点领域工程提供了多元化、可持续的资金保障。[3] 我们期待这个融资平台能够为福建老龄产业的腾飞发挥重要作用。

2.福建老龄产业"瓶颈"的外因之说

影响福建老龄产业外因有老年人群、经济环境和产业政策。经济环境和产业政策均受政策影响,所以下文就主要从政策因素和老年群体视角来分析。有研究[4]提出,影响我国老龄产业发展的政策因素包括:(1)体制性障碍即老龄产业的性质徘徊在事业和产业之间;(2)长期形成"福利化养老"的认识误区影响了养老服务社会化、产业化的进程。还有研究[5]认为,目前老龄产业的政策只有原则性大纲,在老龄产业所涉及的生产、流通、经营、消费等各个环节,缺少配套的可操作性的政策支持。在政府宏观指导方面,政府对老龄产业发展的扶持力度和政策落实与实际要求有较大差距;扶持政策碎片化,投入资金不配套,导致运作成本高,实施效率低下,形不成规模效益,还有许多经济欠发达地区因地方财力有限对老龄产业的支持缺乏力度。[6]

影响福建老龄产业外因中还有一个重要的因素为老年人群。有研究[7]认为,目前老年群体的消费水平可能整体被高估了。本研究的实证调查结果发现,受访老年人中 2 238人(51.9%)月固定收入在 1 000 元及以下,而且女性老年人中 60%的人月固定收入在1 000元及以下。这说明,福建省的女性老年人月固定收入要明显低于男性老年人。(表

①　李森等.我国老龄产业发展现状、存在的问题及改革策略[J].产业经济,2015(3).

②　侯文颖,潘泽江.促进我国老龄产业健康发展的建议[J].郑州航空工业管理学院学报,2015,33(5).

③　全国老龄工作委员会办公室.福建省健康与养老服务业重点项目融资对接会召开,2015-5-6. http://www.cncaprc.gov.cn/contents/20/77795.html.

④　陈勇鸣.老龄产业:中国经济新的内需增长点.中国共产党新闻网,(2012-09-14)[2014-02-28]. http://Theory.People.com.cn /GB/49154/49156/17603588.html.

⑤　林文彬.发展老龄产业的几点思考[J].经济研究导刊,2008(5).

⑥　郭正模."十三五"时期老龄产业发展方向探讨[J].党政研究,2016(3).

⑦　吴玉韶.对老龄产业几个基本问题的认识[J].老龄科学研究,2004,2(1).

16）受访老年人家庭年总支出基本维持在 5 万元以下的家庭占比不少，即随着家庭总收入的提高，家庭总支出并没有相应提高：家庭总收入在 5 万～10 万元、10 万～15 万元和 15 万～20 万元的老年人的家庭总支出也大都保持在 5 万～10 万元以下，这一比例分别为 41.22％、68.15％和 51.11％。这反映了中国人偏好储蓄、老年人生活相对节约、存钱以备不时之需的情况。所以，说明目前我国大部分老年人消费观念偏于保守。一些研究[①]也验证了本调查的发现：我国老人的个人可支配收入较少，并且大量老龄人居住在农村，农村人的消费水平极低，这些都是影响我国老龄产业发展的消极因素。

表 16　受访老年人月固定收入

单位：n（％）

月固定收入（元）	性　　别		合　　计	P
	女	男		
≤1 000	1 362(60.34)	876(42.62)	2 238(51.90)	
1 000～2 000	258(11.43)	223(10.85)	481(11.15)	
2 000～3 000	383(16.97)	436(21.21)	819(18.99)	0.000
3 000～4 000	165(7.31)	252(12.26)	417(9.67)	
4 000～5 000	56(2.48)	151(7.35)	207(4.80)	
≥5 000	33(1.46)	117(5.69)	150(3.48)	

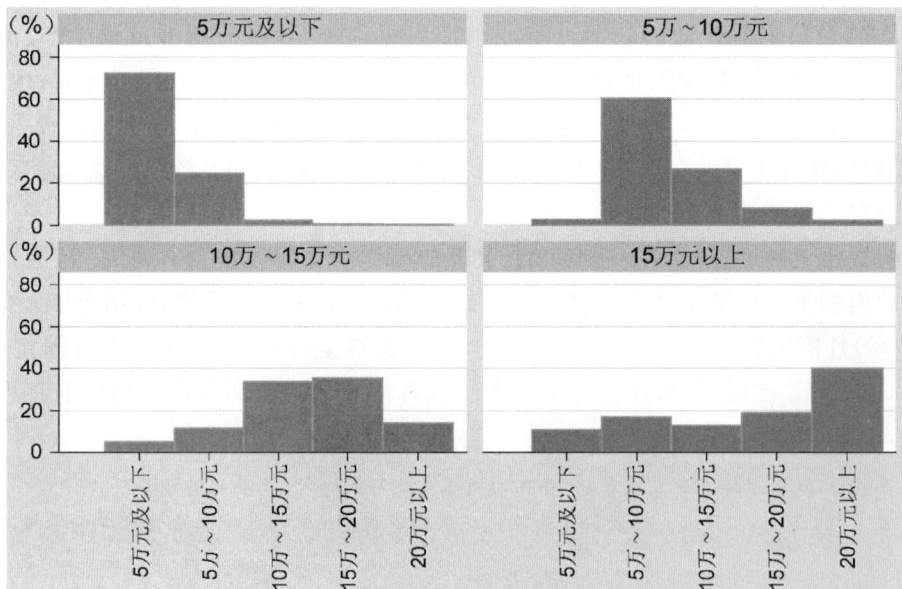

图 17　家庭年总支出和年总收入的分布

① 曾霞.我国老龄产业发展对策研究[D].大连：大连海事大学，2007：7-11.

除此之外,笔者认为,我国老龄人口还存在潜在需求没有得到释放的现状。并且,传统观念也会影响老人口的消费需求。老年人的消费主要集中在生存资料消费、物质资料消费,而享受性、发展性资料的消费、精神文化消费、生态消费、服务消费比重太小。例如,本调查结果发现,看不太清楚和几乎/完全看不清东西的 466 位受访老年人中,有半数却未佩戴老花镜;很难听清楚的 335 位受访者中,90.45% 老年人没有用助听器;因为牙齿情况影响吃饭的 217 位受访者中,40.65% 老年人没有使用假牙。随着年龄的增长,老年人口对老花镜、助听器、假牙、拐杖、轮椅、血压计和血糖仪等辅助器具的需求情况成为发展的必然趋势,但是,这种潜在需求没有得到释放一定会影响老年人的生存质量。因此拓宽老人消费结构也是推进中国老年产业发展的关键。

四、他山之石可以攻玉,台湾地区及部分 发达国家的经验借鉴

鉴于老龄产业在我国台湾地区及一些发达国家起步较早、发展较平稳,研究成果相对比较丰富和成熟。下文将通过对台湾地区及日本和美国的研究,为我国大陆地区老龄产业的发展提供借鉴。

(一)台湾地区的老龄产业

台湾地区自 1993 年步入老龄化社会之后,老龄人口的比例就呈现出快速增长趋势,对其经济社会带来巨大的冲击与前所未有的挑战。面对不断增长的老年群体,台湾社会早在 20 世纪末就开始有效构建新兴的消费市场与产业,使其既能够为老年人提供一个有质量的晚年生活,同时又能够为经济的转型和发展提供新的引擎动力。[①] 目前,台湾的养老产业涵盖衣、食、住、行、乐、医、健等老年人的多层次多方面需求,涉及服务业、制造业、房地产业、金融与保险业、休闲文化养生业、老年教育等领域,形成较为完整的市场化的养老产业链。[②]

1.台湾地区老龄产业政策

纵观台湾地区老龄产业政策的发展历程,依台湾"行政院卫生署"于 1995 年发表的《长期照护需求与服务条件之政策分析》报告,台湾养老产业发展历程被分为四个阶段,分别是 1985 年前的"混沌期",1986—1990 年的"萌芽期",1991—1993 年的"发展期"与 1994 年以后的"建立期"。台湾"内政部"于 2006 年委托的研究报告《长期照顾法令制度的规划研究》,又将"建立期"细分为"制度建构期"(1994—1997 年)与"快速发展期"(1998—2006 年)和"成熟期"(2007 年至今)。[③] 综上,将台湾地区老龄产业政策的发展大

① 金晓彤,戴美华.台湾地区人口老龄化对经济社会的影响研究[J].人口学刊,2012(5):72-80.
② 吴宏洛.闽台养老模式差异与合作机制研究[J].福建论坛(人文社会科学版),2013(3):154-159.
③ 覃琼逸.台湾养老产业的发展及案例[J].城市开发,2014(12):33-35.

致划分如下三个时期：

(1)初期萌芽阶段的产业政策

得益于相关需求的带动与当局政策的支持,台湾地区的养老产业于20世纪80年代便开始起步成长,相关老龄政策亦早在80年代就已出台。[①] 同时,由于台湾地区与日本在区位条件上的优势,能够在老龄产业的发展上做出具有预见性的政策设计。此时,市场中已出现零星需求以及少量的供给,相关产业小规模开始出现,以老年人慢性病防治为切入点的相关政策陆续出台,老年人在今后社会中所扮演的作用开始逐步受到重视。如台湾地区"老人福利法(1980)"已经形成了涵盖老人经济安全、生活照顾、健康维护、心理与社会适应、教育与休闲、长期照护、社会参与、福利机构扶持与规范等为内容,以及配套措施完善、操作性较强的老人福利规范体系,[②]从而为台湾地区今后的老龄产业的发展方向、产业内容、结构设计等方面提供指导。

(2)中期发展阶段的产业政策

随着人口老龄化的趋势不断加剧,台湾地区于1993年开始进入老龄化社会,面对庞大的老年人口,如何保证该群体的利益成为不可忽视的问题。据此,台湾地区通过鼓励民间设立养老健康机构,而后又通过健康保险手段与社会福利方式补偿支出以及促进该领域的人才发展等方式,为台湾地区的老龄产业发展提供政策、经济、人才等发面的支持。如"护理人员法(1994)"等法规陆续颁布,规范、鼓励相关人员在进入该领域发展以及拥有相关从业资格;[③]全民健康保险体系初步得到建立,促进台湾医疗服务的全行业管理、减轻病人负担发挥了重要作用,医疗政策重心由急性治疗转向复健与长期照护;[④]通过"加强老人安养服务方案(1998)"以多元化的方式来解决台湾社会的老人问题,以整合家庭、社区、民间机构、团体及政府力量,提供完善的老人安养、养护及长期照护服务措施。[⑤] 同时长期照护机构补贴政策的出台,为相关机构的发展解决经济紧张的后顾之忧;规范市场运营机制,针对部分养老机构出现的安全问题,开始建立机构的监督评价体系等。

(3)当前成熟阶段的产业政策

台湾地区养老事业自2001年以来进入产业化阶段,养老制度体系逐步完备,养老机构的数量和品质明显提升,运作和发展模式渐趋成熟,如2002年开始推展《照顾服务产业发展方案》,极大程度上有助于照护服务质量以及服务资源网络的提升和构建;以及"私立老人福利机构奖助及奖励办法""长期照顾十年计划(2007)""长期照护服务法""长期照护保险法(审议2011)"[⑥]等重大产业规范、政策法规相继出台,鼓励和支持居家式与社区式服务;[⑦]同时开发"照顾服务管理信息系统""长期照护信息网"等,有效整合社会资源,促

① 林景沛.台湾养老健康产业发展及两岸合作模式初探[J].福建金融,2015(4):37-41.
② 相焕伟.台湾地区老人福利法制及其借鉴[J].法学论坛,2013,28(3):49-55.
③ 王岳.我国香港、台湾地区护理管理立法可鉴之处一览[J].中国护理管理,2006,6(1):13-15.
④ 周守君.台湾医疗服务与全民健康保险体制分析[J].中国医院,2011,15(2):76-80.
⑤ 薛文博.台湾老人住宅政策分析及长庚养生文化村案例研究[D].天津大学,2014.
⑥ 刘月,刘建兵.我国台湾地区长期照护制度的启示与借鉴[J].决策与信息旬刊,2013(10):27-28.
⑦ 林景沛.台湾养老健康产业发展及两岸合作模式初探[J].福建金融,2015(4):37-41.

进产业发展更趋多元化。[①]

2.具体产业发展概况

台湾地区老龄产业的具体发展概况体现在如下三个维度中的医、住、食、育、乐、行等六个方面。

(1)老龄产业中的"本位产业"

目前,台湾地区已不再由政府出资兴建公立老人住宅,而由市场机制自由决定。[②] 台湾地区发展了护理之家、长期照护机构、养护机构、赡养机构、老人公寓等多类型机构,为能自理、亚健康、不能自理、具精神症状等健康程度有别的老人提供差异化服务。

①老年住宅和养老设施领域

在老年人居住类型中,可分为福利体系中的老人公寓和民间企业经营的老人住宅,在政策上鼓励私部门及第三部门开发兴建或改造无障碍住宅,以加速提供适合于老人便利生活的无障碍居住环境。同时,多项政策支持老年住宅的开发,如相较于社会福利机构不能营利,老人住宅则开放营利;社会福利机构必须申请立案但老人住宅采取登记制,不必立案;社会福利机构的财务报表要通过社政主管机关的审核,但老人住宅没有必要;社会福利机构的护理、社工人员配置有一定比例,但是老人住宅并没有硬性规定,可以按照老人需求引进。[③] 依据灵活的政策,吸引相关企业组织投入老年住宅的开发,极大程度上促进老年住宅的发展,有效解决住宅供需紧张的问题。具体参见表17所示的例子。

表 17　台湾地区部分组织提供的老年住宅及养老设施的情况

企业名称	项　目	内　容
台塑集团	长庚养生文化村	医养结合、老年住宅
润泰集团	润福生活新象	老年住宅
天主教耕莘医院	大龙老人住宅、朱仑老人公寓	老年住宅
建顺养护中心	中山老人住宅	老年住宅
恒安照护集团	阳明老人公寓	老年住宅、长期照护
双连安养中心	台北县私立双连安养中心	长短期照护、综合性
永信药业集团	台中松柏园老人养护中心	长者照顾服务
莘文书院社会福利慈善事业基金会	老人公寓	老年住宅

资料来源:林清寿.台湾地区老龄产业发展现况[C]// 海峡两岸老龄产业研讨会.2013.

惠通专业考察服务.台湾养老产业行[DB/OL]. http://www.htin.cn/servicedd_view.asp? id=41.

中国金融信息网.台湾养老产业发展模式研究[DB/OL]. http://news.xinhua08.com/a/20130826/1236628.shtml.

②老年护理和生活服务领域

目前,台湾当局正积极引导发展居家式与社区式服务。a.居家式服务是指将服务直

---

①　覃琼逸.台湾养老产业的发展及案例[J].城市开发,2014(12):33-35.

②　林清寿.台湾地区老龄产业发展现况[C]// 海峡两岸老龄产业研讨会.2013.

③　薛文博.台湾老人住宅政策分析及长庚养生文化村案例研究[D].天津:天津大学,2014.

接递送至被照顾者家里,主要包括外籍帮佣服务和非营利性的社会福利团体服务;b.社区式服务则包括日间照护与日间托老服务,尚处于起步阶段,暂未形成明确的可持续经营模式,通过补助吸引更多社会力量投入社区式服务。具体各项服务还包括在健康照护服务方面,提供远距健康照护、居家访视、家事服务、交通服务、紧急通报服务、健康检查等;c.机构式的长照服务,指的是 24 小时皆有照顾人员来照顾老人的生活起居,具体分为护理之家、长期照护机构、养护机构、安养机构、荣民之家等五种形式。在应对机构养老所存在的不足上,台湾已经形成了一种"福利"与"产业"相互制衡与协调的模式,一方面强调机构养老的福利性质,具体体现为利用政府的政策支持与监管来提升机构养老的品质;另一方面是鼓励各方尤其是民间力量将养老做成一个产业,如老人住宅公寓及社区产业老人安养、养护、医疗及营养品产业,使得机构养老的从业者在实施政府老人福利的同时,致力于挖掘和创新养老产品和提升养老品质,也可以从中获得必要的经济利润及丰厚回报。[1]

(2)老龄产业中的"关联产业"

①老年用产品领域

台湾地区在老年用产品领域形成一套完善的产品设计、研发、生产和销售体系,主要有:a.针对医疗照护产业而进行的老年用产品,包括照护用医疗器材,如居家照护用器材、医疗用耗材,具体有电动代步车、数字血压计、电子体温计与呼吸急救设备等;b.针对老年人日常生活用的产品,如保健食品、健身器材等。如必翔集团银发乐活馆(台湾最大的养老照护用品专卖店之一)是台湾银发辅具连锁专卖店,采取门市直营与经销转型的通路整合模式,从代理、自营、实体通路到维修服务无缝接轨,全台布局 60 个服务据点,全面厚植通路实力,坚守产品制程的最高规格,建置银发产业最具优势的供销平台,商品一应俱全,提供老人照护用品一站购足服务。[2] 表 18 为台湾地区部分提供老年用产品的企业列表。

表 18　台湾地区部分提供老年用产品的企业

企业名称	项　目	具体用品	成立日期
乐龄生活事业股份公司	熟年新生活概念馆	生活用品	2007
特力集团	特力巧乐	生活用品	2011
福乐多事业股份公司	福乐多居家生活馆	生活用品	2012
必翔集团	必翔银发乐活馆	医疗器材、行动辅具、生活用品	2013

资料来源:转引自林清寿.台湾地区老龄产业发展现况[C]//海峡两岸老龄产业研讨会.2013.
整理于惠通专业考察服务.台湾养老产业行[DB/OL]. http://www.htin.cn/servicedd_view.asp? id＝41.

②老年旅游、文化等领域

在老年人旅游方面,得益于天然的地理位置以及地区前期的经济发展,台湾地区的旅游业一直处于相对发达的地位,不仅各项旅游设施相对完备,而且风景秀丽,旅游形式多样,如香格里拉休闲农场,位于宜兰县冬山乡大元山、海拔二百五十米山麓上,年均气温约25 度,亲身体验农村生活野趣;还有生态教育休闲农场,以自然生态教育为宗旨,安排专

---

①　黄耀明.老龄化趋势下台湾机构养老模式的经验与启示[J].台湾研究,2011(5):34-38.

②　惠通专业考察服务.台湾养老产业行[DB/OL]. http://www.htin.cn/servicedd_view.asp? id＝41.

业导览生态养殖及休闲观光农业经验分享。台湾地区的老龄旅游消费市场已成为台湾休闲商品市场体系的重要组成部分,老龄群体休闲产业的发展与社会经济发展紧密地联系在一起。[①] "银发旅游业"不仅满足老年人的需求,为老年人的晚年生活提供更加丰富多彩的生活方式,同时吸引世界各地,特别是大陆地区的老年人成为其中的重要组成部分,促进了整体社会经济的繁荣与进步。

在老年人教育方面,通过一系列的政策支持,鼓励老年人接受再教育,就近接受教育服务,实现终身学习的目的。如 2006 年台湾公布"迈向高龄社会老人教育政策白皮书",透过政策的推动,落实高龄社会人人有机会学习及终身学习的目标;2008 年,台湾"教育部"开始实施"设置各乡镇市区乐龄学习资源中心计划",透过地方政府整合教育资源,建立小区学习据点,鼓励高龄者走出家庭,走入小区,偕伴参与乐龄学习活动;教育主管机关结合地方之公共图书馆、社教机构、小区活动中心、里民活动中心、小区关怀据点、学校机关及民间团体等场地,设置"乐龄学习资源中心",方便老年人学习。[②]

(3)老龄产业中的"衍生产业"

在老年人金融理财方面,针对老年人由于机体衰老所带来的各类疾病,以及各类慢性疾病所导致的生活自理、机能衰退等方面的问题,造成庞大的照护以及医疗费用,由此形成的经济开支是一般家庭、个人所无法承担的。据此,台湾地区的相关寿险业者依据老年人的需求推出相关险种,一方面促进相关产业的发展,另一方面极大缓解老年人防范风险的压力。其中主要集中于长期照护险,某种程度上反映出台湾地区对于长期照护需求之大,长期照护所需的经济支持在各类服务中所占比重之大,据此需要一定的保险以提升抵御风险的能力,表 19 列举了部分保险企业的险种情况。

表 19 台湾地区提供保险服务的部分企业统计表

保险公司	保险种类	保险年龄
友邦人寿	日常意外保险	50～75 岁
康健人寿	失智症保险	40～70 岁
台湾人寿	长期看护终生保险	15～60 岁
国泰人寿	长期看护终生保险	15～75 岁
国华人寿	长期看护终生保险	14～85 岁
富邦人寿	长期看护终生保险	15～65 岁
新光人寿	长期看护终生保险	14～65 岁
三商美邦	长期看护终生保险	15～65 岁
中国人寿	长期看护终生保险	14～70 岁
英国保诚	一年定期长期看护账户型健康保险	20～70 岁

资料来源:转引自林清寿.台湾地区老龄产业发展现况[C]//海峡两岸老龄产业研讨会.2013.

---

① 金晓彤,戴美华,王天新.中国台湾地区老龄人口旅游消费现状与发展趋势分析[J].经济问题探索,2012(11):136-140.

② 谢建全,刘冠佑,等.台湾高龄教育之创新发展:以南开科技大学开展乐龄学习为例[J].职业技术教育,2010,31(28):13-19.

3.台湾地区老龄产业的发展特点

台湾地区在应对老龄社会的种种问题中,积累了相当的实践经验,为我国大陆地区有效地解决当前的老龄化社会中所产生的问题以及发展老龄产业提供必要的借鉴和参考。

(1)从产业的发展理念和文化传承上看,具有浓厚的传统文化色彩以及极强的儒家文化特色。由于历史原因,台湾地区在传统文化的传承和应用上保持一定的连贯性,中国传统文化能够在台湾地区得到很好展现,并体现在整个的社会生活中。如注重人文理念和孝道文化,传承孔子"老吾老以及人之老"的文化理念精神,将敬老爱老的孝道文化由家庭推广到社会,融入国民素质教育体系,有效营造了一种尊老敬老的社会风尚,具有浓厚的具有中国传统文化特色的人文氛围。[1] 此外,台湾管理人员对服务的老人称呼非常柔美、人性化,如将老年人称之为"长辈""长者";老年人学习的院校取名为"长青学苑";行政管理部门取名为"长青福利科"等。[2]

(2)从产业的供给主体的构成上看,社会各界力量参与到老龄产业的建设中,形成多元化的服务供给体系。台湾地区致力推动和创建的多功能养老服务市场体系,目的在于既将政府和非营利机构纳入其中为特殊的老年群体,如失智、失能以及经济水平低下的老年群体提供基本服务,也同私人商业机构、宗教组织等合作共同培育老龄护理市场,以便建立一个包括政府、非营利机构、营利机构和社会组织在内的多元化老人福利服务体系,让大多数家庭能够在一个便利的市场上获取老年人护理服务,从而构建多元化的供给体系,满足社会不同群体的养老需求。同时,除了专业化经营的民营养老机构,台湾尚有许多依托于宗教的医疗机构或非营利机构也涉足养老产业,具体有基督教长老教会的双连赡养中心、天主教体系的耕莘文教医院、专门照护失智老人的弘道老人福利基金会等。

(二)日本的老龄产业

1.日本老龄产业政策

有需求就有市场,有市场就会形成产业。[3] 正是基于庞大的老龄人口养老需求,相关老龄产业才得以迅猛发展。通过近五十余年的不断探索,日本的老龄产业发展已经形成相对完备的产业结构,为更好地应对人口日益高龄化所带来的种种问题,做好了政策制度、社会参与、经济支持等方面的充分准备。纵观日本老龄产业政策的发展历程,可以发现,一方面相关产业政策是伴随着人口老龄化的社会大背景产生,另一方面又根据产业发展过程中的种种问题不断地改进并先于产业的发展而制定,从而为日本的老龄产业发展提供制度保障并指导本国老龄产业的未来发展方向。

日本的老龄产业政策大致经历了如下三个时期[4]:

(1)产生和形成阶段的初期产业政策

---

① 王军.台湾养老服务业的概况与特点[J].社会福利,2016(1).

② 滕容,张帆.台湾养老服务发展与启示[J].社会福利,2014(5).

③ 李沛霖.美国的养老产业:有需求,就有市场[J].中国社会导刊,2008(8):55-57.

④ 陈茗.日本老龄产业的现状及其相关政策[J].人口学刊,2002(6):7-11.

1970 年日本进入老龄化社会,①人口老龄化所带来的问题开始步入人们的视野。长期以来由政府部门所承担的社会福利事业(如 70 年代初,日本政府对老人实行免费医疗)日益不能满足老年人的需求。为了应对经济发展,缓解紧张的财政,增进老年人福利的新的资金来源成为一个重要问题。一些企业发现了兴起的老龄市场存在的商机,集中资源开拓该领域的市场,这使得政府能够将资源投入于企业或组织不愿涉足的、无法保证利润的、满足老年群体基本需求的领域。一些有关老龄产业方面的相关政策开始制定和实施,具体相关政策包含了如下方面②:①鼓励民间资本进入老龄产业,对养老机构、设施标准、服务标准等做出相关规定,如《收费养老院设置运营指导方针(1974)》《长寿社会对策大纲(1986)》等。②为了规范市场,保证市场的有序运行,开始制定必要的行业标准,促进企业自律,如《老龄商务伦理纲领(1987)》《银色标志制度(1987)》等。③为了弥补专业人才缺口,积极倡导相关领域的人才培养和资格认定,如《社会福利师和介护福利士法(1987)》。从而,一方面为缓解政府财政压力,增进社会福利,开始引入社会资本的参与;另一方面对老龄产业,如养老机构的属性、设置标准、人员配置、服务质量等做出相关规定,为初期老龄产业的形成做好制度建设。

(2)成长与完善阶段的中期产业政策

进入 20 世纪末期,随着人口老龄化形势日益严峻,老年人需求的日益多样化和多元化,老龄产业的发展市场也日益扩大。根据老年人的不同需求,本位产业继续得到发展,关联产业开始兴起,相关政策陆续出台,如针对老龄用品产业,根据老年人的需求开始个性化定制相关老年产品;满足老年人的行动、日常生活需要和身体功能进行适老化设计;满足日益扩大的日常照护需求;规定住宅设计的相关内容等。具体政策有《促进福利用具研究、开发和普及的法律(1993)》③《长寿社会对应住宅设计的指针(1995)》④《居家配餐配送服务指南(1996)》⑤《日护理事业指南及短期入所生活护理事业指南(1997)》⑥等,一方面继续完善老龄产业发展进程中的不足之处,另一方面解决老龄产业发展中出现的新问题,开始着手构建日益完善的老龄友善社会,从而预见性迎合了 2007 年由世界卫生组织(WHO)所提出的"老龄友善城市和社区"⑦的理念,为其他国家和地区提供借鉴和指导。

(3)扩张和前进阶段的未来产业政策

---

① 何泽慧. 日本老龄化对经济社会发展的影响及对策研究[D]. 长春:吉林大学,2011.

② 陈茗. 日本老龄产业的现状及其相关政策[J]. 人口学刊,2002(6):7-11.

③ 王辉,孙文灿. 日本养老服务发展及启示[J]. 社会福利,2014(4):51-53.

④ 刘东卫,贾丽,王姗姗.居家养老模式下住宅适老化通用设计研究[J]. 建筑学报,2015(6):1-8.

⑤ 田香兰. 日本依托"产官学研"发展老龄服务产业[J]. 未来与发展,2015(9):98-101.

⑥ 朴株天. 通过日本老龄产业对中国老龄产业的政策提案[J].老人福利研究,2005(夏季号):114;田香兰. 日本老龄产业制度安排及产业发展动向[J]. 日本问题研究,2015,29(6):37-49.

⑦ 《老龄友善城市建设指南》(Global Age-friendly Cities:A Guide):具体包括户外空间与建筑(Outdoor Spaces and Buildings)、交通(Transportation)、住房条件(Housing)、社区支持与卫生保健服务(Community Support and Health Services)、社会参与(Social participation)、尊重与社会包容(Respect and Social Inclusion)、市民参与和就业(Civic Participation and Employment)、交流和信息(Communication and Information)等 8 个领域,目标为提升全球老年人口的健康水平和养老生活质量。参见:王德文,马健囡,王正联. 发达国家老龄友善城市建设轨迹及其借鉴意义[J]. 公共行政评论,2016(4):104-124.

进入 21 世纪初期,衍生产业开始得到发展,主要集中于与老龄金融产业相关的护理保险产品、老年住宅反向抵押、老年储蓄投资理财等领域。一方面,《介护保险法(2000)》[①]《骨太方针(2006)》[②]的出台充分发挥市场对资源的配置作用,使老年人能够根据价格、质量选择所需要的相关服务,受保人只要缴纳保险费即可认定为需要接受护理,只需缴纳 10% 的费用即可接受护理服务和护理用品。更多的民营企业和非营利组织开始经营护理服务业务,极大程度地活化了老龄产业的发展,为老年人提供了更高质量的服务和产品。另一方面,针对融资,[③]为了进一步扩大资金来源,有效应对未来高龄社会的到来,急需更多的资金作为储备,鉴于房地产的市值是金融资产的两倍,通过新型金融方式进行融资,有效弥补未来的资金缺口,金融保险公司开发出符合老年人的投资理财工具,如日本融资机构根据现实需求以"老后安心信托""充实人生"等名称推出了该类产品。

2.具体产业发展概况

日本老龄产业的具体发展概况体现在如下三个维度中的五大领域,分别为属于本位产业的老年住宅和养老设施领域、老年护理和生活服务领域;属于关联产业的老年用产品领域、老年教育文化领域;属于衍生产业的老年金融保险领域。

(1)老龄产业中的"本位产业"

①老年住宅和养老设施领域

日本老年住宅产业根据建设与改造两个目的进行划分,根据不同的经济实力、不同需求的老年人设置、兴建或改造相对应的老年住宅,具体分为老年住宅建设和老人现有住宅改造两部分。其中,老年住宅建设包括公营住宅(企划型租赁住宅、福利型公共租赁住宅)和专项老年住宅(老人专用租赁住宅、专供老人的优质住宅、老年公寓)。由于老人家庭增幅明显,为了方便老人入住,政府针对三种住宅形式(允许老人入住的租赁住宅、老人专用租赁住宅、面向老人的优质租赁住宅)实行登记制度。老人现有住宅改造包括设置扶手和呼叫装置、取消坡度或加宽过道、设置升降机或安装小型电梯、改造浴室等。

一是兴建老年住宅,要求原则上室内面积达到 25 平方米,配有无障碍设施,带有送餐、打扫、洗涤等配套服务。其中一类是基础福利保障型老年住房,以公营住宅为主,面向中低收入老人供应的租赁住宅,包含企划型租赁住宅与福利型公共租赁住宅。a.企划型租赁住宅(主要租赁给入住对象为 60 岁以上,能自理日常生活的老人,中低收入老人)[④]:由建设省负责供给住宅,厚生省[⑤]负责配套服务,具体由地方公共团体、住宅城市整备公团、地方住宅供给公社负责。这种住宅属于住宅楼项目,建筑设计上考虑老人的身体特

---

① 周云.日本护理保险制度述评[J].人口学刊,2000(3):46-51.

② 所谓"骨太方针",就是日本政府的"经济财政运营和结构改革基本方针",该方针是日本政府在编制年度预算时所依据的基础。参见:白秀萍.日本"骨太方针 2005"中的林政重点事项[J].世界林业动态,2005(34):5-6.

③ 王曼.日本老龄产业的发展与启示[J].特区经济,2012(7):131-133.

④ 杨婧,柳鸿莉.日本老年人住宅对中国的启示:基于对日本"老年人优良租赁住宅(带服务)"的考察[J].学理论,2015(6):84-85.

⑤ 厚生省是原日本政府部门之一,最早设置于 1938 年,2001 年已与劳动省合并,并改组为厚生劳动省(Ministry of Health, Labour and Welfare)。但在新闻报道中,仍常将厚生劳动省简称作厚生省。

点,装有手把、紧急通报装置、坡度、防滑卫生间等,住宅楼内设有老人共用生活咨询室、休息室等。b.福利型公共租赁住宅(主要以补贴租金的形式出租给中低收入老人):由地方自治体以补贴租金的形式供给住宅,公营住宅一般由地方自治体直接建设和供给。地方自治体或地方住宅公社先租赁民间住宅,再把它以低廉的租金转租给老人,这种住宅不提供生活援助员,而事先给建筑公司提供补贴,使住宅设计符合老人生活需要。另一类则是面向中高收入老人供应的老年租赁住宅(老人专用租赁住宅)、老年优质租赁住宅(专供老人的优质住宅)和老年住宅(老年公寓),[①]根据老年人的经济实力选择对应类型的住宅。a.老人专用租赁住宅,指专门以中高收入阶层老人为对象的租赁住宅。通过登记注册,产权人可以得到较为稳定的租赁收入,而老人也可以放心居住。住宅管理办公室还配有安全确认装置和配备生活援助员。这种新型老人租赁住宅的特点是提供医疗、护理及生活一条龙服务。[②] b.专供老人的优质住宅,以60岁以上单身老人或夫妻为对象提供优质租赁住宅,住宅需符合一定标准(具备无障碍设施及紧急呼叫装置),并得到都道府县知事认可,经许可的住宅可以得到各种社会资助。c.老年公寓,[③]是一种专门为老年人规划、设计和建造的住宅,以经济条件较好的中高收入老人为消费群体,是住宅城市整备公团或地方住宅供给公社,最大的特点是入住者入住时需要一次性缴纳保证金,在居住期间不需要额外支付租金。入住时需要加入终身年金保险,并把保险费一次性支付给保险公司。保险费相当于房屋租赁费。保险公司将保险费交给老人住宅财团,入住者将得到终身房租保障,搬走时退房款。

二是改造现有老年住宅,针对当前部分老年住宅建筑物,一方面,由于将老年人搬离原有住宅,社会成本庞大,经济负担重;另一方面,考虑老年人的心理特征,就地安置更有利于老年人适应原来的生活。据此,将不符合、不满足老年人需求的住宅建筑进行改造,以便适应老年人的日常生活需要。其中在老年住宅建设和改造增加贷款的政策上,为确保高龄者生活安全,利用补助和贷款的形式对老年人居住的住宅进行翻修和改建,其中改造的主要部位是浴室和厕所,占住宅改造总数的2/3,同时针对老年人在住宅中增设设备、提倡子女与老人同居或近居均可通过提供贷款进行支持。[④]

②老年护理和生活服务领域

随着人体机能的不断老化和衰败,老年人在晚年生活中不可避免地陷入各类困难当中,特别是对各类失智、失能以及高龄老年人而言,机体状况的好坏直接影响晚年的生活质量,如无法完成ADL相关的活动项目,会严重损害老年人的晚年社会体验。而如何弥补这部分机能缺失来解决相关问题,是无法回避的现实问题。据此,老年护理以及相关生活服务应运而生,极大程度上改善老年人的晚年生活质量,相关产业由此形成。

日本根据老年人接受该领域相关服务的地址位置,将该领域的产业划分为如下两类:一是为居家养老的老人构建的产业市场(钟点上门护理、短期入户服务等);二是为专门机

① 田香兰.日本老年住宅保障政策探析[J].社科纵横,2014(11):56-59.

② 内阁府.关于老年住宅及生活环境的意识调查[EB/OL].http://www.esri.cao.gov.jp/,2010.

③ 邹广天.日本老年公寓的规划与设计[J].世界建筑,1999(4):30-33.

④ 张天宇.从日本老年住宅的发展看如何建立我国老年居住体系[J].工业建筑,2011(s1):58-61.

构养老的老人构建的产业市场(老人护理保健机构、护理疗养型医疗机构等),主要针对极度失能(健康状况不佳、终老服务)、失智(老年痴呆)以及需要即刻护理的老人。通过政府的财政支持,发挥以市、町、村等基层政府在老年护理保险运营管理中的主体地位,鼓励多主体进入护理工作领域。如日立集团、日本生命保险集团、日本电信电话公司等 14 家企业大联合设立了名曰"生涯伙伴"的全国护理信息中心。[①] 如表 20 所示,主要整理出当前日本在该领域的相关企业以及所提供的服务,充分体现出各界社会企业组织参与护理服务产业的积极性、服务的充分性。

表 20　部分日本护理、生活服务的供给企业情况

企业名称	从事行业	业务范围	成立时间	服务内容
别内社团法人	出版印刷	书　籍	1955 年	上门护理
塞克姆	服务业	护　理	1962 年	上门护理
日井学馆	医　疗	医疗代理业务	1973 年	上门护理
美迪卡日本	医　疗	临床检查	1976 年	上门护理
日本护理服务	社会福利	居家长期护理	1990 年	上门护理
温柔的手	社会福利	派遣家庭护理员	1993 年	上门护理
京滨生活服务	服务业	机械制造住宅建设	1956 年	上门护理、入浴
智库一	综合事业	土木建筑	1969 年	上门护理、入浴
朝日森库林	洗涤、洗澡	寝具洗涤、干燥	1973 年	上门护理、入浴
天使护理	社会福利	居家长期护理	1983 年	上门护理、入浴
康姆森	社会福利	居家长期护理	1988 年	上门护理、入浴
艾斯支持	社会福利	长期护理	1992 年	上门护理、入浴
日立制作所	电机机械制造	综合电机	1920 年	福利用具租赁
松下电工	电机机械器具制造	住宅、大厦设计	1935 年	福利用具租赁
瓦塔库塞磨	护理用品租赁	护理床	1962 年	福利用具租赁
山下社团法人	洗涤、洗澡	福利用品	1963 年	福利用具租赁
法国床	家具设备制造	床具制造	1963 年	福利用具租赁
达斯金	护理用品租赁	清洁用品销售租赁	1963 年	福利用具租赁
日医学馆	服务业、福利用具制造	护理、福利用具	1968 年	上门护理、护理用品
杜　凯	护理用品租赁	护理床	1962 年	护理用具、租赁
爱　家	社会福利	居家长期护理	1970 年	福利用具租赁、上门入浴

资料来源:宣贤奎.老人长期疗养产业的理解[M].首尔:良书苑 ,2010:102.
田香兰.日本护理产业发展的制度环境、现状及问题[J].日本问题研究,2014(5):34-41.

---

① 王曼.日本老龄产业的发展与启示[J].特区经济,2012(7):131-133.

（2）老龄产业中的"关联产业"

①老年用产品领域

老年用产品指的是以老年人为主要消费对象的各种机械、器具、用品和事物等，如助听器、拐杖、老年人专用手机等。由于日本相对漫长的老龄产业发展历史，老年用产品从研发、生产到销售、市场开发都形成了较为完整的产业链。以日医学馆为例，在日本为养老机构提供所需要的各种福利器具和用品，包括护理床、拐杖在内。①

一方面"自上而下"而言，日本政府面对日益严峻的人口老龄化问题，有针对性地出台相关政策，支持和鼓励社会各界、企业和组织参与老年用产品的事业的发展，同时为规范市场和开拓市场积极发挥政府职能，明确自身的角色定位，如由政府定期举办的各类老年产品博览会、打造相关的产品交流平台等，促进该领域的老龄产业的发展。

另一方面"自下而上"而言，得益于市场经济的发展，社会企业组织有渠道参与其中，有平台发展自身，从而活化老年用产品的产业发展，满足老年人日益多样化的产品需求，同时为企业组织带来丰厚的经济利益，促进企业自身的发展积极性。正是得益于庞大的消费市场以及消费需求，得以让各类企业能够生存下来，以完善的产业链促进老年用品产业的发展和创新，如老年人专用手机、针对失能老年人的各类产品（老人尿裤、随时尿袋等），各类人性化、先进、实用的老年产品在市场上并不鲜见。

②老年教育、文化等领域

在这个世界人均寿命最长的国家里，如何安度退休之后的晚年生活，退休之后是否预示个人价值的终结，如何使晚年生活更加有价值，如何提升老年人的"软实力"等是不得不思考的现实问题。据此，针对老年人群体的相关产业的构建，诸如教育、就业、旅游等，能够很好地解决上述相关问题。

a.老年人教育，通过对老年人的再次教育，能够保证老年人的知识水平与时代发展相挂钩，从而防止老年人与社会相脱节，实现终身教育、终身学习的目的。从办学结构上看，日本老年教育可分为社会福利与社会教育两大系统；从具体办学形式上看，可以分为：一是教育行政部门主办的长寿学院、高龄者教室和公民馆；二是由高等教育机构主办的公开讲课、函授教育和放送大学；三是由福利行政部门主办的老年大学和老年人俱乐部；四是由民间机构主办的老年人寄宿所和老年人网站俱乐部。正是基于丰富的平台和多样的办学形式，为老年人的再教育提供更多的机会和可能。

b.老年人就业，通过鼓励老年人在力所能及的范围内参与剩余价值的创造，一方面为自身提供更多的经济来源，缓解经济压力和社会负担；另一方面促使自身更好地适应晚年生活，参与社会活动当中，感知自身的价值。日本是全球老年人再就业最多的国家，在日本随处可见老年邮递员、老年巡视员、老年保安、老年出租车司机，"银发劳动力"就此应运而生。当然，由政府牵头设计的政策和信息平台的构建必不可少。日本政府部门会对各市设立的"银发人才中心"给予资金和政策上的扶持，其工作人员的身份也相当于公务员。

c.老年人旅游业，通过旅游的方式能够让老年人丰富晚年生活，同时能够促进新的经

---

① 养老网.日本排名第一的养老服务公司日医学馆收入 58% 来源于护理服务[EB/OL]. http://www.yanglao.com.cn/article/8197.html.

济增长。对于部分经济来源较为丰厚、时间相对充裕的老年人而言,旅游成为丰富精神世界、开阔视野的一种绝佳选择。据此,通过完善旅游景点的基础设施,方便老年人出行,解决现实旅途中的障碍,对于激发老年人外出旅行大有裨益。如在日本,住宿设施要获得"银发星"认证,浴室和厕所必须配扶手、坡道或椅子,必须提供适合老年人的菜肴,必须给65岁以上的老人价格优惠,从业人员应受过接待老人的专门培训,周边还应有医生能出诊的医疗设施。

(3)老龄产业中的"衍生产业"

为了保障充足的养老资金来源,降低老年人晚年生活的生存风险、健康风险以及财务风险,开创专门针对老年人的金融产品和保险服务,有利于为老年人提供更加有保障的晚年生活。这方面主要涉及老人资产(金融资产和房地产)的运用和管理以及各种老年险种。其中,金融产品主要包括养老金、养老金保险、股票、债券、长期护理保险、住宅反向抵押贷款等。以2006年日本通过《骨太方针2006》为例,其中提到的"倒按揭"为老年人养老提供了新的资金来源,也就是通常说到的"以房养老"。

"倒按揭"也称"反向住房抵押贷款",是指房屋产权拥有者,把自有产权的房子抵押给银行、保险公司等金融机构,后者在综合评估借款人年龄、生命期望值、房产现在价值以及预计房主去世时房产的价值等因素后,每月给房主一笔固定的钱,房主继续获得居住权,一直延续到房主去世;当房主去世后,其房产出售,所得用来偿还贷款本息,其升值部分亦归抵押权人所有。[①] 在日本,把"倒按揭"同"生活保障制度"相结合,鼓励老人采用倒按揭方式融资,在仍然无法维持生计时才切换到"生活保护"制度中。[②]

3.日本老龄产业的发展特点

对于早已步入老龄社会的日本而言,在应对老龄社会的种种问题中,积累了丰富的实践经验。日本与我国具有很亲近的地缘关系,纵观日本老龄产业政策的发展历程、产业结构的设计以及产业主体的构成上,能够为我国的老龄产业的发展在政策制度和框架设计提供样板,为我国有效地解决当前的老龄化社会中所产生的问题以及发展老龄产业提供必要的借鉴和参考。

(1)从产业政策的发展上看,根据不同时期的老年需求制定相关政策,一方面为老龄产业的发展提供有效的制度保障,另一方面能够针对每个时期老年人的不同需求,制定切实可操作的和具有预见性的产业政策,既能够及时解决当下老年人的需求问题,又能够很好地为未来可能出现的各类问题做好准备。以《长寿社会对策大纲(1986)》为例,它针对缺乏必要的扶手、防滑设计等的住宅规定了老龄住宅的设计标准和原则,为以后的老龄友善社区建设做好准备。

(2)从产业结构的设计上看,构建出居于核心地位的本位产业、居于支撑地位的关联产业以及居于补充地位的衍生产业,从而涵盖老年人需求的各个领域,有效满足老年人的

---

① 倒按揭[EB/OL]. http://baike.baidu.com/link? url=6CH4hD2v6zwrvVOQDM76M LLxVx7TikTIj8lmP3YqBN69tdfkUBEsIQrnSRqT9YPkUsjbjPUGBQML5eAx1wn89JtsjSlXIsCWlB0MPZ kBJ4yk_2EzTJPqz-PXqKB0u6r6.

② 王曼. 日本老龄产业的发展与启示[J]. 特区经济,2012(7):132.

物质上、精神上以及健康的需求,从而构建一个相对完备的产业生态,为老年人提供晚年生活的必要产品和服务,解决由于年龄增长所导致的机体衰老造成日常生活当中的种种不便,促进老年人重新焕发活力。以关联产业为例,各种专业护理产品、康复器械的生产有效地解决了老年人生活中吃、穿、住、行等切实问题,提升老年人的社会体验,让他们对晚年生活更加有信心。同时,以老年人作为服务和消费主体的产业的发展和壮大,有效保证了经济的持续发展,成为未来经济发展的新的动力源。

(3)从产业主体的构成上看,以政府作为核心地位,鼓励和支持社会各界有能力、有资质的企业组织参与老龄产业的发展的治理模式,一方面充分发挥市场在资源配置作用,优胜劣汰,为老龄产业的发展提供有质量的企业组织;另一方面带动社会各界力量和资源,投入老龄产业的发展中,促使政府、企业、社会组织等有机融合在一起,参与社会的有效治理。以《促进福利用具研究、开发和普及的法律(1993)》为例,鼓励企业组织参与老龄福利用具的市场开发,为老年人提供各种实用的、富有个性化的老年用产品;同时,《介护保险法(2000)》针对不同老年人的经济实力开设与之相对应的保险产品,不仅减轻了老年人晚年生活的经济负担,而且能够为老年人提供更多的经济来源,确保有质量的晚年生活。

(三)美国的老龄产业

1.美国老龄产业政策

早在 20 世纪 40 年代,美国就进入了老龄化社会。[①] 当前美国人的老年群体主要构成为"婴儿潮世代"[②]出生的人口,至 2011 年,最老的"婴儿潮"一代年满 65 岁,开始正式进入老年人队伍。由于时代背景和社会经济条件的差异,该时期的老年人成长于一个社会保障相对完善的时代、拥有丰厚的养老金、接受过良好的教育,他们拥有着与其他时代的老年人不一样的特质,具有更加强大的消费能力,在整个美国社会中起主导作用。[③] 面对庞大的消费市场,以市场经济为主导的美国更是需要从这个新兴的领域开拓新的经济增长点,促进相关产业的发展,与此相对应的老龄产业政策也不断发展。

纵观美国老龄产业发展历程,其经历了一个从完全被忽略,反复摸索,再到理性发展的过程,具体相关的老龄政策也随着这个产业的发展相伴而生[④]:

第一阶段是 20 世纪 80 年代以前,老年人被视为"贫困人口",老年消费者没有成为企业所考虑的重要细分市场,相关老年消费市场被企业所忽视,为老年人生产产品的企业被视为"公司社会责任"的体现。1965 年美国针对老年问题出台的第一部专门性法律《美国

---

① 付军辉,付国浩.美国如何应对人口老龄化[J].中国社会工作,2012(8):42-43.

② 婴儿潮世代,主要是指美国于 1946—1964 年出生的人群,这段时期被认为是自二战以来,美国最强势的人口生育高峰。陈昀.美国"婴儿潮世代"老年群体研究进展分析[J].兰州学刊,2012(1):128-131.

③ 李超.美国老龄产业发展及对我国的启示[J].兰州学刊,2015(4):150-159.

④ Moschis,G.P.Marketing to Older Adult:an Updated Overview of Present Knowledge and Practice[J].Journal of Consumer Matketing,2003(6):515-525;李超.美国老龄产业发展及对我国的启示[J].兰州学刊,2015(4):150-159.

老年法》(*The Older Americans Act*)为美国社会成立全国性老龄行政机构提供了法律依据,标志着美国开始将老龄工作纳入国家的法制建设当中,开始重新审视老年人群体,注重维护老年人的合法权益。[①]

第二阶段是 20 世纪 80 年代,这十年,美国的老龄产业处在反复探索和成长的阶段。对于老年人消费市场的认知,在这个时期开始发生转变。相关数据的统计让人能更加清楚地认识到,老年人消费群体不论在人口规模还是财富总额等方面都占据着重要的地位。面对新的市场机遇,企业开始关注老年人消费市场,生产与老年人相关的产品,但是对老年人所存在的固有偏见导致在产业构建和产品研发上不尽如人意。一项全国调查数据显示,年龄在 55 岁及以上的群体中有大约 1/3 的消费者不满意广告中所展示的老年人形象,并对其产品和供货商进行联合抵制。[②] 而在相关成长领域,如老年人房地产业,产业政策的出台促进了该领域老年产业的发展。开发商和投资者意识到老龄化带来的潜在收益,养老地产开始进入发展通道。美国住房和城市发展部(Department of Housing and Urban Development,HUD)在 80 年代后期开始推行抵押贷款违约保险,进一步推动了私人资本大量涌入这个领域,加快了养老地产的发展。[③] 1986 年,美国在其《税收改革法案》中推出一项名为"低收入家庭住房建设税收抵免制度"即"LIHTC"(Low-Income Housing Tax Credits)的方案,旨在解决中低收入家庭的住房问题。不同于直接的财政补贴和税收减免,LIHTC 是指将税收抵免额度分配给开发者,开发者用于抵免税收或者将税收抵免额度以出售或抵押的形式给投资者来换取资金,投资者将其抵免纳税的制度,其中 1/4 是保障性养老住房。[④][⑤] 在整个产业的成长时期,相关政策的出台一方面鼓励和支持企业进入老年房地产业,另一方面促进老年人的晚年居住问题的解决。

第三阶段是从 20 世纪 90 年代至今,现代养老社区产业开始发展。企业开始认识到老龄消费市场的重要性,致力于老年消费市场开发的企业逐渐增多,老年产业的发展不断完善。如成立于 1997 年的美国北方城堡(North Castle)私募股权公司,集中健康养生、生活质量优化的集产品、服务和零售于一身的投资公司,专注于各项老龄产品的研发。而在老年房地产业,"住房选择券计划"(Housing Choice Vouchers Program)的实施在私人市场上协助非常低收入家庭、老人和残疾人住上体面、安全和卫生的住房。[⑥] 90 年代中期

① 刘威. 试论 1965 年《美国老年人法》的诞生及对我国老龄政策的启示[J]. 社会科学论坛,2012(3):238-242.

② 李超. 美国老龄产业发展及对我国的启示[J]. 兰州学刊,2015(4):150-159.

③ 中商情报网. 美国养老地产分析:市场集中度不高,资本收益约 10%[EB/OL]. http://www.askci.com/news/chanye/2015/09/18/112240btdh.shtml.

④ 彭科科. 经济适用房 REITs 法律问题研究[D]. 上海:上海大学,2013.

⑤ Low-Income Housing Tax Credits 2015[EB/OL]. https://www.huduser.gov/portal/datasets/lihtc.html;王旭育. 基于社区模式的美国养老地产发展研究与启示[J]. 城市发展研究,2016,23(5).

⑥ HUD. Housing Choice Vouchers Fact Sheet[DB/OL]. http://portal.hud.gov/hudportal/HUD?src=/program_offices/public_indian_housing/programs/hcv/about/fact_sheet.

房地产投资信托基金①（REITs，Real Estate Investment Trusts）的设立也为养老地产的发展提供更多资金来源，扩大了老年人的生活资金来源。

2.具体产业发展概况

老龄产业"在西方发达国家是很流行的一种产业，它不是按常规的一、二、三产业的划分方法来划分的，而是以其主要的消费群体——老年人而形成的一个特殊产业，主要体现在老年人需要解决的生活照料、身体保健、精神慰藉等方面，比如老年人房产产业、日常照料护理服务产业、娱乐休闲产业、老年产品等"。② 而美国养老产业的运行已形成相对成熟和规范的模式，特别是在老年房产产业以及护理和服务领域。

（1）老龄产业中的"本位产业"

①老年住宅和养老设施领域

养老类地产自20世纪60年代在美国起步发展以来，基于社区的美国养老地产在美国整个产业结构中处于主导地位，目前已形成一个结构较为完善、门类较为齐全的老年住宅体系。③ 如美国佛罗里达州"太阳城中心"是美国著名的集中养老社区，也是养老地产开发的典范。太阳城中心社区的细节设计符合老年人的特点，如无障碍电梯、防滑设施、底层建筑等，社区还有疗养、医疗、商业中心及高尔夫球场等老人娱乐配套设施，积极活跃的社区生活吸引了各个收入层次的老年人。④

基于巨大的市场需求，企业纷纷涉足养老地产的开发以及配套设施的建设，推动整个养老服务产业的发展。按照服务专业程度的不同，美国的养老类地产可以分为五种类型⑤：a.成人社区和高级公寓（Active Adult Communities and Senior Apartments），这类型养老地产主要以公寓为主，要求入住老人年龄在55岁以上，主要提供日常娱乐活动丰富老人的生活。b. 独立的生活设施（Independent Living Facilities），简称为ILFs，也被称作集中保健设施（Congregate Care Facilities），这类地产大多是出租的为主，主要为老年人提供家政服务、三餐和交通。c. ALFs，比ILFs提供更多服务的辅助生活设施（Assisted Living Facilities），主要服务群体为奥兹海默（老年痴呆症）患者等没有生活自理能力的老年人。d. 技术性护理之家（Skilled Nursing Facilities），即SNFs，必须获得州政府的许可才能营业，提供最高等级服务的社区。主要包括日常的医疗服务，出院后护理、恢复。这类社区的支出大部分由美国社会医疗保险承担（Medicare/Medicaid）。e. 老年退休居住社区（Continuing Care Retirement Communities），简称为CCRCs，是以上4种类型的综合体，提供"一站式"服务，既提供医疗服务，也提供家政、三餐服务等。

---

① 一种以发行收益凭证的方式汇集特定多数投资者的资金，由专门投资机构进行房地产投资经营管理，并将投资综合收益按比例分配给投资者的一种信托基金。因此从本质上来说，REITs是一种投资基金，它通过组合投资和专家理财的方式实现大众化的房地产投资，用来满足中小投资者将小额投资转化为大额投资的需求，并在一定条件下得到税收方面的优惠，如免缴企业所得税等。参见：苏鹏："房地产投资信托基金（REITs）法律问题分析"[D]，西南政法大学硕士学位论文，2011.

② 李沛霖.美国的养老产业：有需求，就有市场[J].中国社会导刊，2008(8)：55-57.

③ 王旭育.基于社区模式的美国养老地产发展研究与启示[J].城市发展研究，2016(5)：119-124.

④ 晓颖.借鉴国际经验 发展养老产业[J].祖国，2014(19)：25-26.

⑤ 孙秀娟.我国养老地产开发模式研究[D].北京交通大学.2011.

在产业融资上,面对急需庞大资金作为后盾的地产业,美国养老地产产业的主要资金来源渠道依靠市场进行,从而完成投资、开发和运营所需的资金,主要模式有 REITs、私募基金以及非营利组织三种模式。在运营模式上,主要有:a.净出租模式(Triple-net Lease)。通过将物业租赁给运营商而每年收取固定租金和其他相关费用(如税费)、保险费由承租方承担的模式;b.委托运营模式。持有者将物业托管于运营商,运营商每年收取一定比例的管理费,但不承担风险;持有者获取更大收益,同时承担高风险的模式;c.出租加运营的方式,养老地产的持有者将物业的部分权益出让给运营商,并与运营商签订委托管理协议,运营商获得管理收益和与所拥有权益相对应的部分经营收益;这种模式下,运营商能调动自身的积极性提高物业经营收益以获得更多的经营收益。[1]

②老年护理和养老设施领域

美国的社区居家养老是"品质养老"的典范。社区养老服务是美国养老服务体系的主要构成部分,[2]相关的老年护理以及养老设施基于这个核心而构建。一方面由政府为老年人以及特殊老年人,如失能、失智的群体,提供必要的基本的老年护理服务(表 21),通过具体的政府项目提供养老服务内容;另一方面,庞大的跨国企业能够提供完善的养老服务,满足老年人多维度养老服务需求(表 22),企业提供的服务包括医疗护理、康复服务、生活护理以及老年住宅等各个方面。

表 21　针对低收入老人的社区养老服务资助计划

项目名称	服务对象	项目特色	服务内容	资金来源
老人全包服务项目:(PACE-All Include Care for the Elderly)联邦政府1997年制定框架,州政府根据具体州情实施	(1)居住在该项目指定服务社区的55岁以上,经评估需要照料的低收入老人;(2)限制条件:老人同意从 PACE 项目中获取医疗服务。	(1)通过非营利机构的操作,将政府资助用在为通过资格评估的老人提供服务;(2)在老人及其家庭、医疗服务提供者以及政府资助计划之间建立良好的连接关系;(3)非营利机构提供一站式服务。	(1)提供饭食、个人照料服务、医疗费用、处方药费用、必要时进入养护院的费用;(2)提供社会服务;(3)提供对不适宜养老的老人住房进行整修的费用。	医疗补助(Medicaid)和医疗保险(Medicare)
集中养老居所服务项目(CHSP-Congregate Housing Services):联邦政府层面的政策	在政府资助型房屋中的低收入、衰弱的、残疾的老人。	(1)多种操作主体,包括州政府、地方政府、公共住房管理局、地方非营利机构;(2)有限支持:由 CHSP 所提供的经费不能超过总体医疗服务费用的40%。	(1)一周七天,每天一次的热餐供应;(2)其他支持性服务,但是不能与既有可支付的养老服务重叠。	来自美国住房和城市发展部(HUD)的拨款

① 王旭育.基于社区模式的美国养老地产发展研究与启示[J].城市发展研究,2016(5):119-124.

② 穆光宗.美国社区养老模式借鉴[J].人民论坛,2012(22):52-53.

续表

项目名称	服务对象	项目特色	服务内容	资金来源
老人医疗服务选择项目（SCO-Senior Care Optiongs）：马萨诸塞州项目	(1)居住该项目指定服务社区的65岁以上，符合医疗补助资格的低收入老人；(2)限制条件：老人同意只从SCO项目中获取医疗服务。	(1)通过专业的医疗团队为每个老人制定适应其需求的服务计划；(2)团队成员包括基本保健医生、护士、专家和老人服务协调员。	(1)完善的包括医疗保健和社会服务的计划。(2)包括对不适宜养老的老人住房进行整修的费用。	医疗补助（Medicaid）和医疗保险（Medicare）

资料来源：王承慧.美国社区养老模式的探索与启示[J].现代城市研究,2012(8):35-44。

表22 部分美国护理、生活服务的供给企业

企业名称	领域	服务内容
Merrill Gardens 美林花园	老年住宅	私人养老服务机构、养老公寓开发和管理。
REES STAR 睿智集团	老年住宅	老年服务设施和项目；老年公寓开发、运营、培训，以及建筑、规划、设计。
Sunrise Senior Living 日出高级养老社区	医疗护理	高端养老服务、辅助老年人独立生活、提供个性化照顾、对阿尔茨海默氏症患者和其他形式的记忆丧失患者提供护理和康复服务。
Brookdale Senior Living	老年住宅护理服务	提供积极的退休生活和高质量的个人服务、自理、护理全程服务。
Emeritus Senior Living	医疗护理	医疗护理、康复理疗、生活护理为主的高端服务。

资料来源：根据相关网站资料整理自制。
养老网. http://www.yanglao.com.cn/resthome/40874.html.
百家网. http://vcbeat.baijia.baidu.com/article/495401.
爱老之家. http://www.515919.com/ylyinfo-6301.html.

(2)老龄产业中的"关联产业"

①老年用产品领域

作为全球科学技术处于领先地位的国家,美国在老年用产品领域也始终走在世界前列,企业根据现实生活中老年人的具体生活需求,开发各类实用的老年用产品并积极投入市场、创造经济收益。具体包含如下方面:[①]一是产品的智能化。如智能药柜利用人脸识别技术,保证药物准确地被老年人获取,如果有人拿错就通过声音进行阻止。附有量血压的袖带将相关数据通过电子邮件的形式发送给医师以及看护者。智能床具通过感应设备感知老年人的呼吸频率以及脉搏,一旦出现变化则立即向看护者发出警报等。二是产品的多元化。各类老年用产品覆盖老年人生活的方方面面,有效弥补老年人由于机体老化所造成的种种不便。如专属食品商店能够根据老年人的不同情况以及需求,提供各类健康的食物以及科学的饮食安排,食物的便捷性极大简化了食物的烹饪过程,保证老年人的日常饮食规律性。三是注重产品的时尚和潮流。打破人们以往对于老年人产品僵化的认识,注重老年人的心理感受,如可以除去皱纹的镜子;让老年人的出行更加便捷的老年人专用车。

---

① 苏安真,蔡波.多元化的美国中老年用品[J].健身科学,2014(11):32-33.

②老年教育、休闲产业

美国非常重视终身教育体系的构建,为老年教育提供了健全的法律保障。世界上第一个《终身教育法》就是美国在 1976 年制定的。[①] 在老年教育、休闲产业上,针对每个不同时期,有目的地对老年人进行教育,特别是针对老年人心理适应性的问题,能促进老年人更好地融入即将步入的晚年生活。具体针对如下三个阶段:a.退休前的教育:一些实行退休制度的大企业为使即将退休的职工对退休有心理准备接受并适应退休生活,往往在企业内部实施一项退休准备的教育计划,即退休个人指导制度。b.退休后的教育:根据美国成人教育协会(The Adult Education Association)的资料,美国老年人的学习生活分为对事物加深理解和进行新的创造两类。这些学习活动大都在大学、高中、教会、工会、民间团体里进行,活动方式多是年轻人与老年人一起通过彼此间的互动而互相启发。c.对待死亡的教育:引导老年人更加从容地面对生命的历程,以更加积极的心态去面对由于机体功能衰退、病变等而到来的生命凋零。一方面保证老年人实现"终身学习",另一方面有利于老人保持与社会的连接作用,以更加积极的心态投入晚年生活。

在旅游、休闲方面上,充分融入日常的养老生活中,以更加丰富多彩的形式让老年人安度晚年。如在宾夕法尼亚大学校园里就有一个名为"大学村"的退休社区,招收本学校的校友,住户平均年龄 77 岁。老人们住在自己的公寓里,每天可以和年轻时代的校友们一起聊天,偶尔还去看球赛、听课。在"大学村"里生活,让老人们感觉又回到了年轻时代。[②] "候鸟型"的旅游养老即根据不同的季节选择适宜生活的地方,冬天可以向相对温暖的南方旅游,夏天气温相对炎热时则前往相对暖和的地方。同时,在老年人支持上,有针对性地为老年人设计专门的旅游产品,如老人客栈,为自驾车的游客泊车或安顿行李提供服务的简易旅馆。

(3)老龄产业中的"衍生产业"

美国在老年金融产业的设计和创新上一直处于世界领先地位。如 1875 年,美国通用公司为其雇员建立了世界上第一个正式的养老金计划,也是美国第一个由企业资助的雇员养老金计划,标志着企业开始在养老责任的分担中发挥作用。[③] 具体在金融保险领域的发展体现在如下方面:

一是在养老产业的金融市场上,以扩充老年人养老金来源为目的设计的金融产品——"倒按揭"在美国发展的最为成熟和完善,依据产品类型及市场占有情况进行区分,有以下三种模式[④]:a.由住房都市发展部提供的房屋价值转换抵押贷款(Home Equity Conversion Mortgages,简称 HECM,译为保险示范项目计划);b.由房利美提供的房屋保有人贷款(the Home Keeper Program,译为住房保有人计划);c.由自由基金公司提供的财务自由贷款(Financial Freedom,译为财务独立计划),其中 HECM 的经营和运作的反

---

① 韩树杰.美国老年教育的成功经验及其启示[J].当代继续教育,2006,24(1):52-55.

② 李沛霖.美国养老产业对中国的启示[J].中国社会导刊,2008(10):46-47.

③ 张英明.中小企业年金制度的国际经验借鉴[J].金融与经济,2014(2):80-84.

④ 贾宏斌.美国 HECM 模式对我国推行住房反向抵押贷款的法律借鉴[J].社会科学辑刊,2014(5):80-84.

向抵押贷款在市场中占据绝大多数的份额。

二是在公共医疗保险上，美国并没有实行全民健康保险，国家不提供统一的医疗保险，而是以私人医疗保险为主流，主要包括医疗保险（Medicare）和医疗救助（Medicaid）。最普遍的是医疗保险（Medicare），其服务对象是 65 岁以上的老人或者符合一定条件的 65 岁以下的残疾人或晚期肾病患者，覆盖率达到 93.5％，是绝大多数美国人养老医疗的重要屏障。私人医疗保险覆盖率占 58％。由雇主提供的医疗保险覆盖率占 34％。针对低收入老人还有一个非常重要的医疗补助体系（Medicaid），覆盖率为 9.4％。总体上，各种形式的医疗保险覆盖总体达到 98.2％，完全没有医疗保险的老人只占 1.8％。[①] 美国混合型的医疗保障制度很大程度上弥补了公共医疗保险计划对特定人群享受医疗服务的限制，满足不同人群不同层次的需要。[②]

3.美国老龄产业的发展特点

（1）在方法上追求创新，推行"以房养老"模式

美国推行"倒按揭"（俗称"以房养老"）的方式保证老年人口的消费能力，这是一种既能给老年人带来生活上经济来源又能让银行赢利的双赢方式。[③]"以房养老"的模式在美国整个住房资产的转换和流动过程中占据着十分重要的位置。它实际上是银行的放贷方式，62 岁以上的老人可以把自有住房抵押给银行，银行通过机构评估房屋价值和估测老人的预期寿命，每月支付老人一定的生活费直到老人去世，这种方式在美国获得了极大的推广并受到广泛欢迎，也带动了养老地产、养老金融等产业链的发展。我国也于 2013 年开展了"住房反向抵押贷款"[④]全面试点工作（图 18）。

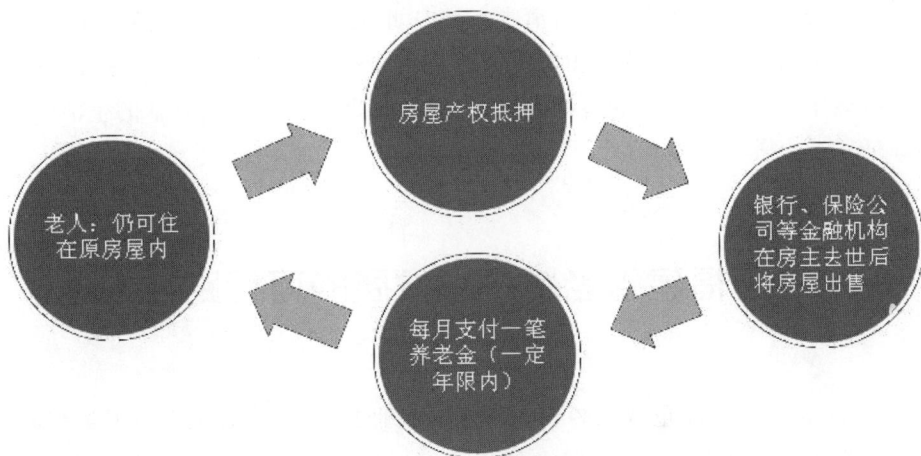

图 18 美国"以房养老"模式图

① 王承慧.美国社区养老模式的探索与启示[J].现代城市研究，2012(8):35-44.
② 中华人民共和国财政部.国际司美国医疗保险制度介绍[DB/OL].http://www.mof.gov.cn/mofhome/guojisi/pindaoliebiao/cjgj/201310/t20131025_1003317.html.
③ 班晓娜,葛稣.国外发展养老服务产业的做法及其启示[J].大连海事大学学报(社会科学版)，2013，12(3):15-19.
④ 柴效武,孟晓苏.住房反向抵押制度[M].杭州:浙江大学出版社,2008.

（2）在资源上注重整合，集中养老促进老龄产业的发展

美国是集中养老模式发展较好的国家之一。集中养老是老人们居住在养老院、老年社区或老年公寓等众多老年人集中在一起的养老模式。位于美国佛罗里达州的"太阳城中心"是美国著名的集中养老社区，社区的细节设计符合老年人的特点，如无障碍电梯、防滑设施、底层建筑等，社区还有疗养、医疗、商业中心及高尔夫球场等老人娱乐配套设施。根据美国一项调查表明，生活在这样环境的老年社区中，老年人的平均寿命要延长十岁。积极活跃的社区生活吸引了各个收入层次的老年人。全美国名为太阳城的老年社区有几十个，成为美国房地产业中最有前途与朝气的专业开发方向。①正是由于这样集中式的养老，能够有效整合各类资源，集中力量办大事，带来了该地区养老产业的蓬勃发展。据统计，佛罗里达州85％以上的财政收入来自于养老产业。② 2011年养老中心的居住人数达到46.4万。③ 巨大的市场需求吸引了很多企业的关注，纷纷涉足于养老院的创办以及配套设施的建设之中，这无疑将会推动整个养老服务产业的发展。

（3）在技术上注重运用，将高科技融入养老产业的发展

作为全世界高科技工业最发达的国家之一，为了更好地迎合老年人的日常生活需求，美国养老市场上出现了各种高科技产品，有效应对老年人机体老化，记忆力衰退，自理能力下降等问题。如老人专用手机，老年人遇到健康问题时，只要按一个特殊的功能键，就可以接通健康保健专家的电话；遇到紧急情况时，专家也可以帮忙接通急救电话。智能鞋垫帮助患有老年痴呆病的老人找回自己的家。还有易于穿脱的功能性服装缓解了老年人手脚不灵便导致的穿衣脱衣困难。④ 福特公司设计的汽车使老年驾驶员上下方便，安全带舒适，反光效果减少，仪表盘也变得清晰。诸如此类的老年产品和服务产品不胜枚举，只要是老年人有需求的地方，就有相关产品得到设计并投入使用。这些高科技产品极大程度上改善老年人日常生活上的各种问题，一方面帮助了老人解决日常的生活问题，另一方面又降低了社会养老成本。

五、推进福建省老龄产业发展的可行路径探讨

福建省委、省政府高度重视老龄事业与老龄产业的发展，全省上上下下都在努力推动与老年人口相适应、与经济社会发展水平相协调，以居家为基础、社区为依托、机构为支撑，功能完善、规模适度、覆盖城乡、布局合理、制度健全、管理规范、服务优良、监管到位的社会养老服务体系的建设。为此，笔者基于上文对福建省老龄产业发展现状的分析，探讨

---

① 晓颖. 借鉴国际经验 发展养老产业[J]. 祖国，2014(19)：25-26.
② 李沛霖.美国养老产业的发展及其对我国的启示[J].广东经济，2008(6)：50-52.
③ 王佳.人口老龄化背景下的养老服务产业发展对策研究[D].武汉：武汉科技大学，2011.
④ 雨果网.美国：新潮老人用品"层出不穷"，企业大赚"银发美元"[DB/OL]. http://www.cifnews.com/Article/10182.

如何进一步推进福建省老龄产业发展的可行路径。

(一)明确老龄产业的发展定位,无缝对接老龄事业发展

2006 年《中国老龄事业发展》白皮书对老龄事业作了详细的说明,认为老龄事业是国家为实现老有所养、老有所医、老有所学、老有所为、老有所乐的目标而实行的一系列政策措施,依靠政府力量为老年人提供的基本公共服务。回顾近几十年福建省老龄事业发展情况,福建省老龄事业主要是从养老保障体系、老年医疗保健、社会服务、老年文化教育、老年人参与社会发展和老年人合法权益保障六个方面展开。同时我们也看到近十年各级政府在推进老龄事业的过程中,将其中部分尤其老年医疗保健、社会服务等方面逐步面向市场放开,由市场调节完成。另外,一些民办养老机构在开展的过程中,用地、资金等问题使得发展遇到了"瓶颈"(无法通过市场选择来完成),通过借助政府力量的参与,形成了"公办民营"养老院等模式。再有老龄事业是由政府购买服务和委托生产的方式提供的公共产品或公共服务。所以,这种老龄事业与老龄产业交叉共生、共同发展的局面导致了人们常常将老龄事业与老龄产业混为一谈,有些研究者干脆直接将老龄产业与老龄事业的概念等同起来。[①]

关于老龄产业概念,正如引言中所提到虽然目前已经存在很多讨论亦存在一定的分歧。本研究认为老龄产业是指为了满足老年人衣食住行等各方面需求而提供产品或服务的各种行业,它是由多元主体参与由市场进行调节,是一个具有营利性特征的综合性产业,包括所有老年人衣食住行需求的生产、经营、服务等经济活动和设施。老龄事业则是由政府供给与购买,多倾向为老年人提供公共物品与公共服务。如果老龄事业发展不足就说明国家没有尽到责任,会使老年群体失去最基本的保护。但是,老龄事业过度发展会挤占老龄产业发展的空间,不利于老龄产业的充分发展,同时也会给国家带来巨大的财政压力。我国长期存在的体制性障碍,即老龄产业的性质在事业和产业之间徘徊,以及长期形成的"福利化养老"的认识误区影响了养老服务社会化、产业化的进程。[②]借鉴日本与美国的经验,笔者同意殷俊[③]的观点,首先厘清两者概念与关系非常必要,这样才有利于充分发挥两者的不同功能以应对人口老龄化;其次,老龄事业包含三个最关键的层次:社会福利、社会保险与社会救助;最后,随着老龄人口消费需求的不断扩大,必须大力发展老龄产业,使其成为未来社会经济的重要组成部分,从而能够无缝对接老龄事业的发展。

(二)积极出台发展老龄产业的具体化系列化政策措施,建立政策的长效机制

基于上述福建省老龄产业发展不足的原因,论述中也发现出台老龄产业政策对发展我国老龄产业具有不可替代的作用。虽然近几年福建省出台了一些老龄产业的相关政

① 殷俊,杨政怡.老龄产业与老龄事业协调发展路径研究[J].求索.2015(6).

② 陈勇鸣.老龄产业:中国经济新的内需增长点.中国共产党新闻网,(2012-09-14)[2014-02-28].http://Theory.People.com.cn /GB/49154/49156/17603588.html.

③ 殷俊,杨政怡.老龄产业与老龄事业协调发展路径研究[J].求索.2015(6):48-53.

策,如《福建省加快推进健康与养老服务工程建设行动计划(2015—2020)》,在一定程度上弥补了长期以来福建省老龄产业政策的缺失。但是,本研究结果认为还必须积极出台更具体化系列化指导老龄产业发展的政策与措施。纵观日本老龄产业政策的发展历程,可以发现,日本的老龄产业发展过程中,尤其在老龄产业发展的初期,政府制定了许多具体政策,包含:①鼓励社会组织或民间资本进入老龄产业,对养老机构、设施标准、服务标准等做出相关规定;②制定必要的行业标准,规范市场,保证市场的有序运行,促进企业自律;③积极倡导相关领域的人才培养和资格认定,弥补专业人才缺口;③对养老机构的属性、设置标准、人员配置、服务质量等做出相关规定等。在老龄产业形成初期,上述具体政策为老龄产业中"本位产业"的发展奠定了很好的制度基础。在"本位产业"继续得到发展的同时,日本政府根据老年人的不同需求又陆续出台相关政策促进老龄产业中"关联产业""衍生产业"的兴起。例如,根据老年人的需求定制个性化的相关老年产品;规定住宅设计的相关内容,如相继出台《长寿社会对应住宅设计的指针(1995)》《居家配餐配送服务指南(1996)》《日护理事业指南及短期入所生活护理事业指南(1997)》等政策。

研究[①]认为目前老龄产业的政策只有原则性大纲,在老龄产业所涉及的生产、流通、经营、消费等各个环节,缺少配套的可操作性的政策支持。在政府宏观指导方面,政府对老龄产业发展的扶持力度和政策落实与实际要求有较大差距;扶持政策碎片化,投入资金不配套,导致运作成本高,实施效率低下,形不成规模效益;还有许多经济欠发达地区因地方财力有限因而缺乏对老龄产业的支持力度。老龄产业的发展离不开良好政策铺路。借鉴日本的经验,我们需要强有力的政策支持和政策引导,具体如产业发展导向、投资政策取向、行业规范与管理监督规范等具体的、可操作性的政策。例如在上文的民办养老机构数量的分析中也发现,福州、厦门的民办养老机构数量都为 27 个,泉州、宁德的有 4 个,而漳州仅有 1 个。这提示可能不仅与地方的经济水平有关,同时也与各地方的老龄产业政策的落实力度有关。所以各级政府要因地制宜,根据地方的具体情况制定相应的老龄产业扶持政策,更要积极探讨具体的具有指导意义的可操作性政策。另外,政策制定者需要深入实践中及时了解和解决政策实践中的难点问题,并不断在实践过程中修正,从而建立长效机制。

(三)以"本位产业"为重点鼓励开发养老服务产业与产品,并深入农村市场

本研究的实证调查结果提示,约有 81％的老年人表示愿意在家里接受照护服务,约2.4％的老年人选择白天在社区晚上回家的照护方式,还有 13.1％的表示视情况而定。只有 3.2％的老年人愿意在养老机构接受照护服务。但是在 614 位"最近一年内跌倒过"的受访老年人中,住宅存在光线昏暗问题的有 112 人、占比 18.24％,家中门槛绊脚或地面高低不平的有 67 人,占比 10.91％,家里没有扶手的有 67 人,占比 10.91％,家中地面滑的有33 人,占比 5.37％,家中门用起来不合适的有 24 人、占比 3.91％,觉得家中厕所/浴室不好用的有 98 人、占比 15.96％,家中没有呼叫/报警设施的有 157 人、占比 25.57％,家中有噪音的有 41 人、占比 6.67％,还有其他情况的有 15 人。可见,"推动以居家为基础、社区为

---

① 林文彬.发展老龄产业的几点思考[J].经济研究导刊,2008(5).

依托、机构为支撑的社会养老服务体系建设"符合老年人的心声。但是,老年人居住环境问题尤其居家安全问题存在很多隐患,有必要开发相关老龄居住安全的服务产业及相关产品来解决老年人居家安全问题。

近年,福建省出台了《福建省加快推进健康与养老服务工程建设行动计划(2015—2020)》,该计划提出重点实施社区老年人日间照料中心、老年养老护院、养老公寓、农村养老服务设施等工程。从日本和美国的发展经验来看,政府无法包干所有的养老问题,但是可以充分开发老龄产业。解决老龄居住问题也是日本和美国老龄产业中的"本位产业",尤其美国的市场证明老龄居住产业非常具有生命力,关键在于"产业"的质量与性价比。[①]目前我国许多地方政府正在推广医养融合的养老服务体系,医养融合模式被称为破解老龄化中国老有所养、老有所医的突破口,既能满足老年人大病上医院,慢性病和常见病治疗、康复及护理在养老机构,又在一定程度上缓解当前大医院住院难的新型养老模式。其实,这种模型就是美国、日本老龄产业中的"本位产业"之一,已经存在几十年了。

现阶段国内主要有三种医养融合模式,第一种是青岛市政府主导的由民政/残联/卫生等部门批建的具有医护资格的老年护理机构;第二种是武汉市中心医院与社会福利院建立的分工协作,分级诊疗的(医养结合)合作模式;第三种是宁波市采取构建规模适宜/功能互补/安全便捷的多元投资渠道的(医养结合)服务网络。截至 2015 年 10 月,福建省已有 24 家养老机构取得医疗机构执业许可证,其中设置护理院的 3 家,内设医疗机构的 21 家[②]。本研究认为,我们在鼓励支持发展康复医院、护理院、老年病专科医院等构建医养融合服务外,也要多鼓励和支持社会力量参与构建医养融合的养老服务,从而形成竞争趋势以提高福建省养老服务产业的档次与水平。

根据市场需求我们要发挥社会力量推动社区(村/居)等居家养老服务走向长效的作用,要鼓励多元化开发老年住宅(含修缮老年住宅产业)、老年护理服务产业、老年食品产业以及老龄健康医疗产业。各地方政府可以重点培育一批政府购买服务的居家养老服务定点单位,支持其连片辐射、连锁经营、统一管理,打造特色品牌,从而达到提高老年人口健康生活水平的目的。

此外,我们要积极鼓励和扶持社会力量参与农村居家养老服务工作。为了摸底老年人口对社区老龄服务项目的具体需求,本研究的实证分析结果发现,受访老年人对"上门看病"的需求最强烈,尤其是农村老年人。深入分析还发现,受访老年人生病后未处置的最主要的原因中就"行动不便"一项就占 37.5%,而就医麻烦和医院太远的分别占 25% 和12.5%。所以,我们要鼓励今后相关养老服务产业的发展关注农村市场,并重点扶持有意向农村延伸的养老服务产业。

(四)引导企业丰富"关联产业"的品种,注重产品质量研究做到薄利多销

随着加龄,许多老年人都患上高血压、糖尿病等慢性病并出现眼花、耳背、四肢肌力下降等健康问题。本研究的实证分析发现"看不太清和几乎/完全看不清"老年人口中,有半

---

① 王德文,马健囡,王正联.发达国家老龄友善城市建设轨迹及其借鉴意义[J].公共行政评论,2016(4).

② 福建省老龄网 http://www.fjll.gov.cn/web/news_1.asp? CatalogID=295&id=2165.

数老年人未佩戴老花镜;"很难听清楚"的老年人口中有 90.45% 没有用助听器;因为牙齿情况影响吃饭的老年人中 40.65% 没有使用假牙;拐杖、轮椅、血压计和血糖仪等辅助器具的使用率就更低。这一方面体现了老年人口的需求没有得到释放,另一方面也体现了我省相关老龄产业发展的普惠性不够。研究①发现有些企业为了较好地回报预期,走"高端"路线,市场开发和服务定位以高收入老年群体为主。但是从市场发展的前景来看,目前老龄产业特别是在老龄服务业中,中等收入群体才是未来我国老龄产业发展的主要消费力量,特别是城市中等收入老年群体。

本研究发现,福建省 51.9% 老年人口的月固定收入在 1 000 元及以下,而且女性老年人中此比例高达 60%。经济因素的确是影响老年人群对老龄产业尤其对其"关联产业"的消费态度。但是,事实上本次调查结果提示福建省社区老年人中 6 项 ADL "有些困难"及"做不了"的人数比例大约波动在 2%~4%,在 9 项 IADL 调查结果提示"有些困难"及"做不了"的人数比例大约波动在 9.69%~19.23%。可以预测,福建老年人口对老龄产业,如老年护理服务产业等,还存在大量的需求。如果有需求但是没有得到满足,可想而知,这必然影响这些老年群体的生存质量与心理健康。当然,除了老年群体消费能力低下的因素外,现有"关联产业"也存在不少问题②:第一,品种单一;第二,质量难以保证。所以,建议各级政府要引导企业注重科研投入,面向广大中等收入老年群体开发丰富多彩的高品质产品,做到薄利多销。

随着日益攀升的社区养老服务产业需求,建议各级政府要多鼓励社会组织或民间资本在各地区市城镇社区及农村为有需求的老年人,特别是高龄、空巢、独居、生活困难的老年人,提供集中就餐、托养、助浴、健康、休闲和上门照护等服务。积极引导有条件的居家养老服务企业实行规模化、网络化、品牌化经营,增加和扩大网点,提高养老服务的可及性。也建议社区居家养老服务网点引入社会组织或民间资本和家政、教育、物业服务等企业,兴办或运营形式多样的养老服务项目,从而提升福建省老年人口的生活质量。

另外,建议政府对一些微利性企业进行政策或其他途径扶持。比如我省大部分现有的公交系统很难保证老年人或残障人的出行安全,时常出现突然急刹车而摔倒、碰伤的现象。如果能够像日本、美国等发达国家和地区一样,鼓励社会组织或民间资本投入、建设无障碍设施的客车来专门服务老年人或残障人,或通过公私合作建立这些老龄产业中微利性企业的长效发展机制。本研究认为这样既能拓展政府的优待项目,又能提升对老年人和残疾人的优待水平,实现无人陪同、行动不便的老年人出行不再难。本研究还发现,福建省老年人老年精神文化生活现状不容乐观。大部分老年人闲暇活动单调,尤其"经常"和"有时"感到孤独的老年人口中,约仅有 20% 的老年人能得到心理咨询或聊天解闷的机会。虽然厦门等地方已经有企业在经营老龄旅游业、老龄休闲娱乐业等,但是从全省的老年人口发展态势视角,暂且不论这些相关企业提供的服务与品质如何,就总体而言,这些产业的数量远远不能达到提升福建省老年人老年精神文化生活现状的要求。所以,建议多鼓励社会组织或民间资本或大力开发老龄旅游业与老龄休闲娱乐业等。

---

① 吴玉韶,对老龄产业几个基本问题的认识[J].老龄科学研究,2004,2(1).
② 张同功,董振兴.构建我国老龄产业金融支持体系的基本思路[J].老龄科学研究,2013,1(6).

(五)认知"衍生产品",推动我国从"储蓄养老"向"保险养老"转型

"中国社科院发布报告称,2011年养老金收不抵支的省份有14个,2012年扩大为19个。面对日益加速的人口老龄化,养老金账户能否支撑？钱从何来？"[①]如此严峻的现实提示养老不能光靠政府,因为国家财政能力是有限的。所以社会上流传"温饱靠体制,精彩靠自己"不无道理。其实发达国家日本、美国等岂不也是如此！因此,人保财险执行副总裁王和[②]认为政策要引导社会推动我国从"储蓄养老"向"保险养老"、从"政府养老"向"社会养老"转型。具体而言,就是加大企业年金、个人商业养老保险的发展力度。这些其实与老龄产业的"衍生产品"有着异曲同工之处。

衍生产业,主要包括老年金融产业(如护理保险产品、老年住宅反向抵押、老年储蓄投资理财等)[③④]。我国老年人有储蓄的习惯本调研结果也印证了这一传统。受访老年人家庭年总支出基本维持在5万元以下的家庭占一半以上;即使随着家庭总收入提高,家庭总支出并没有相应提高,即家庭总收入在5万～10万元、10万～15万元和15万～20万元的老年人,其家庭总支出也大都保持在5万～10万元,这一比例分别为41.22%、68.15%和51.11%。这反映了中国人偏好储蓄、老年人生活相对节约、存钱以备不时之需的情况。的确,养老需要钱,若要实现有尊严与质量保障的老年生活更是离不开钱。但是储蓄难以规避通货膨胀的风险,所以,发达国家的老年人大都选择老年金融产业:护理保险产品、商业养老保险、老年住宅反向抵押等,以满足养老的经济需求。

但是本研究发现,福建省老年人口有一半以上为低收入人群,而且只有极少数老年人购买了商业养老保险。更由于传统的思想观念,中国人特别偏爱房地产,而且即使自己缺乏养老钱,也不乐意用房产抵押置换养老金。笔者认为这一方面是我国老龄产业的衍生产业是新生事物,产品本身不够成熟、丰富与优惠;另一方面是老年人认知相当有限。因此,各级政策除了自身要加强对新生事物的学习外,还要引导社会认知老龄产业的"衍生产业",推动我国从"储蓄养老"向"保险养老"、从"政府养老"向"社会养老"转型。

(六)扶持"互联网＋科技产品",鼓励社会组织及民间资金探索养老新模式

为了有效应对老年人机体老化,体弱多病,记忆力衰退,自理能力下降等问题,发达国家研发出了许多"互联网＋科技产品"来迎合老年人的日常生活需求。如老人专用手机,老年人遇到健康问题时,只要按一个特殊的功能键,就可以接通健康保健专家的电话;遇到紧急情况时,专家也可以帮忙接通急救电话。智能鞋垫帮助患有老年痴呆病的老年人

① 成都日报多媒体报刊.养老金并轨"延迟退休"再受关注:百姓四大关切如何回应？http://www.cdrb.com.cn/html/2015-01/27/content_2163751.htm.

② "政府养老"向"社会养老"转型迫在眉睫.2015-07-31.http://news.163.com/15/0731/23/AVS-VENR700014AED.html.

③ 田香兰.日本老龄产业制度安排及产业发展动向[J].日本问题研究,2015,29(6):37-49.

④ 冯俊光,钟远平.养老产业开发与运营管理[M].北京:人民出版社,2013:11.

找回自己的家;还有易于穿脱的功能性服装缓解了老年人手脚不灵便导致的穿衣脱衣困难。① 福特公司设计的汽车使老年驾驶员上下方便,安全带舒适,反光效果减少,仪表盘也变得清晰。诸如此类的老年产品、服务产品不胜枚举,只要是老年人有需求的地方,就有相关产品得到设计并投入使用。这些"互联网+科技产品"一方面帮助老年人解决了日常的生活问题,另一方面又降低了社会养老成本。

总部设在福建自贸区福州片区的福建支储宝电子商务科技股份有限公司,近期也在探索"互联网+"养老新模式。该公司"互联网+大健康消费养老产业"将利用物联网技术,建设医养结合健康养老的"医养4S店",通过"互联网+"设计,搭建一个统一的养老公共服务信息平台,按照统一标准配备专家团队,为老年人提供针对个体状况的食疗调养保健方案和康复护理服务。② 养老、看病是老人们绕不开的人生课题。当前社会上医养结合领域可谓鱼龙混杂、良莠不齐,所以希望各级政府能够加强监督与指导,让老年人信得过的"互联网+科技产品"能够真正服务于老年人。

(七)激发老年人口的潜在需求,推动老龄产业的发展

有需求就有市场,有市场就会形成产业。③ 老年人口的市场需求趋势就是老龄产业的市场发展潜力,是决定老龄产业能否兴起的根本性因素。至今我国老龄产业发展相当滞后,其主要原因来自政府、企业和老年人三个方面。前文已经探讨过相关的原因了,这里就只谈谈如何激发老年人口的潜在需求。

本研究的实证调查结果也提示了福建省老年人口对老龄产业的需求没有被释放,一方面是老年人口可支配收入的低下,另一方面是传统的消费观念在一定程度上限制了老龄产业需求的释放,比如大小便失禁的受访老年人中,只有约20%使用了成人纸尿裤/护理垫。可以设想大小便失禁如果没有使用成人纸尿裤/护理垫将对老年人的尊严是如何打击! 所以,政府有必要把老年人口的这种需求激发出来,一方面是有助于提高老年人生活质量与尊严,另一方面也能推动老龄产业的发展。老龄产业发展是一个面向公民老年期、以提供生活性老龄服务产品为主的生产部门和企业的集合体,它是老龄社会条件下一种新的业态,是老龄产业的重要组成部分,也是未来中国第三产业快速发展的新的增长点。当然,各级政府更要鼓励社会组织和民间资金投入来研发物美价廉的老龄产业的相关产品,这样更能激发老年人口的潜在需求。

课题负责人:王德文
成　　　员:吴隆文、李　珍、钱祎晟、乐忠强、薛煜杰、王铭远、钟雨丹、黄绍芳

---

① 雨果网.美国:新潮老人用品"层出不穷",企业大赚"银发美元"[DB/OL]. http://www.cifnews. com/Article/10182.

② 福建日报记者郭斌.我省养老产业试水医养结合.[2016.10.29].http://www.fjll.gov.cn/web/ meida_1.asp? catalogid=346&id=2577.

③ 李沛霖.美国的养老产业:有需求,就有市场[J].中国社会导刊,2008(8):55-57.

附:老龄产业——老者友善生活图片

图 1

图 2

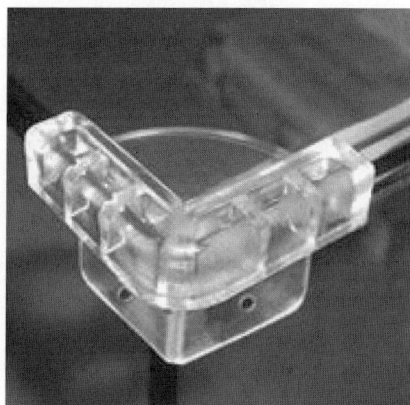

图 3

图 4

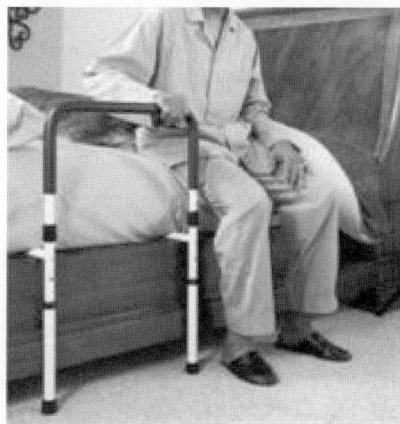

图 5

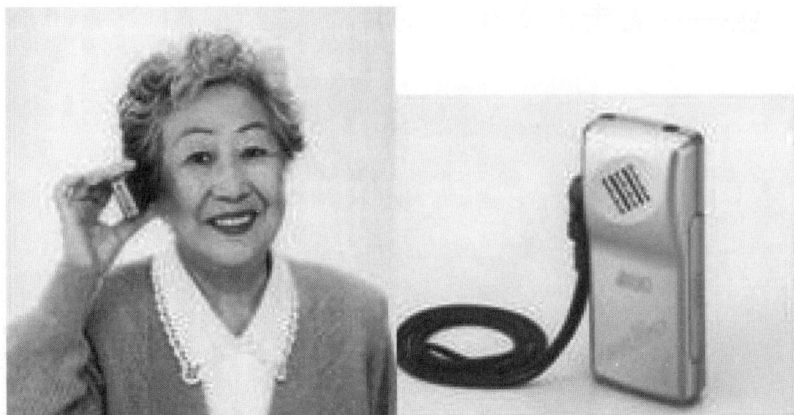

图 6

图 7

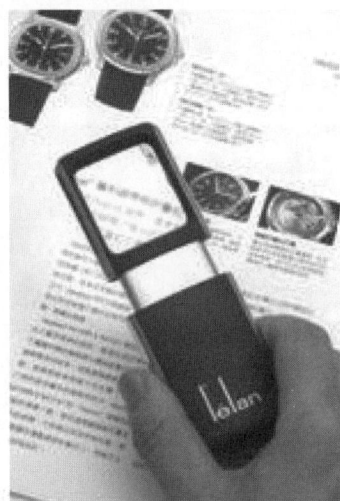

图 8

图 9

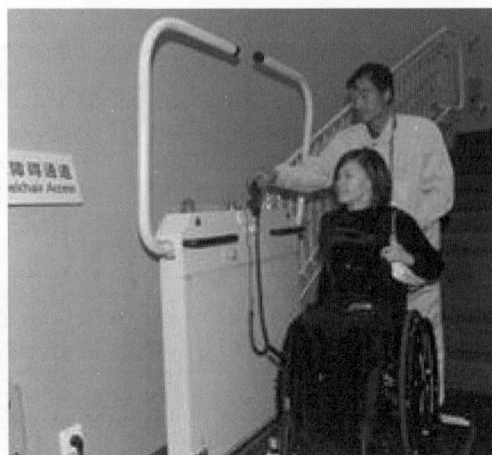

图 10

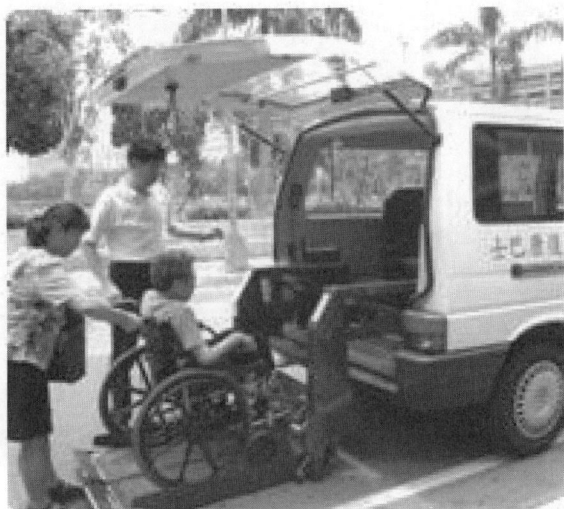

图 11

图 12

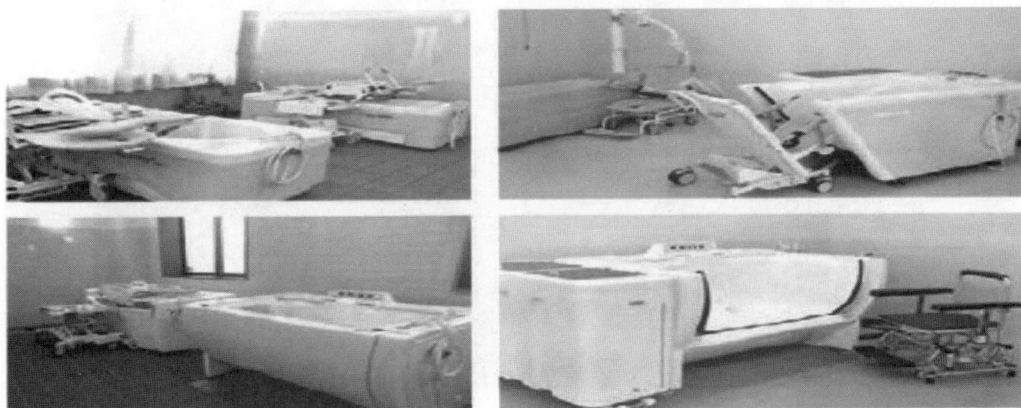

图 13

图 14

图 15

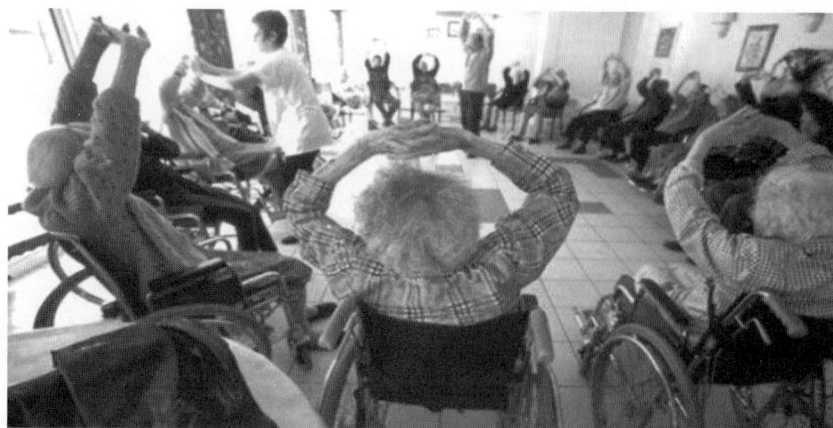

图 16

加快发展养老服务业的思路与对策研究

——以福建省为例

成员：李立敏　曾飞凡（福建省政府发展研究中心）

薛国栋　陈新亚　刘　莉（福建省老龄办）

黄　骏（福建省民政厅）

杨月华（福建省卫计委）

执笔：李立敏　曾飞凡

福建省政府部门联合课题组

汹涌而至的"银发浪潮"给社会保障工作带来严峻挑战的同时,给养老服务业的发展提供了广阔的市场空间。近年来,福建各级各部门围绕养老服务体系建设做了大量工作,以居家为基础、社区为依托、机构为补充,覆盖城乡、医养结合的养老服务体系初步建立,老年消费市场初步形成,老龄事业发展取得一定成就。但总体上还处于起步阶段,养老服务供需矛盾十分突出,加快发展养老服务业迫在眉睫。

一、概念界定

养老服务既有事业性质也有产业性质,既涉及二产(如老年用品辅具、食品药品、服装鞋帽等行业)也涉及三产(如老年生活照料、康复护理、医疗卫生、信息技术、体育健身、教育培训、文化娱乐、金融保险、休闲旅游、养老地产、咨询、殡葬服务等行业),既要求政府承担基本公共服务责任也要求社会、市场、家庭、个人承担相应责任。有关方面提出了老龄事业、老龄产业、养老服务业、养老服务产业等许多概念,尝试从不同性质、不同行业多角度梳理,长期没有一个非常清晰、规范的定义。2016 年 10 月 11 日中央深改组第 28 次会议审议通过了《关于全面放开养老服务市场提升养老服务质量的若干意见》,使用"养老服务业"一词。我们认为,统一使用"养老服务业",符合中央精神,也能涵盖养老服务的多重性质。

二、根据养老服务需求重点发展八大行业

人口深度老龄化已成为社会发展的大趋势,人均寿命不断延长,老年人口总量不断扩大。过去 5 年,福建省 60 周岁及以上老年人口增长 3.18%,年均增加 26.6 万人,2015 年达到 554 万人。据中国老年科研中心预测,2020 年福建省 60 周岁及以上老年人口将达到 615.73 万人,占全省总人口的 15.02%,2030 年将达到 740 万人;峰值出现在 2039 年前后,占比将达 33% 左右。

(一)福建养老服务市场规模测算

2016 年福建省抽样调查数据显示,目前全省 97.1% 的老年人为社区和居家养老,只有 2.9% 为机构养老。但社区、居家养老服务的项目还停留在老年人的物质需求层面,多为"老六助",即助餐、助洁、助急、助浴、助行、助医,精神层面的服务产品少之又少,不能满足老年人康复护理、精神慰藉等方面的服务需求。抽样调查数据显示,有 57.6% 的老年人希望增设服务项目,57.9% 希望降低服务价格,23.0% 希望延长服务时间,50.5% 希望加大补贴金额,18.8% 希望加强人员培训。社区、居家养老的老年人可接受的每月养老服务支出在 500 元以下的占 49.2%,在 500~999 元的占 27.2%,在 1 000~1 499 元的占 11.7%,

在 1500 元以上的占 12%（图 1）。从老年人心理分析，可接受的支出是指基本生活、疾病医治之外的养老服务支出。据此测算养老服务市场的潜在规模，基本生活、疾病医治之外的养老服务需求 2015 年一年可以达到 450 亿～580 亿元，2020 年 500 亿～645 亿元，2030 年 600 亿～775 亿元（未考虑价格变动因素）。如果这部分服务需求全部市场化，将成为福建省服务业发展的一个巨大支撑。

老年人可接受的每月养老服务支出

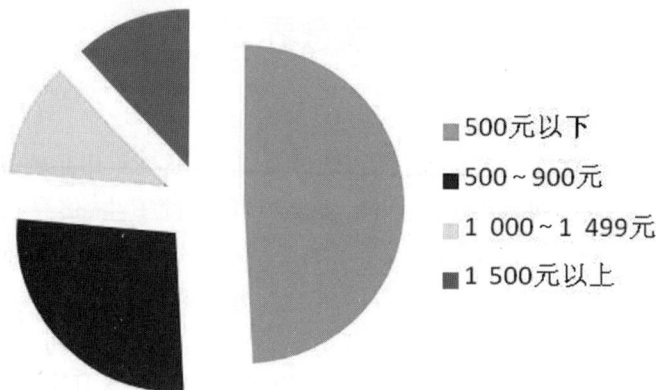

- 500元以下
- 500～900元
- 1 000～1 499元
- 1 500元以上

图 1　老年人居家养老可接受的每月养老服务支出

从支付能力角度看，福建省老年人口社会保障和收入状况日益改善，消费需求转化为现实生产力是可能的。全省抽样调查显示，老年人生活来源主要来自离退休养老金、子女抚养、居民养老保险、劳动收入、政府补贴、财产性收入、社会救济等 7 个方面（图 2），其中离退休养老金、子女抚养、居民养老保险分别占 59.9%、23.9%、6.8%，三者合计达 91.6%。

老年人口年收入来源

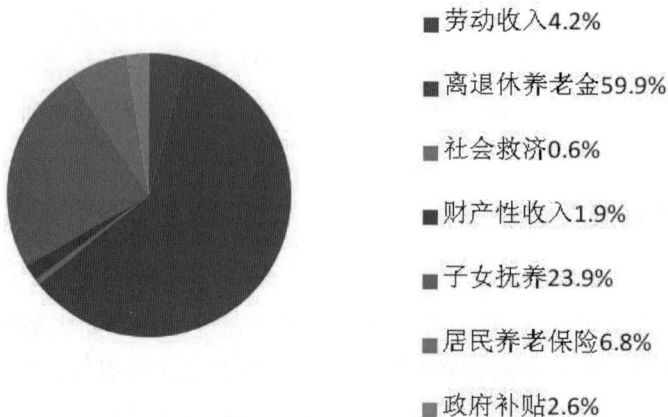

- 劳动收入4.2%
- 离退休养老金59.9%
- 社会救济0.6%
- 财产性收入1.9%
- 子女抚养23.9%
- 居民养老保险6.8%
- 政府补贴2.6%

图 2　老年人生活来源

(二)重点发展行业选择

养老服务需求呈多层次、多样化。根据马斯洛"需要层次论"可以分为五个层次,即生理需要(日常生活照料)、安全需要(身心安全与健康)、心理归属需要(精神愉悦、亲情和睦)、地位和尊重需要(受到社会的尊重和爱戴)、自我实现需要(社会参与、老年教育)。老年人因不同年龄阶段、不同收入水平、不同地域、不同风俗,对养老服务的需求有所不同,决定了养老服务业的发展将涉及多个行业,激发相关行业发展活力。由于养老服务业涉及衣、食、住、行、文、教、娱、医等方方面面,第一、二、三产业无一例外都有为老服务的功能。因此,有必要按照基础性(专门满足老年人特殊消费需求)、必要性(老年人消费需求的强弱程度)和是否有产业基础来选择重点发展行业。

全省抽样调查数据显示,在养老服务需求中医疗保健类服务需求占比最多,达到83.8%,随后依次是日常生活照料(62.8%)、精神文化活动(42.1%)以及法律维权(20.1%)等其他服务需求(图3)。可以预见,只要能提供适应老年人多层次、多样化需求的产品和服务,老年群体的消费总量将会越来越大,在社会消费总需求中将会占据越来越重要的地位。我们认为福建养老服务业当前要重点发展八大行业。

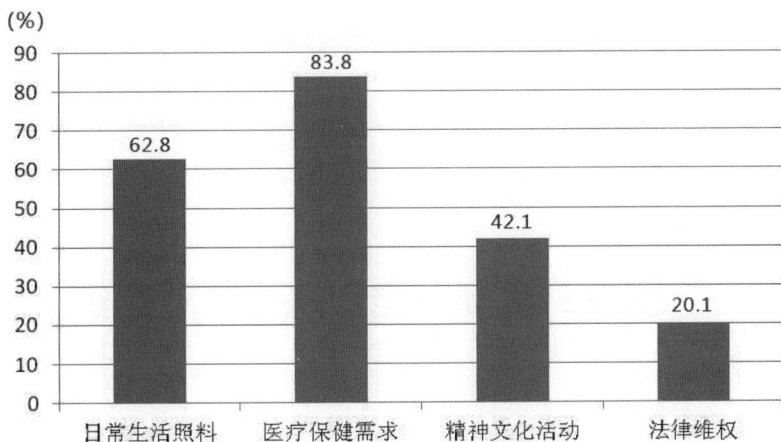

图3 老年人居家养老优先选择需求

1.健康服务业。主要指为老年人提供疾病预防、疾病治疗、康复护理、健康管理等方面的服务。抽样调查数据显示,83.8%的老年人希望提供医疗保健服务,其中定期体检是大多数老年人最迫切的服务需求,占比为82.5%,健康讲座、陪同就医及专业护理则分别为40.3%、34%、29.4%。

2.家政服务业。包括老年居家社区养老服务和机构养老服务。抽样调查数据显示,有2.9%的老年人希望提供机构养老服务,而其他居家社区养老的老年人中有62.8%希望提供日常生活照料服务,其中上门做家务、家居清洁52.4%;紧急呼叫50.8%;上门维修43.7%,包括家电家具修理、维修水电设施等;陪同聊天31.4%;送餐服务23.6%;其他服务19.4%。同时老年人对法律咨询和维权服务也有一定需求。

3.文化娱乐业。由于整体生活水平的提高,老年人不再为生计、子女、家庭等所困,他们更加向往健康、丰富、充实的老年生活。抽样调查数据显示,42.1％的老年人有精神文化消费需求。随着城市"空巢老人"和农村"留守老人"增加,他们更加渴望精神消费和服务性消费,对能满足自身精神文化、娱乐休闲、体育健身需求的商品感兴趣,因而与老年人精神娱乐活动相关的商品成为消费热点。调查显示,全省常年参加活动的群众性文艺队伍 1 万多支,约 10 万人;老年大学累计在校学员 104.4 万人,占全省老年人口总数的20.71％;全年经常参加体育锻炼的老年人口达 289 万人,占全省经常参加体育锻炼居民的 41.43％。

4.金融保险业。主要是指各类与养老服务需求有关,利用金融服务方式谋求养老资产保值增值,用于防范养老风险的金融产品,包括企业(职业)年金、商业养老保险、养老储蓄、住房反向抵押贷款、养老信托、养老基金等金融服务方式,也包括公共养老保险基金中用于市场投资的部分。截至 2015 年底,福建省各类保险企业共有涉老商业保险产品 12个,累计购买金额为 3 151.26 万元。

5.休闲旅游业。候鸟式养老、康体养生旅游、中医药健康旅游等老年旅游市场方兴未艾,据不完全统计,目前福建省老年旅游人数已占全部老年人口的 15％以上。

6.信息技术产业。"互联网＋养老服务"模式能有效解决传统模式下的一系列服务障碍和困难,新一代互联网、物联网和大数据、云计算技术将普遍应用于养老服务领域。

7.养老地产业。主要指以老年人为主要消费对象的房地产开发和社区建设,包括退休社区、老人公寓和社区养老设施建设、适老化改造等。

8.用品辅具产业。主要指以老年人为主要消费对象的各种康复和护理辅助机械、器具、用品等的制造和销售。

三、"三化并举"推动养老服务业产业组织创新

养老服务业有大"三化"、小"三化"之分。大"三化",是就发展进程而言,新中国成立以来养老服务经历了福利化、社会化、市场化三个阶段,政府包办程度逐步下降,市场发育程度逐步提高;但不管如何发展变化,因为养老服务对象的特殊性,养老服务业的福利性、社会性、竞争性三者会一直并存下去。小"三化",是就目前市场化发展阶段养老服务业的产业组织形式而言,从福建省各种养老服务模式的比较分析中可以得出结论:养老服务业必须实体化运营、社区化承载、平台化对接"三化并举",切实提高服务的效率和效益,才能确保持续健康快速发展。

(一)以实体化推动福利导向的政府投资与市场导向的经营管理之间的有效资源链接

市场化的根本途径在于资金来源多元化、服务对象社会化、经营主体实体化,而实体化又是其中的前提和基础。

1."公建公营"养老机构的建设和运营没有充分考虑老年人的养老服务需求倾向,加

剧了机构养老床位供需失衡状态。目前,福建全省拥有养老机构1 212家、床位14.9万张,每千名老年人拥有床位数30.1张。但也面临许多问题,养老机构床位总量不足与入住率偏低问题并存,全省养老机构入住老人3.38万人,仅占全部床位的28.2%。造成这一结构性失衡的主要原因:一是养老机构的投建与老年人口的分布存在空间错位。从2015年各设区市养老机构的入住率来看,地域之间存在较大差异。南平、龙岩、泉州3市入住率约50%,其余6市入住率均低于20%。城乡接合部、偏远山区、乡镇一级的养老机构床位空置率较高,如南靖县养老院入住率仅20%。反之,地理位置好、医疗条件优越、收费相对低廉的养老机构"一床难求",如民办福州市金秋老人护理院核定床位175张,目前摆放200张床位还是供不应求;漳州市某福利院100个面向社会招收的床位,招满后仍有不少人在排队等候。二是床位功能与老年人的医疗护理需求不相匹配。目前全省养老机构有53家取得医疗机构执业许可证,占比仅4.3%。大部分养老机构配套服务设施少、规模小、服务内容单一,仅能提供吃住等基本生活服务,无法满足老年人特殊的护理、康复等要求。三是公办机构经营模式固化。相当多公办机构的运营状况不理想,由于依靠财政拨款,不存在经营风险,从业者市场竞争意识不强,缺乏提高服务质量和水平的动力,容易导致人浮于事。同时,这些机构主要负责解决城市"三无"、农村"五保"等特定老年群体的供养问题,而将绝大多数老年人排除在外,难以实现效益的最大化。许多乡镇不想背负财政负担而不让乡镇养老机构开门营业,也是导致大量资源闲置和浪费的一个原因。

2."公建民营""民办公助"机构养老模式能够解决养老机构硬件建设投资巨大与养老服务效益不彰之间的尖锐矛盾,提高公共资源的利用效率。"民办公助"广义上包含了"公建民营"和"民建民营"两种类型,二者不同程度地享受政府补助。"民建民营"养老机构主要利用自有建筑或租赁非公建养老建筑,一部分走高端路线,开发养老地产建设老年公寓;一部分租赁房产设置养老床位,即目前狭义的"民办公助"养老机构,部分地存在服务质量偏低和消防安全隐患等问题。"公建民营"是由政府投资搞好硬件建设,民间资本通过租赁、承包、委托运营、合资合作、输出管理或服务等方式,参与公建养老机构的运营、管理。这种引入社会力量进行后续运营的模式,是公私合作PPP模式的一种延伸,是"外包类PPP"和"特许经营类PPP"的有效结合。目前,福建全省共有40多家公办养老机构实行公建民营,覆盖至省、市、县(区)及乡镇等各个层级。省级层面,福州文澳老年公寓租赁省老年人活动服务中心公寓,与福建医科大学附一医院合作,成立福建医科大学附一护养中心和康复医院,增强医养结合养老服务能力。市级层面,龙岩市社会福利中心引入香港福恩护老院有限公司先进管理理念和护理服务经验,组建龙岩市同心圆(香港)护理院。县级层面,福州市鼓楼区、厦门市海沧区、漳州市平和县、泉州市德化县、南平市邵武市、龙岩市上杭县等地社会福利中心积极发展公建民营、医养结合模式,入住率均在70%以上。乡镇层面,晋江市龙海镇尚善养老院引进台湾"行义老人养护连锁机构",配备专业服务人员,为入院老人提供人性化的生活照料和护理服务。"公建民营"模式通过减少私人投资者对养老服务机构前期土地和建设资金投入较大、利润薄、资本回收期长的顾虑,可以撬动民间资本进入养老服务领域,并合理利用民营机构良好的经营管理和运行机制,降低项目开发、运营、管理等全周期成本,丰富服务种类,提高资源使用效率。

3.实体化运营能够推动政府加快职能转变,将具体运营事务移交给社会和市场,更好地激活养老服务业发展的内生动力。养老服务市场需求总量大、增长快,但养老服务业发展尚处在起步阶段,社会养老服务的供需之间无论是在总量上还是在结构和层次上都存在着明显的失衡。造成供需困境的主要原因是政府职责错位和市场失灵并存,由于"未富先老、未备先老"来得过于迅速,全社会对养老服务业发展的重要性、紧迫性认识尚不到位,适应养老服务业发展的法规政策、标准规范、扶持政策呈碎片化状态,全省养老服务业发展相对滞后。如果地方政府过度参与养老服务市场行为,就会影响社会力量介入和发展养老服务业的积极性。养老服务是基本公共服务体系的重要组成部分,政府应该承担资源提供、政策制定、标准规范、服务监管、兜底保障等重要职能,但在此之外,必须坚持深化改革、转变职能,真正发挥市场在资源配置中的决定性作用。凡适合市场化方式提供、社会力量能够承担的各类养老服务项目,理应通过政府购买基本服务方式交于市场,激发市场主体活力。

(二)以社区化推动数以十计的服务行业与数以万计的城乡社区之间的有效条块链接

养老服务模式从居住形式来讲,只能分为社区居家养老服务和机构养老服务,居家养老与社区养老是既有所区别又不可分割的。据抽样调查,福建目前选择社区居家养老的老年人占97.1%,发展社区居家养老服务业是当前应对老龄化工作的重中之重。社区居家养老模式本质上是家庭养老模式的扩展和延伸,是将家庭式养老和社会化养老优势功能互补结合的一种养老方式。推行这一模式,必须以社区为节点,依托社区居家养老服务中心(站)等小型化、专业化服务机构,集聚养老服务业各行各业的产品和服务资源,为老年人提供不脱离家庭和熟悉环境的养老服务。

1.城市社区"没有围墙的养老院"有利于解决居家养老服务"最后一千米"问题。民办非企福龄金太阳养老综合服务中心(以下简称"金太阳")是福建省一家居家养老、社区养老、机构养老全覆盖的综合养老服务机构,其倡导的"没有围墙的养老院"在国内独树一帜。技术上,金太阳依靠"互联网+",自主研发APP软件,通过使用GPS模块老人手机、把老人手机与应急救助信息服务平台无缝对接,构建起以家庭为单位、以社区为依托、以网络信息呼叫平台为支撑,志愿者、社会商家为补充的"爱心服务15分钟到家"的居家养老服务模式;内容上,创立日间照护中心并打造成为金太阳"互联网+养老"平台的落地连锁门店,为日托的老人提供康复诊疗、保健护理、助餐助浴等专业服务,逐步辐射周边老人提供钟点上门医养康护一体化的居家养老服务。目前金太阳已为省内外近30万老人服务,通过GPS定位系统得到应急救助保障服务的老人超过5 000人。厦门市率先在全省启动厦门市养老服务信息化平台和开通12349养老专用号,通过政府购买基本服务的方式,在社区设立居家养老服务站,促进平台实体化,创新了社区居家养老服务模式。如厦门孝心网络服务有限公司与厦门市民政局合作建立"厦门市市民养老服务中心"、运营呼叫中心并开通养老服务专用号,与1 000多家服务企业建立战略合作关系,仅用一年多时间,养老服务已经覆盖2万多名老人。

2.农村社区互助式养老服务模式有利于解决农村老年人物质生活无人照料、精神生活无人慰藉的养老困境。目前,福建农村主要是推行互助式养老服务。如"农村幸福院"

项目,通过支持和引导村民自治组织发挥主导作用,在老年人特别是留守老人较多、照料需求较大、居住相对集中、经济条件较好、有场所设施基础的行政村,优先规划建设互助养老服务设施,为农村老年人提供就餐、午休等照料服务,并逐步向文化娱乐、精神慰藉等服务延伸。漳州市、宁德市按照"离家不离村、集中居住、自行管理、自行生活"原则,在五保老人的所在村建设集中居住的"五保幸福园",每个集中安置点的五保户不少于 5 户,每户建筑面积不少于 20 平方米。"幸福园"做到了乡镇敬老院向农村延伸,实现了五保供养的"四个转变":供养方式,由分散供养向集中供养为主转变;供养资金,由乡村筹集向县级财政补助为主转变;供养标准,由简单温饱型向丰富营养型转变;供养管理,由粗放单一向多样化管理转变。目前,漳州市、宁德市已建设"五保幸福园"535 所。永安市积极探索农村空巢老人互助式养老新模式,建立了"三助三自"康乐点,解决老年人生活照料和精神慰藉需求。康乐点依托乡村老年协会进行管理,不配备专职炊事员和管理人员,服务形式遵循"三助"原则,即家庭自助、老人互助、社会帮助;运作模式遵循"三自"原则,即老人自愿申请入住、费用自理、风险自担。这种"三助三自"的管理模式,开创了农村养老服务的新格局。

3.养老服务业以城乡社区为节点有利于养老服务企业获取更大的发展空间。社区居家养老模式符合当前"9073"养老格局要求,在资源整合层面,有效整合政府、市场、社会、家庭、个人等各种资源,填补了家庭养老功能弱化造成的资源提供方面的不足;在居住方式层面,最大限度尊重老年人"安土重迁"的传统养老观念;在服务内容层面,进行市场化运作,可以及时满足老年人日间看护、生活料理、家政服务和精神慰藉等多方面的需求。农村互助式养老模式属于社区照料在农村的一种表现形式,符合农村养老"不愿离家、收入不高、无人照料、就医困难"的基本特点,具有投资少、费用低、不离家、乐趣多的优点,也为养老服务企业进入农村社区提供了路径和空间。

(三)以平台化推动成百上千的企业团队与千家万户的老年人口之间的有效供需对接

从应用新一代互联网、物联网和大数据、云计算等现代技术的角度看,平台化的运作使得福建在加快发展养老服务业的道路上越走越宽广。前面提及的金太阳等企业采取政府购买基本服务、企业发展增值服务的方式,通过互联网、大数据等科技手段构建智能服务平台,推行线上线下一体化的发展模式,实现了成百上千的企业团队与千家万户的老年人之间的有效供需对接。值得一提的是,福建省海都公众服务股份有限公司(简称海都公众)建立的云端民生服务中心,经过 9 年发展,已成为社会公众服务平台和产业升级公共服务平台,并在全国 8 省 15 城成功实现落地运营。其中,"互联网+家庭服务"公共服务平台,融家政服务、老人照护、亲子互动、社区服务等服务功能为一体,通过平台建立线上线下交互全渠道,实现从服务产品发布、订购、支付、评价、分享的全过程在线服务闭环。目前,海都公众服务平台运行良好,仅在福州地区,每天就有 6 000 多份服务订单,通过贴心便捷服务及时解决居家养老中的生活难题。

总之,养老服务业实行实体化运营、社区化承载、平台化对接,由政府制定规则和监督落实、企业执行规则和优化服务,由政府购买基本服务、企业发展增值服务,既是正确处理政府与市场、与社会关系的一条深化改革之路,也是解决养老服务行业与社区之间条块链接、企业团队与老年人口之间供需对接的一条加快发展之路,能为养老服务业的产业组织创新开创广阔空间。

四、构建养老服务业的发展与供给"五轮驱动"责任体系

加快发展养老服务业,既要立足于老年人福利事业,又要将其视为民生经济的支柱性产业,从养老服务的供给侧结构性改革入手,重构政府、市场、社会、家庭和公民的养老服务发展与供给责任,坚持政府主导、市场主体、社会协同、家庭赡养、个人准备"五轮驱动",夯实养老服务业发展的制度和社会基础。

(一)界定政府主导责任

在多层次、多元化的养老服务供给体系中,政府是公共服务的第一责任方,具有领导责任、保障责任、管理责任、监督责任;当前深度老龄化带来的服务需求规模变得空前庞大、结构变得空前复杂,仅仅依靠政府填补缺口、兜住底线远远不够,必须创新养老服务的提供方式,政府又是深化改革的责任主体。政府在"补缺""兜底"之外,必须成为主导者,把主要精力放在管方向、管规划、管引导、管政策、管评价上,全面放开养老服务市场,通过购买服务、股权合作等方式支持各类市场主体增加养老服务和产品的有效供给。

1.编制规划。政府要突出规划的引领作用,将发展养老服务业纳入国民经济和社会发展规划,明确养老服务业的发展方向、基本原则、总体思路,科学测算和设计养老服务体系的规模、框架、层次和空间布局、体制机制,突出服务主体的多元化、社会化和服务产品的多样化、差异化、个性化。注重规划的编制、立法、实施、反馈全过程,着力构建从顶层设计、推动落实到效果检视的完整环节。

2.制定规则。政府作为公权力机构,要把市场优势与制度调控有机结合起来,明确自身角色定位是规则的制定者、维护者和规则落实的监督者。坚持"法无授权不可为、法定职责必须为",坚持社会化、市场化、法治化改革取向,建立平等的竞争规则和公平的竞争环境,为市场转型发展提供有力的支撑。要理顺政府管理体制,由老龄委综合协调,各有关单位各司其职、通力合作。推进简政放权、放管结合、优化服务改革,加强事中事后监管。加强部门监管的规范性,约束自由裁量权。

3.完善政策。政府要构建综合型政策体系,不断增强保障政策、福利政策、产业政策等各方面政策的针对性、协调性、系统性。创新养老服务的提供方式,优化政策"配方",把公共资源、政府补贴等作为杠杆,制定养老服务发展项目实施细则,整合财政、税收、金融、产业、土地及其他政策类资金资源,明确服务标准、回报方式、风险分担、退出机制等内容,引导市场主体和社会组织大力兴办养老服务业。

4.保障基本。养老服务属于准公共产品,基本养老服务体系建设是政府义不容辞的责任。基本养老服务的重点是向失能、半失能和低收入老年人提供与经济社会发展水平相适应的保障型服务、福利性服务,优先满足孤寡、失能、失独、高龄等老年群体的基本生

活和医疗需求,实现应保尽保,并逐步向全体老年人覆盖,做到坚守底线、突出重点、引导预期、保障基本。

(二)强化市场主体责任

养老服务业既是为老服务的"夕阳事业",也是发展经济的"朝阳产业",蕴含巨大的市场潜力和社会参与空间。必须强化市场的主体责任,通过市场主体来组建实体、创新产品、优化服务、落实规则,使民间资本成为发展养老服务业的"主角"。

1.组建实体。实体包括一个个养老服务企业,也包括养老服务企业与老年人口之间的供需对接平台企业。养老服务涉及的居家社区服务、机构服务、老年用品辅具生产、医疗卫生、养老地产、金融保险、旅游、文化、教育、体育、咨询等行业,都是养老服务企业的发展领域。平台企业以"互联网＋养老服务"方式,线上线下结合,可以实现供需的有效对接,将分散的养老服务资源、分散的养老服务需求整合成组织化、实体化的为老服务链条,构建全方位、全天候、立体式的养老服务体系,使得养老服务在内容、功能上更加精准、有效。

2.创新产品。市场主体对市场需求的发展变化更为敏感,适应变化和创新产品的能力更强。市场主体要从自身特色、长处出发,既立足于老年人口的多层次、多样化服务需求,又要适应老年消费需求向个性化、高端化发展的方向,紧紧围绕从生活照料、文化娱乐、余热发挥到健康护理、心理慰藉、临终关怀的养老服务需求,创新开发老年服务产品。比如,细化传统服务项目,发展营养膳食、专业陪护、康复理疗、心理咨询和家庭事务管理等专业性强、技术含量高的精细服务项目;建立老年人精神关爱、心理疏导、危机干预的服务网络,重点开发针对独居、留守、失独、失能、失智等特殊老年人群的专业服务项目;开发家庭园艺、家庭秘书、室内专业消毒、养生与健康管理、家用品配送、演出票务、社区保安、适老家装等特色服务项目。

3.优化服务。养老服务的对象具有特殊性,因而对养老服务项目、服务人员的要求特别高、特别细。市场主体必须以创造价值为目标,积极从产品经营转向品牌经营、从价格竞争转向价值服务,始终致力于增品种、提品质、创品牌,不断提升"递进式"创新能力,提高产品附加值和行业竞争力。要运用"互联网＋",加大互联网、物联网和大数据、云计算等新一代信息技术在养老服务中的运用,发展智能腕带、智能药盒、智能血糖仪及相关移动应用等智能化软硬件产品,提供出行定位、突发事故报警、健康实时监控和日常用药提醒等老人智能看护服务,使养老服务的手段更多、效率更高。

4.落实规则。企业遵守规则的本质不仅在于规范自身的经营行为,也同时规范、约束政府监管机关的市场监管行为,从而有效地反对垄断,制止不正当竞争,有效保障和规范养老服务市场秩序,形成良性运行的市场环境,进而催生养老服务业转型升级的内生动力和外部推力。

(三)发挥社会协同责任

在养老服务方面,政府与市场双方均有"失灵"问题。政府能够提供相应的公共资源,但无法完全满足亿万老年人个性化的养老服务需求;市场主体可以投资养老服务业,但追逐利润的本性与目标不可能改变。社会组织作为社会化养老服务的有效载体,既可以吸收政府公共资源,又可以利用市场资源,还可以最大限度调动社会各方力量,有效汇集社会志愿者,从而弥补政府失灵与市场失灵的缺陷,在养老服务中发挥自己的独特作用。

1.互助服务。互助养老服务是指生活在同一社区或同一地域的老年人,以就近和便利为原则,在当地居(村)委会的指导和支持下,依托所在社区(村)的养老资源和老年人自身的力量,通过邻里互助养老或者高低龄老年人之间的互助服务,实现老年人养老的自我管理与自我服务。要加强基层老年协会建设,鼓励城市社区老年人参加各类志愿服务组织和社区邻里互助,大力发展社区生活服务类、文体活动类、健康护理类等社会组织,丰富老年人晚年生活。全力支持农村互助型养老服务设施建设,发挥村民自治组织作用,积极动员村民和社会力量参与运营服务。

2.志愿服务。养老志愿服务是一项汇集政府、企业、基金会、社会组织、个人等各方力量共同参与的事业,也是广大企事业单位、社会大众履行社会责任的重要方式。要鼓励社会各界参与老龄志愿服务,搭建政府、企业、社会多方合作的公益活动平台,发展社会投资机构、社会企业等新兴养老服务力量,弘扬养老公益文化。不断完善志愿者招募、管理、培训、激励、评估等制度,促进养老志愿服务活动常态化、社会化、项目化。

3.社会救济。社会救济是在政府倡导和组织下,以单位与社会为依托,广泛发动社会各方面力量,积极开展尊老爱幼、扶贫济困、扶弱助残、邻里互助等多层次、多形式的互助互济活动。要坚持托底线、救急难、可持续的原则,建立健全政府救助、社会参与的统筹机制。继续调整最低生活保障及相关社会救助标准,加大医疗救助力度,形成特殊救济对象、低保家庭、低收入家庭和支出型贫困家庭的医疗救助梯度政策体系。进一步统筹专项救助,探索建立"救急难"制度,将老年居民经济状况核对机制引入所有低收入专项救助项目,提升救助管理精细化水平。

4.社会监督。养老服务享有政府公共财政补贴、社会慈善捐赠和税收优惠等公益性资源,有责任有义务接受社会公众的监督。应建立社会评价和服务投诉机制,完善以社会监督为主体的养老服务运行监管体系,发挥社会舆论在规范养老服务中的重要作用。

(四)规范家庭赡养责任

《宪法》规定成年子女有赡养扶助父母的义务,《老年人权益保障法》对家庭赡养与抚养作出了具体规定。中华民族具有尊崇孝道、敬老爱幼的优良传统,家庭养老一直在养老方式中居于主导地位。不管任何时候,中国人对"儿女绕膝、几世同堂"的传统追求不会改变。在完善社会养老服务体系中,必须重新确立和大力弘扬传统孝道观念,倡导家庭子女承担起应尽的孝亲敬老、经济供养、生活照料、精神慰藉等养老责任和义务。

1.孝亲敬老。《老年人权益保障法》第十三条规定,老年人养老以居家为基础,家庭成员应当尊重、关心和照料老年人。孝顺父母,孝敬老人,是建立良好、和谐家庭关系的重要保障。要把弘扬传统孝道纳入社会主义核心价值观宣传教育,建设具有民族特色、时代特征的孝亲敬老文化。在全社会开展人口老龄化国情教育、政策法规教育,引导全社会增强接纳、尊重、扶助老年人的关爱意识和老年人自尊、自立、自强的自爱意识。加强家庭建设,教育引导人们自觉承担家庭责任、树立良好家风,巩固家庭养老基础地位。

2.经济供养。《老年人权益保障法》第十四条规定,赡养人应当履行对老年人经济上供养、生活上照料和精神上慰藉的义务,照顾老年人的特殊需要。家庭赡养与扶养是赡养人的法定义务,也是老年人的法定权利。其中,经济供养是基础,赡养人有义务安排老年人的住房,耕种或照管老年人的田地、林木和牲畜等,收益归老年人所有,老年人有要求赡养人付给赡养费等权利。赡养人应认真践行自身的法定责任与义务,满足老年人的正当物质需要。

3.生活照料。在这方面,子女同样负有不可推卸的责任和义务。不提倡愚孝盲顺,但也反对"色难",更反对忤逆、虐待和放弃老年人。《老年人权益保障法》第十五条规定,赡养人应当使患病的老年人及时得到治疗和护理;对生活不能自理的老年人,赡养人应当承担照料责任;不能亲自照料的,可以按照老年人的意愿委托他人或者养老机构等照料。

4.精神慰藉。子女在父母心中的地位永远是不可替代的,父母年老时子女对其心灵的抚慰作用也是不可替代的。歌曲"常回家看看"正是因为真实反映了老年人的心声和召唤,深深地打动了全国人民。家庭作为养老责任第一顺位参与主体,有责任有义务给予老年人尽可能多的心理安抚、精神慰藉,帮助老年人度过一个安详的晚年。《老年人权益保障法》第十八条规定,家庭成员应当关心老年人的精神需求,不得忽视、冷落老年人;与老年人分开居住的家庭成员,应当经常看望或者问候老年人。

(五)提倡个人准备责任

人口老龄化使传统的家庭养老方式受到极大冲击,"421""422"家庭结构模式导致抚养比不断提高,既加大了社会保障和公共服务的压力,也影响到社会代际关系的和谐。目前养老保险制度面临的挑战愈来愈严峻,比如覆盖面窄、统筹层次低、隐性债务和个人空账等问题,已使现有的养老保险制度力不从心。因此,作为社会个体的普通民众,必须理性看待养老危机问题,及早调整心态、提高养老意识,积极进行个人养老规划与准备。

1.物质准备。在当前整个社会"未富先老"、老年人口"未备先老"的大背景下,养老物质准备尤其重要。传统家庭养老功能弱化和社会福利供给不足,与老年人对养老产品和服务市场需求日益增长,构成了一对突出矛盾。应对人口老龄化不仅要依靠社会养老服务体系的不断发展完善,也需要每个社会个体及早谋划,将住房、保险、金融等有形无形资产作为必要储备,增强未来的养老支付能力。

2.心理调适。老年同样是生命的重要阶段,每个人都无法回避生老病死,但可以选择如何来面对和接受人生周期规律。退休前做好退休的准备,特别是思想上的准备,主动参与自身的思想建设,理性看待老龄社会,积极看待老年人和老年生活。树立终身学习思想,使精神处于不离社会的状态,加强主观能动性,使自己独立生活身心健康精神富足,发挥正能量,做出新贡献。

3.老有所为。"老有所为"是"积极老龄化"向"健康老龄化"的延伸,是有贡献的老龄化和有生产力的老龄化。老年人继续发挥自己的专长和余热,通过再就业等方式把自己多年积累的经验和知识继续贡献给社会,比如利用自身经验和威望优势参与化解社会矛盾、维护社会稳定。这样可以将自身的潜在价值转化为社会价值,激发自身"价值实现"的满足感和"对社会有用"的自豪感,继而产生更加正面的老龄生活效应。

4.老有所乐。随着老年人健康水平的提高,越来越多的老人需要的不再只是服务,而是丰富的晚年生活。老年人可以融入社会找"乐",参与到感兴趣的事业中,弥补人生以往的缺憾,更加丰富完善人生的内在素养,例如参加一项适合老年人特点的文化、体育活动;为自己确立一个小目标,譬如家庭生活、健身旅游,甚至走亲访友;结识一些志趣相投的朋友;学习一些新知识,跟上时代的节拍,通过更好地规划自己,丰富精神寄托,增加晚年生活乐趣,把今后的日子过得更精彩更快乐。

注释:本研究所称"抽样调查数据"是以抽样调查的方式,在福建省9个设区市和平潭综合实验区,选择市辖区居民人口较多的街道和中等人口的街道以及县城所在地居民人口较多的街道,对60周岁以上居家养老的老年人进行抽样问卷调查,共收集有效样本512份,其中男性占44.01%,女性占55.99%。

福建省政府部门联合课题组
成员:李立敏、曾飞凡(福建省政府发展研究中心)
　　　　薛国栋、陈新亚、刘莉(福建省老龄办)
　　　　黄　骏(福建省民政厅)
　　　　杨月华(福建省卫计委)
执笔:李立敏、曾飞凡